Kleist
Eine Biographie

Rudolf Loch

Kleist

Eine Biographie

WALLSTEIN VERLAG

Für W. B.

Das äußerste, was Menschenkräfte leisten,
Hab' ich getan – Unmögliches versucht …

H. v. Kleist, *Penthesilea*

Inhalt

Lebenskrise: Erlebnis Moderne

POSITIONIERUNGS- UND SCHREIBVERSUCHE

»wo gibt es ... etwas Gutes zu tun?«

Der Aussteiger und die Schreibernöte

DIE GEBRECHLICHKEIT DER WELT

»und erhob mich ... aus der Demütigung«

Zwischen Dienst und Dichtung

Schicksalsschlag

WIRKUNGSDRANG

Das Lichtbringerprojekt und die ›Feuerproben‹

»sich ... in die Waage der Zeit werfen«

Vom Ringen zur Resignation

»Stähle mich mit Kraft ...«

Freitod

Anhang

Der Aufklärungsjünger
und die Wirklichkeiten

Kindheit und
»sieben unwiderbringlich verlorne Jahre ...«

Im Alter von einundzwanzig Jahren befand sich der Gardeleutnant Kleist am Beginn seiner militärischen Karriere, als er
seinem ehemaligen Lehrer die Mitteilung machte, daß er die
preußische Armee verlassen werde. Sie korrumpiere nicht nur
sein Gewissen, sondern verhindere auch seine moralische und
wissenschaftliche Ausbildung, die fortan sein Glück gründen
solle.

Als Heinrich von Kleist diesen Entschluß faßte, wagte er
den ersten Schritt zur Selbstbestimmung seines Lebens.

Bernd Heinrich Wilhelm von Kleist, am 18. Oktober[1] 1777
als fünftes von sieben Kindern des Bataillonschefs Joachim
Friedrich von Kleist (1728-1788) in Frankfurt an der Oder ge-
boren, entstammte einem der großen preußischen Offiziersge-
schlechter seiner Zeit. Bis zu Heinrichs Geburt waren sechzehn
Generäle und zwei Feldmarschälle aus ihm hervorgegangen.[2]
Der preußische Kriegeradel war genötigt, durch militärische
Dienste die Einnahmen aus seinem Grundbesitz aufzubessern.
Joachim Friedrich von Kleist kam von Gut Schmenzin im
Kreise Belgard, aus einem Seitenzweig des wendischen Geschlechts derer von Kleist aus Hinterpommern. 1749, nach
dem Tode seines Vaters, brach er ein im Jahr zuvor begonnenes
Studium an der brandenburgischen Landesuniversität Frankfurt an der Oder ab und entschied sich, einundzwanzigjährig,
für die Militärlaufbahn. Die ungenügenden materiellen Verhältnisse des zweitgeborenen Sohnes, welcher nach preußischem Erbrecht nur ausgezahlt wurde, während das Rittergut
an den ältesten Sohn überging, waren offensichtlich auch die
Ursache dafür, daß er erst 1767, als Neununddreißigjähriger,
nachdem er als Stabskapitän eine Kompanie erhalten hatte, eine

standesgemäße Verbindung mit Caroline Luise von Wulffen, der Tochter des Erbherrn auf Steinhöfel und Kersdorf bei Fürstenwalde, eingehen konnte. Dieser ersten Ehe entstammten Wilhelmine (1772) und Ulrike (1774). Bald nach dem frühen Tod seiner ersten Frau heiratete er 1774 die vermögenslose achtundzwanzigjährige Juliane Ulrike von Pannwitz aus niederlausitzisch-preußischem Adel. Sie gebar ihm fünf Kinder: Friederike (1775), Auguste (1776), Heinrich (1777), Leopold (1780) und Juliane (1784).

Über Heinrich von Kleists Kindheit, die er in einem ansehnlichen Bürgerhaus in der Großen Oderstraße verbrachte, ist wenig bekannt.[3]

Dem Vater, Veteran des Siebenjährigen Krieges, der in der verlustreichen Schlacht bei Kunersdorf östlich von Frankfurt im Jahre 1759, bei welcher von 50000 Preußen über 20000 fielen, verwundet worden sein soll, gelang es trotz langer Dienstzeit nicht, über den Rang eines Majors hinauszukommen. Dies ist auf einen – die Familie gewiß nachhaltig über Jahre hin bewegenden – Konflikt mit dem Landesherrn zurückzuführen. Friedrich II. versagte 1783 dem Fünfundfünfzigjährigen bei der Truppenrevue der brandenburgischen Regimenter jede künftige Beförderung mit der Begründung, daß er sich »...nicht [genügend] auf den Dienst applicire«. Statt devot stillzuhalten, hatte Kleists Vater daraufhin an den Monarchen geschrieben, dieser sei zwar »Herr über [s]ein Leben aber nicht über [s]eine Ehre«, und letztere sei »gekränkt«; er empfehle sich und die Seinigen der Vorsehung und ersuche um seinen Abschied.[4] Der Major von Kleist hatte sich also nicht enthalten, das Urteil des monokratisch regierenden Monarchen als fragwürdig und die Behandlung, die er durch diesen erfahren hatte, als ehrverletzend zu bezeichnen. Seine Verhaltensweise in dieser Situation bezeugt sein Selbstwertgefühl und kennzeichnet seinen Charakter. Zugleich zeugt sie von einem ausgeprägten Rechtsempfinden und von einem sittlichen Ernst, der auch im Leben und Werk des erstgeborenen Sohnes eine wichtige Rolle spielen sollte.

Joachim Friedrich von Kleist (1728-1788). Gemälde von unbekannter Hand.

Aus nicht überlieferten Gründen kam es letztlich nicht zum Abschied von Joachim Friedrich von Kleist aus dem Armeedienst.[5] Zusätzlich zu den Einnahmen in Höhe von 2200 Talern jährlich aus der »Kompaniewirtschaft«, dem Einsatz der Soldaten u. a. in der Landwirtschaft, erschloß Kleists Vater der Familie nun unabhängige Einnahmequellen: Er erwarb noch im gleichen Jahr, 1783, das kleine Allodialgut[6] Guhrow im Spreewald und verpachtete es. Zugleich wird er die Zimmer zweier Etagen, dazu Stallungen und Remisen auf dem Hinterhof des in unmittelbarer Nähe des Marktes und der Ober- oder Marienkirche gelegenen, wahrscheinlich gepachteten Wohnhauses vermietet haben, zu dessen Kauf er dann 1788 die nötigen Mittel beisammen hatte. Die Mieter waren Händler, die mit Wagen oder auf Schiffen aus Sachsen, Polen, Böhmen, Mähren und anderen Ländern kamen, um dreimal jährlich an der größten preußischen Warenmesse teilzunehmen. Die Frankfurter Messe betrieb den Zwischenhandel nach Osten und Süden und konnte in ihrer Aufschwungphase nach dem Siebenjährigen Krieg mit der Leipziger Messe konkurrieren. Der Knabe dürfte demnach früh mit Menschen aus anderen Gegenden und Nationen in Berührung gekommen sein. Das Messetreiben, die Gespräche und Berichte der Reisenden werden seine Phantasie angeregt haben. Vielleicht hat er bereits in Frankfurt vom Schicksal des märkischen Messehändlers Hans Kohlhase gehört, der einst ganz in der Nähe, bei Storkow im Sächsischen, für sein ihm vorenthaltenes Recht focht und zum Rebellen wurde; womöglich begann hier die spätere Affinität des Geschichtenschreibers zu fremdländischen und abenteuerlichen Stoffen. Wir können annehmen, daß die ersten Eindrücke, die Kleist aus Frankfurt mitnahm, wo auch die verschiedenen Konfessionen friedlich und gleichberechtigt miteinander verkehrten, überwiegend positiv waren.[7] Die Berührung mit dem selbstbewußten Bürgertum seiner Vaterstadt dürfte, noch im Hause der Eltern, den verbreiteten Standesdünkel gemildert haben: die Arroganz gegenüber körperlicher und geistiger Tätigkeit[8], die Überschätzung militärischer Taten und eine Auffassung von Disziplin, die dazu bestimmte, Befehle blind auszuführen.

Es gibt auch Anzeichen dafür, daß die Familie Kleist mit dem aufklärerischen Denken Leopold von Braunschweigs (1752-1785), der im angrenzenden Kommandantenhaus als Chef der

Marien- oder Oberkirche. Im Hintergrund rechts das Haus der Kleists, links davon das Haus des Stadtkommandanten. Lithographie (um 1850).

Frankfurter Garnison residierte, vertraut war. Der junge braunschweigische Prinz im preußischen Soldatenrock, ein Neffe Friedrichs II., der 1775 in Begleitung Lessings Italien bereist hatte, ließ vor seinen Offizieren durch Professoren der Universität Vorlesungen in Mathematik, Geographie und Geschichte halten; darin folgte er seinem Vorgänger von Dieringshofen, dem Kleist 1810 in den *Abendblättern* eine kauzige Anekdote widmen wird. Leopold hielt auch zur Sprachverbesserung an und förderte uneigennützig kommunale und vor allem soziale Zwecke. Nach dem Vorbild des Pädagogikprofessors Eberhard von Rochow in Reckahn (westlich von Potsdam) ließ er aus eigener Tasche eine Garnisonschule als Elementar- und Freischule für einen Teil der 800 in Frankfurt lebenden verwahrlosten und bettelnden Soldatenkinder erbauen und richtete im Kasernengebäude an der Oder Baumwoll-Spinnstuben für die erwerbslosen Soldatenfrauen und deren Töchter ein. Der musikbegeisterte, reformfreudige, zudem literaturinteressierte junge Philanthrop, an dessen Mittagstafel

15

Kleists Vater als Stabsoffizier täglich saß, kam, was europaweit Aufsehen erregte, 1785 bei einem Rettungseinsatz während einer Oderüberschwemmung ums Leben. Goethe besang ihn in einer Ode als Muster eines tätigen Menschenfreundes und aufgeklärten Fürsten.

Wir können annehmen, daß der Name eines solchen Vorgesetzten, der sich nachhaltig für wissenschaftliche und musische Bildung, für mitmenschliche Verantwortung und für religiöse Toleranz einsetzte, in Kleists Elternhaus achtungsvoll genannt wurde und daß der Fürst auf das Gemüt des Heranwachsenden als Vorbild wirkte. Leopold dürfte Kleists spätere Hoffnungen auf eine nach humanistischen Idealen reformierbare Oberschicht genährt und seinen Glauben an die Erziehbarkeit des Menschengeschlechts bestärkt haben.

Im südlich an das Kleisthaus anschließenden Gebäude fand sich von 1782 bis 1788 ein intellektueller Zirkel um den Universitätsdozenten für Theologie Josias Friedrich Christian Löffler zu abendlichen Lesungen ein. Hier, bei ihrem ehemaligen Griechischlehrer, wohnten 1787/88 auch die Studenten Alexander und Wilhelm von Humboldt. Löffler war zugleich lutherisch-protestantischer Prediger an der Oberkirche, Superintendent und Oberaufseher des Bildungswesens. Er vertrat, »keineswegs unangefochten« von den orthodoxen Kräften an der Universität, »die radikalsten Positionen innerhalb der Frankfurter (christlichen) Aufklärung der 8oer Jahre«.[9] Er war Rationalist, redete einer sittlichen Religion das Wort und sah Jesus als einen tugendhaften, prinzipienfesten, moralisch hochstehenden und dadurch frommen Menschen. Er vertrat die Meinung, »daß Jesus eine sehr reine, Alles umfassende Moral vorgetragen habe. Rein war seine Moral, weil er lehrte, daß man nicht gegen sein Erkenntniß des Rechts handeln, sondern das Gewissen über Alles ehren« solle und »daß man menschenfreundlich und hülfreich auch gegen Fremde, der Nation und dem Glauben nach seyn müsse«. Dieses »Sittengesetz« habe er »als das Gesetz Gottes«[10] angesehen. Nicht religiöse Zeremonien konstituierten nach Löffler den Gottes-

Frankfurt an der Oder von Osten. Links die Kasernen des Infanterieregiments Nr. 24, in dem Kleists Vater diente. Gouache von Johann Friedrich Nagel, um 1788.

dienst, sondern ein praktisches Verhalten, das sich in den bürgerlichen Tugenden der Wahrheitsliebe, Standhaftigkeit bis zur Selbstaufopferung, in Vertrauen und mitmenschlichem Wohltun zu bewähren hatte. Das »Ringen um die eigene innere Würde und Sittlichkeit durch Veredlung des Herzens, durch Besserung des Verhaltens«[11] stellte Löffler als höchst erstrebenswert heraus. Dabei beschwor er auch den antiken Heiden und Philosophen Sokrates, der wie Jesus für seine Überzeugung in den Tod gegangen war, als Leitbild für ein diesseitiges Leben. »[...] sich aufzuopfern, ganz, für das was man liebt, in Grund und Boden zu gehn«, wird Kleist noch kurz vor seinem Tode als »das Seligste« bezeichnen, »was sich auf Erden erdencken läßt«.[12] Gegen Ende seiner Militärzeit nennt er Christus und Sokrates in einem Atemzuge »große erhabne Menschen« und sieht in ihnen »schöne herrliche Charaktergemälde«[13], ja »die größten Helden der Tugend«[14], welche allein durch ihr vorbildliches Leben »nah [...] an die Gottheit« getreten seien.[15] »Die bei Kleist erkennbare Entgöttlichung des Gottessohnes, um in ihm und durch ihn den Menschen zu sich selbst zu erhöhen, entsprach einem bereits von Löffler formulierten Denkansatz. Löffler wie Kleist ging es dabei um den moralischen Menschen.«[16] – Hinzu kam Löfflers Hochschätzung von »Belehrung und Unterricht«, welche »die ständige Beschäftigung des Lebens« zu sein hätten, da »der Weg zum menschlichen Herzen« »durch den Verstand« und über die »Freiheit des Geistes« führe, durch die der Weg zu Erkenntnis, Tätigkeit und damit »zu einer höheren Stufe der Vollkommenheit« auf der »Leiter der Geschöpfe«[17] gewiesen würde. Auch hier besteht eine auffallende Ähnlichkeit zu Auffassungen des 1799 auf Abschied drängenden Gardeleutnants Kleist, der 1800 schreibt: »Ich hatte schon als Knabe [...] mir den Gedanken angeeignet, daß die Vervollkommnung der Zweck der Schöpfung wäre.«[18]

Offenbar wurden in der Frankfurter Kindheit die Grundlagen für die frühe Aufklärungsbegeisterung Kleists gelegt. Ein Prozeß der Aneignung aufklärerischen Gedankengutes mit der Ausformung bleibender Wertvorstellungen begann. Gewiß gehörten die von Kleists zu jenen Bürgern, die Löffler »ihrer besondern Freundschaft werth geachtet«[19] haben und die mit ihm, über die Stunden der Predigt hinaus, eine nähere Beziehung pflegten. Dem Fünfzehnjährigen gegenüber erinnerte sich Löffler des Hauses der Frankfurter Nachbarn »mit vielem Vergnügen«[20], als jener ihn 1793 in Gotha besuchte, wohin Löffler, der in Frankfurt nie ohne Anfechtungen gelebt hatte, Ende der achtziger Jahre verzogen war.

Der Theologiestudent Christian Ernst Martini (1762-1833), ein Verehrer Löfflers, übernahm es, Heinrich von Kleist und dessen Vetter Karl von Pannwitz, der von seinen Eltern bei den Kleists in Pension gegeben war, zu beaufsichtigen und zu unterrichten. Was Martini seinen beiden Schülern mit auf den Weg gab, ist im einzelnen nicht bekannt. In einer Überlieferung von 1832 betont ein Gewährsmann Martinis, Kleist habe bei den Lektionen stets auf die »Bereicherung seines Schatzes von Kenntnissen« gedrängt und sei von »Liebe und warme[m] Eifer für das Lernen« beseelt und »mit einer bewundernswerten Auffassungs-Gabe ausgerüstet«[21] gewesen. Das von Löffler vertretene Ideal einer sittlichen Weltordnung wird auch von Martini weitergegeben worden sein, und wahrscheinlich kam die sokratische Lehrmethode, ein Lieblingsgegenstand Löfflers, zur Anwendung. Sie zielte darauf ab, dem Lernenden Denkanstöße zu geben, die ihn zur Selbsttätigkeit führen sollten.[22] Auch können wir ein sehr persönliches Lehrer-Schüler-Verhältnis zwischen Kleist und Martini annehmen, das es dem jugendlichen Hofmeister erlaubte, auf die Eigenart des Knaben einzugehen. Die Beziehung Kleists zu seinem Lehrer war auch in späteren Jahren noch durch Achtung und Vertrauen gekennzeichnet.[23] Kleist fühlte sich später selbst zur Lehrtätigkeit hingezogen. Er glaubte zutiefst an die Macht des Wortes. – Sein Temperament war dabei das eines aufgeweckten, begeisterungsfähigen Jungen; Martini behielt ihn fast ein halbes Jahrhundert lang als einen »nicht zu dämpfende[n] Feuergeist« in Erinnerung, der zur »Exaltation selbst bei Geringfügigkeiten«[24] neigte, den es mithin drängte, sein Inneres nach außen zu kehren und der bereits als Knabe Schwierigkeiten hatte, das rechte Maß zu finden.

Kleist wird von Martini zugleich als »anspruchslos«[25] geschildert. Eine durch die Familie überlieferte Anekdote zeigt Heinrichs Bemühen, sittliche Lehren in die Tat umzusetzen. So soll er, zur Verwunderung der älteren Halbschwester Wilhelmine, sein Taschengeld wiederholt und ganz selbstverständlich einem Freund gegeben haben, weil dieser es nötiger brauchte.

Martinis Gewährsmann Carl Eduard Albanus will 1832 von diesem aber auch erfahren haben, daß Kleist und sein Vetter Karl von Pannwitz einander schriftlich versprochen hatten, später den Freitod zu wählen. Ob diese in der Kleist-Literatur oftmals als früher Hinweis auf eine Suizidisposition beider Vettern interpretierte Überlieferung als gesichert gelten kann, wissen wir nicht. Vetter Karl hat sich tatsächlich bereits 1795 als Fähnrich im Polenfeldzug erschossen. Die eigentlichen

Gründe für diese Tat sind unbekannt geblieben.[26] Von Kleist wissen wir immerhin aus einem Brief, den er wenige Tage vor seinem Freitod im November 1811 schrieb: »Dadurch, daß ich mit Schönheit und Sitte, seit meiner frühsten Jugend an, in meinen Gedancken und Schreibereien, unaufhörlichen Umgang geflogen bin ich so empfindlich geworden, daß mich die kleinsten Angriffe, denen das Gefühl jedes Menschen nach dem Lauf der Dinge hiniden ausgesezt ist, doppelt und dreifach schmerzen.«[27]

Hatte Kleist, der als Adelssohn keine öffentliche Bildungsanstalt besuchte, als Junge nicht auch Berührung mit Menschen anderer Stände? Streifte er durch die Stadt und die nähere Umgebung, ähnlich wie Goethe dies dreißig Jahre vor ihm in Frankfurt am Main getan hatte? 1810 wird Kleist, in dem Zeitungsbeitrag *Allerneuester Erziehungsplan*, öffentlich der Auffassung entgegentreten, nur das Vorbild der sogenannten »gute[n] Gesellschaft«, der Eltern und Erzieher mit ihren pädagogischen Maximen könne die sittliche Bildung eines Kindes befördern. Denn in ihr, so Kleist 1810, könne »nachgeahmt« werden, in der schlechten hingegen müsse »durch eigentümliche Kraft des Herzens erfunden werden«. Das fordere dazu heraus, eigene Standpunkte auszubilden. Überhaupt: »Die Welt, die ganze Masse von Objekten, die auf die Sinne wirken«, halte und regiere den jungen Menschen »an tausend und wieder tausend Fäden«.[28] Das klingt so, als habe er hier eigene Erfahrungen beschrieben. Die plastische Zeichnung von Volkstypen, von deren Bewegung, ihrer Sinnesart und ihres Idioms, die Kleist als Dichter später bot, beruhte sie auf intimer Kenntnis? Charakterbilder wie die der Kossäten Veit oder Ruprecht und der Häuslerin Marthe im *Zerbrochnen Krug* oder des Knechts Herse und des Abdeckers im *Michael Kohlhaas* scheinen dafür zu sprechen. – Der Abstand der Eltern, zumindest der Mutter, zu den Kindern, war offenbar trotz Kindermädchen und Privatlehrer nicht so groß, wie sonst in adligen Familien üblich. Es gibt Anzeichen dafür, daß die seelsorgerischen Ori-

Der siebenjährige Heinrich mit seiner Mutter Juliane Ulrike von Kleist, geb. von Pannwitz (1746-1793), um 1784, ungesicherte Miniatur von Franz Ludwig Close.

entierungen Löfflers auf eine tätige, nachsichtige Mitmenschlichkeit, auf ein liebevolles Verhalten im Alltag für die Familie von Bedeutung gewesen sind. Die Erinnerung an seine Mutter wird Kleist noch fünfzehn Jahre nach ihrem Tod in einem Streit mit seinem Freund Rühle von Lilienstern besänftigen: »Wenn ich auf dich böse bin«, schreibt er ihm 1808, »so überlebt diese Regung nie eine Nacht, und schon als du mir die Hand reichtest, beim Weggehen, kam die ganze Empfindung meiner Mutter über mich, und machte mich wieder gut.«[29] Juliane Ulrike von Kleist geb. von Pannwitz, die von ihrem Mann testamentarisch als Universalerbin eingesetzt worden war, ermunterte in Stammbucheintragungen als »zehrtlich liebende Tante« ihre Nichten im Vertrauen auf deren »edle[n] Hertzen[s]« zum unbeschwerten Genuß ihrer »Jugendlichen Jahre«.[30] Auch die eigenen Kinder dürften solche Ermunterung erfahren haben. Frau von Kleist muß ihnen Freiräume gelassen, Vertrauen entgegengebracht und sie zu einem liebevollen Umgang miteinander angehalten haben. Der erste erhaltene Brief Kleists[31] – aus dem Jahre 1793 – offenbart uns einen Jungen, der

Land und Leuten und geschichtlichen Begebenheiten gegenüber aufgeschlossen und mit einer gesunden Neugier, ja mit einer ungezügelten Lust auf Abenteuer und mit Phantasie ausgestattet ist. Diese Eigenschaften werden sich in Frankfurt, der oft unterschätzten Garnisons-, Universitäts- und Handelsstadt, im »Thal, das die Oder ausspült« und das Kleist, wie er einmal schrieb, »besonders bei Frankfurt« als »sehr reizend«[32] empfand, ausgeprägt haben.

Anfang 1788, in seinem 11. Lebensjahr, wurde Kleist mit seinen älteren Vettern Wilhelm von Pannwitz und Ernst von Schönfeldt in die Obhut des Berliner Predigers und Lehrers Samuel Heinrich Catel gegeben. Der Hugenotte Catel unterrichtete am Collège Royal François und an der privaten Erziehungsanstalt seines Schwagers Frédéric Guillaume Hauchecorne. Die Pension, die Kleist aufnahm, befand sich in der Kronen-, Ecke Charlottenstraße. Dort sollte er »einem im Geiste der französischen Sprache und Kultur prägenden Einfluß unterworfen«[33] werden, wie er für viele märkische Adlige, auch für die meisten seiner Lausitzer Verwandten, typisch war und wozu neben »Geläufigkeit in der französischen Sprache«[34], Tanzen, Reiten und Fechten gehörten. Nach allem, was wir wissen, hat auch Catel »die Rolle des Gewissens als Kompaß zum Rechttun und Glücklichwerden«[35] mit ins Zentrum seiner erzieherischen Bemühungen gestellt. – Ob Kleist jedoch bei Hauchecorne und Catel mehrere Klassen, vielleicht sogar die Oberstufe, die »Rhetorique«, absolvierte, ist zweifelhaft. Am Collège hätten dann neben den »besten französischen Schriftsteller[n]« auch »teutsche[r] Styl und Litteratur« sowie »humanistische und mathematische Wissenschaften«[36] zu den Unterrichtsgegenständen gehört. Sicher nachweisbar ist ein Aufenthalt Kleists in Berlin aber nur bis Mai 1788, also für ganze fünf Monate. 1789 ist er nicht mehr bei Catel. Wechselte er in ein anderes Berliner Pensionat? Viele der am Collège Unterrichteten verließen dieses, sofern kein akademischer Bildungsweg vorgesehen war, vor dem Eintritt in die Oberstufe.

Dies immerhin könnte auf Kleist zutreffen, zumal in einer Jubiläums-Rückschau von 1803 ein von Kleist unter solchen Abgängern aufgeführt wird.[37] Ob es sich hierbei allerdings um Heinrich von Kleist gehandelt hat, ließ sich bisher nicht feststellen.

Im Juni 1788 starb, sechzigjährig, Heinrichs Vater an der Wassersucht, einem offenbar langwierigen Herzleiden. Dieser Schicksalsschlag veränderte die ökonomische Lage der Familie grundlegend. Ein umgehendes Pensionsersuchen der Mutter wurde vom König mit der Begründung abgelehnt, daß die hierfür vorgesehenen Fonds erschöpft wären. Auch gelang es ihr nicht, Heinrich in der Berliner Académie militaire unterzubringen, wo Adelssöhne mit Zuschüssen der Krone ausgebildet wurden. Offenbar war es auf Drängen der Mutter zu einer Audienz bei Friedrich Wilhelm II. gekommen, bei der der König eine mündliche Zusage gegeben hatte, die aber trotz schriftlicher Erinnerung nicht eingelöst wurde. Zudem wurde das Testament des Vaters vom Frankfurter Stadtgericht angefochten. Für Heinrich wurde ein Vormund bestellt, der Justizkommissar George Friedrich Dames, in dessen Hand bis zur Volljährigkeit bei Vollendung des 24. Lebensjahres nun alle wichtigen Lebens- und Vermögensentscheidungen lagen.[38]

Für die Zeit von Mitte 1788 bis Mitte 1792 klafft eine empfindliche Lücke in Kleists Biographie. Man kann vermuten, daß er nach dem Tode des Vaters von Berlin[39] nach Frankfurt zurückgeholt wurde, um hier eine kostengünstigere Ausbildung zu erhalten; womöglich bei Martini, was Kleists spätere so vertrauensvolle Hinwendung zu diesem erst recht verständlich machen würde. Die Ausbildung in Frankfurt, sofern es sie gegeben hat, kann nur bruchstückhaft gewesen sein,[40] längst nicht so intensiv und umfassend wie die in Berlin begonnene. So dürfte in Kleist früh das Bewußtsein entstanden sein, er habe hinsichtlich seiner Bildung gegenüber Gleichaltrigen Nachholbedarf, was seinen späteren Bildungs- und Erziehungseifer angefacht haben wird. Im Grunde war Kleist ja

Autodidakt, fühlte sich zur Selbständigkeit im Umgang mit Geistigem angehalten. Sollte er weiter in Frankfurt erzogen worden sein, wurden auch die inneren Bindungen an die Mutter, die Geschwister und Verwandten[41] nicht so früh zurückgedrängt wie bei jenen jungen Leuten, die, fern ihrer Familie, in Internaten untergebracht waren.

Kulturelle Betätigungsformen der Zeit, gesellschaftliche Tugenden, an die sich Kleist bei seinem späteren Aufenthalt in Frankfurt erinnern wird, mögen gepflegt worden sein: ernste oder scherzhafte Eintragungen in Poesiealben, das Abschreiben aus Büchern, Rezitationen, das Verfertigen von Gelegenheitsgedichten und kleinen belehrenden Abhandlungen, wodurch man sein Wissen und sein sprachliches Geschick vor Angehörigen und Freunden unter Beweis stellen konnte. In heiterer Laune, kaum zwölfjährig, hatte Kleist seiner Halbschwester Wilhelmine quer ins Stammbuchblatt geschrieben: »Ich will hinein und muß hinein, u. sollts auch in der Quere sein.«[42] War das verbreitete Floskel gewesen oder hatte er, der spätere Außenseiter der Familie, sich bereits in der Rolle des kleinen Quertreibers gefallen?

Wie auch immer: Ein Urvertrauen in die Welt des Schöpfers und die diesseitigen Bande muß er aus seinen Kinderjahren auf seinen Lebensweg mitgenommen haben.

Der Familientradition gemäß sollte Kleist die Offizierslaufbahn einschlagen. Im Sommer 1792, bereits mit vierzehn Jahren, als Gefreiter Korporal bei dem Eliteregiment Garde Nr. 15 b in Potsdam eingestellt, kam er nach Monaten des Exerzierens im darauffolgenden Winter nach Frankfurt, um alsbald seine Mutter zu beerdigen. Die Sechsundvierzigjährige war »nach einem achttägigen Krankenlager, durch ein Entzündungsfieber«[43] gestorben. Anschließend fuhr er zu seiner Truppe, die im Dezember 1792 bei Frankfurt am Main Quartier bezogen hatte, um zum Beginn des Rheinfeldzuges gegen die französische Revolutionsarmee eingesetzt zu werden. Der französische König Ludwig XVI. war hingerichtet worden,

»Eine Armee in Schlachtordnung«, Kupferstich von Daniel Nikolaus Chodowiecki zu *Das Basedowische Elementarwerk. Ein Vorrath der besten Erkenntnisse zum Lernen, Wiederholen und Nachdenken.* Leipzig ²1785.

die erste Strafexpedition der deutschen Reichsarmee gen Paris aber hatte bei Valmy mit einem Fiasko geendet, und bei einer französischen Gegenoffensive waren die linksrheinischen Gebiete besetzt worden. Eine langandauernde Periode kriegerischer, politischer, ökonomischer und ideologischer Auseinandersetzungen zwischen den alten Mächten, darunter jedoch auch das bürgerliche England, und den jungen bürgerlichen Kräften Frankreichs, die energisch die historische Initiative ergriffen, nahm nun ihren Anfang. Diese Periode wird das Schicksal Heinrich von Kleists mitbestimmen. Der Fünfzehnjährige ahnte freilich noch nichts von der weltgeschichtlichen Dimension dieser Kämpfe.

»Die Franzosen oder vielmehr das Räubergesindel wird jetzt aller wärts geklopft«, schrieb der junge Gardist – ganz im Tonfall der preußischen Kriegspropaganda – aus Frankfurt am Main am 13. März 1793 an das »Tantchen«[44], Helene von Massow, die ältere Schwester der Mutter, die nun dem Frankfurter Haushalt vorstand. Und Stolz spricht erwartungsgemäß aus seinen Zeilen, an einem solch großen Abenteuer teilnehmen zu können, Recht und Ordnung wiederherzustellen ... Dann aber ging es in den Kampf, und Kleist erlebte das Bombardement der altehrwürdigen Stadt Mainz, in der sich deutsche Republikaner zusammen mit französischen Soldaten vom April bis zur Einnahme der Stadt am 22. Juli tapfer gegen die Übermacht verteidigten. Anschließend wurde sein Regiment in mehrere Gefechte bei Kettrich und Hochspeyer verwickelt und kämpfte in der Pfalz in »zwei Schlachten bei Pirmasens und Kaiserslautern, welche letztere drei Tage und zwei Nächte dauerte und ohne Obdach und Zelte unter freiem Himmel im November zugebracht werden mußte«.[45] Auch bei Trippstadt kam es zu einem Gefecht mit den Franzosen. Das Kriegsgeschehen hinterließ seine Spuren. Krieg und Zerstörung werden für Kleist später grundlegende Motive in seinen Dichtungen sein. 1793 schreibt er ein epigonenhaft barockes, zugleich aber menschlich bewegendes Gedicht, das ihm noch 1808 publikationswürdig erschien. Es trägt die bezeichnende Überschrift:

Der höhere Frieden

Wenn sich auf des Krieges Donnerwagen,
Menschen waffnen, auf der Zwietracht Ruf,
Menschen, die im Busen Herzen tragen,
Herzen, die der Gott der Liebe schuf:

Denk' ich, können sie doch mir nichts rauben,
Nicht den Frieden, der sich selbst bewährt,
Nicht die Unschuld, nicht an Gott den Glauben,
Der dem Hasse, wie dem Schrecken, wehrt.

Nicht des Ahorns dunkelm Schatten wehren,
Daß er mich, im Weizenfeld, erquickt,
Und das Lied der Nachtigall nicht stören,
Die den stillen Busen mir entzückt.[46]

»Ein Schlachtfeld«, Kupferstich von Daniel Nikolaus Chodowiecki zu *Das Basedowische Elementarwerk. Ein Vorrath der besten Erkenntnisse zum Lernen, Wiederholen und Nachdenken.* Leipzig ²1785.

Einem inneren Impuls folgend, flüchtete sich der fünfzehn-
jährige Kindersoldat vor dem ihm unverständlich bleibenden
Kriegsgeschehen in das Reich der Ideale. Die stoizistische
Formel von der Unantastbarkeit des Harmonie- und Glücks-
empfindens, der naive Glaube an die Unbeeinflußbarkeit des
Seelenfriedens durch die Weltvorgänge, die in diesen frühen
Strophen deutlich zutage treten, dürften ebenso wie die Sehnsucht nach einem Einklang des Menschen mit der Natur ein
Nachhall von Bildungswerten seiner Kindheit gewesen sein.
Zugleich wird der Einfluß Christoph Martin Wielands spürbar.[47] An den Ufern des Rheins, wo die Truppe in Eschborn
bis zum späten Frühjahr 1794 Quartier bezog, gab sich Heinrich einer Naturschwärmerei hin, wie sie gerade Wielands frühe Werke, die *Sympathien* und die *Natur der Dinge*, die er
wohl auch las, kennzeichnete. Diese Werke suchten ein teleo-
logisch-stoizistisches Weltbild zu vermitteln, das das Glück

des einzelnen als von äußeren Verhältnissen unabhängig darstellte. Erst jetzt begann er offenbar die Lektüre schöner Literatur als etwas sein Dasein ganz unmittelbar Berührendes zu
verstehen. Er erlebte sie als eine Möglichkeit, sich von den äußeren Konflikten in eine innere Welt zurückzuziehen. Sie bedeutete für ihn eine emotionale und geistige Erweckung. Es
begann seine Loslösung von der angestammten aristokratischen Welt. Er schrieb später über diese Zeit: »In meinem Innern sah es so poetisch aus, wie in der Natur, die mich umgab.
Mein Herz schmolz unter so vielen begeisternden Eindrücken,
mein Geist flatterte wollüstig, wie ein Schmetterling über ho-
nigduftende Blumen, mein ganzes Wesen ward fortgeführt
von einer unsichtbaren Gewalt, wie eine Fürsichblüthe von der
Morgenluft – Mir war's, als ob ich vorher ein todtes Instrument
gewesen wäre, und nun, plötzlich mit dem Sinn des Gehörs
beschenkt, entzückt würde über die eignen Harmonieen.«[48]

Im Sommer und Herbst 1794 nahm Kleists Regiment erneut
an Kriegshandlungen teil. Anfang 1795 sandte er einen Brief
nach Hause, der neben Berichten über Marschpläne und Be-
förderungsaussichten einen unvermuteten Stoßseufzer enthält:
»Gebe uns der Himmel nur Frieden, um die Zeit, die wir hier so
unmoralisch tödten, mit menschenfreundlicheren Thaten bezahlen zu können! – «[49] Seine Friedenssehnsucht, geboren aus
der Empfindung, daß dieser Krieg sinnlos und unmoralisch
sei, steht in Zusammenhang mit den Reaktionen fortschrittli-
cher Kräfte in Deutschland auf den gescheiterten Versuch des
Ancien régime, den Selbstbestimmungsanspruch der französischen Nation mit Waffengewalt zu unterbinden. So veröffentlichte Kant 1795 seine Schrift *Zum ewigen Frieden*, worin er
die Einheit von Politik und Moral forderte. Wieland klagte bereits 1793 diesen Krieg als abscheulich und unmoralisch an und
wünschte: »[...] es muß doch endlich einmal, über lang oder
kurz, wieder Friede werden.«[50] Flugschriften jener Zeit ver-
kündeten ähnliches. Kleist begann über den Soldatenberuf
nachzudenken. Die in der Kindheit erworbenen ethischen
Denkmuster wurden nicht mehr verdrängt. Es deutete sich

eine für ihn wichtige Wende an. Indem er seine Kriegsteilnahme in Frage zu stellen begann, wuchs allmählich der Wunsch, sich einer militärischen Existenz gänzlich zu entziehen.

1795 sah sich Preußen gezwungen, geschwächt durch den Aufstand polnischer Freiheitskämpfer 1794 unter Kościuszko in den bei drei Teilungen Polens eroberten Ostgebieten, einen Separatfrieden mit der französischen Republik abzuschließen. Er wurde im April 1795 in Basel unterzeichnet. Damit war der Krieg für Preußen beendet, und seine Truppen kehrten in die Garnisonen zurück. Das Regiment Garde marschierte von Eschborn bei Frankfurt am Main über Westfalen nach Potsdam. Hier traf es am 11. Juli ein.

In Potsdam nutzte Kleist jede Möglichkeit, Verbindungen zu Gleichgesinnten zu suchen und seine Bildung zu verbessern. Zwar wird er sich bei seinem geringen Leutnantssold von 10 Reichstalern monatlich (wofür er sich gerade das tägliche Mittagessen leisten konnte) nicht oft den Luxus gegönnt haben, in das 1793 eröffnete Städtische Schauspielhaus zu gehen; doch Kleist, der im östlichen Teil der Neustadt, im sogenannten Holländerviertel, in der Nähe der Nauener Straße wohnte, verkehrte in mehreren Privathäusern: bei den von Massenbachs, den von Werdecks sowie bei dem Stabskapitän Friedrich Wilhelm Christian von Kleist, einem entfernten Vetter Heinrichs, und dessen Frau Marie von Kleist, gebürtig aus der Bernauer Hugenottenfamilie Gualtieri. In diesem liberalen adligen Kreis herrschte ein gewisses Unbehagen an der Hohlheit der bisherigen Lebensweise, und man begann, »die Welt auch aus andern Standpuncten zu betrachten«.[51] Dem Moralverfall und der allgemeinen Sitten- und Herzlosigkeit besonders innerhalb der höfischen Aristokratie, die unter der Herrschaft (ab 1786) des verschwenderischen und bigotten Friedrich Wilhelm II. bislang nicht bekannte Ausmaße angenommen hatte, begegnete Marie von Kleist mit der Sehnsucht nach echtem, wärmerem Empfinden für den Mitmenschen. Den »Haupt Grund zu dieser Kälte im Menschen« sah sie im »Mangel an Nachdenken«.[52]

Deshalb pflegte sie den Gedankenaustausch, war der schönen Literatur sowie pädagogischen und wissenschaftlichen Bestrebungen zugeneigt. Das zog Kleist an, ebenso ihre Aufgeschlossenheit gegenüber Problemen junger Menschen. Hier spürte er Anteilnahme und Wärme, die er im militärischen Alltag vermißte. Zu dieser gefühlvollen Frau, die als Vertraute der Königin Luise bis ins Alter hinein Verbindungen zum preußischen Königshaus unterhielt, entwickelte sich eine lebenslange Freundschaft. Sie zahlte dem mittellosen Kleist von 1805 bis 1810 aus der eigenen Schatulle eine kleine ›Pension‹, ließ ihn aber – wohl aus Ehrengründen – zeitlebens in der Illusion, er habe diese von der Königin Luise empfangen. So nährte sie bei ihrem Schützling die Auffassung, Menschlichkeit und Aufgeschlossenheit gegenüber der Kunst seien trotz aller Einschränkungen Grundzüge des preußischen Herrscherhauses, zumal das junge Kronprinzenpaar verschiedentlich Soireen im Hause Christian von Kleists besuchte, auf denen auch Heinrich von Kleist zugegen gewesen sein dürfte. Marie hat als Hofdame noch 1797 versucht, auf die Königin Luise, der sie – nicht ohne Erfolg – die Lektüre von Jean Pauls Schriften empfahl, Einfluß zu nehmen. Sie wird auch zu Kleists wichtigster Vertrauten neben seiner Halbschwester Ulrike.

Adolphine von Werdeck, geb. von Klitzing, war mit dem dreizehn Jahre älteren Regierungsbeamten Wilhelm von Werdeck, einem Gutsnachbarn der Kleists, Pannwitz' und Schönfelds im Spreewald, verheiratet. Kleist hatte offenbar bereits im Felde Briefe an die um fünf Jahre ältere Adolphine geschrieben und sie darin mit seinen Problemen konfrontiert; und sie hatte mit »Wohlwollen«[53] reagiert. Sie scheint mit der konventionellen Rollenzuweisung als Frau in der Männergesellschaft Probleme gehabt zu haben, galt sie doch in dieser Hinsicht manchem als scharfzüngig. Auch sie hatte eigene Vorstellungen von der Partnerwahl und vom Gehalt einer Liebesbeziehung. Beide, Marie von Kleist und Adolphine von Werdeck, werden sich dann 1812 bzw. 1813, nach Jahren unausgefüllten Lebens in entfremdeten Ehen, scheiden lassen.

Marie von Kleists Potsdamer Schwager, der Generalquartiermeister Oberst Christian von Massenbach, ebenfalls mit persönlichen Beziehungen zum Königshaus sowie zu reformwilligen Kreisen und daher wohlinformiert über Regierungsinterna, war ein militärwissenschaftlich und politisch interessierter, kritischer Geist. Gerade eben, 1795, waren seine *Betrachtungen über die Feldzüge Österreichs und Preußens gegen Frankreich* erschienen. Darin bezweifelte er den Nutzen des Krieges, schätzte den Zustand der preußischen Armee und insbesondere ihres Führungsstabs als katastrophal ein und befürwortete einige republikanische Ideen. In den eigenen vier Wänden wird er mit seinen Meinungen noch weniger hinter dem Berg gehalten haben. Solche Einflüsse werden Kleists Urteilsfähigkeit und couragierte Kritik gegenüber den Schwächen der preußischen Armee gefördert haben. Auch daß Massenbach in seinen *Denkwürdigkeiten* politische Enthüllungen über die preußische Führung zu machen beabsichtigte, wofür ihn Friedrich Wilhelm III. 1817 zu einer mehrjährigen Festungshaft verurteilte, läßt rückblickend auf ein beträchtliches Maß an Offenheit schließen, mit dem er den jungen Offizieren, die in seinem Hause verkehrten, darunter auch einige Kameraden Kleists, begegnete.

Zweifellos empfing Kleist in diesen Häusern nicht nur Anregungen in Gesprächen. Er konnte dort ganz gewiß Zeitschriften und Bücher einsehen und ausleihen. In der königlichen Bibliothek und in Leihbibliotheken wird er ebenfalls gelesen haben. Er griff nun entschiedener nach Schriftgut, suchte Antworten auf Fragen nach dem tieferen Sinn des Lebens und nach den Wegen zum Glück, nach dem er sich sehnte und das er in seinem täglichen Einerlei vermißte. So lernte er auch Alternativen kennen, die einzelne zur feudalregierten Ordnung entwickelt hatten. Wie die meisten deutschen Intellektuellen des 18. Jahrhunderts wurde nun auch Kleist über jene frühen, eher emotionalen Frankfurter Bindungen hinaus durch aufklärerische Philosophie beeinflußt.

Die in Preußen noch tonangebende spätaufklärerische sogenannte Popularphilosophie lehrte, daß der einzelne durch
Wissenserwerb und Bildung zur »Wahrheit« gelangen und
seine persönliche Bestimmung finden könne. Diese läge in einer
schrittweisen intellektuellen und moralischen »Vervollkommnung« und gipfele in seinem »Glück«. In immer neuen Gesprächen, Niederschriften erhebt Kleist solche Worte zu Le-
bensmaximen.

Derartiges Gedankengut eignete er sich eher unsystematisch
an. Weder die Auswahl der zur Lektüre vorgesehenen Schriften
noch das Studium der einzelnen Titel erfolgten planvoll. Er
gab sich offenbar dem »gleichen wahllosen Wissensdrang«[54]
wie seine frühromantischen Zeitgenossen Tieck, Schlegel, Novalis hin und stillte so seinen Lektürehunger. Wie Adelbert
von Chamisso in einer ganz ähnlichen Situation innerhalb der
Armee nahm er vor allem das auf, »was ihm seine eigenen
Probleme lösen half oder ihn in seinen eigenen Anschauungen
bestärkte«.[55] So haben sehr unterschiedliche Schriften und
Autoren zur Prägung seines frühen Denkens beigetragen: der
Philosoph Leibniz ebenso wie Franz von Kleists *Sappho* und
Lessings *Nathan*, Schillers *Don Carlos*, dessen *Schaubühne als
eine moralische Anstalt betrachtet*, die Texte der *Thalia* und die
Balladen ebenso wie Wielands Antikeroman *Agathon*, Übersetzungen antiker Werke, so des Homer und Lukrez durch
Voß und Knebel, die Stoa ebenso wie Spaldings *Bestimmung
des Menschen* (1794) und andere lehrhafte Literatur.[56] So nahm
Kleist eine Mischung aus früh- und spätaufklärerischen Gedanken auf, anfangs vor allem stoizistische Konzeptionen und
die populäre Glückseligkeitslehre. Diese erhalten bei Kleist
sogar ein besonderes Gewicht. Auf eine von der Realität unabhängige Innerlichkeit, »diese[r] himmlische[n] Kraft der Seele«[57], wird nach wie vor ebenso der Schwerpunkt gelegt wie
auf die Willensfreiheit der Persönlichkeit und auf ein mora-
lisch-intellektuelles Ethos. Mit Inbrunst vertritt Kleist die
vom denkenden Menschen, von seiner Selbstbestimmung und
Selbstverwirklichung kündenden Ideale.

Der vermutlich um 1798 verfaßte *Aufsatz, den sichern Weg des Glücks zu finden und ungestört – auch unter den größten Drangsalen des Lebens, ihn zu genießen!* enthält die Essenz von Kleists früher geistiger Entwicklung. Er legt darin dar, daß sich das Glück des Menschen nicht auf äußere Dinge gründen lasse. Denn gerade dort, wo, wie an Fürstenhöfen, Reichtum, Güter, Macht, Repräsentation und Vergnügen das Leben bestimmten, gäbe es kein Glück. Dieses könne nur im Inneren des Menschen wurzeln; denn es binde sich als Ermunterung und Belohnung an die »Tugend«. Noch sei, schreibt er, die Vorstellung von ihr nur unvollkommen in ihm vorhanden. Doch glaube und hoffe er – wie bereits Leibniz gelehrt hatte –: daß in dem Maße, wie er an seiner Bildung arbeite und in seiner Aufklärung voranschreite, auch das Bild der Tugend immer klarer in ihm aufscheinen werde. Denn die »möglichst vollkommne[n] Ausbildung aller unser geistigen Kräfte«, wozu die »Bildung unseres Urteils, [...] Erhöhung unseres Scharfsinns durch Erfahrungen und Studien aller Art« gehörten, würde »mit der Zeit die Grundsätze des Edelmuts, der Gerechtigkeit, der Menschenliebe, der Standhaftigkeit, der Bescheidenheit, der Duldung, der Mäßigkeit, der Genügsamkeit usw. unerschütterlich und unauslöschlich in unsern Herzen« gründen. Dies werde schließlich »in dem erfreulichen Anschaun der moralischen Schönheit unseres eigenen Wesens« gipfeln. So seien es »die Zufriedenheit unsrer selbst, das Bewußtsein guter Handlungen, das Gefühl unsrer durch alle Augenblicke unsers Lebens [...] standhaft behaupteten Würde«, welche »unter allen äußern Umständen des Lebens, selbst unter den scheinbar traurigsten, ein sicheres tiefgefühltes und unzerstörbares Glück« gründeten. Diese zweifelsfrei stoizistische »Denkungsart« bezeichnet Kleist ausdrücklich als seine »Empfindungsweise«.[58] Er weist damit auch auf den Zusammenhang mit älteren Empfindungsmustern hin.

Eine Tugend freilich, welche lediglich Selbstzweck ist, lehnt Kleist ab. Im Zentrum des moralischen Charakters stehen für ihn, wie bereits Löffler gelehrt hatte, neben der inneren Würde

33

»Leibesstrafen«. Radierungen von Daniel Nikolaus Chodowiecki, 1770.

die guten Handlungen anderer Menschen gegenüber. Als Licht-
gestalt der Vorzeit, welche in das Menschengedenken eingegangen sei, erscheint bei ihm nunmehr Christus, welcher das
höchste Ideal des tugendhaft Denkenden und Handelnden verkörpert, sei er doch der »beste[n] und edelste[n] der Menschen,
der den Tod am Kreuze für die Menschheit starb«; daneben genießen freilich auch Helden der Antike wie »Sokrates, Leoni-
das, Regulus, deren ganzer Tagesablauf Tugend war« einen
hohen Stellenwert. Sie hätten bewiesen, »auf welche Höhe sich
der Mensch stellen, wie nah er an die Gottheit treten kann«.

Sein Dasein auf dem Wege zum Glück zu steigern, ist nun
auch Kleist angetreten. Für ihn gilt: »[...] der Beste ist der
Glücklichste«.[59]

Die Potsdamer Kasernenhofrealität war indessen nicht dazu
angetan, humanistische Ideale einzuüben und sich zu einer
Persönlichkeit mit hoher moralischer Gesinnung und von cha-

rakterlicher Größe zu entwickeln. Potsdam, Sommerresidenz des preußischen Königs und seine größte Truppen-›Schmiede‹, war von einer fünffachen Postenkette, Mauer und Palisadenwall umgeben, um die Desertion der zu zwanzigjährigem (!) Dienst verpflichteten Soldaten zu verhindern. Dies betraf vor allem die oft auf fragwürdige Weise angeworbenen Ausländer, während die nach dem Kantonsystem ausgehobenen leibeigenen Bauern außerhalb der Manöverzeiten zum Teil in ihre Heimatorte entlassen wurden. Das Soldatendasein beider war weder durch Ehrgefühl begründet noch durch Patriotismus; es war durch eiserne Disziplin bestimmt und durch drakonische Strafen. Der Soldat müsse vor dem Offizier mehr Furcht haben als vor dem Feind, lautete eine Devise Friedrichs II. in der noch immer altfritzischen Armee. Kleist war als Offizier unter anderem für das tägliche Exerzieren der – von Kleidungs- und Nahrungssorgen zusätzlich gepeinigten, in den Augen der Bürger als würdelos geltenden – Soldaten verantwortlich. Er hatte laut Militärreglement Befehle zu erteilen, Menschen durch Arrest, Prügel und andere Maßnahmen zu Rädchen einer Maschinerie von Sklaven zu drillen. Da die mechanischen Verrichtungen zumeist nur für die Parade berechnet waren, mußte auch dies in ihm das Gefühl der absoluten Sinnlosigkeit militärischer Praxis verstärken. Gerade das Regiment, in dem er diente, galt als die Wiege preußischer Taktik!

So konnte sich Kleist nicht enthalten, seinem ehemaligen Lehrer Martini gegenüber die für einen Gardeleutnant besonders ketzerische Mitteilung zu machen: »Die größten Wunder militärischer Disciplin, die der Gegenstand des Erstaunens aller Kenner waren, wurden der Gegenstand meiner herzlichsten Verachtung; die Offiziere hielt ich für so viele Exerciermeister, die Soldaten für so viele Sclaven, und wenn das ganze Regiment seine Künste machte, schien es mir als ein lebendiges Monument der Tyrannei.«[60]

Die enorme Kluft zwischen seinen Träumen vom edeln Menschen und dem Drill und der verordneten Pflicht zur Verhängung schwerer Strafen für oftmals kleine Vergehen mußte ihn schließlich in arge Gewissensnöte bringen. Von »zwei durchaus entgegengesetzten Prinzipien«, nämlich »als Mensch oder als Offizier« zu handeln, sei er »unaufhörlich gemartert« worden, wird Kleist im März 1799 im Schreiben gegenüber Martini äußern und den »übeln Eindruck« beklagen, den seine »Lage auf [s]einen Charakter machte«.[61] Selbstentfremdung durch Funktion und Gelegenheit, welche zu Brutalität verleiten, überhaupt physische und psychische Gewalt: sie werden als zentrale Konfliktgründe später die Welt seiner Werke bestimmen.

Gerade weil er sich humanistische Denk- und Gefühlswerte zu eigen gemacht hatte und an das Hohe im Menschen, an die Schönheit menschlicher Beziehungen glaubte, nicht nur von Menschenliebe reden, sondern sie praktizieren wollte, geriet Kleist in Konflikt mit den äußeren Umständen. Dem Fräulein von Linckersdorf, wohl seiner ersten Jugendliebe, schrieb er 1798 eine Passage aus Wielands *Gesicht unschuldiger Menschen*

ins Stammbuch: »Geschöpfe, die den Wert ihres Daseins empfinden, die ins Vergangene froh zurückblicken, das Gegenwärtige genießen, und in der Zukunft Himmel über Himmel
in unbegrenzter Aussicht entdecken; Menschen, die sich mit
allgemeiner Freundschaft lieben, deren Glück durch das
Glück ihrer Nebengeschöpfe vervielfacht wird, die in der
Vollkommenheit unaufhörlich wachsen, – o wie selig sind
sie!«[62] Und auch im *Aufsatz, den sichern Weg des Glücks zu
finden* klingt die humanistische Orientierung aller Handlungen des einzelnen an: »Alle Tugenden beziehn sich ja auf die
Menschen, und sie sind nur Tugenden insofern sie ihnen nütz-
lich sind«, und da frage es sich: »gegen wen? und für wen? und
wozu? Und immer dringt sich die Antwort auf, für die Menschen, und zu ihrem Nutzen«.[63]

Um sein Gewissen zu erleichtern und wohl auch, um gewisse
Veränderungen der Zustände im Heer zu erwirken, entwarf
Kleist 1798 einen Brief an den König, worin er ihm kritische
»Betrachtungen«[64] über die preußische Armee unterbreiten
wollte. Friedrich Wilhelm III. hatte im November 1797 den
Thron bestiegen. Als er anfangs einige Maßnahmen, wie die
Entfernung der Gräfin Lichtenau, der Mätresse des letzten
Königs, und die Entlassung des Innenministers Wöllner, dessen
Religionsedikt freilich in Kraft blieb, einleitete, hegten bür-
gerliche und liberale adlige Kreise Hoffnungen auf eine Re-
formierung und Humanisierung von Staat und Gesellschaft.
Man sah den neuen König als einen aufgeklärten Fürsten, der
diese Erwartungen erfüllen könnte. Eine Reihe reformerisch
denkender Praktiker versuchte, in diesem Sinne auf die Krone
Einfluß zu nehmen. Kleist kannte den König persönlich.[65]
Dieser hatte das Regiment Garde, in welchem Kleist diente,
als Kronprinz 1793 zur Belagerung von Mainz geführt. Es
spricht für Kleists gewachsenen Realitätssinn, wenn er die
Hoffnung von 1797, den König mit seinen kritischen Wahrheiten über den Zustand des Heeres im »Eifer für die Güte
meiner Sache«, wie er sich ausdrückte, »zu überzeugen und
einzunehmen«[66], ein Jahr später aufgab. Unerwartet hatte sich

Friedrich Wilhelm III. gegen Reformen gesperrt.[67] Selbst Scharnhorst, Blücher und andere haben in zahlreichen Aufsätzen und Denkschriften dem König zumeist vergeblich Vorschläge für die Verbesserung der inneren Struktur und der Schlagkraft der preußischen Armee, deren Rückständigkeit in den Kämpfen gegen die französischen Revolutionsheere offen zutage getreten war, unterbreitet. Während bei ihnen der sittlich-humanitäre Aspekt eine untergeordnete Rolle spielte, dafür Fragen der Strategie und Taktik, der zahlenmäßigen Stärke der Armee und der effektiveren Besetzung der Befehlshaberstellen im Mittelpunkt standen, wurde für Kleist gerade jener »Gesichtspunkt[e]«[68] zum Ansatz seiner Kritik. Seine vor allem auf die geistig-seelische Emanzipation ausgerichtete Bildung ließ ihn auf Verletzungen der Menschenwürde, wie sie im Militär üblich waren, deutlicher reagieren als seine über die Militärakademie in die Armee gekommenen, später zum Teil berühmt gewordenen Altersgenossen. Die Kluft zwischen Menschlichkeit und Unmoral, die er selbst erlebt hatte, schien ihm unüberbrückbar, und so fehlte es ihm an Geduld, weiter auf eine absehbare Veränderung des »jetzigen Zustande[s] der Armeen«[69] durch Reformen von oben zu hoffen. War doch die Armee bis 1806 ein beredtes Beispiel für die Stagnation des nachfriderizianischen Preußen.

So baute Kleist seine eigene Gegenwelt zum Militäralltag aus, indem er im Prozeß einer »innere[n] Gärung ineinander wirkender Kräfte«[70] verstärkt Verbindung zu Gleichgesinnten aufnahm. Tatsächlich stand es in der preußischen Armee nicht nur mit dem Soldatenstand, sondern auch mit dem Offiziersmilieu nicht zum besten. Thomas Mann sprach von »analphabetischen Liederjahre[n]«[71] und umschrieb damit erhebliche moralische und ethische Defizite bei den meisten Offizieren, die bis in die Intimsphäre hineinreichten.[72] Der stupiden Kameraderie, dem Kartenspiel, dem Zotenreißen und Trinken versuchte Kleist sich zu entziehen. Die Bekanntschaft mit einigen ähnlich gesinnten jungen Fähnrichen und Offizieren stellte

König Friedrich Wilhelm III. von Preußen (1770-1840).
Ölgemälde von Wilhelm Böttner, 1799.

sich u. a. über Marie von Kleist und den Oberst von Massenbach her. Schnell entstehen Vertrauensverhältnisse. Mit dem neunzehnjährigen Otto August Rühle von Lilienstern, mit dem zwei Jahre jüngeren Ernst von Pfuel, mit Hartmann von Schlotheim und Carl von Gleißenberg spricht Kleist auf den Stuben über Gelesenes. Von den Mitgliedern dieses Kreises werden »periodisch eingereichte[n] Arbeiten und Produktionen« über verschiedenste Wissensgebiete »gehört und verhandelt«.[73] Mit seinem *Aufsatz, den sichern Weg des Glücks zu finden* suchte Kleist insbesondere Rühle von der Richtigkeit seiner Vervollkommnungspläne zu überzeugen. Rühles und Pfuels Verhältnis zur Welt ist indessen, wie Kleist in dem Rühle gewidmeten Glücksaufsatz selbst resümiert, nüchterner. Rühle hält, wie Kleist einräumt, seine, Kleists, »Art zu denken für ein [...] Hülfsmittel, sich die trüben Wolken des Schicksals hinweg zu philosophieren, und mitten unter Sturm und Donner sich Sonnenschein zu erträumen«.[74]

Man lamentiert indessen nicht nur über den eigenen Zustand, sondern ist um Horizonterweiterung bemüht. Neben Wissenschaft und Philosophie sind es die Dichtung, die Musik und wohl auch die Körperertüchtigung, die den Offizierszirkel zusammenhalten. In ihm sind langdauernde Freundschaften entstanden. Im Gegensatz zur einseitigen Stupidität des Dienstes wird der vielseitig ausgebildete Mensch als Ideal gesetzt – und damit dem Tätigkeitstrieb ein gewisser Zweck geboten. Mit Schlotheim, Gleißenberg und Rühle bildet Kleist auch ein Quartett, in dem er mit Geschick und Vergnügen die Klarinette spielt. Kleist scheint musikalisch überdurchschnittlich begabt gewesen zu sein. Er erlangte auf diesem Instrument, vermutlich unter Anleitung des Potsdamer Klarinettisten Joseph Beer, bald eine beachtliche Fertigkeit[75] und soll selbst kleine Tänze komponiert haben. Einen Urlaub benutzen die Freunde 1798 zu einer musikalischen Harzwanderung, sie besteigen den Brocken, den Stufenberg und den Regenstein, spielen, als Musikanten verkleidet, in den Ortschaften und verdienen sich so ihre Wegzehrung. Auch in Paretz, einem ländlichen Aufenthaltsort der königlichen Familie an der Havel, dürften die Musikfreunde aufgetreten sein.

Zum schrittweisen Ausbau dieser inneren Gegenwelt gehört auch der Besuch der Potsdamer Stadtschule zusammen mit Rühle von Lilienstern. Konrektor Bauer, zugleich Leiter des Potsdamer Lesevereins, läßt sich auf die – für die Lernenden preiswerte, weil halb autodidaktische – Verfahrensweise der beiden Wißbegierigen ein. Planmäßig, ohne langes Demonstrieren seitens ihres Lehrers, gelangen sie, nach Darstellung Kleists, selbst zu Ergebnissen, die jener nur noch zu überprüfen hat. So kommt man rasch voran und erlangt ein sich festigendes Wissen und dazu einen Zuwachs an Selbstwertgefühl. Zwar läßt Friedrich Wilhelm III., um der in der Rheinkampagne offenbar gewordenen gefährlichen Unwissenheit des Offizierkorps in technischen Dingen abzuhelfen, im November 1797 von einem diesbezüglichen »Plan« wissen, an dem »gearbeitet« werden solle. Danach sei der »Unterricht der jungen Offiziere und Junker bei den Regimentern einzurichten«.[76] Doch geschieht vorerst wenig.[77] So ergreifen Kleist und Rühle selbst die Initiative. Kleist holt das nach, was bei seiner frühen Ausbildung zu kurz gekommen war: Mathematik (zwei Jahre, er gelangt dabei bis zur Vollendung der gemischten Arithmetik) und Philosophie (ein halbes Jahr, er schließt die reine Logik ab). Es sind die auch nach aufklärerischer Wissenschaftsauffassung »beiden Grundfesten alles Wissens«.[78] Gegenüber Rühle, der von der Militärakademie kommt und ihm in der Mathematik voraus ist, vermag Kleist nach einiger Zeit dank seines Eifers nachzuziehen. Enthalten doch gerade diese beiden Fächer der exakten Wissenschaften für Kleist die Verheißung, Schlüssel für die wahre und richtige Wertschätzung der Dinge zu sein. »Wir werden uns seltner irren, mein Freund, wir durchschauen dann die Geheimnisse der physischen wie der moralischen Welt«[79], resümiert er.

Kleist will sich nun aus dem ›Irrtum‹ von »sieben unwiderbringlich verlornen Jahren«[80] im Militär, der, wie er meint, durch seine eigene ehemalige Unmündigkeit verschuldet worden sei, herausarbeiten. Spätestens seit 1797 fühlt er sich mehr als Student denn als Soldat. Hinter den mit äußerstem Eifer betriebenen Bemühungen steht nun der Entschluß, den Dienst zu quittieren. Er möchte nur noch so lange ausharren und die Zeit nutzen, bis seine Kenntnisse mit einiger Sicherheit für die Aufnahme an einer Universität ausreichen. Sich nicht mit Selbsttröstungen zu begnügen, sondern andere Lebensumstände zu suchen oder zu schaffen und sein Leben in die eigenen Hände zu nehmen – das bedeutet eine erste Korrektur des stoizistischen Aspekts der überkommenen Tugend- und Glücksauffassung. Zwar ist Kleist noch immer »der Meinung, daß eine völlige Freiheit von den Umständen zu erreichen ist, unter denen der Mensch lebt, daß die Beschränkung auf sich und seine Beschaffenheit hinreiche, um glücklich« sein zu können; zugleich sieht er jedoch die Gefahr, durch die Umstände korrumpiert zu werden. Und das ist für den streng moralisch Empfindenden einer der Hauptgründe dafür, allem in der Welt »mit ganzer Konsequenz nachzugehen, sich die Auseinandersetzung nicht durch Kompromisse zu erleichtern«.[81] Hat er noch im *Aufsatz, den sichern Weg des Glücks zu finden* Rühle gestanden, daß »ein natürlich heftiger Trieb im Innern« ihn leider noch verführe, die »Mittelstraßen aller Art«[82] zu hassen, welche er doch, der Tugendlehre gemäß, beschreiten wolle – so hat die Stimme seiner Natur nun in diesem Punkt die Oberhand gewonnen. Die Weichenstellung weg vom Üblichen ist eingeleitet.

Seinem ehemaligen Frankfurter Lehrer Martini stellt er nachdrücklich die Frage, ob »ein denkender Mensch der Ueberzeugung eines Andern« – auch eines älteren und weiseren – »mehr trauen soll als seiner eigenen?« Und er beantwortet sie selbst ganz im Sinne von Kants Abhandlung *Was ist Aufklärung?*: daß man »gerechte Zweifel gegen die Wahrheit« der Meinung des Anderen »erhebe[n]«, daß man »sie streng und wiederholt prüfe[n] und sich hüte[n]« müsse, »zu früh zu glauben«, man habe sie »aus allen Gesichtspunkten betrachtet und beleuchtet [...] Aber gegen seine Ueberzeugung glauben, heißt glauben, was man nicht glaubt, ist unmöglich«.[83]

Kleist erweist sich als einer der wenigen Selbstdenkenden, denen es, nach Kants Worten, »gelungen ist, durch eigene Bearbeitung ihres Geistes sich aus ihrer Unmündigkeit heraus zu wickeln«[84]: Schritt für Schritt, durch ungewöhnliche Anstrengungen, wird er zu einer eigenen Ansicht von der Welt und den Menschen und schließlich auch von der Kunst gelangen. Die kompromißlose Behandlung eines Problems, jener bohrende Überprüfungs- und Entdeckerdrang Kleists wird später auch bis in die verborgenen Mechanismen des Staates und der Psyche vordringen. Er wird ein konstitutives Merkmal seines poetischen Verfahrens werden.

Kleist Auflehnung gegen die herrschenden Konventionen begann unter schwierigen Voraussetzungen. Er mußte sich von diesen Konventionen befreien, wollte er sein Verlangen nach Selbstbestimmung und Selbstvervollkommnung stillen und nicht nur einen schönen Traum sein lassen. Sein Abschiedsgesuch stieß bei seinem Regimentschef auf Ablehnung. General Rüchel, ein Freund der Parade- und Exerzierkünste und ein Vertrauter des Königs, »eine aus lauter Preußentum gezogene Säure« (Clausewitz), verweigerte Kleist anfangs die Entlassung. Nicht nur Rüchel empfand den Abbruch der militärischen Karriere als eine unbegreifliche Dummheit des noch Unmündigen, auch Kleists Familie und sein Frankfurter Vormund reagierten skeptisch:

»Man machte mir Einwürfe, fragte mich, welche Brodwissenschaft ich ergreifen wolle; denn daß dies meine Absicht sein müsse, fiel Niemanden ein, zu bezweifeln. Ich stockte. Man ließ mir die Wahl zwischen Jurisprudenz und der Cameral-Wissenschaft.

Ich zeigte mich derselben nicht abgeneigt, ohne mich jedoch zu bestimmen. Man fragte mich, ob ich auf Connexionen bei Hofe rechnen könne? Ich verneinte anfänglich etwas verlegen; aber erklärte darauf, um so viel stolzer, daß ich, wenn ich auch Connexionen hätte, mich nach meinen jetzigen Begriffen schämen müßte, darauf zu rechnen. Man lächelte, ich fühlte, daß ich mich übereilt hatte. Solche Wahrheiten muß man sich hüten,

auszusprechen. [...] Man sagte, ich sei zu alt, zu studiren. Darüber lächelte ich im Innern; weil ich mein Schicksal voraus sah,
einst als Schüler zu sterben, und wenn ich auch als Greis in die
Gruft führe. Man stellte mir mein geringes Vermögen vor; man
zeigte mir die zweifelhafte Aussicht auf Brod auf meinem neuen
Lebenswege; die gewisse Aussicht auf dem alten. Man malte mir
mein bevorstehendes Schicksal, jahrelang eine trockene Wissenschaft zu studiren, jahrelang und ohne Brod mich als Referen-
dar mit trockenen Beschäftigungen zu quälen, um endlich ein
kümmerliches Brod zu erwerben, mit so barocken Farben aus,
daß, wenn es mir, wenn auch nur im Traume hätte einfallen
können, meine jetzige, in vieler Hinsicht günstige Lage mit *diesem* Lebensplane zu vertauschen, ich mich den unsinnigsten
Thoren hätte schelten müssen, der mir je erschienen wäre.

Aber alle diese Einwürfe trafen meinen Entschluß nicht.
Nicht aus Unzufriedenheit mit meiner bessern Lage, nicht aus
Mangel an Brod, nicht aus Spekulation auf Brod; – sondern aus
Neigung zu den Wissenschaften, aus dem eifrigsten Bestreben
nach einer Bildung, welche, nach meiner Ueberzeugung, in dem
Militairdienste nicht zu erlangen ist, verlasse ich denselben.«[85]

Kleist ließ sich in seinem Entschluß, das Militär zu verlassen, weder durch Familienangehörige noch durch seinen Vormund noch durch die Potsdamer und Berliner Bekannten und
Verwandten beirren.[86] Nicht einmal die Aussicht, mit einem-
mal völlig mittellos dazustehen, könne ihn, bekennt er, davon
abhalten. »Ich sinne oft nach, welchen Weg des Lebens ich
wohl eingeschlagen haben würde, wenn das Schicksal mich
von allen Gütern der Erde ganz entblößt hätte, wenn ich ganz
arm wäre? Und fühle eine nie empfundene Freude Kopf und
Herz wechselseitig kräftigen, daß ich dasselbe, ganz dasselbe
gethan haben würde.«[87]

An einem Apriltage des Jahres 1799 ritt Kleist, endlich das
heiß ersehnte königliche Entlassungsschreiben in der Tasche,
durch bis nach Frankfurt an der Oder.

Der »neue Lebensplan«

»Anders ist der Studierplan, den sich der Brotgelehrte, anders derjenige, den der philosophische Kopf sich vorzeichnet«, hatte Friedrich Schiller 1789 in seiner akademischen Antrittsrede an der Universität Jena verkündet. Während es ersterem allein um die Erfüllung der Anforderungen eines Amtes und dessen Vorteile gehe und er seine Studien sorgsam absondere, »vereinig[e]« diese der »philosophische Geist«, dem es um »Wahrheitssuche«, um die »Bestimmung [...] sich als Menschen auszubilden«[1] zu tun sei.

Als Kleist im Jahre 1799, gleich nach der Ankunft in seiner Heimatstadt, mit Erfolg die Reifeprüfung an der brandenburgischen Landesuniversität Alma mater viadrina (*viadrus* = lat. für Oder) absolvierte und sich, scheinbar der Empfehlung seines Vormundes Dames folgend, an der juristischen Fakultät als ein ›der Rechte Beflissener‹ immatrikulieren ließ, war er vom klassisch-humanistischen Bildungsideal erfüllt. Eine »höhere Theologie, der Mathematik, Philosophie und Physik«[2] schwebte ihm vor: Nicht die Postulate und die Gottergebenheit der christlichen Glaubenslehre, nicht die Ausrichtung auf die herrschenden Gesellschaftsnormen, sondern die exakten Wissenschaften sollten ihm helfen, seine intellektuellen und moralischen Fähigkeiten zu entwickeln, Erkenntnisse zu erwerben und seine Persönlichkeit zu charakterlicher Größe von hoher Gesinnung zu formen, kurz: Kleist wollte ein edler Mensch werden.

Er begann das Studium der »Allgemeinen oder Grundwissenschaften, welche vor den praktischen vorausgehen müssen, um auf die letzteren vorzubereiten«.[3] Die zwei Jahre Studium, die normalerweise dafür an der Viadrina vorgesehen waren und die an deren philosophischer Fakultät abgeleistet werden mußten, hoffte Kleist auf ein Jahr zusammendrängen zu können. Schließlich galt es, die Zahl der ›verlornen Jahre‹ zu mindern und rasch zum eigentlichen Studienprogramm voranzuschreiten. Dieses freilich hatte er für Göttingen vorgesehen, wo er sich gründlicher mit Philosophie, Mathematik und Physik beschäftigen wollte. [4]

Froh, dem Exerzieren entronnen zu sein, voller Bildungshunger und Erwartungen, das erste Mal auf einer Universität, stürzte sich Kleist in seine Studien. Obgleich von ihm selbst nur einige wenige Hinweise hierzu überliefert sind, können wir mit Hilfe der von Professor Reitemeier einige Jahre zuvor publizierten ›Bausteine eines Studienplanes‹ mit einiger Sicherheit annehmen, daß Kleist schon bald Vorlesungen und Übungen zum Naturrecht, zur Geschichte, zur Logik, zur Enzyklopädie der Staatswissenschaft und Statistik, zur Mathematik und Physik belegte.[5] Auch Latein-Studien wollte er treiben; Gebühren hierfür entrichtete er denn auch 1800 bei einem jungen Frankfurter Lateinlehrer. Dahlmann, ein späterer Freund, rühmte, Kleist habe »Feldzüge und ernste, nicht bloß dilettantische Universitätsstudien gemacht, das habe [er, Dahlmann] aus seinen Kollegienheften gesehen«.[6] Und der Student Kleist selbst schreibt: »Ich habe mir ein Ziel gesteckt, das die ununterbrochene Anstrengung aller meiner Kräfte u die Anwendung jeder Minute Zeit erfordert, wenn es erreicht werden soll.«[7]

Kleist war der Überzeugung, daß er sich mittels eines vernünftigen Lebensplans immer weiter vervollkommnen könne. Ein solcher Plan, so hoffte er, werde ihm auch helfen, sich sicher durchs Leben zu bewegen und Konflikte zu bewältigen. Ganz vom rationalistischen Ordnungs- und Selbstbemächtigungspathos eingenommen, läßt er seine Schwester Ulrike wissen: »Ein freier denkender Mensch […] fühlt, daß man sich über das Schicksaal erheben könne, ja, daß es im richtigen Sinne selbst möglich sei, das Schicksaal zu leiten. Er bestimmt nach seiner Vernunft, welches Glück für ihn das höchste sei, er ent-

Hauptgebäude der Brandenburgischen Landesuniversität Viadrina, 1858.
Zeichnung von Hugo Mühle.

wirft sich seinen Lebensplan, und strebt seinem Ziele nach
sicher aufgestellten Grundsätzen mit allen seinen Kräften entgegen.« Und mit rationalistischer Strenge fügt er hinzu: Ein
Leben ohne Plan und Ziel, als »Spiel des Zufalls«, und dabei
»eine Puppe am Drathe des Schicksaals« zu sein – das erscheine
ihm »so verächtlich, und würde [ihn] so unglücklich machen,
daß [ihm] der Tod bei weitem wünschenswerther wäre.«[8]
  Um Sein oder Nichtsein geht es ihm, um nichts weniger. Sein
Ringen um Selbstbefreiung ist dabei keineswegs frei von Auto-
suggestionen. Da er sich vom Militär hatte befreien können und
seine Immatrikulationsprüfung gänzlich aus eigener Kraft bestand, glaubte er nun, er könne sich – folgte er nur konsequent
und zielstrebig Kants Leitspruch ›Habe Mut, dich deines eigenen Verstandes zu bedienen!‹ – mit Hilfe der Vernunft aus jeder
deprimierenden Lage herausarbeiten und zu voller Mündigkeit
und Freiheit gelangen. Der Erfolg selbstbestimmten Wirkens
prägte ihn in dieser frühen Zeit und hat ihn lebenslang zur Tat
ermutigt. Auch nie endende Zweifel, Enttäuschungen und Niederlagen konnten ihn nicht davon abhalten, sich immer wieder
aufzuraffen, um sich sein Werk abzuringen.

47

Obwohl wir über Kleists »Lebensplan« nicht im einzelnen unterrichtet sind, ergibt sich doch aus Bemerkungen und aus der Grundrichtung seiner Bestrebungen ein erkennbares Bild. In Potsdam hatte er eine möglichst umfassende Ausbildung sowohl der intellektuellen als auch der sinnlich-emotionalen Kräfte ins Auge gefaßt. Nachdem er sich auf die Wissenschaft konzentriert hatte, sollte eine Zeit des Reisens folgen: Wanderjahre sollten ihm Welterfahrung bringen und seinen Charakter formen, und aus diesen Wanderjahren hoffte er als »an Herz und Geist durch Erfahrung und Tätigkeit gebildete[r] Mann«[9] hervorzugehen. »Weltbürger« wollte er werden, ganz im Sinne der Aufklärung. Er glaubte, wie etwa sein Zeitgenosse Fichte, der Menschheit und der Gesellschaft am ehesten dienen zu können, indem er das ideell Höchste erstrebte – und zwar vorerst unabhängig von den bestehenden staatlich-politischen »Ordnung[en]« in »dieser wandelbaren Zeit«[10]. Danach könne er auch einmal ein Amt bekleiden; denn nur unter diesen Voraussetzungen glaubte er ein solches innerlich frei und selbstbestimmt handelnd ausfüllen zu können.

Ein so geartetes bürgerlich-anthropologisches Bildungsideal mit einem gewissen Praxisbezug ließ sich allerdings in Frankfurt an der Oder nur mit Einschränkungen verwirklichen. Zu Beginn der neunziger Jahre waren kritische Intellektuelle wie der Theologieprofessor Löffler und der Privatdozent Zschokke unter dem Justizminister und Chef der geistlichen Angelegenheiten, von Wöllner, Urheber des aufklärungsfeindlichen Religionsediktes vom Juli 1788, von der Universität vergrault worden. Die 1798 durch Friedrich Wilhelm III. verfügten Verbote des freimaurerischen Illuminatenordens und von »Umtrieben« auf den preußischen Universitäten hatten auch andere kritische Stimmen des Lehrkörpers in die Defensive gedrängt.[11] Die Philosophie Immanuel Kants wurde nicht gelehrt, und es gab Anzeichen dafür, daß die meisten Frankfurter Hochschullehrer ›Aufklärung‹ lediglich als platte Nützlichkeitsideologie verstanden und sie auch so vermittelten. Kritische Denkanstöße konnte Kleist indessen von Samuel Steinbart, einem lutherischen Aufklärer mit unzweifelhaft weitem Horizont und Freund Löfflers, erhalten, der sich auf Philosophie, Pädagogik und Beredsamkeit spezialisiert hatte. Dieser wies in seiner Logikvorlesung auf die Bedeutsamkeit des Selbstdenkens hin, dessen Verlust zur »Schlafsucht«[12] führe. Während Steinbart an einen produktiveren und gerechteren Staat glaubte, den man nach Grundsätzen der Vernünftigkeit berechnen und gestalten zu können meinte, wurden von den Professoren Carl Renatus Hausen und Karl Dietrich Hüllmann öffentliche ›Einrichtungen‹, darunter auch die kirchlichen Dogmen, auf ihre historisch-gesellschaftlichen Voraussetzungen hin befragt. Insgesamt wurde die Geschichte jedoch mit »frischem Optimismus als gänzlich erfaßbar und erforschbar angesehen«.[13] Enzyklopädie der Staatswissenschaft und Statistik dürfte Kleist ebenfalls bei Hüllmann, Mathematik bei Gottfried Huth, Naturrecht bei Johann Christian Friedrich Meister und / oder Ludwig Gottfried Madihn und Johann Friedrich Reitemeier, die beiden letzteren leidenschaftliche Juristen und Wolffianer aus Halle, gehört haben. Madihn ließ in seinen *Grundsätzen des Naturrechts zum Gebrauch seiner Vorlesungen*, in Anlehnung an Auffassungen des französischen Aufklärungsphilosophen Jean-Jacques Rousseau, die Selbsthilfe des einzelnen Bürgers in gewissen Notfällen noch gelten, anders als im *Allgemeinen Landrecht für die Preußischen Staaten* vorgesehen, das 1794 als erstes deutsches Gesetzeswerk erschienen und unter Mitwirkung von Viadrina-Gelehrten entstanden war. Kleist wird den Widerstreit zwischen affirmativer und kritischer Rechtsauffassung später in seiner Novelle *Michael Kohlhaas* gestalten. Die elementare Kraft, die die Rechtsproblematik bereits im Werk des frühen Kleist entfaltete, dürfte nicht allein auf Positionen, die an der Frankfurter Universität unterrichtet wurden, zurückzuführen sein; gleichwohl dürfte er durch sie einen Impuls für die Ausbildung eines sensiblen, hinterfragenden Rechtsbewußtseins empfangen haben. Oder sollte es sich um einen puren Zufall gehandelt haben, daß sich Reitemeier gerade damals zur *Justizverbesserung bei der Ausübung und*

Kontrolle der Rechtspflege äußerte und zur *Wahrheit vor Gericht*[14], auch vor Dorfgerichten? Zufall auch, daß gerade um diese Zeit ein Spruch des halleschen, zu Preußen gehörenden Schöppenstuhls die Gemüter erregte, wonach die Annahme von Geschenken von den prozeßführenden Parteien nicht grundsätzlich verboten sei? In Kleists Lustspiel *Der zerbrochne Krug* spiegelt sich diese Thematik wider. Die Handlung kreist um einen verwahrlosten Richter, der während einer von ihm geleiteten dörflichen Gerichtsverhandlung durch Willkür, Verschleierung und Bestechung auffällt und so von der eigenen Schuld abzulenken versucht. Auch einem Kontrollbeamten begegnen wir, der als Abgesandter eines Obertribunals die Rechtspflege auf dem platten Land verbessern zu wollen vorgibt, sich jedoch in die Rechtsbeugung vor Ort verstrickt.

Den nachhaltigsten Einfluß übte indessen sein Lieblingslehrer auf den Studenten Kleist aus: Professor Christian Ernst Wünsch war Physiker und rationalistischer Philosoph. Durch wissenschaftliche Beschäftigung, so lehrte er – und er faßte diese als sittlich bildende »erhabene Betrachtung[en]« auf –, begreife der »nach göttlichem Bilde geschaffene Geist des Menschen« in der »ewig unveränderlichen und schönen Harmonie« der Natur, welche die Gottheit nach ihren Gesetzen leite, deren »gütiges Wesen […] als eine[r] durch allmächtiges Wollen hervorgebrachte[n] und zusammengeordnete[n] Schöpfung«, und er sei angehalten, diese »immer näher zu durchforschen, zu bewundern und anzubeten«.[15] Wissenschaft hatte nach Wünsch nicht in erster Linie einen Praxisbezug, sondern sollte über das Erkunden der einzelnen Naturphänomene hinaus Gotteserkenntnis sein – und, durch sie, Weltweisheit. Das Erkennen der Vollkommenheit der Natur führe den Menschen zu seiner eigenen Vollkommenheit. Im göttlichen »Plan«, der, wie Kleist bald formulieren wird, »für die Ewigkeit«[16] entworfen sei, gelte es, die eigene Bestimmung auszumachen. Dies war teleologisches Denken. Es stärkte in Kleist den Glauben an die ethisch verwandelnde Macht der Wissenschaft. Kleist fühlte sich ermutigt, die als harmonisch dargestellte Natur als ein Buch der Schöpfung aufzufassen, das man nur aufzuschlagen brauche, um daraus Entscheidendes für das menschliche Zusammenleben herauszulesen. Dabei standen sittliche Werte im Vordergrund, die Kleist als für alle Zeiten gültig begriff. Und so galt es, möglichst viel Wissensgut anzusammeln, denn er glaubte auch, daß die Menschen »nach dem Tode von der Stufe der Vervollkommnung, die wir auf diesem Sterne erreichten, auf einem andern weiter fortschreiten würden, u daß wir den Schatz von Wahrheiten, den wir hier sammelten, auch dort einst brauchen könnten«.[17]

Wünschs Lehren und Schriften mögen auch Kleists kritische Einstellung gegenüber der institutionalisierten Religion vertieft haben. In Briefen dieser Zeit distanzierte er sich ausdrücklich von den »Ceremonien der Religion«.[18] In der 1807 veröffentlichten Novelle *Das Erdbeben in Chili* erkennen wir einen Widerschein dieser Auffassung, spielt doch hier das Aufbegehren gegen einen bigotten und gewalttätigen Gottesstaat (des 17. Jahrhunderts) eine zentrale Rolle.

Neben Wünschs harmonisierendem Fortschrittspathos dürfte Kleist auch von dessen Auffassung angezogen worden sein, einige wenige Menschenbildner müßten sich der Volkserziehung widmen. Bereits in Christoph Martin Wielands *Sympathien* (1756) hatte er die Aufgabe für den Gebildeten formuliert gefunden, Lehrer der unreiferen Menschheit zu sein. Diese Auffassung blieb auch später für ihn bedeutsam. Sein Engagement als Seelenbildner, ja noch das als politischer Propagandist dürften in diesem aufklärerischen Sendungsbewußtsein ihre Wurzeln gehabt haben.[19]

Das Treiben der nur etwa 200 Studierenden an der Viadrina bot für den verbissen an seiner Ausbildung arbeitenden Studiosus Kleist nur wenige Anknüpfungspunkte. Es erging ihm dabei offenbar ähnlich wie fünf Jahre zuvor Heinrich Zschokke, dem gebürtigen Magdeburger, der in Frankfurt 1790-1795 weitgefächerte Studien betrieben hatte.[20] Auch dieser hatte die Zerstreuungen und den Umgang mit seinen Kommilitonen gemieden. »Zartgefühl oder Ehrgefühl«, berichtete er, hätten ihn »von wüsten Saufgelagen und Häusern des Spiels und der Unzucht«, wo die Söhne aus bürgerlichen und adligen Häusern – vor allem Schlesiens und Neuwestpreußens – sich vor ihrer Berufung zu Beamten in der Provinz austobten, ferngehalten. Ihre »akademischen Freiheiten und Renomistereien – und andere Orden« habe er als »lächerlich[e]«, als »kindliche Spielerei«[21] empfunden. Wie in der Armee hatte die aufklärerisch-klassische Bildungsbewegung offenbar selbst an höheren Bildungsstätten des Landes nur eine Minderheit erfaßt.

In Frankfurt war auch der Messebetrieb zurückgegangen. Gerade im Jahre 1800, im Januar und März, wurden die Frankfurter Messen durch die Erhebung von Schutzzöllen und durch Importverbote zu reinen Inlandmessen reduziert, was ihren Niedergang zur Folge hatte. Kleist schrieb: »Aber auf alle Fälle gab es keine Neuigkeiten, außer die alte Leyer, daß die Messe schlecht sei.«[22] Die ehemals stolze Handelsstadt hatte inzwischen ohnehin durch die merkantilistische Wirtschaftspolitik Preußens an Bedeutung verloren; der Magistrat war zu einer reinen Vollzugsbehörde der Monarchie geworden.[23]

Unter diesen Bedingungen sah sich Kleist mit seinem Lebensentwurf allein gelassen. Auch sein Bestreben, Verwandte und Nachbarn als Gleichgesinnte zu gewinnen, blieb ohne jeden Erfolg. Schon vor Studienbeginn war er sich der Gefahr, isoliert zu werden, bewußt. So hatte er in seinem sogenannten Rechtfertigungsschreiben vom 18./19. März 1799 an Martini nicht nur um das Vertrauen, sondern auch um die Unterstützung seines ehemaligen Lehrers geworben: »Den Funken der Theilnahme, die ich bei der ersten Eröffnung meines Plans in Ihren Augen entdeckte, zur Flamme zu erheben, ist mein Wunsch und meine Hoffnung. Sein Sie mein Freund [...]«[24] Kleist hat ein freundschaftliches Verhältnis zu Martini gesucht, doch die erhoffte Unterstützung seines idealen Strebens durch den einstigen Theologiestudenten, jetzt Konrektor des Lyceums – er wurde später auch Rektor der Frankfurter Bürgerschule –, wurde ihm nicht zuteil. Martini soll vielmehr versucht haben, Kleists Interesse auf die Realitäten und Zwänge des Erwerbslebens zu lenken. – So fehlten Kleist Gesprächspartner, denen er sich anvertrauen konnte und die sein hohes Streben wenigstens zu achten in der Lage gewesen wären. Seine Ideale erschienen ihm in dieser an Kommunikation armen Zeit manchmal wie »Schaumünzen, die aus dem Gebrauche gekommen sind u nicht mehr gelten«.

»Nenne es immerhin Schwäche von mir«, schrieb er weiter am 12. November 1799, zu Beginn seines zweiten Semesters, an die bei Verwandten im Spreewald weilende Schwester Ulrike, »daß ich mich so innig hier nach Mittheilung sehne, wo sie mir so ganz fehlt.« In ihm brenne das Verlangen, »*verstanden zu werden*«. Doch beargwöhnt selbst durch die Nächsten, spürte er seine Vereinzelung und die Fremdheit seines Strebens, und bitter beklagte er sein Verkanntsein. Er hatte Mühe, sich unter diesen Umständen sein Selbstwertgefühl zu bewahren. »Tausend Bande knüpfen die Menschen aneinander, gleiche Meinungen, gleiches Interesse, gleiche Wünsche, Hoffnungen u Aussichten; – alle diese Bande knüpfen mich nicht an sie, und dieses mag ein Hauptgrund sein, warum wir uns nicht verstehen. Mein Interesse besonders ist dem ihrigen so fremd, und ungleichartig, daß sie – gleichsam wie aus den Wolken fallen, wenn sie etwas davon ahnden. Auch haben mich einige mislungene Versuche, es ihnen näher vor die Augen, näher an's Herz zu rücken, für immer davon zurückgeschreckt; u ich werde mich dazu bequemen müssen, es immer tief in das Innerste meines Herzens zu verschließen.

Was ich mit diesem Interesse im Busen, mit diesem heiligen, mir selbst von der Religion, von *meiner* Religion gegebnen Interesse im engen Busen, für eine Rolle unter den Menschen spiele, denen ich von dem, was meine ganze Seele erfüllt, nichts merken lassen darf, – das weißt Du zwar nach dem äußern Anschein, aber schwerlich weißt Du, was oft dabei im Innern mit mir vorgeht. Es ergreift mich zuweilen plötzlich eine Ängstlichkeit, eine Beklommenheit, die ich zwar aus allen Kräften zu unterdrücken mich bestrebe, die mich aber dennoch schon mehr als einmal in die lächerlichsten Situationen gesetzt hat.«[25]

Kleists Geschwistern und Bekannten wird aus dieser Zeit vor allem dessen Zerstreutheit in Erinnerung bleiben, eine sonderbare Abwesenheit, die in der Folge noch des öfteren an ihm zu bemerken sein wird. Sie hat Anlaß zu allerlei Vermutungen über seinen psychischen Zustand gegeben. Während der Frankfurter Zeit mochte sie vor allem aus der Intensität resultieren, mit der er sich in seine Studien vergrub, war also eher Konzentration (auf anderes als die momentane Situation und ihre Erfordernisse) denn Abwesenheit. Sie soll jedoch »oft ein Gegenstand des Spottes« gewesen sein: »[...] er lachte, sobald er geneckt ward, häufig selbst darüber mit. [...] Als er eines Tages aus dem Kollegium kam, wollte er nur seinen Rock zu Hause wechseln, zog sich jedoch in Gedanken bis auf das Hemd aus, und war eben im Begriff zu Bett zu steigen, als sein Bruder dazukam, und ihn durch lautes Gelächter aus dem Traume weckte.«[26] Ein weiterer Grund für diese scheinbare Abwesenheit dürfte der durch ihn selbst bezeichnete Interessenunterschied gewesen sein, der zwischen ihm und den Menschen seiner Umgebung bestand.[27]

Angenehmer als Heinrich von Kleist blieb dem Familien- und Bekanntenkreis dessen Bruder Leopold in Erinnerung. Dieser hatte bereits als Kind ein Talent für komische Zeilen unter Beweis gestellt.[28] Er hatte am Polenfeldzug teilgenommen und war, obwohl drei Jahre jünger als sein Bruder, bereits 1795, also früher als dieser, zum Leutnant befördert worden. Innere Konflikte, wie sie Heinrich von Kleist oder der Cousin Karl von Pannwitz durchlitten hatten, scheinen ihm fremd gewesen zu sein. Er gab, wie Kleist in diesem Brief vom 12. November 1799 weiter schrieb, »wenn der ganze Haufen beisammen ist«, einen wegen seines Witzes beliebten Gesellschafter ab. Mit »Haufen« waren die eigenen Geschwister gemeint und die sie besuchenden Nachbarstöchter, vor allem die des Garnisonschefs von Zenge, sowie deren Bruder Carl. Man vertreibe sich, urteilte Kleist, seine Zeit »durch vieles Plaudern, durch Dreistigkeit u Oberflächlichkeit [...] Ein Gespräch kann man ihr sich durchkreutzendes Geschwätz nicht nennen«. Man verweile nicht bei einem Gegenstand. – Abgesehen davon, daß Entspannung nicht eben Kleists Sache war und er gerade während des Studiums angestrengt auf Inhalt, Sinn und Zweck seines Tuns sah, vermochte er nicht ansatzweise das Interesse am Belanglosen zu teilen, das diesen Kreis offenbar ausfüllte. Insofern traf Kleists Bemerkung in seinem Brief an die Schwester wohl zu: »Ich wollte Dir nur zeigen, daß das Interesse, das mir die Seele erfüllt, schlecht mit dem Geiste harmonirt, der in dieser Gesellschaft weht; u daß die Beklommenheit, die mich zuweilen ergreift, hieraus sehr gut erklärt werden kann.«[29]

Bereits im Frühjahr 1799 hatte Kleist bei seiner Familie fehlendes Verständnis für die ihn bewegenden Fragen und für seine abweichenden Lebensauffassungen und -entschlüsse konstatiert. »Gefühle, die sie selbst nicht mehr haben, halten sie auch gar nicht für vorhanden. Dieser Vorwurf trifft besonders meine sonst sehr ehrwürdige Tante, die nichts mehr liebt, als Ruhe und Einförmigkeit, und jede Art von Wechsel scheut, wäre es auch die Wanderung aus einer Wohnstube in die andere«.[30] Die damals dreiundsechzigjährige Helene von Massow, die weiter dem Kleistschen Hause vorstand, hielt, wie eine undatierte, verschlüsselte Albumeintragung von ihrer Hand erkennen läßt, ebenfalls Begriffe wie »Tugend«, »Herz«, »Glück« und »Weisheit« hoch; allerdings deckten sich ihre Vorstellungen davon nicht mit denen ihres Neffen Heinrich. So sollte Glück zwar unter »frohen Schertzen«, jedoch »ohne jugendliche phantasien« »blühen«[31]. Vernunft galt ihr nicht als Mittel der Ich-Befreiung; sie sollte bloß Richtschnur für pragmatisches Denken sein, um in der bestehenden und nie angezweifelten Ordnung der Dinge möglichst gut bestehen zu können; wie Schiller bemerkte: um »die Bedingungen zu erfüllen, unter denen [man] zu einem Amte fähig und der Vorteile desselben teilhaftig werden kann«.[32]

Kleist hielt, nachdem sein Versuch, sich dem Familienrat zu öffnen, gescheitert war, mit der vollen Wahrheit über sich und sein Wollen zurück. Ja, um Unannehmlichkeiten aus dem Wege zu gehen, sah er sich oft gezwungen, sein eigentliches Ansinnen zu verheimlichen. Den oberen Teil des Schreibschrankes, worin er seine »Schreibereien« verbarg, hielt er mit »versiegelte[m] Schlüssel«[33] besonders vor der Tante Massow verschlossen. Vor allem ihr, aber auch seinem Vormund Dames wollte er keinerlei zusätzlichen Anlaß für Argwohn geben. Nach preußischem Recht durfte Kleist vorerst nur über die Zinsen seines Vermögens verfügen, und das war nicht viel mehr als ein Taschengeld; von finanzieller Unabhängigkeit konnte also zu diesem Zeitpunkt keine Rede sein. In der Kleist-Rezeption wird Kleists diesbezügliches Verhalten freilich meistens als Geheimniskrämerei bezeichnet. Doch haben Verdächtigungen und sich zu Kränkungen auswachsendes Mißtrauen die Atmosphäre innerhalb seiner Familie gestört; und dies, so scheint es, ist eine ganz wesentliche und auch folgenreiche Lebenserfahrung Kleists gewesen. Konflikte, die aus mangelndem Vertrauen entstehen, hat er in seinen Werken wiederholt thematisiert; sie spielen bereits eine Rolle in seinen ersten dramatischen und epischen Arbeiten. Die Wirkung von Mißtrauen und Verdächtigung kann zerstörerisch sein, so in der *Familie Schroffenstein*, so in der *Penthesilea*. Sie kann das Vater-Sohn-Wunschbild vernichten wie im *Prinzen von Homburg*. Sie kann aber auch die Selbstfindung fördern wie in der Geschichte der von ihrer Familie irrtümlich wegen unmoralischen Lebenswandels und Scheinheiligkeit verstoßenen Marquise von O…. Diese geht durch die von ihr ungewollte, ihr gleichwohl abgeforderte Kraftanstrengung schließlich für ihre – beschämte – Familie als stille Sittenlehrerin aus allen Wirren siegreich hervor. »In Kleists Werken sehn wir uns mit dem Paradox konfrontiert, daß die traditionellen Bereiche des schützenden Wohlwollens gegenüber dem anderen, diejenigen […] der familiären Beziehungen, sich als Schauplätze der Grausamkeit entpuppen – einer Grausamkeit im Sinne affektgeladener oder strategischer Übertretung der jeweils geltenden Normen menschenwürdigen Verhaltens.«[34]

Gehen wir fehl, wenn wir an diesem Punkt rückblickend vermerken, daß der junge Kleist das Urvertrauen, das er aus der Kindheit mitgenommen hatte, nach dem Verlust der früh verstorbenen Eltern und den schlimmen Erfahrungen in der Welt des Militärs nahezu gewaltsam wiederzugewinnen versuchte: eben durch sein mit Enthusiasmus verfolgtes Bildungsprogramm, von dem er sich eine neue innere Sicherheit versprach? Zurückgekehrt an den Ort seiner Herkunft, traf er auf Unverständnis und Mißtrauen, die das alte Bild von der Familie als Hort von Offenheit und Verständnis in Frage stellten. Zu dem im Militär durchlebten Konflikt zwischen Menschenwürde und Gehorsamspflicht schien sich nun unerwartet ein zweiter zu gesellen: der zwischen Vertrauen-Wollen und Nicht-vertrauen-Können.

Kleists Frankfurter Erfahrungen muß man als grundlegende Voraussetzungen seines Schreibens verstehen: Er mußte die Differenz zwischen Schein und Sein begreifen, er lernte unter der Oberfläche bislang als harmonisch empfundener Verhältnisse Dissonantes aufzuspüren. Denn das war in gewissem Sinne der Kern des heroischen Unternehmens, das aufklärerisch-klassische Bildungsideal im eigenen Leben als Akt der Persönlichkeitsbefreiung zu verwirklichen, als Steigerung der eigenen Wesenskräfte zu erfahren, dabei Illusionen zur Kenntnis zu nehmen und symptomatische Widersprüche einer vor allem auf materielles Fortkommen orientierten Umwelt zu erkennen.

Kleists Verhältnis zu seinen Familienangehörigen hatte aber auch andere Seiten. Es ist verständlich, daß er sich – zumal als älterer Bruder – gegenüber den wie er früh verwaisten Geschwistern menschlich verpflichtet fühlte. Er war bestrebt, mit gutem Beispiel voranzugehen, ihnen »viel Freude und Ehre zu machen«[35], wie er noch kurz vor seinem Tode schrieb. Seine trotz aller trennenden Unterschiede lebenslange Verbundenheit mit der Familie dürfte dabei weniger auf adlige Ehrbegriffe und Standessolidarität gegründet haben als auf Kleists aufklärerischem Selbstverständnis und seinem humanen Verantwortungsgefühl. Es galt ja als eine Pflicht des Aufgeklärten bzw. sich Aufklärenden, sich auch im kleinen Kreis der Nächsten zu bewähren. Da Kleist im Staat kein praktisches Betätigungs- und Bewährungsfeld fand, mochte ihm das Ringen um harmonische Familienbeziehungen um so wichtiger gewesen sein; erschien ihm doch die Familie in einer Zeit allgemeiner Bedrohungen als lebendige Zufluchtstätte von durch Gefühl und Schicksal miteinander verbundenen Menschen. Wenngleich Kleist also wiederholt die Verständnis- und Interesselosigkeit seiner Nächsten beklagte, so schienen diese ihm doch letztlich lauter »gute[n] Menschen«[36] zu sein, denen man nur, da sie es aus eigener Kraft nicht konnten, helfen müsse, ihre Verbildungen zu erkennen und sich auf die wahre Menschwerdung zu konzentrieren.

So wandte er sich besonders seiner Halbschwester Ulrike zu, die ihn während seiner Soldatenzeit mit Aufmerksamkeiten, etwa Stickereien, bedacht hatte und Interesse an seinem Leben und Denken zeigte. Mit ihr hatte er einen Briefwechsel gepflegt, der über den Kontakt bei gelegentlichen Urlaubsbesuchen in Frankfurt hinausging. Ulrike war in die Rolle seiner Vertrauten hineingewachsen. Und Kleist glaubte, in ihr eine verständnisvolle Mitwisserin und Förderin seiner Denkweise gefunden zu haben. Die Frankfurter Universität wählte er nicht nur deshalb als Ort seiner Studien, weil er bei der Familie wohnen und Geld sparen konnte, sondern auch, ja vor allem deshalb, weil er Ulrike nahe sein wollte. Er schätzte sie »als das edelste der Mädchen«; sie las Werke französischer Aufklärer, und für die modischen Vergnügungen ihrer Kreise brachte sie wenig Sinn auf. »Uns beide, denen es die Ceremonien der Religion u die Vorschriften des conventionellen Wohlstandes nicht sind, müssen um so mehr die Gesetze der Vernunft heilig sein«[37], schrieb ihr der Bruder nach Studienantritt. Ulrike war unternehmungslustig. Bald wird sie unerkannt, in Männerkleidung, Kleist in akademische Vorlesungen, zu denen Frauen damals noch nicht zugelassen waren, und in öffentliche Konzerte begleiten.

Kleists Halbschwester Ulrike von Kleist (1774-1849),
ungesicherte Miniatur.

Ulrikes Übereinstimmung mit ihrem Bruder und das Verständnis für ihn hatten jedoch Grenzen. Trotz mancher Hilfestellung – da sie drei Jahre älter und als Tochter aus der ersten Ehe Joachim Friedrich von Kleists besser bemittelt war, schoß sie noch vor Heinrichs Volljährigkeit diesem finanzielle Mittel vor – hat sie seine konflikt- und risikoreichen Versuche, sich eine freie Schriftstellerexistenz aufzubauen, nicht mitgetragen. Ihre Sorge galt, in bester Absicht, eher seiner sozialen Absicherung. Da sich Kleist jedoch auf Dauer nicht an ein Amt binden ließ, erkaltete das Verhältnis nach und nach, zumindest von ihrer Seite. Trotz ihrer Lebenslust blieb sie unverheiratet; Kleist hat sich deswegen manchmal in ihrer Schuld gefühlt. Als er 1799 nach Frankfurt kam, wollte er ihr zu einem »hohe[n] Charakter der Selbstständigkeit« verhelfen. Doch bald beklagte er gewisse »Inconsequenzen« in ihrem Betragen, »Widersprüche« in ihren »Äußerungen u Handlungen […] Du äußerst oft hohe vorurtheilsfreie Grundsätze der Tugend, u doch klebst Du noch oft an den gemeinsten Vorurtheilen«, hielt er ihr einmal vor. Sie bilde »Wünsche u Pläne« aus, die mit den erklärten Grundsätzen »durchaus unvereinbar« [38] seien. Ein kleines

Gelegenheitsgedicht ist uns überliefert, das er für sie als
»Wunsch am Neuen Jahre 1800«, also zum Jahrhundertwechsel,
verfertigte. Es spielt auf ihre Zwitterstellung zwischen neuem
Denken und konventioneller Gebundenheit an. Er hoffte, sie
könne sich wie er gegen die Konvention entscheiden und so
über sich hinauswachsen:

> Amphibion du, das in zwei Elementen stets lebet,
> Schwanke nicht länger und wähle dir endlich ein sichres
> Geschlecht.
> Schwimmen und fliegen geht nicht zugleich, drum verlasse
> das Wasser,
> Versuch es einmal in der Luft, schüttle die Schwingen und
> fleuch![39]

Die Ermunterung, die Kleist hier ausspricht, berührt die Problematik der zeitgenössischen Frauenemanzipation, die auch in
Kleists Werken, etwa in die *Penthesilea*, Eingang gefunden hat.
Ulrike fiel mit ihrer Weigerung, die Gattinnen- und Mutterrolle zu übernehmen (weshalb ihr der Bruder Vorhaltungen
machte), und dem Entschluß, unverheiratet zu bleiben, ähnlich aus der konventionellen Ordnung wie ihr Bruder mit seiner Schriftstellerei. – Öfter als erwünscht mußte Kleist freilich
seine einzige Vertraute entbehren, denn Ulrike hielt sich oft
monatelang, offenbar nicht ungern, bei Verwandten in der
Lausitz auf.

Kleist bemühte er sich, seine soziale Isolierung zu überwinden. Und immer wieder finden wir ihn, wenngleich es ihn
zeitweise in »peinliche[n] Verlegenheit«[40] brachte, im Kreise
der jungen Leute wieder. Er benötigte den lebendigen Austausch, der durch kein Studium der Wissenschaften ersetzt
werden konnte. Erste Zweifel gegenüber den bislang heilig
gehaltenen Wissenschaften kamen in ihm auf. Bereits zu Beginn
des zweiten Semesters gestand er Ulrike: »Wenn man sich so
lange mit ernsthaften abstrakten Dingen beschäftigt hat, wobei
der Geist zwar seine Nahrung findet, aber das arme Herz leer

ausgehen muß, dann ist es eine wahre Freude, sich einmal ganz seinen Ergießungen zu überlassen; ja es ist selbst nöthig, daß man es zuweilen in's Leben zurückrufe. Bei dem ewigen Beweisen u Folgern verlernt das Herz fast zu fühlen; u doch wohnt das Glück nur im Herzen, nur im Gefühl, nicht im Kopfe, nicht im Verstande. Das Glück kann nicht, wie ein mathematischer Lehrsatz bewiesen werden, es muß empfunden werden, wenn es da sein soll. Daher ist es wohl gut, es zuweilen durch den Genuß sinnlicher Freuden von Neuem zu beleben […].« Angeregt von Serlos Worten in Goethes *Wilhelm Meisters Lehrjahren* kommt er zu dem Schluß: »[…] man müßte wenigstens täglich *ein* gutes Gedicht lesen, *ein* schönes Gemälde sehen, *ein* sanftes Lied hören – oder ein herzliches Wort mit einem Freunde reden, um auch den schönern, ich mögte sagen den menschlicheren Theil unseres Wesen zu bilden.«[41]

Um solchen niveauvollen geselligen Kontakt ging es ihm offenbar, als er noch vor der Versetzung Leopolds zum Regiment Garde in Potsdam die Geschwister und die Töchter der Nachbarsfamilie von Zenge »auf allen Spaziergängen«[42] begleitete. Er soll dabei Stellen aus der schönen Literatur vorgetragen und den Mädchen Lektüre empfohlen haben. Es gelang ihm auch, sie vor allem auf seine physikalischen Studien neugierig zu machen, und man ermunterte ihn, gehörte Vorlesungen und Seminare vor den Damen zu rekapitulieren. Nicht eben klein, breitschultrig, mit dunklem, braunschwarzem Haar und blauen Augen, so stand er hinter einem eigens für diesen Zweck hergerichteten Katheder und dozierte. Die zwölf Mädchen, die seinen Vorträgen mehr oder weniger aufmerksam lauschten, fühlten sich bald animiert, für das Wintersemester 1799/1800 bei Professor Wünsch ein Privatkolleg über Experimentalphysik zu bestellen und es in dessen Wohnung zu hören.

Kleist verteilte auch Aufsatzthemen an die jungen Damen, die er sie bearbeiten ließ. Das sollte unter anderem dazu beitragen, die »Hauptregeln der deutschen Sprache«[43] beherrschen zu lernen, die diesen »gute[n] Preußen der damaligen Zeit«[44] nach wie vor unbekannt waren. Er selbst hatte ja im

Militär, trotz der Sprachdeformation, die für dieses Milieu charakteristisch war, die Kraft aufgebracht, sich in der deutschen Sprache, zumindest im schriftlichen Gebrauch, zu verbessern. Er hatte so lange geübt, bis er in seinem *Aufsatz, den sichern Weg des Glücks zu finden* und im Rechtfertigungsbrief an Martini (wenn auch streckenweise etwas mühsam) seinen Gedanken in einwandfreier Rechtschreibung, Grammatik und stilistisch wohldurchdacht Ausdruck verleihen konnte. Indem er diese Vervollkommnung auch bei anderen für möglich hielt, schulte er sich zugleich als Volksbildner. Der Glücks-Aufsatz, als epistolare Ausdrucksform, war bereits nach schulrhetorischen Mustern gearbeitet. Und es bezeugte »pädagogisches Verständnis und die Fähigkeit, auf andere einzugehen« [45], wenn er »neben diesen ernsteren Beschäftigungen nicht weniger auf die Spiele der jungen Mädchen« [46] Bezug nahm, mit ihnen sang, am Flügel musizierte und ihre Neigungen zu Gesellschaftsspielen dazu nutzte, um Sprichwörter szenisch einrichten zu lassen und wohl auch selbst einzurichten. Hier nun, so schien es, hatte er eine Umgebung gefunden, die seinem wachsenden Bildungs- und Erziehungsbedürfnis praktische Entfaltung ermöglichte.

Die Sehnsucht des Zweiundzwanzigjährigen nach Gemeinsamkeiten mit einem Menschen, mit dem er sich »in *allen* […] Puncten berühren« [47] konnte, ist ebenso groß wie sein Verlangen nach Bestätigung als Mann. Seine Bemühungen um die Potsdamerin Luise von Linckersdorf waren ergebnislos geblieben und hatten bei ihm zu einer gewissen Irritation hinsichtlich der Beurteilung einer Partnerin geführt. Als die knapp zwanzigjährige Wilhelmine, die älteste der Zenge-Töchter, eines Abends Ende 1799 wieder mit einem in weißes Papier eingeschlagenen Kuvert nach Hause kam, fand sie statt des erwarteten Aufsatzthemas eine Liebeserklärung Kleists darin vor. In dessen Augen hatte sie sich von ihrer Umgebung durch einen »feineren Sinn, der für schönere Eindrücke zuweilen empfänglich« [48] war, abgehoben. Wilhelmine war, so ihr autobiographischer Bericht, in Berlin häuslich erzogen worden, hatte dort, zusammen mit ihrer Mutter, »das Hofleben an[ge]staunt[e], Opern, Redouten und Bälle« und »große Assambleen« besucht, ohne daß ihr Herz, wie sie jedenfalls später versicherte, davon gefangengenommen wurde. Von ihrem späteren Mann hegte sie eine »Ideal«-Vorstellung, der jener meistens »melancholisch und finster« dreinblickende Leutnant a. D. von Kleist nicht entsprach. Und so habe ihre Antwort, am anderen Tag, zunächst gelautet: daß sie ihn »weder liebe, noch seine Frau zu werden wünsche, doch würde er [ihr] als Freund immer recht wert sein«.

Der ungestüm um sie werbende Kleist sei »außer sich« gewesen, berichtete Wilhelmine 1803 weiter in einem Schreiben an ihren späteren Verlobten, den Professor Krug. Kleist hätte sie acht Tage lang auf ihren Spaziergängen buchstäblich verfolgt, um ihr einen zweiten Brief in die Hand drücken zu können, den entgegenzunehmen sie freilich nicht willens gewesen wäre, bis sie durch seine Worte und die Tränen in seinen Augen bewegt worden sei, das Schreiben doch noch anzunehmen. »In diesem Briefe fragte er was ich an ihm auszusetzen habe, und versicherte, ich könne aus ihm machen was ich wolle, ich möchte ihm nur sagen wie er meine Liebe gewinnen könne. Ich schrieb ihm wieder, und schilderte den Mann wie er mich glücklich machen könnte. Er gab sich so viel Mühe diesem Bilde ähnlich zu werden, daß ich ihm endlich erlaubte an meine Eltern zu schreiben, und ihm meine Hand versprach, sobald sie einwilligten.«[49]

Nach ganz kurzer Zeit kam es, als Folge dieser wohl tatsächlich überfallartigen Werbung, zu einem gegenseitigen Heiratsversprechen, obwohl man sich eigentlich gar nicht richtig kannte. Kein »Dämon gerät an einen Engel«[50], sondern ein von Aufklärungsidealen erfüllter Student geriet an ein konventionell erzogenes Mädchen von Stand aus der Familie eines Generalmajors, der als Garnisonschef und Stadtkommandant Frankfurts »das erste (vielleicht auch das beste) Haus in der Stadt« führte, wo man auf Bällen »die ganze vornehme und schöne Welt von Frankfurt in ihrem Glanze versammelt« finden konnte; einem Hause auch, wo »hoch gespielt und viel getanzt«[51] wurde. Dieser äußere Glanz in der Lebenswelt Wilhelmines ließ Kleist später argwöhnen, Wilhelmine könne durch Äußerlichkeiten verführbar geworden sein und so den Erwartungen, die er an seine künftige Gattin richten müsse, nicht entsprechen. Doch stand Wilhelmine zugleich unter dem Einfluß des pietistischen Seelsorgers Ernst Heinrich Friedrich Ahlemann. Dieser war Zweiter Prediger an der Oberkirche (Marienkirche) und ihr enger »Vertraute[r]«.[52]

Kleist sah sich nun immerhin vor die Aufgabe gestellt, jenem Bild vom Manne ähnlich zu werden, das Wilhelmine ihm beschrieben hatte. Zugleich suchte er seinerseits Einfluß auf Wilhelmine auszuüben, *seine* auf innere Werte gerichtete ›Gegenwelt‹ auf Wilhelmine zu übertragen; denn seinen Lebensplan wollte er nicht aufgeben.

So versuchte er diesen beiden wechselseitigen Anforderungen gegenüber Wilhelmine gerecht zu werden.

Er begegnete der Freundin mit besonderer Aufmerksamkeit: Täglich, sobald er aus den Vorlesungen und Seminaren zurück war, widmete er sich ihr, und er arbeitete daran, sie, die ›Schülerin‹, zu ihm als dem bereits ethisch reiferen ›Vorbild‹ und verläßlichen Lenker ihrer beider Zukunft aufschauen zu lassen. Er überhöhte ihre Beziehung ins moralisch Ideale; dabei versuchte er, aufklärerische Bildungs- und Erziehungsmuster geltend zu machen. Wie andere menschliche Tugenden, wie die Moral überhaupt, so glaubte er, könne auch die Liebe durch Verstandes- und Seelenbildung entwickelt und unkonventionell gesteuert werden. »Vertrauen u Achtung, das sind die beiden unzertrennlichen Grundpfeiler der Liebe, ohne welche sie nicht bestehen kann«[53], lesen wir in einem Brief an Wilhelmine vom April/Mai 1800. Und weiter postulierte er: »*Edler u besser sollen wir durch die Liebe werden,* u wenn wir diesen Zweck nicht erreichen, Wilhelmine, so mißverstehen wir uns. Lassen Sie uns daher immer mit sanfter menschenfreundlicher Strenge über unser gegenseitiges Betragen wachen.«[54]

Wilhelmine von Zenge (1780-1852), Kleists Braut, Miniatur um 1800/1801, Künstler unbekannt. Wasserfarben auf Karton, z. T. mit Deckfarbenaufsatz. Goldeinfassung um 1820.

Das gemeinsame Liebeserlebnis sollte der intellektuellen und sittlichen Vervollkommnung dienen. Der missionarische Eifer Kleists zeigte sich deutlich in den Briefen, die er Wilhelmine schrieb und die vor allem in der ersten Zeit etliche Abhandlungen und Exerzitien enthielten. Da Kleist die Verlobte nach seinem Frauenideal und seinen Lebensvorstellungen modellieren (und modeln) wollte, hat man nicht selten den Eindruck, Wilhelmine sei für ihn anfangs eher formbares Material, sei

Kunstfigur gewesen. Der Braut gab er zur »wechselseitige[n] Übung in der Beantwortung zweifelhafter Fragen« Themen auf wie diese: »[...] *sind denn die Weiber wohl ganz ohne allen Einfluß auf die Staatsregierung?*«[55] oder: »[...] *welcher von zwei Eheleuten, deren jeder seine Pflichten gegen den andern erfüllt, am Meisten bei dem früheren Tode des andern verliert*«.[56] Fragen dieser Art sollte sie mit Feder, Tinte, Fleiß und Besonnenheit beantworten. Zweck der Übung war es, über Handarbeit, Gesang, Romanlektüre, Spaziergang, Schminken, Tanzen, Zeichnen und Beten hinaus, ihre Kenntnisse, ihren Scharfsinn, ihren Witz, kurz: ihr Selbstdenken zu schulen – und ihr Empfinden im Sinne eines Katalogs erstrebenswerter Tugenden zu qualifizieren. »[...] erleuchtet, aufgeklärt, vorurtheillos, immer der Vernunft gehorchend, gern dem Herzen sich hingebend«[57], sollte sich Wilhelmine dereinst als Partnerin und Mutter seiner Kinder der Bildung edler Menschen widmen, um der Verantwortung für die künftige Generation gerecht zu werden. »*Bin ich nicht ein edler Mensch,* Wilhelmine?«[58] fragte sie der künftige Bräutigam vor der Verlobung und warb dabei um ihre Offenheit. Danach lesen wir: »Setze Dein ganzes Glück auf meine Redlichkeit! Denke Du wärest in das Schiff meines Glückes gestiegen, mit allen Deinen Hoffnungen u Wünschen u Aussichten. [...] darum vertraue Dich mir an, mir, der mit Weisheit die Bahn der Farth entworfen hat, der die Gestirnen des Himmels zu seinen Führern zu wählen, u das Steuer des Schiffes mit starkem Arm, mit *stärkerm* gewiß als Du glaubst, zu lenken weiß.«[59]

Kompensierte Kleist nun gegenüber Wilhelmine nur eigene Unsicherheiten, indem er sich als sicherer Schiffsführer inszenierte? Handelte es sich bei den Brautbriefen vor allem um abschreckende »Zeugnisse unbedingter Gefolgschaftsforderung, penetranter Schulmeisterei und psychischer Marter eines geliebten Menschen«?[60] Um »weitgehend solipsistische, ja monomanische Selbstmanifestationen«[61], welche die Verlobte als Objekt von Besitz- und Kontrollansprüchen behandelten, bis zum Aufbau einer Führerposition, mit der dem pietistischen Heiland des Konkurrenten Ahlemann der Rang abgelaufen werden sollte? Wurde damit das Briefmedium in erster Linie zum Aufbau von Machtpositionen benutzt?

Oder setzte Kleist seine beträchtliche inszenatorische Energie und seine pädagogische Beredsamkeit womöglich absichtsvoll ein, um, gemäß der antiken Rhetoriklehre, »Zweifeln und Sorgen zu begegnen, [...] zu versuchen, der Braut seine Zuverlässigkeit und Aufrichtigkeit zu demonstrieren, ihr sein Pflicht- und Verantwortungsgefühl zu schildern, kurz: sein *Ethos* unter Beweis zu stellen«? Wollte er so die »Ideen von Bildung, Vertrauen und Treue, gegründet in der konstanten, vorbildlichen Persönlichkeit [...] immer wieder in Erinnerung [ge]rufen«[62] und so die Festigkeit und die Intimität dieser Allianz für die Zukunft durch einen seelischen und geistigen Prozeß erzwingen?

Die Art des Verhältnisses zwischen Kleist und Wilhelmine ist noch immer unklar, und wie man es beurteilen sollte, ist umstritten. Ungünstig für die Klärung der Sachlage ist, daß der tatsächliche Umfang des Briefwechsels zwischen beiden nicht bekannt, daß er nur einseitig und fragmentarisch überliefert ist. Bis auf eine Ausnahme fehlen die Schreiben der Braut, und diese vernichtete später auch die nach ihrer Aussage leidenschaftlichsten, also womöglich menschlich anrührendsten Zeugnisse seiner Liebe zu ihr, so daß unser Bild und damit unsere Urteile unvollkommen bleiben müssen. Gleichwohl stellt das Überlieferte einen wesentlichen Teil des Briefwerkes Kleists dar. Die Zeugnisse gehören zu den merkwürdigsten Liebesbriefen, die je von einem Dichter geschrieben worden sind. Sind sie doch zumeist als Ausdruck eines – wo nicht künstlerischen, so doch rhetorischen – Formwillens entstanden. Kleist hat sich in sie auf eine Weise eingeschrieben, die uns neben dem Erlebnis des konfliktreichen Liebesbundes auch noch das faszinierende Schauspiel dichterischen Werdens bietet. Mit all seinen Widersprüchen hat er sich in diese Briefe eingebracht; er spielte die Rolle des erlöserähnlichen Steuermanns seines und ihres – gemeinsamen – Lebensschiffs, die des orientierungssicheren Mentors ebenso wie bald auch die des höchst Verunsicherten, zeitweise Paralysierten und selbst um Orientierung, Bestimmung und Entscheidung Ringenden.[63] Und er übte sich von dieser Zeit an fast pausenlos in dem, was einmal sein Beruf werden sollte: in der Einflußnahme auf Menschen durch das geschriebene Wort. »Denn es gibt nun einmal keine bessere Ausbildung für einen künftigen Schriftsteller, als ununterbrochen schreiben zu müssen – und zwar nicht um des Schreibens willen, sondern weil etwas ausgesagt werden muß, weil etwas unklar ist, das der wörtlichen Festlegung bedarf, weil etwas gärt, das wenigstens für eine Leserin der Mitteilung wert ist.«[64]

Kleists Frauenbild läuft in dieser Zeit darauf hinaus, daß er eine sozial und biologisch motivierte Führungsrolle des Mannes für richtig hält. Der Mann muß seine Bestimmung im Leben, in der Gesellschaft, suchen, er ist der Ernährer; die Aufgabe der Frau besteht in der häuslichen Fürsorge für den Mann und in der Pflege und Erziehung der Kinder. Überkommene Verhaltensmuster wie auch solche der Aufklärung, etwa die Jean-Jacques Rousseaus, aber auch solche Fichtes und Schillers sowie die reale Lage der Frau in der Gesellschaft jener Zeit fügen sich hier zu einem wenig avantgardistischen Bild vom anderen Geschlecht. Die Frühromantiker und auch Hölderlin, Zeitgenossen Kleists, waren hierin weiter. Ihnen ging es bereits um andere, die Frauenemanzipation mitdenkende Bewertungen der Geschlechterrollen.

Erstaunlicherweise schuf aber gerade Kleist Werke, in denen Frauen kenntnisreich, psychisch einfühlsam und modern dargestellt sind. Hat hier ein Lernprozeß vom frühen Kleist zum dichtenden hin stattgefunden, der seine Menschenkenntnis reifen ließ? Ist dies so, dann scheint dieser bereits bei Wilhelmine seinen Anfang genommen zu haben. Von Kleist fast quälerisch mit Ideen, Argumenten und Forderungen verfolgt – man ist versucht, an Jupiters psychosuggestive Strategien zu denken, mit denen er im *Amphitryon* die junge Alkmene verfolgt –, ständig verwirrt hin- und hergerissen zwischen Familie und Bräutigam, wird sie die Ambivalenz des Besitzergreifens vom anderen in der Liebe durchlebt haben – und Kleist mit ihr, nicht zuletzt gerade deswegen, weil er der Verursacher ihres Zustandes war. Es wird dabei um Souveränität über den anderen gegangen sein, um Kritik an der Liebe als Besitzdenken, wie sie uns später auch in der *Penthesilea* entgegentritt. In diesem Sinne ist Kleists Verhältnis zu Wilhelmine für sein ganzes Leben prägend geworden. Hier unternahm er den ernstgemeintesten Versuch, Zweisamkeit herzustellen. Das Ringen um sein Eheprojekt stellte dabei auch seine tradierte Auffassung von der Frau und deren Psyche in Frage. Er lernte sensibler auf Wilhelmine zu reagieren, Unterbewußtes trat hervor, seelische Zwischenschichten wurden erkennbar. Auch in Kleists Werken ist die Liebe bedroht, immer wieder und prinzipiell und fast immer ohne Hoffnung. Aus dem lebenslangen, am Ende seines Lebens unverwirklicht gebliebenen *Projekt* Liebe wird für Kleist die *Leidenschaft* Liebender. Diese könne, so hoffte er dennoch unverdrossen, gesellschaftliche Fesseln lösen und zu seelischer Größe führen.

1800 freilich versuchte Kleist erst einmal, Liebe, materiellen Anspruch und die Ausbildung seiner Persönlichkeit in Einklang zu bringen. Dabei geriet er, teils selbstverschuldet, in den Teufelskreis von Geldverdienen und Karriere. Er trat aus der Phase abstrakter Lebensplanung in die Phase aktiver Lebensgestaltung ein. Der Generalmajor von Zenge gab dem finanziell kärglich ausgestatteten Leutnant a. D. nicht vorbehaltlos die Zustimmung zur Heirat seiner Tochter.[65] Standesgemäße Anstellung und Versorgung wurden zur Bedingung gemacht. Das Verlöbnis sollte deshalb inoffiziell bleiben, bis der Bräutigam ein Amt nachweisen könnte.

Plötzlich, nach drei Studiensemestern, verläßt Kleist Frankfurt.

Eine merkwürdige Reise

Eine ungewöhnliche Reise ist es, auf die sich Kleist in der Frühe des 14. August 1800 begibt. Ihren Zweck hält er geheim. Doch kein »rätselhafter Trieb zur Mystifikation«[1] treibt ihn dazu an. Bereits vor der Verlobung hatte er Wilhelmine mehrmals versichert, er sei gewillt, sich für ein Amt zu bilden. Nur könne er sich noch nicht für eine Studienrichtung entscheiden. Inzwischen ist nach einem weiteren Semester in Frankfurt der Zeitpunkt zur Aufnahme eines Spezialstudiums näher gerückt. Dennoch kann sich Kleist nicht für eines der üblichen Fächer erwärmen. Ob Jura, ob Finanzwissenschaft oder Ökonomie, keines scheint ihm die Ganzheitlichkeit einer Ausbildung zum Menschen und sein moralisches Anliegen zu garantieren. »Ach, Wilhelmine, ich erkenne nur ein höchstes Gesetz an, die *Rechtschaffenheit*, u die Politik kennt nur ihren Vortheil.«[2] So versucht er, ein Spezialstudium zu umgehen, zumal dieses die ersehnte Ehe um weitere drei Jahre hinausschieben würde. Von seinen Privilegien als Adliger und im Besitz einer Bereitschaftserklärung des Königs, ihn anzustellen, will er sogleich Gebrauch machen in der Hoffnung, beides, Lebensplan und Ehe, miteinander verbinden zu können. Darüber hinaus scheint ihm die Erfahrung praktischer Verwaltungsarbeit die Chance zu bieten, sehr bald herauszufinden, ob und was ihn an einem Amt im Zivildienst reizen könne. Wobei er sich gegebenenfalls »den Rückzug […] sichern«[3] will.

Kleist befindet sich in einer Zwickmühle. Seine Situation ist, wie er selbst bemerkt, die eines »Herkules, am fünffachen Scheidewege«.[4] Doch um sich nicht wieder, wie einst im Militär, in einem lange währenden Hader zwischen Pflicht und Neigung aufzureiben, drängt er auf sofortiges entschlossenes

›Verlobungstasse‹ für Wilhelmine von Zenge. Gräserdekor, klassizistisch.
Königliche Porzellan-Manufaktur Berlin, um 1800. Nachbildung 1990.

Handeln.[5] Mit derartigen Verhaltensmustern – riskanten Selbstrettungsversuchen in komplizierten Lebenslagen und abrupten Entscheidungen – wird Kleist noch des öfteren überraschen. Bei einigen seiner Helden, etwa bei der Marquise von O...., erscheinen sie stilisiert als sittlich-moralische Selbstbehauptung; auch bei Michael Kohlhaas, dem Rechtssucher. Dieser wird sich allerdings zuvor eine längere Phase genauer Fallprüfung auferlegen.

Gegen das Mißtrauen seiner Tante Auguste Helene von Massow und der übrigen Familie, die ihm sofort unterstellen, er wolle sich unehrenhaft ins Ausland entfernen, setzt Kleist die unbedingte Forderung nach Vertrauen durch die in seine Pläne Eingeweihten, Wilhelmine und Ulrike, auch wider den äußeren Schein. Eine Sammeltasse, die er der Braut geschenkt hat, trägt eine rebusartige Inschrift mit dem geheimen Sinn ›Vertrauen

71

auf uns, Einigkeit unter uns‹. Die Reise soll also auch als Vertrauensprobe dienen und zugleich verdeutlichen, daß man selbst in zugespitzten Situationen, wenn nur alle inneren Kräfte aufgeboten werden, der Verunsicherung durch die äußere Welt zu trotzen vermag. Solche Situationen führt Kleist den Lesern in seinen Dramen und Erzählungen mehrfach vor Augen. Und auch dort verzichtet er, bei aller tragischen Determiniertheit durch äußere Zwänge, nicht auf den zumeist indirekten Hinweis auf besonnenes Verhalten: Besonnenheit fordert er gerade von Liebenden, die sich in einer unfreundlichen Welt bewegen, in der sie vor Überraschungen nie sicher sein können. Der Braut schreibt er aus Berlin: »Ich hatte über den Gedanken dieses Planes schon lange lange gebrütet. Sich dem blinden Zufall überlassen, u warten, ob er uns endlich in den Hafen des Glückes führen wird, das war nichts für mich. Ich war Dir u mir schuldig, zu handeln.«[6] Und er spielt auf ein Gedicht an, das die Braut abgeschrieben hat und das wohl von ihm selbst stammt. Der Anfang der ersten Strophe lautet:

> Nicht aus des Herzens bloßem Wunsche keimt
> Des Glückes schöne Götterpflanze auf.
> Der Mensch soll mit der Mühe Pflugschar sich
> Des Schicksals harten Boden öffnen, soll
> Des Glückes Erntetag sich selbst bereiten,
> Und Taten in die offnen Furchen streun.[7]

Das Ökonomie- und das Finanzfach erscheinen ihm als Studiengebiete noch am akzeptabelsten. Denn hier, so meint er, könnten ihm seine Kenntnisse in Mathematik und Physik am ehesten von Nutzen sein. Und so spricht er beim Minister für das Akzise-, Zoll-, Kommerzial- und Fabrikenwesen, Carl August von Struensee, vor. Er erhält auch für den 1. November, vorerst mündlich, die Genehmigung, sich zwecks eigener Unterrichtung umzusehen und sich sodann um eine Besoldung bei der Königlichen Kriegs- und Domänenkammer zu bemühen. Hat er bereits einen geheimen politischen oder Wirtschaftsauftrag mitbekommen, wie des öfteren vermutet wurde? Oder hätten seine Kenntnisse der entsprechenden Materie dazu nicht ausgereicht? Immerhin hat Kleist nun eine Zusage in der Tasche, wenn auch nur eine halbe, die ihn zuversichtlich stimmt.

Er fährt nach Koblentz bei Pasewalk in Vorpommern. Dort holt er den zehn Jahre älteren Freund Ludwig von Brockes[8] ab; er hat ihn, gemeinsam mit Ulrike, Ende Juni/Anfang Juli bei einem Kuraufenthalt in Sagard auf Rügen kennengelernt. Kleist braucht ihn als Stütze und als Gehilfen bei seinem Vorhaben. Mit ihm, der ohne zu zögern zu diesem Freundschaftsdienst bereit ist, verläßt Kleist Koblentz am 22. August. Beide reisen über Berlin, Potsdam, Wittenberg, Düben nach Leipzig weiter. Hier lassen sie sich unter falschen Namen immatrikulieren, um als Studenten inkognito die Reise fortzusetzen. In den ersten Septembertagen sind sie in Dresden, reisen aber, wohl wegen der Kriegsverhältnisse, nicht, wie ursprünglich beabsichtigt, nach Wien, sondern weiter, das Erzgebirge entlang, über Freiberg, Chemnitz, Lichtenstein, Zwickau und Bayreuth nach Würzburg, vor dessen Toren die französische Armee steht. Am 8. September treffen sie dort ein.

Kleist schreibt während der Reise fast täglich an die Braut. Die Frage, wie sie ihr gemeinsames Leben gestalten sollten, zieht sich dabei wie ein roter Faden durch seine Briefe. Nach einigen Tagen Aufenthalt in Berlin glaubt er zu wissen, daß »ein so vielfaches eitles Interesse« der höheren Gesellschaft »am Ende« dazu führe, daß man »sein wahres aus den Augen«[9] verliere. Als lieblos und unnatürlich bezeichnet er gegenüber Wilhelmine den Glanz der großen Welt. Die Beschreibung idyllischer Örtlichkeiten soll dazu beitragen, in der Geliebten das Bedürfnis nach einem Leben in einfacheren Verhältnissen zu wecken. Kleist möchte, daß Wilhelmine, sobald er ein Amt habe, ohne große Ansprüche neben ihm glücklich werde, allein aus dem Bewußtsein heraus, »*im Innern schön zu sein*«.[10] Ein weiteres Mal setzt er den äußeren Werten die inneren entgegen. Das Verlangen nach Natürlichkeit läßt ihn die anmutige sächsische Mittelgebirgslandschaft und die Aufgeschlossenheit ihrer Bewohner nachhaltig empfinden. Doch auch sonst gewinnt die Natur für ihn an Bedeutung. Ausgehend von dem bereits im Glücks-Aufsatz geäußerten Gedanken, daß »ein gleiches Gesetz über die moralische wie über die physische Welt«[11] walte, beide also eine Einheit bilden, beginnt er damit, das, was ihn bewegt, durch die bildhafte Beschreibung von Naturvorgängen zu verallgemeinern und zu objektivieren. Beobachtungen der empirischen Welt inspirieren ihn zu Vergleichen und personifizierenden Ideenbildern. Das Auffinden von Analogien zwischen der natürlichen Welt und der Gedankenwelt soll zur Wahrheit führen; in Kleists Verständnis hieß das, es sollte Beziehungen stiften und ethisch-moralische Lehren ziehen helfen.

So tritt zu dem Formsinn, der sich bei Kleist durch schöngeistige Lektüre herausbildete, und seinem Formstreben, das sich in aufsatzartigen Passagen in den Briefen ebenso wie in Gelegenheitsgedichten kundtat, Kleists bildhafte Gestaltung hinzu. Sie ist ein »neues Element von fundamentaler Bedeutung für die Entwicklung Kleists zum Dichter«.[12] Durch Naturbeobachtung entdeckt Kleist einen Bewegungsvorgang, der sein eigenes Verhalten und die Art seines Erlebens adäquat auszudrücken scheint: das fließende Wasser. Es wird ihm zum Gleichnis für Bewegung und Rastlosigkeit, die er, der von ständischen und bürgerlichen Einengungen nun Befreite, animiert durch einen geistreichen Freund, zunehmend in sich verspürt. Im Erzgebirge ist es ein über die Steine hüpfender Waldbach, der ihm den Gedanken eingibt: »Das ruht nicht eher, [...] als bis es im Meere ist; u dann fängt es seinen Weg von vorn an. – Und doch – wenn es still steht, wie in dieser Pfütze, so verfault es u stinkt.«[13] In Würzburg verkörpert der Main dieses Lebensgefühl. Berge, Rebhügel treten dem Stürmischen, der gerade auf sein Ziel zu will, in den Weg. Er durchbricht sie (noch) nicht, umgeht sie, deren statischer Körper immer wieder mit dem einer geliebten Frau verglichen wird, durch das herbstlich gewordene Land in Windungen zum

Meer fließend ... – Eine rhythmische Dreischritt-Figur wird erkennbar. Die dahinströmende Flußbewegung beginnt mit Schwung, sie steigert sich rasch, wird durch Widerstand gehemmt, der sich schließlich löst: im gedämpften Weiterverfolgen der ursprünglichen Stromrichtung. Das Strom-Motiv wird zwar nur in den Briefen zum Bild für den schicksalhaften eigenen Weg und dort zu einer konstanten Grundfigur des vordichterischen Kleist; indessen deutet sich in diesem Motiv erstmals die (innere) Form von Kleists Gestaltungswillen an. Seine »Dichtung überträgt diese Grundfigur dann konsequent auf die meisten Bewegungsvorgänge«.[14] Nach und nach tritt solcher Gestaltungswille an die Stelle der zunächst vorherrschenden Bildungsabsicht.

In der von französischer Besetzung bedrohten katholischen Bischofstadt Würzburg, Mittelpunkt eines der über 300 Kleinstaaten innerhalb des in Auflösung begriffenen Heiligen Römischen Reiches Deutscher Nation, dringen jedoch noch andere Töne in Kleists Briefen durch. Beschaulichkeit weicht einem gezielteren Blick. Der Brief vom 14. September etwa enthält eine Darstellung des Würzburger Kulturniveaus. Die knappen Dialoge dieser anekdotenhaft pointierenden Schilderung lassen etwas von der späteren Gedrängtheit der Kleistschen Sprache ahnen; Hintergründig-Ironisches klingt an: Beim Besuch einer der Würzburger »Lesebibliotheken« lernen Kleist und Brockes den, wie er es nennt, »Geist ihres herrschenden Geschmacks« kennen. »Ich zweifle fast –«, lautet die Antwort des Bibliothekars auf die Frage der beiden Fremden, ob Bücher von Wieland, Goethe oder Schiller zu haben seien. Die Fremden wollen nun wissen, ob »alle diese Bücher vergriffen« seien? Da bescheidet sie der Bücherverwalter mit der Auskunft, Studenten und Unverheiratete hätten überhaupt keine Bücher zu fordern! Nur »Juristen, Kaufleute und verheiratete Damen« würden hier lesen, und zwar: »Rittergeschichten, lauter Rittergeschichten [...] *mit* Gespenstern, [...] *ohne* Gespenster, nach Belieben«.

Keine Stimme, so schildert Kleist der religiösen Zeremonien keineswegs abholden Braut weiter das geistige Klima in dieser bischöflichen Residenz, wage sich hervor; es sei »so still u fromm, wie auf einem Kirchhofe«. Das Läuten der Glocken erinnere an die alles beherrschende katholische Religion »wie das Geklirr der Ketten den Gefangenen an seine Sclaverei. Mitten in einem geselligen Gespräche sinken bei dem Schall des Geläuts alle Knie, alle Häupter neigen, alle Hände falten sich; und wer auf seinen Füßen stehen bleibt, ist ein Ketzer«.[15] Zum Bild der Tristesse, das diese Stadt abgibt, gehören für Kleist deren Bürger; er schildert sie als ängstlich schwatzende Spießer, die angesichts einer möglicherweise bevorstehenden Übergabe der Stadt an die französischen Truppen nur allzu bereit seien, ihre Mäntelchen zu hängen »wie der Wind kommt«.[16]

Kleist imitiert hier weniger das um 1800 bereits auslaufende Modell des antikatholischen Reiseberichts. »Aber er experimentiert in seinen Briefen, die im Grunde literarische Versuchsanordnungen sind, im Geiste der reisenden Aufklärer mit Bildern, Szenen und Rollenspielen, die Fremdheit und Befremdung widerspiegeln und zum Teil in sein schriftstellerisches Repertoire eingehen werden.«[17] Diese auf optische und akustische Effekte hin inszenierten, manchmal kontrapunktisch durchkomponierten und zu diesem Zweck die Wirklichkeit verschiedentlich überzeichnenden literarischen Experimente, die sich mehr als einmal nicht mehr nur an die Person der Briefadressatin zu richten scheinen, sondern immer mehr ein generalisierendes Moment annehmen, sind in etlichen Partien innovativ. Dies trifft auch auf Naturschauspiele zu, die Kleist, angeregt durch Erlebnisse, gern für sich und die Braut in Szene setzt: als Vertrauen und Zuversicht stärkenden, erhabenen dramatischen Kampf zwischen bedrohlichen Mächten und der – symbolisch obsiegenden – Tugend. Das geschieht von einem erhöhten Standpunkt aus, nicht unähnlich der Perspektive eines Betrachters in den oberen Reihen eines Amphitheaters.

Würzburg, 1. Hälfte des 19. Jahrhunderts.

Und so tritt wohl im Verlauf seiner Reise zunehmend als ein Zweck dieser Briefe auch eine gewisse »Selbsterprobung auf Eignung zum Schriftsteller«[18] in Erscheinung. Nicht von

ungefähr bittet Kleist Wilhelmine, die Briefe für ihn aufzuheben, da er vorhabe, sie noch für andere Zwecke zu nutzen.
Darüber hinaus führen die Würzburger Zustände Kleist
vor Augen, wie der Blick auf die himmlische Glückseligkeit
die irdische gänzlich verdrängen kann. Und er zögert nicht,
dies der andersgläubigen Freundin in einer Abhandlung über
die »ächte Aufklärung des Weibes«[19] gleichsam ultimativ darzulegen. Auch für sich selbst erkennt er in jenen Wochen eine
stärkere Hinwendung zu den Problemen, vor die ihn das »Er-
denleben«[20] stellt. Und so kommt ihm gerade in Würzburg
die »große Idee«, sich »zu einem Staatsbürger zu bilden«.[21]
Dies deutet auf einen Kompromiß hin: Vernunft im Staatsdienst bewähren zu wollen, dies scheint ihm nun nicht mehr
unmöglich zu sein.

Was aber war der *eigentliche* Zweck dieser plötzlichen, zwei-
einhalb Monate dauernden und fünfhundert Taler kostenden
Reise unter falschem Namen? Die langen Schreiben an die
Braut enthalten ein paar Andeutungen; Genaues teilen sie jedoch nicht mit. Die Forschung hat seit über hundert Jahren
versucht, durch immer neue Deutungsansätze das Geheimnis
zu lüften. Zahlreiche Hypothesen sind noch in den letzten
Jahren aufgestellt worden. Vier Hauptrichtungen zeichnen sich
ab. Erstens: Kleist habe sich in Würzburg einer medizinischen
Behandlung unterzogen[22]; zweitens: er habe für die Technische Deputation des Manufakturkollegiums spioniert[23];
drittens: er habe in Würzburg seine Ausbildung zum Dozen-
ten befördern wollen[24]; und viertens: er habe dort, außerhalb
Preußens, Kontakte zu bekannten Freimaurern hergestellt.[25]
Sollten keine neuen, beweiskräftigen Belege auftauchen, so
müssen wir dem Geheimnis – wohl oder übel – seine Unlösbar-
keit zugestehen.
Anmerken ließe sich immerhin: Kleist gestand der Braut,
vor der Abreise habe ihn das Bewußtsein gequält, ihre »heiligsten Ansprüche nicht erfüllen zu können, und jetzt, jetzt – –
Doch still!« Und einige Zeilen weiter: »O lege den Gedanken

wie einen diamantenen Schild um Deine Brust: *ich bin zu einer Mutter gebohren!*«[26] Er fand im Hause des Würzburger Baders Wirth Unterkunft, wo ihm Brockes offenbar am Lager Beistand leistete. Dies könnte auf eine Operation hindeuten, der er sich in Würzburg unterzogen haben mag und die ihn ehetauglich machen sollte.

Am Vorabend des als wichtigsten Tag seines Lebens empfundenen Ereignisses will Kleist, so eine briefliche Reminiszenz einige Zeit später, bei niedergehender Sonne spazierengegangen sein. Nach Wochen ohne Nachricht von zu Hause, vielleicht schon abgeschrieben, hätten ihn unheilvolle Ahnungen von seinem bevorstehenden Ende bedrängt. Auf dem Heimweg habe er dann das Gewölbe eines Stadttors betrachtet. Dieses, so sei ihm aufgegangen, stürze auch ohne Stütze nicht zusammen, *»weil alle Steine aufeinmal einstürzen wollen* – «. Diese Erkenntnis habe ihm die Kraft gegeben, zu hoffen, »daß auch ich mich halten würde, wenn Alles mich sinken läßt«.[27] Womöglich hat er die Situation rückschauend dramatisiert. Die Metapher vom auf sich selbst gestellten einzelnen, die im Gewölbebild aufscheint, gefunden am Vorabend eines großen Lebenswendepunktes, antizipiert jedoch Kleists künftiges Lebensgefühl. Sie wird auch ästhetisch nicht ohne Folgen bleiben. So verwendet Kleist sie, variiert, an exponierter Stelle in der *Penthesilea*, als die Heldin, in äußerster Bedrängnis, sich mit den Worten zu fassen versucht: »Steh, stehe fest, wie das Gewölbe steht, / weil seiner Blöcke jeder stürzen will!« (Vs. 1349). Hier wird sie zugleich Ausdruck seines trotz aller Gefährdung spürbaren Strebens, die divergierenden Kräfte in seinen Kunstwerken durch eine feste Form zu bändigen – ein kalkuliertes Element des Zusammenhalts.

Am Ende seines Würzburgaufenthaltes nimmt Kleists Selbst- und Zukunftsvertrauen schlagartig zu. Mit den endlich eintreffenden Briefen der Braut scheinen alle Bedrückungen verschwunden; Kleist ist in Hochstimmung! Es ist einer der wiederholt zu beobachtenden Aufschwünge in seinen vom Wechsel der äußeren Lebensbedingungen abhängigen Gemütsbewegungen. Wir finden sie wieder bei fiktiven Gestalten in Kleists Dichtung, bis hin zum Prinzen von Homburg.

Am 22. Oktober erfolgt die Rückreise per Eilpost. Es geht über Meiningen, Erfurt, Halle, Dessau, Potsdam. Nach nur fünf Tagen erreicht Kleist am 27. Oktober 1801 Berlin.

Amtsberührung. Bildungskrise

Kleist kommt gerade noch zurecht, um am 1. November beim Minister von Struensee zu einem Gespräch zu erscheinen. Anschließend bittet er schriftlich »um die Erlaubniß, den Sitzungen der technischen Deputation beiwohnen zu dürfen«, um als Gasthörer »aus dem Gegenstande der Verhandlungen selbst zu beurtheilen« und entscheiden zu können, ob er sich »getrauen darf, [s]ich dem Commerz und Fabriken Fache zu widmen«.[1] Der Wunsch, lediglich als Beobachter in diesem Gremium zu sitzen, war ungewöhnlich. Er wurde seit Bestehen der Deputation – sie war 1796 gegründet worden – zum ersten Male vorgebracht, und seine Erfüllung bedurfte eines königlichen Spezialbefehls. Bezeugt wird damit zugleich die Vorsicht, mit der Kleist das Terrain erkundete. Und noch bevor er am 3. Dezember an einer offiziellen Sitzung der Deputation teilnehmen kann, trifft er, am 13. November, nach nur kurzer Fühlungnahme mit der preußischen Verwaltung[2], bereits eine Vorentscheidung. »Ich will kein Amt nehmen«, schreibt er an Wilhelmine. »Warum will ich es nicht? – O wie viele Antworten liegen mir auf der Seele! Ich kann nicht eingreifen in ein Interesse, das ich mit meiner Vernunft nicht prüfen darf. Ich soll thun was der Staat von mir verlangt, u doch soll ich nicht untersuchen, ob das, was er von mir verlangt, gut ist. Zu seinen unbekannten Zwecken soll ich ein bloßes Werkzeug sein – ich kann es nicht. Ein eigner Zweck steht mir vor Augen, nach ihm würde ich handeln *müssen* u wenn der Staat es anders will, dem Staate nicht gehorchen *dürfen*. Meinen Stolz würde ich darin suchen, die Aussprüche meiner Vernunft geltend zu machen gegen den Willen meiner Obern – nein, Wilhelmine, es geht nicht, ich passe mich für kein Amt«.[3] Das

Finanz-, Handels- und Industriefach liege jedenfalls, bemerkt er, »ganz außer dem Kreise [s]einer Neigung [...] Übrigens ist, so viel ich einsehe, das ganze preußische Commerzsystem sehr *militairisch* –«, und die Industrie, die Wissenschaften und die technischen wie die schönen »Künste« ließen sich nicht wie »die militairischen Handgriffe« erzwingen. Inzwischen will er auch erfahren haben, daß die ihm in Aussicht gestellte und ihn bislang reizende mehrjährige Reise[4] ins Ausland – Teil seiner weiteren Ausbildung – vor allem der Wirtschafts-spionage dienen solle. Man hätte ihn in dieser »Kunst zu be-trügen« auch »schon unterrichtet«. Denn die »Inhaber auslän-discher Fabriken führen keinen Kenner in das Innere ihrer Werkstatt. Das einzige Mittel also, doch hinein zu kommen, ist Schmeichelei, Heuchelei, kurz Betrug«, erläutert er der Schwester am 25. November – unter Verletzung des Dienst-geheimnisses. Und im Anschluß an einen Besuch bei der Königsfamilie in Potsdam äußert er: »Am Hofe theilt man die Menschen ein, wie ehemals die Chemiker die Metalle, nämlich in solche, die sich dehnen u strecken lassen, u in solche, die dies nicht thun – Die ersten, werden dann fleißig mit dem Hammer der Wilkühr geklopft, die andern aber, wie die Halbmetalle, als unbrauchbar verworfen.«[5]

So holt ihn der bereits im Offiziersstand durchlebte Kon-flikt wieder ein. Mit dem Bild vom »Hammer der Wilkühr«, der mechanisch, wie in einer Werkstatt, die formbaren Mate-rialien breitklopft, die sich als verformungsresistent erweisen-den hingegen achtlos auf den Müll wirft, weitet Kleist seine Vergleiche zwischen Natur und Mensch ins Gesellschaftliche hinein aus. Er variiert die frühere Prägung von der exerzieren-den Armee als einem Monument der Tyrannei durch ein Bild aus der Technik. Er erkennt Grundzüge des von ihm ab-gelehnten Militärdienstes im Zivildienst wieder. Tatsächlich erhebt er den Vorwurf, Staat und Bürokratie würden den ein-zelnen würdelos und ohne Recht auf Selbstbestimmung be-handeln, allein mit Blick auf das von ihnen erwartete Funktio-nieren im Apparat. Und dies nennt er unzumutbar. Mit dem

Bild der Herabwürdigung des nicht in seinem Selbstwert beachteten Menschen zum formbaren Material und seiner rücksichtslosen Ausbeutung steht Kleist in der Tradition der Absolutismuskritik des Sturm und Drang. Preußens besonders rigider Armee- und Verwaltungsapparat, der als der best-funktionierende in Europa galt, provoziert das Räsonnement des kritischen Intellektuellen, und Kleist schildert diesen Vorgang so, daß diese Beschreibung noch auf den im 20. Jahrhundert mit dem Begriff der institutionellen Gewalt bezeichneten Sachverhalt zutrifft. »Obwohl Kleist von sich und seiner eigenen Erfahrung spricht, artikuliert er in Schärfe das unter preußischen Gebildeten um sich greifende Bewußtsein einer tiefen Diskrepanz zwischen dem militärisch-politisch-sozialen System des späten friderizianischen Absolutismus und dem aufgeklärt-idealistischen Individualismus der deutschen Bildungsbewegung.«[6] Kleist kann auch später in Dramen wie dem *Zerbrochnen Krug* und in Novellen wie dem *Michael Kohlhaas* nicht umhin, den Maßstab der Vernunft an Institutionen und deren Vertreter anzulegen und dem Mechanismus pragmatischer Rechts- und Menschenbehandlung nachzuspüren. Es beginnt sich bei ihm eine Seelenlage herauszubilden, die ihn auf Nötigungen und Verletzungen empfindlich wie eine Goldwaage, wie es im *Kohlhaas* heißt, reagieren läßt.

An diesem biographischen Wendepunkt wird auch deutlicher, woraus sich die Individualauffassung Kleists nährt. Sie hat ihre Wurzeln in einem ethischen Anthropozentrismus, der sich aus Denkimpulsen der Aufklärung, vor allem aus Kants Vernunftforderung[7] und Rousseaus Staats- und Naturauffassung[8], formt. Beteiligt ist jedoch auch Gedankengut aus England. Indem man »Messen zerstört, Fabriken baut« und »Webstühle zu Haufen« unter königlich-administrativer Regie anlege, urteilt Kleist in Briefen über den preußischen Merkantilismus, unternehme man nur den sinnlosen Versuch, etwas an »den Haaren herbei ziehn«[9] zu wollen, was sich aus sich selbst heraus entwickeln müsse. Er bewertet die Wirtschaft Preußens in

Kategorien des modernen Freiheits- und Selbstorientierungs-
prinzips der Ökonomielehre des Schotten Adam Smith. Mit
Smith' Prinzip des internationalen Freihandels verwahrt er sich
gegen jede Bevormundung des schöpferisch tätigen Menschen
durch den absolutistischen Staat und seine Einrichtungen.
Schöpferisches Handeln könne, so Kleist, nicht verordnet werden; und er distanziert sich damit deutlich von der preußischen
Wirtschaftsweise. Der ihm in Aussicht gestellte Reiseauftrag
wirkt dabei als Auslöser. Zwar stimulierte die Technische Deputation auch Reformen.[10] Und vielleicht hat Kleist in seiner –
zweifellos schwierigen – Lage den für ihn bestimmten ›Zweck‹
nicht wirklich erfaßt, für den er unter Kunth, einem für Reformen aufgeschlossenen Wirtschaftspragmatiker, einst Lehrer
der Brüder Humboldt, wirken sollte. Doch gerade um 1800
versuchte man in Preußen ja noch systemverändernde Maßnahmen wie die Aufhebung der Leibeigenschaft, die Beseitigung des Zunftwesens und der merkantilen Beschränkungen
zu umgehen und sich über die Notwendigkeit von Reformen
hinwegzutäuschen. So hoffte man, Preußen dennoch als militärische Großmacht erhalten zu können.

Kleist hätte als Beamter, anders als zuvor Alexander von
Humboldt in Franken[11], auf der untersten Stufe beginnen
müssen: Er wäre ein kleines Rädchen im Verwaltungsgetriebe
geworden. Denn die Aufstiegsmöglichkeiten waren – auch
wenn er als Angehöriger des Adels etwas bessere Chancen
hatte als ein Bürgerlicher – angesichts zahlreicher Bewerber
für den Staatsdienst und nur weniger zur Verfügung stehender
Stellen gerade um 1800 sehr gering. Humboldt, der immerhin
zu Beginn seiner Dienstzeit über eine abgeschlossene Ausbildung verfügte und eigene Vorstellungen vom Staatsdienst mit
in die Verwaltung brachte, hatte diesen bereits nach wenigen
Jahren wieder verlassen, um sein eigentliches Talent auszubauen. Für Kleist, dem solche Voraussetzungen fehlten,
wäre die Gefahr, sich für fremde Zwecke verbrauchen zu lassen,
ungleich größer gewesen. Sein Talent begann sich eben erst
anzudeuten, seine Lebensvorstellungen waren ihm – infolge der

Das Finanz- und Akzisedepartement. Im Hintergrund das Gebäude der Technischen Deputation, rechts das Zeughaus (heute Historisches Museum). Nach einer Gouache von E. Barth, um 1825.

Umwege, die er bei seiner Entwicklung zu gehen gezwungen war – noch ziemlich unklar.

So erschrak er, als ihm der Präsident der Technischen Deputation »einen großen Folianten«, den »5. Teil eines neu herausgekommenen französischen Werkes über Mechanik«, mit der Aufforderung übergab, der Deputation Bericht zu erstatten, was sich für ihre Zwecke darin an Verwendbarem fände.[12] Noch während er den Auftrag des Vorgesetzten entgegennahm, schoß ihm der Gedanke durch den Kopf, daß er, um ein solch umfangreiches Buch adäquat durchzuarbeiten, wohl ein Jahr von seiner eigenen Studienzeit werde hergeben müssen. Selbst wenn Kleist hierin übertrieben haben mag, so bezeugt es doch, daß er nur wenig Zeit für solcherart fachbezogene Beschäftigungen opfern wollte. Der nüchterne Charakter derartiger Arbeiten, ihr rigoroser, rationalistischer Fiskalismus und die Aussichten auf einen anstrengenden Dienstalltag verstärkten in ihm den Widerstreit zwischen Pflicht und Neigung. Lag ihm doch eigentlich seine persönliche Vervollkommnung am Herzen. Zwischen diesen beiden Polen bewegte er sich. Und darin stellte er keinen Einzelfall dar, spiegelte doch seine Unfähigkeit zu einem Amte und seine Abneigung dagegen »gleichsam in extremer Belichtung, das Verhältnis vieler junger Gebildeter zum Beruf im System der absoluten Monarchie«.[13] Pure materielle Notwendigkeit ist es, die sie in die Enge von Beruf und Amt zwingt. Anders als später im *Prinzen von Homburg*, wo das Spannungsverhältnis zwischen eigenen Wünschen und den Anforderungen der Staatsräson eher zugunsten der letzteren gestaltet wird, erscheint Kleist 1800 alles, was von ›oben‹ kommt, nur als Pragmatismus, als Eingriff und Bedrückung. Und unterschwellig ist diese Skepsis sogar noch im *Prinzen von Homburg* spürbar. Die frühe Erlebnis- und Verarbeitungsweise wirkt fort.

Die Berührungsängste gegenüber dem feudalabsolutistischen Apparat führen ihn schließlich zu einer *Verweigerungshaltung*: Zum zweiten Mal verläßt er, nach mehrmonatigem Zögern[14], die in Würzburg projektierte, seinen Erfahrungen wie seiner Natur jedoch widerstrebende »Mittelstraße«[15]. Der Widerspruch zwischen staatlichem Dienstverhältnis und selbstbestimmtem Leben scheint ihm unüberbrückbar zu sein.

Er hält nun nach anderen, unabhängigen Möglichkeiten des Broterwerbs Ausschau, mit denen sich seine Wunschtrias »Liebe, Bildung u Freiheit«[16] eher verwirklichen ließe. So erklärt er der Braut ohne Umschweife, er werde bald in der Lage sein, eine Familie zu ernähren; er spüre »seltnere Fähigkeiten« in sich, welche er ausbilden und nutzen wolle; in diesem Falle stehe ihm für »die Zukunft das ganze schriftstellerische Fach offen«, darin würde er »sehr gern arbeiten«.[17] Vorerst könne er in Berlin nebenher Stunden geben; oder er könne mit ihr in die französische Schweiz gehen, dort als Sprachlehrer für Deutsch das Nötigste verdienen und dann, sobald sie beide ihre Französischkenntnisse vervollkommnet hätten, könne er in Paris die »neueste [deutsche – d. Vf.] Philosophie in diese[m] neugierige[n] Land« vermitteln![18] Von den Ämtern erscheint ihm somit nur noch das akademische Lehramt erwähnenswert. Hier mag Wünsch als Vorbild gewirkt haben. Der Auswanderungswunsch wird in ihm durch Nachrichten über die neue Ordnung in Frankreich entstanden sein, in der ständische Vorrechte nicht mehr existierten und man, allein von seinen Fähigkeiten abhängig und von Gesetzen[19] und Konventionen unbehelligt, auch als Adliger unbescholten einem bürgerlichen Erwerb nachgehen konnte.

Trotz Verunsicherungen und Ängsten – ausgelöst durch Bemerkungen anderer Beamter, daß man ein Narr sei, wenn man, wie Kleist, ohne Vermögen jedes Amt ausschlage –: die Empörung über den als unmoralisch empfundenen Staatspragmatismus hat neue Energien in ihm freigesetzt.

Die gängigen Vorstellungen über adlige Lebensführung teilt er seit längerem nicht mehr. Seit Verlassen des Militärs hat er von seinem Adelstitel keinen Gebrauch mehr gemacht; er unterschreibt seine Briefe schlicht mit »Heinrich Kleist«. Individuelle Fähigkeit und Adel der Gesinnung stellt er über die hohe Geburt, die in seinen Augen seine Emanzipation nur unnötig erschwert. Die Auffassung Jean-Jacques Rousseaus, die Entfaltung des Ichs könne nur im Widerspruch zu den gegebenen und als hemmend empfundenen absolutistischen Verhältnissen erfolgen, spricht Kleist nun stark an. Gemäß seiner eigenen Devise, daß alle Arbeit ehre, so sie nur ehrlich sei, scheut er sich nicht, in der feinen Gesellschaft als kompromittierend geltende ›Hungerleiderdienste‹ wie das Stundengeben leisten zu wollen. Rousseau selbst hatte sich jahrelang damit seinen Lebensunterhalt verdient. Und nur so wolle auch er – abgesehen von dem kleinen Erbe, über das er bald verfügen wird – die gemeinsame Haushaltsführung mit Wilhelmine sicherstellen. Die fortwährende Trennung von ihr, das bedrückende Alleinsein, dazu die schwer unterdrückbaren sexuellen Bedürfnisse (Kleist fühlt sich von »unruhigen Wünsche[n]« bedrängt, die er »zu befriedigen suchen« will, weil sie ihn sonst in »[s]einen Beschäfftigungen« stören und er fürchten muß, nicht »moralisch gut bleibe[n]« zu können[20]) wären kaum mehr zu ertragen. Bereits in seinen Würzburger Landschaftsschilderungen in den Briefen an die Freundin fanden sich immer wieder auch erotische Anspielungen: Der Busen wurde zu einer bevorzugten Metapher, und beim Besuch einer Würzburger Siechenanstalt interessierte ihn das erbärmliche Schicksal eines Opfers permanenter Selbstbefriedigung; eindringlich hat er es beschrieben. Die Braut, wünscht er nun, solle sich über die konventionellen Vorstellungen ihres Elternhauses hinwegsetzen und sich vorerst, bis er mehr verdiene, zu einem freien Zusammenleben mit ihm bekennen, denn nur so könnten sie beide das Glück der Zweisamkeit nach dem Beispiel derer, die nicht von Stand sind, genießen: »o werde *bald, bald* mein Weib«, beschwört er sie. »Also ich wünsche es mit meiner ganzen Seele u entsage dem ganzen prächtigen Bettel von Adel u Stand u Ehre u Reichthum, wenn ich nur Liebe bei Dir finde. Wenn es nur möglich ist, daß wir so ohne Mangel beieinander leben können [...]«[21] Man ist versucht, an den Hauslehrer Jeronimo und die Aristokratentochter Josephe in Kleists erster Prosageschichte *Das Erdbeben in Chili*, welche zunächst *Jeronimo und Josephe* hieß, zu denken: an ein Paar, das noch hinter Klostermauern zueinanderfindet und unter Mißachtung des Stände- und Sittenkodexes folgenreich eben das tut, womit er jetzt die Braut bedrängt.

Der Dreiundzwanzigjährige versichert zugleich, er sei »sehr fest entschlossen, den ganzen Adel [von sich] abzuwerfen. Viele Männer haben geringfügig angefangen u königlich ihre Laufbahn beschlossen. Shakespeare war ein Pferdejunge [...]«.[22]

Demnach ist es kein Zufall, daß er in diesen Wintermonaten 1800 auf 1801 die aristokratische Welt meidet und den Kontakt zu bürgerlichen Kreisen in Berlin sucht. Doch dort begegnet er, so im Hause des Tuch- und Seidenwarenhändlers Clausius oder im Palais des Baumwollfabrikanten Cohen in der Münzstraße westlich des Alexanderplatzes, nicht eben selten »Menschen, die man sieht u wieder vergißt, sobald man die Thüre hinter sich zu gemacht hat. Eine magdeburgische Kaufmanns-Familie waren die Haupt-Personen des Festes. Der Vater, ein Hypochonder, gesteht, er sei weit fröhlicher gewesen, als er ehemals *nur* 100 000 rh besaß – – Mutter u Tochter tragen ganz Amerika an ihrem Leibe, die Mutter das nördliche, Labrador, die Tochter das südliche, Peru.«[23]

Das Daseinsgesetz dieser Kreise lautete, wie Kleist rasch erkennt, den Eigennutz gegen die Zugriffe des absolutistischen Staates zu behaupten und auszubauen. Ihr Milieu regt ihn dazu an, sich über die freie Initiative des einzelnen zustimmend zu äußern; andererseits ist ihm jedoch auch klar, wohin der ausgeprägte Eigennutz führen kann. Der Verkehr mit diesen Kreisen veranlaßt Kleist schließlich, sein biederes Bürgerbild, das er aus der Provinz mitgebracht hat, zu korrigieren. Besitzerstolz, das Trachten nach Geld und Äußerlichkeiten und die geistige Hohlheit hier verstärken in ihm den Eindruck, daß da »Abscheulichkeiten« an der Tagesordnung seien, »zu welchen der Eigennutz [sie] treibt [...]«.[24]

Kleist orientiert sich und seine Braut dagegen einmal mehr daran, »*uneigennützig*«[25] zu sein und den eigenen Vorteil hintanzustellen. Die Begegnung mit dem altruistischen Ludwig von Brockes bestärkt ihn darin. Brockes ist nicht, wie er ursprünglich vorhatte, nach Paris gegangen; er taucht plötzlich bei Kleist in Berlin auf, unterwegs nach Mecklenburg, um dort ein Amt anzunehmen. Er hatte Kleist monatelang unterstützt, dabei nicht auf Geld, Zeit und Umstände gesehen und damit seine Teilnahme an Kleists existentiellen Problemen still und beispielhaft bezeugt. Und dieser hatte so erstmals den Wert eines ganz außerhalb jeder Verpflichtung selbstlos moralisch Handelnden erfahren, nicht anhand von Tugendbeispielen durch Lektüre, sondern im eigenen Alltag und am eigenen Leibe. Moralisch vorbildliches Handeln wird auch in Kleists Werken als eine Leistung des einzelnen erscheinen, wo es nicht selten eine »große Reform«, ja eine »Revolution«[26] des Innern bewirkt. So noch 1810 in der *Verlobung in St. Domingo* inmitten eines kompromißlos wütenden Bürgerkrieges. Und

Kleists Altruismusbekenntnis gegenüber Wilhelmine, »denke Dir einmal die glückliche Welt, wenn jeder seinen eignen Vortheil, gegen den Vortheil des Andern vergäße«[27], erscheint geradezu als eine Vorwegnahme des Mittelteils der Novelle *Das Erdbeben in Chili.* Darin führt er jenes von Eigeninteresse befreite Zueinanderstehen während eines Erdbebens beispielhaft vor. Inmitten äußeren Chaos' wird die Tugend der Selbstaufgabe geübt. Das Chaos mündet in eine von Unnatur, Standesdenken und Besitz befreite glückliche Gemeinschaft, in der Kleist die Überlebenden aller Stände die Gleichheit der Kreaturen erfahren läßt. Vom Erdbeben in unterschiedlichster Weise betroffene Menschen finden sich in einem paradiesischen Tal wieder, wo sich ihre menschliche Natur nach dem Willen des Autors »wie eine schöne Blume«[28] entfaltet. – Selbst dem gewalttätigen Rechtssucher Kohlhaas wird Kleist diese altruistische Haltung beigeben. Denn kämpft der Roßhändler nicht um mehr als nur um Gerechtigkeit für sich selbst? Ist er sich nicht dessen bewußt, daß er »mit seinen Kräften der Welt in der Pflicht verfallen« ist, Sicherheit in einer heillos rechtlosen Welt auch »seinen Mitbürgern zu verschaffen«?[29] Ja, selbst Hermanns, des Cheruskers, nationale Befreiungstat, so grausam dieser dabei auch zu Werke geht, ist nicht gänzlich ohne uneigennützige Selbstaufopferung zu denken. Das Postulat eines Ethos' selbstlosen Handelns bleibt für Kleist bis an sein Lebensende unverzichtbar.

Das paßt zu jenen »hohe[n] Bild[ern]«[30], die er im Jahre 1800 in Schillers soeben erschienenem *Wallenstein* bei Max' Verzweiflungsritt in die schwedischen Haufen zu erblicken meint; ebenso im *Don Carlos* bei Posas Freundesrettung. Kleist legt Wilhelmine ans Herz, sich solche Bilder mit ganzer Seele einzuprägen; sie solle sich damit identifizieren. Alles, was Max tue, solle für ihn, Kleist, stehen; Theklas Verhalten solle für sie, Wilhelmine, gelten. »Unsre Väter u Mütter u Lehrer schelten immer so erbittert auf die Ideale«, schreibt Kleist, »u doch giebt es nichts, das den Menschen wahrhaft erheben kann, als sie allein.«[31]

Berliner Karikatur vom Dezember 1801, zur Jahrhundertwende. Anonymer Stich. Unten sechs Namen (zweiter von rechts, als gestiefelter Kater: Kleist) von unbekannter Hand aufgeführt.

Solche Attribute des aufklärerisch-klassischen Menschenbildes wird Kleist nie aufgeben.

Doch zurück zu Kleists Erfahrungen mit dem Berliner Kaufmannsmilieu: Hier kann, hier muß er seine Beobachtungsgabe schärfen und seine Selbstbeobachtung vertiefen. Denn der herrschende Ton in diesen Häusern der Besitzenden, deren Kutschen ihn abholen, deren Einladungen er, einmal eingeführt, folgt, an deren Tafeln er ißt und trinkt, wo er Gespräche zu führen, Komplimente zu machen und zu tanzen angehalten ist – dieser Ton verunsichert ihn, er verschlägt ihm, im vollen Wortsinn, die Sprache! Die bittere Erkenntnis, daß in diesen Kreisen niemand sich gibt, wie er wirklich ist, sondern allgemeine Schauspielerei den Umgang miteinander bestimmt, droht sein Inneres zu paralysieren. Es kommt zu einer »unerkärliche[n] Verlegenheit«, die ihm als »unüberwindlich«[32] erscheint. Er kämpft mit einer ihn blockierenden Sprachhem-

91

mung, von der er annimmt, sie habe eine »physische Ursache«, so tief und nachhaltig ist sie. »Mit der größten Mühe nur kann ich sie so verstecken, daß sie nicht auffällt«.[33] Zugleich beobachtet Kleist bei sich einen fatalen Anpassungseffekt: Auch er muß, um nicht lächerlich zu wirken, Stärke vortäuschen. Er erlebt den Verlust von Identität. Körper und Seele werden durch das »Bewußtsein«, wie Kleist in seinem berühmten Aufsatz *Über das Marionettentheater* 1810 darlegen wird, getrennt, die Einheit des Menschen mit sich selbst ist aufgehoben, sein innerer Schwerpunkt hat sich gleichsam nach außen verlagert, die natürlichen Reaktionen und das natürliche Fließen der Bewegung, das »freie Spiel seiner Gebärden«[34] sind gehemmt, verzerrt. Das Ich verliert seine »Anmut«.[35] Der Ursprung des im *Marionettentheater* beschriebenen Vorgangs liegt offensichtlich bereits im Jahre 1800. Wie Kleist der Schwester gesteht, besitze er nun sogar die traurige Fähigkeit, das hinter dem äußeren Gebaren der Menschen Verborgene zu dechiffrieren: »Ach, liebe Ulrike, ich passe mich nicht unter die Menschen, es ist eine traurige Wahrheit, aber eine Wahrheit. [...] Die Nothwendigkeit, eine Rolle zu spielen[36], und ein innerer Widerwillen dagegen machen mir jede Gesellschaft lästig, u froh kann ich nur in meiner eignen Gesellschaft sein, weil ich da ganz wahr sein darf. Das darf man unter Menschen nicht sein, u keiner ist es – Ach, es giebt eine traurige Klarheit, mit welcher die Natur viele Menschen, die an dem Dinge nur die Oberfläche sehen, zu ihrem Glücke verschont hat. Sie nennt mir zu jeder Miene den Gedanken, zu jedem Worte den Sinn, zu jeder Handlung den Grund – sie zeigt mir Alles, was mich umgiebt u mich selbst in seiner armseeligen Blöße u dem Herzen ekelt zuletzt vor dieser Nacktheit.«[37]

Übungsstunden in moderner Ich-Erfahrung! Zentraler Punkt: das Wechselspiel von Entfremdung, Selbstentfremdung und desillusionierendem Erkennen. Der Prozeß zwanghaften *Durchschauens* beginnt. Und gewiß hat das vorangegangene Rollenspiel mit der Braut diesen Vorgang befördert.

Obgleich die geselligen Abende in Berlin in der Regel mit

unguten Gefühlen enden und Kleist sich in die Stille seines Zimmers flüchtet: der Autodidakt, der allzuoft nur monologisiert hatte und dazu neigte, die Welt schematisch aufzufassen, sich konfliktarme Situationen mit rücksichtsvollen Menschen als Protagonisten zu suchen und dort, bei Schwester und Braut, um seines Selbstwertgefühls willen geistige Führerschaft zu demonstrieren gewöhnt war – hier, wo alles vom »äußern Eindrucke abhangt«, wo ihn »das albernste Mädchen oder der elendeste Schuft von élégant« durch die »matteste persifflage [...]«[38] lächerlich machen können, hier, im direkten Umgang mit den gesellschaftlich Erfolgreichen der 170 000 Einwohner zählenden märkischen ›Metropole‹, lernt er in Rede und Widerrede Winkelzüge, Scheingefechte, Witz und Floskeln abgebrühter Hauptstädter kennen; ja, er ist genötigt, sich ihrer selbst zu bedienen.

Hier, so muß vermutet werden, liegen Katalysatoren für die Entwicklung von Kleists späterer Dialogkunst. Treffend, vieldeutig und hintersinnig werden seine Charakterisierungsmittel zuweilen sein. Seine Rede wird er, in Verbindung mit Mimik und Gestik, nicht selten virtuos, als Kunst der Verstellung handhaben. Zugleich wird er ihr entlarvende Qualitäten verleihen. Der Zuschauer oder Leser braucht die Wort-Befangenheit von Kleists Figuren nicht zu teilen, er kann ihre Worte und Taten hinterfragen und ihrer Wahrhaftigkeit durch Vergleichen mit der eigenen Lebenserfahrung nachspüren.

Kleist, derart verunsichert, macht die Erfahrung, daß es ihm nicht gelingen will, sich anderen hinreichend verständlich zu machen. Zunehmend irritiert, zweifelt er schließlich daran, daß es überhaupt ein brauchbares »Mittel zur Mittheilung« gibt. »Selbst das einzige, das wir besitzen, die Sprache«, schreibt er, »taugt nicht dazu, sie kann die Seele nicht mahlen u was sie uns giebt sind nur zerrissene Bruchstücke. Daher habe ich jedesmal eine Empfindung, wie ein Grauen, wenn ich jemandem mein Innerstes aufdecken soll; nicht eben weil es sich vor der Blöße scheut, aber weil ich ihm nicht *Alles* zeigen kann, nicht *kann*, u daher fürchten muß, aus den Bruchstücken falsch verstanden zu werden. […] Du weißt nicht, Ulrike, wie mein Innerstes oft erschüttert ist. […] Ach, es giebt kein Mittel, sich Andern *ganz* verständlich zu machen u der Mensch hat von Natur keinen anderen Vertrauten, als sich selbst.«[39]

Der hier zum Ausdruck kommenden Irritation, dieser *Sprachnot* Kleists dürften vor allem zwei Ursachen zugrunde liegen. Einmal muß Kleist gespürt haben, daß diejenigen, mit denen er hier umgeht, von ihren so andersgearteten Befindlichkeiten und Lebensauffassungen her seinen Zustand – zumal er sich nicht völlig offenbaren darf – nicht nachvollziehen können oder auch nur wollen. Zum anderen wird er bemerkt haben, daß er (selbst gegenüber den Potsdamer Regimentskameraden, die verschiedentlich herüberkommen) seine immer komplizierter werdende innere Verfassung nicht angemessen in Worte zu kleiden vermag. Es scheint selbst bei ihnen, als lebe man in einer anderen Welt. Das Aneinander-vorbei-Reden, das gegenseitige Mißverstehen, ja das Verstummen, all das wird sich in den Werkwelten Kleists nicht nur einmal zur Kommunikationsbarriere bis hin zu tödlich endenden Mißverständnissen auswachsen. Hier, Anfang 1801, hat er das, nach den Einsamkeitserlebnissen in Frankfurt, erstmals thematisiert. – So hat seine Sprachkrise einerseits seine Sprechhemmung verstärkt, andererseits ihn zur Suche nach neuen Ausdrucksmöglichkeiten gedrängt; nicht zuletzt aus der Angst heraus, andernfalls total zu vereinsamen.

Kleist wird von nun ab seine Sprache zu entkonventionalisieren und seinen Mitteilungsstil schließlich radikal zu ändern suchen. Seine Sprache wird moderne Züge annehmen. Und nach dieser Neuorientierung wird er zu einer Sprachleistung finden, die im deutschen Sprachraum noch immer ihresgleichen sucht.

Kleist hatte, wie wir wissen, Anfang November von Berlin aus seine Braut um ihre Meinung zu seinen Vorschlägen über ein gemeinsames Zusammenleben gebeten. Ihre Antwort ist ausweichend, eher ablehnend. Seine Entwürfe erscheinen ihr, wie Kleist kommentiert, »unausführbar«. Die Trennung von der Familie sei ihr »so schmerzhaft«, es ergreife sie »Unruhe« über ihre Zukunft, die sie »sogar krank macht – «.[40] Wilhelmine kann ihr Sicherheitsbedürfnis nicht leugnen. Das, was Kleist ihr vorschlägt, geht ihr zu weit; sie hat eine andere Vorstellung von Normalität. Und so empfindet sie Kleists Vorschläge eher als Zumutungen. Allerdings, es wäre kein kleines Risiko, auf das sie sich einließe. Und zu den wenigen Wagemutigen ihres Geschlechts, die es in dieser Zeit freilich auch gibt, gehört sie nicht. Sie kann nicht, wie Kleists spätere Bekannte Caroline von Schlieben (1784-1837), ihrem mittellosen (bürgerlichen) Verlobten in die Fremde folgen[41]; auch besitzt sie nicht den Mut einer Dorothea Veit, sich über hauptstädtischen Klatsch hinwegzusetzen. Von der Republikanerin Caroline Böhmer, welche mit ihrem Verlangen nach politischer und erotischer Freiheit zum romantischen Mythos weiblicher Emanzipation wurde, ganz zu schweigen. Wilhelmine fügt sich – lieb und zugleich beharrlich – eher in die traditionelle Frauenrolle. Ist sie am Ende weniger leidenschaftlich, als es später, in Werken Kleists, Agnes-Julia in der *Familie Schroffenstein*, Josephe im *Erdbeben*, Eve im *Zerbrochnen Krug*, Toni in der *Verlobung*, das Käthchen, ja selbst Natalie im *Prinzen von Homburg* sein werden? All diese Frauengestalten wird Kleist leidenschaftlich empfinden und handeln lassen, und sie werden allesamt auf die eine oder andere Weise die Normen ihrer Umwelt verletzen. Sie, die Mädchen und jungen Frauen in seinen Dramen und Erzählungen, zeigen sich, anders als Kleists Braut, entschlossen, ihren Neigungen zuliebe familiäre Bindungen, Ehre, Ruf und Sicherheiten aufs Spiel zu setzen. Die Vermutung liegt nahe, der Dichter Kleist habe mit diesen Kunstgestalten seine Vergangenheit in Liebessachen aufarbeiten, vielleicht sogar Gegenentwürfe zu Wilhelmines Verzicht auf Emanzipation machen wollen. – Allerdings wird Kleist etliche der männlichen Partner dieser Frauen in seinen Werken, was Empfindungstiefe, Charakterstärke und Durchblick betrifft, als diesen weitgehend unebenbürtig zeichnen. Ruprechts unerhörtes Mißtrauen gegen Eve im *Zerbrochnen Krug*, Gustavs ›irrtümliche‹ Tötung der Geliebten in der *Verlobung*, Wetter von Strahls ständisch motivierte Bereitschaft, sich durch die falsche Braut verführen zu lassen und der wirklichen brutal zu begegnen, der Verrat des Prinzen von Homburg an seiner Liebe zu Natalie aus Todesangst – alles deutet darauf hin, daß Kleist später männliche Führungsansprüche, die eigenen mit eingeschlossen, gnadenlos zu kritisieren beginnt.

Dies trifft freilich noch nicht auf sein erstes Drama, *Die Familie Schroffenstein,* und auf seine erste Erzählung, *Jeronimo und Josephe,* zu. In diesen der frühen Lebensgeschichte noch weitestgehend verhafteten Werken zeigt er die Liebenden in Schiller abgeschauten, idealischen Umrissen: Hand in Hand begehren beide, voran der Mann, gegen die Normen von Eltern und Gesellschaft auf.

Jetzt, nach der ablehnenden brieflichen Reaktion Wilhelmines auf seine Lebensplanvorschläge lenkt Kleist erst einmal ein. Vor allem bittet er sie, sich zu beruhigen, versichert ihr, die Furcht vor dem Verlassen des Elternhauses »natürlich u gut«[42] zu finden. Im übrigen sei ja die Chance zur Annahme eines Amtes noch nicht vertan; und wenn sie es denn so wolle, werde er sich ihren Wünschen fügen. Auch wenn dahingestellt bleiben müsse, ob er je in einem Amt glücklich werden könne.

Der Schwester gegenüber äußert er sich offener. Sie hat sein Vertrauen bislang nicht enttäuscht. Ihr schreibt er, fast zeitgleich, daß er seine Ziele doch »auf irgend einem andern Wege« als dem für Adlige üblichen verwirklichen wolle »u sollte ich mich auch mit Gewalt von allen Vorurtheilen losreißen müssen, die mich binden.

Aber behalte dies Alles für Dich. *Niemand* versteht es, das haben mir tausend Erfahrungen bestätigt.«[43]

Kleist hatte auf Überzeugung gesetzt. Seine Loslösung von den traditionellen Normen war ja, anders als bei Wilhelmine, durch gravierende Erlebnisse vorbereitet worden. Anfängliche Überzeugungserfolge und briefliche Beteuerungen der Braut überschätzend, hatte er wohl geglaubt, Wilhelmine werde durch intensive Einflußnahme auf ihre Liebe und ihre Bildung die Barrieren ihres sozialen Milieus überwinden lernen und für ihn und ihre Ziele am Ende durchs Feuer gehen. Seit Ende August 1800 hatte er sie, unterbrochen nur durch zwei kurze Besuche bei ihr Anfang November und im Dezember, freilich allein gelassen. Er fürchtete die Fragen der Verwandten und Bekannten, befürchtete, zu immer neuen Vortäuschungen und Ausflüchten genötigt zu werden. Und so war Wilhelmine in diesen kritischen Wochen in ihrer Familie ohne seine unterstützende Gegenwart geblieben. Allerdings hatte sie auch nicht die Initiative aufgebracht, sich nach Berlin zu ihrer Freundin Minna Clausius und ihrem Bruder Carl aufzumachen, bei dem ihr Verlobter wohnte. Seine Briefe, selbst wenn er sie noch so innig und ausführlich abfaßte, wogen seine Abwesenheit nicht auf. Kleist hat allzu sehr der Wirkung des geschriebenen Wortes vertraut; dieses Vertrauen teilte er mit zahlreichen Zeitgenossen. – Vielleicht hätte er sich beizeiten mehr um Wilhelmines Gefühle und weniger um ihre Bildung kümmern sollen? Die meisten Männer in seinen Dichtungen wird er in bezug auf ihre Partnerinnen ebendies tun lassen. – 1803, nach der Trennung von Kleist, wird Wilhelmine ihrem neuen Verlobten, dem Professor Krug, in einer Art Beichtschreiben gestehen, daß Kleist »dem Ideal von Mann«, welches sie sich entworfen hatte, »noch immer nicht entsprach«.[44]

Wilhelmines Absage irritiert Kleist. Die entschlossenen Worte, die er Ulrike gegenüber zur gleichen Zeit äußert, täuschen ebenso wie der forsche, jugendlich unbedenkliche Ton, den er anschlägt und den wir bereits von ihm kennen, über sein wahres Befinden hinweg. Je mehr Wochen und Monate in Berlin vergehen, um so mehr ergreifen Zukunftsangst und Selbstzweifel von ihm Besitz. »[...] nie ist mir die Zukunft dunkler gewesen als jetzt«[45], hatte er bereits Ende November Ulrike bekannt. Alles bislang als gesichert Geltende erscheint ihm täglich unsicherer.

Selbst seine Liebe zu den Wissenschaften und sein Bildungsstreben geraten in ein Zwielicht. Als Folge davon wird ihm selbst ein akademisches Lehramt, das er am Ende doch begehrt hatte, problematisch. Der Frankfurter Mathematikprofessor Huth ist nach Berlin gekommen und hat seinen ehemaligen Schüler, der bei Clausius bereits verschiedentlich in dessen Kabinett mit physikalischen Instrumenten hantiert hatte, in die gelehrte Welt eingeführt, worin Kleist sich aber »so wenig wohl befinde[t], als in der ungelehrten«. Denn nach seinen Beobachtungen sitzen »[d]iese Menschen [...] sämmtlich wie die Raupe auf einem Blatte, jeder glaubt seines sei das Beßte, u um den Baum bekümmern sie sich nicht«.[46]

Wie ist das zu verstehen?

Kleist ist vom Wissenschaftsideal der Aufklärung durchdrungen. Für ihn wie für den Freund Brockes und viele andere an der Wissenschaft interessierte junge Zeitgenossen bestand der Sinn alles wissenschaftlichen Mühens wie jeglicher Bildung darin, »Alles in sich immer in Einheit zu bringen u zu erhalten«.[47] Wissenschaft zielte also auf Universalität, Überschau und Kenntnis der ordnenden Weltgesetze. Das Festhalten an dieser Auffassung war allmählich infolge der seit der Renaissance und besonders in der zweiten Hälfte des 18. Jahrhunderts immer zahlreicher werdenden naturwissenschaftlichen Entdeckungen problematisch geworden. Um 1800 kommt es zu einer Krise der Naturwissenschaften, kaum erkennbar in Frankfurt an der Oder, um so deutlicher jedoch in Berlin, wo bürgerliche Interessen die Wissenschaft vorantreiben und sie zu einer Produktivkraft entwickeln wollen. Selbst die absolutistischen Staatsinstitutionen wollen sich, angesichts finanzieller Engpässe, dieser Entwicklung nicht verschließen. Von einem Gespräch mit dem Finanzminister Struensee weiß Kleist zu berichten, daß der Minister unter dem »Effect einer Maschiene« nicht wie Kleist selbst »ganz natürlich darunter den mathematischen« verstand, sondern »nichts anderes, als das Geld, das sie einbringt.«[48] Die Naturwissenschaften werden von der Arbeitsteilung erfaßt, und zwar in einem bislang ungekannten Ausmaß. Zum Motor dieser Entwicklung wird die Entfesselung der Produktivkräfte nach der Französischen Revolution. Empirische Einzeluntersuchungen und Faktensammlungen dominieren. Erst im späten 19. Jahrhundert wird es wieder zu Theoriebildungen und zu Versuchen der Verallgemeinerung des akkumulierten Wissens kommen. Aber gerade den auf Universalität und Zusammenhang gerichteten Anspruch der Aufklärungswissenschaft möchte Kleist nicht aufgeben. So beklagt er die Einengung auf die Spezialforschung, den Verlust an Universalität und Allgemeingültigkeit. Doch übersieht er dabei das momentan Notwendige und Vorwärtsweisende. So schreibt er am 5. Februar 1801 an Ulrike: »Mir ist es unmöglich, mich wie ein Maulwurf in ein Loch zu graben u Alles Andere zu vergessen. [...] – Aber soll ich immer von einer Wissenschaft zur andern gehen, u immer nur auf ihrer Oberfläche schwimmen u bei keiner in die Tiefe gehen? Das ist die Säule, welche schwankt.«[49]

Kleist sieht sich durch die neuen Wirklichkeiten immer mehr verunsichert. Kaum noch gibt es Bereiche, kaum noch Menschen, denen man voll vertrauen kann. Er erfährt nun die Krise seines an der Aufklärung geschulten Bildungsideals. Manches an seinem bisherigen Lebensplan ist ihm inzwischen selbst verdächtig geworden. Er schließt sich in sein Zimmer ein mit dem Vorsatz, es nicht eher zu verlassen, als »bis ich über einen [neuen] Lebensplan entschieden wäre«.[50] Doch nach acht Tagen bricht er sein schmerzvolles Dahinbrüten ergebnislos ab. Er hat keine akzeptable Alternative gefunden. Er sieht keinen gangbaren Weg, der ihn, entsprechend den von ihm selbst gesetzten Maßstäben, zu Glück und moralischer Gesinnung führen könnte, und er kann nicht erkennen, wie seine Ideale mit den neuen realen Gegebenheiten einigermaßen konfliktfrei in Einklang zu bringen wären.

Jede seiner Entscheidungen ist also folgenschwer, wie auch immer sie lauten wird. Seine völlige Ratlosigkeit läßt ihn aufmerksamer als zuvor nach der Philosophie Ausschau halten. Er will die neuesten allgemeinen Kenntnisse vom Menschen für die Lösung seiner Lebensprobleme nutzen. Nicht mehr Bildungshunger, sondern die Hoffnung auf Lebenshilfe bestimmt diese Entscheidung. Kleist befaßt sich mit der »neuern sogenannten Kantischen Philosophie«.[51]

Die Kleist-Forschung ist sich nie recht einig geworden, ob Kant, dessen *Kritik der Urteilskraft* oder die *Kritik der reinen Vernunft,* oder ob Fichtes *Die Bestimmung des Menschen* oder gar Arbeiten populärer Kant-Vermittler wie Karl Leonhard Reinhold oder Johann Gottfried Carl Kiesewetter oder noch anderer es waren, die Kleist nun las. Er selbst hat sich über seine damalige Lektüre nur sehr allgemein geäußert. Wahrscheinlich werden ihn im Zeitraum 1800 bis 1801 die Neuansätze der Erkenntniskritik besonders interessiert haben. Die eigenen, immer deutlicher werdenden Unsicherheiten, im wesentlichen eine durch seine preußischen Erfahrungen eingeleitete *Orientierungskrise*, werden ihm nun schlagartig auch als *Erkenntniskrise* bewußt. In den erkenntniskritischen Arbeiten, die er liest, findet er die teleologische Lehre zurückgewiesen, auf die sich sein Wissenschaftsideal und sein Bildungsglaube gründeten. Vor allem Kant hatte das Erkenntnisproblem untersucht und mit seinen skeptischen Schlußfolgerungen das Aufklärungsdenken des 18. Jahrhunderts tief erschüttert: Der Mensch, deutete er an, könne zwar die äußeren Erscheinungen der Dinge wahrnehmen, bleibe aber ohne absolut gültige Aussagen über ihr Wesen. Auch über die der Schöpfung innewohnenden Gesetze könne er nichts wissen! Natürlich mußte dies auf Kleist niederschmetternd wirken. Am 22. März 1801 schreibt er an die Braut: »Wenn alle Menschen statt der Augen grüne Gläser hätten, so würden sie urtheilen müssen, die Gegenstände, welche sie dadurch erblicken, *sind* grün – und nie würden sie entscheiden können, ob ihr Auge ihnen die Dinge zeigt, wie sie sind, oder ob es nicht etwas zu ihnen hinzuthut, was nicht ihnen, sondern dem Auge gehört. So ist es mit dem Verstande. Wir können nicht entscheiden, ob das, was wir Wahrheit nennen, wahrhaft Wahrheit ist, oder ob es uns nur so scheint. Ist das

Heinrich von Kleist. Miniatur von Peter Friedel.
Deckfarben auf Porzellan, 1801.

letzte, so *ist* die Wahrheit, die wir hier sammeln, nach dem Tode
nicht mehr – u alles Bestreben, ein Eigenthum sich zu erwerben,
das uns auch in das Grab folgt, ist vergeblich –

Ach, Wilhelmine, wenn die Spitze dieses Gedankens Dein
Herz nicht trifft, so lächle nicht über einen Andern, der sich
tief in seinem heiligsten Innern davon verwundet fühlt. Mein
einziges, mein höchstes Ziel ist gesunken, und ich habe nun
keines mehr – «.[52]

Während Schiller knapp zehn Jahre zuvor nach eingehender Beschäftigung mit Kant die Autonomie des handelnden Subjekts sowie der sittlichen Existenz gefordert hatte, fühlt sich Kleist gerade in diesem Punkt zutiefst getroffen. War ihm doch nach der Misere im Militär die Selbstbefreiung nur im Rahmen eines kontemplativen ›Abschreitens‹ absolut sicherer Wege möglich erschienen; mithin im Rahmen einer als sittlich vorgestellten Weltordnung und unverrückbarer Schöpfungsgesetze. Um so schmerzlicher trifft ihn die aus der philosophischen Literatur von ihm herausgelesene Relativität jeglicher Erkenntnis und seiner eigenen Wissenschafts- und Bildungsreligion. Er wird von einer »schweren intellektuellen Verstörung« heimgesucht, die man »angesichts des unlösbaren Ineinanders reflexiver und emotionaler Anteile auch eine ›epistemologische Depression‹ nennen könnte«.[53] Sein nun einsetzender radikaler Erkenntniszweifel führt nach dem Wortlaut seiner Briefe zu einer Denklähmung und zu hochgradiger Unruhe. Er spricht vom Fehlen jeglicher Konzentration, vom Ekel vor wissenschaftlicher Arbeit, von der Abneigung gegen Bücher, von Antriebslosigkeit und von Versuchen, sich in Tabakstuben, Kaffee- und Schauspielhäusern zu betäuben. Einmal läuft er im Regen nach Potsdam, um sich bei Freunden auszusprechen, denn die Berliner Bekannten halten ihn für verrückt, sobald er es wagt, sich ihnen zu offenbaren. Doch Leopold, der Bruder, und die alten Regimentskameraden können ihm auch keinen rechten Beistand geben. Rühle von Lilienstern reicht ihm Klingers Roman *Der Kettenträger* mit den Worten: »Ließ’ doch […] Es herrscht in diesem Buche eine sanfte, freundliche Philosophie, die Dich gewiß aussöhnen wird, mit Allem […]«[54] Doch kann Kleist weder in der darin vertretenen These Trost finden, Wissen könne man sich ohnehin immer nur in beschränktem Umfange aneignen, denn es bestünden biologische Grenzen, die im Prozeß des Alterns noch enger gezogen würden; noch beruhigt ihn die Empfehlung, den Tod als Chance zu begreifen, die errungenen Wissens-Schätze auf einen anderen Stern hinüberzuretten.[55] Er

sucht ein Ziel, dem er »froh-beschäfftigt, von Neuem entge-
genschreiten könnte«.[56] Nach der Lektüre klagt er: »Und das
soll die Nahrung sein für meinen glühenden Durst? – Ich legte
still u beklommen das Buch auf den Tisch, ich drückte mein
Haupt auf das Kissen des Sopha, eine unaussprechliche Leere
erfüllte mein Inneres [...]«[57]

Daß es Wahrheit im Sinne der auch von Kant noch angenommenen absoluten (göttlichen) Vernunft gibt, die eben nur
für die menschliche Erkenntnis unerreichbar bleibe, wird
zwar für Kleist weiter gelten, doch wird er lernen, künftig mit
dem *Zweifel* zu leben. Dieser wird seine Welthaltung von nun
an bestimmen. Und Kleist wird fernerhin jede philosophische
Systembildung mit Skepsis betrachten. Er selbst wird nie
mehr aus einem geschlossenen Ideengebäude heraus urteilen.
Seine Dichtung bleibt weitestgehend unbeeinflußt von Ideologie, sie erkundet die »Welt [...] wie sie steht«.[58]

Jedenfalls setzt Kleist von nun an den aufklärerischen Ab-
solutheitsanspruch des Verstandes nicht mehr als absolut. Dafür erhalten Gefühl und sinnliches Erleben einen neuen Stellenwert. Sie führen ihn dazu, sich das ganzheitliche Anschauen
zu bewahren und dieses für die Behandlung menschlich wesentlicher Fragestellungen fruchtbar zu machen. Die Krise
seines aufklärerischen philosophischen Denkens führt ihn nach
innen, zu sich selbst. Mehr Lebensnähe ist der Gewinn, den
Kleist in der Begegnung mit Kant erzielen wird.

Kleists Zustand enthält beides: die Gefahr anhaltender Depression und die Möglichkeit zur Selbstbefreiung. Sein Verlangen nach Bewegung, nach einer anderen Umgebung, anderen Menschen, nach Befreiung aus der persönlichen Isolation
und aus der preußischen Enge, ist keinesfalls abgestorben. Er
beruft sich auf Goethes *Tasso*: »[...] ein Talent bildet sich im
Stillen, doch ein Charakter nur in dem Strome der Welt«.[59] Er
versucht, die Fesseln der Untätigkeit zu lösen und wendet sich
an Wilhelmine mit der Bitte, ihn reisen zu lassen, da er ohnehin nicht arbeiten könne. Schon einmal hatte ihn Reisen aus
verwickelten Verhältnissen befreit, die Begegnung mit der

äußeren Welt hatte sein Inneres geweitet und sein Selbstwertgefühl gestärkt.

Was er anfangs nur zu denken, dann wenigen gegenüber zu äußern wagt, wächst sich, einmal in Bewegung gesetzt, mittels Ausflüchten, Zufällen, zu Mißverständnissen, zu Notlügen gegenüber der Obrigkeit, kurz zu einer Ereigniskette aus, ja zu einem als Schicksal empfundenen, beinahe makabren Mechanismus. Kleist beantragt Pässe beim Minister des Auswärtigen. Um sich ohne Ehrverlust aus dem Amt ziehen zu können, läßt er dort verlauten: Er reise, um »in Paris zu studieren, u zwar Mathematik u Naturwissenschaft [...] Der Minister, u alle Professoren u alle Bekannten wünschen mir Glück – am Hofe wird es ohne Zweifel bekannt«.[60]

Das klingt wie der Abschied von einem Land, das ihm die Verwirklichung seines noch unklaren Verlangens nach einem sinnvollen, gesteigerten Leben schwermachte. Sein Aufbruch aus Preußen trägt Zeichen einer Flucht. Er läßt es zurück mit einem »ewig bewegte[n] Herz[en], das wie ein Planet unaufhörlich in seiner Bahn zur Rechten u zur Linken wankt«.[61]

Er will sich einen neuen Lebenszweck suchen, wenn es denn einen gibt. »*Wissen* kann unmöglich das Höchste sein – handeln ist besser als wissen«[62], hatte Freund Brockes einmal zu ihm gesagt.

Lebenskrise. Erlebnis Moderne

Am 3. Juni 1801 schrieb Kleist aus Göttingen an Wilhelmine von Zenge: »Alles liegt in mir verworren, wie die Werchfasern im Spinnerrocken, durcheinander, u ich bin vergebens bemüht mit der Hand des Verstandes den Faden der Wahrheit, den das Rad der Erfahrung hinaus ziehen soll, um die Spule des Gedächtnisses zu ordnen. Ja selbst meine Wünsche wechseln, und bald trit der eine, bald der andere ins Dunkle, wie die Gegenstände einer Landschaft, wenn die Wolken drüber hinziehn.«[1]

Seit sieben Wochen war er nun mit Ulrike im Reisewagen der Familie mit zwei ausgedienten polnischen Husarenpferden davor unterwegs. Nur widerwillig hatte er sein einst gegebenes Versprechen eingelöst und die Schwester eingeladen, mitzukommen. Sie ist frohgemut und zu allem Abenteuerlichen auf der ihr willkommenen Reise aufgelegt, er dagegen mit gedankenschwerem Sinn, fern jedes ruhigen Selbstbewußseins, nur selten fähig, selbstvergessen die Reise zu genießen. Der schöne Mai, der Blick von den Brühlschen Terrassen auf Dresden und das Elbtal, Gerüche von Erde und Bäumen, »überall Knospen u Blüten, die ganze Natur sah aus wie ein funfzehnjähriges Mädchen«[2] – und doch keine Freude in dem Dreiundzwanzigjährigen. Statt dessen Wehmut und das Gefühl, ausgeschlossen zu sein. »Alles ist dunkel in meiner Zukunft, ich weiß nicht, was ich wünschen u hoffen u fürchten soll [...]«[3] So beginnt diese leidvolle Phase des Suchens.

Was ihn zu bewegen vermag, sind die Künste. Die »ganz neue Welt voll Schönheit«[4] läßt ihn nicht los. Ganze Tage weilt er in der Dresdner Bildergalerie, im Antikenkabinett bei den »griechischen Ideale[n]«, in der Kupferstichsammlung, bei den Gipsabgüssen – und immer wieder steht er Stunden vor Raffaels Sixtinischer Madonna, jener Gestalt »mit dem hohen Ernste, mit der stillen Größe«. Er beneidet die Maler, denn sie müßten, vermutet er, »glückliche Menschen« sein. Sie bräuchten nur die Natur zu kopieren, um Schönheit hervorzubringen, und könnten ohne »Zweifel um das Wahre« mit ihr leben. Kunst ist ihm Flucht vor dem problembeladenen Leben, Versenkung ins Reich des Schönen. Auch sonst überkommt Kleist in jenen Wochen romantisches Empfinden. Für Augenblicke möchte er den als Qual empfundenen Versuch, die Welt durch Denken zu bewältigen, aufgeben und im Schoße des Katholizismus nur noch Herzenswärme und Geborgenheit empfangen: »Nirgends fand ich mich [...] tiefer in meinem Innersten gerührt, als in der Katholischen Kirche, wo die größte, erhabenste Musik noch zu den andern Künsten tritt, das Herz gewaltsam zu bewegen. [...] Mitten vor dem Altar, an seinen untersten Stufen, kniete jedesmal, ganz isolirt von den Andern, ein gemeiner Mensch, das Haupt auf die höheren Stufen gebückt, betend mit Innbrunst. Ihn quälte kein Zweifel, er *glaubt* – Ich hatte eine unbeschreibliche Sehnsucht mich neben ihn niederzuwerfen, u zu weinen – Ach, nur einen Tropfen Vergessenheit, und mit Wollust würde ich katholisch werden –.«[5]

Immer mehr Intellektuelle der jungen Generation konvertieren. Enttäuscht wenden sie sich von den tradierten humanistischen Idealen, die ihnen als uneinlösbar erscheinen, ab und dem katholischen Glauben zu. Dort suchen sie Zuflucht vor der unerträglichen Spannung zwischen Ideal und Leben, die sie mit pessimistischen Stimmungen niederdrückt. Wird Kleist auch die Mittelaltersehnsucht vieler seiner Zeitgenossen nicht ganz fremd bleiben, so machen ihn seine aufklärerischen Einstellungen immer dann, wenn es um die institutionalisierte Religion geht, immun, und so ist sein Flirt mit dem Katholizismus nur von kurzer Dauer.

Es gelingt ihm nicht, den Verstand einfach abzuschalten. Auch wenn »Gedanken mit Gedanken, Gefühle mit Gefühlen kämpfen« und »der Sieg« noch »unentschieden ist«[6]: Der Drang, zu sehen, zu prüfen, zu urteilen, regt sich wieder in ihm. So treten die Wünsche in der Dresdner Hofkirche, auch die Sehnsüchte nach einer idyllischen Lebensform, die er bei der Fahrt durch die sächsischen Täler erneut empfindet, wieder in den Hintergrund gegenüber dem Bedürfnis nach wissenschaftlichen Gesprächen. In Leipzig sucht er den berühmten Anthropologen Ernst Platner auf (bekannt geworden durch eine Fehde mit Kant) und Karl Friedrich Hindenburg, den Mathematiker, den er auch näher kennenlernt; in Halle besucht er den Mathematiker Georg Simon Klügel, in Göttingen den Anatomen und Physiologen Heinrich August Wrisberg und Johann Friedrich Blumenbach, den ›Magister Germaniae‹, alles anerkannte Gelehrte ihrer Zeit, »Lehrer der Menschheit«[7], wie Kleist sie achtungsvoll nennt. Diese Mühen wird er wohl kaum auf sich genommen haben, um der Braut gegenüber seine »Lebensplan-Maske«[8] zu wahren. Vielmehr ist das Bedürfnis in ihm rege geworden, durch neue Informationen, durch Gedankenaustausch und durch das Studium der Lebensweisen und Ansichten dieser Männer aus der ihn verstörenden Ungewißheit herauszufinden und sich wieder »ein Ziel des Bestrebens« zu setzen, ohne Gefahr zu laufen, »wenn ich zu schnell ein falsches ergriffe, die Bestimmung zu verfehlen u so ein ganzes Leben zu verpfuschen«.[9] Kleist neigt dazu, die aufgebrochenen Widersprüche zu verdrängen. In Göttingen, nach der Hälfte der Reise, ist er sich bereits sicher: »In Paris werde ich schon das Studium der Naturwissenschaft fortsetzen müssen u so [...] wohl am Ende noch wieder in das alte Gleis kommen [...]«[10]

Doch was veranlaßte ihn, ausgerechnet in das bürgerliche Frankreich und gar nach Paris zu reisen? Ein Zufall? Insgeheim hoffte er ja, fern von Preußen doch noch seine Bestimmung zu finden. Wir erinnern uns des ein halbes Jahr zuvor gegenüber Wilhelmine entworfenen Planes. Doch ist es nun weniger die Philosophie, die ihn interessiert. Der Sinn, so scheint es, steht ihm vielmehr danach, in Paris, auf der »Schule der Welt«[11], seine naturwissenschaftlichen Kenntnisse zu ver-

tiefen. Auch hat er die Absicht, sich im Französischen zu vervollkommnen, um vielleicht doch noch eine Lehrtätigkeit auf-
nehmen zu können. Paris bot dafür die besten Voraussetzungen,
und mit französischer Kultur war er wohl seit seiner Kindheit
vertraut gemacht worden. Keine übermäßige Begeisterung,
keine überspannten Erwartungen halten ihn in Erregung. »Es
gibt um 1800 unter den deutschen Intellektuellen kaum jemanden, der nicht wenigstens mit Skepsis und Vorbehalt die
französische Entwicklung verfolgte. Schiller steht ebenfalls
mit moralischen Gründen der Französischen Revolution und
ihren Nachfolgern ablehnend gegenüber. Goethe findet erst
spät zur Bewunderung der persönlichen Größe Napoleons und
zur historischen Würdigung der Französischen Revolution.
Republikanische Enthusiasten wie Beethoven bilden spärliche
Ausnahmen.«[12] Für Kleist, den die neue Sozialordnung wenig
interessiert, ist Frankreich, ist Paris einfach die *andere* Welt,
welcher ein gewisser Mythos von freiheitlicher Gesellschaft
vorauseilt: mit Chancen der Selbstvervollkommnung, mit un-
eingeschränkten Möglichkeiten des Gelderwerbs und mit Gesetzen, die diesen schützen. So mag auch er sich von dieser
Welt Vorteile für seine Lebensgestaltung erhofft haben.

In Straßburg ändert er seine Reiseroute, die ursprünglich
über die Schweiz führen sollte, als er französische Bürger von
den bevorstehenden Feierlichkeiten zum 12. Jahrestag der Er-
stürmung der Bastille sprechen hört, die auch in den Zeitungen
ein Thema sind. Er geht nun direkt nach Paris, das er, zusammen mit Ulrike, am 6. Juli 1801 erreicht. Die Begegnung mit
der französischen Metropole wird für ihn zu einem Schlüssel-
erlebnis. Staat und Gesellschaft, wie sie sich nach dem Sturz
der Jakobiner im Sommer 1794 in Frankreich herausgebildet
hatten, erlebten gerade eine Phase innen- und außenpolitischer
Konsolidierung. Kleist lernt die Konsulatsherrschaft kennen.
Die unter ihr begünstigten Lebens- und Denkweisen erzeugen in ihm Vorbehalte; ja, sie erfüllen ihn mit Schrecken. Am
18. Juli schreibt er an Caroline von Schlieben nach Dresden:
»Seit 8 Tagen sind wir nun hier in Paris, und wenn ich Ihnen

Feuerwerk zum Friedensfest am 14. Juli 1801 in Paris.
Stich aus der Zeitschrift *Paris und London*, Weimar 1801.

Alles schreiben wollte, was ich in diesen Tagen sah u hörte u
dachte u empfand, so würde das Papier nicht hinreichen, das
auf meinem Tische liegt. Ich habe dem 14^t Juli, dem Jahrestage
der Zerstörung der Bastille beigewohnt, an welchem zugleich
das Fest der wiedererrungenen Freiheit u das Friedensfest gefeiert ward. Wie solche Tage würdig begangen werden könnten,
weiß ich nicht bestimmt; doch dies weiß ich, daß sie fast nicht
unwürdiger begangen werden können, als dieser. Nicht als ob
es an Obelisken u Triumphbogen u Dekorationen, u Illuminationen, u Feuerwerken u Luftbällen u Canonaden gefehlt hätte,
o behüte. Aber keine von allen Anstalten erinnerte an die
Hauptgedanken, die Absicht, den Geist des Volks durch eine
bis zum Ekel gehäufte Menge von Vergnügen zu *zerstreuen*,
war überall herrschend, und wenn die Regierung«, schreibt
Kleist, »einem Manne von Ehre hätte zumuthen wollen,
durch die mâts de cocagne, u die jeux de caroussels, u die
theatres forains u die escamoteurs, u die danseurs de corde«

und die als Jahrmärkte hergerichteten Straßen und Plätze der Revolution »mit Heiligkeit an die Göttergaben Freiheit u Frieden erinnert zu werden, so wäre dies beleidigender, als ein Faustschlag in sein Antlitz. – Rousseau ist immer das 4^t Wort der Franzosen; und wie würde er sich schämen, wenn man ihm sagte, daß dies *sein* Werk sei?–«[13]

Kleist versucht mit dem, was er sieht, zurechtzukommen. Die geheime Hoffnung, die hinter dem Wort von den falschen Erben Rousseaus steht, erfüllt sich indessen nicht. Die Pariser Festlichkeiten verdecken nur notdürftig, daß unter dem militärisch diktatorischen Regime des Direktoriums seit Jahren Kriege geführt werden, die zunehmend der Eroberung und Ausplünderung anderer Nationen dienen. Vor allem die Feldzüge des Ersten Konsuls der Republik, Bonaparte, in Oberitalien und Ägypten erweisen sich als Raubzüge, durch sie füllen sich der Louvre und andere Pariser Kunsttempel mit zahllosen Kunstschätzen fremder Völker; antike Gemmen aus Rom schmücken die »Hälse der Weiber französischer Generale«.[14] Kleist sieht die hohen sittlichen Ideale der Aufklärer verraten, ihr Ansehen scheint ihm, demagogisch, für politische Zwecke mißbraucht worden zu sein.

Von der neuen Freiheit Frankreichs, von den Regierenden wortreich gefeiert, erwartet er nicht allein uneingeschränkte Spielräume für sinnvolles Handeln, sondern vor allem die Hochschätzung des Individuums. Von ihr hatte er besonders bei Rousseau gelesen, mit dem er sich seit der Würzburger Reise eingehender befaßt.[15] In dessen Roman *Émile ou De l'éducation* (erschienen 1764), den er auch der Braut als Lektüre empfahl, stand, daß ein heranwachsender Mensch sich nicht in den Zwängen der Ständeordnung zu einer freien Persönlichkeit ausbilden könne, sondern nur in Natürlichkeit und in Freiheit; nur so könne er auch zu einem vollwertigen Mitglied der menschlichen Gemeinschaft erzogen werden. Statt der Sorge um harmonische Persönlichkeitsbildung, zentrales Anliegen auch seines Lebensplanes, bemerkt Kleist in der neuen Gesellschaft, die nach der Abschaffung des feudalen

Ständestaates durch die Revolution entstanden war, vielmehr eine Geringschätzung des einzelnen. »Jedes Nationalfest kostet im Durchschnitt zehn Menschen das Leben. Das sieht man oft mit Gewißheit vorher, ohne darum dem Unglück vorzubeugen. Bei dem Friedensfest am 14[t] Juli stieg in der Nacht ein Ballon mit einem eisernen Reifen in die Höhe, an welchem ein Feuerwerk befestigt war, das in der Luft abbrennen, u dann den Ballon entzünden sollte. Das Schauspiel war schön, aber es war voraus zu sehen, daß wenn der Ballon in Feuer aufgegangen war, der Reifen auf ein Feld fallen würde, das vollgepfropft von Menschen war. Aber ein Menschenleben ist hier ein Ding, von welchem man 800 000 Exemplare hat – der Ballon stieg, der Reifen fiel, ein Paar schlug er todt, weiter war es nichts.«[16]

»Die Entwürdigung des öffentlichen Lebens in der Politik konvergiert mit der Entwürdigung des menschlichen Lebens in der großen Stadt."[17] Kleist bemerkt, daß die zwischenmenschlichen Beziehungen nicht reicher und wärmer, sondern ärmer und kälter geworden sind. »Zwei Antipoden können einander nicht fremder u unbekannter sein, als zwei Nachbarn von Paris [...]«[18] Das bereits in Berlin spürbare Klima der Vereinzelung und der Entfremdung hat sich hier, will ihm scheinen, zu einer kaum noch erträglichen Atmosphäre des absolut Unpersönlichen, der totalen Beziehungslosigkeit und des Anonymen verdichtet. Und kaum ein Mensch macht sich noch die Mühe, dies durch konventionelles Verhalten zu kaschieren. »Man geht kalt an einander vorüber; man windet sich in den Straßen durch einen Haufen von Menschen, denen nichts gleichgültiger ist, als ihres Gleichen; ehe man eine Erscheinung gefaßt hat, ist sie von zehn andern verdrängt, dabei knüpft man sich an keinen, keiner knüpft sich an uns [...]«[19] Die reizstarke, oberflächliche und entfremdete urbane Lebensweise entsetzt ihn. Hatte er vordem, ob im sächsischen Mittelgebirge, ob im Main- oder im Rheintal, vorzugsweise erhöhte Standorte gewählt, von denen aus er die umliegenden Landschaften überschauend beschrieb, was sich mit einem gewissen Gefühl von Freiheit und Sicherheit verband, so sieht er sich in Paris auf die Froschperspektive verwiesen. Keine Naturberührung. Er sieht sich in Straßenschluchten gezwängt, die ihm selbst den freien Blick in den Himmel erschweren. Und zu dieser naturfernen Häuser- und Straßen›landschaft‹ und der verschmutzten Seine schien ihm das außer Rand und Band geratene, ungezügelte Treiben der Pariser eine Entsprechung zu sein. »Zuweilen gehe ich, mit offnen Augen durch die Stadt, und sehe – viel Lächerliches, noch mehr Abscheuliches, u hin u wieder etwas Schönes. Ich gehe durch die langen, krummen, engen, mit Koth oder Staub überdeckten, von tausend widerlichen Gerüchen duftenden Straßen, an den schmalen, aber hohen Häusern entlang, die sechsfache Stockwerke tragen, gleichsam den Ort zu vervielfachen, ich winde mich durch einen Haufen von Menschen, welche schreien, laufen, keuchen, einander schieben, stoßen u umdrehen [...] Auf dem Rückwege gehe ich durch das palais royal, wo man ganz Paris kennen lernen kann, mit allen seinen Gräueln u sogenannten Freuden – Es ist kein sinnliches Bedürfniß, das hier nicht bis zum Ekel befriedigt, keine Tugend, die hier nicht mit Frechheit verspottet, keine Infamie, die hier nicht mit Principien begangen würde – Noch schrecklicher ist der Anblick des Platzes an der halle au bléd, wo auch der letzte Zügel gesunken ist –«[20]. Und an Louise von Zenge schreibt er: »Verrath, Mord u Diebstahl sind hier ganz unbedeutende Dinge, deren Nachricht niemanden afficirt. Ein Ehebruch des Vaters mit der Tochter, des Sohnes mit der Mutter, ein Todtschlag unter Freunden u Anverwandten sind Dinge, dont on a eu d'exemple, u die der Nachbar kaum des Anhörens würdigt. [...] fast täglich fallen Mordthaten vor, ja vor einigen Tagen starb eine ganze Familie an der Vergiftung [...]«[21]

Ein neuer Menschentyp, scheint ihm, ist hier entstanden: frei von sittlichen Leitwerten, enthemmt, allein dem Genuß hingegeben. Gerade im eben aufkommenden kommerzialisierten Amüsierbetrieb glaubt er dafür den sinnfälligsten Ausdruck erblicken zu dürfen. Er registriert eine »ganz rasende Sucht

Die Seine vom Pont au Change (Wechselbrücke), um 1810.

nach Vergnügungen« und Zerstreuungen, die die Pariser um-
treibe, »von einem Orte zum andern. Sie ziehen den ganzen
Tag mit allen ihren Sinnen auf die Jagd, den Genuß zu fangen,
u kehren nicht eher heim, als bis die Jagdtasche bis zum Ekel
angefüllt ist.«[22] Die entfesselte, maßlose Gier und Hektik hat,
spürt Kleist, etwas Zwanghaftes an sich. Mit wenigen Feder-
strichen skizziert er verbreitete Vergnügungen und Vorlieben
und gibt uns so das Bild einer sich auf Äußerlichkeiten trim-
menden Zivilisation mit Zügen einer modernen Spaßgesell-
schaft: Teuerste Restaurants treten ins Bild mit »prächtige[n]
Gruppen von Gemächer[n], [...] luxuriösesten Getränken«[23]
für die Wohlhabenden, mit Guckkästen, Faxenmachern, Pos-
senreißern, Cafés, Dirnenvierteln für den »gemeinere[n] Theil«
der Bevölkerung. »Denn nichts hat der Franzose lieber, als wenn
man ihm die Augen verblendet.«[24] In Kleists Schilderungen
wechseln Sarkasmus und Verlachen als Ausdrucksmittel einander ab. Sein Kommentar zur Mode: »Bald ist ein Rock zu
eng für Einen, bald ist er groß genug für zwei, und ein Kleid, das
sie heute einen Schlafrock nennen, tragen sie morgen zum Tan-

ze, und umgekehrt. Dabei sitzt ihnen der Hintere bald unter dem Kopfe, bald über den Hacken, bald haben sie kurze Ärme, bald keine Hände, die Füße scheinen bald einem Hottentotten, bald einem Sineser anzugehören [...]«[25] Die Beschreibung von geschäftstüchtig vermarkteten Erlebnisparks mit kitschig aufgemachter Natur in Miniaturform gerät vollends zur Persiflage.

Dann jedoch legt Kleist die Maske des Ironikers ab, und spürbar werden Betroffenheit und Verzagtheit. Seine Sprache erinnert nun gelegentlich an die Werthers bei Goethe. »Ach, zuweilen wenn ich dem Fluge einer Rakete nachsehe, oder in den Schein einer Lampe blicke oder ein künstliches Eis auf meiner Zunge zergehen lasse, wenn ich mich dann frage: genießest Du? – O dann fühle ich mich so leer, so arm, dann bewegen sich die Wünsche so unruhig, dann treibt es mich fort aus dem Getümmel unter den Himmel der Nacht, wo die Milchstraße u die Nebelflecke dämmern.«[26] An sich selbst registriert er, daß seine Sinne durch die Reizüberflutung abstumpfen und ihm die Genußfähigkeit abhanden kommt.

Wilhelmine und ihre Schwester Louise in Frankfurt an der Oder, Adolphine von Werdeck in Potsdam und Caroline von Schlieben in Dresden schildert er Paris in nahezu identischen Farben und Konturen. Waren dies, wie des öfteren behauptet, die Schwarzmalereien eines psychopathischen Einzelgängers, der an der Wirklichkeit vorbeilebte und -schrieb?

Doch Kleists Schilderung steht hier nicht allein, sondern in einer Reihe mit zeitgenössischen wie früheren Parisschilderungen. Er kannte die *Lettres persanes* (1721) des Charles de Montesquieu, wohl auch das umfängliche *Tableau de Paris* (1781-1788) des Louis Sébastien Mercier und ganz sicher Rousseaus *Nouvelle Héloïse* (1761). Durch sie, durch ihre Themen, Motive, Sichtweisen, ist er angeregt worden; wohl auch durch Bilder, die er in den Pariser Kunsttempeln sah. Er hat darin manches vorgefunden, das sich mit seinem eigenen Erleben deckte. Außerdem war Paris, gerade um 1800, ein außerordentlich beliebtes Sujet für neugierige Besucher, um sich über die neuen Realitäten in Briefen literarisch zu äußern. Mit Ausnahme des Briefromans *William Lovell* (1795) von Ludwig Tieck bewegte sich der Diskurs zwischen Privatbrief und Reisebriefen in Buchform.[27] Und nicht zuletzt ist das Leben in dieser Stadt auch Gesprächsgegenstand unter in ihr lebenden Deutschen gewesen. Alexander von Humboldt, den Kleist in Paris trifft und dem er das Schreiben an Caroline von Schlieben auf die Heimfahrt mitgibt, hatte gerade dazu aufgefordert, die »Leiden eines werthen Deutschen«[28] an diesem Platz der Welt zu schildern.

Hat Kleist aber den Ort nicht doch, wie es heißt, aus der Perspektive vorausgegangener Parisschilderungen betrachtet und so, das alte Klischee von der Hure Babylon im Kopf, seinen Adressatinnen in Preußen und Sachsen eher Lesefrüchte denn Selbsterlebtes mitgeteilt? In dem Brief an Louise von Zenge, von der er wußte, daß sie gern selbst diese ›vergnügliche Stadt‹ besucht hätte, spricht er eingangs davon, daß das, was er ihr nun schildern werde, »mit Farben überladen u ein wenig grob gezeichnet«[29] sei.

Ursprünglich wollte er wohl ein neutraler Beobachter sein, doch seine Schilderungen konnten von der eigenen Krise nicht unbeeinflußt bleiben. So berücksichtigt er kaum Vorgänge in der französischen Politik, in Wirtschaft und Industrie; und auch der soziale Wandel, der sich seit der Revolution vollzogen hatte und vor seinen Augen vollzog, spielt in seinen Schilderungen so gut wie keine Rolle. Man könnte annehmen, er habe sich damit bis zu einem gewissen Grade dem (vermuteten) Interesse seiner Adressatinnen anpassen wollen (Briefe aus Paris an Männer sind nicht überliefert). Von Rousseau hat er dabei manches, was dieser zur aristokratischen vorrevolutionären Pariser Gesellschaft kritisch angemerkt hatte, auf das Paris der Konsularzeit übertragen, in dem Bankiers und Generäle, zumeist Parvenüs, den Ton angaben. Seine Schilderungen erwecken tatsächlich den Anschein, als habe er bei den Empfängerinnen seiner Briefe, um ihnen ihre Parisillusionen zu nehmen, durch sein »kritisches und zuweilen vernichtendes Urteil […] den

Mythos [...] Paris entlarven«³⁰ wollen. Dabei zeigt er keinerlei Scheu, seine Eindrücke mit problematisierenden Sprachbildern aus der ihm bekannten Literatur zu untermalen. Sie sollten sein Bild dieser Stadt noch eindrucksvoller und überzeugender machen und darauf verweisen, daß er mit seinem Urteil über Paris und seine Gesellschaft keineswegs allein dastand, sondern einen (moralischen) Weltenwandel beschrieb, der sich lange angekündigt hatte und der nun in eine entscheidende Phase getreten war. – So hat Kleist den Stadt-Herz- und den Stadt-Natur-Gegensatz, den Rousseau schildert, aus der Lektüre seiner Vorpariser Zeit mit nach Paris gebracht. Er greift etwa das von Louis Sébastien Mercier und Rousseau behandelte Thema der (übermäßigen) Sinneserregung durch das Groß-stadtleben auf, jedoch weniger reflektierend als diese. Lako-nisch setzt er diesen Vorgang, der ihm Anlaß zu größter Sorge ist, ins Bild und kritisiert ihn – ebenso lakonisch. Wozu Mercier und andere bei ihren Parisschilderungen Hunderte, ja Tausende Seiten benötigten, das schildert Kleist seinen Leserinnen mit knappen Worten. – Schließlich ließe sich fragen, was sich denn, mit Blick auf Allgemeinmenschliches, nach der Revolution und durch sie, verglichen mit dem Leben im Ancien régime, wirk-lich geändert hatte? Bereits wenige Jahre nach der Revolution hatten sich Korruption und Unsittlichkeit in den Oberschich-ten der Directoire-Gesellschaft wieder breitgemacht. Mithin waren die Parisbeschreibungen aus der Zeit vor der Revolution, mutatis mutandis, aktuell geblieben.

Kleists Parisschilderungen zeigen eine entschieden literarische Qualität. Sie kombinieren, mit Ausnahme des Schreibens an Louise von Zenge, die Befragung des eigenen ruhelosen Le-bens mit der sprachlich dichten Charakteristik urbaner bür-gerlicher Lebensform. Die Pariserfahrung empfindet Kleist dabei als Tiefpunkt seiner bisherigen Existenz. Da er die Be-schreibung der städtischen Verhältnisse nur wenig von der der eigenen inneren Verfassung scheidet, durchdringen und er-gänzen sich Stadt- und Seelenbeschreibung des humanistisch geprägten Ichs und lassen eine neue Ausdrucksform entstehen. Bis zu Rilkes *Aufzeichnungen des Malte Laurids Brigge* (1904-1910) bleiben Kleists Parisbriefe, neben Lichtenbergs London-briefen, Höhepunkte der Charakterisierung des modernen bürgerlichen Großstadtlebens.

Besonders zwei Facetten seiner Brieftexte dieser Zeit fallen ins Gewicht: Kleist *komprimiert* das, was er ausdrücken möchte, in einem hohen Maße, und er gestaltet *erlebnisintensiv*.

Zunächst zu Kleists *komprimierender* Darstellungsweise: Seine Neigung und Fähigkeit zu äußerster gestalterischer Ver-dichtung, später ein Qualitätsmerkmal seiner Kunsttexte und Zeichen seiner Modernität, treten hier erstmals deutlich her-vor. Mehrere Seiten seines Wesens und Werdens sind an der Herausbildung dieser Eigenart beteiligt. Erinnern wir uns: etwa an jenen »Feuergeist«, als den uns Martini den Knaben Kleist beschreibt und der, als »Schüler der Weisheit«, einge-stand, daß ein »innerlich heftiger Trieb« ihn von der »Mittel-straße« des Lebens und Denkens fernhalte und ihn aufs Große orientiere (was immer das damals bedeutete); denken wir auch an die von Kleist in Preußen durch Erziehung und Erfahrung erworbene Fixierung auf Ethisches sowie an seine Fähigkeit, daraus auf den Zustand der Gesellschaft zu schließen. Bereits bei der Armee und in der Verwaltung hatte er sich auf das We-sentliche zu konzentrieren vermocht, wobei er Details not-wendigerweise ausblendete. Gerade dieses Ausblenden mit der damit einhergehenden Pauschalierung und Übertreibung hat man ihm oft vorgeworfen. Auch in Paris zeigt er kein über-mäßiges Interesse an Einzelheiten. Er erkennt die allgemeinen Tendenzen und hebt sie hervor; er überhöht und spitzt zu, ganz seinem Ziel dienend, das Wesentliche zu erblicken und angemessen auszudrücken. Nicht zuletzt ist sein Bestreben zu komprimieren auch eine Reaktion auf die dominierenden Ten-denzen in der Gesellschaft, zu verdrängen und sich zu zer-streuen, anstatt sich den Kernproblemen zu widmen.

Das andere hervorstechende Merkmal seiner Brieftexte ist das *erlebensintensive* Schildern: Die Erfahrungen und Erleb-

nisse in Preußen hatten ihn hochempfindlich gemacht, er verfügte über ein ausgeprägtes Sensorium für die Wahrnehmung
der Welt und ihrer Verhältnisse, und so war er in die »Mitte
der Welt« gekommen. Seine Sensibilität ließ ihn alles, was er
nun erfuhr, geradezu existentiell erleben, obwohl er sich vor-
genommen hatte, Abstand zu wahren und »nur flüchtig die
Dinge außer ihm [zu] mustern«.[31] Seine Erlebnisschilderun-
gen und Reflexionen wirken gehetzt, gleichsam atemlos. Sein
›dramatisches‹ Welt- und Icherleben, dem das Vertrauen in die
ihm nun als zerrissen erscheinende Welt abhanden gekommen
war, schien ihn zu dramatischer Gestaltung zu prädestinieren.
Dramatik, Konzentration und Leidenschaftlichkeit kommen
in Paris erstmals zusammen; auch wenn Kleist nun damit beginnt, sein Leben zu literarisieren, und dabei Versatzstücke
aus seinem ›Ideenmagazin‹ verwendet.

Die glanzvolle Weltstadt wird für Kleist schließlich zum Symbol für gesellschaftliche Unnatur. Verbittert bemerkt er, daß
die Naturwissenschaften, staatlich gefördert wie nie zuvor,
nur noch utilitaristischen Zwecken dienen, der Hervorbringung
von Gewinn und Luxus. »Ein Staat«, schreibt Kleist, »kennt
keinen andern Vorteil, als den er nach Procenten berechnen
kann.« Ja, er spricht von Frankreich als einem Land der »höchsten Sittenlosigkeit bei der höchsten Wissenschaft«[32], kritisiert
die moderne Wissenschaftspraxis und beschwört die Gefahr
der Verkrüppelung menschlicher Wesenskräfte in ihr. Gerade
in dem geschichtlichen Augenblick, da sich die Moderne mit
einem gewaltigen Aufschwung in Naturwissenschaft, Technik
und Medizin, alle Lebensbereiche erfassend, ankündigt, reagiert
Kleist, die zweischneidige Revolutionierung der Wissenschaften im Blick, mit heftigen »Ausfällen gegen die von Zweifeln
unangefochtene gelehrte Welt der akademischen Spezialisten,
welche dem Verfahren des einzelwissenschaftlichen Experi-
ments, der Analyse, der Arbeitsteiligkeit verschworen sind«.[33]
»[…] soll ich alle diese Fähigkeiten, und alle diese Kräfte u dieses
ganze Leben nur dazu anwenden, eine Insectengattung kennen

zu lernen, oder einer Pflanze ihren Platz in der Reihe der Dinge anzuweisen?« Selbst Newton, der von Kleist hochgeschätzte klassische Repräsentant der Wissenschaft, erscheint ihm nun, in einer weitgehend persiflierenden Schilderung, als einer, der »an dem Busen eines Mädchens nichts anderes sah, als seine krumme Linie, u daß ihm an ihrem Herzen nichts merkwürdig war, als sein Cubikinhalt. Bei den Küssen eines Weibes denkt ein ächter Chemiker nichts, als daß ihr Athem Stickgas u Kohlenstoffgas ist. Wenn die Sonne glühend über den Horizont heraufsteigt, so fällt ihm weiter nichts ein, als daß sie eigentlich noch nicht da ist [...] O wie traurig ist diese cyklopische Einseitigkeit!«[34]

Diese Vorbehalte führen Kleist, längst wieder wissenschaftsmüde, zu der Frage, die bereits Rousseau in seinem *Discours sur les sciences et les arts* (1750) erörtert hatte: ob denn die Wissenschaften (und die Künste) überhaupt in der Lage seien, der Menschheit voranzuhelfen? Kleist stimmt zwar Rousseaus genereller Skepsis nicht zu, doch glaubt er in der Schöpfung einen ebenso merkwürdigen wie vertrackten Widerspruch erkennen zu müssen, und zwar den zwischen dem seines Erachtens elementarsten Bedürfnis des Menschen, sich aufzuklären – und der Tatsache, daß dieser durch die Vernunft, durch die von ihr bewirkte Entwicklung materiell verfügbarer Mittel und die Eröffnung grandioser technischer Möglichkeiten doch wieder in eine fatale Abhängigkeit zurückfalle. Der Mensch komme seinem eigentlichen Zweck, seiner wirklich humanen Bestimmung, nicht näher und es bleibe zu befürchten, daß er geradezu dazu verdammt sei, im Schweiße seines Angesichts, wie Sisyphus, den Stein (Kleist schreibt »Rad«) auf den Berg zu wälzen, welcher, »halb erhoben«[35], wieder hinunterrolle. Bestimmung hieß für Kleist: Der Mensch, einzeln wie als Gattungswesen, solle die optimale Ausbildung seiner Wesenskräfte betreiben, wofür er die dies ermöglichenden Lebensbedingungen vorfinden oder sie sich schaffen müsse. Der Rückfall in Unwissenheit, Angst und Beschränkung sei keine Alternative. Damit teilt er Rousseaus totalen

Kulturpessimismus nicht, beantwortet aber die Frage nach dem Fortschritt der Menschheit fast genauso skeptisch. Er hegt sogar den Verdacht, daß sich die moralischen Werte, hinterfragte man sie radikal, ebenfalls als höchst relativ erweisen würden. Für Kleist bedeutet das, daß die (neue) Wissenschaft zur Formung gesellschaftlicher Moral nichts beitragen könne. Und so beschließt er bereits nach Ablauf weniger Wochen, seinen anfänglichen Plan, der naturwissenschaftliche Studien für etwa ein Jahr in Paris vorsah, wieder fallenzulassen. Dieser Entschluß wird ihm nicht leichtgefallen sein, denn immerhin hatte er durch Vermittlung Humboldts und des preußischen Gesandten in Paris, des Marchese Giralamo Lucchesini, bereits die Bekanntschaft von Gelehrten gemacht und die eine oder andere ihrer Vorlesungen gehört, so Naturgeschichte bei George Cuvier, Astronomie bei Joseph Jérôme de Lalande, dem Direktor der Pariser Sternwarte, und vermutlich auch Chemie bei Antoine François Fourcroy und Louis Jacques de Thénard, Mathematik bei dem großen Pierre-Simon Laplace und womöglich Physik bei dem berühmten Alessandro Volta.

Dennoch haben seine Reaktionen auch manch Abstraktes, ja Puritanisches an sich, insbesondere was die Rolle der Wissenschaften für die menschliche Entwicklung betrifft. In Paris hat Kleist sein inneres Gleichgewicht völlig verloren. Seine Äußerungen aus dieser Zeit sind reich an Widersprüchen. Und diese wiederum sind Teil eines schmerzhaften und komplizierten Ablöse- und Selbstverständigungsprozesses. Noch stärker als bei früheren Gelegenheiten kreuzen sich verschiedene Tendenzen, Denkschichten überlagern und überlappen sich, und es wäre grundfalsch, aus diesem komplexen Geflecht einzelne Äußerungen herauszulösen und überzubewerten. So ist Kleist z. B., trotz der vielfach bitteren Worte, die er in Paris über die Rolle der Wissenschaft äußert, nie gänzlich und für alle Zeiten zum Wissenschaftsfeind geworden. Auch in seinem letzten Lebensjahrzehnt haben ihn wissenschaftliche Entdeckungen und Probleme interessiert. Ja, man kann von einer fortdauernden Affinität Kleists zu den Wissenschaften auch während

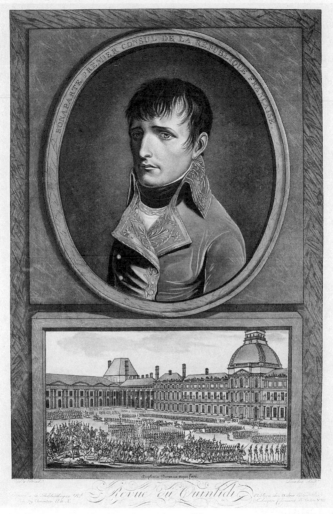

Revue de Quintidi auf dem Platz vor den Tuillerien (mit einem Porträt Bonapartes um 1803). Stich von Charles François Gabriel Levachez (nach einem Gemälde von Louis Léopold Boilly), um 1803.

seiner literarischen Periode, eben zugleich sein letztes Lebensjahrzehnt, reden. Jene äußert sich u. a. in einem »ausgeprägt
technische[n] Duktus, eine[r] kontinuierliche[n] Denkschicht
ingenieurshafter Entwürfe und Gedankenspiele und manchmal auch purer science fiction [...]«[36] – in den Briefen ebenso
wie in seinen journalistischen Arbeiten. Sie schlägt in seiner
Experimentierfreude als Dichter durch, wo nicht selten Poeto-
logisches mit Wissenschaftlichem korrespondiert, sich in ihm,
wie auch in der Kunst, spiegelt und mit ihnen vernetzt, so daß
Dichtung als ein Gemisch verschiedenster Darstellungsfor-
men erscheint. Solche durchaus als modern zu bezeichnende
Verarbeitungsweise ist auch an seinen Essays ablesbar: hals-
brecherisches Jonglieren mit Perspektiven und Gegenperspek-
tiven, die sich zwischen Seriosität und Satire einpendeln und
zu bisweilen atemberaubenden Kombinationen führen, »so
daß man geradezu vom methodischen Prinzip einer *kalkulier-
ten Ent-Disziplinierung und Ent-Spezialisierung* des Wissens
sprechen möchte«.[37]

»Die Wirklichkeit hatte sich [...] als umstellende, bedrängende,
erniedrigende Gegenmacht behauptet [...].«[38] Kleist ist überaus intensiv von diesem Vorgang erfaßt. Er, der drei Jahre zuvor in seinem *Aufsatz, den sichern Weg des Glücks zu finden
und ungestört – auch unter den größten Drangsalen des Lebens, ihn zu genießen!* die Überzeugung geäußert hatte, daß
es möglich sei, »das Schicksal selbst zu leiten, und wenn uns
dann auch das große allgewaltige Rad einmal mit sich fort-
reißt, so verlieren wir doch nie das Gefühl unsrer selbst, nie
das Bewußtsein unseres Wertes«[39]; er, der sich weder moralisch korrumpieren lassen noch im Üblichen verharren wollte,
sondern sein Lebensgefühl durch innere Befreiung aus eigener
Kraft zu steigern versuchte und mit dem Vorsatz angetreten
war, jemand zu werden, den »*edle* Menschen *ehren*«[40], – dieser
Kleist gesteht sich nun ein: »Wir sinken u sinken, bis wir so
niedrig stehen, wie die Andern, u das Schicksal *zwingt* uns, so
zu sein, wie die, die wir verachten –«.[41] Er, der sich eher den

Tod gewünscht hatte, als eine Puppe am Draht des Schicksals zu sein, ruft nun aus: »O wie unbegreiflich ist der Wille, der über die Menschengattung waltet!« Die Menschheit, so scheint ihm, eile wie ein »Rad [...] unaufhaltsam stürzend« dem »Abgrund«[42] entgegen.

Zugleich erfährt er das Schicksal als eine mehr denn bloß metaphysische Größe. Er fühlt sich in die Zwänge einer komplizierten, funktionalen, pragmatischen, tief fragwürdigen Welt verstrickt, die, im Moment, da man sie erlebt, oft undurchschaubar und kaum begreifbar ist. Sie überrennt den einzelnen, oder dieser fühlt sich fortgerissen »allgewaltig an tausend feingesponnenen Fäden«[43] und bis in die Grundfesten seines Seins erschüttert. Diese von Gegensätzen zerrissene paradoxe Welt droht die humane Substanz zu vernichten und die persönliche Integrität des Individuums in Frage zu stellen. Die Furcht, einem solchen Schicksal zu erliegen und dabei den letzten Rest an Selbstachtung zu verlieren, ist es, die ihn in Paris bedrängt. Nirgends fühlt er sich zu Hause, statt dessen treibt ihn Unruhe umher. Fast glaubt er, diese sei seine »angebohrne Unart, nie den Augenblick ergreifen zu können, u immer an einem Orte zu leben, an welchem ich nicht bin, u in einer Zeit, die vorbei, oder noch nicht da ist«.[44] Er empfindet das ihn Umgebende als fremd, ja er befürchtet, sich von sich selbst zu entfremden: abwechselnd von »Trauer« niedergedrückt und von unbestimmter Spannung gehetzt, »erbittert« gegen sich »und Alles, was [ihn] umgab«[45], während »die rohen Bedürfnisse des Daseins die leiseren übertäuben«.[46] Und wieder greift er zum Bier, um zu verdrängen. Zugleich jedoch ekelt er sich vor einem derart entwerteten Leben. Wie ein Aufschrei steht es in einem seiner Briefe: »Ach, es muß öde u leer und traurig sein, später zu sterben, als das Herz«[47]; denn hier, in der neuen Welt, ist es »so unbrauchbar, wie eine Lunge unter der luftleeren Campane, und wenn ihm einmal ein Gefühl entschlüpft, so verhallt es, wie ein Flötenton im Orkan«.[48] Nur die, die kein Herz mehr haben und sich anpassen, überleben. Bildhaft hat Kleist diese bittere Erkenntnis ausgedrückt: »Die abgestorbene

Eiche, sie steht unerschüttert im Sturm, aber die blühende stürzt er, *weil er in ihre Krone greifen kann* – «[49] Er wird dieses Bild, das ein tragisches Paradoxon transportiert, auch in seinen Dichtungen an herausgehobenen Stellen verwenden.

Kleists Aufenthalt im Zentrum europäischer Macht und der anbrechenden Moderne hat nicht, wie erhofft, dazu beigetragen, seine Bildungs-, Erkenntnis- und Orientierungskrise zu überwinden. Die Begegnung mit Paris hat seine Krise nur verschärft, alle Bereiche seiner Persönlichkeit erfaßt und ihn an die Grenze des Ertragbaren geführt. Seine Verunsicherung war nie größer als in Paris, seine Daseinskrise erscheint nun kaum noch überwindbar. Wie einen Schock muß Kleist den Einbruch der (neuen) Welt in sein Innerstes empfunden haben. So oder so ähnlich wird er Alkmene und Sosias im *Amphitryon* den Einfall der Götter in ihre scheinbar sichere Lebenswelt, in die heiligen Bezirke ihres Ichs mit verstörten Fragen erleben lassen.

Positionierungs- und Schreibversuche

»wo gibt es ... etwas Gutes zu tun?«

Kleists langjährigem Bemühen um Erkenntnis dürfte es am
Ende zuzuschreiben gewesen sein, daß er dem enormen
Druck, dem er in Paris ausgesetzt war, standhielt. Er war ja
daran gewöhnt, »ins Licht« zu sehen »bei dem Bestreben, in
welchem [s]ein innerstes Wesen begriffen [war], sich aufzuklären«.[1] Er hatte seine Willenskräfte geschult und trainiert,
Schwierigkeiten zu überwinden, so daß sich sein »Verstand«
nun als »stark genug« erwies, wie es in der *Marquise von O....*
in einer ähnlichen Bedrängung heißt, »in [dies]er sonderbaren
Lage nicht zu reißen«.[2] – Er begann sowohl der Zerstörung
seiner Persönlichkeit[3] als auch dem Zeitgeist etwas entgegenzusetzen. Insofern seine Daseinskrise Teil des Epochenumbruchs
war, ist sie bis zu einem gewissen Grade auch ein typisches
Beispiel für die Verunsicherung der jungen, unter der Wirklichkeit um die Jahrhundertwende leidenden künstlerischen
Intelligenz, und Schritt für Schritt hat er sich der Krise, nachdem sie ihm bewußt geworden war, zu stellen versucht.

Hierbei traf er wohl, ob durch Lektüre oder durch Hinweise
Brockes' mag dahingestellt bleiben, bereits zu der Zeit, als er
sich noch mit dem Kantschen Idealismus herumschlug, auf die
Forderung Fichtes nach der »Bestimmung des Menschen« im
»Handeln«. Fichtes »Blick auf das gegenwärtige Verhältniß
der Menschen gegeneinander«, auf die »Natur« und auf »die
gegenwärtige Lage der Menschheit schlechthin« hatte diesen
mißmutig äußern lassen: »So kann es unmöglich bleiben sollen [...]«[4] Und er hatte daran die »absolute Forderung [nach]
einer bessern Welt« geknüpft und dazu aufgerufen, ›das Gute‹
zu befördern, um eine moralische Neuordnung der Gesellschaft, trotz geringer Aussichten auf Erfolg, herbeizuführen.

Die persönliche (Selbst-) Bestimmung sollte von nun an um dieses »Gebotes, und schlechthin um keines andern Zwecks willen«⁵ erfolgen. Fichte hatte dieses Gebot als Sittengesetz und als Ausdruck einer, trotz aller zeitweiligen Dominanz des ›Bösen‹, letztendlich moralischen Zwecksetzung des Menschen durch die Vorsehung bezeichnet. Erst in Paris wird Kleist für Fichtes Tatmaxime aufgeschlossen. Dort lehren ihn seine Berührungen mit der Stadt und ihren Menschen, daß in der modernen Gesellschaft nur *Wirkung* etwas zählt; daß die »Dinge dieser Welt« »Tausendfältig […] verschlungen« sind, daß »jede Handlung […] die Mutter von Millionen andern«⁶ ist; daß die Gattung Mensch wie auch das einzelne Individuum letztendlich auf sich selbst verwiesen sind, daß sie sich ausgeliefert vorkommen müssen – und folglich gezwungen sind, sich zu orientieren und zu handeln.

Kleist sieht einen neuen Auftrag für sich, er will sich stärker als bisher für humane Belange verantwortlich fühlen. Es liege, schreibt er im Ton von Fichtes Ethik an Wilhelmine, »eine Schuld« auf dem Menschen, »die wie eine Ehrenschuld jeden, der Ehrgefühl hat, unaufhörlich mahnt«. In ihm sei deshalb in letzter Zeit »das große[s] Bedürfniß«⁷ rege geworden, »für einen menschenfreundlicheren Zweck« als nur die eigene Bildung endlich »etwas Gutes zu thun […] schlechthin zu *thun*«.⁸

Doch wie sollte jener ›gute Wille‹, dem neuen Ethos gemäß zu handeln, wie Kleist mehrmals beteuert, nicht kontemplativ bleiben, sondern, wie Fichte forderte, zur *Tat* werden? »[…] *wo* giebt es denn wohl etwas Gutes zu thun?«⁹ fragt Kleist.

Die Antwort darauf war mit dem ganzen Dilemma der Zeit behaftet. Bei der Festigung der Staats- und Gesellschaftsstrukturen, dem damit verbundenen Zwang zur Uniformität, sah sich Kleist, ohnehin heimgesucht von einer nicht unbegründeten Furcht vor Vereinnahmung, immer weniger zu Kompromissen imstande. Er sah keine Möglichkeit, in staatlichen Diensten einen »großen Wirkungskreis«¹⁰ zu finden, der mit dem neuen Ethos vereinbar gewesen wäre und ihm überdies auch noch seine Selbstverwirklichung ermöglicht hätte.

Im Brief vom November 1801 an Adolphine von Werdeck heißt es hierzu: »*Ordentlich* ist heute die Welt; sagen Sie mir, ist sie noch schön? Die armen lechzenden Herzen! Schönes u Großes mögten sie thun, aber niemand bedarf ihrer, Alles geschieht jetzt ohne ihr Zuthun. Denn seitdem man die Ordnung erfunden hat, sind alle großen Tugenden unnöthig geworden. [...] – Wohl dem Arminius, daß er einen großen Augenblick fand. Denn was bliebe ihm heut zu Tage übrig, als etwa Lieutenant zu werden in einem preußischen Regiment?«[11] – Kleist lebte isoliert, und es mangelte ihm an konkreten Vorstellungen. Er wisse, gibt er Wilhelmine gegenüber zu, trotz seiner Unfähigkeit, »[s]ich in irgend ein conventionelles Verhältniß der Welt zu passen [...] doch oft nichts Besseres«[12] an die Stelle des Vorhandenen zu setzen.

So geht Kleists Suche nach sinnvollen Lebens- und Wirkungsmöglichkeiten fern von den Institutionen der Zeit weiter. Fichte mag ihn dazu ermuntert haben: »Ich soll frey sein; denn nicht die mechanisch hervorgebrachte That, sondern die freie Bestimmung der Freiheit lediglich um des Gebotes, und schlechthin um keines andern Zwecks willen – so sagt uns die innere Stimme des Gewissens – [...] macht unseren wahren Werth aus.«[13] Trotz einer gewissen Skepsis gegenüber der »Stimme im Innern«[14] des Menschen fühlt sich Kleist nun darin bestärkt, eine *eigene* Lebensart zu wählen, seinen *eigenen* Weg zu gehen, gemäß den *eigenen* Erfahrungen! Zur Selbstrettung will er endlich eine Entscheidung treffen, die ihn von der furchtbaren Ungewißheit und den Selbstzweifeln befreien soll. Wenn Gott dem einzelnen keinen sicheren Kompaß in die Hand gebe, der ihn durchs Leben führe – erkläre er ihn dann nicht, ähnlich wie den Ausgestoßenen, für weitestgehend frei? Nachträglich erkennt Kleist in der Autonomieerklärung des Subjekts, die die neue Philosophie impliziert, emanzipatorische Möglichkeiten. Dabei greift er in seiner Orientierungsnot zunächst auf die elementaren Lebensformen und -inhalte zurück, die seit Jahrtausenden das Dasein bestimmen: Arbeit, Genuß und Vaterschaft. Es seien Wegweiser der Weisheit, welche die natürliche Bestimmung ausmachten und daher auch für die moralische gälten. So tritt er den destruktiven Tendenzen entgegen. Und der Lebens*genuß* kann durch eine derartige Wertebesinnung zum Grund*recht* allen Lebens erklärt und der Schöpfer nachträglich in die Pflicht genommen werden, dieses auch ihm, Heinrich von Kleist, endlich zu gewähren! Seit seinem Parisaufenthalt erhält Hedonistisches für Kleist – bei aller Reserviertheit gegenüber Luxus und ausschweifender Lebensart – einen höheren Stellenwert. Und so verkündet er, endlich aus vollem Herzen und *leidenschaftlich* leben zu wollen! »Ich *will* es nicht mehr binden u rädern, frei soll es die Flügel bewegen, ungezügelt um seine Sonne soll es fliegen, flöge es auch gefährlich, wie die Mücke um das Licht – «[15]

Trotz der Enttäuschungen, die ihm Paris bereitet hat und trotz manch nostalgischer Formulierungen in seinen Briefen aus dieser Stadt kehrt Kleist von dort nicht nach Preußen zurück. Ein weiteres Mal entscheidet er sich für das Ungewöhnliche in Anspruch und Haltung – und er wählt das Risiko. Hierin ist er seinen Helden verwandt, die von einmal eingeschlagenen Wegen nicht mehr abweichen, auch wenn sie riskant sind. Ob es sich dabei um Penthesileas oder Käthchens Liebessuche handelt, ob um Kohlhaases konsequente Rechtssuche oder um den Traum von Liebe und Ruhm des Prinzen von Homburg: Mit ihrem jeweiligen Streben verherrlichen diese Figuren die elementare Lebensfülle, sind in »Täuschung oder Torheit zwar oft genug« befangen, »aber immer bewunderungswürdig«. Denn »[w]ird das Gefühl als Mittel intuitiver Erkenntnis, als Leitschnur praktischen Handelns und als Selbstbehauptungsgrund fragwürdig und zerbricht damit eine einzige, letzte Hoffnung auf Halt, so büßt das Gefühl in all seinen konkreten Ausprägungen bei Kleist dennoch bis zum Schluß nichts von seinem Glanz ein«.[16] Es bleibt, auch in kritischer Beleuchtung, ein mitreißendes Schauspiel.

Kleist will – so sein neuer, ›weiserer‹ Lebensplan – ohne gesellschaftliche Rücksichten seinem Leben durch eine einfache, naturverbundene Existenz eine neue ethische Richtung geben. Der Adelssproß glaubt, dies allein, das »[A]rbeiten mit Händen und Füßen«[17] eingeschlossen, könne ihm jetzt noch Selbstachtung und einen sicheren Lebensunterhalt verbürgen. Am 10. Oktober 1801, dem Tag an dem er nach den preußischen Gesetzen seine Volljährigkeit, mithin das Entscheidungsrecht über sein Erbe erlangt hat, schlägt er Wilhelmine vor, sich mit ihm in der Schweiz niederzulassen. Gemeinsam mit ihr will er ein mittelgroßes Bauerngut bewirtschaften und so, gemäß den uralten Geboten des Lebens, das ersehnte Domizil errichten, das ihnen beiden Freiheit und Unabhängigkeit sichern soll. Zugleich könnten sie so etwas »der Gottheit [W]ohlgefällige[re]s thun: […] ein Feld […] bebauen, einen Baum […] pflanzen, u ein Kind […] zeugen«.[18] Ein solches Projekt ist für Kleist, der hier nichts Geringeres als seinen Ausstieg aus der Gesellschaft prononciert, eine Tat im Sinne der Fichteschen Pflichtethik.

Den Anreiz zu einem naturnahen Leben hatte er bereits auf seinen Reisen verspürt. Er schätzte die ländliche Idylle, ja er schwärmte für sie. Bereits die Lektüre der *Luise* von Johann Heinrich Voß in der Frankfurter Gartenlaube gemeinsam mit Wilhelmine wird daran unterschwellig mitgewirkt haben. Er teilte auch die Schweizbegeisterung vieler seiner Zeitgenossen, welche Albrecht von Hallers Alpengedichte und Rousseaus sentimentaler Liebesroman *Nouvelle Héloïse* ausgelöst hatten. Durch keinerlei praktische Erfahrung gesichert, bleibt seine Natursehnsucht vorerst abstrakt und fördert gerade dadurch eine Illusion. Freilich eine, die ihn retten soll. Er nimmt Rousseaus Aufforderung: ›Zurück zur Natur!‹ wörtlich; die Natur wird zu einem Fluchtbereich, in dem der Mensch sich vor der Selbstentfremdung schützen und zu sich selbst gelangen kann.

»[…] *etwas Gutes zu thun*«[19] – das ist für Kleist nicht nur die anfangs noch stark von Ausstiegsvisionen beherrschte Idee eines Lebens als Landmann, sondern gleichzeitig auch die Idee, als *Schriftsteller* tätig zu werden. Sie konnte ihm den Staat vom Leibe halten und ihm zugleich Möglichkeiten eröff-

nen, Zeiterfahrungen darzulegen, Probleme der Zeit zu behandeln und womöglich Einfluß auf die Zeitgenossen zu gewinnen. Die Größe des Wirkungskreises schien dabei vor allem
von den eigenen Fähigkeiten abzuhängen.

Doch der angehende Schriftsteller konnte ja noch gar keine
Proben seines Talentes vorweisen! Er wußte selbst noch nicht,
ob er für eine solche Tätigkeit überhaupt Eignung und Begabung besaß. Mit 24 Jahren hatten andere Poeten ihr Talent
längst unter Beweis gestellt. Und zwar öffentlich. Kleist hat
dagegen nichts als seine Briefe. Seine Bild- und Gleichnissuche
war dabei einer Stilausprägung zugute gekommen, die sich
durch Sinnhaftigkeit, Sinnlichkeit und Farbigkeit auszeichnete.
Auch ein Hang zu pointierender Darstellung ist für seinen
frühen Briefstil charakteristisch. Nachdem Kleist die Eindrücke seiner Parisreise und die der Pariser Zeit verarbeitet
hat, wendet er sich Themen und Problemen des Zeitgeschehens zu, wobei er eine weitere Fortentwicklung seines Stils hin
zu noch größerer Aussagedichte anstrebt. Um dies zu üben,
bedurfte es einer erweiterten ›Korrespondenz‹. Wilhelmine
und Ulrike, ein paar Dresdner und Potsdamer Bekannte als
Adressaten genügten hierfür nicht. Seine Briefe sind zwar lang
und bekenntnishaft, aber weitestgehend Monologe. Die Brief-
partner sind offensichtlich nicht in der Lage, mit ihm in einen
beiderseits produktiven Austausch zu treten. Wilhelmine
wünscht, daß er ihr »vergnügt schreiben«[20] solle; und Adolphine, Caroline, Louise und den anderen dürften seine melan-
cholisch-pessimistischen, zuweilen sarkastischen Parisschilderungen auch nicht immer behagt haben. Da für sie die Welt
vermutlich noch einigermaßen in Ordnung war, mochten sie
Schwierigkeiten gehabt haben, sich verunsichernden Botschaften zu öffnen oder ihnen gar etwas abzugewinnen.

Isoliert, wie er war, hoffte Kleist, wenn er schon aufs
Monologisieren angewiesen blieb, durch einen produktiven
imaginären Dialog einen wirkungsvollen therapeutischen
Effekt zu erzielen. Durch seinen Umgang mit Wilhelmine
wußte er, daß dieser Effekt sich um so eher einstellte, je we-

niger er beim Schreiben Rücksichten auf die Adressaten seiner Briefe nehmen mußte, das heißt je ungeschminkter und direkter er alles aussprechen konnte, was ihm auf der Seele lag.

Als Autodidakt besaß Kleist mittlerweile eine beachtliche Literaturkenntnis. Neben Autoren von nationalem Rang hatte er auch Werke international herausragender Dichter und Schriftsteller gelesen. Werke Goethes und Schillers sowie von Vertretern der deutschen und französischen Aufklärung waren ihm geläufig. Er kannte einiges von Lessing, manches von Voltaire, Denis Diderot und dem Sensualisten Claude Adrien Helvétius, das meiste von Rousseau. Eine wichtige Rolle scheint für ihn auch Shakespeare gespielt zu haben, der in Kreisen der literarisch interessierten Intelligenz um 1800 beinahe wie ein Gegenwartsautor empfunden wurde. Dieser hatte vor allem in seinen großen Historienspielen und Tragödien den Renaissancemenschen mit seinen oft fast übermenschlichen Konflikten und seiner Gigantomanie, mit seinen Machtgelüsten, seinen Verbrechen und seiner Hybris ungeschönt auf die Bühne gebracht.

Auch die bildende Kunst hat Kleist für sich entdeckt, ja gerade sie wird sonderbarerweise zu einer Wegbereiterin seines Dichtertums. Zunächst, so scheint es, hatten Bildwerke, anders als die Musik, keine so wichtige Rolle in seinem Leben gespielt, auch wenn er Landschaften auf der Würzburgreise des öfteren wie Gemälde charakterisiert hatte. Erst in Dresden und Paris war er antiker griechischer Plastik, italienischer Malerei der Renaissance und Bildern der großen Holländer mit Aufmerksamkeit, ja Neugier begegnet. Unter anderem waren es Arbeiten von Teniers und Rembrandt, die ihn veranlaßten, über künstlerische Haltungen und Gestaltungsweisen nachzudenken.[21] Die Schönheit individueller Menschlichkeit, die er im Antlitz der Sixtinischen Madonna Raffaels erblickte, und der hohe Ernst, mit dem Raffael sie dargestellt hatte, lenkten ihn auf die Verpflichtung, mit gleichem ›Ernst‹ existentielle Lebensfragen zu behandeln. Besonders interessiert ihn in Paris

auch die Kunst*wirkung*. Er fragt, ob die Kunst der alten Mei-
ster beim modernen Menschen noch etwas bewirken könne?
Rousseau hatte dies verneint. Kleist ist der weite Abstand
zwischen Ideal und Leben wohl bewußt. Seelisch erkaltend,
irrt er durch die große Stadt, geht »[g]eschwind [...] nach dem
Louvre u erwärm[t sich] an dem Marmor, an dem Apoll vom
Belvedere«.²² Der kühle Marmor erscheint ihm infolge seiner
Formung mit Wärme aufgeladen. Er fragt sich, ob die Statue
des Apoll, antike Verkörperung des Lichts, der Sonne, der
Dicht- und der Tonkunst, auf andere Betrachter dieselbe Wirkung ausübt wie auf ihn selbst. Die Zugänge zu den »Pro-
ducte[n] der Phantasie«, darüber ist sich Kleist im klaren, sind
in dieser neuen Zeit sehr erschwert; denn »[...] der ganze
Gang unsrer heutigen Cultur geht dahin, das Gebiet des Verstandes immer mehr u mehr zu erweitern, das heißt, das Gebiet der Einbildungskraft immer mehr u mehr zu verengen«.²³
Zwar sind die Säle immer voller Menschen, doch hängen hier
auch die Schlachtenszenen Lebruns und Davids und ihrer
Schüler. Es sind zumeist Auftragswerke, die in heroisieren-
dem Pathos »ganze Wände mit einer zehnfach complicirten
Handlung«²⁴ füllen. Mit einem hoffnungsvollen Seitenblick auf
Umstehende bemerkt Kleist jedoch, daß selbst der Wasser-
träger an dem Eingang seine Eimer niedersetzt, um »ein Weil-
chen« die schöne, klar gegliederte Figur des Apoll »zu betrachten«. Und so vermutet er: »Ein solcher Mensch denkt, er
vertriebe sich die Zeit, indessen ihn der Gott große Dinge
lehrt.«²⁵ – Hier mag ihm der Gedanke gekommen sein, daß,
da schließlich auch der künstlerisch ungebildete, einfache
Mensch von großer Kunst nicht unberührt blieb, diese doch
noch in der Lage war, kathartische Wirkungen zu entfalten
und, auf welche Weise auch immer, zur Menschenbildung beizutragen. Und dies erfüllt ihn mit Hoffnung. – »Im Gefährdeten entdeckt Kleist das Rettende«; er »beantwortet die ent-
schiedene Herausforderung der Kunst und des Menschen
durch die Metropole mit einer ebenso entschiedenen Wende
zur Kunst«.²⁶ Er habe sich, schreibt er, da er »unter den Men-

schen in dieser Stadt so wenig für [s]ein Bedürfniß finde, in einsamer Stunde [...] ein Ideal ausgearbeitet«. Allerdings begreife er »nicht, wie ein Dichter das Kind seiner Liebe einem so rohen Haufen, wie die Menschen sind, übergeben kann«.[27] In Paris kann er sich also noch nicht mit dem Gedanken anfreunden, mit einem Dichtwerk an die Öffentlichkeit zu treten. Da auch die bereits Praxis gewordene Kommerzialisierung der Kunst, das Schreiben im Hinblick auf möglichst hohe Absatzzahlen, nicht dazu angetan ist, seinen hehren, wiewohl unrealistischen Vorstellungen von der Kunst zu genügen, so läßt er, hier in Paris, keinen Zweifel an seiner ablehnenden Haltung: »*Bücherschreiben* für Geld – o nichts davon«,[28] heißt es nicht eben unemphatisch.

Was aber hatte es mit dem ›Ideal‹ auf sich, von dem er mit Bezug auf die geplante Kunstübung sprach? Handelte es sich um erste Überlegungen zu den Prinzipien der Textgestaltung? Um Überlegungen zur Form? Erwog er eine eigene Dramaturgie, wie sie uns als ein (freilich nicht durch ihn selbst überliefertes) graphisches Schema auch tatsächlich vorliegt?[29] Womöglich entwickelt aus den Würzburger Fluß-Bildern oder aus den Kleist geläufigen Gesetzen musikalischer Komposition oder inspiriert von Meisterwerken der Bildkunst, etwa denen Raffaels – oder geschöpft aus allen diesen Erfahrungen? Im November 1801 jedenfalls hält Kleist das nach seiner Auffassung bestimmende Gestaltungsprinzip Raffaels brieflich fest: »*Eine* Empfindung, aber mit ihrer ganzen Kraft darzustellen«, das sei ihm »die höchste Aufgabe für die Kunst, u darum« sei auch ihm »Raphael [...] ein Liebling«.[30] Dies scheint seiner eigenen pointierenden und fokussierenden Schreibweise zu entsprechen. Es wird denn auch alsbald, in mannigfacher Verwandlung, zu seinem methodischen Inventar gehören: als genaues, schnörkelloses Offenlegen menschlicher Gefühle, als energisches Vorantreiben charakterbestimmender Leidenschaften und als Fixierung auf ein Thema, das Sinn und Unsinn des Zeitalters und die existentiellen Fragen des Subjekts sinnfällig machen konnte. Als Gestaltungsorientierung wird dieses Prinzip noch in seinen Lustspielen zum organisierenden Mittelpunkt. Hätten wir hier also bereits so etwas wie Kleists frühes künstlerisches Credo? Wohl einen nicht unwesentlichen Teil davon. Die an Raffael gewonnene ›Einsicht‹ impliziert ein Weiteres: eine idealtypische Sicht. Es spielt in diesen frühen kunstprogrammatischen Überlegungen Kleists wohl die Vorliebe für positive, ideale Helden eine Rolle. So gesehen hätte er sich in Paris noch nicht allzu weit vom Menschenbild der deutschen Klassik und ihrer Vorbild-Ästhetik entfernt. Ja, in seinen künftigen Dramen und Novellen werden sie immer wieder auftauchen, werden sie sogar ein gewichtiges Helden-Repertoire bilden: jene engelrein erscheinenden, zumindest nicht auf den ersten Blick schuldhaft Verstrickten. »Und aus ihnen weht uns Raffaelscher Geist an. Kaum eine der großen Frauengestalten Kleists, Kleistscher Madonnen gewissermaßen, die nicht von ihm erfüllt wäre.«[31] Vielleicht hätte eine von Kleist erwogene ›Ariadne‹-Dichtung, von der allerdings außer dem Titel nichts überliefert ist, in jenem Pariser Herbst dieses ›Ideal‹ versinnbildlichen sollen? Ariadne, die klug aus dem Labyrinth herausfindet, dann aber von der Liebe und vom Leben betrogen wird, stände damit am Anfang von Kleists Werküberlegungen.

Oder meinte er mit ›Ideal‹ ein anderes, ein uns überliefertes konkretes Werk? In seinem Erstling, *Die Familie Schroffenstein*, stellt er allerdings negative Leidenschaften ins Zentrum. Das Werk erscheint Ende 1802 in der Schweiz. Ein erstes Szenar dazu mit dem Titel *Die Familie Thierrez* könnte bereits in Paris entstanden sein.[32] In der Schweiz wird er es als *Die Familie Ghonorez* ausarbeiten, und es wird schließlich als *Die Familie Schroffenstein* in Druck gehen.

Was immer auch gemeint war, konkretes Werk oder Theorie, in seinem dramatischen Erstling geht es Kleist weder um die Darstellung schöner Empfindungen, wie sie die Spätaufklärung pflegte[33], noch zeigt er sich der klassischen Ästhetik des Erhabenen verpflichtet. Ihm liegt nichts daran, die Wirklichkeit und

Die Familie Thierrez.
Erste Seite des handschriftlichen Szenars von Kleist, 1801/02.

ihre Grausamkeiten zu ignorieren, im Gegenteil, gerade sie will er unbeschönigt ins Bild setzen, eine Bestandsaufnahme des Wirklichen wagen und dabei der Darstellung des Gräßlichen einen ihr gebührenden Platz zuweisen. Das war neu. Immerhin empfand er sich doch als jemand, der »in eine [...] bedrohliche Welt hineingewachsen ist und der seine Erfahrungen und

137

Ahnungen in eine sich ungefährdet glaubende Gesellschaft einbringen muß«.[34] So gerät bereits sein erstes Stück zu einem *Warnbild* vor den dämonischen Kräften, die am Werk sind. Dabei geht er bis an die Grenze des Glaubhaften, setzt grelle Effekte ein, führt die dramatischen Energien auf das lauernde Chaos im Menschen zurück.

Kleist hat keine eigene Poetik formuliert, Grundzüge einer solchen offenbaren gleichwohl seine Werke. Völlig außerhalb seiner Intentionen liegen ästhetisch-moralische Erziehungs-programme, wie sie die Klassiker verfolgten; ebensowenig zeigt er sich aufklärerischer Wirkungsästhetik verpflichtet. Seine Figuren haben zumeist keinen Vorbildcharakter und verfügen nicht über einfache Rezepte der Lebens- und Pro-blembewältigung. Seine Dichtung ist ambivalent, ihre Wir-kung unberechenbar; und Verbürgerlichung gehört, da der ideale Citoyen sich als eine schöne Illusion erwiesen hatte, an-ders als bei Schiller, nicht mehr zu seinen Zielen. Dennoch hoffte er zu wirken: auf die Herzen und Köpfe derer, die ihn zur Kenntnis nahmen. Doch das waren, nachdem *Die Familie Schroffenstein* herausgekommen war, wohl nur wenige. Das Stück erschien in einigen hundert Exemplaren, wie viele da-von verkauft wurden, ist unbekannt. Die einzige Aufführung Anfang Januar 1804 blieb selbst Kleist unbekannt.

In seiner *Familie Schroffenstein*, einer Tragödie, rückt Kleist das zu Haß und Gewalt gesteigerte Mißtrauen, eine Folge tödlicher Versehen, in den Mittelpunkt des Geschehens. Ein Erbvertrag, der zwischen zwei Zweigen einer schwäbischen Adelsfamilie, den Häusern Rossitz und Warwand, abge-schlossen wurde, schürt hemmungsloses Besitzdenken und sorgt für totale Verunsicherung. Handlungsauslösend wird der mysteriöse Tod des Erb-Sprößlings derer von Rossitz. Zufälle und Irrtümer verstärken die paradoxe Verflechtung der Umstände. Verrat!, Mord! lautet der ohne genaue Prü-fung der Tatsachen erhobene Vorwurf Rupert von Rossitz' an die von Warwand. Bei der Totenmesse schwört Rupert seine Vasallen auf bedingungslose Rache ein. Denn die bislang gel-

tenden Gesetze des Zusammenlebens, »[...] Vertrauen, Unschuld, Treue, Liebe, / Religion, der Götter Furcht«, seien außer Kraft gesetzt worden. »Selbst das Band, / Das heilige, der
Blutsverwandtschaft« (Vs. 45 ff.) sei zerrissen.

Kleist verleiht der selbsterlebten Entfremdung dramatische
Gestalt. Gewalt und Vergeltung wüten hin und wider und
fordern ihre Opfer. Einer nach dem anderen verfällt, verblendet, widernatürlichem Verhalten, selbst die zu Prüfung und
Besinnung Mahnenden werden wie von einer Lawine mitge-
rissen oder ausgeschaltet. Nur Agnes und Ottokar, den Kindern beider Familien, gelingt es, obgleich sie wie alle von den
oktroyierten Feindbildern zutiefst irritiert sind, inmitten der
unberührten Natur des Gebirges, über Vorurteil und Gruppen-
zwang hinweg, zueinander zu finden. Durch unbedingtes
Vertrauen und selbstlose Liebe (wir erinnern uns der Forderung Kleists an seine Frankfurter Geliebte) widersetzt sich das
Paar dem alles vernichtenden Rachemechanismus – eine moderne Version des Romeo-und-Julia-Themas. Doch dem sata-
nischen Gesetz, nach dem »Menschen / mit Tieren die Natur
gewechselt« (Vs. 58 f.), können auch sie sich nicht auf Dauer
entziehen. Nach einem Kleidertausch, durch den Ottokar Agnes retten will, werden beide in einer Höhle, aus zwiefachem
Mißverständnis, von ihren eigenen, vor Rachewahn blinden
Vätern erschlagen.

Kleist hat den Vernichtungsprozeß der Protagonisten in einer
auf die Katastrophe ausgerichteten Handlung konsequent
durchgeführt. Die konventionelle Versöhnung der verfeindeten
Parteien über den Leichen der Kinder am Schluß des Stücks
läßt er von einem Wahnsinnigen zynisch kommentieren. Und
die ›Hexe‹ Ursula, die dem – wie sich jetzt herausstellt, nicht
ermordeten, sondern ertrunkenen – Kind den Finger abgeschnitten hatte, der als falsch gedeutetes ›Indiz‹ die Vergel-
tungsschläge in Gang gebracht hatte, wirft nun das ›Requisit‹
am Ende mit den Worten auf die Bühne: »S' ist abgetan [...] /
Wenn ihr euch totschlagt, ist es ein Versehen.« (Vs. 2704 f.)
Das erklärt die Mißverständnisse vom äußeren Anlaß her,

doch wird das Mißverhältnis von Ursache und Wirkung dadurch nur um so deutlicher. Die dramatische Ironie erhält etwas Makabres. Der Schluß scheint den Gedanken vermitteln zu wollen, daß die Menschen bloße Marionetten des Schicksals seien, welches sie zum Narren hält. Versessen auf äußere Indizien, werden sie zu Betrogenen ihres (falschen) Rechtsgefühls.

Anders als z. B. in Zacharias Werners Stück *Der vierundzwanzigste Februar* (1809 uraufgeführt) läßt Kleist in seinen *Schroffensteins* das Schicksal nicht als ein vorbestimmtes Verhängnis walten. Dem Ganzen wird ein für den aufmerksamen Leser oder Zuschauer erkennbarer ursächlicher Zusammenhang unterlegt, der nicht der Logik des romantischen Schicksals- und Schauerdramas folgt. Am Schluß löst sich der dramatische Knoten vor den Augen der kurzsichtigen Akteure scheinbar wie von selbst. »Kleist hat bei Schiller [vor allem in dessen *Wallenstein*] gelernt, wie aus solcher Verdachtspsychologie ein Schicksalswalten entsteht, aber auch, wie diese Dramatik des ›Irrtums‹ (Vs. 1731) oder ›Versehens‹ (Vs. 2705) dem Zuschauer Möglichkeiten des ›Erkennens‹ (im Sinne der aristotelischen Anagnorisis) zuspielen kann. An dem ›Wettlauf zwischen Analyse und Aktion‹, den man in den *Schroffensteins* feststellen kann, sind die Ansatzpunkte für die Erkenntnisaktivität des Zuschauers leicht auszumachen.«[35] Dennoch fügen sich die Taten und Greuel der Schroffensteins nicht mehr zu einer idealistischen Tragödie. Was Kleist nicht mehr nachvollziehen kann – und offenbar auch nicht will –, ist »das wirkungsästhetische Telos von Schillers Idealismus, nämlich der mit Kunstmitteln herzustellende Zustand der ›Freiheit des Gemütes in dem lebendigen Spiel aller seiner Kräfte‹«.[36]

Kleists Anliegen ist es wohl eher, im Rezipienten eine tiefe Betroffenheit auszulösen. Vertrauen, Mäßigung und Liebe erweisen sich als zutiefst gefährdet, den Reuebekundungen der Protagonisten am Schluß des Stücks kann kein Glaube geschenkt werden, der Mechanismus der Entfremdung erscheint als dermaßen eingeübt, daß mit Wandlung kaum mehr gerechnet werden kann.

Mit der *Familie Schroffenstein* erfaßt Kleist den Geist der Zeit, seine Symptomatik, seine in die Zukunft weisenden Facetten zutreffender und vorausblickender, als Schiller dies in den meisten seiner (idealischen) Stücke konnte. Er schildert Grenzsituationen einer in feindliche Lager gespaltenen Menschheit, die zur Umkehr nicht mehr bereit und auch wohl nicht mehr in der Lage ist. Den meisten Zeitgenossen, sofern sie Kleists Stück zur Kenntnis nahmen, mochte dieser Pessimismus als hypochondrische Übertreibung erschienen sein. Doch Kleist blickte tiefer als andere, ahnungsvoll erfaßte er das vorerst nur in Ansätzen Vorhandene. Rücksichtslose Besitz- und Machtgier werden zu Merkmalen des ›neuen Weltgeistes‹. Dieser wird bald Millionen Opfer fordern und womöglich das ›letzte Kapitel‹ der Geschichte der Menschheit sein.

Daß Kleist in der *Familie Schroffenstein* den dramatischen Vorgang bis ins Pathologische hinein steigert, zu einem Katarakt des Bösewerdens bis zum seelischen Ruin der Gegenspieler werden läßt, dürfte in erster Linie in diesen Zukunftsbefürchtungen begründet gewesen sein. Kleist war auf diese Art von Prophetie ohne prophetische Absicht durch seine eigenen Krisen bestens vorbereitet. Folgt man dem Befund des Stücks und rekurriert auf Kleists eigenen Lebensstoff, so wird deutlich, daß die das Stück dominierende Geisteshaltung der gestaltete Ausdruck seines eigenen Krisenbewußtseins ist. Tief und anhaltend bleibt es, bei fortdauernder Angst Kleists vor dem »übeln Eindruck«, den die Berührungen mit der Welt in seinem »Charakter«[37] hinterlassen könnten, in ihm auf höchst bedrängende Weise bis in die Ausweglosigkeit der Jahre 1803/04 hinein präsent. Vielleicht versuchte Kleist, sich selbst zu therapieren, indem er sich mit diesem Stück seine bedrohliche Verfassung vergegenwärtigte. Gerade als diese erste Dichtung entstand, klagte er über seine innere Zerrissenheit und seine wechselnden Stimmungen: »Ach, es ist abscheulich, abscheulich, ich fühle mich jetzt wieder so bitter, so feindseelig, so häßlich« – [38]

Sein Vorsatz, ein edler Mensch sein zu wollen, bestimmte ihn zunächst, die Ideale der Aufklärung, mit denen er groß geworden war, zu bewahren, doch wird ihm sehr bald klar, daß die Zeit aus den Fugen und womöglich nicht mehr einrückbar ist. So wird er, illusionslos, das Bedrohliche statt das Ideal herausstellen, auch in seinen späteren Werken. Doch indem er das einbrechende Schicksal sich und seinen Lesern zugleich zu analysieren versuchte, bestand er darauf, anders als Fichte, das Handeln nicht grundsätzlich vom Wissen zu trennen. Gerade in der *Familie Schroffenstein* unterzog er das allzu rasche, unbedachte Handeln einer deutlichen Kritik.

Der Aussteiger und die Schreibernöte

Kaum eine Stunde bevor sich Kleist mit der Halbschwester Mitte November 1801 in den Wagen setzte, um Paris zu verlassen, erhielt er ein Schreiben von Wilhelmine mit der Weigerung, ihm in die Schweiz zu folgen. Ihr Körper sei »zu schwach für die Pflichten einer *Bauersfrau*«, sie bekäme »Kopfschmerzen [...] im Sonnenschein [...]«.[1] Er hatte noch immer gehofft, ihre »Erziehung«, ihre »Seele« seien von der Art, daß sie »einen solchen Schritt nicht *unmöglich*« machten. Er hatte ihr nichts vorgeschwärmt von Schweizer Bergen und Naturidyllen, sondern ihr eher nüchtern seinen Plan vom Leben auf dem Lande mitgeteilt, »weil ich Dich durch Deine Phantasie nicht bestechen wollte«. Es gelte, »einen Bauernhof zu kaufen, der«, mit Knechten und Mägden, sie beide »ernähren« könne. »Was meine Familie und die Welt dagegen einwenden mögte«, solle sie »nicht irre führen. Ein jeder hat seine eigne Art, glücklich zu sein [...] Was ich thue, ist nichts Böses, und die Menschen mögen über mich spötteln so viel sie wollen [...]«[2] Doch Kleists Hoffnung, Wilhelmine könnte sich von ihrer Familie lösen, war vergeblich, auch wenn er es sich zunächst nicht eingestand, es bloß für ein »Mißverständniß«[3] hielt. Er hatte sogar angenommen, selbst Wilhelmines Vater, der General Hartmann von Zenge, würde am Ende nichts dagegen einwenden wollen, sobald Wilhelmine sich nur entschlösse, ihm einen solchen Schritt, von der Generalstochter zur Bauersfrau, überzeugend als ihren Weg zum Glück darzustellen.

Auch Ulrike hielt den Plan für falsch und undurchführbar. Mehr als einmal hatte Kleist mit ihr über seine »Lage und die Zukunft« gesprochen, vielleicht hatte er sogar ihr angetragen, in der Schweiz einen ähnlichen Lebensweg, wie er ihm vorschwebte, einzuschlagen. Doch Ulrike dachte nicht daran. Sie tat »[a]lles Mögliche«, ihn, wie sie meinte, »auf den rechten Weg zurückzuführen«. Aber das sei »eben das Übel«, klagt Kleist, »daß jeder seinen Weg für den rechten hält«.[4] Gegen Ende des Parisaufenthalts war es zwischen den Geschwistern zu Verstimmungen, ja Auseinandersetzungen gekommen. Kleist hatte sich sogar sorgsam gehütet, die Schwester bei seinen Schreibbemühungen ins Vertrauen zu ziehen.

Als sie beide Paris dann Ende November verließen, erschien sie ihm sanft und zugänglich. Doch konnte Kleist seine Enttäuschung und seinen Verdruß nicht überwinden. Der Diener Johann, den ihm Carl von Zenge in Berlin als Kutscher für die Parisreise ›ausgeliehen‹ hatte, zog es vor, in Paris zu bleiben. Hier war er freier, und hier verdiente er besser. »Giebt es denn nirgends Treue?«[5] fragt Kleist verständnislos.

Die Situation, in die Kleist durch den Fortgang Johanns geriet, entbehrte nicht einer gewissen Komik. Die bereits gekauften Reisepferde soll er laut einer Familienüberlieferung selbst anzuschirren versucht haben, was ihm unter dem Gelächter der umstehenden Passanten nicht gelang, bis sich schließlich ein Schneidergeselle seiner erbarmte.[6]

Schließlich kutschierte er mit Ulrike über Metz bis nach Frankfurt am Main. Der Landschaftsmaler Friedrich Lose aus Dresden, der Verlobte von Kleists Dresdner Bekannten Caroline von Schlieben, den Kleist in Paris getroffen hatte, ist ihr Begleiter. Lose befand sich auf einer Arbeits- und Bildungsreise nach Italien. An der Grenze trennten sich die Geschwister am 29. November; Ulrike reiste allein nach Frankfurt (Oder) zurück.

Kleist will Landwirt werden und zugleich als Schriftsteller tätig sein. So hofft er, sich als freier Mensch verwirklichen zu können. Auf dem Fußmarsch nach Süden über Darmstadt, die Bergstraße, Heidelberg, Karlsruhe, Straßburg, mitten im Dezember, ist er mit Lose allein. Er fühlt sich »krankhaft ermattet, [...]

am Leibe u an der Seele«[7], abwechselnd überreizt und gleichgültig. So wird der Ansiedlungsplan auch ein Versuch sein,
seiner Minderwertigkeitsgefühle Herr zu werden. Noch in
Paris hatte er sich gefragt: »Kann ich denn nicht arbeiten?
Schäme ich mich der Arbeit? Bin ich stolz, eitel, voll Vorur-
theile? Ist mir nicht jede *ehrliche* Arbeit willkommen [...]?«[8]

Er zieht mit Lose über das französische Elsaß nach Basel.
»Es war eine finstre Nacht als ich in das neue Vaterland trat.
Ein stiller Landregen fiel überall nieder. Ich suchte Sterne in
den Wolken u dachte mancherlei. Denn Nahes u Fernes, Alles
war so dunkel. Mir war's, wie ein Eintrit in ein anderes Leben.«[9] Heinrich Zschokke,[10] 1800/01 Regierungsstatthalter in
Basel, den er aufsuchen will, ist freilich nicht mehr im Amt
und hat die Stadt verlassen. Er hat aber »einen guten Ruf u
viele Liebe zurückgelassen«, schreibt Kleist. »Man sagt, er sei
mit der jetzigen Regierung nicht recht zufrieden.«[11]

Die durch die Französische Revolution ausgelösten politischen Entwicklungen hatten vor der Schweiz nicht haltge-
macht. Die erbitterten Kämpfe zwischen Frankreich und den
Mächten der Zweiten Koalition hatten hier sogar eines ihrer
Zentren. Es kam zu Auseinandersetzungen im Lande: auf der
einen Seite die alte Patrizieroligarchie, die seit Jahrhunderten,
bis 1797, föderal geherrscht hatte, auf der anderen bürgerlich-
liberale Kräfte, die sich um die zentral regierenden Republikaner der Helvetik scharten. 1797 war es gelungen, die Föderalen
zu verdrängen und einen Schweizer Zentralstaat, eben die
Helvetik, zu gründen, jedoch unter französischem Protektorat.
Zschokke hatte sich in ihren Dienst gestellt; doch im Herbst
1801 gelang es den konservativen Kräften, die Herrschaft
durch einen Staatsstreich zurückzugewinnen. Unter diesen
Umständen gab Zschokke sein Regierungsamt auf; drei Wochen vor Kleists Eintreffen in Basel war er zurückgetreten und
nach Bern verzogen. Kaum also ist Kleist im Gelobten Land,
erweist sich dieses als fragil und unwirtlich. »Ach, Ulrike«,
klagt er, »ein unglückseliger Geist geht durch die Schweiz. Es
feinden sich die Bürger untereinander an.« Und ahnungsvoll

heißt es: »O Gott, wenn ich doch nicht fände, auch hier nicht fände, was ich suche, u doch nothwendiger bedarf, als das Leben«![12]: die »Freystätte«[13] mit Unabhängigkeit und Ruhe zur Arbeit.

Kleist reist Zschokke hinterher. Noch im Dezember ist er in Bern. Dort trifft er ihn, und zwischen beiden entsteht eine Freundschaft. Zschokke berät und unterstützt ihn bei der Suche nach einem geeigneten Bauerngut. Durch ihn macht Kleist Bekanntschaften, lernt die ländlichen Verhältnisse kennen, wo »eine in erblicher Dienstbarkeit und trauriger Geistesknecht-schaft leidende Bevölkerung, deren Zustand an Leibeigen-schaft«[14] grenzte, noch immer allgemein verbreitet ist. Er lockt, wie er sich ausdrückt, »die Landleute« fleißig »durch Fragen«, ihm »Nützliches u Gescheutes zu antworten«. Auch liest er »landwirthschaftliche Lehrbücher«, vergleicht vor Ort die Kaufangebote für kleine Güter und berät sich mit Zschokke und anderen sachverständigen Bekannten. Er stürzt sich »nicht planlos« oder gar »in blinder Begierde«[15] in sein Landkauf-Unternehmen.

Ende Januar zieht er in einen südöstlicher gelegenen Landes-teil, nach Thun, wo er vorerst in einem Gasthof wohnt. Dort beschäftigt ein alter Spruch, den er an einem der Häuser liest, seine Phantasie: »Ich komme, ich weiß nicht, von wo? Ich bin, ich weiß nicht, was? Ich fahre, ich weiß nicht, wohin? Mich wundert, daß ich so fröhlich bin.«[16] Er scheint dem Leben, das er noch vor kurzem als rätselhaft beklagt hatte, und der »fun-damentalen Seinsunsicherheit« inzwischen »eine positive Seite abgewonnen zu haben«.[17]

Als er in die Schweiz kam, hatte er gehofft, er könne dort einen Besitz erwerben, und da er »gar keine politische Mei-nung habe, brauche [er] nichts zu fürchten u zu fliehen«[18], wie manche Eigentümer der zumeist verpachteten, nun kauffreien Bauernhöfe, die im Falle eines Politikwandels ins Exil gehen wollten. Der Bürgerkrieg will freilich kein Ende nehmen, und Frankreich schickt sich an, die Schweiz zu einem Vasallenstaat zu machen. Als diese Entwicklung langsam augenfälliger wird,

Heinrich Zschokke (1771-1848) als Statthalter von Basel.
Gemälde von unbekannter Hand um 1801.

schwindet Kleists anfängliche Zuversicht. Er beginnt sich für die Schweizer politischen Verhältnisse zu interessieren. Um dieses Interesse zu befriedigen, bieten seine Reisen durchs Land auf der Suche nach einem erschwinglichen Anwesen hinreichend Gelegenheiten; auch Zschokkes kenntnisreiche

Analyse der Schweizer Verhältnisse wird ihm die Augen ge-
öffnet haben. Zschokkes Urteil muß ihm um so wichtiger gewesen sein, als dieser in den Wochen und Monaten der ersten
Jahreshälfte 1802 selbst auf der Suche nach einem Landgut
war, um für sich eine Existenz als Landwirt und Schriftsteller
zu begründen: Da Zschokke einen baldigen Kriegsausbruch
prophezeit, zögert Kleist mit dem Ankauf, um nicht »statt eines
Schweizerbürgers durch einen Taschenspielerskunstgriff ein
Franzose zu werden«.[19] Er begibt sich, wie auch Zschokke, in
Wartestellung.

In Bern, dem Sitz der Zentralregierung, trifft Kleist indessen
nicht nur auf Zschokke, den sechs Jahre Älteren, der sich
durch die Herausgabe des *Schweizerboten* (1799) bereits einen
Namen als Volksschriftsteller gemacht hatte; er lernt auch
Heinrich Gessner kennen, den Sohn des bekannten Idyllen-
dichters, samt seiner jungen Familie. Gessner, der dem Buchhandel zuneigte, hatte sich früh der Revolution angeschlossen.
1797 ernannte man ihn zum helvetischen Nationalbuch-
drucker. Auch Gessners Schwager Ludwig Wieland, ein Sohn
Christoph Martin Wielands, des bekannten Aufklärungsdich-
ters, gehört zu diesem Kreis. Er gibt sich als »ganz revolutio-
närer Kopf«[20] und wartet auf eine Staatsanstellung; insgeheim
versucht er sich als Dichter. Hier ist also ein im Streben Kleist
verwandter Kreis[21] junger Leute beisammen, wie er ihn bislang nicht kannte. Man trifft sich meistens in Zschokkes Berner Junggesellenwohnung in der Gerechtigkeits-Gasse in der
Altstadt, tauscht sich temperamentvoll über die politische
Lage aus, erörtert die neuesten literarischen Strömungen und
kommt bald überein, sich »freigebig [...] eigene[n] poetische[n] Schöpfungen«[22] mitzuteilen. Auch von Kleist fallen
eines Tages, im März oder April 1802, seine ihm sonst in Gesellschaften anhaftenden Hemmungen ab. Er stellt sich der
kleinen freundschaftlich-kritisch gesinnten Zuhörerschaft
und liest aus seinem ersten (überlieferten) dramatischen Versuch, der *Familie Ghonorez*. Womöglich war ihm die thema-

tische Bedeutsamkeit seiner Idee zu diesem Stück in der Schweiz so recht bewußt geworden, denn hier stand ihm ein Bürgerkrieg als tragischer ›Bruderzwist‹ eindrucksvoll vor Augen. Die Schweizer Verhältnisse dürften ihm dabei nach dem, was er zuvor in Preußen und Paris erfahren hatte, geradezu als neuer Höhepunkt menschlicher Entfremdung erschienen sein. Beim Lesen aus dem Manuskript vor dem kleinen Berner Kreis geschieht nun, folgt man Zschokkes Überlieferung in dessen *Selbstschau*, etwas höchst Seltsames: Gegen Ende der Lesung wird das »allseitige Gelächter der Zuhörerschaft, wie auch des Dichters, so stürmisch und endlos, daß, bis zu seiner letzten Mordszene zu gelangen, Unmöglichkeit«[23] scheint.

Kleist hatte die Konflikte in seiner Tragödie aufs äußerste zugespitzt, ja das ganze dramatische Spiel derart übersteigert, daß sich beim Vorlesen ungewollt komische Effekte einstellten. Dabei muß freilich offenbleiben, was dabei dem Text und was dem Vortrag geschuldet war. Kleist hatte sich bemüht, Distanz zum absurd-tragischen Geschehen herzustellen. Er hatte Shakespeares *Romeo und Julia* aufgenommen und dem großen Angelsachsen die Vermischung von Tragischem und Komischem abgeschaut. Doch überdehnte er in seinem Stück den Mechanismus von Täuschungen und Mißverständnissen und löste den dramatischen Knoten durch den makabren Fingerwurf der Totengräberwitwe Ursula. Dieses dramatische Verfahren entsprach zwar seiner Skepsis gegenüber jeder Erkenntnisgewißheit, konnte aber, je nach Bewußtseinslage des Zuhörenden, auch Gelächter hervorrufen. Da es sich bei seiner Berner Zuhörerschaft um junge Leute handelte, die gerade meinten, ihr Geschick trotz aller Widrigkeiten und Schicksalsschläge selbst bestimmen zu können, konnte ihre Reaktion auf Kleists Dramenschluß schwerlich anders ausfallen als von Zschokke geschildert. Kleist selbst mochte diese Reaktion wie ein Lehrstück literarischer Wirkung vorgekommen sein. Unter ihrem Eindruck gewann er Abstand zum ersten ›Kind seiner Liebe‹. Seinem dramatischen Talent, das zeitgenössische Rezensenten, nachdem das Werk unter dem Titel *Die Familie Schroffenstein* erschienen war, sehr wohl hervorzuheben wußten, tat dies keinen Abbruch. Man sah die eindringliche Schilderung, das geschickte Verweben der Handlungsstränge, die Ideenfülle und die Fähigkeit des Urhebers zu poetisch-dramatischer Verdichtung.[24] Freilich bemerkte man auch, daß das Stück stilistisch da und dort noch zu wünschen übrigließ, daß der Rhythmus des Blankverses zuweilen stockte und die bildhafte Darstellung nicht immer perfekt war. Immerhin: Heinrich Gessner will das Manuskript für den Druck ankaufen. Kleist willigt ein, erhält einen Vorschuß und damit sein erstes Dichterhonorar. Beschwingt erklärt er sich zu einigen Umarbeitungen bereit. Sie deutschen das Stück äußerlich ein, rücken es näher an die geographischen ›Problemzonen‹ heran, indem sein Schauplatz von Spanien nach Schwaben verlegt wird. Kleist beschneidet zugleich die undramatische Selbstreflexion der Figuren, strafft die Handlung und mag wohl gehofft haben, das Stück so theaterwirksamer zu machen. Das umgearbeitete Werk erschien, mit der Jahresangabe ›1803‹ auf dem Titelblatt, bei Gessner in Zürich bereits im Herbst 1802; Kleists Name wurde nicht genannt. Höchstwahrscheinlich wollte er anonym bleiben.

Auch Zschokke, seit mehr als fünf Jahren infolge seiner politischen Aktivitäten zwar publizistisch, aber nicht eigentlich schriftstellerisch tätig, fühlt sich aufs neue inspiriert. Er faßt eine auf die deutschsprachige Schweiz zugeschnittene Übersetzung der Stücke Molières[25] ins Auge, die auch zustande kommt. Und es wird wohl kein Zufall gewesen sein, daß er Molières *Amphitryon*, den später Kleist übersetzen und zu einem eigenständigen Drama umarbeiten wird, dabei ausläßt. Durch Zschokke – das muß festgehalten werden – wird Kleist zu Molière geführt. Zschokke, so bleibt zu vermuten, vermittelte ihm eine erste Berührung mit dem Stoff, und er mag ihn gelehrt haben, daß der werdende Dichter durch Übersetzen und Bearbeiten (»Kopieren«, wie Kleist 1810 schreiben wird) lernen könne, wie große Dichter es vor ihm gemacht hatten.

Das Gelächter bei der Lesung in seiner Wohnung mochte in Zschokke zudem den Verdacht genährt haben, in Kleist stecke ein komisches Talent. Und ein solches könne nur von einem der Größten im komischen Fach lernen. Gleichzeitig konnte man sich so auch von manchem Trivialen befreien, das man selbst – wie Zschokke während seiner Jahre in Frankfurt an der Oder 1790 bis 1795 – verfaßt hatte, und einen künstlerischen Neubeginn wagen. Um diesen Neubeginn ging es. Der Wille dazu wuchs in dem literarischen Klima, in das Kleist in Bern geriet und das ihm mancherlei Anstöße und Anregungen gab.

Heinrich Zschokke wird den Berner Freunden auch manches aus seinem jüngsten politischen Leben, das reich an Konflikten war, mitgeteilt haben. Gewiß hat er einiges sogar mit ihnen erörtert. Immerhin hatte er mehrere Jahre exponiert inmitten sozialer Auseinandersetzungen gestanden und besonnen für ein gesellschaftliches Fortschreiten gewirkt. Als Regierungskommissar in dem Kanton Waldstätten und im Tessin hatte er im Auftrag der Zentralregierung Ordnung und Zusammenhang in die ländlichen Gebiete bringen wollen, wo jedes Tal und jedes Dorf über Jahrhunderte eine Welt für sich gewesen war, wo man Recht, um es mit den Worten des Dorfrichters Adam im *Zerbrochnen Krug* zu sagen, nach »Statuten, eigentümliche[n], […] / Nicht aufgeschriebene[n], muß ich gestehn, doch durch / Bewährte Tradition uns überliefert«[26] statt nach verbindlichen Gesetzen sprach, wo Korruption in der Rechtsprechung an der Tagesordnung war und wo man das abergläubische, ungebildete und deshalb einsichtslose Landvolk nach Belieben manipulieren konnte. Dagegen vertrat die helvetische Regierung in Dekreten das Prinzip der Gleichheit aller vor dem Gesetz. Doch war es schwer, es in die Praxis zu überführen. Die konservativen Kräfte hintertrieben die Neuerungen, suchten ihre Privilegien zu behaupten, hatten keinerlei Zweifel an der eigenen Bedeutung, und an Schlendrian waren sie gewöhnt. Und gerade die einfachen Leute mißtrauten, aus Gewohnheit, allem, was aus der Stadt kam, auch wenn es sich um einen redlich denkenden Kommissar oder Revisor handelte, der im Auftrag einer Zentrale kam und wenigstens die schlimmsten Übel zu beseitigen bemüht war. Konstellationen wie diese begegnen uns in Kleists Justizkomödie *Der zerbrochne Krug*, die er freilich in den Niederlanden des 17. Jahrhunderts ansiedelt. In der Schweiz dürfte er hierfür erste Impulse empfangen haben. Zschokke war ja selbst eine Art Walter-Gestalt auf dem ›platten Lande‹ gewesen. Nicht nur der Kupferstich *Le Juge, ou la cruche cassée* von Le Veau nach Debucourts Gemälde, der in Zschokkes Berner Wohnung hing und worauf, in einer Gerichtslaube, prozessierende Dörfler vor einem Richter und seinem Schreiber dargestellt sind, kann demnach, durch Kleist in seiner Vorrede bezeugt, als Anregung für die Ausdeutung des Motivs vom zerscherbten Krug als Symbol der verlorenen Unschuld gelten. Zschokke selbst, der ja später auch berichtete, man habe durch dieses Bild den Gedanken zu einem poetischen Wettkampf empfangen, wird sowohl als Person wie als Stoff- und Tatsachenmittler bei der Stückentstehung eine Rolle gespielt haben, zumal im Berner Kreis auch das Phänomen des »religiösen Fanatismus«[27], das zähe »Leben angewöhnter religiöser Ideen«[28] und die demagogische Rolle des Schweizer Klerus, mit dem Zschokke einschlägige Erfahrungen gemacht hatte, Gesprächsstoff gewesen sein dürften. Hatte der Reformbeamte Zschokke doch mehr als einmal erleben müssen, wie die »bewirkte Verdummung im gemeinen Volke« die »nackte Brutalität der Leidenschaften« anfachte: wenn der »Pöbel«, Arme wie Reiche gleichermaßen, sich zusammenrottete, um Andersdenkende, vom Klerus als Ketzer[29] gebrandmarkt, zu lynchen. Der dezidierte Antiklerikalismus, der Kleists erste Erzählung, *Jeronimus und Josephe* (1807), kennzeichnet, mag von solchen Mitteilungen Zschokkes ausgegangen sein. Er wurzelte natürlich auch in Kleists eigenen Beobachtungen zum Katholizismus, vor allem denen, die er 1800 in Würzburg machen konnte. Doch geht Kleist in seiner Erzählung weit über das selbst Beobachtete und ihm durch Mitteilungen anderer Zugewachsene hinaus. In *Jeronimo und Josephe. Eine Szene aus dem Erdbeben in Chili*, vom

Le Juge, ou la cruche cassée (Der Richter oder der zerbrochene Krug), Stich von Jean-Jacques André Le Veau nach einem Gemälde von Louis Philibert Debucourt, 1782 (Ausschnitt).

Jahr 1647 scheint die Welt zusammenzustürzen, das theokratisch regierte katholische Gemeinwesen droht zu kollabieren, die Humanität in einem Abgrund zu versinken. Falsche (Kirchen-)Ideologie, gestützt durch soziale Interessenunterschiede und eingespielte Manipulationsmechanismen, entpuppt sich als das eigentlich Böse und behält in Form des »gesellschaftsgebundenen Zeremonialchristentum[s]«[30] die Oberhand. – Immanuel Kant hatte vom Standpunkt des Aufklärers die Wertfreiheit von Naturereignissen betont. Er war, in drei kleinen Schriften über das verheerende Erdbeben in Lissabon von 1755, die im Jahr nach der Katastrophe erschienen waren, tendenziösen Auslegungen der Kirche entgegengetreten, die das Erdbeben als einen Fingerzeig Gottes auf zunehmende Sittenlosigkeit und Irreligiosität deuteten. Kant hatte zugleich die Hoffnung ausgesprochen, daß sich ein Dichter finden möge, der die Wahrheit ausspräche.

In seiner – wohl nicht vor 1806 fertiggestellten – Erzählung, später (1810) erschienen unter dem Titel *Das Erdbeben in Chili*, nimmt sich Kleist der Sache an. Es sieht fast so aus, als habe er die Kantsche Schrift gekannt und sie als Auftrag aufgefaßt. Er wird mit »metaphorischen Verdammungsurteilen über die vom eigenen Gesetz abgefallene alte Gesellschaft«[31] aufwarten, und bei ihm wird die Höllenherrschaft des theokratischen Staates nur für kurze Zeit durch das Paradies im Tal der Überlebenden des Erdbebens außer Kraft gesetzt. Nicht die Natur des Menschen an sich ist schlecht, wie Kant meinte. Bei Kleist machen dogmatische Institutionen und ein reaktionärer Staatsmechanismus den Menschen engherzig und bösartig. Das entsprach der Sicht Rousseaus.

Und so werden nicht in erster Linie die Französische Revolution und ihre Nachwehen den Gesellschaftsbezug für Kleists erste Novelle abgegeben haben, sondern die Nachhaltigkeit überkommener Strukturen. Die Schweizer Verhältnisse und die Persönlichkeit Zschokkes haben vermutlich mehr in Kleist, in seiner Entwicklung und in seiner Dichtung, ausgelöst, als bislang erkannt worden ist.

Zschokke war der erste Reformbeamte, dem Kleist begegnete. Er hatte vorgelebt, daß man in einer widersprüchlichen und zerrissenen Welt mit Klagen allein nichts bewirkt. Unrecht, Intoleranz, Machtmißbrauch, Krieg, menschlicher Not und eigenen Krisen hatte er ins Auge gesehen und dennoch nicht resigniert. Er hatte die Zustände analysiert und sie tätig zu verändern versucht. Er hatte gezeigt, daß es Wege gab, auf denen man sich, innerhalb gewisser Grenzen, zwischen den Anspruch auf Selbstverwirklichung und die Verantwortung für die Gemeinschaft[32] gestellt, treu bleiben konnte. Zschokke hat 1802 die Erzählung *Alamontade der Galeerensklave* geschrieben, deren Held Züge Kleists tragen soll. In der Vorrede spricht er vom »Mut der Tugend«, den er mit diesem Werk in allen »*Heimlichkranken*«[33], den Desillusionierten und Zweiflern, habe stärken wollen. Kleist seinerseits hat mit der Figur des Fernando in seiner Erdbeben-Geschichte eine literarische

Gestalt geschaffen, die diesen Mut, veredelt durch ein nobles Ethos, zeigt. Den »heiligen [unverfälschten] Glauben«[34] allerdings, auf den es Zschokke auch ankam, hat dieser bei Kleist nicht wiederherstellen können. Die Gottesvorstellungen der Menschen in Kleists Erzählung bleiben subjektiv, situations- und stimmungsbedingt, erscheinen als täuschbar und relativ. Neu für die Zeitgenossen, zugleich unerhört und schockierend und noch heute beunruhigend, ist an dieser Dichtung vor allem die »Radikalität, mit der [der Dichter] alle Möglichkeiten einer zuverlässigen Orientierung destruiert: Wahrnehmung, Verstand und Logik, Gefühle, schon gar die Zuversicht in die Heilsverheißungen des christlichen Glaubens. [–] Nicht nur das seiner Zeit durchaus noch verfügbare fromme Leitbild einer individuellen Wegführung am langen Gängelband einer göttlichen Vorsehung ist da verabschiedet, sondern überhaupt das Bild des Alliebenden, der die Welt nach einem verborgenen Heilsplan regiert. Wohl nicht mitverworfen ist die Gottesvorstellung selbst, sicher aber alles das, was der christliche Glaube an Gewißheit darauf gründet.«[35] Im katholischen Österreich wurde diese Erzählung 1810, nachdem sie im selben Jahr in einem ersten Band Kleistscher Erzählungen in Berlin erschienen war, verboten; es bedarf keiner näheren Begründung, warum.

Kleist suchte Zschokkes Rat, er warb um dessen Nähe und Zuneigung.[36] Er selbst hinterließ bei Zschokke einen noch Jahrzehnte später nicht verloschenen Eindruck. 1846 erinnert sich Zschokke: »Kleist war eine der schönen Erscheinungen im Leben für mich, die man um ihres Selbstes Willen liebt und nie zu lieben aufhört.«[37]

Im Berner Kreis hat Kleist die seit langem ersten glücklichen Stunden und Tage verlebt. Die Gleichgesinnten reizten ihn, produktiv zu sein, die »alte Lust zur Arbeit«[38] kehrte wieder, man schenkte ihm Aufmerksamkeit, würdigte das Dichten als Lebensform und gab ihm so ein Stück Selbstvertrauen. Dies, obwohl der alte Wieland seinen schreibenden Sohn Ludwig in einem Brief soeben gewarnt hatte: »Weißt Du auch was Schriftstellerei, als Nahrungszweig getrieben, [...] besonders heutzutag in Deutschland ist? Es ist das elendeste, ungewisseste und verächtlichste Handwerk, das ein Mensch treiben kann – der sicherste Weg im Hospital zu sterben [...]« Einzig und allein dann könne eine solche Unternehmung Aussicht auf Erfolg haben, »wenn die Rede von einem jungen Manne wäre, der sich aus Drang eines inneren Berufs, mit dem Bewußtsein großer und ungemeiner Geisteskräfte und Talente, folglich mit einer vorgefühlten Gewißheit, *Sensazion* in unserer geschmacklosen, erschlafften und am liebsten von den Exkrementen hirnloser Köpfe sich nährenden Lesewelt zu machen, zur Schriftstellerei sich entschließen wollte.«[39]

Als Heinrich von Kleist sich zum Beruf des Schriftstellers entschloß, sah es um die Verdienstaussichten eines poetisch veranlagten Menschen, der seine Aufgabe ernst nehmen wollte, miserabel aus. Wieland vermerkt, mehr als sechstausend »Buchmacher« lebten derzeit in Deutschland; doch nur Goethe, Schiller, Jean Paul, Kotzebue und Lafontaine, die letzten beiden vielgelesene Trivialliteraten, könnten von ihren Einkünften aus der Schriftstellerei leben. Im übrigen behaupteten minderwertige Produkte den Büchermarkt. »Der Buchhandel liegt in einem so tiefen Verfall und wird mit jeder Messe so viel schlechter«, schreibt Christoph Martin Wieland weiter an seinen Sohn, »daß selbst angesehene Buchhändler erschrecken, wenn ihnen ein Manuskript, das nicht einen schon berühmten Namen zum Garant hat, angeboten wird. Die Buchläden sind mit Romanen und Theaterstücken aller Art dermaßen überschwemmt, daß ihnen jeder Taler zu viel ist [...]«[40]

Dieser Hintergrund verlangt gebührende Beachtung, will man die frühen Anerkennungskämpfe Kleists als freiberuflich tätiger Schriftsteller angemessen beurteilen. Kleist wurde sich seiner ökonomischen Situation jetzt bewußter. Das ›Bücherschreiben für Geld‹, das er noch in Paris strikt abgelehnt hatte, mithin jener Marktmechanismus, der das Kunstwerk zur Ware degradiert, wurde nun gezwungenermaßen bejaht. Vor allem sein rasch schmaler werdender Geldbeutel half ihm, seine Vorhaben an der Realität auszurichten. Er mußte und wollte sich nun Verlegern und einem Publikum stellen. Sein erstes Drama, das er selbst nicht sehr hoch einschätzte, konnte ihm nicht zum Durchbruch verhelfen. Und doch fühlte er sich in dem von C. M. Wieland beschriebenen Sinne dazu berufen, getrieben von einer ›vorgefühlten Gewißheit‹, ›Sensazion‹ in der Lesewelt zu machen. Er mußte ein aufsehenerregendes Werk vorweisen! Mit dieser Erwartung endete auch eine Rezension der *Familie Schroffenstein* in der *Neuen Allgemeinen Deutschen Bibliothek*: »Versucht der Ungenannte sich wieder im Drama:«, hieß es da, »so wird sein nächstes Stück über die Reputation des Autors entscheiden. Entweder etwas unglaublich Besseres; oder [...]«[41] Kleist brauchte etwas gut Verkäufliches – und wollte doch nicht auf literarische Qualität verzichten.

Ein Entwicklungsschritt, etwas ganz Innovatives, Aufmerkenmachendes mußte gewagt werden!

Bereits im Frühjahr 1802 löst sich der Berner Freundeskreis auf. Zschokke, bemüht, seine Existenz zu sichern, mietet sich bei Aarau ein. Kleist und Ludwig Wieland begleiten ihn auf einer Wanderung dorthin. Dann verabschieden sie sich. Kleist begibt sich allein zu seinem selbstgewählten Arbeitsdomizil, einer Insel im Thuner See am Ausfluß der Aare. Dort mietet er preisgünstig ein Holzhäuschen mit zwei Zimmern von je fünfzehn Quadratmetern und einer kleinen Küche; dort kann er billiger als in den teuren Gasthöfen leben und sich auf seine Arbeit konzentrieren. Als Mietzeit werden die Monate April bis Oktober vereinbart; in dieser Zeit möchte er sein Vorhaben durchführen. Er weiß sich hier ein weiteres Mal in der Nachfolge Rousseaus, der einst ebenfalls Zuflucht auf einer Insel, im Bieler See, gefunden hatte.

Vom Sonnenaufgang an, schreibt Kleist, sei er tätig. Er schließt *Die Familie Schroffenstein* ab und beginnt ein neues Drama, das der große Wurf werden soll. Die Suche nach einem

geeigneten Stoff führt ihn ins 11. Jahrhundert, zu dem Normannenherzog Guiskard. Das vollendete Werk, die Tragödie
Tod Guiskards des Normanns, ist nicht überliefert. Erhalten
geblieben ist lediglich ein Fragment mit dem Titel *Robert
Guiskard,* insgesamt zehn Szenen, aus den Jahren 1807/08. Ob
es sich dabei um eine Neufassung eines Teils des 1802/03 ge-
dichteten Werks handelt, was wahrscheinlicher ist, oder ob
Kleist den Text der frühen Jahre nur aus dem Gedächtnis wie-
derherstellte, läßt sich nicht entscheiden. Metrische Gestalt,
Form, Rhythmus und Bildsprache dieser Szenen weisen eher
in das Jahr 1807 – ihr Handlungsverlauf und Gehalt auf die
Zeit um 1802/03. Die erhaltenen Szenen sind eine dramatische
Meisterleistung, die das in der *Familie Schroffenstein* Gezeigte
in der Tat in den Schatten stellt. »Jedermann, der die Anfänge
kennenlernt, ist voller Bewunderung.«[42]

Historische Überlieferungen, die Kleist nun erstmals verwendet, biegt er mit sicherem Gespür zurecht. Er läßt den
Normannenherzog, entgegen den überlieferten historischen
Tatsachen, bis vor Konstantinopel gelangen, vor dessen Mau-
ern sich die Tragödie abspielt: Der geniale Feldherr ist – wie
Teile seines Heeres – von der Pest befallen, dennoch will er die
damalige Hauptstadt der Welt erobern und damit seinem im-
perialen Streben die Krone aufsetzen. Und das, obwohl sich
sein Kriegsvolk widersetzt und in der Herrscherfamilie Spannungen aufbrechen. Hier kommen zwei Deutungsvarianten in
Frage: Ist Guiskard in der ersten Fassung eine heroische Figur,
die sich gegen das erniedrigende Schicksal, nämlich an der tödlichen Seuche zu scheitern, auflehnt? Wollte Kleist mit ihr das
Sinnbild eines sich selbst bestimmenden großen Individuums
schaffen? Oder ist Guiskard durch Machtgier bereits so korrumpiert, daß er den Blick für jegliche Realität verliert und
durch Intrige und politische Manipulation die »Tragödie der
Selbsttäuschung und der unerbittlich fortschreitenden Selbst-
zerstörung«[43] heraufbeschwört, die mit dem Untergang eines
ganzen Volkes und seines Reiches enden sollte? In diesem Fall
hätten wir es abermals mit einem Schreck- und Warnbild, mit

Vue des Environs de Thoun. Gemalt und gestochen von Daniel Simon Lafond, 1792. Links das von Kleist bewohnte Häuschen auf der Oberen Insel, auch Delosea-Inseli genannt.

einem Katastrophendrama zu tun. Die Hervorhebung des rücksichtslos Mächtigen zeigte Parallelen zu Napoleon. Und dessen Gebaren hatte man im Berner Freundeskreis bereits kritisch reflektiert.[44] Da war sein gescheiterter Feldzug nach Ägypten, sein rücksichtsloses Verhalten gegenüber den Schweizern, sein wahnwitziges Vorhaben, über den Kanal zu setzen und England zu erobern. Zwar wurde Napoleon erst Jahre später für Kleist, zumindest was Briefäußerungen betrifft, so recht als »böse[r] Geist[e] der Welt«[45] ein zentraler Gegenstand seines Hasses; doch dürfte sich dieses exponierte Verhältnis aus einer bereits früher gewachsenen Ahnung vom skrupellosen Machtstreben, vom Abenteurertum, von der Arroganz und dem Täuschungsgeschick des großen Korsen herleiten. Immerhin spricht Kleist bereits vor Thun vom *Aller-Welts-Consul*, der alles daransetze, die Schweiz, »dieses arme Land durch innere Unruhen immer schwach zu erhalten«, und läßt seinen Ekel »vor dem bloßen Gedanken«, immer unter solcher Herrschaft leben zu müssen, darin gipfeln, daß er Napoleon als den »allgemeinen Wolf«[46] bezeichnet.

1802 wird für den schreibenden Kleist aber die Auseinandersetzung mit der anderen Seite der Figur des Guiskard noch eine wichtige Rolle gespielt haben, nämlich dessen Versuch, allen Unbilden des Schicksals zu trotzen. Ein solches Verhalten mußte ihn beeindrucken – und zugleich erschrecken. In dem Maße wie Kleist sich in der Person des Robert Guiskard wiedererkennt, gewinnt sein Drama eine existentielle Dimension. Heißt es doch auch für den Vierundzwanzigjährigen, alle Kraft aufzubieten, um in seiner kritischen Lebenssituation einen Befreiungsschlag zu führen: mit bis dahin kaum Dagewesenem, im Bewußtsein einer »Entdeckung im Gebiete der Kunst«.[47] Und so schreibt er im Mai 1802 nach Frankfurt: »[...] kann ich nicht mit Ruhm im Vaterlande erscheinen, geschieht es nie. Das ist entschieden, wie die Natur meiner Seele.«[48] Mit dem *Guiskard* schwebte ihm eine Verbindung von Elementen des antiken und des modernen Dramas vor, von sophokleischer ›Schicksalstragödie‹ und shakespearescher ›Charaktertragödie‹, von mythischer Gewalt und moderner Individualisierung. Er unternahm wohl den Versuch, »ein historisches Drama von der Weite und dem Umfang von etwa Goethes *Egmont*, Schillers *Wallenstein* oder den großen Historien Shakespeares in einem einzigen pausenlos gespielten Akt zu gestalten, die Handlung mit mathematisch-genauer Berechnung in drei wohlabgewogenen Partien zu entfalten und zu logisch-konsequenter Vollendung zu bringen.«[49]

Dies aber war ein großes Experiment, und in der Tat experimentierte Kleist: Wie ein junger Mann aus seiner Thuner Bekanntschaft berichtet, dem er einmal »eine genauere Entwicklung der Regeln der Dramatik« vortrug und dabei »die Gesetze des Trauerspiels in einer sehr einfachen und mathematischen Figur« darstellte, läuft Kleist des öfteren »stundenlang [...] auf seiner Insel, mit den Armen fechtend auf und ab«[50] und deklamiert. Dies scheint nicht nur ein Hinweis auf die rhetorische Dimension seines Dichtens zu sein, sondern auch darauf, daß er erst plastisch bildet, bevor er zur Feder greift. Seine frühe Schaffensweise hat man als »[k]umulierendes Verfahren«[51] einzelner Szenen nach einem Gesamtplan zu begreifen versucht. Von den fünf Vorstudien und Entwürfen zur *Familie Schroffenstein* wissen wir, daß Kleist »nicht aus spontaner Eingebung heraus schuf, sondern seine Dramen erst nach gründlicher Überlegung so aufbaute, daß an die Ausführung zu denken war«[52], ja daß er die Dynamik im Handlungsablauf erst durch eine Gliederung erreichte, die schließlich zahlreiche Unterbrechungen und Dehnungen beseitigt hatte. Auch künftige literarische Arbeiten Kleists, wie *Der zerbrochne Krug*, weisen keineswegs auf einen raschen Schöpfungsakt. Untersuchungsbefunde – auch wenn die Handschriftenlage sie nicht begünstigte – bestätigen, daß Kleist viel und oft und über Jahre hinweg Änderungen am Text vornahm. Er feilte nicht nur stilistisch, auch neue Absichten und Erfahrungen flossen in seine Werke ein. Trotz der für ihn charakteristischen Unmittelbarkeit, die ihn Problematisches erfühlen läßt, ihm bis in die »Details des Ausdrucks und der Darstellung« eine mehr an Shakespeare als an Goethe und Schiller geschulte »geniale Kühnheit« erlaubt, beruht sein Dichten und die Struktur seiner Werke doch auf vorangehender Analyse und Vergewisserung. Sogar eine »naiv erhabene Grazie« in den unkonventionellen »erotischen Partien«[53], die der Schriftsteller Ludwig Ferdinand Huber im März 1803 im Berliner *Freimüthigen* anläßlich einer Rezension der *Familie Schroffenstein* bemerken wird, ist weniger spontan als reflektiert. Dies wird auch durch den Aufsatz von der *Allmähligen Verfertigung der Gedanken beim Reden* von 1806 nicht widerlegt.[54] Und die Aufmerksamkeit, die Kleist mit gleichsam mathematischem Kalkül der Strukturierung des Dramatischen schenkt, weist darauf hin, daß er nicht nur leidenschaftlich war, sondern auch ein Rechner und als solcher arbeitete.

Hatte Kleist in Klausur die erste Arbeitsphase an seinem ehrgeizigen Projekt noch zuversichtlich und geradezu euphorisch begonnen, so überkam ihn bereits nach einigen Wochen die Furcht, das selbstgesteckte Ziel nicht zu erreichen. Wilhelmine schreibt ihm noch einmal, weckt wieder Erinnerungen, die ihm keineswegs gleichgültig sind. Er antwortet, stellt ihr kurz seine inzwischen aussichtslose Vermögenslage dar, die ihn dränge, »mit Lust oder Unlust, gleichviel, sich an die Schriftstellerei zu machen«. Am 20. Mai 1802 löst er schließlich das Verlöbnis auf. Er schließt seinen Brief: »Liebes Mädchen, schreibe mir nicht mehr. Ich habe keinen andern Wunsch als bald zu sterben. H. K.«[55]

Eine narzißtisch-sentimentale Wendung? Eher erstes Anzeichen einer erneuten Krise; es gelingt ihm nicht, alles Erhoffte durch ein Meisterwerk zu erzwingen. Auch nervliche Erschöpfung, eine Folge des unsteten Lebens der letzten Jahre, dürfte sich bemerkbar machen. Sein Miniaturbild, das ihm Wilhelmine als Zeichen der auch von ihr vollzogenen Trennung zurückgeschickt hatte, überläßt er seinen Vermietern, der Thuner Fischerfamilie. Nach zehn Wochen vergeblichen Ringens verläßt Kleist Ende Juni 1802 ›seine‹ Aare-Insel. Ausschlaggebend für seinen Aufbruch mag auch gewesen sein, daß sich der Verzicht auf Geselligkeit und Austausch, den er sich verordnet hatte, als falsch erwies. Er brauchte die Reibung mit anderen Menschen – mehr als er selbst geahnt hatte. Die Arbeit in der Stille der abgeschiedenen Alpenwelt mit ihren hinter dem See sich auftürmenden Bergriesen und dem Fluß, von dem umgeben er auf seiner Insel wohnte, in gewisser Hinsicht nahezu paradiesisch und auch ein wenig verwandt dem Flair, das die Welt seines *Guiskard* kennzeichnete, konnte dennoch kein dauernder Ersatz sein für Begegnung und Austausch, Erörterung und Disput. Künftig wird Kleist jedenfalls einer romantischen Sehnsucht nach Zurückgezogenheit und Alleinsein skeptischer gegenüberstehen. Das hat er auch in seinen Werken immer wieder deutlich gemacht: So ist das ›Tal Eden‹ in *Jeronimo und Josephe*, in das sich die Liebenden vergeblich flüchten, nur eine Episode; auch die Begegnung von Achilles und Penthesilea unter jener Eiche am Kampfplatz vor Ilion erweist sich als Scheinidylle; und selbst der Wunsch des Prinzen von Homburg, sich der gegen ihn verhängten Todesstrafe durch Rückzug auf seine Güter am Rhein zu entziehen, scheitert. Der Mensch *muß* das ihm auferlegte Schicksal standhaft ertragen. Kleist weiß, daß die Zeit der Idyllen vorbei ist; sie sind zu schönen, nicht ganz ungefährlichen Illusionen verkommen. Die Menschen können weder der Gemeinschaft, in die sie gestellt sind, noch sich selbst davonlaufen. Ängstlich wird Kleist in Zukunft, wenn die Einsamkeit ihn einzuholen droht, die Gegenwart wenigstens *eines* Menschen suchen, der ihn versteht. Ausbruchsversuche wird er – allein – nicht mehr unternehmen.[56]

Aus Bern schreibt Kleist im August an den Vetter Wilhelm von Pannwitz im Spreewald – es ist das nächste, was wir von ihm hören –, er liege »seit zwei Monaten krank« bei dem Arzt und Apotheker Carl Wyttenbach, sei »um 70 französische Louisd'ors gekommen worunter 30, die ich mir durch eigne Arbeit verdient hatte. Ich bitte Gott um den Tod und dich um Geld, das du auf mein Hausantheil erheben mußt«.[57]

Ob er mit diesen Zeilen an den Cousin, der seine Finanzen verwaltet, und bei dem, wie er wußte, Ulrike immer wieder längere Zeit auf Besuch weilte, an die eigenen letzten Geldreserven herankommen wollte oder ob er die freundschaftlichen Gefühle der Schwester für ihn zu reaktivieren gedachte, bleibt unklar. Gewiß ist, daß sich statt des Geldes Ulrike selbst auf Reisen begibt. Sie eilt dem Bruder zu Hilfe, mag aber auch gehofft haben, die für 1802 geplante, aber nicht zustande gekommene gemeinsame Schweiztour – es ist Sommer – doch noch verwirklichen zu können. Außerdem schien ihr die Gelegenheit günstig, Heinrich zur Rückkehr nach Preußen zu bewegen, den verlorenen Sohn nach Hause zu holen, zurück in den Schoß der Familie.

Vor Bern gerät sie unter die Truppen des General Erlach, der Konservative, vorwiegend aus den Kantonen der Urschwyz, zum Sturm gegen die im April wieder an die Macht gelangte liberale Zentralregierung führt. Als sie am Abend den Bruder sucht, erfährt sie, daß dieser in letzter Zeit ein bekannter

Mittagsgast im Wirtshaus war. Als sie ihn schließlich zu Gesicht bekommt, ist er gerade dabei, sich zusammen mit seinen Freunden auf die Verteidigung der Stadt vorzubereiten. Ulrike vermag ihn davon abzubringen; wenig später wird die durch das Ausscheiden der Patrizier geschwächte Rumpfregierung kapitulieren. Die Schweiz gerät in den Sog der Gegenrevolution. Beamte, Parteigänger und Sympathisanten der alten (helvetisch-republikanischen) Regierung werden unter Anklage gestellt, ihrer Ämter enthoben, ihre Wohnungen durchsucht. Auch der junge Wieland und Gessner sind davon betroffen. Ausgang gibt es nur mit Sicherheitskarten. Wieland und Kleist stehen vor dem Rathaus, dem Generalquartier der neuen Machthaber, und lachen. Posten registrieren daraufhin ihre Namen und fordern ihnen ihre Sicherheitskarten ab. Wieland, als ehemaliger Angestellter der Zentralregierung, wird vom Polizeidirektor und schließlich vom Chef der Militärpolizei des Landes verwiesen. Es ergeht der Befehl, der »Leckersbub« habe »innert zwei Stunden außert der Stadt«[58] zu sein, sonst werde er durch Harschiere abgeführt. – Bern, ja die Schweiz sind unter diesen Umständen keine wünschbaren Orte der Zuflucht und des ungestörten Schaffens mehr. Kleist und seine Schwester werfen das Nötigste in den Wagen, suchen und finden Ludwig Wieland und fahren gemeinsam mit ihm nach Norden über die Grenze. Kleist, der ursprünglich beabsichtigte, nach Wien zu gehen, begleitet den mittellosen Freund über Erfurt bis nach Jena. Hier trennt er sich von der enttäuschten Ulrike. Eine Rückkehr nach Preußen kommt für ihn nicht in Frage.

Ende November ist Kleist in Weimar, dort mietet er sich ein. Sonderbare Empfindungen müssen ihn bewegt haben, nun, da er in unmittelbarer Nähe der ihm so verehrungswürdigen Deutschen, Goethe und Schiller, weilt. Begegnungen mit ihnen sind nicht belegt. Aber den greisen Wieland, bevorzugter Autor seiner Jünglingsjahre, wird er persönlich kennenlernen. Ludwig Wieland hat seinen siebzigjährigen Vater auf den Besuch Kleists vorbereitet. Seit Anfang Dezember hält sich Kleist

Christoph Martin Wielands Tochter Luise (1789-1815).
Scherenschnitt, um 1810.

mehrfach auf Gut Oßmannstedt auf, zehn Kilometer nordöst-
lich von Weimar, wo Wieland, der ebenfalls gehofft hatte, sich
durch Landwirtschaft unabhängig machen zu können, seit
1797 lebt. Doch zwischen den beiden will sich kein rechtes
Vertrauensverhältnis herstellen. Der junge Mann erscheint
dem alten Herrn als ein »überspannter Kopf«. Allerdings bemerkt Wieland auch »etwas Rätselhaftes und Geheimnisvolles«
an Kleist, »das tiefer in ihm zu liegen« scheint, als daß er es für
Affektiertheit halten kann. So bleiben sie geraume Zeit in einer
peinlichen Entfernung voneinander. Doch ist der Gast von
einer anmutigen »Liebenswürdigkeit«, der der alte Herr »nicht
widerstehen kann«.[59] Auch die hübsche knapp vierzehnjäh-
rige Luise, Lieblingstochter des alten Wieland, erliegt dem
Charme Kleists. Er beeindruckt sie vom ersten Augenblick
an, und dieser Eindruck wird noch lange in ihr nachwirken.

Mit Kleinigkeiten beginnt es, und leidenschaftlich wächst Luises erste Liebe. Kleist weist sie nicht ab. Aber die Familie Wieland zerfällt wegen der ›Affaire‹ in drei Lager: Zum aufgebrachten Ludwig, mit dem es »manchen unangenehmen Wortwechsel«[60] gibt, gesellt sich, haßerfüllt, die Schwester Amalie; Vater Wieland, vorerst ahnungslos, lebt mittendrin; und die Schwester Caroline ist selbst zu sehr für den Gast eingenommen, als daß sie etwas bemerken könnte. Es entwickelt sich ein kompliziertes Verhältnis, das gewiß zur Befangenheit Kleists gegenüber seinem Gastgeber beiträgt. Er wird zum Weihnachtsfest eingeladen, und kurz darauf, in den ersten Tagen des Januar, bezieht er ein Zimmer in Wielands Gutshaus in Oßmannstedt.[61] Für zehn Wochen gilt er als Familienmitglied und hört nicht auf, den verehrten Gastgeber »wie ein Sohn zu lieben und zu ehren«.[62] Allerdings zeigt der Gast seltsame Verhaltensweisen. Wie Wieland ein Jahr später an Kleists Mainzer Arzt Wedekind berichtet, kann manchmal ein einziges Wort »eine ganze Kette von Ideen in seinem Gehirn, wie ein Glockenspiel« anziehen und verursacht, »daß er nichts weiter von dem, was man ihm sagte, hörte und also auch mit der Antwort zurückblieb«. Die fatalste Angewohnheit, die dem Alten »an Verrücktheit zu grenzen scheint«, ist die, daß er »bei Tische sehr häufig etwas zwischen den Zähnen mit sich selbst« murmelt. Eines Tages daraufhin angesprochen, gesteht Kleist betreten, »daß er in solchen Augenblicken von Abwesenheit mit seinem Drama zu schaffen« habe und daß es ihm noch immer unmöglich gewesen sei, es zu Papier zu bringen. Er habe zwar schon viele Szenen nach und nach aufgeschrieben, vernichte sie aber immer wieder, weil er sich selbst nichts recht machen könne. Trotz Zuredens weigert er sich beharrlich, etwas davon dem von ihm verehrten Mentor zu zeigen; bis »an einem Nachmittag die glückliche Stunde« erscheint, wie Wieland schreibt, wo er Kleist vor dem Kamin »so treuherzig zu machen« weiß, daß dieser ihm doch »einige der wesentlichsten Szenen, und mehrere morceaux aus andern, aus dem Gedächtnis«[63] vordeklamiert. Der berühmte Wegbereiter klassischer

deutscher Dichtkunst gerät ins Staunen. Kleist weiß ihn so
»zu entflammen«, daß ihm »über seine innerlichen Bewegungen, vor Freude die Sprache«[64] wegbleibt. Der junge Mann
kniet nieder und küßt in diesem »stolzeste[n] Augenblick
[s]eines Lebens«[65] die Hände des Greises. Nicht ohne Selbstbewußtsein teilt er der Halbschwester Wielands Urteil mit.
»Von diesem Augenblick an war es bei mir entschieden«, wird
Wieland urteilen, »Kleist sei dazu geboren, die große Lücke in
unserer dermaligen Literatur auszufüllen, die (nach meiner
Meinung wenigstens) selbst von Goethe und Schiller noch
nicht ausgefüllt worden ist [...]«[66] Gemeint war vermutlich
die Rückgewinnung der Einheit von Ort, Zeit und Handlung
für die Bühne. Dies berührte sich mit Kleists Vorstellung von
der ›einen Empfindung‹, die ›mit ihrer ganzen Kraft darzustellen‹ sei. 1802 versuchten Friedrich und August Wilhelm
Schlegel mit ihren Tragödien *Alarcos* und *Ion* in dieser Hinsicht
voranzukommen. Auch Schillers Bemühungen um die Verwendung des Chors in seiner Tragödie *Die Braut von Messina*
(1803) gehört hierher. Etwas Ähnliches versuchte zeitgleich
Kleist im *Robert Guiskard*. Hier werden verschiedene Bestrebungen um die Erneuerung des deutschen Dramas erkennbar,
die teilweise unabhängig voneinander erfolgten. Sie lassen
Wielands Urteil über das, was er vom *Guiskard* kannte, in
einem ganz besonderen und für Kleist besonders günstigen
Licht erscheinen.

Diesem war viel daran gelegen, daß sein »Werk eine ganz
ungewöhnliche Wirkung«[67] ausübe. Einen Vorschuß hierauf
hatte er nun von dem Kenner Wieland bekommen, der ihm
den Rücken stärkte und ihn in mutlosen Tagen aufrichtete.
»Nichts«, hatte Wieland Kleist gegenüber betont, »ist dem
Genius der heiligen Muse, die Sie begeistert, unmöglich. Sie
müssen Ihren Guiscard vollenden, und wenn der ganze Kau-
kasus und Alles [Atlas] auf Sie drückte.«[68]

Das war Ermunterung und Last zugleich.

Anfang März muß Kleist Oßmannstedt verlassen. Sein Verhältnis zu Luise zwingt ihn dazu. Das Mädchen leidet unter

der Gefahr der Entdeckung. Es war keine Liebesflucht, es war Entsagung. Vermutlich hatte Kleist die Ahnungslose, in ihren erotischen Reizen aber bereits Erblühte, verführt, hatte jedenfalls »mehr Liebe gefunden, als recht ist«[69] und sich, nach den Worten Luises, des »Leichtsinns […] schuldig gemacht«[70]: Nach herkömmlicher Auffassung hatte er das Gastrecht mißbraucht. Doch das Leben folgt offenbar eigenen Gesetzen, die Natur stellte unter der Macht des Augenblicks das überkommene Moralgebot in Frage. Liebe und Trieb, ›Gutes‹ und ›Böses‹ lagen dicht beieinander. Versucher, Verführer, Vergewaltiger – bald werden sie in Kleists Werken auftauchen und Ottokar, den edlen Geliebten aus der *Familie Schroffenstein*, ablösen. Das Liebeserlebnis mit Luise Wieland, einem unprätentiösen bürgerlichen Mädchen, scheint, stärker als jenes mit ihrer von vornherein auf Absicherung bedachten adligen Vorgängerin, Kleists Sinnlichkeit geweckt zu haben. Lange war diese unter einer Schicht des Rationalen und Platonischen verborgen und verbogen worden. Nicht der argumentierende Jupiter wird im *Amphitryon* bei der schönen Alkmene erfolgreich sein, sondern jener Jupiter, der sie kurzentschlossen umarmt. In der *Marquise von O....* vergeht sich derselbe Offizier, der die junge Witwe aus den Händen sie bedrängender Soldaten ritterlich befreit, wenige Minuten später an der in seinen Armen ohnmächtig Gewordenen. Liebe erscheint als Verwirrspiel von Roheit und Zärtlichkeit, der Mann als »Engel« und »Teufel«[71] zugleich. Nach der Tat peinigt den Vergewaltiger sein schlechtes Gewissen. Er bemüht sich um Wiedergutmachung, möchte das Verhältnis legitimieren, was am Ende auch gelingt. Ebenso hat Kleist im wirklichen Leben versucht, trotz der »großen Hindernisse«, die sich »zwischen diese Verbindung legen, sie unmöglich zu machen«[72], wie Luise noch 1811 (!) über ihre unglückliche Liebe schreibt, zurückzukehren. Seine Stimmung: »Ich habe das Haus mit Thränen verlassen, wo ich mehr Liebe gefunden habe, als die ganze Welt zusammen aufbringen kann […] Aber ich *mußte* fort! O Himmel, was ist das für eine Welt!

Ich brachte die ersten folgenden Tage in einem Wirthshaus zu Weimar zu, u wußte gar nicht, wohin ich mich wenden sollte. Es waren recht traurige Tage!«[73]

Sein Werk allerdings hofft Kleist doch noch in Kürze abschließen und sich damit literarisch etablieren zu können. Darauf deutet eine Empfehlung Wielands an den Verleger Göschen in Leipzig hin. Dann will er am 3. Mai, dem Geburtstag Luises, als erfolgreicher Schriftsteller zu ihr zurückkehren. Denn »[a]lles was süß ist, lockt mich«, schreibt er am 14. März an die Schwester. Zu einer ›Versöhnung‹ mit Luise ist es indessen nicht gekommen, zu ihrem Geburtstag erschien er nicht. Luise war später der Meinung, Kleist sei ein guter Mensch, aber wohl doch kein ganz edler Charakter gewesen.

Persönlicher Erlebnisstoff und poetische Phantasie decken sich nicht. Dichter gestalten nicht nur eigene Erlebnisse aus. Sie stellen ebenso Fiktionen in ihren Dienst, um etwa heimliche, nicht befriedigte Wünsche oder Befürchtungen zu kompensieren.

Kleist kann seinen *Guiskard* nicht vollenden. »[...] ich muß Zeit haben, *Zeit* muß ich haben – «[74], schreibt er beschwörend. Doch auch in einer zweiten Arbeitsphase kann er das Stück nicht abschließen. Es ist ihm nicht vergönnt, sein Talent unter hinreichend gesicherten Verhältnissen, ohne äußeren Druck und Zukunftsangst, auszubilden.

Wir finden ihn nun für kurze Zeit in Leipzig. Dort nimmt er Deklamationsunterricht bei Heinrich August Kerndörffer, der an der dortigen Universität als Lektor für deutsche Sprache tätig ist und außerdem als Schriftsteller wirkt. Kleist arbeitete, wie bereits geschildert, vor allem redend, gleichsam auf einer imaginären Bühne, an seinem Drama. Nun möchte er sich durch einen erfahrenen Rhetoriker überprüfen lassen. Er möchte die Gewißheit haben, daß er beim Vortrag nicht dilettantisch verfährt. Er will wissen, ob er alle angemessenen Kunstmittel einbezieht und wie er, etwa auf einen Verleger, einen ebenso überzeugenden Eindruck hinterlassen kann wie jüngst auf Wieland. Höchstwahrscheinlich wird er durch Kerndörffer mit dem um 1800 von der Deklamationslehre aufgegriffenen poetologischen Gedanken bekannt gemacht, daß »Töne eine Bedeutungsstruktur jenseits oder inmitten der Begriffssprache bilden und in der Rede des Menschen die Chiffren und Strukturen eines dunklen, aber bedeutungsvollen Gesanges höherer Ordnung verborgen liegen«.[75] Manches davon wird der Arbeit am *Guiskard* zugute gekommen sein. Und ihm mußte deutlich werden, daß die Einhaltung der drei Einheiten und die damit verbundene Handlungsbeschränkung ihn in diesem Stück viel stärker als bei der aktionsbetonten *Familie Schroffenstein* zwang, die dramatische Spannung in erster Linie durch die Sprache zu erzeugen: durch die Melodie der Worte, den Rhythmus der Gedankenbilder, bis hin zur Berücksichtigung der strukturierenden Grundmotive ›Ehrgeiz‹ und ›Verrat‹, die sich weitgehend durch den Redevorgang vor und im Zuhörer entfalten sollten. Damit aber stellte er das bisher Niedergeschriebene in Frage.

Im April zieht er nach Dresden weiter. Auch hier hält er sich nur wenige Wochen auf. Wie früher sucht er oft die Bildergalerie am Neumarkt auf. Dort begegnet er dem ebenfalls literarisch tätigen Baron Friedrich de la Motte Fouqué, den er einst in der Potsdamer Garnison kennengelernt hatte. Doch bleiben sie sich in ihren Ansichten fremd: Während Kleist nach Fouqués Erinnerung mehr der »Wielandschen Schule« anhängt, neigt Fouqué stark der »Schlegelschen« zu. So unterhält man sich über »Kriegskunst«.[76]

Anders verhält es sich mit einem jungen Mann, dessen Bekanntschaft Kleist in der Galerie macht: Johann Daniel Falk aus Weimar. Dieser hält sich hier zu kunstgeschichtlichen Studien auf. Der neun Jahre ältere Falk, einfach und elegant gekleidet, hat sich bereits einen Namen gemacht. Er gibt seit einigen Jahren ein *Taschenbuch für Freunde des Scherzes und der Satire* heraus, worin er die Aufgabe verfolgt, »aus dem Schutt des Altertums« Figuren »für ein künftiges Lustspiel der

Deutschen«[77] zu gewinnen. In den Unterhaltungen der beiden bei gelegentlichen gemeinsamen Spaziergängen auf den Wällen des Zwingers geht es vermutlich um die miserable Lage der ernsten deutschen Lustspieldichtung, mögliche Wege zu ihrer Verbesserung und Fragen einer modernen Antikerezeption; auch über eine zeitgemäße Shakespearerezeption werden sie sich Gedanken gemacht haben. Es entsteht eine Art Werkstatt-atmosphäre. Und hier erhält Kleist wohl auch weitere literarische Anregungen, sowohl für den *Zerbrochnen Krug* als auch für den *Amphitryon*, die er beide bislang wohl nur als Pläne im Kopf hatte. In diesem Zusammenhang entlieh Kleist unter anderem Sophokles' Tragödie vom König Ödipus in der Übersetzung von Steinbrüchel aus der Dresdner Hofbibliothek. Die Gestalt des Dorfrichters Adam im *Zerbrochnen Krug* läßt sich denn auch als spiegelbildliche Umkehrung des sophokleischen Ödipus begreifen. Die Grundlage für diese Gestalt wurde höchstwahrscheinlich auch in Dresden im Jahr 1803 geschaffen. Hatte der antike ›Richter‹ verantwortungsvoll die Aufdeckung seines ihm unbewußten Vergehens betrieben, so geht es Kleists neuzeitlichem Richter gerade darum, über seine ihm sehr wohl bewußte sexuelle Nötigung hinwegzutäuschen und ohne weiteres andere dafür verantwortlich zu machen. Die Tragödie, die Ödipus bei Sophokles erfuhr, weil er in Erfüllung einer Weissagung ohne sein Wissen zum Vatermörder und Mutterschänder wurde, wird von Kleist komisch-ironisch persifliert. Virtuos benutzt der moderne Held gleich eingangs vorgeblich ungute Traumzeichen, um das Selbstverschuldete ›höheren Mächten‹ zuzuschieben. Offenbar gelingt Kleist ein Neu- und Umdenken von Tradition zuerst im Lustspiel, an einer lustspielhaften Gestalt und in der Form des analytischen Dramas.

Läßt er im *Zerbrochnen Krug* Antike und Moderne noch direkt korrespondieren, so wird er seinen *Amphitryon* auffälligerweise, wie auch Falk den seinen (*Amphitruon* [1804]), auf dem des Molière (1668) fußen lassen und nicht auf dem einfachen Verwechslungsspiel des Plautus, dessen Komödie

Amphitruo um 200 v. Chr. entstand. Dennoch hat er Plautus nicht völlig unberücksichtigt gelassen, von ihm übernahm Kleist die Herakles-Geburt als Schlußapotheose. Aber während Falks *Amphitruo* so übervernünftig verläuft, daß Jupiter, der Gott, auf den ersehnten heimlichen Beischlaf mit Alkmene aus moralischen Gründen verzichtet, wird Kleist in seinem kritischen Spiel um Religion und Moral die Sinnlichkeit keineswegs ausklammern. Dabei orientiert er sich auf dem Gebiet der Komödie freilich weder an Falk noch an einschlägigen frühromantischen Experimenten. Weder finden wir bei Kleist, wie in Ludwig Tiecks *Der gestiefelte Kater* (1797), ein fortwährendes Aus-der-Rolle-Fallen oder ein Spiel mit dem Spiel, noch jenen Typus der Komödie, der zwar auf die Einheit des Spiels setzt, sie aber nur durch fortwährende Täuschungen und Intrigen sichert. Er orientiert sich weniger an den Zeitgenossen als an Mustern aus der Weltliteratur.[78] Ob Kleist allerdings bereits in Dresden über den Beginn einer Übertragung des Molierischen Textes hinausgelangte, ob man also bereits zu diesem Zeitpunkt von der Hauptarbeit Kleists am *Amphitryon* sprechen kann, wie Sembdner nahelegt, ist wenig wahrscheinlich. Nach der vermutlich ersten Anregung durch Zschokke in der Schweiz hatte sich allerdings in Oßmannstedt eine persönliche Situation ergeben, die ihn wohl in die Lage versetzen konnte, die *Amphitryon*-Problematik existentiell wie literarisch als etwas ihm Gemäßes zu begreifen.[79]

Außerdem hatte Kleist ja während seines Aufenthaltes in Oßmannstedt auch Richardsons *Clarissa Harlow* gelesen, jenen Briefroman, der ebenfalls eine (freilich irdische) Dreiecksgeschichte erzählt. Die Gespräche mit Falk dürften ihn dann darauf aufmerksam gemacht haben, daß man Molières Stück, auch wenn es sich um das Werk eines weltbekannten Autors handelte, durchaus frei rezipieren könne. Vielleicht schwankte Kleist bereits in Dresden zwischen Übersetzung und Bearbeitung. Er mag, wie bereits bei *Robert Guiskard* und *Der zerbrochne Krug*, eine Veränderung der überlieferten Form erwogen haben. So verwendet er statt des Reims den Blankvers, einen ungereimten fünffüßigen Jambus. Dabei bleibt er kongenial. Als Graf Baudissin 1867 die Molierischen Lustspiele übersetzte, stützte er sich bei den Partien, in denen Kleist sich an die Vorlage gehalten hatte, »nach bestem Gewissen und in bewußtester Absichtlichkeit« auf dessen Verse: »denn ich mußte mir sagen, besser sei die Aufgabe nicht zu lösen«.[80]

Die Begegnung mit Falk kann dennoch dazu beigetragen haben, von der Idealisierung der Antike abzurücken, wie sie Goethes *Iphigenie auf Tauris* implizierte. Unter Falks Einfluß mag er mehr literarische Selbständigkeit und ein größeres Interesse an poetologischen Fragen gewonnen haben. Es gibt – nicht nur im *Guiskard* – Ansätze, in der Dramatik poetisches Neuland zu bestellen. Doch es überwiegen noch Form-Überlegungen. Die Schaffung einer neuen Struktur in der Tragödie steht noch aus, im Lustspiel liegen dafür erste Ansätze vor.

In den Frühlings- und Sommermonaten des Jahres 1803 konzentrierte sich Kleist also offensichtlich auf die Komödie. Hinsichtlich der Tragödie befand er sich in einer Krise. Auch hat er wohl ästhetischer Verengung ausweichen wollen. Und er wollte herausfinden, ob in ihm vielleicht auch ein komödisches Schreibtalent stecke. Falls ja, würde dies seine Leistungsfähigkeit erhöhen und seine Verdienstmöglichkeiten verbessern. In der Folge jedenfalls wird man in Kleists Werk immer wieder auch Witz und hintergründiger Ironie begegnen, Tragisches wird er nicht selten durch Komisches relativieren und umgekehrt. Dadurch gewinnen seine Arbeiten an Authentizität, meiden schillersches Idealpathos, ohne jedoch, beim Übergang von einer Wirklichkeitsebene in eine andere, auf jegliche Kunstillusion zu verzichten. So ist Kleist nicht nur jene tragisch-düstere Gestalt, als die er in der Rezeptionsgeschichte lange galt. Allerdings scheint es ihm nicht leichtgefallen zu sein, neben dem »göttlichen Raffael« – der noch bis weit ins 19. Jahrhundert als höchste Kunstleistung geltenden Tragödie – auch der weniger erhabenen und gesellschaftlich geringer geachteten Komödie, die er später einmal als eine »Tinte [s]eines Wesens«[81] bezeichnete, nachzustreben. Hätte sich sonst die Krise um das große Tragödienvorhaben *Robert Guiskard* derart zuspitzen können, daß er an seinem Schreibtalent grundsätzlich zu zweifeln begann?

Die Wochen und Monate vergehen. Es wird Sommer. Falk und Ludwig Wieland verabschieden sich in Richtung Wien. Das Vermögen ist aufgezehrt, höchstens ein Notgroschen übrig. Was also tun? Die beiden Schwestern von Schlieben, bei denen Kleist ein und aus geht, sind arm und bestreiten weiter heimlich ihren Unterhalt mit Kupferstechen und Häkeln, wofür sie ein Spottgeld erhalten. Lose hat sich seit einem Jahr nicht gemeldet. Sollte Kleist nach Frankfurt an der Oder zurückkehren und dort versuchen, die nötige Ruhe und die erforderliche Zeit zu gewinnen? Fast erscheint ihm ein solcher Kompromiß möglich. »Ein einziges Wort von euch, und ehe ihrs euch verseht, *wälze* ich mich vor Freude in der Mittelstube«[82], hatte er schon im März verlauten lassen. Seine Abwesenheit aus Preußen scheint sich dem Ende zuzuneigen. Dann jedoch eine unerwartete Wendung. Als Ulrike und die Tante von Massow im Juli nach Dresden kommen, sieht man sich wieder. »Ich weiß nicht, welche seltsame Vorstellung von einer unvernünftigen Angst meiner Verwandten über mich, in meinem Hirn Wurzel gefaßt hatte«, schreibt er danach an Ulrike. Man hat ihn, spürt er, beinahe abgeschrieben. Im selben Brief an Ulrike vom Juli 1803 folgert er deshalb: »[…] da ich doch einmal in meinem Vaterlande nicht, nicht an deiner Seite leben kann, so gestehe ich, daß mir selber für jetzt kein Platz auf der Erde lieber, u auch nützlicher ist«[83] – als der an der Seite eines Freundes.

Dieser Freund ist Ernst von Pfuel, einer der Potsdamer Offizierskameraden. Mit diesem steht er nach wie vor in Verbindung. Pfuel hatte es, wie wir wissen, unternommen, die Ausbildung der Soldaten durch sportliche Übungen wie Klettern, Turnen und Schwimmen zu reformieren; man mokierte sich darüber im Offizierskorps, das Reglement bot dafür keinen Raum. Pfuel hatte dann, nachdem auch ein längerer Urlaub zu Studienzwecken durch den König abgewiesen worden war, zweimal seine Entlassung beantragt, die er schließlich, versehen mit Unmutsbekundungen des Monarchen, erhielt. Den Abschied in der Tasche, gelangt Pfuel im Juni 1803 nach Leipzig und Dresden. Er ist bei diesem Sprung in die Freiheit lebensprühend, unbekümmert, eine »närrische Mischung von Gutmütigkeit und Wildheit«.[84] Anfangs wirkt er auf Kleist anziehend. Pfuel bezweifelt das Talent des Freundes fürs komische Fach und reizt ihn dadurch zu einer Probe seines Könnens, so daß dieser ihm die ersten Szenen des *Zerbrochnen Krugs* aus dem Gedächtnis in die Feder diktiert haben soll. Auch am *Robert Guiskard* zeigt sich Pfuel interessiert, und er rät Kleist, das Werk unter seinen Augen zu vollenden. Da Kleist die Schweiz, wo inzwischen die Republikaner wieder die Oberhand gewonnen haben, immer noch als der Ort gilt, an dem man sein »Talent am frühesten u sichersten«[85] zur öffentlichen Geltung bringen und damit in Verdienst ummünzen könnte, entschließen sich Kleist und Pfuel, gemeinsam zu Fuß Richtung Südwesten aufzubrechen. Ulrike gibt ihrem Bruder etwas Geld mit auf den Weg, dies jedoch erst, nachdem Heinrich seine Mühen um das geheimnisvolle Werk als ein Ringen um den »Kranz der Unsterblichkeit«[86] für die Familie bezeichnet hat und sie, die Schwester, fragt, ob sie etwa Pfuel, der weit weniger Geld habe als sie, den Vortritt lassen wolle? Die Kunst und die Welt würden es dem Unterstützer gewiß einst danken!

Kleist ist begeistert und glücklich. Pfuel habe, bemerkt Kleist knapp zwei Jahre später gegenüber dem Freund, das »Zeitalter der Griechen in [s]einem Herzen« wiederhergestellt. Er habe »den lieblichen Enthusiasmus der Freundschafft«[87] an Pfuels Seite empfunden. Hier klingt noch einmal Winckelmanns antikes Schönheitsideal an, an das man anknüpfen könne. Aufs neue ist in Kleist die Hoffnung auf die ›göttliche‹ Entfaltung ihrer Naturen in einem freien, gesteigerten Dasein entfacht. Gemeinsam durchstehen sie die Strapazen des Fußmarschs, geben sich der Flut der Landschaftsbilder hin und genießen die Zweisamkeit nach dem Vorbild einer Gemeinschaft spartanischer Jünglinge im Gefühl eines Wettkampfs untereinander. All das erzeugt noch einmal eine Hochstimmung: »Wie öffnete sich die Welt unermeßlich, gleich einer Rennbahn, vor unsern [...] erzitternden Gemüthern!«[88] In Thun steigt der athletisch gebaute Pfuel inmitten erhabener Natur vor Kleist in den See, um zu baden. Dieser sprach später von »mädchenhaften Gefühlen«, die der Freund dabei in ihm geweckt habe. »[I]ch hätte bei dir schlafen können, du lieber Junge; so umarmte dich meine ganze Seele.« Pfuel hätte »wirklich einem Künstler zur Studie dienen« können. »Ich hätte, wenn ich Einer gewesen wäre, vielleicht die Idee eines Gottes durch ihn empfangen. Dein kleiner, krauser Kopf, einem feisten [kräftigen] Halse aufgesetzt, zwei breite Schultern, ein nerviger Leib, das Ganze ein musterhaftes Bild der Stärke, als ob du dem schönsten jungen Stier, der jemals dem Zevs geblutet, nachgebildet wärest.« Ihm sei damals »die ganze Gesetzgebung des Lykurgus, u sein Begriff von der Liebe der Jünglinge«[89] klargeworden.

Waren hier homoerotische Gefühle im Spiel? Kleist war Mitte zwanzig, voll sinnlicher Bedürfnisse und doch gezwungen, noch immer abstinent zu leben. Oder gab es fließende Übergänge zum Bisexuellen?

Nicht nur auf diesen Brief an Pfuel ist wiederholt hingewiesen worden als ein Beweis für Kleists Homosexualität. Auch auf andere in dieser Hinsicht als signifikant geltende Stellen hat man sich bezogen. So auf die Szene V/1 der *Familie Schroffenstein,* in der Ottokar die von seinem Clan bedrohte Geliebte, sich selbst opfernd, retten will, indem er in letzter Minute, in einer visionären Hochzeitszeremonie, die Kleider mit ihr tauscht. Verwiesen worden ist auch auf emotional aufgewühlte Zeilen aus dem Dezember 1801 an Friedrich Lose. Mit diesem hatte sich Kleist, kaum in der Schweiz angelangt, zerstritten, weil nach seinen eigenen Worten sein »thörigt überspanntes Gemüth« – noch immer erfüllt vom Anspruch, ein edler Menschen zu sein – Loses »Gutes nicht nach seiner Würde« zu ehren in der Lage gewesen sei, da »es nicht das Beßte war«.[90] Kleist verhält sich in der Tat bei diesem, wie er es auffaßte,

Auseinanderklaffen von Anspruch und Wirklichkeit wie ein enttäuschter Liebhaber. Auch eine 1808 publizierte Idylle, eigentlich eine Anti-Idylle, »Der Schrecken im Bade«, ist in diesem Zusammenhang bemüht worden. Darin stellt Kleist eine Braut dar, die am Vorabend ihrer Hochzeit in einem Alpensee (sic!) badet und dabei von einer als Bräutigam verkleideten Freundin belauscht und angesprochen wird – mit verstellter Stimme und nicht ohne Erotik.

Man kann hier wohl von einer »ungeklärten sexuellen Identität«[91] Kleists sprechen. Meist wird auch die Eindringlichkeit, mit der er Ulrikes Weigerung attackierte, die traditionelle Frauenrolle zu übernehmen, als ein Akt der Kompensation eigener erotischer Unsicherheitsgefühle gedeutet. Und die übereilte Verlobung mit Wilhelmine hat man als einen Versuch gewertet, sich eine »Verfassung« zu geben, wie es einmal der von homoerotischen Neigungen heimgesuchte Thomas Mann gegenüber seinem Bruder Heinrich ausgedrückt hat. Die Dokumente allerdings ergeben keinen sicheren Beweis für eine Homosexualität Kleists. In seinen Dichtungen paaren sich Sensibilität und Härte. Die zeitgenössische Kritik bemängelte sie als extrem, die moderne Rezeption schätzt sie als bedeutende poetische Leistungen. Sich intensiver in Frauen hineinzuversetzen, dies hatte Kleist in der ›Rollenschule‹ mit Wilhelmine gelernt. Wahrscheinlich ist es so, daß man bei Kleist einfach der Tatsache, die sich immer wieder bestätigt, begegnet, daß »wirklich große Künstler eben nicht nur auf eine Weise ›lieben‹. Weite und Tiefe ihres Werkes sind abhängig von den Dimensionen ihres Empfindens, und dazu gehört auch die Fähigkeit, sich in das Empfinden des anderen Geschlechts hineinzuversetzen. Das fast zur Mode gewordene Diagnostizieren von – beweisbaren oder vermuteten – homosexuellen Tendenzen bei als heterosexuell bekannten Künstlern resultiert aus dieser Tatsache, aber man reduziert dies oft allein auf geschlechtspolitische Aspekte, statt darin die Veranlagung zu einem besonderen, einzigartigen Verständnis menschlichen Verhaltens und Empfindens zu sehen.«[92]

Nicht minder umstritten ist Kleists *Ehrgeiz*. Nach Pfuels Mitteilung soll er – wann? – »in wilderregten Stunden« geäußert haben, der »größte Dichter seiner Nation« werden zu wollen. Er habe »Goethe leidenschaftlich bewundert«, aber ihn auch um »sein Glück« beneidet und wegen seines »Vorrang[s] gehaßt«, ja er habe träumend und wachend davon phantasiert, ihm »*den Kranz von der Stirn reißen*«[93] zu wollen. Doch Pfuel, der dies als greiser preußischer Ex-Ministerpräsident, neunundfünfzig Jahre später Adolf Wilbrandt, einem der ersten Kleist-Biographen, erzählt haben soll, überliefert nachweislich auch anderes irrtümlich oder bewußt falsch. So besteht, lediglich gründend auf dieser ›Quelle‹ zweiter Ordnung, keine Notwendigkeit, Kleists Streben nach höchster Meisterschaft in der dramatischen Kunst eine von Neid geprägte Motivation zu unterstellen. Rivalität in dem Sinne, daß Kleist Goethe eine Beute habe entreißen wollen, dürfte nicht im Spiel gewesen sein. Später, im *Homburg*-Drama, hat Kleist das Kranz-Symbol ähnlich wie Goethe in *Torquato Tasso* und im *Egmont* als Lohn für Vollbrachtes verwendet. Eingangs des Dramas erscheint der Kranz allerdings auch als Zeichen hybrider Leidenschaft, die erst durch des Prinzen von Homburg Bereitschaft zum Sterben überwunden wird. So mag man bei aller Vorsicht gegenüber der Pfuelschen Aussage bedenken, daß es so außergewöhnlich nicht ist, wenn ein junger, besonders begabter und seine Begabung fühlender, von Freunden und auch öffentlich als Genie bezeichneter Künstler sich kaum mehr am Mittelmaß messen lassen will, ja messen lassen darf. Er war angehalten, den Meister zum Vorbild und das Höchste zum Ziel zu wählen! Kleist wäre nicht der einzige, der es früh wagte – man denke nur an Heinrich Heine –, sich mit einem längst Anerkannten und Gefeierten selbstbewußt zu vergleichen. Manch Ungenannter wird es ebenso gewollt, es sich nur nicht eingestanden haben, oder er hat es, wie Goethe selbst, in eine (Shakespeare-)Huldigung verpackt. Goethe war überdies seit einer Reihe von Jahren poetisch nicht sehr ertragreich. Und er war auch noch nicht der Olympier, der Unnahbare, als den man ihn später gesehen hat. So ist es nicht verwunderlich, daß Kleists Jugendstück *Die Familie Schroffenstein*, trotz aller Anfängermängel, als »Wiege des Genies« gepriesen und sein unbekannter Autor als »rüstiger Kämpfer um den poetischen Lorbeer« ermuntert wurde, »wie ihn unser Parnaß gerade jetzt so sehr braucht«.[94] Dies stand so immerhin im gerade erschienenen Berliner *Freimüthigen* vom 4. März 1803, worin auch Huber, gleichfalls anonym, *Die Familie Schroffenstein* besprach. Kleist schrieb daraufhin am 14. März nach Hause: »Und ich schwöre euch, daß ich noch viel mehr von mir weiß, als der alberne Kauz«[95] von Rezensent. Die Familie solle seine »elende Scharteke«[96] besser gar nicht erst lesen!

Noch liegen die bitteren Erfahrungen der Niederlage in den frühen Anerkennungskämpfen vor ihm, die ihn schließlich seine Leistungsfähigkeit weniger hoch ansetzen lassen. Drei Jahre später, als zwei Lustspiele fertig sind, lesen wir in einem Brief an Rühle: »Meine Vorstellung von meiner Fähigkeit ist nur noch der Schatten von jener ehemaligen in Dresden.«[97] Groß also muß die Meinung, die Kleist von sich und seiner Kunst in den frühen Jahren hatte, schon gewesen sein. Die Zeit hat diese Meinung bestätigt. Kleist nimmt heute einen der vordersten Plätze in der deutschen Literatur ein, nicht zuletzt als Dramatiker.

Doch zurück in die sommerliche Schweiz zu Kleist und seinem Freund Pfuel: Ab dem 8. August unternehmen die beiden – teils mit den Werdecks, die sie, offenbar verabredet, in Meiringen treffen – Exkursionen in und über die Hochalpen: über den Groß-Scheideck-Paß zu den Reichenbacher Wasserfällen und weiter über den Grimsel-Paß, den Rhône-Gletscher, Furka, den Gotthard-Paß nach Bellinzona, wohl auch nach Lugano und Como bis nach Mailand. In Varese besuchen sie Friedrich Lose, überqueren den Lago Maggiore und kehren über Crevola und den Simplon-Paß nach Thun zurück.

Gewiß haben die Wanderungen im Hochgebirge eine große emotionale Wirkung auf Kleist ausgeübt und dürften im

Guiskard wie auch in den Eingangsszenen der *Penthesilea* ihren Niederschlag gefunden haben: als Dimensionen des Gigantischen und der Entgrenzung. Doch im übrigen sind es Tage, ja Wochen der Ablenkung.

Kleist, der sich ohnehin mit schlechtem Gewissen von Thun weg begeben hatte, befaßt sich in einer letzten Arbeitsphase am altvertrauten Ort noch einmal drei Wochen lang mit dem *Guiskard*. Er arbeitet – hier braucht man Pfuel nicht in Frage zu stellen, denn auch Werdecks bestätigten es – »mit einer tief ergreifenden Aufregung«.[98] Die immer neuen Anläufe zur poetischen Bewältigung des Stoffs belegen ein eindrucksvolles geistiges Ringen. Sie bezeugen zugleich, wie schwer es selbst für einen Künstler vom Format Kleists war, den Übergang von der Stufe poetisch-ästhetischer Selbstfindung zur nächsten zu schaffen: zur »Kunst selbst«, deren »wesentliches Stück die Erfindung nach eigentümlichen Gesetzen ist«, das heißt, wo man, ganz seiner Persönlichkeit und deren Art, die Welt zu verarbeiten, verpflichtet, nicht mehr »ein Anderer, sondern [...] selbst« sein darf und sich »selbst, [sein] Eigenstes und Innerstes [...] zur Anschauung« bringen muß und kann; wo die »Begegnung« mit »herrliche[n] Geister[n]« so inspiriert, daß der Künstler ohne jedes Abhängigkeitsbewußtsein die für ihn brauchbaren Anregungen aufgreift – und, »mit dem Rücken« gegen die Vorlagen gestellt, durch freies schöpferisches Umdenken und Erfinden »den Gipfel der Kunst [...] auffinden und ersteigen«[99] kann. So nämlich hat Kleist 1810, in einer seiner kleineren Schriften zur Kunst, gewiß nicht ohne Blick auf seinen eigenen Entwicklungsgang, den Weg zu originellem Schöpfertum skizziert.

Offenbar konnte Kleist das Formen- und Vorbildkonglomerat, das er sich erarbeitet hatte, nicht zu einer schlüssigen Tragödiengestalt verschmelzen. Er scheiterte an dem Versuch, solch unterschiedliche Prinzipien wie die Konzentration auf die *eine* Empfindung (Monumentalität), die aus der Antike überlieferten drei Einheiten (der Handlung, des Ortes und der Zeit) und die shakespearesche Individualisierung zu kom-

binieren. Den Anspruch, mit dem *Guiskard* die Tragödien-
dichtung von Grund auf zu erneuern und alles Bisherige zu
übertreffen, konnte er nicht verwirklichen. Hat Kleist womöglich, die Darstellung der *einen* Empfindung nicht überzeugend zu realisieren vermocht, weil er in der Beurteilung
seines Helden schwankte; geriet sein Werk dadurch in ein
Spannungstief? Oder ist es ihm nur nicht gelungen, die sich
andeutenden verwickelten Nebenhandlungen – den Streit um
die Thronfolge, die Rivalität zwischen den Anwärtern Abälard
und Robert, Helenas zwiespältige Lage, zugleich die Erbin des
Byzantinischen Reichs und Guiskards Tochter zu sein – ohne
Spannungsabfall zu gestalten?[100] Widersprach es gar seinen
nach der Revolution in Frankreich gewonnenen Erfahrungen,
das Volk, den natürlichen Gegenspieler Guiskards, welcher
einerseits in heroischer Führerpose auftritt, andererseits jedoch
verantwortungslos an seinem Volk handelt, dramatisch nachhaltig aktiv werden zu lassen?[101] Die überlieferten zehn Szenen
des Stücks, nicht mehr, aber auch nicht weniger als eine geniale monumentale Exposition, zeigen bereits eine so enorme
poetische Verdichtung und eine so hohe dramatische Spannung, daß Kleist schwerlich in der Lage gewesen wäre, sie zu
halten oder gar zu steigern.

Ein »Kummer«, der ihm »fressend an's Herz nagt[e]«[102], führt
seit längerem zu einer »fürchterliche[n] Überspannung«, sein
Guiskard ist ihm fast »zur *fixen Idee*«[103] geworden. Der
Herbst bricht herein. Am 5. Oktober schreibt Kleist aus Genf
an seine Halbschwester: »Der Himmel weiß, meine theuerste
Ulrike, (und ich will umkommen, wenn es nicht wörtlich
wahr ist) wie gern ich einen Blutstropfen aus meinem Herzen
für jeden Buchstaben eines Briefes gäbe, der so anfangen
könnte: ›mein Gedicht ist fertig.‹ Aber, du weißt, wer, nach
dem Sprüchwort, mehr thut, als er kann. Ich habe nun ein
Halbtausend hinter einander folgender Tage, die Nächte der
meisten mit eingerechnet, an den Versuch gesetzt, zu so vielen
Kränzen noch einen auf unsere Familie herabzuringen: jetzt

ruft mir unsere heilige Schutzgöttinn zu, daß es genug sei. [...] Thörigt wäre es wenigstens, wenn *ich* meine Kräfte länger an ein Werk setzen wollte, das, wie ich mich endlich überzeugen muß, für mich zu schwer ist. Ich trete vor Einem zurück, der noch nicht da ist, und beuge mich, ein Jahrtausend im Voraus, vor seinem Geiste. Denn in der Reihe der menschlichen Erfindungen ist diejenige, die ich gedacht habe, unfehlbar ein Glied, und es wächst irgendwo ein Stein schon für den, der sie einst ausspricht [...]. Ist es aber nicht unwürdig, wenn sich das Schicksal herabläßt, ein so hülfloses Ding, wie der Mensch ist, bei der Nase herum zu führen? Und sollte man es nicht fast so nennen, wenn es uns gleichsam Kuxe auf Goldminen giebt, die, wenn wir nachgraben, überall kein ächtes Metall enthalten? Die Hölle gab mir meine halben Talente, der Himmel schenkt dem Menschen ein ganzes, oder gar keins. Ich kann dir nicht sagen, wie groß mein Schmerz ist. Ich würde vom Herzen gern hingehen, wo ewig kein Mensch hinkommt. Es hat sich eine gewisse ungerechte Erbitterung meiner gegen sie bemeistert [...] Lebe wohl, grüße Alles – ich kann nicht mehr. Heinrich.«[104]

Kleist war aufs Ganze gegangen; alles oder nichts war seine Devise gewesen. Nun hatte er, so schien es, vor sich und der Welt versagt; dabei in knapp zwei Jahren nahezu dreitausend Taler, den Rest seines kleinen Vermögens (ohne den Anteil am Frankfurter Wohnhaus), ausgegeben.

So zieht er mit Pfuel durch Südfrankreich über Lyon nach Paris. Über 2500 Kilometer haben sie seit Leipzig zurückgelegt, meist zu Fuß, nicht zuletzt aus Gründen der Geldersparnis. Pfuel hat später von einer halb wahnsinnigen Phase seines Freundes Heinrich von Kleist gesprochen, Kleist selbst von einer Krankheit, von der er (1804) nicht mehr begreifen könne, »wie gewisse Dinge auf andere erfolgen konnten«, wobei er »die Einsicht in ihre Motiven verloren« hätte. Er habe in Paris – Pfuel sagt: nach einem Streit mit ihm – seinen *Guiskard* verbrannt und soll »wie von der Furie getrieben [...] mit blinder Unruhe«[105] in Frankreich umhergeirrt sein. Während dieser

Zeit seien er, Pfuel, und die Werdecks, denen Kleist und Pfuel
in Paris wieder begegneten, täglich ins Pariser Leichenschau-
haus geeilt, um nachzusehen, ob sie Kleists Körper dort entdeckten. Als gesichert gilt seit einiger Zeit, daß Kleist sich
zweimal, und dies in durchaus logischer Folge, nach St. Omer
in Nordfrankreich begibt, und zwar ohne Papiere. Er setzt sich
dem Verdacht der Spionage aus: Die Gegend um Boulogne-
sur-Mer, westlich von St. Omer, ist militärisches Sperrgebiet,
wer dort als Fremder aufgegriffen wird, mit dem machen die
Franzosen kurzen Prozeß. Kurz zuvor war dort, unter ähnlichen Umständen, ein russischer Marineoffizier festgenommen und erschossen worden. In St. Omer bewirbt sich Kleist –
wohl nach Absprache mit Pfuel[106] – zweimal um eine Anstellung in der französischen Armee, zuerst Ende Oktober als
Offizier, dann noch einmal im Dezember als einfacher Soldat.
Dies war die einzige ihm noch verbliebene Erwerbsmöglich-
keit. Sie entsprach seiner Ausbildung, und Napoleon hatte bereits 1802 zur Aufstellung einer Freiwilligenarmee aufgerufen.
In Boulogne an der Kanalküste läßt er die ›Côtes de l'Océan‹,
die große Landungsarmee für England, zusammenstellen: ein
Unternehmen, das Europas Presse in Atem hält. Während-
dessen wartet Pfuel in Paris den Ausgang der Bewerbungen
ab; im Ablehnungsfalle wäre nur einer von beiden kompro-
mittiert gewesen.[107] Später hat Pfuel, wie Kleist selbst und
auch die Werdecks, obige Krankheitsgeschichte als Teil einer
»Verschwörung des Schweigens«[108] über diese Zeit in Umlauf
gebracht. Sie war als Selbstschutz vor Schwierigkeiten, die
Kleist in Preußen drohten, notwendig geworden. Kleists Todes-
wunsch-Brief aus St. Omer vom 26. Oktober 1803 an Ulrike,
dem eine siebenmonatige Korrespondenzpause folgt, ist wohl
bereits in diesem Sinne als eine Mischung aus Dichtung und
Wahrheit aufzufassen. Der Brief ist wie ein literarischer Text
komponiert und auf den Denk-, Gefühls- und Erwartungs-
horizont der Adressatin eingestellt. Kleist schreibt als einer,
der alle seine Kräfte einzig zum Ruhme der Familie eingesetzt
und um einen geschwisterlichen Dankesbeweis gekämpft hätte,

Brief Kleists aus St. Omer an seine Halbschwester Ulrike, 26.10.1803.

dem nun aber, materiell am Boden und nervlich am Ende, nichts weiter übrigbleibe, als, mit heroisch-trotziger Gebärde, »den schönen Tod der Schlachten« zu sterben: »Der Himmel versagt mir den Ruhm, das größte der Güter der Erde [...] ich frohlocke bei der Aussicht auf das unendlich-prächtige Grab. O du Geliebte, du wirst mein letzter Gedanke sein!«[109] Der Schwester mochte bei diesen Worten das Schicksal Ewald von Kleists vor Augen getreten sein. Auch wird sie sich beklommen an Kleists vorangegangenen Brief erinnert haben, in dem der Bruder um abermalige finanzielle Unterstützung bittet, bevor es zu spät sei.

Kleists Antrag wird, wegen der Verhältnisse in Preußen, das sich mit Frankreich *und* England im Frieden befand, abschlägig beschieden. Er erhält statt dessen vom preußischen Gesandten in Frankreich die Order, sich zunächst in Paris einzufinden, schließlich nach Preußen zurückzukehren, um sich dort vermutlich zu verantworten. Denn immerhin hatte Kleist bei seinem Ausscheiden aus der preußischen Armee am 17. April 1799 – wie wohl auch Pfuel bei *seinem* Abschied – in einem Revers an den König »auf Höchst Dero ausdrücklichen Befehl« zugestimmt und »eigenhändig ge- und unterschrieben«, nicht »ohne Dero allerhöchsten Consens jemals in auswärtige Krieges- oder Civil-Dienste«[110] einzutreten.

Von Paris aus reist Kleist Anfang Januar 1804 weisungsgemäß Richtung Osten. Direkt vor der damaligen Grenze, in Mainz, am Westufer des Rheins, unterbricht er die Reise und sucht einen Arzt auf.

Ein Versuch des Bedrängten, die Order zu umgehen?

Die Gebrechlichkeit der Welt

»und erhob mich ... aus der Demütigung«

Nach Kleists späterer Darstellung war er in Mainz erkrankt und mußte »nahe an fünf Monaten abwechselnd das Bett oder das Zimmer«[1] hüten. Der ihn untersuchende Mainzer Arzt Georg Wedekind, der bekannt dafür war, daß er mittellose Patienten auch unentgeltlich behandelte, hat aber, nach allem, was wir wissen, keine Anzeichen einer organischen Erkrankung an ihm feststellen können.[2] Kleists Beschwerden dürften psychosomatischer Natur gewesen sein. Das schien auch Wedekind so zu sehen; er riet Kleist zur »Tätigkeit«,[3] wandte also eine psychotherapeutische Methode an, die den Patienten auf eine *vita activa* orientierte.

Auch wenn neuere Quellenfunde die von Kleist selbst erfundene Krankheitsgeschichte inzwischen weitgehend als Legende erkennbar machen, so muß doch angenommen werden, daß seine seelische Verfassung und sein Nervenzustand sehr instabil waren. Nach den Aufregungen der vergangenen beiden Jahre stand er in dem Bewußtsein, nun auch als Schriftsteller versagt zu haben, nicht nur materiell vor dem Nichts. Seine Bestimmung, der Sinn seines Daseins, war erneut in Frage gestellt. Nachdem sich die dadurch in ihm entstandenen Spannungen zuerst in Unruhe entladen hatten, war jetzt eine depressive Phase erreicht, die ihn zeitweilig in Lethargie verfallen ließ. Ein solcher Zyklus, gleichsam Pendelausschläge seines Daseinsgefühls, ist dem verwandt, was er seine ›Heldin‹ Penthesilea bei dem Versuch, mit jeglicher Konvention zu brechen, durchleben lassen wird. Weder Kleist noch seiner Protagonistin verbleiben genügend Raum und Zeit, den ihrer Natur jeweils gemäßen Glücksanspruch zu verwirklichen. Was für Penthesilea die individuelle Partnerwahl, ist für Kleist die Berufung.

Das Gefühl, gescheitert zu sein, muß schwer auf ihm gelastet haben. Er war, so muß es uns vorkommen, erneut stark gefährdet. Zwar stirbt er nicht, wie Penthesilea, an sich und der Welt verzweifelnd, in tiefer innerer Einsamkeit, überzeugt, daß das Verfehlen des Glücks ihn/sie in die unerträgliche Konvention zurückwerfen würde. Doch besteht zwischen beiden, Kleist und der Tragödienfigur, insofern eine Seelenverwandtschaft, als beide nicht bereit waren, sich wieder in die Zwänge der Konvention zu begeben. Kleist wollte eher seine soziale Existenz auslöschen, als sich von seiner Familie oder vom preußischen Staat demütigen zu lassen. Auch wollte er, wie Penthesilea, in einen »Schacht« (Vs. 3026) niedersteigen. Doch wünschte er – in Mainz jedenfalls – nicht zu sterben, sondern wollte aussteigen aus Verhältnissen, die ihn und sein hohes Ziel immer wieder in Frage stellten. Daß er dies wollte, geht aus einem Brief Christoph Martin Wielands an Wedekind aus dieser Zeit hervor. Danach wollte er »sich in Coblenz zu einem Tischler [zu] verdingen«[4], ein Plan, der nicht verwirklicht wurde. Aber er hat das Auslöschen der sozialen *und* physischen Existenz, stellvertretend für sich selbst, seine Dramengestalt vollziehen lassen.

Kleist gelang es, sich vom Abgrund, dem er Ende 1803 gefährlich nahe gekommen war, zu entfernen. Zwar fand er sich nicht mit dem Zustand der Welt ab, doch lernte er ihn mit weniger Panik ertragen: Er spricht in diesem Zusammenhang immer öfter von der »gebrechlichen Einrichtung«[5] der Welt. Er erkennt sie als unvollkommen, mangel-, ja fehlerhaft, durchaus zu Befürchtungen Anlaß gebend, doch nicht unbedingt als in der Katastrophe endend. Die Zeit für ein endgültiges Nein zu dieser Welt war noch nicht gekommen. Er sieht sie mit einem Quentchen Hoffnung. Dies wird Kleist zu einem guten Teil seinem Mainzer Arzt zu verdanken haben. Wedekind war als väterlicher Freund in seiner Nähe, beriet und leitete ihn und – sorgte auch für sein leibliches Wohl.

Vermutlich waren Mainz (und Koblenz) aber nicht nur Flucht- und schließlich Ruhe- und Sammelpunkte für Kleist. Viel-

GEORG WEDEKIND

Med: Doctor

Oberarzt bei den Armeen der Republick
und Professor der medizinischen Praxis
zu Mainz. Gebohren zu Göttingen 1758

Dr. Georg Wedekind (1761-1831), Stich von G. Reussing, 1796.

leicht ist er sogar von jemandem aus seinem Pariser Bekanntenkreis dorthin vermittelt worden. Denn wir müssen, aufgrund
der Dokumentenlage, inzwischen annehmen, daß Kleist in
der besagten Zeit von Februar bis Mai 1804 keineswegs (nur)
das Bett hütete oder sich in seinem Zimmer bei Wedekind aufhielt. Vielmehr ist für diese Zeit seine mehrmalige Anwesenheit

in Paris einigermaßen erwiesen. Der »Schnorrer«[6] Kleist, wie ihn der auf einer Bildungsreise in Paris weilende Weimarer Verlegersohn Carl Bertuch in seinem Pariser Tagebuch bezeichnet, besuchte Kreise, die »als Anhänger der Französischen Revolution anzusehen sind und die ihrerseits mit bekannten Revolutionären oder Revolutionsfreunden in Verbindung gestanden haben«.[7] Es handelte sich um Männer und Frauen, die zum ›linken‹ Spektrum der Gegner Napoleons gehörten, wie der dänisch-deutsche Philologe Carl Friedrich Cramer und andere Exilanten, darunter wahrscheinlich auch Gustav von Schlabrendorf, der ›rote Graf‹ (ein nimmermüder Unterstützer Hilfsbedürftiger), und dessen Gesinnungsgenosse Konrad Engelbert Oelsner. Es waren die Wochen und Monate, als Bonaparte, der Erste Konsul, nach Anschlägen auf seine Person mit der Verhaftung der Generäle Moreau und Pichegru, jede Opposition auszuschalten versuchte. Herrschsüchtig und machtbesessen bereitete er seine Proklamation zum Erbkaiser der Franzosen vor, um sich endgültig der Kontrolle durch die republikanischen Institutionen zu entziehen. Kleists Gastgeber waren bürgerliche Liberale; man stand in der Regel den Girondisten nahe, beharrte auf dem Prinzip der Volkssouveränität und fühlte sich berechtigt und durch die Revolution dazu legitimiert, das Recht des Staatsbürgers auf Widerstand gegen jede Art von Unterdrückung für sich in Anspruch zu nehmen. Auf ihren Soireen dürfte das Verhältnis von Bürger und Staatsgewalt ein ständiger Gesprächsgegenstand gewesen sein. Kleist wird – dies mag damit im Zusammenhang stehen – bald darauf im *Michael Kohlhaas*, seiner Meisternovelle, den Geist des Widerstands lebendig werden lassen; er duldet ihn als letztes Mittel, sich der Willkür (und Korruption) der Obrigkeit zu erwehren. Ja, der Geist der Rebellion lebt in nahezu allen seinen Dichtungen – bis hin zu seinem letzten Drama, dem *Prinzen Friedrich von Homburg*. Man mag dies vor allem auf Kleists frühes antipreußisches Ressentiment und auf seine Rousseau-Rezeption zurückführen wollen, doch dürften ihn seine Begegnungen mit republikanischen Kreisen in Paris in der ersten Jahreshälfte 1804 hierin bestärkt haben.

Aus eigener Anschauung muß Kleist also in Paris (und auch von Mainz/Koblenz aus, wo sich Wedekind damals aufhielt und wohin sich Kleist zwischen Januar und April 1804 immer wieder zurückzog) das Vorrücken des napoleonischen Despotismus unmittelbar vor dessen totaler Machtergreifung erlebt haben. Hier wird er auch weitere wichtige Impulse für seine spätere radikal antinapoleonische und antiimperiale Gesinnung empfangen haben. Anders als viele seiner Zeitgenossen hatte er deshalb bereits vor 1806, dem Jahr der Zerschlagung des preußischen Staates durch Frankreich, keinerlei Illusionen über Napoleons Absichten und Politik. Auch Dr. Georg Wedekind, ein ehemaliger Jakobiner der ›Mainzer Republik‹, wird noch 1803/04 nicht ohne republikanische Illusionen gewesen sein. Jedenfalls reflektierte er das politische Zeitgeschehen.[8] War er, wie Samuel/Brown vermuten, an Informationen aus erster Hand über die aktuellen Vorgänge in Frankreich interessiert? Benutzte er Kleist gar als Informanten, der ihm Nachrichten aus den Pariser oppositionellen Kreisen besorgen sollte? Verhielt es sich so, dann hat er Kleist sinnvoll ›beschäftigt‹ und ihn zugleich den Widersprüchen des Lebens nicht völlig entzogen. Wie Zschokke war auch Wedekind ein progressivem Denken gegenüber aufgeschlossener Mann. Im Zweifelsfall gab er stets tätig-praktischer Bewährung den Vorzug.

So wollte er auch Kleist »in einem Bureau bei seinem Freunde M*«[9] unterbringen. Mit M* war Charles-François-Philibert Masson, Generalsekretär des Präfekten des Départements Rhin-et-Moselle in Koblenz, gemeint. Wedekind traf als hochrangiger Freimaurer in der 1803 gerade erst gegründeten Loge ›Union Désirée‹ in Koblenz mit einer Reihe von Staatsbeamten zusammen, darunter die engsten Mitarbeiter des Präfekten. Masson, ein erst 1799 aus Rußland, wo er als Sympathisant der Revolution verhaftet worden war, zurückgekehrter Franzose, glaubte noch an die Ideale der Revolution. Der Offizier, selbst Schriftsteller und mit einer reichen Phantasie begabt, trat auch für eine stärkere Beachtung deutscher Literatur ein, wollte die neuesten wissenschaftlichen und schöngeistigen Schriften Deutschlands in Frankreich durch eine »Bibliothèque germanique« bekannt machen. Sein Projekt wurde 1805 von Napoleon abgelehnt.[10] Kleist dürfte von den Plänen Massons gewußt haben, zumal sie ein offenes Geheimnis waren. Derartige Vorstellungen einzelner Verwaltungsbeamter hinsichtlich der Wahrung nationaler Eigentümlichkeiten in den von Frankreich besetzten Gebieten standen ebenso wie gewisse humane (medizinische) Maßnahmen – so die auf Wedekinds Vorschlag eingeführte Pockenschutzimpfung – im Widerspruch zu den von Kleist in Paris und in der Schweiz gemachten Erfahrungen mit französischer Innen- und Außenpolitik. Die Begegnungen mit Wedekind (und Masson) dürften Kleist gelehrt haben, daß man differenzieren und viele persönlich lautere Verhaltensweisen und Aktionen einzelner Franzosen im In- und Ausland berücksichtigen müsse.[11] Auch wird Kleist sowohl durch Zschokke als auch durch Wedekind und vermutlich auch durch seinen Pariser Umgang im Jahre 1804 vor Augen geführt bekommen haben, daß reformerische Gesinnungen durchaus sinnvoll waren und Reformen nicht unbedingt wirkungslos verpuffen mußten.

Sympathische Beamte wie Masson, die von einem solchen Reformgeist beseelt waren, scheiterten freilich an Napoleons Machtstreben und an der durch ihn oktroyierten großbürgerlichen Interessenlage, die mehr und mehr zur Annexion und Ausbeutung unterworfener Länder drängte. Das zeichnete sich seit dem Frühjahr 1804 auch in den linksrheinischen Gebieten ab, und dies wird in politischen Gesprächen, die Wedekind zweifellos mit Kleist geführt hat, eine Rolle gespielt haben. Wedekind beobachtete ebenso wie andere deutsche Demokraten[12] aufmerksam die Vorgänge in dieser wichtigen europäischen Region, und nahmen die sich abzeichnende Entwicklung mit zunehmender Verbitterung zur Kenntnis.

Die Aufnahme Kleists in französische Verwaltungsdienste wurde jedenfalls an höherer Stelle erörtert. Kleist hatte dabei, nach einer Mitteilung Ulrikes von 1828, Massons »nähere[n] Bekanntschaft« gemacht, ja sich mit ihm »befreundet«.[13] Daß eine derartige Laufbahn schließlich nicht zustande kam, wird verschiedene Ursachen gehabt haben. Bereits im Jahre 1803 war bei der Präfektur in Koblenz eine Kommission eingerichtet worden, vor der sich Bewerber für Beamten- und Gerichtsstellen einer Tauglichkeitsprüfung zu unterziehen hatten. Damit fand die beim Aufbau der republikanischen Verwaltung nach 1794 vorübergehend geübte Praxis, weniger Wert auf eine abgeschlossene Ausbildung denn auf Geschick und Fürsprache zu legen, ihr Ende. Diese Verfahrensweise hatte wohl häufiger als hinnehmbar besonders auf der unteren Beamtenebene zu Schlendrian und Korruption geführt. Nun setzte man immer mehr auf Rechtssicherheit, um Konflikte rechtzeitig zu entschärfen. Am 12. März 1804 ordnete Napoleon per Dekret die Errichtung einer Spezialschule für Rechtswissenschaft in Koblenz an.[14] Und obwohl Kleist die Abstimmung über die Verleihung der erblichen Kaiserwürde an Napoleon im Mai 1804 nicht mehr miterlebt haben kann, war der allgemeine Entwicklungstrend bereits in den Monaten davor absehbar. Man stellte die Weichen für die endgültige Annexion der linksrheinischen deutschen Gebiete, und den dort zum Einsatz kommenden Beamten sollte ein Treueeid auf den französischen Kaiser abverlangt werden, der die Freiräume für verantwortliches humanes Reformwirken weiter reduzieren mußte. Außerdem meldete die Presse, daß die Vorbereitungen auf einen Angriffskrieg gegen England abgeschlossen seien. Die Invasionspläne Napoleons verstärkten die Vorbehalte gegen Ausländer im Staatsdienst, und die Anwendung entsprechender Maßnahmen stand unmittelbar bevor. Kleist war zu einem Bruch mit Preußen durchaus bereit, wollte sich jedoch unter gar keinen Umständen in eine neue Abhängigkeit begeben. Auch Masson, wissen wir, hat ihm am Ende abgeraten, sich um ein Amt im französischen Staatsdienst zu bewerben. Masson mag selbst Vorbehalte gegen den neuen politischen Kurs gehabt haben. Im übrigen stand er mit dem Ersten Präfekten, dem Niederländer Bouqueau, in einem gespannten Verhältnis und hatte »manchen ärgerlichen Auftritt« zu bestehen.[15] So bedeutete er Kleist – wie es wohl auch Wedekind geraten hatte –, »in seine Heimat zurückzukehren und dort Anstellung zu suchen«.[16]

Kleist blieb am Ende nichts anderes übrig, als sich nach Preußen zu wenden. Dorthin begab er sich wohl im April 1804. Unterwegs besuchte er gemeinsam mit Werdeck Wieland in Weimar. Bescheiden und still geworden, wird er von Luise, auf die er unvermindert »zaubrisch[e]« wirkt, mit »mühsam errungen[er]« Fassung und von ihrem Vater als »alte[r] liebe[r] Freund«[17] begrüßt. Doch ließ Wieland nach dem Besuch Briefe Kleists an ihn unbeantwortet. Vermutlich war ihm das Verhältnis zwischen Kleist und seiner jüngsten Tochter nicht gänzlich unbekannt geblieben, so daß die Begegnung, was immer Kleist sich von ihr erhofft haben mag, folgenlos blieb. Schließlich war Kleist, der so viel verheißen hatte, auch literarisch gescheitert, eine neue Berufsperspektive schien sich nicht zu eröffnen, an eine bürgerliche Verbindung war also nicht zu denken.

Welche Überwindung muß Kleist die Rückkehr nach Preußen gekostet haben! Schließlich kam er völlig mittellos ›nach Hause‹. In Potsdam, in Frankfurt an der Oder, Gulben und Werben schrieb man sein Unglück seinem Faible fürs Schreiben zu. Und was sollte man anfangen mit einem, der alle gutgemeinten Warnungen und Ermahnungen eigensinnig in den Wind geschlagen und den guten Kleistschen Namen auch noch durch einen Disziplinverstoß gegen die Befehle der Krone sowie durch eine fortgesetzte verstockte Aufmüpfigkeit geschändet hatte?

Als Familie von Stand waren die Kleists allerdings gehalten, einen der Ihren nicht gänzlich fallenzulassen. An eine Unterstützung für den völlig Mittellosen knüpfte man indessen drei Forderungen: Erstens sollte Kleist die Schreiberei aufgeben, zweitens um königliche Gnade ersuchen und drittens sich ohne Wenn und Aber um eine Anstellung im preußischen Staatsdienst bemühen. Das *enfant terrible* der Familie, so verlangte man, solle nun versuchen, in einem der Auffangnetze zu landen, die für jene Mitglieder des preußischen Militäradels in der absoluten Monarchie geknüpft waren, welche die traditionellen Verhaltensnormen nicht völlig mißachteten. Als Überbrückungsgeld sicherte man ihm eine monatliche Alimentierung von fünfundzwanzig Reichstalern zu.

Kleist beugte sich. Eine Alternative gab es nicht.

Am 5. Mai notierte die Berliner *Vossische Zeitung*, daß ein »Hr. v. Kleist Partikul. a. Frankfurt a. d. O.« am 3. Mai in der Stadt angekommen und in der Burgstraße 19 (auf der Spreeseite, dem Schloß direkt gegenüber) abgestiegen sei. War es Heinrich von Kleist, der früher als bislang angenommen (22. Juni) in Berlin eintraf, dann aber doch nach Potsdam zu Marie von Kleist, Christian von Massenbach und den Regimentskameraden auswich, bis er sich dazu durchrang, seinen Stolz herunterzuschlucken? Seine Angelegenheit soll im Kabinett behandelt werden. Es gilt, ein Verfahren wegen Hochverrats abzuwenden. Der König allerdings scheint abwesend zu sein. Schließlich fährt Kleist nach Charlottenburg hinaus. Dort wird er im Schloß vom Generaladjutanten des Königs, von Köckeritz, empfangen. An Ulrike berichtet Kleist: Köckeritz »empfieng mich mit einem finstern Gesichte, und antwortete auf meine Frage, ob ich die Ehre hätte von ihm gekannt zu sein, mit einem kurzen: ja. Ich käme, fuhr ich fort, ihn in meiner wunderlichen Angelegenheit um Rath zu fragen. Der Marquis von Lucchesini hätte einen sonderbaren Brief, den ich ihm aus St. Omer zugeschickt, dem Könige vorgelegt. Dieser Brief müsse unverkennbare Zeichen einer Gemüthskrankheit enthalten, und ich unterstünde mich, von Sr. Majestät Gerechtigkeit zu hoffen, daß er vor keinen politischen Richterstuhl gezogen werden würde. Ob diese Hoffnung gegründet wäre? Und ob ich, wiederhergestellt, wie ich mich fühlte, auf die Er-

füllung einer Bitte um Anstellung rechnen dürfte, wenn ich
wagte, sie Sr. Majestät vorzutragen? Darauf versetzte er
nach einer Weile: ›sind Sie wirklich jetzt hergestellt? Ganz,
verstehn Sie mich, hergestellt? – Ich meine‹, fuhr er, da ich ihn
befremdet ansah, mit Heftigkeit fort, ›ob Sie von allen Ideen
und Schwindeln, die vor Kurzem im Schwange waren[18], (er
gebrauchte diese Wörter) völlig hergestellt sind?‹ – Ich ver-
stünde ihn nicht, antwortete ich mit so vieler Ruhe, als ich zu-
sammenfassen konnte; ich wäre körperlich krank gewesen,
und fühlte mich, bis auf eine gewisse Schwäche, die das Bad
vielleicht heben würde, so ziemlich wieder hergestellt. – Er
nahm das Schnupftuch aus der Tasche und schnaubte sich.
›Wenn er mir die Wahrheit gestehen solle‹, fieng er an, und
zeigte mir jetzt ein weit besseres Gesicht, als vorher, ›so könne
er mir nicht verhehlen, daß er sehr ungünstig von mir denke.
Ich hätte das Militär verlassen, dem Civil den Rücken gekehrt,
das Ausland durchstreift, mich in der Schweiz ankaufen wollen,
Versche gemacht (o meine theure Ulrike!) die Landung mit-
machen wollen, & & &   Überdies sei des Königs Grundsatz,
Männer, die aus dem Militair in's Civil übergiengen nicht besonders zu protegiren. Er könne nichts für mich thun.‹ – Mir
traten wirklich die Thränen in die Augen.«
   Der Sechsundzwanzigjährige zeigt sich reuig und zer-
knirscht. Er redet sich mit Krankheit heraus, spielt auf seine
Ehre als Junker an, wohl um, falls sich denn nichts anderes ergeben würde, eine kleine Pension, eine Art ständischer Sozial-
hilfe, herauszuschlagen: »Ich sagte«, berichtet Kleist weiter an
Ulrike, »ich wäre im Stande, ihm eine ganz andere Erklärung
aller dieser Schritte zu geben, eine ganz andere gewiß, als er
vermuthete. Jene Einschiffungsgeschichte z. B. hätte gar keine
politischen Motive gehabt, sie gehöre vor das Forum eines
Arztes weit eher, als des Cabinets. Ich hätte bei einer fixen
Idee einen gewissen Schmerz im Kopfe empfunden, der unerträglich heftig steigernd, mir das Bedürfniß nach Zerstreuung
so dringend gemacht hätte, daß ich zuletzt in die Verwechs-
lung der Erdaxe gewilligt haben würde, ihn los zu werden. Es

wäre doch grausam, wenn man einen Kranken verantwortlich machen wolle für Handlungen, die er im Anfalle der Schmerzen begieng. [...] – Er schien wirklich auf einen Augenblick unschlüßig. Doch die zwangvolle Wendung die er jetzt plötzlich nahm, zeigte nur zu gut, was man bereits am Hofe über mich beschlossen hatte. Denn er hohlte mit Einemmale das alte Gesicht wieder hervor, u sagte: ›Es wird Ihnen zu nichts helfen. Der König hat eine vorgefaßte Meinung gegen Sie; ich zweifle daß Sie sie ihm benehmen werden. Versuchen Sie es, und schreiben Sie an ihn; doch vergessen Sie nicht die Bitte um Erlaubniß gleich hinzuzufügen, im Fall einer abschlägigen Antwort Ihr Glück im Auslande suchen zu dürfen.‹ – Was sagst du dazu, mein liebes Ulrickchen? – Ich antwortete, daß ich mir die Erlaubniß ausbäte, in meinem Vaterlande bleiben zu dürfen. Ich hätte Lust *meinem Könige* zu dienen, keinem Andern; wenn er mich nicht gebrauchen könne, so wäre mein Wunsch im Stillen mir und den Meinigen leben zu dürfen. [...] Ich laß auf dem Wege Wielands Brief[19], den du mir geschickt hast, und erhob mich, mit einem tiefen Seufzer, ein wenig wieder aus der Demüthigung, die ich so eben erfahren hatte [zuerst: »und erhob, in einem tiefen Seufzer, meine Brust über alle diese Menschen, die mich verachten«]. – Jetzt habe ich dem Könige nun wirklich geschrieben; doch weil das Anerbieten meiner Dienste wahrscheinlich fruchtlos bleiben wird, so habe ich es wenigstens in einer Sprache gethan, welche geführt zu haben, mich nicht gereuen wird. [...] Ich habe jetzt die Wahl unter einer Menge von saueren Schritten, zu deren Einem ich zuletzt fähig sein werde, weil ich es muß. Zu deinen Füßen werfe ich mich aber, mein großes Mädchen; mögte der Wunsch doch dein Herz rühren, den ich nicht aussprechen kann.«[20]

Kleists Verhalten gegenüber Köckeritz ist – zuallererst – von taktischen Erwägungen bestimmt. Er kann und darf sich der Obrigkeit nicht entziehen, weiß aber zuviel und hat zuviel erlebt, um noch naiv sein zu können. Zugleich steckt er voller Ängste, weil er in der Summe seiner Verstöße illusionslos den

Grad seiner Gefährdung erkennt. Dennoch bleibt ihm nichts anderes übrig, als die Rolle des naiven jungen Mannes zu spielen, der seine Jugendsünden zutiefst bereut. Kleist will und muß sein Überleben sichern und seine gesellschaftliche Rehabilitierung erwirken. Bereits im Abgangsschreiben von der Technischen Deputation vom April 1801 hatte er sich dieser Attitüde bedient. Mit ihrer Hilfe war es ihm damals gelungen, sich der Perspektive eines trockenen Beamtendaseins zu entziehen. Er hatte 1801 scheinheilig versprochen, während seines Auslandsaufenthalts an den Aufgaben der Deputation weiter mitzuwirken. Jetzt könnte man ihm das noch nachträglich als Verrat auslegen.

Zwar ist Kleist nun, 1804, nicht mehr der Mann, der den Auftrag des Vorgesetzten gegen seinen Willen mit einem Nicken entgegennimmt und sich erst im nachhinein, zurückgezogen in seiner Kammer, brieflich abreagiert. Doch dafür hat er nun seine Entscheidungsfreiheit eingebüßt. Andere werden über ihn entscheiden. Er selbst hat keinen Spielraum mehr, er befindet sich in einer absoluten Zwangslage. Jedoch: Gerade diese Konstellation mobilisiert alle seine Geisteskräfte, sich als eine Art Mime auf der Bühne der oberen Kreise zu behaupten. Bereits von Anfang an ist er die Sache klug angegangen: Er hat nicht die Form einer schriftlichen Petition direkt an den König gewählt, sondern hat erst die persönliche Begegnung mit dessen ›Vorzimmerlöwen‹, mit einer ›Bitte um Rat‹, gesucht, da Kleist aus seinem Umfeld bekannt war, daß Köckeritz sich zumeist dem Augenblick verhaftet verhielt, manchmal sogar eine Plaudertasche war – und somit womöglich Chancen bestanden, diesen Mann durch persönliche Anwesenheit zu beeindrucken, was sich wiederum durch dessen meinungsbildenden Einfluß auf den König günstig auf die Beschlußlage auswirken könnte. Nun, beim Auftritt in mehreren Etappen, weiß Kleist erstaunlich geschickt, gleichsam mit einem sechsten Sinn versehen, die Situation zu nutzen. Er kann Köckeritz' Anwürfe entkräften und ihn in seinem für Kleist ungünstigen Urteil verunsichern. Hierbei setzt er sogar Tränen ein, die ihm in seiner angeschlagenen nervlichen Verfassung nicht schwergefallen sein mögen. Vor allem aber gibt er sich wortgewandt und kann plausibel argumentieren. So gelingt es ihm schließlich, Köckeritz umzustimmen. Er ›spielt‹ meisterlich mit ihm. Man fühlt sich an den Dorfrichter Adam im *Zerbrochnen Krug* erinnert, der einen versierten Vorgesetzten durch kalkuliertes So-tun-als-ob lange hinters Licht zu führen weiß. Neben der Körpersprache ist es vor allem die Rede, über die der Akteur rasch und akzentuiert gebietet; denn es »wird jeder, der, bei gleicher Deutlichkeit, geschwinder als sein Gegner spricht, einen Vorteil über ihn haben, weil er gleichsam mehr Truppen als er ins Feld führt«, wie Kleist in seiner bald nach diesem Charlottenburger Kabinettstückchen entstehenden Abhandlung *Über die allmählige Verfertigung der Gedanken beim Reden*[21] erläutert. Dort stehen auch die Worte von der Kreativität einer Situation.

Doch Kleist leidet auch. Nicht nur unter den Demütigungen durch die Obrigkeit. Er leidet auch unter dem Zwang, sich verstellen zu müssen. Ein Widerwille ergreift ihn, der sich fast neurotisch in ihm festsetzt und zu einem Verlust an Selbstachtung führt. Er kann ihn nur dadurch kompensieren, daß er im nachhinein, im Briefbericht an Ulrike, wieder zu sich zurückfindet und seine Erniedriger ironisch distanziert abbildet.

Er schreibt sich den Vorgang gleichsam von der Seele, versucht, ihn gestaltend zu bewältigen. Noch weist der Bericht an Ulrike nicht jene Schachtelsätze auf, wie sie für die Syntax der Kleistschen Kunstprosa charakteristisch werden. Doch die eindringlich-knappe, von Dialogen in indirekter Rede durchsetzte Charakterisierungskunst ist bereits voll ausgebildet. Dazu eine meisterlich dargebotene Verhörsituation, die die Extreme heraustreibt, mit Winkelzügen arbeitet – wie in einem Gerichtsverfahren, das bald zu einem beliebten Sujet Kleists avanciert. Auch der kalkulierte Adressatenbezug des Briefberichts ist deutlich erkennbar. Das Schreiben wird bestimmt vom unausgesprochenen Bemühen, der eigenen Familie durch

Schilderung der ihm widerfahrenen Demütigungen seitens der Obrigkeit vorzuführen, wie weit er dem Generaladjutanten des Königs gegenüber gegangen sei, damit will er Mitgefühl und Verantwortungssinn der Sippe, vor allem aber der Schwester Ulrike, wecken. Er ermuntert Ulrike, die die Mittel dazu gehabt hätte, zu ihm nach Berlin zu kommen und als Freundin eine Zeitlang Stube an Stube mit ihm zu wohnen, um ihn vor dem Ärgsten zu schützen: vor Einsamkeit und dem Verlust seiner Würde. Denn wenigstens einen Menschen, der an ihn glaubt, brauche er gerade jetzt: »Werde nicht irre an mir, mein beßtes Mädchen! Laß mir den Trost, daß Einer in der Welt sei, der fest auf mir vertraut! Wenn ich in deinen Augen nichts mehr werth bin, so bin ich wirklich nichts mehr werth! – Sei standhaft! Sei standhaft!«[22], steht in einem Schreiben an sie zehn Tage später. Sie läßt ihn diesmal zappeln und entspricht seinen Wünschen nicht. Kleist soll sich wohl erst rehabilieren und sich eine Laufbahn in der Verwaltung zusichern lassen, bevor man sich ihm zu nähern gedenkt.

Die Abhängigkeit von der Familie und von Gönnern, die wiederholten, ihm »nach gerade völlig zum Eckel«[23] gereichenden Vorsprachen im Schloß Charlottenburg, das sich über Monate hinziehende Warten auf den königlichen Bescheid zermürben ihn.

Doch er resigniert nicht, sondern sucht weiter nach Gelegenheiten, sich mit geistvollen Menschen auszutauschen, knüpft an, wo es ihm ratsam erscheint und möglich ist. Durch Alexander von der Lippe, den Freund Ludwig von Brockes', findet er wieder Eingang ins jüdische Haus Cohen. Hier am Alexanderplatz verkehrt fast allabendlich ein kleiner Zirkel von Leuten aus den unterschiedlichsten Schichten und Professionen der Berliner Gesellschaft. Gebildete aus Bürgertum und Adel suchen das zwanglose Gespräch. Verschiedenste Strömungen begegnen sich in den wenigen weltoffenen bürgerlichen Salons. Goethe, Schiller, die Aufklärung stehen in der Wertschätzung obenan. Die neuesten romantischen Auffassungen und Produkte der romantischen Poesie, von den Brüdern Schlegel gerade im letzten Wintersemester in Berlin publik gemacht, werden vorgetragen und diskutiert. Auch Weltliteratur ist ein Gesprächsthema dieses Zirkels: besonders die Literatur Spaniens[24] und Frankreichs. Ludwig Robert, der Bruder der kultivierten Jüdin Rahel Levin, spätere Ehefrau des Karl August Varnhagen von Ense, hatte zu Beginn des Jahres Molières *Les Précieuses ridicules* als *Der Überbildete* fürs Theater bearbeitet und aktualisiert. Ein kleiner Kreis noch unbekannter Jünglinge, die eben ihr erstes schmales Bändchen mit romantischen Gedichten, einen *Grünen Musenalmanach* mit zartsinnigen Gedanken über Liebe und Natur im Selbstverlag herausgebracht haben und die als Erkennungszeichen einen Stern am Rock tragen, hat im Sommer 1804 hier vorübergehend eine Heimstatt. Auch der aus Frankreich stammende hochgewachsene Leutnant Adelbert von Chamisso, in eine enge Uniform gepreßt, mit Hut und Degen, Stock, Zopf und Handschuhen, gehört zu ihnen. Mit einer das Deutsche »zerquetschenden Aussprache, in einer Tür stehend, und den Durchgang hemmend«[25], sagt er seine letzten Verfertigungen dem neugewonnenen Freund Varnhagen von Ense aus dem Gedächtnis her. Man hat, so Varnhagen von Ense weiter, »erstaunlich viel zu lernen, und nicht bloß nach innen, sondern auch nach außen hin zu lernen, um unsrem geistigen Erbauen die erforderliche Unterlage zu geben [...]« – »Sprüche des paradoxen Ernstes, Einfälle der Laune und des Witzes« fallen reichlich, treffende Schlagworte und Formulierungen mehren sich in Gegenwart junger Frauen, die sich in diesem Treiben behaupten. Man möchte sich »gemeinschaftlich zur Höhe der Literatur empor-[zu]heben«. Fichte weilt in Berlin, beeindruckt die jungen Leute des ›Nordsternbundes‹, wie der Kreis sich nennt, mit seinen Vorlesungen *Über die Grundzüge des gegenwärtigen Zeitalters*: als ein Mensch, »dessen Handlungen mit seinen Worten und Lehren« nach Varnhagens Erinnerungen als »Eins«[26] empfunden wurden.

Varnhagen und Chamisso begrüßen Kleist als »einen liebenswürdigen, belebten jungen Mann« in ihrer Mitte, als einen »anteilvoll Strebenden«, der »aber den Genius und die Kraft noch nicht verriet, durch die er sich nachher berühmt gemacht« hat, und der »sorgfältig noch verhehlte, daß er schon als Dichter aufgetreten«.[27] Kleist schreibt Varnhagen am 2. August 1804 ins Stammbuch: »Jünglinge lieben in einander das Höchste in der Menschheit; denn sie lieben in sich die ganze Ausbildung ihrer Naturen schon, um zwei oder drei glücklicher Anlagen willen, die sich eben entfalten. [...] Wir aber wollen einander gut *bleiben*.«[28]

Nichts also von genialischem Wesen wie im Berner Freundeskreis. Keine hohen Ansprüche. Kleist hat seine Grenzen erfahren und gelernt, sich zurückzunehmen. Er arbeitet im stillen. Er erwartet nichts von anderen und gerät so auch nicht in Zugzwang gegen sich selbst. Die zwanglose Gemeinschaft, das einfache Einander-gut-sein-Wollen empfindet er als wohltuend und die kleinen Schritte beim geistigen Austausch und beim Üben literarischen Geschicks als Glück. Das literarische Talent erscheint ihm lediglich als *ein* Teil ganzheitlicher Ausbildung. Und also relativiert es sich. – Wie oft er in diesen Monaten des Jahres 1804, in dem er viel Zeit hatte, zu Feder und Tinte griff und über einem Manuskript saß, wissen wir nicht. Durch Varnhagen sind wir allerdings darüber informiert, daß er die Finger nicht ganz vom Schreiben lassen konnte.

Bereits am 28. April 1804, kurz bevor Kleist wieder in Berlin auftauchte, waren die Cohens, deren Nähe Kleist bereits 1800 gesucht hatte, geschäftlich gescheitert. Unter der dünnen Decke ihres prunkhaft zur Schau gestellten Wohlstandes, einem Abklatsch aristokratischer Lebensart, war das Geschäft dem Ruin entgegengegangen. Das ›Baumwoll-fabrikantenunternehmen Cohen & Witwe Bernhard‹ konnte diese Tatsache nicht mehr länger verheimlichen. Cohen, mehrfach steckbrieflich wegen »betrüglichen Banquerouts«[29] gesucht, floh nach Holland. Der Besitz wurde gerichtlich beschlagnahmt. »Der Gegensatz des noch äußerlich fortdauernden Scheins und der Gewißheit einer Wirklichkeit, die unabwendbar an die Stelle treten mußte, war schneidend.«[30] Madame Bernhardt, unter Arrest gestellt, blieb noch bis zum 16. Oktober 1804 im Hause, dann hatte sie einen Termin vor dem Königlichen Kammergericht.

So manchen Abend muß Kleist in dem einstigen Palast des Ministers von Zedlitz, der teils als Wohnung, teils als Baumwollfabrik hergerichtet war, zugebracht haben. Dort konnte er das Getöse der Pferdemühle und der auf- und niederrauschenden Spinnmaschinen über den Garten herüberhallen hören, während die Arbeiter zu Hunderten kamen und gingen. Er hat über seine Besuche bei der nun gesellschaftlich ausgegrenzten Jüdin Madame Bernhardt, vereh. Cohen, niemandem berichtet. Doch wird der Zusammenbruch des eben noch blühenden Hauses, Ausdruck der labilen Wirtschaftslage des preußischen Bürgertums, für Kleist ein prägendes Erlebnis gewesen sein. Chamisso hat 1813 die unheilvolle, entfremdende Macht des Geldes und die Bedeutung gesellschaftlicher Reputation, symbolisiert in Glückssäckel und Schlagschatten, in seiner an biographischen Bezügen reichen phantastischen Novelle *Peter Schlemihl* sinnfällig gestaltet. Das irritierende Doppelgänger-motiv in Kleists *Amphitryon* und die darin auf die Spitze getriebene Aufhebung des Gewohnten, ja auch die Doppelmoral der Familie Piachi im *Findling* mögen durch solche Erlebnisse angeregt worden sein.

Dann plötzlich erhält Kleist ein Angebot, als Gesandtschafts-gehilfe (Attaché) nach Spanien zu gehen. Der es ihm unterbreitet, ist der Major Peter Gualtieri vom Auswärtigen Amt, Bruder der Marie von Kleist in Potsdam. Gualtieri, ein Freund des Geheimen Kabinettsrates von Lombard, soll den Posten des preußischen Botschafters auf der Iberischen Halbinsel erhalten. Bei mehreren Essen im noblen Hotel »Stadt Paris«, zu denen Gualtieri Kleist einlädt und einander »in der vertrauten Einsamkeit eines täglichen und tagelangen Umgangs vieler Monden«[31] nahe, bespricht man nicht nur die Einzelheiten. Gualtieri, ein eitler, zur Selbstbespiegelung neigender Mensch, führt auf Staatskosten ein ausschweifendes Leben. Er ist aber klug genug, die marode hohe Gesellschaft und sich selbst als Teil von ihr zu durchschauen und zu verachten. Er empfindet sein Dasein als langweilig, die proklamierten Werte als sinnentleerte Phrasen und ist darüber längst lebensmüde geworden. »Unser ewiges, und immer wieder durchblättertes Gespräch war, wie in den Youngschen Nachtgedanken, wo er auch auf jeder Seite steht, der Tod. [...] Sein Verstand war aller Grundsätze mächtig geworden, er gieng, *und wußte es*, ohne Stab, an dem er sich halten könnte, auf dem schmalen Rücken eines schroffen Felsens, durchs Leben hin«[32], wird Kleist fast ein Jahr später an Marie von Kleist nach dem plötzlichen Tod ihres Bruders schreiben. Gualtieris Lebensgeständnisse berühren ihn; denn sie haben einen geheimen Bezug zu seinen eigenen Befindlichkeiten und Ängsten. Auch Kleist hatte bereits in die Abgründe des Daseins geblickt. Auch er fragte sich, wohin ihn sein Weg in der ihm verbleibenden Zeit wohl führen mochte. An Gualtieri erlebt er den Niedergang eines endzeitlich gestimmten einzelnen; er begreift, was werden kann, wenn allein Desillusionierung übrigbleibt, wenn der Abstand zwischen Gewissen und Verhalten einen kritischen Punkt überschritten hat, wenn der Wille zur moralischen Tat erlahmt ist und wenn Skepsis, Ironie, Verachtung und Sarkasmus das Herz zerfressen haben.

Ein Blick in Abgründe kann Entscheidungen herbeiführen. Kleist geht nicht nach Spanien. Er ist selbst müde und will nicht mehr ziellos durch die Welt hetzen. Und so haben seine Bittstellungen bei Hofe am Ende doch auch ein Gutes. Er lernt leitende preußische Staatsmänner persönlich kennen. Außer vier Unterredungen mit Köckeritz hat er Audienzen bei von Haugwitz, dem Außenminister, bei dem Freiherrn Karl August von Hardenberg, dessen Stellvertreter, sowie bei dem Geheimen Kabinettsrat Jean-Guillaume von Lombard. Als sein ursprüngliches Gesuch schließlich im August vom König wohlwollend aufgenommen wird, setzt er sich auch noch mit dem Geheimen Kabinettsrat Carl Friedrich Beyme in Verbindung. Kleist, als Angehöriger eines den Hohenzollern seit langem eng verbundenen Adelsgeschlechts, hat, einmal bei Hofe eingeführt, nicht nur die Möglichkeit, Beziehungen nach oben zu knüpfen und diese zu nutzen; er bekommt auch Hintergrundinformationen und kann, dies vor allem, die Physiognomie der Herrschenden näher studieren; er blickt gleichsam hinter die Kulissen des Staatsgefüges. Seiner oft bewunderten, realistischen Darstellung von Regierenden aller Schattierungen müssen solche Erfahrungen zugute gekommen sein. Etwa im *Michael Kohlhaas*, wo er gekonnt die Cliquenwirtschaft schildert, Sitzungen des sächsischen Staatsrats sachkundig beschreibt, ja selbst den Landesherrn, von Höflingen umgeben, welche allein der Eigennutz treibt, treffend charakterisiert. Zum Schein hält man zwar, von wenigen Ein- und Weitsichtigeren abgesehen, das Wohl der Untertanen hoch, doch eigentlich kalkuliert man seine Schritte nach den eigenen Wünschen. Das gilt auch für den im *Kohlhaas* entscheidend eingreifenden brandenburgischen Regenten. Selbst im *Homburg* führt uns Kleist den brandenburgischen Kurfürsten, den Großen, als eine ambivalente und schillernde Gestalt vor. Und den Richter Adam im *Zerbrochnen Krug* zeigt er als bauernschlauen, bedenkenlosen, ja grausamen Dorfmächtigen.

Haugwitz, Lombard und Konsorten besaßen jedenfalls keinen guten Ruf, sie waren zielstrebige Karrieristen[33]; als solche versahen sie die preußischen Staatsgeschäfte, unternahmen es, den König zu manipulieren und seine Politik in ihrem Sinne zu lenken. Es waren raffinierte Schmeichler, zudem als Staatsmänner – von Beyme und Hardenberg abgesehen – unfähig. Und doch war ihre Brust ordenbehangen, und sie rissen einen Posten, eine Immobilie, eine Auszeichnung nach der anderen an sich, um ihr Schalten und Walten unantastbar zu machen. Kleist blieb solchen Männern gegenüber zeit seines Lebens mißtrauisch. Ihr schlechter Ruf bestärkte ihn in seinen Vorbehalten gegen jede Art von Obrigkeit.

Infolge der in den obersten Verwaltungen herrschenden Unordnung war Kleist genötigt, noch weitere Monate auf seine Zulassung zu warten.

Für sein weiteres Leben bedeutsamer wurde die Kontaktaufnahme zu einer Gruppe liberaler Adeliger, die Preußen
reformieren wollten. Der Kontakt wurde wohl über den
Schwager Marie von Kleists in Potsdam, den Obersten Christian von Massenbach bzw. dessen Bruder Friedrich von Massenbach, einem Geheimen Oberrat bei der ›Ober-Kriegs- und
Domänen-Rechnungs-Kammer‹, hergestellt. Bei Friedrich
von Massenbach hatte Kleist in der Berliner Markgrafenstraße
61 höchstwahrscheinlich 1804 und 1805 auch gewohnt.[34] Die
Verbindungen liefen über den Oberfinanzrat Karl Freiherrn
von Stein zum Altenstein schließlich zu Hardenberg. Beide
standen den Reformern nahe. Hardenberg übernahm zwar im
August 1804 als Dritter Kabinettsrat das Ministerium des
Auswärtigen, blieb aber wie bisher auch mit der Verwaltung
der fränkischen Besitzungen Preußens betraut, wo er seine
Laufbahn als Gouverneur einst begonnen hatte. Ende 1804 ist
Kleist dann im Generaldirektorium tätig. Sein unmittelbarer
Vorgesetzter ist Altenstein. Hier muß Kleist als Probe für
einen Vorbereitungsdienst in der Staatsverwaltung einige amt-
liche Verfügungen abfassen. Ulrike berichtet, wie er dabei
Feuer fing: »[...] Heinrich arbeitete mit großem Fleiße. Einst
sagte er zu Altenstein: Schicken Sie mir nur recht viel. Darauf
erwiderte Altenstein: Ich will Ihnen so viel schicken, daß Sie
nicht sollen fertig werden. – Das wollen wir sehen. – Und so
arbeitet er acht Tage und Nächte ununterbrochen, so daß
Altenstein nicht imstande ist, so viel durchzusehen.«[35] Kleist,
das zeigt diese Passage, wollte die Achtung seines Vorgesetzten
erringen, wollte anderen und sich selbst beweisen, daß er noch
zu etwas tauge, um sich ein für allemal von den Demütigungen
zu befreien, die ihm in den letzten Monaten so reichlich zuteil
geworden waren. Und Altenstein entdeckt in Kleist »einen
jungen Mann [...] wie ihn das Vaterland braucht«[36]; mit diesen
Worten stellt er ihn dem Minister persönlich vor.

Zwischen Kleist und dem sieben Jahre älteren Altenstein,
der als ein gewissenhafter und moralisch integrer Vorgesetzter
galt, entwickelte sich bald ein engeres, fast persönliches Ver-

Karl Freiherr von Stein zum Altenstein (1770-1840), im Hintergrund das Berliner Schloß. Gemälde. Künstler unbekannt. Wahrscheinlich zwischen 1807 und 1810.

hältnis. Kleist gewinnt Altenstein »lieb«[37] und kann eine Zeitlang sogar eine gewisse Begeisterung für die Verwaltungstätigkeit aufbringen. Jedenfalls äußert er sich, wenn vom Dienst und seinen Aufgaben die Rede ist, nicht ohne Respekt – anders als im Jahre 1800, als er sich gegen den Staatsdienst entschied. Doch nicht nur persönliche Sympathie verband beide. Der von aufklärerischen Staatsgedanken bewegte Verwaltungsfachmann Altenstein wollte Kleist als Mitstreiter für seine Reformpläne in der fränkischen Provinz Bayreuth gewinnen. Aus einer 1806 abgeschlossenen Denkschrift[38], die aber 1805 bereits vorbereitet und besprochen wurde, geht hervor, daß die beiden südwestdeutschen Exklaven Preußens, Ansbach und Bayreuth, eine Art Musterverfassung erhalten sollten – als praktischer Beginn einer ›höheren Idee‹ der Menschheit. Zugrunde lag die Einsicht, daß es vergeblich sei, dem von Frankreich ausgehenden Fortschritt »alte Verfassungen und die Erhaltung des Krüppelhaften«[39] entgegenzusetzen. Notwendig sei die positive Tat, um die öffentliche Meinung in Deutschland für ein neues, reformiertes Preußen zu gewinnen. Als Ziele der Umgestaltung wurden genannt: Religions-, Denk- und Pressefreiheit sowie eine Verwaltungsordnung, die Handel und Industrie durch die »Beseitigung aller künstlichen Schranken«[40] beleben sollte und namentlich die Rechtsprechung rechtsstaatlich umformulierte.

Altensteins Auffassungen waren freilich abstrakt, sie folgten philosophisch-humanitären Staatsvorstellungen Kants und Fichtes; hinter den politischen Reformzielen des Reichsfreiherrn vom Stein, z. Zt. Wirtschafts- und Finanzminister, die eher auf radikale Veränderungen im Sozialgefüge Preußens abzielten, blieben sie erheblich zurück. Doch Kleist werden gerade die Altensteins Denken zugrunde liegenden ethischen Ideale angezogen haben. Noch ein Jahr später spricht er von jenen »herrlichen Länder[n]« (Ansbach und Bayreuth), die ihm durch den Gedanken teuer geworden seien, »einst wohlthätig zu ihrer Entwickelung mitwirken zu sollen«.[41]

Der Kontakt zu reformwilligen Kräften in Preußen führt Kleist zu einer praktischen Mitwirkung an ihren Zielen; dabei reizen ihn vor allem konkrete, machbare Veränderungen. Kleists Interesse und sein Verantwortungssinn für das Ganze des gesellschaftlich-staatlichen Geschehens werden durch Altensteins Programmentwürfe und die Zuversicht, auf der sie fußten, geweckt. Kleist möchte nicht mehr nur danebenstehen, sondern auf seine Weise den Prozeß der Veränderung befördern helfen. Er beginnt sich zugehörig zu fühlen. Er schöpft endlich Vertrauen.

Diese neue Gefühlslage stimuliert auch seine schriftstellerische Arbeit, vor allem die erneute Hinwendung zur Dramatik. Für ihn bilden Leben und Dichtung, als Selbstansprache und als Möglichkeit, andere Menschen zu beeinflussen, nun eine untrennbare Einheit.

Das aus Preußen, Paris, der Schweiz und Mainz mitgebrachte dissonante Weltempfinden und auch das Empfinden, daß die Welt eine sehr ›gebrechliche‹ sei, drängen erneut zu gleichnishafter Darstellung. Doch unter dem Eindruck, vielleicht sogar unter dem Einfluß preußischer Reformer schreibt er seine später wohl vernichteten frühen Entwürfe oder Fassungen[42] des *Zerbrochnen Krugs* nicht vollends zum Sinnbild zerscherbter Gerechtigkeit hoch, ohne dem Ganzen zugleich eine konstruktive Note zu geben.

Der Vergleich von Gerechtigkeit und Rechtspraxis wird im *Zerbrochnen Krug* anhand eines scheinbaren Bagatellfalls geführt. Adam ist der Dorfrichter von Huisum. Er gibt vor, den Bauernsohn Ruprecht Tümpel, den Verlobten der Kastellanstochter Eve Rull, mit Hilfe eines falschen Attests von der Musterung zum Kriegsdienst in den Kolonien befreien zu können. Durch diesen Trick versucht er, Eve, auf die er selbst ein Auge geworfen hat, sexuell gefügig zu machen. In einer zweideutigen Situation von Ruprecht überrascht, kann er zwar unerkannt entkommen, doch bricht dabei im Hause der Rulls ein wertvoller Krug entzwei. Am nächsten Morgen erscheint Eves Mutter, couragiert, als Klägerin vor Gericht. Kleist läßt zugleich einen Gerichtsrat Walter vom Obertribunal in Utrecht unangemeldet eintreffen, der sich mit eigenen Augen vom Zustand der Rechtsprechung ›auf dem platten Lande‹ überzeugen möchte. Walter ist, im Unterschied zu seinem Vorgänger, keiner, der »Sein Schäfchen schiert« (Vs. 79); tatsächlich will er »Die Rechtspfleg' auf dem platten Land verbessern, / Die mangelhaft von mancher Seite scheint«. Er kündigt dem »Mißbrauch« »strenge Weisung« (Vs. 298-300) an. So ist der Dorfrichter gezwungen, über sein eigenes Vergehen zu Gericht zu sitzen.

Zwar kann Adam, durch ausgedehnte Formalien, Sich-dumm-Stellen, Drohungen, Schmeicheleien und durch wiederholte Irreführung der Anwesenden, Zeit gewinnen und zeitweilig den Verdacht auf andere lenken, die, in ihrer Ehre gekränkt oder durch Eifersucht motiviert, den Täter unter ihresgleichen suchen und sich gegenseitig denunzieren. Doch trotz seiner Raffinesse und Sprachgewandtheit verfängt er sich, je mehr einander widersprechende Tatsachen offenbar werden, zunehmend im Netz seiner Lügen. Zumal alle, die einfachen Dörfler ebenso wie Walter als Vertreter der Obrigkeit und selbst Licht, der karrierebewußte Schreiber des Dorfrichters, wenn auch aus unterschiedlichen Beweggründen und in unterschiedlichem Maße, an der Klärung des Sachverhaltes interessiert sind. Walter ist indessen bemüht, den schließlich als Täter entlarvten Dorfrichter zu veranlassen, die Verhandlungen ohne Schaden für das öffentliche Ansehen des Gerichts zu beenden. Als Adam statt dessen in altbewährter Weise mit einem Gewalturteil auftrumpft, das einen Unschuldigen schuldig sprechen und in Ketten legen soll, wird er auf Eves Geheiß von Ruprecht »von dem Tribunal herunter« (Vs. 1896) gejagt. Der Revisor suspendiert den verlogenen Richter und setzt den Schreiber Licht in dessen Rechte ein. Während Adam flieht und draußen »[d]as aufgepflügte Winterfeld durchstampft!« (Vs. 1956), kommt es im ›Gerichtssaal‹ zwischen Braut und Bräutigam, Eltern und Kindern, Beamten und Bürgern zu allgemeinem Einvernehmen.

Gerade im *Zerbrochnen Krug* – in seiner kurzen, vermutlich frühesten Fassung – ist Kleist um Konstruktivität bemüht, die das Stück fast zur Idylle macht. Er setzt Hoffnungen auf

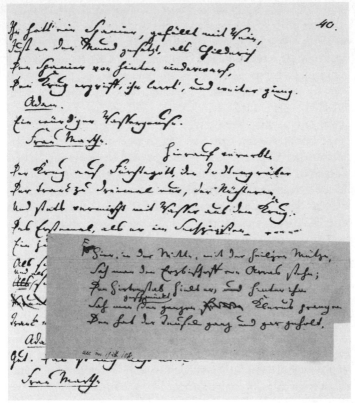

Detail aus einer Fassung des *Zerbrochnen Krugs*, mit Aufkleber.

reformbemühte Beamte der mittleren und höheren Ebene (im Stück ist es der Gerichtsrat Walter): Sie werden, so mag er gehofft haben, eine Selbstreinigung und allgemeine Harmonisierung der Gesellschaft herbeiführen, und zwar zunächst durch die strikte Anwendung der (vorhandenen) Gesetze. Sie bleiben deshalb von seiner Rechtskritik (noch) weitestgehend verschont. Das Verwirrspiel um Eve, die durch den mit ›teuflischen‹ Attributen versehenen Staatsdiener Adam, den ›alten Adam‹, den Glauben an eine gerechte Obrigkeit verliert, indem dieser sie gleichsam zu einem zweiten Sündenfall zwingt, nämlich zur tief skeptischen Reflexion, mag im übrigen ein weiteres Stück innerer Biographie des Dichters ›offenbaren‹. Stellt es doch unmißverständlich heraus, daß die Bande, die den abhängigen Menschen mit seinem Nächsten verknüpfen – die Familie mit ihrer näheren Umgebung, die Untertanen mit ihren Oberen – sich unter dem Druck von Verdächtigungen und Zwängen lockern. Kleist zeigt, wie schnell ein integrer Mensch wie Eve zum Außenseiter wird, wenn er nicht bereit ist, sich unmoralischen Offerten zu beugen. Mit solchen war ja auch Kleist bei seinen Begegnungen mit Institutionen konfrontiert worden. Einer Kettenreaktion vergleichbar läßt er Eve Vertrauenseinbrüche, Schuldzuweisungen und Vereinsamung selbst seitens ihrer Nächsten, der Mutter und dem Verlobten, durchleben – und doch siegen ihre Lauterkeit und ihre Standhaftigkeit.

Kehrte Kleist hier zur Feier der Tugend zurück, über die er uns in seinem Glücksaufsatz für Rühle von 1798/99 so eindringlich belehrt hatte? Immerhin, so muß es uns vorkommen, kann er von den moralischen Idealen seiner Jugend nicht lassen. Freilich, im Lustspiel ist der Triumph nur möglich, weil Eve, die ›Heldin‹, ihre Dulder-Haltung am Ende aufgibt; hierin macht Kleist sie sich selbst ähnlich, denn auch er hatte von seinem frühen Stoizismus unter dem Druck der Realitäten schließlich Abstand genommen. Eve wächst in schwerer Bedrängnis über sich selbst hinaus; jedoch erst als sie nichts mehr zu verlieren hat. Vor allem aber siegt ihre (bessere) Moral, weil sich ihr gesellschaftliches Umfeld im Verlauf der Lustspiel-Handlung verändert. Schließlich steht sie nicht mehr allein und ausgeliefert da. Der Kontrollbesuch Walters ist kein reiner Zufall mehr. Sie und ihre Mitbürger haben sich unter seinem ›Schutz‹ nahe an die Wahrheit herangetastet. Auch Kleist faßte an einem Punkt, als die politische Konstellation in Preußen sich hoffnungsvoll zu verändern schien, Mut zum Handeln: durch die Arbeit mit den Akten – und durch die Dichtung. Im April 1805 steht in einem Brief an Oberst Christian von Massenbach, den Potsdamer Vermittler zur Reformbewegung, die Nachschrift: »Schließlich erfolgt d. Krug.«[43] Wenn wir wirklich annehmen könnten, daß damit ein Manuskript des Lustspiels und nicht die *Betrachtungen über den National-Reichthum des preußischen Staats* des Ökonomen Leopold Krug gemeint sei, wie ebenfalls vermutet worden ist, dann hätten wir einen Beleg dafür, daß Kleist in Berlin zum Schreiben zurückfand und der *Zerbrochne Krug* vor allem ein Dokument dieser Rückkehr ist.

Altenstein und sein Chef Hardenberg senden Kleist im Frühjahr 1805 zu einer einjährigen staatswissenschaftlichen Ausbildung als »Diätar«, als Verwaltungsangestellter auf Zeit, nach Königsberg.

Am 1. Mai 1805 verläßt Kleist Berlin.

Zwischen Dienst und Dichtung

In der reparierten Familienkutsche holpert Kleist Anfang Mai 1805, nach kurzer Zwischenstation in Frankfurt an der Oder, Tag und Nacht mehr als sechshundert Kilometer durch die Neumark, Pommern und Ostpreußen. Die Order lautet, sich umgehend nach Königsberg zu begeben und sich dort den ersten Männern der ostpreußischen Provinzialverwaltung vorzustellen: Hans von Auerswald, dem Präsidenten der ostpreußisch-litauischen Kriegs- und Domänenkammer, seit 1802 Oberpräsident von Ostpreußen; dessen Schwiegersohn Theodor von Schön zu Marienburg, Mitglied der zentralen Gesetzeskommission der preußischen Monarchie, seit der gemeinsamen Berliner Studienzeit im Jahre 1800 mit Altenstein befreundet und durch ihn brieflich über den Zweck von Kleists Aufenthalt in Königsberg unterrichtet.

Man begegnet Kleist zuvorkommend, versichert, ihm zu allem, was seiner Instruktion dienlich sein könnte, Gelegenheit zu bieten – und es ergeht der Befehl an ihn, sich gleich am Tage nach seiner Ankunft bei der Kammer einzufinden. Ein Schreiben empfiehlt ihn dem Direktor der Kriegs- und Domänenkasse, Rudolf von Salis, der ihm – aufgrund des engen Kontaktes zwischen Provinzialregierung und Universität – die förmliche Bekanntschaft mehrerer Professoren vermittelt, darunter der bedeutendste Staats- und Finanzwirtschaftler Deutschlands, Christian Jakob Kraus, »ein kleiner, unansehnlich gebildeter Mann, der mit fest geschlossenen Augen, unter Gebährden, als ob er im Kreisen begriffen wäre, auf dem Katheder sitzt; aber wirklich Ideen, mit Hand und Fuß, wie man sagt, zur Welt bringt«.[1]

Königsberg. Der Hafen. Aquarell, um 1800.

Kraus lehrt an der Königsberger Universität Ökonomie und Freihandel nach der Lehre des Briten Adam Smith, die er den Erfordernissen der preußischen Verhältnisse angepaßt hat. Königsberg, die zweitgrößte Stadt Preußens, ist ein bedeutender Handelsort. Das Bürgertum befindet sich mit seinen Freihandelsbestrebungen seit längerem in Opposition zur unzeitgemäßen merkantilistischen Politik der Berliner ›Zentrale‹. Darin trifft es sich mit den Interessen des grundbesitzenden Adels, der auf Kornausfuhr nach England drängt. Das zweibändige Werk des Glasgower Professors Adam Smith *An inquiry into the nature and causes of the wealth of nations* (deutsch 1794-1796), in dem erstmals der wertbildende Charakter der Arbeit hervorgehoben wird, ist die Grundlage der Krausschen Lehre geworden, mit der seit 1780 ostpreußische Verwaltungsbeamte, darunter auch Auerswald und Schön, in bürgerlichem Reformgeist ›erzogen‹ wurden. Kraus schuf die Voraussetzungen dafür, daß man bald »Grundsätze des Adam Smithschen Systems der preuß. Staatsverwaltung«[2] zugrunde legte. Und Kleist war einer der hundert Adelssöhne und Regierungsassessoren, die diesem Werk gehörige Aufmerksamkeit zu zollen hatten. Kraus, langjährig befreundet mit dem 1804 in Königsberg verstorbenen Philosophen und Amtskollegen Immanuel Kant, verknüpfte in seinen staats- und finanzwirtschaftlichen Vorlesungen die ökonomische Seite der Lehren Smith' mit moralphilosophischen Ideen der Aufklärung. Auch ein Teil des ostpreußischen Adels, welcher in der Provinzialregierung tätig war, gab sich aufgeschlossen und liberal und agierte in diesem bürgerlich-unternehmerischen Sinne der freien Konkurrenz. Begriffe wie persönliche Freiheit, Eigentum, Initiative, Menschenwürde und Gerechtigkeit hatte man denn auch angestrengt, als Auerswald und Schön, der Staatsminister für Ostpreußen Friedrich Leopold von Schrötter und die Brüder Dohna-Schlohbitten, Burggrafen zu Marienburg, 1804, nach den später allgemein anerkannten Prinzipien der Gutsherrenentschädigung durch die Bauern, auf ihren Besitzungen die Erbuntertänigkeit aufhoben und daran mitwirkten, daß dies auch auf den königlichen Gütern (Domänen) der Provinz geschah. Sie demonstrierten ihren bornierteren Standesgenossen zugleich die wirtschaftlichen Vorteile der formellen Entlassung der unfreien Bauern aus der mittelalterlichen Fron. Angesichts der bedrohlichen Lage, in der sich Preußen, zwischen Frankreich und Rußland gestellt, militärisch befand, erkannten sie, daß gerade die Verhältnisse auf dem Lande einer gewissen Erneuerung bedurften, weil sonst – wie die Revolution in Frankreich von 1789 gelehrt hatte – mit dem »Ruin des gemeinen Landmannes« auch »eine gänzliche Umstürzung der bisherigen Verfassung«[3] des Staates zu befürchten war. Hand in Hand damit gingen Ansätze einer Verwaltungsneugliederung der Provinz. Diese betrafen auch das Rechtswesen[4] und sahen, bei gleichzeitiger Vereinheitlichung und Zentralisierung, eine stärkere Gewaltenteilung vor.

So kommt Kleist in Königsberg im Rahmen seiner theoretischen und praktischen Ausbildung weiter mit Erneuerungsideen in Berührung. Als er das erste Mal an einer Sitzung der leitenden Mitarbeiter der Kriegs- und Domänenkammer teilnimmt, muß er an deren Ende durch Handschlag bekräftigen, über alles Behandelte Stillschweigen zu bewahren. Dann nimmt er, an einem separaten Tisch, unter mehreren Offizieren der Königsberger Garnison Platz. Der sonst üblichen Eignungsprüfung der Bewerber durch Mitglieder der Kammer braucht er sich als Adliger nicht zu unterziehen. Wohl aber wird er solche an Absolventen der Universität miterleben; diese haben auf Fragen wie »was ist der Staat? Oder: was ist das Eigentum?«[5] Rede und Antwort zu stehen. Ein Abschlußexamen wird freilich auch Kleist ablegen müssen; das weiß er. Aufmerksam hört und sieht er zu. Bald wird er sich im Auftrag des Vorsitzenden als Referent üben: Er hat selbst Akten anzulegen, muß aus dem Inhalt anderer »Relationen« abfassen und diese vortragen. Da es aus Gründen der Arbeitsökonomie nicht zweckmäßig ist, daß jedes Mitglied der Kammer alle Akten, die ein Verfahren oder einen Problemkreis betreffen, selbst liest, hat der Berichterstatter diese daher in einer »Relation« so aufzuarbeiten, daß sein mündlicher Vortrag ad coram collegio alle Beisitzer ohne eigenes Aktenstudium entscheidungsfähig macht. Dies war ein nach dem Vorbild des Reichskammergerichts zu Wetzlar geübtes Verfahren. Obgleich die alte Justizausübung der Königsberger Kriegs- und Domänenkammer erst am 2. Juni 1804 abgeschafft worden war, bediente man sich auch bei der Wahrnehmung von Verwaltungsaufgaben weiter des aus der Rechtsprechung bzw. der antiken Rhetorik Ciceros und Quintilians stammenden Relationsverfahrens.

Kleist muß über Steuersachen vortragen. Von Altenstein hat er den Auftrag erhalten, sich besonders den Domänenangelegenheiten, also den Verhältnissen »auf dem platten Lande«[6] zu widmen. Obgleich keines seiner Referate erhalten ist, wissen wir aus brieflichen Äußerungen gegenüber Altenstein vom 10. Februar 1806, daß sein »Lieblings-Gegenstand« das »Befreiungs-Geschäfft der Zünfte« gewesen ist. Hier vertrat er offenbar sogar konsequentere Reformauffassungen, die »gänzliche Wiederherstellung der natürlichen Gewerbsfreiheit« betreffend, als sein Chef Auerswald, der es bei der »Hinwegschaffung der Misbräuche« zum Teil bei den feudalen Relikten belassen wollte. Kleist kannte die diesbezüglichen Verhältnisse in seiner Vaterstadt und wird deshalb gewußt haben, daß gerade auf diesem Gebiet die Mißstände besonders augenfällig waren. Außerdem ermöglichte gerade die Gewerbefreiheit am ehesten die Durchsetzung eines wirklich freien allgemeinen Wettbewerbs. Kleist glaubte zudem, daß die »Zunft-Gerechtsame«, also die Privilegien der Zünfte, durch staatliche »Auskaufung«[7] hinfällig und die Zunftmitglieder entschädigt würden. Ganz im Sinne Smith' wird er gehofft haben, jedermann werde künftig in seinem eigenen wohlverstandenen Interesse die »Geschicklichkeit und Stärke seiner Hände«, den »einzige[n] Schutz eines armen Mannes«[8], benutzen dürfen, unbeeinträchtigt durch andere wie durch staatliche Eingriffe.

So vertieft Kleist seine Einblicke in gesellschaftliche Prozesse. Er bleibt nicht mehr bei einer allgemeinen Außenansicht stehen. Theorie und Praxis (die ›Lupensicht‹ des Empirischen) – mit beiden wird er durch die glückliche Verbindung von akademischer Bildung und praktischer Verwaltungsübung fast unvermittelt konfrontiert – erweisen sich als zwei Seiten derselben Medaille. Der Behördenneuling Kleist sieht sich einer gewaltigen, auf den ersten Blick amorphen Stoffmenge gegenüber, die er ordnen, gliedern und verarbeiten muß, um das breitgefächerte, ihm fremde volkswirtschaftliche Metier in den Griff zu bekommen. Seine Förderer, Altenstein und die genannten Königsberger Beamten, werden darauf gesetzt haben, daß sich Kleist, trotz seiner aus ihrer Sicht eher dubiosen Biographie, produktiv dazu verhalten und kooperativ auf die neue Situation einstimmen werde. Sie wußten aus eigener Erfahrung, daß bestimmte Situationen beflügeln konnten: daß etwa im Prozeß der Verfertigung von Denkschriften für die Krone bis hin zum rechtskräftigen Edikt, also bei der allmählichen Verfertigung der Politik in statu nascendi, Produktivität entstand. Dabei ergibt sich vieles aus dem Entstehungsprozeß heraus. Selbst Kraus liest, wie Kleist sofort bemerkt, nicht wie sonst an den Universitäten üblich, von der Kladde ab oder aus

Büchern vor. Er umkreist vielmehr, mit fest geschlossenen Augen, wie Kleist notiert, gleichsam wie in Trance, das aufgeworfene Problem, geht dessen Verästelungen nach, läßt sich auf Assoziationen ein und produziert so – »Ideen, mit Hand und Fuß«.

Fehlt es dem Praktikanten und Studenten aus Berlin in Königsberg keineswegs an Stoff, an dem er sich beweisen kann, so mangelt es ihm allenthalben an ebenbürtigen Gesprächspartnern. Die Vorgesetzten sind zwar höfliche und korrekte Leute und setzen ihn nicht direkt unter Druck. Doch wahren sie, wenn auch unausgesprochen, Abstand zu dem Diätar Kleist. Er wird zwar in ihre Häuser eingeladen, wagt jedoch niemandem sein Inneres zu offenbaren; er wird gewußt haben, daß er auch in ihren Augen »die Strafe einer inconsequent verlebten Jugend«[9] zu tilgen hatte, um den dritten »Gnadenbeweis« (des Königs) durch »Weihung [s]einer Kräfte für den Dienst des Staats« zweifelsfrei »zu rechtfertigen«.[10] Sein altes Mißtrauen gegenüber den Oberen, die die Fäden in den Händen halten und sie auch zu ziehen wissen, wird er unter diesen Umständen nicht los; dies läßt ihn vorsichtig operieren und auf seine Worte achten.

So wahrt er Zurückhaltung nicht nur im Kreis um die joviale Oberpräsidentin von Auerswald, diese, wie er freilich Altenstein gegenüber nicht umhin kann zu äußern, »vortreffliche Dame«, sondern auch in anderen Zirkeln und gegenüber anderen Einzelpersonen, deren Bekanntschaft er durch Vermittlung der Kammer macht. Er verkehrt des öfteren im Hause des Geheimen Finanzrats Friedrich August Staegemann oder des Kriegs- und Domänenrats Johann George Scheffner, den man in Königsberg wegen seiner vor Jahrzehnten entstandenen anakreontischen Liebesidyllen auch als Dichter kannte. In Scheffners Villa vor der Stadt mit einem schönen Garten treffen sich Adlige und Bürgerliche zu »geistreichen Unterhaltungen«, doch wird es dort steifer zugegangen sein als bei den Jünglingen des ›Nordsternbundes‹ seinerzeit in Berlin. Das

Idyllische hatte Kleist zudem als Gegenstand in der Kunst und als inadäquates Verhältnis zur Wirklichkeit ad acta gelegt. Als Autor durfte er sich ohnehin nicht offenbaren. Und so war er, alles in allem, wohl wieder zumeist verkrampft. Es fehlte ihm an Selbstbewußtsein gegenüber den gutsituierten ›normalen‹ Bürgern, und wieder einmal sah er sich genötigt, Festigkeit vorzutäuschen und seine Unsicherheiten zu überspielen. So blieb dem Kriegsrat Scheffner auch nur »etwas Finsteres und Sonderbares« am Äußeren des jungen Gastes in Erinnerung. Bei allem »Eifer« Kleists, zuweilen an den Gesprächen teilzunehmen: Sein »Fehler im Sprachorgan«, der ihm erstmals bei ähnlichen gesellschaftlichen Kontakten im Berliner Herbst und Winter 1800 auf 1801 zu schaffen gemacht hatte und der nun auch in Königsberg wieder auftrat (während er im Schweizer Freundeskreis und 1804 in Berlin offenbar keine Rolle spielte), verriet gewiß mehr über seine innere Verfassung als jener »Anschein von eigensinniger Härte«,[11] der Scheffner im Gedächtnis blieb.

Selbst Ulrike, die ihn bis zum Winter 1805/06 besuchte, kann ihm keine vollwertige Gesprächspartnerin sein, zumal sie in der Absicht nach Königsberg gekommen war, »seine inzwischen etwa erwachten Bedenken gegen seine Stellung zu zerstreuen«[12], was zu mancherlei Spannungen führte, da sich ihr Bruder bedrängt sah.

Wieder einmal sieht sich Kleist hauptsächlich auf sich selbst zurückverwiesen, und wieder einmal muß er mit dem Problem relativer Isolation fertig werden. Dabei muß er nicht nur den Anforderungen seiner Vorgesetzten genügen, er muß auch die Angst überwinden, das *Guiskard*-Versagen könne sich neurotisch verfestigen. Und so versucht er zu erkunden, wann es dem menschlichen Geist am ehesten gelingt, innere Barrieren zu überwinden und sich Freiräume zu schaffen und welche Umstände ihn hemmen, also die Angstschwelle erhöhen.

Er ist dabei um Objektivierung bemüht. Er setzt sich mit Mirabeau (dessen Auftritt vor den Generalständen vor Ausbruch der Revolution in Paris 1789 er reflektiert) und Kant auseinander, wertet aber vor allem sein eigenes Erleben aus. Er besinnt sich auf eine Potsdamer Tradition und formuliert für Rühle, der in Südpreußen bei der Armee steht, den briefartigen Aufsatz *Über die allmählige Verfertigung der Gedanken beim Reden*.

In diesem Aufsatz, einem Muster an Selbstbeobachtung, Gedankenführung und Bildkraft, schildert Kleist, wie er zu Hause am Tisch »über den Akten« sitzt und, offenbar bei der Erarbeitung einer juristischen ›Relation‹, »in einer verwickelten Streitsache, den Gesichtspunkt, aus welchem sie wohl zu beurteilen sein mögte«, erforscht. Oft, bekennt er, gelänge es ihm dabei nicht, den rechten Zugang zu finden, da er sich in immer gleichen Bahnen bewege. »Und siehe da«, schreibt er, »wenn ich mit meiner Schwester davon rede, welche hinter mir sitzt, und arbeitet, so erfahre ich, was ich durch ein vielleicht stundenlanges Brüten nicht herausgebracht haben würde. Nicht, als ob sie es mir, im eigentlichen Sinne *sagte*; [...] Auch nicht, als ob sie mich durch geschickte Fragen auf den Punkt hinführte, auf welchen es ankommt, wenn schon dies letzte häufig der Fall sein mag. Aber weil ich doch irgend eine dunkle Vorstellung habe, die mit dem, was ich suche, von fern her in einiger Verbindung steht, so prägt, wenn ich nur dreist damit den Anfang mache, das Gemüt, während die Rede fortschreitet, in der Notwendigkeit, dem Anfang nun auch ein Ende zu finden, jene verworrene Vorstellung zur völligen Deutlichkeit aus, dergestalt, daß die Erkenntnis, zu meinem Erstaunen, mit der Periode fertig ist.«[13]

Das allgemeine, über die Rede hinausweisende Prinzip, das Kleist hier entdeckt (und weshalb er noch heute in der einschlägigen Literatur als gleichsam moderner Sprachpsychologe zitiert wird), besagt, daß das Individuum unter bestimmten Umständen durchaus auch mit wenig direkter Kommunikation und bei einem nicht gleichwertigen Kommunikationspartner schöpferischer Hervorbringungen fähig sei. Vorgefühltes, aber noch Unklares würde dadurch, daß das Ich sich über ein darin enthaltenes Problem errege und sich einer kommunikativen Grundsituation aussetze, durch Um- und Einkreisen auf den

Punkt gebracht; es werde dabei, scheinbar spontan, ein neuer Gedanke geboren. Die innere Erregung sei also ausschlaggebend für den Erfolg: »Denn nicht *wir* wissen, es ist allererst ein gewisser *Zustand* unserer, welcher weiß.«[14] Schlage man dagegen die Chancen, sich in einen solchen Zustand zu versetzen, durch Beharren in der Kontemplation aus, so stagniere man; und werde die Kommunikationssituation zusätzlich durch mangelnde Einstimmung oder äußeren Zwang, etwa bei einer Prüfung, überfordert, so bringe das den ›schöpferischen Funken‹ zum Erlöschen. Der Gemütszustand ist das A und O.

Ein solcher Vorgang, wie ihm Kleist in Königsberg auf die Spur gekommen ist, war sicher nicht nur für seine Tätigkeit als Diätar von Bedeutung. Kleists sprachphilosophische Überlegungen in diesem Aufsatz zeigen auch eine kunstprogrammatische Komponente. Das Prinzip der »allmähligen Verfertigung« unter dem Eindruck des Situativen trifft auch auf seine künstlerische Schaffenspraxis zu. Ja, man wird, ohne die Bedeutung des Aufsatzes überzustrapazieren, annehmen dürfen, daß Kleist mit diesem Text und in Reaktion auf ›evolutionäre‹ Verfahrensweisen der ostpreußischen Reformer zu einer Re- und Neuformierung seiner künstlerischen Methode gelangte. Es ergaben sich neue Motivationen und Schaffensanlässe. Kleist will jetzt auch nicht mehr den künstlerischen Erfolg erzwingen. Er weiß nun, daß zwischen der »erste[n] Bewegung«, dem ahnungsvollen »Unwillkührliche[n]«[15], der Idee, und der Vollendung eines Werkes ein beschwerlicher Weg liegt: ein Prozeß, der in Schüben verläuft und durch Abändern, Durch- und Überarbeiten geprägt ist. Auch wenn es ihm so vorkommt, als müßten bei dieser Arbeitsweise Verluste hingenommen werden, akzeptiert er sie als normal. Er muß beim Schreiben wie bei der allmählichen Verfertigung eines Gedankens beim Reden erst anreichern, indem er aufnimmt oder abstößt, um dann, während des Schreibens, die Produktion zu organisieren; nur so hat er eine Chance, alles zu einem originellen Ergebnis zu formen.

Jahrelang hatte sich Kleist mit dem Gedanken einer eigenen Gestaltung des *Amphitryon* getragen. Nun will er sich aus dem bloß nachgestaltenden Vollzug lösen, den Übersetzer in sich überwinden und ein eigenständiges Stück schaffen. In dem bereits erwähnten künstlerischen Credo von 1810 betont er, darauf sei nochmals verwiesen, man müsse nicht ewig durch das »Vorbild [...] hindurch«, sondern sich vielmehr nach dessen Kenntnisnahme, mit Lust und Kraft bereichert, »ganz und gar umkehren, mit dem Rücken gegen [dieses] stellen und, in dia-metral-entgegengesetzter Richtung, den Gipfel der Kunst, den [man] im Auge [hat], auffinden und ersteigen [...] Denn die Aufgabe, Himmel und Erde! ist ja nicht, ein Anderer, sondern ihr selbst zu sein, und euch selbst, euer Eigenstes und Innerstes [...] zur Anschauung zu bringen!«[16]

Bei der Arbeit am *Amphitryon* überwindet Kleist seine latente Selbstwertkrise und gewinnt Freiheit im (künstlerischen) Handeln. Kleist gelingt es, bei allem Respekt vor dem Stück Molières, das er als Vorlage benutzt, dieses mit modernen Gehalten aufzuladen. Er greift auf sein früheres Übersetzungsmanuskript zurück und bearbeitet es nun in Königsberg unter veränderten Gesichtspunkten. Durch einige gezielte Eingriffe – er schiebt u. a. die Szene II/5 ein, die sich bei Molière nicht findet, und greift auf den religiösen Gehalt des plautinischen *Amphitruo* zurück – gewichtet er das Moli-erische Lustspiel völlig neu. Er gelangt dabei zur Ausprägung eines methodischen Prinzips, dem man in der Folge bei ihm wiederholt begegnen wird: Versatzstücke aus der Tradition werden in neue Kontexte gebracht und dabei mit neuen Be-deutungen aufgeladen. Tiefer und vieldeutiger als dem Fran-zosen gelingt es ihm damit, im *Amphitryon* die Konflikte der Figuren zu gestalten. Der Text gerät zu einer selbständigen Be-arbeitung; Kleist selbst spricht von »Umarbeitung«.[17] Der Untertitel des Stücks, *Ein Lustspiel nach Molière*, erscheint eher als eine sachliche Mitteilung, die den Hinweis auf das Sich-Absetzen einschließt. Die bis heute umstrittene Gat-tungsbestimmung des Stücks – es rangiert irgendwo zwischen

Komödie und Tragödie – sowie dessen beträchtliche Deutungsmöglichkeiten sind weitere Indizien dafür, daß Kleist sich mit diesem Drama endgültig von Vorbildern loslöst. Doch gerade dadurch, daß er den Rahmen der Handlung, wie er von Molière vorgegeben ist, beibehält, wird die Arbeit zur Herausforderung – und zur Bewährungsprobe für die Kraft des Eigenen.

Molière hatte im Gegensatz zu seinem antiken Vorgänger Plautus in seinem für das Theater eines absolutistischen Herrschers geschriebenen Stück den obersten der Götter, Jupiter, verweltlicht; dieser verbringt mit der jungen thebanischen Königin Alkmene eine Liebesnacht, wobei er die Gestalt ihres Gemahls Amphitryon annimmt. Molière ließ ihn als ›souverain des Dieux‹ auftreten, der, jenseits von Herrschaft und Pflicht, im freien Spiel der Sinne ein Liebesabenteuer sucht und die Grenzen seiner Entfaltung und seines Glücksgenusses auslotet. Dabei verletzt er das geltende Ehegesetz und den bestehenden Sittenkodex, doch geht es Molière bei dem Gegenstand seines Stückes, dem Ehebruch, nicht primär um eine moralische, sondern um eine erotische Fragestellung.

Kleist schrieb für ein vorwiegend bürgerliches Publikum, er setzte Jupiter wieder als Gott ein. Dies eröffnete ungleich größere theatralische Möglichkeiten. Weit über Molières Vorlage hinausgehend, versinnbildlicht er zeitgenössische Erkenntnis-, Wahrheits- und Moralprobleme, teilt religionskritische Seitenhiebe aus, schreibt gegen die heidnische und christliche Mythenbildung an und arbeitet das Molierische Stück zu einem Text über menschliche Entfremdung und Identitätsbedrohung um. Denkspiel und Eifersuchtsdrama verquicken sich aufs engste, darin lassen sich die Figuren »in bisher unerhörter Weise auf die Probe stellen und zu bisher unerhörten affektiven körperlichen und seelischen Reaktionen bewegen«.[18] Denn der Gott darf und kann – scheinbar – alles. So gelingt es Jupiter, durch die Verdopplung der Gestalt des Amphitryon Schein und Sein derart zu verflechten, daß selbst Alkmene nicht mehr zwischen ihrem Gemahl Amphitryon

Der Molierische *Amphitrion* in einer französischen Ausgabe von 1750 mit einem Stich von der Eingangsszene: Auftritt des Sosias.

und dem Gott unterscheiden kann. Ihr Wiedererkennungsvermögen wird paralysiert.

Doch nicht nur das: Jupiter gibt sich bei Kleist nicht mit der erschlichenen Liebesnacht zufrieden. Vielmehr ist er von Alkmenes Anmut derart eingenommen, daß er, dem es auf dem Olymp an Liebe fehlt, nach dieser Nacht nun auch ihre Seele gewinnen will. Dieses Bedürfnis gründet sich zugleich auf seinen eifersüchtigen Zorn. Hat Alkmene doch bislang Gott nur im Bilde ihres Gatten angebetet und so Jupiter ›vernachlässigt‹. In der Rolle des alles verzeihenden Ehemannes versucht dieser nun von ihr das Eingeständnis zu erlangen, daß sie nicht den Gemahl, sondern den Geliebten, ein Wesen höherer Art, empfangen habe und von diesem Erlebnis so beeindruckt worden sei, daß sie das Beisammensein mit dem Menschen-

227

gatten künftig als »Eis« empfinden werde, die gerade voll-
zogene Vereinigung mit dem Gott aber als »Glut« (Vs. 1500 f.).
Jupiters virtuose Überredungskunst verunsichert Alkmene,
doch kann er in der treuliebenden Menschenfrau keine freiwillige Bereitschaft zur Hingabe an einen Gott erwecken,
sondern lediglich ein Pflichtgefühl. Da er seinen Zweck nicht
erreichen kann, entschließt er sich zu einer öffentlichen Gegenüberstellung. Während der soeben vom Feldzug heim-
gekehrte Amphitryon vor seinen Feldherren und dem herbei-
geeilten Volk, auf einem Platz vor dem Schloß, verzweifelt den
ihm unbegreiflichen Spuk der Amphitryon-Doppelung zu
beenden sucht und die Schmach, die man ihm angetan, durch
Wiederherstellung seiner Ehre rächen möchte, tritt Jupiter zusammen mit Alkmene aus dem Haus. Die vorher geschlossen
hinter Amphitryon stehenden Feldherren sehen sich nun
nicht mehr in der Lage, den wirklichen Amphitryon auszumachen. So wird Alkmene selbst aufgefordert, sich zu dem
wahren Amphitryon zu bekennen. Sie entscheidet sich für den
göttlichen Liebhaber – hatte Jupiter sie doch wie ein Gatte ver-
ständnis- und liebevoll behandelt – und beschimpft den wahren Amphitryon, ihren Gatten, als ein »Ungeheuer« (Vs. 2240),
welches »Von einer Höllennacht bedeckt«, sein »Gift« auf ihren
»Fittich« (Vs. 2243 f.) hingegeifert habe.

> Geh! deine schnöde List ist dir geglücket,
> Und meiner Seele Frieden eingeknickt.　　　　(Vs. 2261 f.)

Alkmene will in die Ödnis fliehen. Ihr Glaube an eine sitt-
liche Weltordnung ist zerstört. Indessen steht die eigentliche
Anerkennung des Gottes durch Alkmene weiter aus, richtet
sich die Anklage doch gegen den Verursacher ihrer leidvollen
Verwirrung. Und so greift Jupiter zum äußersten Mittel sei-
ner göttlichen Macht: Er offenbart sich als der Höchste der
Götter. Noch bevor er Adler, Blitz, Donnerschlag und -keil
eindrucksvoll in Szene setzt, bittet Alkmene ihn in dunkler
Vorahnung, er solle sie »ewig in dem Irrtum« belassen, mit
Amphitryon die Nacht verbracht zu haben, soll ihr sein »Licht

die Seele« ewig nicht »umnachten« (Vs. 2305 f.). Davon aber will Jupiter nichts wissen:

O Fluch der Seligkeit, die du mir schenktest,
Müßt' ich dir ewig nicht vorhanden sein.   (Vs. 2307 f.)

Während sich nun alle außer Amphitryon (der dem »große[n] Donnerer« sofort »Alles, was ich habe« anbietet) »[i]n Staub« (Vs. 2313 ff.) werfen und Alkmene mit dem paradoxen Ruf »Schützt mich ihr Himmlischen!« (Vs. 2312) in Ohnmacht fällt, arrangiert Kleist einen Handel zwischen dem weltlichen und dem göttlichen Herrscher. Jupiter stellt Amphitryon einen Wunsch frei. Letzterer begehrt, er möge ihm, wie einst dem ruhmreichen Geschlecht der Tyndariden, einen Helden-Sohn schenken. Darauf geht Jupiter ein, rettet so die Ehre des thebanischen Königshauses – und hinterläßt zugleich der widerspenstigen Alkmene einen lebenslang wirkenden Denkzettel. Sodann entschwindet er. Noch während die thebanischen Feldherren ihre göttliche und weltliche Herrschaft beflissen ›ehren‹, erwacht Alkmene in den Armen Amphitryons. Diesem hatte Jupiter nicht ohne Hintersinn bedeutet, er möge sie »ruhn« lassen, wenn sie ihm »bleiben soll!« (Vs. 2347). Als der Vorhang fällt, seufzt Alkmene das wohl vieldeutigste »Ach!« (Vs. 2362) in der deutschen dramatischen Literatur.

Kleist arbeitet in seinem Stück die Tragik der Alkmene als seelische Problematik einer eher bürgerlichen Ehefrau heraus. Ja, er rückt ihr bedrohtes Inneres ins Zentrum des Stücks. Einerseits läßt er sie die Liebesnacht mit Jupiter, den – ihr unbewußten – Ehebruch, als eine Steigerung ihrer Liebe zu ihrem Gemahl empfinden, was ihre heimliche Sehnsucht nach dem idealen Gatten ausdrückt; andererseits muß sie trotz ihrer (subjektiven) Treue zu Amphitryon in einem ihr von dem göttlichen Doppelgänger aufgezwungenen schmerzhaften Prozeß erkennen, daß sowohl ihr Verstand als auch ihre Sinne, ja selbst ihr Gefühl, jene »Goldwaage [ihrer] Empfindung« (Vs. 1396), täuschbar sind. Damit hat der Gott die Grundlage ihres Daseins erschüttert.

Das zweifellos vieldeutigste, ja rätselhafteste Werk Kleists wirkt trotz seiner Einschübe und Veränderungen straff durchkomponiert. Beim Auftritt der Götter – Merkur, der Götterbote, ist mit dabei und hält seinem Herrn für dessen Liebesabenteuer den Rücken frei – werden wir auch mit Figuren konfrontiert, die nicht zum Herrenhaus gehören. Diesen Parallelismus von Herren- und Dienerhandlung, die sich gegenseitig relativieren und ›kommentieren‹, im wesentlichen eine Mitgift Molières, hat Kleist beibehalten und dabei die Drastik des Geschehens, das sich auf der unteren sozialen Ebene ebenfalls durch Figuren-Verdoppelung entfaltet, noch verstärkt. Sosias, Amphitryons Sklave, wird von den Worten und Schlägen seines göttlichen Doppelgängers noch unbarmherziger in die Selbstentfremdung hineingetrieben, als dies bereits bei Molière der Fall war. Mit frivoler Lust bringt Merkur auch Sosias' Frau, Alkmenes Dienerin Charis, der Kleist einen lächerlichen Hang zum Höheren andichtet, in göttliche Versuchung und die Beziehung des Sklavenpaars ins Wanken.

Die von Kleist vorgenommene Wiederbelebung des Mythos führt zu einer seltsamen »Schwebelage«[19] zwischen Heidnischem und Christlichem im Stück. Und auf Alkmene wird psychische Gewalt ausgeübt, die eine gefährliche Unterminierung, ja Zerstörung ihres Ichs bewirkt; das Spiel weitet sich zum Drama moderner Bewußtseinskrisen. Doch handelt es sich bei alldem nur um traurige Effekte der radikalen Infragestellung überkommener menschlicher Lebens- und Ordnungsvorstellungen durch die Götter? Rufen die Verwendung des Doppelgängermotivs und die dadurch hervorgebrachten Situationen nicht auch komische, enthüllende Wirkungen hervor? Vor allem auf der Diener-Ebene, wo Sosias gleich eingangs in »narzißhafter Selbstbewunderung« und mit einem sozial unangemessenen »Bedürfnis nach Grandiosität«[20] als geschwätziger ›Schauspieler im Schauspiel‹ auftritt und so sinnfällig wird, daß ein Verlangen nach Aufgabe ihrer Identität in den Seelen etlicher Menschen bereits vor der Begegnung mit den Göttern umging. So erscheinen diese nicht nur als Opfer. Sie antizipieren die Ich-Bedrohung, ja provozieren sie geradezu, und mit unerwünschter Konsequenz bricht diese schließlich über sie herein.

Auch das ›hohe Geschehen‹ auf der Herrenhaus-Ebene entzieht sich nicht kritischer Beleuchtung. Da gerät Alkmenes heimliches Begehren nach göttlicher Verklärung ihres Gatten, jener Vorgang der Idolisierung, ebenso wie die romantische Empfindung von dessen ins Göttliche gesteigerter Beglückungskraft ins Zwielicht leiser Ironie. Und eine unverkennbar schlechte Figur gibt der eitle Jupiter, sich verheddernd in den selbst aufgestellten Netzen seiner Verwirrspiele, als betrogener Betrüger ab. Ist Sosias die komischste, so Jupiter die am stärksten ironisierte Figur des Stücks. Kleists Neigung zum Paradoxen als Ausdruck seiner Überzeugung, daß die Geschehnisse dieser Welt mehr oder weniger vernunftwidrig, zumindest zutiefst widersprüchlich ablaufen, scheint nicht nur durch das bereits von Plautus vorgegebene Doppelgängermotiv, sondern auch durch Molières Parallelisierung von Haupt- und Nebenhandlung gefördert worden zu sein. Halb sinnig, halb gegensinnig verschränkt bieten sich bei Kleist alle wesentlichen menschlichen Verhältnisse und Befindlichkeiten dar: Treue und Untreue, Unfehlbarkeit und Fehlbarkeit des Gefühls, Glück und Unglück, Gut und Böse, Macht und Ohnmacht. Und ebenso janusköpfig ist bei Kleist auch ›das Göttliche‹. Von den Menschen als allwissende, alles ordnende, alles beherrschende Instanz goutiert, greift es rücksichtslos – mit Glied, Mund, Stock und Spiegelfechterei – in die menschlichen Geschicke ein und leitet sie – fehl. Das Göttliche tritt nicht mehr wie die Götter/der Gott der Vergangenheit in Erscheinung, sondern wie ein »maskierter Bote der künftigen Moderne«.[21] – Andererseits ist das Eindringen ›des Göttlichen‹ in die Sphäre des Menschen ja für ein Publikum inszeniert, das die Befangenheit der agierenden Gestalten nicht zu teilen braucht. Es kann die ›göttliche Komödie‹ von einem höheren Standort als selbst der höchste Gott betrachten. Und so mag es das, was den Gang der Welt als unbegreifbares

Schicksal erscheinen läßt, womöglich nicht als das Böse schlechthin ausmachen; es vermag neue Widersprüche zu erkennen, denen es sich, nun nicht mehr ahnungslos, zu stellen haben wird.[22] Anderenfalls könnten ›höhere Mächte‹ womöglich in Gemeinwesen und Beziehungen einbrechen und daraus ein Irrenhaus machen – wie für Stunden im antiken griechischen Theben in Kleists *Amphitryon*.

Hinter der Affinität Kleists zum Motiv des Doppelgängers in Verbindung mit einer Dreiecksgeschichte steckt wohl auch die Urangst des Autors, so überflüssig zu sein wie seine Titelfigur, in der Welt keinen Platz mehr zu haben.[23] Man denke an das Gefühl der Verlassenheit, mit dem er, von der Familie ›verabschiedet‹, sinn- und erfolglos, auf der Suche nach der Kunst, durch Europa vagabundierte; an die Demütigungen, die er von Friedrich Wilhelm III., dem preußischen Jupiter, und von dessen Adjutanten, einer Art Merkur, 1804 im Schloß Charlottenburg empfangen hatte. In Königsberg, im Dienste des Königs, arbeitete Kleist trotz knapp bemessener Zeit seine Welterfahrungen nun Schlag auf Schlag in Poesie um. Hatte er sich nur technisch verbessert und dadurch mehr Sicherheit gewonnen? Oder gab es auch andere Anstöße, die Energien für seine Arbeit am Werk freisetzten?

Auf einem großen Ball in Königsberg im Herbst 1805 sah Kleist seine ehemalige Braut, Wilhelmine von Zenge, wieder, jetzt Wilhelmine Krug. Noch 1804 hatte sie in Frankfurt Wilhelm Traugott Krug, den Nachfolger Kants auf dem Philosophie-Lehrstuhl an der Albertina, geheiratet. Kleist überwand sich, forderte Wilhelmines ›goldene Schwester‹ Louise, die mit nach Königsberg gekommen war, zum Tanz auf, schüttete ihr sein Herz aus, wurde dem Ehepaar vorgestellt – und von Professor Krug zu einem Besuch eingeladen. Es dauerte einige Zeit, bis die Peinlichkeit auf beiden Seiten wich. Nicht daß sich Kleist als ›Hausfreund‹ – wie seinerzeit in Oßmannstedt – des Leichtsinns schuldig gemacht hätte. (Obwohl Wilhelmine später bekannte, Kleist sei ihr »niemals gleichgültig«[24] gewor-

Wilhelm Traugott Krug (1770-1842), Louise von Zenge (1782-1855), rechts Wilhelmine Krug geb. von Zenge. Silberstiftzeichnung von Friedrich August Junge, zwischen 1805 und 1810. Original verschollen.

den, was sie Krug jedoch noch vor der Heirat gestanden habe; andererseits hat sie den Entschluß, Kleist nicht zu heiraten, nie bereut.) Auch hat sich Krug nicht wie der eifersüchtige Amphitryon gebärdet (auch wenn er später zugab, daß er »aufmerksam[er] auf ihn [Kleist] sein mußte«[25]). Eher mochte Kleist unter Minderwertigkeitskomplexen gegenüber Krug gelitten haben, der einfach so dahergekommen war, sicher, wendig, geistvoll (trotz all seinem philosophischen Misch-masch[26]), einfach Kleists Platz an der Seite der geliebten Frau einnahm und ihn nun seinen Erfolg spüren ließ. Bei diesen Königsberger Begegnungen muß Kleist seine sonderbare Stellung gegenüber Wilhelmine, seine bürgerliche Unattraktivität für sie, ja seine Austauschbarkeit als Liebhaber und Mensch schmerzlich bewußt geworden sein.

Hinzu kam, daß das in bürgerlichem Selbstverständnis ruhen-de Paar in Kleist, dem Umhergetriebenen und Zerrissenen, die eigenen, damals mit Wilhelmine geteilten Vorstellungen einer heilen Welt gegenwärtig werden ließ. Vermutlich wird er in den abendlichen Gesprächen, sobald die Peinlichkeit gewichen und der Drang zur Selbstaussprache unüberwindlich geworden war, einiges von sich und seinen seelischen Nöten mitgeteilt haben. (Krug spricht später davon, sein Gast habe sich »fast immer in einem fieberhaften Zustande« befunden, »woraus auch manche Seltsamkeit in seinen Dichtungen zu erklären sein dürfte«.[27]) Und falls es so war, hat es vermutlich seine Wirkung auf Wilhelmine nicht verfehlt. Kleist kannte sie. Sie hatte in den Erschütterungen des Jahres 1801 mit ihm gefühlt, ihn auf rührende Weise in ihren Briefen aufzurichten versucht. Sie hatte seine zerstörerischen Selbstzweifel durch Stärkung seines Vertrauens in die Schöpfung und in die göttliche Lenkung des Schicksals besänftigen wollen; und nur die förmliche Entlobung, auf der Kleist bestanden hatte, konnte sie schließlich davon abbringen, dem abwesenden und ihr in vielem unbegreiflichen Kleist auch weiterhin die Treue zu halten. Diese Treue mag zum Teil auf Selbstschutz beruht haben, denn eine gescheiterte Verlobung verminderte die Heiratschancen eines Mädchens. Doch am Ende war sie selbst, nach dem plötzlichen Tod ihres geliebten Bruders Carl, in Depressionen verfallen. Der »Strom[e] der Zeit«, schrieb sie damals an Kleist, habe auch sie an die »Klippen«[28] geworfen. Ihr half schließlich nur die Hingabe an pietistische Frömmigkeit; dabei hatte sie sich wieder der Obhut des Frankfurter Seelsorgers Ahlemann anvertraut. Schließlich wurde Krug, der ›gesunde‹ Philosoph und aufstrebende rationalistische Gelehrte, ihr Rettungsanker. Und nun tritt überraschend Kleist wieder in ihr Leben und scheint ihre Königsberger Eheidylle zu bedrohen. – Aber konnte er ihr Verhältnis zu Gott und dem Gatten überhaupt gefährden? Wollte er ihre Tugend, ihren Seelenfrieden wirklich prüfen? Und spiegelt sich einiges davon gar im *Amphitryon* wider? Oft stehen Leben und Werk in einem ganz unmittelbaren Verhältnis zueinander, ein heute kaum noch beachteter Tatbestand. Doch geht Lebensstoff in Dichtung ein, dann nur nach mannigfachen Verwandlungen. Er vermischt sich mit anderem Erfahrungsgut, mit eigenem

Denken und dem anderer, mit eigenen Gefühlslagen und denen anderer, mit Entlehntem, poetisch Tradiertem und erlernten oder selbsterfundenen Redeweisen. In Kleists *Amphitryon*-Dichtung, einer nahezu ›klassischen‹ Dreiecksgeschichte, in der Alkmene die eigentliche Hauptgestalt ist, auf sie bezogen Jupiter und Amphitryon, tritt uns Kleists Ich, so scheint es, gleichsam aufgespalten in drei voneinander unterschiedene dramatis personae entgegen, wobei diese wiederum auf eine schillernde Weise fast spiegelbildlich aufeinander bezogen sind. Als Thomas Mann den *Amphitryon* Kleists 1928 als »das witzig-anmutvollste, das geistreichste, das tiefste und schönste Theaterspielwerk der Welt« bezeichnete, hat er hinsichtlich dieses ebenso ätherischen wie lastschweren Gebildes von einem »Zünden des Geistes an der Materie«[29] gesprochen.

Am 20. Juli 1805 schreibt Kleist in einem bereits erwähnten Brief an Marie von Kleist, im Zusammenhang mit gedenkenden Worten an deren Bruder Peter von Gualtieri, der inzwischen in Spanien verstorben war, er habe das Empfinden, auch für ihn sei der Tod ein Thema, dem er aber mit einer gewissen Gelassenheit begegnen könne, denn: »Jede Arbeit nutzt ihr Werkzeug ab, das Glasschleifen die Augen, die Kohlengräberei die Lungen, u. s. f. Und bei dem Dichten schrumpft das Herz ein.«[30]

Der *Amphitryon* offenbart Kleists Meisterschaft in der Darstellung. Bemerkenswert ist, daß er sie durch die Arbeit an einem Lustspiel erlangte. An ihm erprobte er die Wirkung sich gegenseitig erhellender Bedeutungsebenen; er setzte die Ironie als Mittel der Bewertung ein, konfrontierte sein Publikum mit der Differenz von Figurenwort und Figurenhandlung, stieg in philosophisch-symbolische Tiefen hinab und scheute nicht die Anspielung auf Aktuelles. Er schlug burleske, persiflierende, tragisch-erhabene, sogar pathetische Töne an, nicht selten in raschem Wechsel. Alle diese zum Blühen gebrachten Verwandlungen in die Kunstwelt verfremdeten den Lebensstoff – und saugten von der Lebenskraft ihres Schöpfers.

Wenn Kleist im Brief an Marie davon spricht, das Herz schrumpfe dem Dichter beim Dichten, stellt sich – so wie Kleist strukturiert ist – sofort die Frage: War es *nur* der Schreibakt, der seine Seele verzehrte? Um ebendiese Zeit preist er ja auch die »Finesse, die den Dichter ausmacht«, der »auch das sagen« müsse, »was er *nicht* sagt«.[31] Diese wichtige Gestaltungsidee kommt ihm im Umgang mit den Königsberger Reformern. Offenbar sind die Beziehungen zwischen Kleist und den Reformern komplizierter gewesen, als es auf den ersten Blick erscheint. Einerseits ließ sich Kleist von der cleveren Denkschrift-Strategie seiner künftigen Kollegen anregen. Er folgte ihrem Beispiel und griff wie sie auf die preußische Tradition zurück: Man berief sich in kritisch-konstruktiven Vorhaltungen gegenüber der Krone auf Vorbilder wie Friedrich II. und stellte sich damit klug auf die Psyche und Denkhaltung der hochrangigen Adressaten ein.

Da Kleist zwangsläufig mehr und mehr zum Insider des ostpreußischen ›Reformprojekts‹ wurde, konnte es nicht ausbleiben, daß er mit seinem bereits geschärften Sinn für das taktische Verhalten der Reformer auch die bedenklicheren Aspekte ihres Verhaltens erkannte. Waren die angestrebten Reformen doch eine höchst seltsame Mischung aus Fortschritt und Reaktion. So wollte Schön, der wohl freisinnigste preußische Staatsmann dieser Jahre, zwar die persönliche Freiheit der Bauern erwirken, jedoch die Bauernstellen der beim Gutsbesitzer auf bislang gepachtetem Land wirtschaftenden Kleinbauern, der Kossäten, Büdner und Häusler, die die Masse der Landbevölkerung ausmachten, wegrationalisieren, was deren Proletarisierung zur Folge haben würde (was dann auch eintrat). Selbst die ostpreußischen ›Reformer‹ vertraten letztendlich Gruppeninteressen. Sogar die Domänenbauern mußten für den Freikauf ihres Bodens über Jahre hin enorme Geldbeträge an die Krone zahlen. Gegen die Vorstellungen Schöns und anderer trat beinah als einziger der sozial denkende Wirtschafts- und Finanzminister Freiherr vom Stein auf. So wird

Kleist. Kreidezeichnung, wahrscheinlich von Wilhelmine von Zenge, um 1802 oder Friedrich August Junge (um 1831). Original verschollen.

Kleist beim damaligen Stand der Reformdiskussionen bereits in Königsberg zu begreifen begonnen haben, was er vier Jahre später in Berlin öffentlich aussprach: Die angestrebte Bauernbefreiung erbringe zwar für seine Vorgesetzten »heilsame[n] Wirkungen«, auch »für jede Art ländlicher Industrie«[32], vernichte aber zugleich den ›königlichen Bauernschutz‹, das letzte bißchen Schirm vor der gutsherrlichen Willkür und vor allem vor den grausamsten materiellen Nöten. Das erschien ihm, wie sein diesbezüglicher Artikel in den *Berliner Abendblättern* nahelegt, menschlich problematisch.

Daneben strebten die ostpreußischen Reformer auch eine Verbesserung der allgemeinen Rechtspraxis an. Diese befand sich gerade in den preußischen Provinzen in äußerster Unordnung. Überall machte man sich über den Stand des Rechtsbediensteten lustig, ja haßte ihn, den die Zeitgenossen als den »eigennützigsten, als den verworfensten schildern und Hinterlist und niedrige Ränke als seine Haupteigenschaften« herausstellten. Er hatte den Ruf, aus einer Bande von »*schlechte[n] Christen*«[33] zu bestehen. Die ostpreußischen Reformer, denen dieser Zustand bewußt war, suchten ihn nicht eigentlich zu beheben, sondern ihm durch die Neubestimmung gewisser Prozeß-»Vorschriften« beizukommen. So wollte man zum Beispiel festschreiben, wie die Richter bei der Prüfung eines Sachverhalts und »bey der Abfassung des Erkenntnisses [...] verfahren«[34] sollten und innerhalb welcher Fristen sie einen Prozeß abzuschließen hätten. Man sorgte sich um die Rechtskenntnis der Justizbeamten und darüber, ob sie auch immer die richtigen Begriffe verwendeten[35], auch ob sie wohl die streitenden Parteien vorweg über ihre Rechte richtig belehrten. Natürlich wollte man vor allem für eine bessere Ausbildung und Versorgung der Richter und ihrer Assistenten[36] Vorkehrungen treffen. Diese Verbesserungen hätten aber nur die Rechts*form* betroffen, wären also Ausbesserungen an der Rechts*fassade* gewesen. Dies spielt in Kleists Komödie *Der zerbrochne Krug* direkt und indirekt eine Rolle. Hingegen verzichtete man darauf, etwa nach englischem oder französischem Vorbild Rechtsbeistände vorzuschreiben, deren Ausführungen zu Protokoll genommen werden mußten. Zwar hätten diese im wesentlichen nur den Bemittelteren zur Verfügung gestanden, zumindest aber voreingenommene und willkürliche Richter in die Schranken zu weisen vermocht. Doch man drückte sich um diese wichtige Rechtsverbesserung herum und das mit großer Entschiedenheit.[37] Der Bürger sollte letztlich weiter auf die Gerechtigkeitsliebe des Königs und seiner Beauftragten vertrauen.

Kleist hat diesen Widerspruch zwischen den Gerechtigkeits- und Freiheitsproklamationen – dem liberalen Idealismus – seiner Königsberger Oberen einerseits und deren inkonsequenter politischer Umsetzung andererseits bereits in Königsberg bemerkt. Jedenfalls sieht es so aus, als habe er der kürzeren Fassung seines *Zerbrochnen Krugs*, die womöglich bereits zu Beginn der Königsberger Zeit vorlag, erst später, gegen Ende seines Aufenthalts dort, eine längere 12. Szene als ›Variant‹ beigegeben.[38] Geht es in der kürzeren Fassung noch vor allem um die Ermittlung des Täters, so befaßt sich die zweite, längere Fassung gerade mit den oben angedeuteten Rechts- und Machtimplikationen. Kleist geht im ›Variant‹ der Vorgeschichte des verhandelten Falles, eines richterlichen Übergriffs, nach, die Macht- und Vertrauensmißbrauch ans Tageslicht bringt. So wird der äußerlich harmonische, scheinbar alle Beteiligten miteinander versöhnende Schluß kritisch-ironisch unterlaufen. Wurde schon der im Gegensatz zu seinem Vorgesetzten, dem Dorfrichter Adam, studierte Schreiber Licht als raffinierter Intrigant vorgeführt, der immer nur dann der Rechtsfindung zu dienen bereit ist, wenn es ihm Vorteile verschafft – schließlich will auch er Dorfrichter werden, und zwar anstelle Adams –, so wird im ›Variant‹ nun auch der höchste im Stück vorgeführte Justizvertreter, der Gerichtsaufseher des Obergerichts der Provinzialbehörde, Walter, ambivalent dargestellt. Zwar redet dieser viel von Recht und Ordnung, und er versichert ausdrücklich, die Rechtsprechung auf dem Lande verbessern zu wollen, doch zeichnet ihn Kleist so, daß er eigentlich nur das *bestehende* Recht gegenüber den Untertanen *ver*waltet: Er greift nicht in die brutale Rechtsprechung des Dorfrichters ein, als dieser, wider besseres Wissen, einen offensichtlich Unschuldigen, nämlich den Kossäten-Sohn Ruprecht Tümpel, zu Kerker und Halseisen verurteilt. Ja, er ist sogar bereit, dem schuldig gewordenen Dorfrichter trotz allem noch eine Chance zu geben. Es erweist sich daher »in einem tieferen Sinn nicht nur Adam, sondern auch Walter als pflichtvergessener Jurist: Während Adam nur einer menschlichen Schwäche nachgibt und seinen Fehltritt [...] zu verbergen sucht, sind für Walter die »Ehre des Gerichts«, die Autorität der Rechtspflege wichtiger als Recht und Gerechtigkeit selbst. Gerade durch sein Verhalten wird die Justiz aber um so gründlicher desavouiert, das Vertrauen in ihre Integrität nur um so nachhaltiger untergraben, ihr Ansehen erst recht beschädigt.«[39] Seinen geheimen Zweck, ›Recht‹ und ›Ordnung‹ im Staat um jeden Preis Geltung zu verschaffen, verfolgt Walter um so nachdrücklicher gegenüber Eve. Mit ihrer Haltung gegenüber dem Gericht steht und fällt im Stück das Vertrauen der Dorfbewohner in die Rechtsprechung und den Staat. Vor den Augen der Anwesenden muß Walter die Widerspenstige, ein fünfzehnjähriges Mädchen, das seinen Verlobten schützen will, vom richtigen und rechtlichen Vorgehen der Obrigkeiten überzeugen. Er wirft ihr zunächst mangelnde Besonnenheit vor, gibt sich dann als verständnisvoller Patriarch und sucht sie schließlich gar mit Geld ›zu überreden‹; doch keines der Mittel kann ihre tiefsitzende Skepsis gegenüber Staat und Recht überwinden. Erst als Walter ihr Augenmerk auf das Antlitz des für die einfachen Leute noch immer identitätsstiftenden Monarchen richtet, gibt sie nach und glaubt seinen Beschwörungen, daß es mit dem Recht schon seine Richtigkeit habe. Aus dem Happy ending ist ein einigermaßen gespenstisches Happy-End[40] geworden. Triumphiert hat das staatsmännische Geschick eines Staatsbeamten neuen Typs.

Kleists Dichtung läßt Rückschlüsse auf seine Königsberger Amts- und Autoritätszweifel zu und macht uns zu Zeugen seiner erneuten inneren Distanzierungstendenzen. Zeiterfahrung und Schreibvorgang greifen ineinander und machen ihm zu schaffen.

Auch im *Zerbrochnen Krug* ist es Kleist gelungen, eine feste szenische Architektur zu schaffen. Die Komposition selbst wird zum Bedeutungsträger. Der Dichter probiert die Möglichkeiten eines durch ein Prozeßsujet bestimmten Spiels aus. Das Prozeßsujet gibt hier nicht rein zufällig den formalen Handlungsrahmen ab, sondern es erscheint als Experimentierform, die ins Zentrum menschlicher Verhältnisse führt. Im Prozeß wird der Mensch in die Enge getrieben, hier ergeben sich Test- und Bewährungssituationen. Auf dieser Folie kann Kleist verdecken oder offenbaren: Hintergründe, Tatbestände, Kräfte, Charaktere. Hier wird nach der Wahrheit gesucht, kann das Publikum über die Figuren erhoben werden; denn auf *seine* Wahrheitsfindung kommt es am Ende an. Die szenischen Verhältnisse sind dialektisch konstruiert; nicht nur als Gegenüberstellung von Szene und Gegenszene, sondern auch ihrer inneren Struktur nach. Reiche Variationsmöglichkeiten werden erkennbar – bis hin zur spiegelbildlichen Verkehrung.

Kleists Sprach- und Bilddichte hat geradezu lyrische Dimensionen. Für seinen *Zerbrochnen Krug* gilt ein Wort Herders: Dichtung sei höchste Rhetorik. Alles ist aufeinander bezogen und aufeinander abgestimmt, eine Äußerung setzt die andere voraus: ein Spiel nicht nur *über* einen Prozeß, sondern auch begreifbar *als* Prozeß.

Der zerbrochne Krug ist ein Stück der sogenannten offenen Dramatik. Der Widerspruch von Rechtspflege und Gerechtigkeit läßt keine ›Lösung‹ im herkömmlichen Sinne zu. Der Spielleiter Kleist gibt ein Problem an den Rezipienten weiter, von dem er nicht sagen kann, ob oder gar wie dieser es lösen wird.

Kleists Bauernstück ist im Blankvers geschrieben, einem im Klassizismus oft verwendeten Metrum der dramatischen Sprachordnung. Fünffüßige Jamben bilden den Rahmen, innerhalb dessen sich die Sprache bewegt, diese ist erhöht, aber geschmeidig, eine Form, die die Bedeutsamkeit der dargestellten Vorgänge trotz des quasi plebejischen Milieus, in dem sie stattfinden, signalisiert: ein Mittel auch der künstlerischen Selbstdisziplinierung. Mit ihm setzt sich Kleist von der Trivialkomödie der Zeit ab, von ihrer vorgetäuschten Geschlossenheit, der Seichtheit ihrer Entwürfe. Wie im *Amphitryon,* so findet sich auch hier eine Mischung aus Komischem und Tragischem, motiviert durch die Erkenntnis, daß in der gebrechlichen Welt ein ernster ›Fall‹ zwar heiter aufgerollt werden kann, nicht aber heiter zu lösen ist. Hauptquelle des komödischen Vergnügens ist der pfiffige Übeltäter Adam. Doch werden auch groteske Züge erkennbar, oft bleibt einem das Lachen im Halse stecken. Die Namen Licht und Walter sind doppeldeutig, andere verraten ein parodistisches Spiel mit tradierter Symbolik. So will Adam Eve (= Eva) verführen, ist dabei selbst gefallen und wandelt, teuflisch und paradiesesfern, »den schweren Weg der Sünde« (Vs. 24).

Nach seiner Rückkehr ins Preußische widmete sich Kleist erneut der dramatischen Dichtung. Er schuf Lustspiele, die, trotz ihres komödienhaften Schlusses, eine gewisse Unentschiedenheit zwischen Lachen und Weinen, zwischen Chance und Deformation spürbar werden lassen.

Diesen Werken folgen nun andere, die den Zustand der Welt erneut ganz unmittelbar als krisenhaft, tragisch, als Katastrophe und Warnbild zeigen. Dies hängt wieder mit Kleists eigener Grundstimmung zusammen. Was er zu Beginn seiner Diätarausbildung als notwendig angesehen hatte: sich aus der »romantische[n] Zeit [seines] Lebens«[41] zu verabschieden, um sich in ein (letztlich aber doch ihm wesensfremdes) Dienstverhältnis zu begeben, das muß ihm nun, bei zunehmender ›Einarbeitung‹, als Ahnung vom Abgrund erschienen sein, der sich vor ihm auftut. Noch ist ihm das bewußt. Doch bald, nach Vollendung des Ausbildungsjahres, würde er die Königsberger Nische, in die er die »Ruinen [s]einer Seele«[42] zu retten versucht hatte, verlassen müssen. Er würde als höherer Beamter[43] noch größeren Zwängen ausgesetzt sein. Er würde funktionieren müssen in einer ›Walkmühle‹, wie E. T. A. Hoffmann es nannte, der als Kollege und Regierungsrat von der Jurisprudenz in Südpreußen-Warschau sich eben jetzt in die Musik flüchtete. Kleist hatte einiges von der Welt gesehen, er hatte leidenschaftlich gelebt, und er würde nun im »Beamten-Getriebe«[44] zu einem Vollzugsorgan des von ihm nicht eben geschätzten Staates werden müssen. Konnte er das? Wollte er das? Erneut wird ihm der Gegensatz zwischen Dienst und Dichtung bewußt und spaltet sein Inneres.

Von großer Bedeutung wurde nun, daß sein künftiger Einsatz und der Sinn seiner Ausbildung als Verwaltungsfachmann im Reformprojekt durch außenpolitische Entwicklungen plötzlich in Frage gestellt waren. Altenstein würde nun höchstwahrscheinlich seine schützende Hand von ihm abziehen. Nach der Schlacht bei Austerlitz am 2. Dezember 1805, die zwischen Rußland und Österreich auf der einen Seite und Frankreich auf der anderen geführt wurde und die Napoleon, auch weil Preußen sich in letzter Minute herausgehalten hatte,[45] für sich entschied, betrieben die Hohenzollern einen erbärmlichen Länderschacher. Die fränkischen Besitzungen Preußens, darunter Ansbach, eine Exklave, wohin Kleist im Rahmen des Reformprojekts unter Altenstein geschickt werden sollte, wurden gegen den von Frankreich sanktionierten Erwerb des Kurfürstentums Hannover eingetauscht. Kleist vermutete anfangs noch, Frankreich wolle durch Verbreitung derartiger »Gerüchte« bloß »das geheiligte Band zwischen« Fürst und Volk auf[zu]lösen«, als so unglaublich empfand er diesen Akt. Der »Vertauschungs-Plan«[46] fand jedoch statt. Staatspolitisches Engagement wurde wieder höchst zweifelhaft. Der Vertrauensvorschuß, den Kleist bereitwillig gewährt hatte, war aufgebraucht.

In einer solchen Situation mußte er sich gedrängt fühlen, seine Lage noch einmal zu überdenken und seine Zukunft neu zu bestimmen. Würde das Leben als höherer Beamter sich wirklich als so problematisch erweisen, wie es sich mit der Figur des Walter im *Zerbrochnen Krug* darstellte? Sollte sich der Mensch in einem solchen Fall am Ende vielleicht doch in erster Linie als soziales Wesen begreifen, das eben zu dienen hatte? Konnte er, Kleist, sich nicht vielleicht radikal bezwingen und eben darin sein Glück finden? Würde dies nicht auch Chancen zu sinnvoller Bewährung und Freiräume für die Entfaltung eröffnen, wenn er schließlich in einer exponierten Stellung in den Genuß von mehr und größeren Bewegungs- und Spielräumen käme? Und konnte dies eine Ermunterung sein, den eingeschlagenen Weg weiter zu gehen? Oder mußte er sich vielmehr vor der Gefährdung schützen, die ein solcher Weg bereithalten mochte?

Kleist bleibt zunächst unschlüssig; er schreckt vor einer *dritten* Brüskierung des Königs zurück. Doch dann bekommt die Dichtung für ihn erneut einen existentiellen Stellenwert: Nur sie kann er noch als unverfälschte Selbstäußerung und als ein angemessenes Erkundungsfeld anerkennen. Er experimentiert mit Formen der Tragödie und verfährt dabei frei mit seinen Stoffen. Als erstes befaßt er sich mit dem *Mythologischen Lexikon* von Benjamin Hederich (2. Auflage, 1770). Auch andere Schriftsteller hatten dort Rat bei dem Zugriff auf antike Stoffe gesucht und gefunden. Kleist stößt darin auf die interessante Legende von der Begegnung des Griechenhelden Achill mit der Amazonenkönigin Penthesilea auf dem Schlachtfeld vor Troja. Er verändert die Überlieferung nach seinen Zwecken: Nicht Achill besiegt Penthesilea im Kampf, wie Hederich aus alten Überlieferungen herleitete, sondern Penthesilea Achill. Bei Kleist ist Penthesilea gefühlsstark und als Frau besonders geeignet, Fragen aufzuwerfen und zu behandeln, die ihn bedrängten. In einer einfachen Handlung, die die Konflikte ins Innere der Personen lenkt, konzentriert er sich auf die Amazonenkönigin. An der Spitze eines Amazonenheeres greift sie in die Kämpfe um Troja ein. Zweck dieses Kriegszuges ist jedoch nur die Jagd auf Männer, die man im Staat der Frauen zur Fortpflanzung braucht; Neigungen spielen dabei keine Rolle. Als Staatsoberhaupt ist Penthesilea den Normen ihres Staates besonders verpflichtet. Doch verfällt gerade sie in Leidenschaft zu Achill. Sie sucht sich den Auserwählten zu ›erwerben‹: im Kampf. Bei einem ersten Treffen vermag sie Achill in Bedrängnis zu bringen. Bei einem zweiten unterliegt sie. Ohnmächtig gerät sie in seine Hände. Angetan von ihrer Schönheit tötet Achill sie vorerst nicht, sondern gibt sich, auf Bitten von Penthesileas Gefährtinnen, als der Unterlegene. Aus der Ohnmacht erwacht, fühlt Penthesilea sich als Siegerin und am Ziel ihrer Wünsche

Zur *Penthesilea*. Lithographie von Max Slevogt, 1905.

angelangt; Achill, so scheint es, ist ihr Gefangener, und es kommt zu einem Tête-à-tête. Achill erfährt aus ihrem Munde die bislang rätselhaft gebliebenen Hintergründe ihres Heereszuges und erhält durch sie Einblick in die Struktur ihres Staatswesens, das einst durch Erhebung gegen fremde männliche Unterdrücker entstanden war.

Achill erwidert zwar ihre Neigung, doch vermag er die ihm eigene patriarchalische Denkweise ebenso wenig zu überwinden wie Penthesilea ihre amazonische. Und so finden sie nicht zueinander in diesem kurzen glücklichen Moment. Achill möchte sie ebenso als Beute mit nach Hause nehmen wie sie den Achill. Beide lehnen es ab – und sie müssen es aus ihrem jeweiligen Weltverständnis –, dem anderen einfach zu folgen. Die Liebe bleibt also dem Kampf und dem Krieg untergeordnet. So werden beide durch die noch immer kämpfenden Heere wieder getrennt.

Nach dieser Begegnung verwünscht Penthesilea, hin- und hergerissen zwischen Pflicht und Neigung, ihr Dasein als Amazone und bekennt sich zu dem geliebten Mann. Sie hat, auf Achill fixiert, pflichtvergessen ihr Heer an den Rand des Verderbens gebracht, indem die bereits gefangenen Griechen Gelegenheit zur Flucht fanden, so daß die Oberpriesterin, gleichsam als ideologische Sachwalterin des Frauenstaates, Penthesilea wegen staatsschädigenden Verhaltens anklagt. Penthesilea wird ihres Eides als Königin entbunden und für vogelfrei erklärt. Auf der anderen Seite zieht es Achill, wieder im Heer der Griechen, trotz der Warnungen seiner Kriegsgefährten unwiderstehlich zu Penthesilea hin, diesem »wunderbare[n] Weib, // Halb Furie, halb Grazie [...]« (Vs. 2456 f.). Doch begreift er nicht ihre Wandlung zur fühlenden und sich emanzipierenden Persönlichkeit. Er glaubt nicht, daß sie anders als innerhalb der von ihr selbst propagierten Regeln und Konventionen zu gewinnen sei. So meint er ihr entgegenzukommen, indem er ihr, zum Schein, eine neuerliche Aufforderung zum Kampf zugehen läßt. Nach den Worten seines Herolds, dem die Amazonenverhältnisse jedoch unbekannt sind, lautet diese »auf Tod und Leben« (Vs. 2362), den Staub »Zu seines Gegners Füßen aufzulecken« (Vs. 2367). So, meint er, könne sie ihn, um der Form Genüge zu tun, besiegen und ihn dann probeweise für einen Monat zum Rosenfest, jener amazonischen Zeugungsfeier, nach Hause entführen.

Penthesilea erkennt aber nicht die Absicht Achills. Sie begreift nicht, warum er sie gerade jetzt erneut zum Zweikampf zwingt. Die Eigendynamik einer Äußerung löst in dieser Situation, wie nicht selten bei Kleist, ein Mißverständnis aus, dem eine tödliche Kettenreaktion folgt. Penthesileas Verwirrung erreicht den Höhepunkt. Sie ist bis ins Mark getroffen und will nun nichts anderes als die besitzgierige, höhnische Grausamkeit eines »Unempfindlichen« (Vs. 2392) in Achill erkennen. Das alte Feindbild gewinnt in ihr die Oberhand; Penthesilea fühlt die Schuld gegenüber ihrem Volk und sinnt auf Wiedergutmachung. Haß ergreift von ihr Besitz. In einem Wahnsinnsanfall zwischen Exzeß und Eros stürzt sie sich mit ihren Hunden auf den ihr fast unbewaffnet entgegenkommenden Achill und schlägt ihre Zähne in sein Fleisch.

»Ich bin an dieser Greueltat nicht schuldig!« (Vs. 2712)
ruft die Oberpriesterin. Als Penthesilea, wieder bei Sinnen
und umringt von ihren Kriegerinnen, das tödliche Mißverständnis begreift, küßt sie den Leichnam des Geliebten, zerbricht den Bogen der Gründerin des Amazonenstaats, Tanais,
und sagt sich vom widernatürlichen Gesetz des Frauenstaates
los. Den Gefährtinnen rät sie, die Asche der Tanais in alle
Winde zu zerstreuen – und tötet sich, kraft ihres Schmerzes,
indem sie Seele und Willen in einer übermenschlichen Konzentration vereint, mit einem imaginären Dolch, um mit
Achill im Tode vereint zu sein:

> Denn jetzt steig' ich in meinen Busen nieder,
> Gleich einem Schacht, und grabe, kalt wie Erz,
> Mir ein vernichtendes Gefühl hervor.
> Dies Erz, dies läutr' ich in der Glut des Jammers
> Hart mir zu Stahl; tränk' es mit Gift sodann,
> Heißätzendem, der Reue, durch und durch;
> Trag' es der Hoffnung ew'gem Amboß zu,
> Und schärf' und spitz es mir zu einem Dolch;
> Und diesem Dolch jetzt reich' ich meine Brust;
> So! So! So! So! Und wieder! – Nun ist's gut.
>
> *Sie fällt und stirbt.*
>
> (Vs. 3025 ff.)

Der Versuch der Heldin, ihren erweiterten Lebensanspruch in
einer exponierten Stellung zu verwirklichen, ist zum Scheitern
verurteilt. Die Entscheidungsnot, in die sie gerät, hat fatale
Folgen. Als Funktionsinhaberin trägt sie auch Verantwortung
und dadurch ist sie, da sie (schon) über ein ausgeprägtes eigenes
Wollen und Empfinden verfügt, also »stolz und kräftig blüh-
t[e]« (Vs. 3040), wie Kleist sagt, aufs äußerste gefährdet: Vereinsamung, Zerrüttung, Wahnsinn und Perversion stoßen sie
in die Barbarei und bereiten ihr den Untergang.

Kleist sprach davon, daß »[s]ein innerstes Wesen« in diesem
Werke liege: der »ganze Schmutz zugleich und Glanz [s]einer
Seele«.[47] Er stellte damit so deutlich wie in nie einen unmittel-

baren Zusammenhang zwischen seiner Heldin und sich selbst her. Sie, so scheint es, drückte am adäquatesten seine eigene innere Befindlichkeit aus. Freilich wollte er damit nicht sich selbst stilisieren, wohl aber rücksichtslos Stärken und Schwächen seiner Person offenbaren. War er doch, wie er Ulrike einmal schrieb, sanft, wenn die Umstände ihn entspannt sein ließen – und heftig bis zur Ungerechtigkeit, wenn er sich bedrängt fühlte.

Penthesilea agiert, auch darin ihrem Schöpfer nicht unähnlich, leidenschaftlich – und rücksichtslos egozentrisch. Zwar entwikkelt Kleist die Denkfigur des ›Alles oder nichts‹, die er in der Gestalt Guiskards skizziert hatte, mit der Gestalt der Penthesilea weiter, doch bleibt sie nun mit Sicherheit nicht unhinterfragt. Während Rousseau sich generell als Opfer empfand und zur Selbstkritik kaum fähig war, finden wir in der Zeichnung der tragischen Heldin auch Gegenläufiges markiert. Sie zerbricht, unfähig, sich zu zügeln, an der Rebellion ihrer Seele. Dieser Vorgang wird exemplarisch dargestellt, weniger als Bewußtseinsprozeß denn als elementares Ereignis im Innenleben der Figur. Kleist legt Schichten des Unterbewußten frei, erstmals in der deutschen Literatur. Unwillkürliche, selbst ekelerregende Handlungen – man spricht vom ersten literarischen Lustmord – erlangen Sinn und Bedeutung. Der Gestus des Ganzen ist modern. Wir haben es nicht mit einer edlen Iphigenie zu tun, keine wohlgesetzten, gemäßigten Worte sind hier zu finden. Vielmehr prägt Affektives, Unmittelbares, das sich oft nur in Gebärden, Mimik und Interjektionen äußert, viele Passagen dieses Trauerspiels. Nicht ein Wille tritt dem anderen entgegen, sondern Gestalten verschiedener Befindlichkeit agieren auf ganz unterschiedlichen Ebenen. *Penthesilea* gilt als das ästhetisch und sprachlich radikalste Werk Kleists. – Nur mit diesen Gestaltungsmitteln gelingt es dem Dichter, das Verzweiflungsvolle und Problematische der menschlichen Existenz sinnfällig zu machen, den (mißlungenen) Aufbruch der Heldin aus ihren Konventionen und ihrer gehobenen Funktion überzeugend darzustellen. Eine ausgreifende, wirkliche Entfaltung ist ihr nicht möglich. Zwar wendet sich die Königin unbewußt gegen die bestehenden Normen, fällt aber in der entscheidenden Situation in ihre Konventionen zurück. Die Verwirrung ihrer Gefühle führt sie zur Überspannung, die Wirklichkeit wird ihr immer undeutlicher, am Ende verliert sie sie. Das Individuum unterliegt in diesem Konflikt mit der Gesellschaft. Dennoch verweigert es sich zu Recht einer Ordnung, die sich ihm verweigert.

Die einmalige Wucht dieses einaktigen Werkes, die ganze Meisterlichkeit, die den hohen künstlerischen Ansprüchen, die Kleist einst an seinen *Guiskard* stellte, voll genügte – ohne Zweifel hat sie Kleist Zeit und Energie gekostet. Beide hat er von seinen übrigen Pflichten abgezogen, vermutlich auch in vielen langen Nächten zusätzlich Kraft und Ausdauer aufbringen müssen. Er habe sich diese Tragödie »von der Brust heruntergehustet«[48], schreibt er in der zweiten Jahreshälfte 1807, nach ihrer Vollendung, an Christoph Martin Wieland. Offenbar möchte er die Meinung seines ehemaligen Förderers von ihm als einem Versager revidieren, vielleicht aber auch sich damit Luise wieder ins Gedächtnis rufen. »Heruntergehustet«, ja; jedoch nicht in einer einzigen großen Anstrengung. Marie von Kleist, jene kunstinteressierte, einfühlsam-mütterliche Freundin und Mäzenin, von der er weiß, daß sie ihm »gut« ist, er »mag sein wie [er] will«, hat er an seiner Arbeit Anteil nehmen lassen. Einmal schreibt er ihr mit Bezug auf die *Penthesilea* von einem »von caßirten Varianten strotzende[n] Manuscript«, in dem zwar »alles seinen guten Grund« habe, dennoch bewundere er sie, daß sie sich darin habe zurechtfinden und den Text habe »herausklauben«[49] können.

Die aufgezwungene Isolierung in Königsberg, die wenigen Ablenkungen förderten Kleists Versenkung in die künstlerische Arbeit. Dabei behielt er seine bereits früher bewährte experimentelle Grundhaltung bei. Nicht selten wird »[s]ein Gefühl geschwankt«[50] haben, bevor er sich festlegte und sein Werk allmählich fertigstellte.

Auch mit der Entscheidung über den Verbleib im Staatsdienst wird es ihm so ergangen sein.

Ohne eine abermalige krisenhafte Zuspitzung ging es nicht ab. Subjektives und Einflüsse von außen griffen dabei wie immer ineinander. Kleist, ein hochempfindlicher Seismograph, der die Beben der Zeit, die Neustrukturierung der Gedanken- und Gefühlswelt, die Widersprüche und Absurditäten wohl doch genauer registrierte als die meisten seiner Zeitgenossen, erweist sich noch immer als dünnhäutig. In seinem »hiesigen isolirten Zustande«[51] bewegen ihn zunehmend auch politische Vorgänge.

Hatte Kleist 1802, zu Beginn seines Schweizaufenthaltes, noch geschrieben, er habe »gar keine politische Meinung«[52], so weiß er inzwischen aus Erfahrung, daß der einzelne das Weltgeschehen begreifen und insofern eine ›politische Meinung‹ haben müsse. Der politische Standort und das Schicksal des Landes, in dem er lebt, sind ihm nicht mehr gleichgültig. Er kritisiert den für ihn unverständlichen zögerlichen Fabianismus der preußischen Führung bei Ausbruch des dritten Koalitionskrieges. Seit der Generalmobilmachung Anfang September 1805 hatte er auf einen Entlastungskampf Preußens zugunsten Österreichs gehofft und darin eine nationale Tat erkennen wollen. Zu einem solchen Krieg forderten auch die bürgerlichen Zeitungen Berlins auf und natürlich Militärreformer wie Scharnhorst; selbst Hofkreise um den Heißsporn Prinz Louis Ferdinand dachten so. In einem Brief an Rühle von Lilienstern von Anfang Dezember 1805 empört sich Kleist über die kleinliche und selbstische Haltung des Königs in dieser Bewährungssituation. Schließlich handle es sich nicht um »einen gemeinen Krieg«, in dem es um nichts als um den Gewinn von Provinzen gehe; es gehe vielmehr um »Sein, oder Nichtsein«. Die Armee müsse deshalb um »300 000 Mann«[53] verstärkt werden, diese Aufstockung sollte aus Steuerbewilligungen der Stände finanziert werden.

Der Monarch, durch eine starke Adelspartei bei Hofe dazu gedrängt, zog statt dessen einen Pakt mit Napoleon vor. Die Unfähigkeit der Führungsspitze, die innen- und außenpolitischen Probleme zum Vorteil Preußens zu lösen, offenbarte gerade im Zusammenhang mit diesen Vorgängen Ende 1805 die

Führungsschwäche und Orientierungslosigkeit des (schlecht beratenen) preußischen Königs. Kleist muß auch um die zerrütteten Staatsfinanzen gewußt haben. Innerhalb eines Jahres war die Staatsverschuldung von 24 Millionen Talern auf die gewaltige Summe von 54 Millionen gestiegen. Gegen den Widerstand der Reformkräfte[54] wurden 20 Millionen Taler Papiergeld ohne Deckung in Umlauf gebracht, die Inflation angekurbelt und die Schulden des uneffektiven Systems vor allem auf die Handelsbürger und Bauern abgewälzt. Altpreußen war, so schien es, zu keinem Neuanfang aus eigenem Antrieb fähig. Kleist spürt das Morbide des Staatsgefüges, den prinzipienlosen Pragmatismus, der auf eine baldige große Erschütterung des Gemeinwesens zusteuerte. »Man hätte das ganze Zeitungsblatt von heute damals schon schreiben können«[55], wird er im Oktober 1806, als es soweit ist, lakonisch feststellen.

So verblassen auch bei Kleist rasch die Wertvorstellungen der alten Gesellschaft. Eine Beamtenlaufbahn wird ihm ebenso suspekt wie das neuerliche ehrgeizige Streben der Freunde Rühle und Pfuel auf Ruhm und Ehre auf der militärischen Stufenleiter. In Briefen bedenkt er sie mit ironischen Anspielungen. Der Drang der Bürger um ihn herum nach Mehrung der »Güter der Welt«[56] ist ihm ohnehin kein erstrebenswertes Ziel und wird ihm immer fremd bleiben. Kleist befürchtet, der preußische Koloß stehe nur noch auf tönernen Füßen und werde einen »prächtig-schmetternden Fall« erleben. Und werden unter diesen Aussichten nicht alle Wünsche, Strebungen und Begierden ohnehin sinnlos, ja lächerlich? »Denn wie die Dinge stehn, kann man kaum auf viel mehr rechnen, als auf einen schönen Untergang. […] Die Zeit scheint eine neue Ordnung der Dinge herbeiführen zu wollen, und wir werden davon nichts, als bloß den Umsturz der alten erleben.«[57]

Kleists Praktikantendasein wurde Ende 1805 durch Truppen, die zur russischen Grenze zogen und dabei durch Königsberg marschierten, beeinträchtigt. Außerdem hatte Altenstein, der für Kleists Ausbildungsgang verantwortlich war, im Dezember noch nicht zu erkennen gegeben, worauf sich Kleist während seiner einjährigen Diätarzeit eigentlich spezialisieren sollte. Kleist muß selbst nachfragen. Die Antwort kennen wir nicht. In einem Schreiben an Altenstein spricht er von Ängstlichkeit, die ihn überfalle, sobald er vor die Kammer zu treten habe: »der Gegenstand, über den ich berichten soll, verschwindet aus meiner Vorstellung; es ist, als ob ich ein leeres Blatt vor Augen hätte«. Er fühle nach einem Ausbildungsjahr noch immer eine »außerordentliche Unbekanntschafft« mit dem gesamten Bereich der »Verhältnisse des bürgerlichen Lebens [...]«.[58] Ein Schnellkurs auf dem umfangreichen Gebiet der Kameralistik, wie ihn Kleist zweifellos absolvieren sollte, konnte ihn keineswegs sicherer machen. Kenntnisse über Finanzen, Recht, Gewerbe, Domänen, Militär, Polizei und anderes mehr waren anzueignen. Dabei kennen wir nicht einmal den tatsächlichen Umfang seiner Verpflichtungen als Diätar. Kleist argumentiert manchmal taktisch, um Zeit zu gewinnen; und manchmal läßt er durchblicken, daß er etwas nur ganz oder gar nicht machen könne.

Seit Anfang 1806 kommt es verstärkt zu Stimmungsumschwüngen, Grübeleien, seelischen Tiefs. Kleist kränkelt seit dieser Zeit fast ununterbrochen. Er muß wochenlang das Bett hüten, leidet unter psychonervösen Störungen des Verdauungstraktes mit fiebrigen Symptomen, die sein Arzt »wohl dämpfen aber nicht überwinden kann«,[59] wird von Unruhe geplagt, schwitzt und phantasiert. Das Leben in zwei deutlich voneinander geschiedenen Welten, die nervlichen Überforderungen durch die Tagesarbeit im Amt und die nächtliche Arbeit am häuslichen Poetentisch bleiben nicht folgenlos. Zumal ihm jeder körperliche und seelische Ausgleich fehlt. Auch seine quasi zölibatäre Lebensweise, ohne ein geliebtes, liebendes – und ebenbürtiges – Wesen an seiner Seite, wird seine gesundheitlichen Probleme eher verstärkt denn vermindert haben. Er, der den Umbruch seiner Zeit wie kaum einer ahnte, soll sich in »Versenkung, grundlose, in Beschäfftigung und Wissenschafft«[60] begeben können? Welche seelischen Spannungen dies in ihm erzeugte, welch Verlangen nach einer großen, auf-

Kleists Wohnung in der Loebenichtschen Langgasse in Königsberg
(Bildmitte, 1. Obergeschoss). Foto vor 1924.

richtigen und unbedingten menschlichen Beziehung, die sich
über das Niveau der Kleinmütigen erhob, in ihm lebendig war,
welch leidenschaftlicher stummer Klageschrei sein Zimmer
erfüllt haben mag, aus dessen Fenstern sein Blick wenige Meter
über die Gasse auf eine Häuserwand traf – davon gibt uns seine
Penthesilea-Dichtung zumindest eine Ahnung.

Kleist – einer der eruptivsten Autoren.

Als Krug einmal um die Mittagszeit überraschend in Kleists Stube tritt, findet er diesen in tiefer »Verstimmung« im Bett liegen. Zu seiner Frau äußert Krug danach, er »fürchte, unser Freund K[leist] tut sich noch ein Leides an!«[61]

Im Sommer 1806 muß sich Kleist ins Seebad Pillau begeben. Nur selten kann er im Meer baden. Schon vorher sehnt er sich fort. »Der Gedanke will mir nicht aus dem Kopf, daß wir noch einmal zusammen etwas *thun* müssen«,[62] hatte er Rühle bedrängt. Doch der den Freunden angedeutete Plan, gemeinsam nach Australien zu segeln, auf eine große, weit entfernte, von der Zivilisation kaum berührte Insel, dort abzutauchen und sich womöglich als Farmer umzutun, wurde fallengelassen. Während Rühle und Pfuel mit einem solchen Gedanken nur gespielt hatten, war Kleist durchaus bereit, seine Zelte abzubrechen. Da aus der Flucht mit Freunden in ferne geheimnisvolle Weltgegenden nichts wird, zieht Kleist nun die gemeinsame Flucht ins Jenseits in Betracht: »Ach, was ist dies für eine Welt! Wie kann ein edles Wesen, ein denkendes und empfindendes, wie der Mensch, hier glücklich sein!«[63] resümiert er melancholisch. Und Rühle fordert er, freilich vergeblich, auf: »Komm, laß uns etwas Gutes thun, und dabei sterben!«[64]

Daß ihn während dieser Wochen und Monate tiefe Resignation erfüllte, tritt in solchen Briefzeugnissen unverkennbar zutage. In der Dichtung erschließt sich ihm das Mittel, die Depression zu überwinden. Sie erlangt die Bedeutung eines Lebensersatzes und wird zu *seiner* Form der Sinnsuche; sie setzt seine Kräfte und Triebe in Schreibdynamik um. Für Kleist gilt nun: Die Destruktion seiner Persönlichkeit drängt ihn zur Konstruktion von Kunstwerken. »Nun wieder zurück zum Leben! So lange das dauert, werd ich jetzt Trauerspiele und Lustspiele machen.[65] […] Sage mir dreist, als ein Freund, deine Meinung, und fürchte nichts von meiner Eitelkeit. Meine Vorstellung von meiner Fähigkeit ist nur noch der Schatten von jener ehemaligen in Dresden. Die Wahrheit ist, daß ich das, was ich mir vorstelle, schön finde, nicht das, was ich leiste.

Wär ich zu etwas Anderem brauchbar, so würde ich es von Herzen gern ergreifen: ich dichte bloß, weil ich es nicht lassen kann. Du weißt, daß ich meine Carriere wieder verlassen habe. Altenstein, der nicht weiß, wie das zusammenhängt, hat mir zwar Uhrlaub angeboten, und ich habe ihn angenommen; doch bloß um mich sanfter aus der Affaire zu ziehen.«[66]

Es stimmt, daß »der preußische Staat ihn nicht fallengelassen« hat, und es stimmt ebenso, daß Kleist »sich nicht in die Bedingungen des staatlichen Apparates hineinfinden«[67] konnte. Er wäre ohnehin bald stellungslos geworden. Um nicht vollends depressiv zu werden, entwindet er sich vorzeitig dem sozialen Auffangnetz, das der preußische Staat für seine privilegierten Bürger aufgespannt hatte, und wagt abermals den Sprung ins Ungewisse: »Ich will mich jetzt durch meine dramatische Arbeiten ernähren; und nur, wenn du meinst, daß sie auch dazu nicht taugen, würde mich dein Urtheil schmerzen, und auch das nur bloß weil ich verhungern müßte.«[68] Die Königsberger Krise führte ihn aber zu der Erkenntnis, daß er seine Bestimmung als Schriftsteller gefunden habe. Dies war eine späte, aber um so endgültigere Einsicht. In den frühen Schaffensjahren 1802/03 wäre ihm eine solche Entscheidung noch nicht möglich gewesen. Nun ist ihm das Dichten Berufung: Es gebe »nichts Göttlicheres«, als das! Und nichts Leichteres zugleich; und doch, warum ist es so schwer?«[69] Was diese Entscheidung für ihn bedeutet haben mag, verrät uns eine Stelle in einem Brief an Altenstein vom Juni 1806: »Ein Gram, über den ich nicht Meister zu werden vermag, zerrüttet meine Gesundheit. Ich sitze, wie an einem Abgrund, mein edelmüthiger Freund, das Gemüth immer starr über die Tiefe geneigt, in welcher die Hoffnung meines Lebens untergegangen ist: jetzt wie beflügelt von der Begierde, sie bei den Locken noch heraufzuziehen, jetzt niedergeschlagen von dem Gefühl unüberwindlichen Unvermögens. – Erlassen Sie mir, mich deutlicher darüber zu erklären.«[70] Etwas später schreibt er an Ulrike, die Anfang 1806, nach ernsten Meinungsverschiedenheiten über den sich abzeichnenden neuerlichen Entschluß des Bruders, sich endgültig der Schriftstellerei zuzuwenden, zu Verwandten nach Schorin in Pommern abgereist war: »Mein Nervensystem ist zerstört.«[71]

Aufreibend war der Einsatz, mit dem Kleist in Königsberg um künstlerische Leistung rang. Dabei ist er sich über die Gefahren des bürgerlichen Berufs eines Schriftstellers völlig im klaren, und er ist bereit, ihnen ins Auge zu sehen. Was er inzwischen geschaffen hat, rechtfertigt jede Hoffnung: *Der zerbrochne Krug* und *Amphitryon* liegen abgeschlossen vor, die *Penthesilea* ist in Arbeit. Ein paar Monate will er sich nun durch Urlaub Luft schaffen, bis er etwas in Druck gegeben hat und fest auf eigenen Füßen steht. Die 600 Taler, die man ihm jährlich als Diäten bewilligt hatte, werden nicht weiter gezahlt.

Die unmittelbar gesellschaftsbezogene Königsberger Tätigkeit hat Kleist wichtige Impulse vermittelt. Der Aufenthalt in der ostpreußischen Hafen-, Haupt- und Handelsstadt im Kreise von Reformern hatte seinen Sinn und seinen Blick für Realitäten geschärft. Und so kommt es nicht zufällig zu einem beträchtlichen Innovationsschub. In Königsberg konzipiert oder beendet Kleist die meisten seiner Werke von Rang. Trotz depressiver Phasen, die er durchlitt, sehen wir ihn am Ende der Königsberger Zeit, die immerhin länger als eineinhalb Jahre dauerte, selbstbewußter denn je. Selbst seine schräge, enge und kleine, fast winzige Schrift der Zeit um 1800 – in seinen Bekenntnisbrief an Adolphine von Werdeck vom 28./29. Juli 1801 preßte er fünfundvierzig und mehr Zeilen mit je fünfundsechzig bis siebzig Zeichen auf eine Quartseite – weicht immer mehr einem größeren, volleren, kaum mehr gedrängten Duktus. – Auch manches, was nach Königsberg entstand, ist ohne die dort gemachten Erfahrungen nicht zu denken. Seit Königsberg ist Kleist davon überzeugt, daß Veränderungen im Politisch-Ökonomischen für seine Heimat Preußen notwendig sind, daß »mancherlei [...] auf ganz augenscheinliche Weise, einer Ausbesserung oder eines Umbau's«[72] bedarf. Er begreift diesen Umbau vor allem als eine moralische Wende. Dabei fühlt er sich mit seiner Kunst durchaus den Bestrebungen

Auerswalds und seines Kreises sowie Altensteins nahe. Ein Jahr später wird er hierfür sogar um deren Unterstützung bitten.

In Königsberg gelang Kleist vor allem der Durchbruch in der Dramatik. Doch wurde er auch auf dem Gebiet der erzählenden Prosa zu einem Schrittmacher.[73] Kleist gilt bis heute als Begründer des dramatisch zugespitzten Erzähltyps der Novelle in Deutschland. In seinen Novellen ist, wie Wilhelm Grimm 1810 in einer Rezension der *Erzählungen* Kleists hervorhob, »alles außerordentlich, in Sinnes- und Handlungsart wie in den Begebenheiten; aber diese Außerordentlichkeit ist immer natürlich, und sie ist nicht um ihrer selbst willen da [...]; sie ist im Gegenteil, wie es jederzeit sein soll, aus dem Charakter der ungewöhnlichen Personen und aus solchen Lagen der Welt, die das Ungewöhnliche mit sich führen, notwendig hervorgehend, und so ein schönes Mittel, Menschennatur und Welt in ihrer ursprünglichen Kraft und ihrem unerschöpflichen Reichtum heraufzufördern, daß jedes nicht unkräftige Gemüt sich daran erlabe und stärke, und der durch die einförmigen Gewöhnlichkeiten des Tages beschränkte Blick sich höher hebe und erweitere.«[74] Hier erhebt der Rezensent Kleists Erzählart weit über die der zeitgenössischen, empfindungsseligen Liebesgeschichte und die trivialen Erotik-, Grusel- und Abenteuerszenen, die, gleichsam als Meterware, den Markt der damaligen Zeit beherrschten.

In Kleists dramatisch pointierten Novellen wird der Werteverlust in einer Umbruchzeit greifbar. Kleist konzentriert und steigert diesen Vorgang und verdichtet ihn kühn zu nacherlebbaren Charakteren und Begebenheiten. Auch Anregungen aus seinem Berufsalltag dürften in diese Geschichten eingeflossen sein. Zu der Tendenz äußerster Verdichtung und Verknappung tritt bei Kleist in der Regel eine chronistenhafte Berichterstattung, gestützt durch einen sachlichen Sprachstil mit kompliziert gebauten, aber logisch und final gefügten Perioden – höchstwahrscheinlich ein Reflex des verbindlichen Rechtsdokumentenstils dieser Zeit, den er schöpferisch verwandelt und künstlerisch aufgeladen hat.

Für Anwärter auf eine Anstellung in der Kameral-Verwaltung bestand ein wesentlicher Teil ihrer praktischen Ausbildung darin, sich in der Kunst des Referierens und der Kanzleisprache zu üben. Bereits 1800 hatte Kleist, angeregt durch Kants *Anthropologie in pragmatischer Hinsicht*, bei der Belehrung seiner Braut Frage, Voraussetzung und Schlußfolgerung als Methode der Auflösung von Problemen angewandt. Insofern war er in der Referierkunst kein Neuling, und es ist anzunehmen, daß er sie, um sich vor der Kammer nicht zu blamieren, formal virtuos ausgebildet hat. Die Darstellung eines Hergangs »mit Auslassung der unerheblichen Umstände«,[75] aber unter Berücksichtigung aller aufschlußgebenden Haupt- und Nebenumstände, nannte man das Darlegen der species facti. Aufschlußreich ist, daß Kleist sich dabei nicht nur in der Pflicht sah, sich auf unterschiedliche Denkhaltungen der Kollegiumsmitglieder einzustellen. Selbst seine eigene, nach eindeutig rhetorischen Gesichtspunkten und nicht nach den Regeln der Grammatik verfahrende Zeichensetzung in seiner Prosa mag Impulse von diesem adressatenbezogenen Referieren erhalten haben. Was ihn dabei verunsichert haben mag, wird die Art der Aufgabenstellung gewesen sein. Denn man verlangte von ihm ja nicht weniger als die Darstellung der Wirklichkeit nach den Bestimmungen des *Allgemeinen Landrechts der Preußischen Staaten* bzw. nach dem römischen oder Reichsrecht, das heißt nach in seiner Sicht fragwürdigen Normativen. Kleist erlebte die Wirklichkeit des modernen Lebens jedoch als widersprüchlich, hintergründig, dialektisch. Das beweisen alle seine Dichtungen. Die Sprache der Paragraphen griff für ihn entschieden zu kurz. Er begegnete in ihnen einer fixierten, allzu selbstgewissen Rationalität, die nicht wahrhaben wollte, daß es mehr Dinge zwischen Himmel und Erde gibt, als die sogenannte gelehrte Welt sich träumen läßt.[76]

In seiner nach dem *Zerbrochnen Krug* zweiten großen Rechtsprobe, der heute in vierzig Sprachen übersetzten Novelle *Michael Kohlhaas,* erzählt der Autor in ihrer ersten Gestalt

vom Werdegang eines Menschen, der mit Waffengewalt aufbegehrt. Dabei läßt er durch seinen Erzähler gleich eingangs
einen merkwürdigen Widerspruch anführen. Dieser läuft der
üblichen Gerechtigkeitslogik, daß der Beste zugleich der
Glücklichste in der gottgewollt und letztlich ›ordentlich‹ ein-
gerichteten Welt sei, zuwider. Das Widersinnige und zugleich
Außerordentliche der ›programmatischen‹ Anfangssätze der
Novelle liegt darin, daß einer, »der als Muster eines guten
Staatsbürgers hab[e] gelten können«, gerade *weil* er einer der
»außerordentlichsten [...] Menschen« war, zu einem der
»fürchterlichsten« werden konnte, da dieser Mann »in einer
Tugend [...] ausgeschweift hätte. Das Rechtgefühl [...] machte
ihn zum Räuber und Mörder«.[77]

Nach dieser Exposition, die die Neugier des Lesers heraus-
fordert, erfolgt, im Gang der Handlung, eine für Kleist ungewöhnlich deutlich umrissene Motivation der Handlungsweise
dieses Mannes. Die Behauptung von einem ausschweifenden
Charakter belegt sie indessen nicht. Im Gegenteil. Dem Leser
offenbart sich eine »von der Welt wohlerzogene, Seele«.[78] Die
Differenz weist auf eine »Doppelbödigkeit im Verhältnis zwischen Text und Leser«[79] hin; eine Konstellation, wie wir sie
auch in anderen Erzählungen Kleists bemerken. Offenbar soll
sie dazu beitragen, den Leser in einer kritischen Distanz zum
erzählten Geschehen zu halten.

Die Novelle spielt nach dem Bauernkrieg, um 1530. Pfuel,
der wieder ins Militär eingetreten war und den man in eine
ostpreußische Provinzgarnison abgeschoben hatte, soll Kleist
auf die Geschichte des Kaufmanns Hans Kohlhase aufmerksam
gemacht haben. Diese stand auch in der *Märckischen Chronic*,
einer Historiensammlung des Schulrektors Peter Hafftiz aus
dem 16. Jahrhundert, die 1731 von Christian Schöttgen und
George Christoph Kreysig in deren *Diplomatische und curieuse
Nachlese der Historie* [...] aufgenommen worden war. Die
Geschichte des Hans Kohlhase war überdies noch lange in der
Mark lebendig gewesen. Wie bereits im *Zerbrochnen Krug*, so
ist also auch der Konflikt der *Kohlhaas*-Novelle scheinbar in

der Vergangenheit angesiedelt. Dies mochte es Kleist leichter gemacht haben, die durch die Französische Revolution und ihre Folgen aufgeworfene Widerstandsproblematik, an der preußischen Zensur vorbei, zu behandeln.

Der Roßhändler Kohlhaas lebt in geordneten familiären und geschäftlichen Verhältnissen bis zu dem Zeitpunkt als er, mit Pferden zur Leipziger Messe unterwegs, an einen Schlagbaum gerät, vor dem er angehalten und wo ihm, kraft einer vorgeblich landesherrlichen Verordnung, von den Beamten eines Landjunkers ein Passierschein abverlangt wird. Kohlhaas' Behandlung ist entwürdigend und schikanös. Unter Vorspiegelung falscher Tatsachen werden ihm zwei seiner besten Pferde, auf deren Erlös er gesetzt hatte, einbehalten und übel zugerichtet. Auch Kohlhaas' Knecht Herse, den der Roßhändler zur Pflege und Aufsicht über die Pferde zurückläßt, wird mit Schimpf und Schande belegt und vom junkerlichen Hof geprügelt. Da nun entschließt sich Kohlhaas, das Vorkommnis nicht auf sich beruhen zu lassen. Er will, nicht zuletzt im Gefühl der Pflicht gegenüber anderen Mitbürgern, denen ähnliches widerfahren könnte, klarstellen, ob und inwieweit ihm Unrecht geschehen ist. Geduldig sucht er sein Recht bei den zuständigen Instanzen. Doch bis in die höchsten Ebenen hinauf erscheint der Staatskörper als krank. Es besteht kein Interesse, den ›Fall‹ aufzuklären. Die Rechtsprechung ist korrupt und es herrscht üble Vetternwirtschaft. Die wenigen rechtlich Denkenden können sich nicht durchsetzen. Und selbst eine Petition an den Landesherrn endet mit einem Fiasko; denn Kohlhaas' Frau Lisbeth wird beim Versuch, die Petition zu übergeben, schwer verletzt und stirbt. Schließlich wird Kohlhaas von der Staatskanzlei aufgefordert, »bei Strafe, in ein Gefängnis geworfen zu werden, nicht weiter in dieser Sache ein-[zu]kommen«.[80] Entgegen dem Wunsch der sterbenden Lisbeth, der Bibel gemäß seinen Feinden zu vergeben, kann und will Kohlhaas nicht auf seinen Rechtsanspruch verzichten.

Verfiel Penthesilea nach ihrer (auf einem Mißverständnis beruhenden) Kränkung durch den Geliebten in blindwütigen

Haß, so reagiert auch Kohlhaas radikal. Doch bleibt ihm, nach gründlichster Prüfung, wenig anderes übrig. In die Stellung eines Parias gedrängt, greift er zu bewaffneter Selbsthilfe. Er bricht an der Spitze einiger Knechte auf, die Tronkenburg, den Sitz des Junkers, der ihn und die Gerechtigkeit schleifte, zu stürmen, um endlich dem Recht mit Gewalt zum Durchbruch zu verhelfen. Die anarchische Ordnung provoziert eine anarchische Reaktion.

Damit endet die erste, ›fragmentarische‹ ›Kriminal‹-Novelle. Mit der *Penthesilea* hatte Kleist der Wirkung staatlich-gesellschaftlicher Zwänge nachgespürt, hatte die Berechtigung und die fatalen Folgen individueller Reflexe auf diese Zwänge behandelt und die Gewalthandlungen von einzelnen mit den sie hervorrufenden extremen Anlässen in Zusammenhang gebracht. In der Gestalt des Kohlhaas nun werden Ursachen von Gewalttaten zu einem Generalthema. Marode Staats- und Gesellschaftsstrukturen werden zu Geburtshelfern individueller Gewalt und Rechtsanmaßung. Noch hat Kleist rein äußerlich in dem monolithisch wirkenden Text aus der Königsberger Zeit keinen konkreten Staat fixieren wollen, dem seine Invektive gilt. Er beleuchtet eher generell das Verhältnis zwischen Bürger, Junker und Staat und die daraus erhellenden Macht-, Rechts- und Gerechtigkeitsverhältnisse.

Und doch weist bereits der *Kohlhaas* I einen enorm aktuellen Bezug auf. Nach dem preußischen Landrecht war die bewaffnete Selbsthilfe eines Untertanen eine schwere Straftat, von der Abstrafung des Verursachers hingegen wurde nichts gesagt. Immanuel Kant und selbst der führende Reformtheoretiker Kraus taten denn auch das Widerstandsrecht des einzelnen Staatsbürgers als spekulativ und grüblerisch ab; es sei in der Praxis nicht durchführbar. Demgegenüber hatte die aufklärerische Staatsrechtslehre des 18. Jahrhunderts das Selbsthilferecht noch eingeräumt. Alle Menschen, so deren Lehre, sind von Natur aus gleich; und da die Obrigkeit als Ordnungsmacht auf der einen Seite und die Untertanen auf der anderen gemäß dem Naturrecht ursprünglich einen Vertrag eingegangen wären, so träte bei Vertragsverletzung durch eine der beiden Seiten der Fall ein, daß der Vertrag als außer Kraft gesetzt zu betrachten sei und also das Recht auf Notwehr gälte. Kraus übersetzte in Königsberg – wahrscheinlich in der Zeit, als Kleist dort weilte – die *Politischen Versuche* des konservativen englischen Philosophen David Hume, und er wird dessen Auffassungen in seinen Vorlesungen berücksichtigt haben. Hume empfahl, den Untertanen unbedingten Gehorsam einzuschärfen; selbst Tyrannenmorde wurden von ihm als verwerflich bezeichnet. Er begründete dies mit der Bürgerkriegsgefahr, wodurch die Obrigkeit zu verschärften Maßnahmen gezwungen würde, an die sie unter anderen Umständen nie gedacht hätte. Die Gerechtigkeitsverpflichtung der Obrigkeit gründe sich schließlich auf das Gesamtinteresse der Gesellschaft, ihr solle man vertrauen. Sie habe den inneren Frieden und die Achtung vor dem Eigentum zu garantieren. Die Maxime »es geschehe Gerechtigkeit, und wenn die Welt darüber zu Grunde gienge« sei falsch, da sie »den Endzweck den Mitteln aufopfert«. Das Recht auf Widerstand könne deshalb nur in »außerordentlichen Notfällen« zugestanden werden. Dabei ginge es um »die Bestimmung des Grades von Not«[81], der solchen Widerstand als letztes Rettungsmittel rechtfertige. Die Aufzählung von Fällen, auf die dies zuträfe, sei dagegen schon »verkehrt, da wir selbst sonst geneigt wären, sie zu ergreifen und auszudehnen«.[82]

Doch genau das tat Kleist im *Kohlhaas*. Er rückte dem Leser einen Präzedenzfall eindringlich und detailliert vor Augen und forderte ihn heraus, diesen in Betracht zu ziehen. Dabei betonte er in dem in Königsberg zumindest begonnenen Text vor allem die psychischen Vorgänge im Innern des Roßhändlers und seiner Familie; doch zögerte er nicht, ein weiteres Mal, wie in *Penthesilea*, der Verkehrung eines Menschen durch die Verhältnisse, in die er gestellt ist, nachzuspüren.

Die Entfremdung zwischen Obrigkeit und Untertan ist in *Michael Kohlhaas* I total, Veränderungen sind dringlichst geboten. Unübersehbar ist der Bezug zur eigenen Zeit und

Gesellschaft. Die Fassade des europaweit als Rechtsstaat gepriesenen Preußen bröckelte. Die Konsequenz liegt nahe:
Werden den Staatsbürgern, wo immer sie Staatsbürger sind,
ihre Grundrechte – das auf Menschenwürde, auf Gerichts-
schutz, Eigentum, ungehinderte Gewerbeausübung (sie spielen
alle in der Welt dieses Werkes eine Rolle) – in praxi vorenthalten oder durch Unrechtspraktiken in ihr Gegenteil verkehrt, dann steht zu befürchten, daß selbst die redlichsten Untertanen aufbegehren: durch gewaltsame Rebellion mit allen
ihren schlimmen Folgen!

Also wieder ein Warnbild, diesmal adressiert an die Herrschenden? In der Tat, Kleist ›argumentiert‹ reformerisch. Wie
die Reformer will er verändern, aber nicht durch Gewalt (die
Folgen der Gewalt wird er im *Kohlhaas* II vorführen), wohl
aber durch Gewaltprävention, und die kann nur durch strikte
Rechtlichkeit der Obrigkeiten gewährleistet werden. Allein
die vorurteilsfreie Bearbeitung von Rechtsverletzungen rettet
den bereits gefährdeten Staatskörper. Und welche Kräfte
könnten solche Veränderungen bewerkstelligen? Der Widerspruch zwischen den Sprüchen der Reformer und ihren geringen Reformerfolgen war Kleist nunmehr bekannt. Er mußte
ihn schmerzlich in Königsberg, das ja eigentlich als Hochburg
des Reformdenkens und reformerischer Bemühungen in
Preußen galt, zur Kenntnis nehmen. Blieb die Hoffnung auf
die Einsicht der Krone. Sie mußte erkennen, daß Preußen
ohne baldige Modernisierung dem sicheren Untergang ent-
gegenging. Und nur sie konnte der jeglichen Reformen ablehnend gegenüberstehenden Junkerkaste und der korrupten Be-
amtenschaft, im Zusammenwirken mit den Reformern, das
Handwerk legen. Aber die Krone war schwach, selbst nicht
sehr reformwillig und von schlechten Beratern umgeben. Weder gelang es, den Adel zur Zahlung der Grundsteuer heran-
zuziehen, noch den Zunftzwang aufzuheben, weder trennte
man steuerpolitisch Stadt und Land, noch wurde die Bauernbefreiung energisch betrieben, nicht einmal die dem freien
Handel hinderlichen Inlandzölle wurden aufgehoben. Im

Michael Kohlhaas wird ein solcher ›Zoll‹ zum Stein des An-
stoßes.[83]

Vielleicht hat Kleist eine Zeitlang sogar insgeheim den
Wandel der Verhältnisse durch bewaffnetes Aufbegehren als
eine – wenn auch problematische – Möglichkeit ins Auge gefaßt.
Er hat selbst immer wieder in seinem Leben mit dem Staat
Konflikte austragen müssen. Seine auffällige Neigung, in den
Dichtungen Rechtsfälle abzuhandeln, dürfte damit zu tun haben. Er wußte nur zu gut, wie sich unter Druck Neigungen
herausbilden konnten, die keine andere Möglichkeit mehr
boten, als ins Radikale zu eskalieren: Seine Aussteiger-Ent-
schlüsse hatten das gezeigt. In Kohlhaas' Demütigungen erscheinen Kleists eigene Demütigungen eingeschrieben; auch
und gerade die, die er von Standesgenossen erlitt. In der er-
greifend präzisen Zeichnung von Kohlhaas' schrittweiser
Entmündigung erkennen wir Kleists absolutes Erkenntnis-
und Wahrheitsstreben wieder; er kann gar nicht anders, als
den Dingen auf den Grund zu gehen. Bei der Hinwendung
des Roßhändlers zur Rache – dieser ist auffälligerweise bei
Beginn seiner Rebellion ebenso alt wie Kleist beim Abfassen
des ersten *Kohlhaas*-Textes – dürfte ein lange unterdrückter
Trieb des Dichters nach Vergeltung gegenüber ignoranten und
arroganten Machthabern mit federführend gewesen sein. Auf
dem Papier konnte er sich ausleben. Die Gestalt des durch
Kleist legendär gewordenen Roßhändlers ist denn auch zu
Recht mit dem Charakter Kleists in Verbindung gebracht
worden. Man wollte in Kohlhaas die standhafte, ja stur aufs
Ganze gehende Natur des Dichters[84] ebenso wiedererkennen
wie seinen Willen, Menschenwürde und Gerechtigkeit in einer
würde- und rechtlosen Zeit einzuklagen.

Der späte Goethe hat das Werk 1828, wie wir aus einer Auf-
zeichnung Falks wissen, als »artig erzählt und geistreich zusammengestellt« bezeichnet, es jedoch als »gar zu ungefüg«
kritisiert. Es gehöre, schrieb Goethe, »ein großer Geist des
Widerspruches dazu, um einen so einzelnen Fall mit so durch-

geführter, gründlicher Hypochondrie im Weltlaufe geltend zu machen«.[85] Dazu Thomas Mann mehr als hundert Jahre später: »Nun, das ist ganz Goethe, und der ›Kohlhaas‹ ist ganz Kleist, was denn doch auch etwas besagen will. Dieser Dichter war nun einmal nicht der Mann, die Schurkerei des Weltlaufs [...] ministeriell in Schutz zu nehmen.«[86]

Thomas Manns Spitze gegen Goethe ist nur bedingt berechtigt. Kleists Welt- und Menschenerfahrungen entsprach nicht Goethes Denkmuster der Harmonie, das auf dem Glauben an eine (naturwissenschaftlich nicht haltbare, weil erdzentristische) kosmische Ordnung gründete. Mit diesem hatte Goethe auf den jakobinischen Revolutionsterror reagiert. In der allgemeinen Not, gültige humane Werte zu bewahren, setzte er auf die Lernfähigkeit des Individuums. Darauf zielte er ab, er wollte die menschliche Natur bilden. Gerade in chaotischen Zeiten sollte jeder bei sich selbst anfangen und den Willen entwickeln, sich zu seinen Mitmenschen in ein produktives Verhältnis zu setzen.

Kleists poetisches Verfahren baut dagegen, wie wir gesehen haben, gerade darauf, den als autonom angesehenen Rezipienten zu drängen, sein Selbst- und Weltverhältnis angesichts des schlimmen Zeitgeschehens durch Verunsicherung zu überprüfen und sich innerlich für ungeheure Dinge, die geschehen und noch geschehen werden, zu wappnen. – So goutierte Goethe, der ähnlich Kraus jeden Gedanken an einen gewaltsamen Machtwechsel von sich wies, allenfalls Kleists Erzähltalent; im *Kohlhaas* bemerkte er etwas Aufregendes oder doch, wie beim *Amphitryon*, den er ebenfalls kannte, Verwirrend-Beängstigendes. Damit befreunden konnte er sich nicht. Die Ursache für solche Weltdarstellung sieht er hauptsächlich in der psychischen Konstitution des Verfassers, der sich gewaltsamer Motive bediene und sie auf exzentrische Weise entfalte.

Die unterschiedlichen Auffassungen Goethes und Kleists haben unterschiedliche Novellenformen hervorgebracht. Goethe versuchte seinerzeit an den italienischen Renaissanceautor Giovanni Boccaccio anzuknüpfen und in »fröhlich bedeutsame[r]

Lebensbetrachtung«[87] eine philosophisch untermauerte optimistische Grundhaltung zu bewahren. In Kleists Novellistik hingegen begegnen wir einem ausgesprochenen ›Widerspruchsgeist‹; Goethe hat ihn abwertend als hypochondrisch bezeichnet. Mit Charakter und Haltung seines Roßhändlers weist Kleist jedoch auf die Moderne voraus. Diese sorgt sich, wie er, nicht um die Fassung, sondern läßt der Fassungslosigkeit die Zügel schießen.

Als Spätfolgen der Französischen Revolution vollzogen sich um 1806 innerhalb kurzer Zeit in ganz Europa Veränderungen, die einem politischen Erdbeben gleichkamen. 1805 war das Heilige Römische Reich deutscher Nation unter den Schlägen der Heere Napoleon Bonapartes zusammengebrochen und hatte bei nicht wenigen Zeitgenossen die angstmachende Vorstellung vom chaotischen Verlauf der Geschichte erzeugt. In der verlustreichen Doppelschlacht von Jena und Auerstedt am 14. Oktober 1806 stürzte auch die militärische Großmacht Preußen wie ein Kartenhaus in sich zusammen. Es kam nicht einmal zu einem »schönen Untergang«, wie ihn Kleist prophezeit hatte. Die geschlagenen Heeresteile ergaben sich, einige ohne nennenswerten Widerstand, und fluteten in heilloser Flucht zurück. Sogar die preußischen Festungen wurden bis auf wenige Ausnahmen so gut wie kampflos übergeben.[88] Die Städte mußten hohe Geldsummen aufbringen, um die durch die französischen Invasoren angedrohten Zerstörungen abzuwenden. Das preußische Bürgertum war zu schwach, um das allgemeine Staatschaos für seine Zwecke zu nutzen, den alten Verwaltungsapparat zu entmachten und selbst die Führung des Staatswesens zu übernehmen. Die landesweite Konfusion, Tod, Not und Ungewißheit so vieler Menschen ließen jedoch kurzzeitig ein Gefühl schicksalhafter menschlicher Verbundenheit aufkommen. Verkrustungen schienen aufzubrechen, die Aufmerksamkeit schien sich endlich auf das Wesentliche zu richten. In diese Zeit vor oder nach Jena fällt – als unmittelbarer Reflex oder grandiose Antizipation – der Abschluß jener Novelle Kleists, deren Thema die Welterschütterung ist: *Jeronimo und Josephe* oder *Das Erdbeben in Chili.* Hier kommt die Katastrophe, anders als in *Michael Kohlhaas,* von *außen.*

Kleist erzählt mit einer sonst in seiner Prosa nicht anzutreffenden lyrisch gefärbten Sprache von der Liebe zweier junger Menschen unterschiedlichen Standes. Sie haben es gewagt, in einer Ordnung, die soziale Ungleichheit über das Gesetz der Natur stellte, ihr Recht auf Liebe und Entfaltung in Anspruch zu nehmen. Ihre Liebe ist in einem unehelichen Kind sinnfällig geworden. Dieses Verhalten wird als frevelhafte Unzucht verurteilt und soll mit dem Feuertod bestraft werden, der, wie der Erzähler ironisch bemerkt, trotz der Entrüstung der schaulustigen Matronen und Jungfrauen, in eine Enthauptung umgewandelt wird. »Die Satire der gesellschaftlichen Ungleichheit fällt somit zusammen mit der Satire des Bürgertums, das in seiner sozialen Verblendung aller Menschlichkeit Hohn spricht, und bei welchem die Moralauffassung den Sinn für das Leben erstickt hat.«[89] Kleist zeichnet das Bild einer Gesellschaft, deren christliche Fassade jederzeit von der latenten Gewaltbereitschaft durchbrochen werden kann. Man führt ›den Herrn‹ im Munde und ist doch weit von christlicher Nächstenliebe entfernt. Dies zeigt sich in dem mordlüsternen Gebaren der Menschenmenge angesichtes der bevorstehenden Hinrichtung der Frevler.

Neben dieses menschliche Zerstörungspotential stellt Kleist die Zerstörungskraft der Natur. Am Tag der Hinrichtung nämlich verwüstet ein Erdbeben die ganze Stadt. In den Wirren der Katastrophe gelingt es den beiden Liebenden zu fliehen. In einem paradiesischen Tal, wohin sie sich mit Überlebenden aller Stände flüchten, finden sie sich wieder; eine Zeit allgemeiner Menschenliebe und Verbrüderung scheint angebrochen zu sein. Der Dichter zeichnet in der sich liebreich, hilfsbereit und tugendhaft begegnenden kleinen Gemeinde, die von sozialer Ausgeglichenheit, ja Gleichheit geprägt ist, »das utopische Vor-Bild von der revolutionären Umwälzung einer nicht mehr selbstentfremdeten Gesellschaft«.[90] Kleist schrieb damals nach der Katastrophe von Jena: »Es scheint mir, als ob das allgemeine Unglück die Menschen erzöge, ich finde sie weiser und wärmer, und ihre Ansicht von der Welt großherziger.«[91]

Doch eine solche Menschheitswende hatte weder in der Realität eine Chance, noch konnte die realistische Gesinnung des Dichters ihr in der Novelle zum Durchbruch verhelfen: Denn das liebende Paar schließt sich in der idyllischen Situation einer Gruppe von Menschen an, die zum Dankgottesdienst in die einzig erhaltene Kirche strömt. Hier gelingt es dem fanatischen Priester, die Kirchgänger derart aufzuhetzen, daß diese »eine unnatürliche Gesellschaftsordnung zu rächen und zu verteidigen« unternehmen, ohne zu erkennen, daß »diese gerade [sie] benachteiligt«.[92] Jeronimo und Josephe werden erkannt, für das Erdbeben, das als Strafe Gottes zu verstehen sei, verantwortlich gemacht und gelyncht. Zwar kann Don Fernando, von dessen Familie die beiden im Tal der Seligen aufgenommen worden sind, die Liebenden nicht gegen die fehlgeleitete, mordlüsterne Menge vor dem Tode bewahren; man tötet sogar versehentlich dessen eigenes Kind; doch rettet er den unehelichen ›Bastard‹ Jeronimos und Josephes und nimmt ihn an Kindes Statt an.

Die alten Machverhältnisse sind also letzten Endes wiederhergestellt. Die Gesellschaft scheidet fortan als Hoffnungsträger aus. Alle situations- und kontextbedingten religiösen Wertungen stellen sich für den aufmerksamen Leser als Fehlurteile heraus; Gott gibt keine Sicherheit mehr. Diese kann in der furchterregenden Welt nur aus dem Innern einzelner kommen. Mit der Figur des Don Fernando, der uns an Georg, den Drachentöter, erinnert, hat Kleist dafür ein Zeichen gesetzt: Der Dichter verweist so »auf ein moralisches Zentrum im Menschen, von dem aus ein Maßstab für das wirre Geschehen in der Welt aufgebaut wird. [...] Allerdings steht diese Moralität fast immer in einem unaufgelösten Widerspruch zu der dumpfen Brutalität des durchschnittlichen und dominierenden gesellschaftlichen Handelns.«[93] Eine Neuordnung aus dem Geiste der Menschlichkeit, wie sie in der Utopie des Tales kurz aufscheint, hätte eines viel weiter gehenden »Umsturz[es]« der bisherigen »Ordnung der Dinge«[94] bedurft, als ihn dieses ›Vorbeben‹ signalisieren konnte.

Jeronimo und Josephe fallen jedoch nicht allein dem aufgeputschten Mob zum Opfer. In ihrem überschwenglichen Gottvertrauen und in ihrem Glauben an die durch das Beben scheinbar gebesserten Menschen vergessen sie die Macht des Ewig-Gestrigen. Sie sind nicht in der Lage, die Gefahr des Rückfalls der Gemeinschaft in die Barbarei zu erahnen, sich freizukämpfen und das Land, das sie derart demütigte, zu verlassen. Ähnlich wie Penthesilea und Kohlhaas bleiben sie letztlich den anerzogenen Konventionen verhaftet. Sie, die als »Verheißungsträger[n] und Vorboten einer erst noch zu erschaffenden ›neuen Erde‹«[95] galten, werden (auch) Opfer ihrer unbelehrbaren Gutgläubigkeit.

Wiederum also ein Werk, in dem das Motiv des getäuschten Vertrauens eine zentrale Rolle spielt. Für Kleist war das getäuschte Vertrauen in der Königsberger Zeit eine existentielle Problemstellung. Das ist es auch danach geblieben. Noch 1810 erschien Kleist nach Clemens Brentanos Einschätzung als eine »kindergut[e]«[96] Natur; also offenherzig und gut, vertrauenssüchtig und an jeder Art von Betrug über alle Maßen leidend. Vertrauen blieb eine zentrale Kategorie für Kleist und sein Dichten. Mit dem Ende des Vertrauens endete auch das Leben.

Achim von Arnim hat zur gleichen Zeit wie Brentano, scheinbar im Widerspruch zu diesem, vermerkt, Kleist sei »der unbefangenste, fast zynische Mensch, der [ihm] lange begegnet«[97] wäre. Ist dieser Widerspruch auflösbar? Kleist konnte sich sowohl in Schreiben als auch in Gesprächen an sein Gegenüber anpassen, das hatte er im Umgang mit der Familie, mit Vorgesetzten und Ämtern, wenn auch unter schmerzlichen Empfindungen, lernen müssen. In dem hier aufgeführten konkreten Fall wird es so gewesen sein, daß Arnim von ihm die Bestätigung für etwas haben wollte, was Kleist nicht geben konnte, ohne sich selbst zu gefährden[98]: daß er sich 1809 –

wieder einmal aus freien Stücken – um ausländische Militärdienste beworben haben soll. Also wird unter der Oberfläche
der Unbefangenheit doch der Zyniker erkennbar, der zum eigenen Vorteil agierte? Seit der Köckeritz-Begegnung 1804 wissen
wir, daß Kleist in bestimmten Situationen Masken aufsetzte.
Und gegenüber Arnim, der mit seinen Fragen bei ihm an einen
wunden Punkt rührte, hatte Kleist Anlaß, durch die Art seines
Auftretens keinerlei Zweifel aufkommen zu lassen.

Ende 1806: Der Hof flüchtet nach Königsberg. Mit ihm Altenstein, der bald seine Denkschrift über die Erneuerung des
preußischen Staates schreiben wird. Es kommt zu ausführ-
lichen Gesprächen zwischen beiden Männern, und Kleist
kann Altenstein seine »Seele erst jetzt, mit völliger Freiheit,
entwickeln«.[99] Die sich überstürzenden Ereignisse haben ihn
des förmlichen Antrags auf Ausscheiden aus dem Staatsdienst
enthoben. Nun gesteht er Altenstein auch seinen Entschluß,
als Schriftsteller leben zu wollen. Er dürfte bei diesem, der
unter den veränderten Umständen auch der Wirkung von
Kunst wohl eine Bedeutung beimaß, Verständnis gefunden
haben. Eine Anstellung in der Verwaltung gibt es für Kleist
ohnehin nicht mehr.

Ende November trifft das Königspaar in der Stadt ein.
Kleist beobachtet die Vorgänge: Scharnhorst, Neidhardt von
Gneisenau, der energische Verteidiger der Festung Kolberg,
und Ludwig von der Marwitz möchten preußische Militärab-
teilungen für den Widerstand reorganisieren und versuchen,
den König für die Aufstellung von Freiwilligenverbänden und
für eine Volksbewaffnung zu gewinnen; der Freiherr vom
Stein und andere reformerisch gesinnte Kräfte betonen die
Notwendigkeit, gerade in diesen Stunden das innere Reformwerk konsequent in Angriff zu nehmen, um ein Zeichen zu
setzen, mit dem man die Kräfte der Bürger und Bauern für
den Widerstand motivieren könne. Die Königin versucht, diese
Männer um sich zu scharen und ein neues Gemeinschaftsgefühl
zu verbreiten. Kleist bedenkt sie, die früher ihre Gedanken

auf nichts als Kleider und Hoffeste gerichtet hatte, mit hoch-achtungsvollen, rührenden Worten. Seine Stimmung ist hoff-nungsvoll. Doch der König, bald wieder unter dem Einfluß der alten Hofkamarilla, verharrt, Veränderungen scheuend, in seiner destruktiven Haltung. Im Dezember wird es offen-sichtlich: Statt die Dienste der Männer der Reform in Anspruch zu nehmen, enttäuscht er sie. Im Ergebnis des Gerangels hinter den Kulissen besetzen die konservativen Kräfte, die Unbelehr-baren, wieder die Schlüsselpositionen im Staatsapparat: Nicht Hardenberg, sondern Zastrow wird Außenminister und nicht Gneisenau, sondern Rüchel, Kleists ehemaliger Vorgesetzter in Potsdam, der eben noch von der preußischen Armee als der be-sten Europas getönt hatte, wird Gouverneur von Ostpreußen. Die alte Garde macht mobil. Der Finanz- und Wirtschafts-minister Freiherr vom Stein, die Fackel des neuen Preußens, der vom König energisch die Abschaffung des Systems der Geheimen-Kabinettsräte-Regierung fordert, wird von seinem Dienstherrn als ein »widerspenstiger, trotziger, hartnäckiger und ungehorsamer Staatsdiener«[100] tituliert, welcher nur aus Vorurteil heraus handle. Am 3. Januar 1807 führt dies zur so-fortigen Amtsniederlegung Steins.

Innerhalb kurzer Zeit beschreiben die Geschehnisse in Kleists Umkreis eine Sinuskurve ähnlich jener, die sich in sei-nem *Erdbeben* darbietet: Katastrophe von außen, Lichtblick von neuer Gemeinschaftlichkeit, Rückfall ins Gewesene. Die alten Strukturen haben sich auch hier reaktiviert.

Doch zwischen Königsberg und den französischen Truppen steht kaum ein preußischer Soldat mehr. Der Hof flieht am 6. Januar 1807 weiter nach Memel, in den äußersten nörd-lichen Zipfel der zusammengebrochenen Monarchie. Königs-berg ist von Flüchtlingen überfüllt, verschmutzt und voller Angst. Kleists Mittel sind erschöpft, und keine Hoffnung be-steht, hier Manuskripte an Verlagsbuchhandlungen verkaufen zu können.

Mit dem aus französischer Gefangenschaft zurückgekehrten und vermutlich mit Kundschafteraufträgen versehenen Pfuel

sowie zwei weiteren ehemaligen preußischen Offizieren begibt sich Kleist Anfang Januar 1807 auf einen viele hundert
Kilometer langen Marsch westwärts, entlang der pommer-
schen Ostseeküste, durch die von Franzosen besetzten Gebiete.

Ein Schicksalsschlag

Kleist will über Potsdam, wo er bei Marie von Kleist die angeblich ihm gewährte Pension der Königin und die Marie zugesandten Manuskripte zu erhalten hofft, weiter nach Sachsen reisen. Im französisch besetzten Berlin wird er zusammen mit seinen Begleitern Gauvain und Ehrenberg auf dem Gouvernement verhört, wo man eigentlich nur die Pässe für die Weiterreise verlängern lassen wollte. Pfuel hatte sich bereits vorher von der Gruppe getrennt. Die von den französischen Posten in Köslin, Damm und Stettin visitierten Pässe werden ebenso wie die Militärentlassungspapiere der Reisenden für falsch erklärt. Ohne weitere Begründung, jedoch unter dem Verdacht, Spionage für die preußische Armee betreiben[1] zu wollen bzw. bereits betrieben zu haben, hält man sie fest, und am 30. Januar 1807 werden sie verhaftet. Ihnen droht die Todesstrafe. »Vergebens beriefen wir uns auf unsre Unschuld, und daß eine ganze Menge der angesehensten Männer unsre Aussage bekräftigen könnten; ohne uns anzuhören, wurden wir arretirt, und am andren Morgen schon, durch die Gensd'armerie, nach Wustermark abgeführt.« Den »gemeinsten Verbrechern gleich«[2] werden sie in den auf die winterlichen Märsche und Fahrten folgenden Nächten zuerst in feuchtkalte und stickige unterirdische Gefängnisse eingesperrt, dann, unter Bewachung, in ein Zimmer einquartiert. Am 17. Februar erreicht der Transport Marburg, sie ziehen weiter über Mainz und Besançon und treffen am 5. März, nachdem sie rund tausend Kilometer zurückgelegt haben, im Fort de Joux bei Pontarlier am nördlichen Hang des französischen Juragebirges ein. »Nichts kann öder sein, als der Anblick dieses, auf einem nackten Felsen liegenden, Schlosses, das zu keinem andern

Zweck, als zur Aufbewahrung der Gefangenen, noch unterhalten wird [...] das Wetter war entsetzlich, und der Sturm
drohte uns, auf diesem schmalen, eisbedeckten Wege, in den
Abgrund hinunter zu wehen.«[3]

Kleist beschreibt in einem Brief vom 23. April, jetzt schon mit
einer gehörigen Portion Galgenhumor, ihre weitere Behandlung:»Man fieng damit an, meinen beiden Reisegefährten alles
Geld abzunehmen, wobei man mich als Dollmetscher gebrauchte; mir konnte man keins abnehmen, denn ich hatte
nichts. Hierauf versicherte man uns, daß wir es recht gut haben
würden, und fieng damit an, uns, jeden abgesondert, in ein Gewölbe zu führen, das zum Theil in den Felsen gehauen, zum Theil
von großen Quadersteinen aufgeführt, ohne Licht und ohne
Luft war. [...] unsre Fenster waren mit dreifachen Gittern versehen, und wie viele Thüren hinter uns verschlossen wurden, das
weiß ich gar nicht; und doch hießen diese Behältnisse anständige
und erträgliche Wohnungen. Wenn man uns Essen brachte, war
ein Officier dabei gegenwärtig, kaum daß man uns, aus Furcht
vor staatsgefährlichen Anschlägen, Messer und Gabeln zuge-
stand.«[4] Sie werden als Staatsgefangene betrachtet. Gauvain
kommt in dieselbe Zelle, in der man einige Jahre zuvor den
Führer der aufständischen Schwarzen auf Haiti, den Präsidenten
der Republik St. Domingo, Toussaint L'Ouverture, sterben
ließ. – Die drei Gefangenen versuchen trotz der Hindernisse
bereits auf dem Weg nach Frankreich alles in ihrer Macht Stehende zu tun, um ihre Freilassung zu erwirken, zumindest aber
eine menschenwürdigere Behandlung durchzusetzen. Als Kleists
Kameraden erkranken, bittet er für sie um ärztliche Hilfe; die
Gefangenen versuchen, die sie begleitenden Soldaten zu beeinflussen, und unter Kleists Federführung schreiben sie an den
Generalgouverneur von Berlin, Clarke, und an den preußischen Kriegsminister. Sie geben nicht auf, und es gelingt ihnen,
dem Festungskommandanten ihre Lage eindringlich darzustellen – mit dem Erfolg, daß sie schließlich, am 11. April 1807, in
das Kriegsgefangenenlager von Châlons-sur-Marne gebracht

Die Feste Joux im französischen Jura, bei Pontarlier.
Lithographie, 1. Hälfte des 19. Jahrhunderts.

werden, wo sie sich »unter Menschen« wiederfinden, »die von
Schmach und Elend niedergedrückt sind«.[5] Die französische
Lagerleitung gesteht ihnen keinen Sold zu, trotzdem müssen
sie ihre Verpflegung selbst bestreiten, allerdings hält man sie
nun nur noch auf Ehrenwort gefangen, was ihnen Bewegungs-
freiheit in der Stadt verschafft.

Der sensible, sonst eher kränkliche Kleist erträgt die Strapazen und Widerwärtigkeiten der Gefangenschaft unerwartet
besser als seine Gefährten. Er mißt den äußeren Umständen
wenig Bedeutung bei. Es scheint ihm »widerwärtig, unter
Verhältnissen, wie die bestehenden sind, von seiner eignen
Noth zu reden. Menschen, von unsrer Art, sollten immer nur
die Welt denken.«[6] Zeitungen entnimmt er mit »einem Herzen
voll Kummer« Nachrichten über die militärischen und politischen Vorgänge. Marie von Kleist schreibt er im Juni: »Was
sind dies für Zeiten. Sie haben mich immer in der Zurück-

gezogenheit meiner Lebensart für isolirt von der Welt gehalten, und doch ist vielleicht niemand inniger damit verbunden als ich.« Und bange fragt er: »Wo ist der Platz, den man jetzt in der Welt einzunehmen sich bestreben könnte, in Augenblicken, wo alles sein Platz in verwirrter Bewegung verwechselt?«[7] Kleist stürzt sich wieder einmal in Arbeit, sobald es dafür nur einigermaßen erträgliche Bedingungen gibt. Schon im Fort de Joux hatte er alles darangesetzt, an Feder, Tinte und Papier zu kommen. Er arbeitet, wenn auch zeitweise »ohne Lust und Liebe«[8], höchstwahrscheinlich an der kampfdurchtobten *Penthesilea*.

Er schreibt auch an einer neuen Novelle, in deren Mittelpunkt noch einmal die Frage steht, ob und wie sich der Mensch in schwer durchschaubaren, irritierenden Verhältnissen als moralisches Wesen behaupten könne.

Es bedarf keines großen Spürsinns, um die Verbindung zwischen Kleists eigenem gerade erlittenen Schicksalsschlag und dem in der Dichtung gewählten Hauptmotiv der Vergewaltigung zu erkennen. Hier wie da ist es der schuldlose einzelne, dessen Leben der Krieg erschüttert. Zwar waren in den von Frankreich eroberten preußischen Gebieten Vergewaltigungen von Frauen durch französische Soldaten an der Tagesordnung, doch ist anzunehmen, daß Kleist den Ort der Novellenhandlung aus Zensurgründen »vom Norden nach dem Süden«[9] verlegt hat und statt der Franzosen Russen agieren läßt. Auch bei Kleist gab es ja in den frühen Lebensjahren Erlebnisse, die einer ähnlich obsessiven Gewalt entsprungen waren. Kleist schien sich deshalb in die Seelen der Opfer ebenso hineinversetzen zu können wie in die der Täter.[10] Bei den Tätern sind es Position und Gelegenheit, die zu Brutalität verleiten; ebendies ›widerfährt‹ dem Grafen in der Novelle *Die Marquise von O....* Körperliche und seelische Nötigung hatten Kleist zudem bereits in seinen ersten Dramen beschäftigt.

Den schwersten Konflikt durchlebt die Heldin der Novelle selbst. Die Marquise findet sich in einer für sie unbegreif-

Kleist. In der Gefangenschaft von einem Laien gemaltes Bild.
Beschriftung: »subject suspect Henry de Kleyst. Poète Prussyen.«

lichen, ja absurden Situation wieder. Sie ist beim Sturm russischer Truppen auf die Zitadelle, auf der ihr Vater das Kommando führt, während einer Ohnmacht vergewaltigt worden.
Die daraus folgende, ihr unbegreifliche und unerklärliche
Schwangerschaft erschüttert ihr Selbstbewußtsein. Sie ›verliert‹
die Familie – auch hierin scheint etwas von Kleists eigener
Vergangenheit auf –, ihr bisheriges, nie in Frage gestelltes Zuhause, denn Vater, Mutter und Bruder bezichtigen sie des unehrenhaften Verhaltens und der Lüge, und sie wird verstoßen.

Doch in dieser Bedrängnis wächst ihr ungeahnte Kraft zu. »Wenn sich die Normen des gesellschaftlichen Zusammenlebens als unzureichend erweisen, stellt sich für Kleist der Wert oder Unwert des Individuums heraus. Es hat dann keine andere Wahl zu moralischer Entscheidung zu finden, als sich mit rigoroser Konsequenz seine Situation bewußt zu machen und auf dieser Basis entsprechend seinem innersten moralischen Antrieb zu handeln.«[11] Statt in Depressionen zu verfallen, besinnt sich die Marquise auf ihre Bestimmung als Mutter und ist entschlossen, ihren rätselhaften Zustand aufzuklären – schließlich sogar öffentlich, ohne Furcht vor Spott und Entrüstung. Sie findet so zu einer Tat, die ihr Leben neu ordnet. Eine ähnliche Haltung hilft Kleist auch während seiner Haftzeit zu überleben: Er versagt sich die Klage über die Einsamkeit, verbietet sich jede Grübelei und fügt sich den Zwängen, denen ein Gefangener nun einmal unterworfen ist – durch Besinnung auf sich selbst. Auch in der Novelle läßt der Autor seine Heldin gerade im Moment ihrer tiefsten Erniedrigung sich ihrer Würde und ihrer Verantwortung bewußt werden. Auch die Marquise nimmt ihr Schicksal an – durch Besinnung auf sich selbst. Für diesen Vorgang hat Kleist das Wort von der »schönen Anstrengung« gefunden. Er hebt es gleichsam demonstrativ in der Erzählung hervor: Indem die Marquise sich »mit sich selbst bekannt« mache, werde sie fähig, sich »an ihrer eigenen Hand«[12] aus ihrem Unglück zu ziehen. Damit wird eine zeitgemäße Botschaft in der Novelle erkennbar, sie betrifft die sinnvolle Lebensgestaltung in einer scheinbar sinn- und orientierungslosen Zeit: Wer nicht resigniert, den Konflikten, in die er sich gestellt sieht, nicht ausweicht und sie, auf welche Weise auch immer, zu bewältigen sucht, der kann auf Erlösung hoffen: auf einen Gewinn an Individualität und an schöner Menschlichkeit; er kann auf »Anmut«, wie Kleist 1810 diesen Zustand nennen wird, setzen.

Die Marquise sucht also mit Hilfe einer Zeitungsannonce, öffentlich, den »Vater zu dem Kinde, das sie gebären würde«.[13]

Auch Kleist gelangte in seiner Novelle zu einer höchst unkonventionellen Form, sich der Öffentlichkeit poetisch mitzuteilen. Wieder sind es nicht überkommene Sprachmuster, deren er sich bedient, sondern er kreiert eine von jedem rhetorischen Schmuck befreite, protokollarisch stringente Sprachform mit langen, verschachtelten Sätzen und häufig indirekter Rede. Den extremen Konflikt, extrem in Wahl und Durchführung, beschreibt er im Stil eines Chronisten; Kleist will nicht gefällig sein, sondern wagt die scheinbar ›unpoetische‹ Darstellung.

Tatsächlich ist alles in der Novelle streng logisch geordnet und auf das Ende hin ausgerichtet, die Formulierungen sind knapp und präzise, selbst die sprachlichen Übergänge beschleunigen den Redefluß. Kleist versucht, so scheint es, der Unordnung der Realität mit einem ordnenden Prinzip in seiner Dichtung zu begegnen. Doch wird hinter dieser Scheinobjektivierung die Leidenschaftlichkeit seines Denkens und Suchens um so spürbarer; sie setzt den Text gleichsam unter Hochspannung. Scheinbar rational nüchtern konzentriert er sich auf die Hauptsache: Das Gemüt des Lesers soll unter gar keinen Umständen abgelenkt werden. Ein rascher Gang der Handlung, der Verzicht auf Nebenhandlungen und Zurückhaltung bei den Episoden helfen dies zu erreichen. Dialoge dienen der Vergegenwärtigung, die Figuren werden indirekt charakterisiert, treffende Details erfahren wir wie nebenbei.

Die analytische Anlage des Werkes steigert das Tempo und erhöht die Spannung. Kleist setzt das Zeitmaß des modernen Lebens. Häufiger Szenenwechsel verändert den Blickwinkel des Lesers und orientiert ihn auf die (neutrale) Außensicht. Damit entsteht Distanz, auch Raum für ironische Untertöne, förderlich der freien Urteilsbildung, ohne daß dem Erzähler ständig direkt eingreifende Kommentare abverlangt werden müssen. Kleists Erzähler gibt sich nicht allwissend. Er führt, auch hierin modern, lediglich vor und setzt auf die Wirkung im Gemüt. Die Mündigkeit seines Lesers fördert er, wie in seinen Lustspielen, durch ›Information‹, die jener den Figuren voraushaben soll. Eine demokratische Ästhetik.

In der *Marquise von O....* zeigt sich Kleist als souveräner Erzähler. Noch am 31. August 1806 hatte er Rühle gegenüber verlauten lassen, er wolle »jetzt Trauerspiele und Lustspiele« schreiben; von Erzählungen und Novellen war keine Rede. Dennoch hat er seine drei Meistererzählungen (*Michael Kohlhaas, Das Erdbeben in Chili, Die Marquise von O....*) in höchstens eineinhalb Jahren geschaffen. Dahinter wird ein beispielloser poetischer Entwicklungsprozeß erkennbar. Dieser mag zugleich naheliegen, daß es Kleist gelang, dem Schicksalsschlag, der ihn und sein Land getroffen hatte und ihn mit Strapazen, Niedertracht, Isolation, Einsamkeit, ja Tod bedrohte, in einer bewundernswerten Willensanstrengung und mit Konzentration auf eine poetische Aufgabe zu begegnen. So hat er mit der ihm eigenen Fähigkeit zur Steigerung inmitten seines »Schmutz[es]« zugleich auch das Geheimnis seines »Glanz[es]«[14] offenbart. Er muß in dieser Zeit einen enormen menschlichen Reifeprozeß durchgemacht haben, ähnlich wie seine vergewaltigte, am Ende siegreiche Marquise von O....

Wirkungsdrang

Das Lichtbringerprojekt und die Feuerproben

Der Tilsiter Friede beendete vorerst am 9. Juli 1807 den Krieg. Preußen verlor über die Hälfte seines Territoriums und fast die Hälfte seiner Einwohner. Das Land blieb weiter besetzt; in der Pariser Konvention vom August 1808 wurden ihm erdrückende Kriegskontributionen in Höhe von 140 Millionen Talern auferlegt. Napoleon hatte es darauf abgesehen, den Willen der deutschen Nation durch Vernichtung eines ihrer bedeutendsten Staaten zu brechen.

Kleist wurde erst jetzt, nach dem Friedensschluß, entlassen, und am 15. August finden wir ihn in Berlin. Über Potsdam und Wormlage (bei Cottbus), wo er Bekannte und Verwandte, darunter Marie von Kleist, die Massenbachs, die Schönfeldts, die Pannwitzens und Ulrike aufsuchte, kam er nach Dresden. Bereits aus Châlons-sur-Marne hatte er, seine Lage überdenkend, geschrieben: »Glück kann, unter diesen Umständen, niemandem blühen; doch mir am wenigsten. Rühle hat ein Manuscript, das mir unter andern Verhältnissen das Dreifache werth gewesen wäre, für 24 Louisd'or verkaufen müssen. Ich habe deren noch in diesem Augenblick zwei fertig; doch sie sind die Arbeit eines Jahres, von deren Einkommen ich zwei hätte leben sollen, und nun kaum ein halbes bestreiten kann. Inzwischen bleibt es immer das Vortheilhafteste für mich, zurückzukehren, und mich irgendwo in der Nähe des Buchhandels aufzuhalten, wo er am Wenigsten daniederliegt«.[1] Ein solcher Ort schien ihm Dresden zu sein. Die Stadt war Residenz der Könige von Sachsen, das gleich nach der Schlacht bei Jena auf die französische Seite übergetreten und nun Mitglied des von Napoleon gelenkten Rheinbundes war. Dresden zählte damals 50 000 Einwohner und hatte sich als Kunststadt einen

Namen gemacht und Ruhm erworben. Kleist kannte die Stadt von Aufenthalten in den Jahren 1800 und 1801, er lobte ihre Anmut und Schönheit und war immer wieder aufs neue von ihr begeistert. Dort wählte er nun seinen Wohnsitz – nach einer Auflage der französischen Behörden: links der Elbe, auf der Altstadtseite. In Dresden hatte auch Rühle inzwischen eine Anstellung erhalten. Dessen militärpolitischer *Bericht eines Augenzeugen von dem Feldzuge 1806*, in dem Rühle scharfe Kritik an der preußischen Kriegführung übte, hatte die Aufmerksamkeit des Herzogs Karl August von Sachsen-Weimar geweckt, und der ehemalige Leutnant Scharnhorstscher Schule erhielt die Oberaufsicht über die Erziehung des fünfzehnjährigen Prinzen Bernhard, der als Major bei den sächsischen Truppen dienen sollte; in der Terminologie der Zeit: Rühle wurde Gouverneur des Prinzen Bernhard. Er hatte ursprünglich nach Italien auswandern wollen, schlug aber den einträglichen Gouverneurs-Posten nicht aus, und es gelang ihm, auch Ernst von Pfuel und Adam Müller Anstellungen beim Herzog zu verschaffen; von Pfuel sollte als militärischer, Müller als staatswissenschaftlicher Gouverneur die Ausbildung des Prinzen begleiten. Adam Müller, der konservative romantische Philosoph und Staatswissenschaftler, begann eben seine Laufbahn, und so war ihm die Anstellung mehr als willkommen. Er hatte im Winter 1806/07 gut besuchte philosophisch-ästhetische Vorlesungen *Über das Schöne* und *Über den Gegensatz* gehalten und im Frühjahr 1807, als sich Kleist noch in französischer Gefangenschaft befand, dessen *Amphitryon* mit einem rühmenden, das Werk ins Christlich-Religiöse wendenden Vorwort herausgebracht und Kleist so erstes Lob und frühe Anerkennung verschafft. »Willkommen sei, wer einen solchen Freiheitsbrief, eine solche magna charta aus den Händen seiner geliebten Mutter Natur empfangen, willkommen, wer *so* den göttlichen Beruf des Dichters beurkunden kann«[2], schrieb der Rezensent Hans Karl Dippold im Tübinger *Morgenblatt für gebildete Stände*. Eine Dresdner Zeitung bezeichnete Kleist beim Erscheinen des Lustspiels sogar als

Die Dresdner Altstadt, Radierung von Christian Gottlieb Hammer, 1832.

einen der vorzüglichsten jetzt lebenden Dichter. Der Weg für eine schriftstellerische Laufbahn schien geebnet. Kleist machte weitere Bekanntschaften. Er lernte den Arzt und Schriftsteller Karl Friedrich Gottlob Wetzel kennen, schloß sich enger an den Naturphilosophen Gotthilf Heinrich Schubert an, lernte den Direktor der Dresdner Kunstakademie, Christian Ferdinand Hartmann, schätzen, den er bald für die Arbeit an einem Vorhaben verpflichtete und bewegte sich im Kreise der Maler Johann Heinrich Wilhelm Tischbein und Gerhard von Kügelgen, der seit 1805 in Dresden wohnte. Auch der Antikekenner Karl August Böttiger, zu dieser Zeit Direktor der Pagerie, zählte zu seinen Bekannten, und im Hause des einst mit Schiller befreundeten Kunstmäzens Christian Gottfried Körner verbrachte Kleist so manchen heiteren Abend. Hinzu kamen durch Rühle und Adam Müller vermittelte Kontakte zu den Gesandten Frankreichs, Österreichs und Rußlands.

In Dresden fand Kleist seit Jahren erstmals wieder einen Kreis von künstlerisch und philosophisch Interessierten an seiner Seite, die einen niveauvollen Gedankenaustausch und gemeinsame Unternehmungen ermöglichten. Nach den langen Jahren der Isolation wußte er den Wert solcher Kontakte zu schätzen. Er hatte gut vorgearbeitet und wollte nun in die Öffentlichkeit hineinwirken. So durchlebte er in Dresden eine der schaffensreichsten und hoffnungsvollsten Phasen seines Lebens.

Schon bald nach seiner Ankunft entstand der Plan, sich, einem Rat Körners folgend, durch die Gründung einer Buch-, Karten- und Kunsthandlung selbständig zu machen. Kleist wollte Aktionär werden und endlich sein »Auskommen [...] aus einer doppelten Quelle«[3] sichern. »[I]ch bin wieder ein Geschäftsmann geworden, doch in einer angenehmeren Sphäre, als in Königsberg«[4], schrieb er an Ulrike. Man trug sich mit der »Idee [...], klein, und nach lieberalen Grundsätzen, anzufangen, und das Glück zu prüfen; aber, nach dem Vorbild der Fugger u Medicis, Alles hineinzuwerfen, was man auftreiben kann, wenn sich das Glück deutlich erklärt«. Kleist und seine Mitarbeiter, vor allem Müller und Hartmann, wollten ihre Chancen entschlossen nutzen. Und so ging man mit Unternehmungsgeist an die Verwirklichung dieses »Plan[es], der noch eine weit höhere Tendenz hat[te], als die merkantilische«:[5]

Die Freunde dachten nämlich nicht nur daran, sich selbst in der Öffentlichkeit zu etablieren, sie wollten überhaupt die daniederliegende deutsche Kultur zielstrebig fördern. Sachsen war der einzige Staat Deutschlands, in dem die durch Napoleon verhängte Kontinentalsperre industriellen Aufschwung begünstigt hatte; die finanzielle Situation war hier nicht so prekär wie in anderen deutschen Staaten, und man hegte auch stärker als anderswo Hoffnungen und Illusionen hinsichtlich einer Kulturbringerrolle der Franzosen. Auch Kleist und seine Freunde schienen in dieser Hinsicht optimistisch; jedenfalls wollten sie den *Code Napoléon* verlegen, das bürgerliche französische Gesetzeswerk, das auch in den Rheinbundstaaten eingeführt werden sollte. Der französische Gesandte in Sachsen, Jean-François de Bourgoing, hatte den *Amphitryon* nach dessen Erscheinen mit lobenden Worten bedacht und sich interessiert nach dem Autor erkundigt. Er wandte sich an den einflußreichen General Clarke nach Paris und machte den jungen Leuten um Kleist Hoffnung, so schrieb Kleist an die Halbschwester, daß diese »Buchhandlung überhaupt von der französischen Regierung erwählt wird, ihre Publicationen in Deutschland zu verbreiten; wodurch, wie du vielleicht denken kannst, die Assiette des ganzen Instituts mit einem Male gegründet wäre«. Kleist mußte zwar seine Familie beruhigen, nicht voreilig »politische Folgerungen aus diesem Schritte zu ziehn«[6] und etwa eine Kollaboration mit den Franzosen zu vermuten. Er wolle einfach alle nur denkbaren literarischen und politischen Beziehungen nutzen, um sein Verlagsprojekt auf den Weg zu bringen. »Es erfüllt sich mir *Alles*, ohne Ausnahme, worauf ich gehofft habe – «[7], versicherte Kleist seinen skeptischen Lausitzer Verwandten. Er war voller künstlerischer Pläne und ökonomischer Ideen, zeigte sich auf einmal sehr rührig und voll ungewöhnlichem Tatendrang. Er wollte unbedingt das bei der Verwandtschaft dominierende Bild von ihm als Versager, der noch immer kein »Gran Vernunft und Überlegung«[8] angenommen hatte und sich wieder einmal der brotlosen Schriftstellerei hingab, korrigieren und ihnen beweisen, daß sein Weg der richtige sei. Ulrike hatte sich bei General Clarke in Berlin mutig für seine Freilassung eingesetzt. Deshalb war er nun um so stolzer, ihr die ersten Erfolge seiner beginnenden Laufbahn vorweisen zu können. Ja, wenn sie, das Rickchen, in Dresden weilen würde, schrieb er ihr, könne er sie in die vortrefflichsten Häuser einführen; z. B. in das des Geschäftsführers der österreichischen Gesandtschaft in Sachsen, Joseph von Buol oder in die des Appellationsgerichtsrats Körner, des Landrats Boguslaus Peter von Haza-Radlitz und anderer mehr. »Zwei meiner Lustspiele (das Eine gedruckt, das Andere im Manuscript) sind schon mehrere Male in öffentlichen Gesellsch[a]ften, und immer mit wiederholtem Beifall, vorgelesen worden. Jetzt wird der Gesandte sogar, auf einem hiesigen Liebhaber-Theater, eine Aufführung veranstalten […] Auch in Weimar läßt Göthe das Eine aufführen.«[9] Und im Brief vom 25. Oktober steht: »N. S. *den 10ᵗ Oct.* bin ich bei dem östr. Gesandten an der Tafel mit einem Lorbeer gekrönt worden; und das von zwei niedlichsten kleinen Händen, die in Dreßden sind. Den Kranz habe ich noch bei mir. In solchen Augenblicken denke ich immer an dich.«[10] Der 10. Oktober 1807 war sein dreißigster Geburtstag, und es war die einzige (halb)öffentliche Würdigung, die Kleist zu Lebzeiten je erfahren sollte.

Kleist war finanziell nach wie vor von Ulrike abhängig. Sie hatte Geld und konnte ihm das erforderliche Anfangskapital vorstrecken. Brieflich warb er um sie und ihr geschäftliches Engagement. Doch die Schwester schwieg sich über die 500 Taler, die Kleist von ihr erbat, aus. Sie hatte ihre Gründe dafür. Hatte ihr Bruder nicht wiederholt einen strengen Sinn für die Realitäten seiner Finanzlage vermissen lassen? Sie verstand selbst etwas von Geschäften, und das Risiko war größer, als ihr Bruder es wahrhaben wollte. Kleist setzte alles auf die Chance auf Wirkung und Unabhängigkeit und redete und schrieb sich darüber in eine rührende Begeisterung hinein. Seine Freunde und Mitarbeiter ließen sich davon anstecken, an ein jähes Ende der Träume und Wünsche dachte keiner.

Geldmangel war es schließlich, der die Freunde daran hinderte, die Lizenz zur Eröffnung einer Verlagsbuchhandlung zu erwerben. Auch Adam Müllers Antrag auf Erteilung eines Buchhändlerprivilegs[11] wurde aufgrund des hartnäckigen Widerstands der übrigen Dresdner Buchhändler, die Konkurrenz witterten, abschlägig beschieden. Der negative Bescheid traf am 22. Februar 1808 ein. Die Freunde gaben aber nicht auf. Man entschied sich, im Selbstverlag weiterzumachen; wahrscheinlich konnte man dafür die Unterstützung des sächsischen Adligen von Carlowitz, Majoratsherr zu Liebstadt bei Pirna, erlangen. Bereits zu Beginn des neuen Jahres 1808 erschien eine Monatszeitschrift unter dem Titel *Phöbus, ein Journal für die Kunst*, herausgegeben von Heinrich von Kleist und Adam H. Müller. Die bildhaft verschlüsselten Verse des Prologs offenbaren, worum es den Herausgebern bei ihrem Unternehmen ging – um ein antiklassizistisches Kunstprogramm:

Umschlagbild für die ersten Hefte des *Phöbus*. Nach einem Entwurf von
Ferdinand Hartmann gestochen von Johann Benjamin Gottschick.

Wettre hinein, o du, mit deinen flammenden Rossen,
Phöbus, Bringer des Tags, in den unendlichen Raum!
Gib den Horen dich hin! Nicht um dich, neben, noch rück-
                                                        wärts,
Vorwärts wende den Blick, wo das Geschwader sich regt![12]

Bereits bei der Namensgebung des Periodikums zeigte man
sich selbstbewußt. Goethe hatte den *Musenalmanach für 1797*

mit der Elegie *Alexis und Dora* eröffnet, worin Phöbus den von ihm gebrachten neuen Tag verabscheut. Bei Kleist, der offenbar darauf Bezug nimmt, ruft Phöbus, der Sonnengott, zugleich auch Gott der Weisheit und als Appoll der Musenführer, gerade zum lichtbringenden Hineinstürzen ins Heute auf. Er fordert den »Blick« nach »vorwärts«[13], traditionelle Vorstellungen wollte man hinter sich lassen. Denn in den Augen Kleists war Goethes auf Mäßigung und Ausgleich gerichtetes, nach dem (scheinbar) harmonischen Menschen der Antike Ausschau haltendes Denken, das die Dichtkunst eher als hygienisches Institut aufzufassen schien, »unangemessen, unzeitgemäß und vor allem wirkungslos«.[14] Kleist wollte eine ästhetische Wende einleiten, er benötigte dafür nicht ›das Maß‹, sondern den »unendlichen Raum«; denn das Leben ist vielgestaltig, und mit dem bisherigen ästhetischen Regelwerk konnte man ihm nicht beikommen. So sah Kleist Literatur und Kunst als »Kampf«, sprach von »Wettlauf« und »Streit« und – von »Kraft«. In einer Zeit, in der Unsicherheit und Werteverlust dominierten, sollte die Kunst keine Botschaft auf Linderung bringen. Sie sollte sich begreifen als ein atemberaubendes, nicht rechts, nicht links schauendes Hasten und Vorwärtsstürmen, als ein »Tanz um die Erde«.[15] Phöbus Apollon erscheint denn auch auf der Umschlaggraphik Johann Benjamin Gottschicks nach einem Entwurf für einen Theatervorhang Hartmanns, den Kleist als Redakteur für die bildnerischen Beiträge der Phöbus-*Hefte* hatte gewinnen können, nicht in gelassener Ruhe im Kreise der Musen auf dem Parnaß, sondern zieht als Kampfwagenlenker hoch über der Silhouette Dresdens als Sonnengott und Lichtbringer auf.

Die jungen Dresdner Kunstbeflissenen vertraten, ähnlich den Vertretern des ›Sturm und Drang‹ aus dem letzten Drittel des 18. Jahrhunderts, eine Dichtauffassung, die auf die Unmittelbarkeit der Kunst setzte und diese als Waffe in der ästhetischen Auseinandersetzung zu begreifen und zu handhaben suchte.

Man war also auf ein eigenes Profil aus; zugleich stellte man die Maßstäbe der an klassizistischen Normen orientierten

Kritik in Frage. Statt dessen sollte die ästhetische Kompetenz des Lesers gefördert werden, »dessen Mündigkeit überhaupt als Staatsbürger und als Mensch«.[16] So suchte man durch eine gleichsam ›schöne Anstrengung‹ der Erschlaffung der Gemütskräfte im Alltag entgegenzuwirken und eine Bewußtseinserweiterung zu erreichen. Man wollte, durch öffentliche Kommunikation, das individuelle Selbstwertgefühl des Rezipienten heben. In Adam Müllers diesbezüglichem Brief an Friedrich Gentz in Wien sind Kleists Intentionen, ist dessen aufrüttelnde ›Entsetzensästhetik‹ einigermaßen beschrieben: »Wir dagegen wollen, es soll eine Zeit kommen, wo der Schmerz und die gewaltigsten tragischen Empfindungen, wie es sich gebührt, den Menschen gerüstet finden, und das zermalmendste Schicksal von schönen Herzen begreiflich, und nicht als Paradoxie empfunden werde.«[17]

Die Kunstzeitschrift *Phöbus* sollte ein ebenso nationales wie ästhetisches Forum werden, auf dem man sich einer »Weltidee der Kunst«[18] anzunähern gedachte. Werke und Ansichten sollten gegeneinandergestellt, durch Opposition gegenüber dem »flachen Zeitgeist«, dem man mit »Strenge und Ernst«[19] begegnet wollte, vereinigt werden – in einem gleichsam interdisziplinären Mit- und Ineinander von Dichtkunst, Philosophie und bildenden Künsten. Adressaten sollten vor allem die höheren Kreise der Gesellschaft sein, die Einfluß auf die allgemeine geistige und politische Bewußtseinsbildung besaßen.

Man bemühte sich um das Wohlwollen und um Beiträge anerkannter Autoren wie Goethe, Wieland, Jean Paul, den Historiographen Johannes von Müller und die Brüder Friedrich und August Wilhelm Schlegel. Das Unternehmen sollte Bedeutsamkeit ausstrahlen. Doch blieben Beiträge von Autoren außerhalb des Dresdner Bekanntenkreises trotz einiger (unverbindlicher) Zusagen aus, und so mußte man sich vorwiegend auf die Veröffentlichung von Manuskripten der Herausgeber und einiger ihnen Nahestehender beschränken. Müller druckte z. B. Teile seiner *Vorlesungen über das Schöne* und *Über dramatische Poesie und Kunst* ab. Kleist veröffentlichte in der Zeitschrift neben dem ersten *Kohlhaas* und der *Marquise von O....* vor allem Fragmente aus seinen Dramen *Der zerbrochne Krug, Penthesilea, Das Käthchen von Heilbronn* sowie den Torso *Robert Guiskard*. Er wollte sie seinen Lesern vorstellen, diese gleichsam ›anfüttern‹, ohne auf das Honorar für die Buch- oder Bühnenveröffentlichung verzichten zu müssen.

Gleich im ersten Heft erschien ein Abdruck aus der *Penthesilea*, ein sogenanntes ›Organisches Fragment‹. Kleist hatte die Bearbeitung dieses bizarren Dichtungsbrockens in den Dresdner Herbstmonaten 1807 abgeschlossen und damit zugleich einen Schlußstrich sowohl unter die Leiden seiner *Guiskard*-Krise wie auch unter die Verletzungen, die ihm der ungeliebte Staatsdienst zugefügt hatte, gezogen. Nachdem Adam Müller Goethe bereits 1807 Kleists *Zerbrochnen Krug* zur Kenntnis gebracht hatte, wagte es Kleist nun, diesem auch die spröde *Penthesilea*-Tragödie »auf den ›Knieen meines Herzens‹« zur Prüfung vorzulegen. »[...] mögte das Gefühl, das meine Hände ungewiß macht, den Werth dessen ersetzen, was sie darbringen«, schrieb er am 24. Januar 1808 an Goethe. Er konnte sich jedoch nicht enthalten, einige kritische Bemerkungen über die zeitgenössische Bühne in sein Schreiben einzuflechten: Sie wäre – natürlich mit Ausnahme der Weimarer Hofbühne – »weder vor noch hinter dem Vorhang so beschaffen«, daß er, Kleist, auf die »Auszeichnung«[20] einer Inszenierung hoffen noch eine solche wünschen könne, schrieb er in einer Mischung aus Hybris und demütiger Ehrerbietung. Er mochte gehofft haben, daß der Theaterdirektor Goethe bei einer positiven Aufnahme des Stücks auch mit diesem wie mit dem *Zerbrochnen Krug*, den er zur Aufführung annahm und Anfang März in seiner Regie in Weimar herausbrachte, einen Inszenierungsversuch wagen würde. Bereits eine Woche darauf antwortete Goethe. Einem Urteil über die *Penthesilea* wich er geschickt aus. Er habe sich mit dem Stück noch »nicht befreunden« können. »Sie ist aus einem so wunderbaren Geschlecht und bewegt sich in einer so fremden Region, daß ich mir Zeit nehmen muß, mich in beyde zu finden.« Er wurde aber dann doch deutlicher: »Auch erlauben Sie mir zu sagen (denn wenn man nicht aufrichtig seyn sollte, so wäre es besser man schwiege gar), daß es mich immer betrübt und bekümmert, wenn ich junge Männer von Geist und Talent sehe, die auf ein Theater warten, welches da kommen soll. [...] Vor jedem Bretergerüste möchte ich dem wahrhaft theatralischen Genie sagen: hic Rhodus, hic salta! Auf jedem Jahrmarkt getraue ich mir, auf Bolen über Fässer geschichtet, mit Chalderons Stücken, mutatis mutandis, der gebildeten und ungebildeten Masse das höchste Vergnügen zu machen. Verzeihen Sie mir mein Geradezu: es zeugt von meinem aufrichtigen Wohlwollen. Dergleichen Dinge lassen sich freylich mit freundlichern Tournuren und gefälliger sagen.«[21]

Kleist setzte in seinen Werken bislang vor allem junge Frauen, die in ihrer relativ abgeschirmten häuslichen Welt gelebt und ihre Gefühlstiefe bewahrt hatten, unvermittelt den Anwürfen und Fährnissen des modernen Lebens aus; als Repräsentantinnen der gefährdeten Gattung Mensch waren sie für ihn zum Thema geworden. Nun rückt er sie als eigenständige Wesen ins Zentrum seiner Dichtung.

Die Stellung der Frau in der Gesellschaft wurde nach der Französischen Revolution ein Thema in den gebildeten deutschen Kreisen und Kunstzirkeln. 1789 hatte die *Erklärung der Rechte der Bürger und Menschen* auch die Gleichberechtigung der Frau verkündet, und Frauen hatten couragiert in die französische Politik eingegriffen, etwa bei der ›Heimholung‹ des Königs von Versailles nach Paris im Oktober 1789. Um 1800 war es in Deutschland unter Intellektuellen zu einer, wenn man so will, ersten ›feministischen Welle‹ gekommen, die auch in Werken der Literatur ihren Ausdruck fand. Man denke etwa an Schillers *Jungfrau von Orleans* oder an Friedrich Schlegels *Lucinde*, zwei in ihrer Grundtendenz freilich nur schwer vergleichbare Werke. Hinterfragt wurde die über Jahrhunderte nahezu unverändert gebliebene Rolle der Frau. Auch Kleist, der in den Dresdner Freundeskreisen selbstbewußte Frauen und prekäre Partnerschaften kennenlernte, dachte über Bild und Rolle der Frau in der nach wie vor männlich dominierten Gesellschaft und über deren Chancen und Zwänge nach.

In der *Penthesilea* hatte er nicht nur das tragische Schicksal einer Frau gestaltet, die, als Königin, dem unnatürlichen Gesetz unterliegt, für das sie einzustehen gezwungen ist. Er hatte ebenso ihre entfesselte Liebesleidenschaft vorgeführt, »die Urgründe und letzte[n] von Kultur und Zivilisation verschleierte[n] Ziele erotischen Begehrens«.[22] Zwar zeigte er Haß- und Mordgelüste, Komponenten der Liebeslust, in ursächlicher Verflechtung mit staatlicher Perversion und Gewalt. Doch flammte darin auch einiges von der Triebhaftigkeit eines scheinbar archaischen Geschlechterkampfes auf. In diesem schien sich einerseits eine Vertreterin des sogenannten schwachen Geschlechts in beachtenswerter Weise durchsetzen zu wollen; andererseits assoziierte ihr ›Alles oder Nichts!‹ eine Überspanntheit weiblicher Ansprüche. Und wer wollte, konnte das Stück auch als Warnbild vor einer (freilich nie ›drohenden‹) Frauenherrschaft lesen.

Das bedeutete keineswegs einen Rückfall Kleists in alte Denkschablonen. Ihm war nicht daran gelegen, die Frau ins patriarchalische Einerlei zurückzuzwingen. Kleists *Penthesilea* hat, bei genauerem Hinsehen, gerade nichts mit dieser Konvention zu tun, nicht einmal ästhetisch. Wie auch in anderen seiner Werke, in den *Schroffensteins* ebenso wie im *Amphitryon*, ja selbst im *Zerbrochnen Krug*, im *Kohlhaas* und in der *Marquise von O....* war Kleist gerade an der Mehrdeutigkeit überkommener Stoffe, Motive und Charaktere interessiert und ironisierte herkömmliche Denk- und Stilnormen. Mit der Penthesilea hatte Kleist vor allem eine aktive Frauenfigur geschaffen. Sie zeigt sich dem eher passiven Mann überlegen, ist auch physisch durchaus in der Lage, ihm ebenbürtig gegenüberzutreten und selbstbewußt, ja kämpferisch zu agieren. Im

Heinrich von Kleist. Tuschzeichnung in Scherenschnittmanier auf einem Albumblatt, signiert M. E., Künstler unbekannt. Erstes Drittel des 19. Jahrhunderts.

Zwei-Fronten-Krieg gegen Achill und gegen das Gesetz der Tanaïs wird sie freilich zerrieben.

In Dresden nun gestaltet Kleist im *Käthchen von Heilbronn* einen gänzlich anderen Frauentyp. Dieser, so der Dichter, sei »die Kehrseite der Penthesilea ihr andrer Pol, ein Wesen das eben so mächtig ist durch gänzliche Hingebung als jene durch Handeln«.[23] Kleist probiert diese Variante in einem sogenannten »große[n] historische[n] Ritterschauspiel«[24] aus. Nichts mehr von ›unsichtbarem Theater‹, das Goethe bemängelt hatte. Zahlreiche Schauplätze, bewegte, mehrsträngige Handlungen setzen auf die Erzeugung starker sinnlich-theatralischer Effekte. Kleist reagiert damit auf den bisher wenig von ihm berücksichtigten Theateralltag. Schließlich sollen seine Stücke gespielt werden, und er muß Geld verdienen. So kommt er den Ansprüchen des Publikums, soweit er darum weiß, entgegen. In der *Familie Schroffenstein* hatte er das ›klassische‹ Ritterstück umzuformen versucht, indem er es ›weltanschaulich‹ verdichtete. Diesen Weg geht er diesmal nicht. Er kolportiert Stoffe, Motive und Methoden der zeitgenössischen Ritterdramatik, er übertreibt und klischiert, und er überhöht seine ›alternative‹ Heldin zu einem schier unantastbaren Traum- und Märchenwesen. Wieder experimentiert er, zugleich jedoch begibt er sich auf eine Gratwanderung, die in den Widersprüchen der Wirkungsgeschichte gerade des *Käthchens von Heilbronn* bald ihren problematischen Niederschlag finden wird.

Es wird berichtet, daß Kleist, für Außergewöhnliches jederzeit offen, in Dresden den Vorlesungen Gotthilf Heinrich Schuberts interessiert gefolgt sei. Schubert referierte über den damals in den Salons modischen animalischen Magnetismus, über Vorahnungen und magische Gesichte. Sein praktischer Versuch mit dem Mesmerismus zeigte jedoch »keine der gehofften und gewünschten ›wunderbaren‹ Erscheinungen«.[25] Und eine Somnambule, von der es hieß, sie zeige gegen jede Berührung mit Metall eine unüberwindliche Abscheu, soll nicht reagiert haben, als Pfuel sie heimlich mit einem Schlüssel berührte. Kleist soll darauf gesagt haben, »Du, rühre sie mal mit 'nem harten Taler an, den kennt sie gewiß«.[26]

In Kleists *Käthchen* spielen Gesichte dennoch eine Rolle, und Kleist nutzt das in der Romantik beliebte Traummotiv für seine Zwecke, ja erweitert es zum Doppeltraum. Seine Traummotive zeigen jedoch etwas Un-, ja Antiromantisches, seine Träume verklären die Wirklichkeit nicht, sondern führen zu ihr hin.[27] Im Mittelpunkt des Stücks steht die Frage nach dem Für-einander-Bestimmtsein zweier Menschen. Dafür bemüht Kleist transzendentale Kräfte. Also doch ein Lehrbeispiel romantischer Psychologie und Mystik?[28] Oder wollte er damit ›nur‹ schicksalhafte Sympathien und Vorbestimmungen poetisch markieren, wie sie in anderer Weise bereits im Verhältnis Penthesileas zu Achill eine Rolle gespielt hatten?

Käthchen ist zunächst nichts als ein einfaches Bürgermädchen. Durch einen Traum, der ihr, mittels eines Engels, den Grafen Wetter vom Strahl als Geliebten verheißt, wird sie auf diesen in geheimnisvoller Weise fixiert; sie verläßt, obgleich einem anderen versprochen, ohne Zögern ihr Elternhaus und folgt dem Grafen in rührender Ergebenheit. Sie nimmt den Verlust ihres guten Rufes in Kauf, schläft als Magd im gräflichen Pferdestall, um dem Ritter vom Strahl nahe zu sein. Dieser hatte ebenfalls einen Traum, der ihm eine Kaisertochter als Gattin verhieß. Er mußte diesen ›Fiebertraum‹ falsch deuten und strebt eine standesgemäße Heirat mit Kunigunde von Turneck, einer in jeder Hinsicht ›falschen‹ Frau, an. Während sich Kunigunde, »eine mosaische Arbeit, aus allen drei Reichen der Natur zusammengesetzt«, als intrigantes und besitzgieriges ›Vampirwesen‹ entpuppt, das das Käthchen als Rivalin erkannt hat und in das Feuer eines Schloßbrandes schickt, aus dem dieses nur durch den Zugriff der Himmlischen gerettet wird – der Untertitel des Stückes lautet *Die Feuerprobe* –, erweist sich Käthchen schließlich als eine natürliche Tochter des Kaisers, und auf diese Weise erfüllen sich die Traumverheißungen doch noch.

Wetter vom Strahl hatte seine geheime Neigung zu Käthchen zunächst durch schroffe Abweisung unterdrückt, um sich nicht selbst in Versuchung zu bringen. Als er das Mädchen einmal unter einem Holunderbusch im Wachschlaf überrascht, das ihm im Traum gezeigte Muttermal wiedererkennt, sie daraufhin befragt und von ihrem Traum erfährt, erweist sich Käthchens Traum gleichsam als Lösung seines eigenen Rätsels. Von da an tritt er für Käthchens (adlige) Rechte ein und freit die inzwischen durch den Kaiser, welcher, wie sich herausstellt, ihr leiblicher Vater ist, zur Katharina von Schwaben Erhöhte.

In diesem märchenhaften Spiel um die falsche und die richtige Braut sind ironische Töne zwar unüberhörbar, doch dominiert Kleists Harmoniebedürfnis, das in der Dresdner Zeit sehr ausgeprägt war. Auch dieses Stück enthält wieder Hinweise auf Kleists eigenes Leben. Da ist zunächst Wetter vom Strahl, ein Mann, der nur auf Umwegen und durch nicht eben rücksichtsvolles Verhalten[29] gegenüber Frauen zu sich selbst findet. Doch gelangt er endlich, freilich durch die Traumverheißung, aus der Gefühlsverwirrung heraus und findet zu dem Punkt, wo er seiner selbst sicher ist. – Im Zentrum des Stücks steht allerdings die Titelfigur. Sie hat von Anfang an den rechten Glauben an den anderen. Und dieser Glaube ist, anders als der der Penthesilea, unbeirrbar. Hat Käthchens Verhalten gegenüber dem Verheißenen etwas ›Hündisches‹ an sich? Penthesilea wurde aggressiv, überwältigte den Geliebten mit ihren Hunden. Käthchen dagegen übt sich in vollkommener Ergebenheit und endloser Geduld. Kleist ›erklärt‹ ihren Glauben durch die Traumverheißung und einen aus der Schubertschen Vorlesung ›übernommenen‹ Somnambulismus. Käthchen kehrt selbst dann noch zu Strahl zurück, als dieser die Peitsche von der Wand genommen hat, um sie, wie einen Hund, von seiner Seite zu vertreiben. Hier und wohl nur hier setzte Kleist, muß vermutet werden, auf weibliche Anschmiegsamkeit, auf die unbegrenzte Fähigkeit zum Verzeihen, auf weibliche Demut, doch auch auf den entschiedenen weiblichen Willen, an dem, den sie als ihre Bestimmung erkannt hat, unter allen Umständen festzuhalten. Mit dem Käthchen schuf Kleist eine Figur, die in sich ruht, die weiß, was sie will, und dennoch nicht, wie Penthesilea, in eine mörderische Raserei verfällt, als der äußere Schein sich ihren Wünschen nicht fügt. Mit ihr schuf Kleist eine Frau, die die Zumutungen des Schicksals, auch den sozialen Abstieg, standhaft erträgt, lange Zeit, (bis zur ›Verbannung‹ durch Strahl) unerschütterlich auf das gute Ende vertraut und mit dem Mann ihrer Wahl durch dick und dünn geht.

Hat Kleist, so muß man sich fragen, damit aber nicht doch bestehende Klischees von Liebe und Treue bedient?

Die Unbedingtheit der freien Partnerwahl ist der Punkt, um den sich die beiden ›Frauendramen‹ *Penthesilea* und *Das Käthchen von Heilbronn* drehen. Kleist hat die Ähnlichkeit ihrer Protagonistinnen mit dem »+ und – der Algebra« zu umschreiben versucht: beide »gehör[t]en [...] zusammen«, und seien »Ein und dasselbe Wesen, nur unter entgegengesetzten Beziehungen«[30] gedacht. Offenbar wollte er die Verhaltensweisen beider zusammen gesehen wissen. Insofern wäre Käthchen nicht von Penthesilea zu trennen; und die eine wie die andere zeigten Eigenschaften, die zu Kleists poetisch ›diskutiertem‹ Frauenbild dieser Jahre gehörten.

Um den Anspruch auf freie Selbstbestimmung der Frau ging es auch in Kleists Dresdner Bekanntenkreisen. Und zwar nicht nur theoretisch. Wir wissen zum Beispiel, daß sich Kleist in der Scheidungssache des ihm bekannten Sprachgelehrten August Ferdinand Bernhardi verwendet hat. Ebenso ist er in der Scheidungsangelegenheit der Sophie von Haza, die in unglücklicher Ehe mit dem Landrat Peter von Haza lebte, tätig gewesen.[31] Frau von Haza geb. von Taylor setzte ihre Scheidung durch und heiratete 1809 ihren ehemaligen Hauslehrer, Kleists Freund und Mitarbeiter Adam Müller. Zugunsten ihrer Kinder gab sie alle Besitzansprüche auf und erklärte sich, ohne Rücksicht auf die diesbezüglichen Ansichten der ›guten Gesellschaft‹, für eine Bindung aus Liebe.

Auch Kleist selbst dürfte in Dresden, nach den mißglückten Versuchen mit Wilhelmine von Zenge und Luise Wieland, wieder an eine neue Bindung gedacht haben. Als Dichter schien er sich etabliert zu haben, er hatte gesellschaftliche Wertschätzung erlangt, und auch Verdienstmöglichkeiten schienen sich ihm zu eröffnen. Aber würde er überhaupt ein weibliches Wesen finden, das zu ihm paßte, das sein umtriebiges Leben ertrug und seinen Ansprüchen genügte? Ja, war er, mußte er sich andererseits fragen, überhaupt noch zur Liebe fähig? Ähnlich Wetter vom Strahl mochte er befürchtet haben, »das Mädchen, das fähig wäre, ihn zu lieben, sei nicht vorhanden; Leben aber ohne Liebe sei Tod [...]« (Z. 1203-1205). War sein Herz womöglich bereits geschrumpft, abgenutzt, wie er an Marie seinerzeit geschrieben hatte? Waren die

Wünsche und die Spontaneität der Jugend dahin? Sollte sich also bestätigen, was er einst Wilhelmine zum Abschied geschrieben hatte: er werde keiner anderen je seine Hand geben als ihr, seiner »*Jugendfreundinn*«[32], auch wenn ihrer beider Liebe keine Erfüllung fände? In dem (nach La Fontaine geschriebenen) Gedicht *Die beiden Tauben* zeichnet er den Weg eines ›weitgereisten‹ Täubers und seine Rückkehr in die Heimat symbolisch nach. Das Gedicht ist wahrscheinlich noch in Königsberg entstanden und erschien im Februar 1808 im *Phöbus*; die letzten Verse lauten:

> Wann kehrt ihr wieder, o ihr Augenblicke,
> Die ihr dem Leben einz'gen Glanz erteilt?
> So viele jungen, lieblichen Gestalten,
> Mit unempfundnem Zauber sollen sie
> An mir vorübergehn? Ach, dieses Herz!
> Wenn es doch einmal noch erwarmen könnte!
> Hat keine Schönheit einen Reiz mehr, der
> Mich rührt? Ist sie entflohn, die Zeit der Liebe – ?[33]

Wir wollen hinsichtlich der Partnerschaftsfrage eine Überlieferung Bülows, des ersten Kleist-Biographen, nicht überbewerten, aber sie auch nicht übergehen. Danach habe Kleist in Dresden um Juliane Kunze, die hübsche, gesangbegabte und bemittelte Stieftochter Körners, geworben und seine Neigung sei auch erwidert worden. Doch habe er von ihr verlangt, sie solle mit ihm korrespondieren, ohne ihrem Onkel und Vormund, dem Apellationsrat Körner, und dessen Familie davon Kenntnis zu geben. Julie habe diese Forderung Kleists, die ihm allerdings ziemlich ähnlich sieht, jedoch als Verstoß gegen die Gepflogenheiten abgelehnt. Dora Stock, eine Schwägerin Körners, die mit im Dresdner Haushalt lebte und Kleist ablehnte, sei ohnehin gegen diese Verbindung gewesen. Pfuel, der zu dieser Zeit neben Kleist wohnte, will ihn nach (dieser?) Zurückweisung »acht Tage wahnsinnig und rasend in seiner Stube gehabt«[34] haben. Kleist fühlte sich offenbar als der Gekränkte, deutete die Ablehnung als einen Mangel an Liebesfähigkeit Julie Kunzes. Nur eine starke Neigung aber konnte nach seiner Auffassung den nötigen Mut zur Befreiung aus jeder Konvention aufbringen. – Julie Kunze heiratete im Herbst 1808, einundzwanzigjährig, einen vermögenden Adligen. Die große Enttäuschung darüber soll Kleist dazu bewegt haben, im Käthchen von Heilbronn ein, vielmehr sein Wunsch- und Gegenbild zu entwerfen.

Manche Heldinnen Kleists, das fällt auf, sind sehr jung, zumeist nicht älter als fünfzehn. Ihre Gefühle sind noch unbedingt, ihr Wesen voller Anmut. Man ist versucht, an die Kind-Frauen der frühen Romantiker zu denken, an Novalis' Sophie, an Tiecks Henriette, an Hoffmanns Julia. Diese Geschöpfe empfahlen sich ihren Verehrern als idealische Mädchentypen im ›goldnen Zeitalter der kindlichen Menschheit‹, wie Herder und Rousseau es verkündet hatten. Und sie wurden als ›wahre‹ Lieben des Herzens, als Verkörperungen der Sehnsucht nach dem Unverfälschten, als ambivalente Wesen vor jeder Sexualität, zu Objekten der schöpferischen Phantasie ihrer Verehrer. Sie kehrten in Gedichten, Gesängen und Geschichten wieder und verkörperten jene andere Weiblichkeit, die durch die einseitige, aufklärerische Fixierung auf die Mutterrolle der Frau und den bürgerlichen Ehealltag nahezu in Vergessenheit geraten war. Selbst Goethe hatte im *Wilhelm Meister* 1796 mit ›seiner‹ Mignon einen Wildfang von zwölf Jahren geschaffen und damit, sogar als erster deutscher Dichter dieser Zeit, eine ganz ähnliche ästhetisch-erotische Projektion gewagt.

Kleists ›Kindsbräute‹ sind anderer Natur. Sein Käthchen entstand zwar im Umkreis der Romantik und mit Blickkontakt zu ihr, doch legte er sie nicht, wie gelegentlich die Romantiker, sexuell ambivalent an. Käthchen tritt ähnlich Josephe, ähnlich Penthesilea, deren Ausruf »Staub lieber, als ein Weib sein, das nicht reizt« (Vs. 1235) nahezu sprichwörtlich geworden ist, ganz natürlich als ein Wesen in Erscheinung, das die sexuelle Begierde des geliebten Mannes erregt, ja, sie provoziert. Ziemlich unromantisch ist auch Kleists ›Lösung‹: Liebende und Geliebter laufen in den Hafen der Ehe ein.

Im Spiegel seiner vor und in der Dresdner Zeit entstandenen Werke muß uns Kleist als ein Mann mit erheblichen sexuellen Problemen erscheinen. Wird *Penthesilea* verschiedentlich gar als das Trauma eines Mannes gedeutet, der ein grundsätzlich gestörtes Verhältnis zum anderen Geschlecht hatte, so ist nun, im *Käthchen von Heilbronn*, nach der Alkmene, nach Eve, nach der Penthesilea und der Marquise von O...., in einer gleichsam fünften Feuerprobe der Weiblichkeit[35], eine ausgeprägte, ganz aufs Weibliche gerichtete erotische Phantasie im Spiel. Am deutlichsten ablesbar ist sie am großen Monolog Strahls nach dem Verhör vor dem Femegericht. Der Graf ist von Käthchens Vater angeklagt, das Mädchen mit teuflischer Zauberkunst an sich gefesselt zu haben. Wieder in der freien Natur, schwärmt er von Käthchens »junge[r] Seele«, die »heut nackt vor mir stand, von wollüstiger Schönheit gänzlich triefte, wie die mit Ölen gesalbte Braut eines Perserkönigs, wenn sie, auf alle Teppiche niederregnend, in sein Gemach geführt wird!« (II/1). Ebenso sprechend ist das Bild vom brünstigen Hirsch, mit dem sich Strahl vergleicht, als er sich in des Käthchens »junge Reize« stürzen (V/12) will. Und bevor sich der Ritter dem halbentblößten Käthchen unterm Holunderbusch nähern darf, hat sie bereits, nicht eben undelikat, ihre Dessous am Busch aufgehängt.

Den sexuellen Sehnsüchten auf der einen Seite entsprechen, völlig plausibel, die erotischen Ängste auf der anderen: die Furcht Strahls vor einer Frau ohne Reiz; die Angst, hinter der Maske »milde[r] Herrlichkeit« (V/6), mit der die Kunigunde ihm ihre falsche, bloß kosmetisch gestützte Weiblichkeit darbietet, könnte sich nichts anderes verbergen als berechnendes Raffinement.

Kleist hat sein *Käthchen* umgearbeitet, soviel wissen wir. Da uns die Überlieferung hier im Stich läßt und wir keine Vergleichsmöglichkeiten haben, wissen wir nicht genau, in welchem Umfang er seinen Text transformiert hat und welcher Art die Eingriffe im einzelnen waren. Kleist hat später nur ganz allgemein geäußert, er habe sich durch »die Absicht,

Käthchen und Wetter vom Strahl unter dem Holunderbusch.
Stich von Carl August Schwerdgeburth nach Johann Heinrich Ramberg, 1831.

es [das *Käthchen von Heilbronn*] für die Bühne paßend zu machen, [...] zu Mißgriffen« verführen lassen, welche er »beweinen«[36] möchte.

Die im *Phöbus* veröffentlichten Texte Kleists trugen in ihrer Gesamtheit nicht eben dazu bei, beim aufgeklärten Adel und im Bildungsbürgertum, für die sie gedacht waren, Begeisterung zu wecken. Sie führten eher etwas Provokantes mit sich. Die aufgeworfenen Probleme und die Schonungslosigkeit der Darstellung sowohl im *Michael Kohlhaas* wie auch im *Zerbrochnen Krug,* in der *Penthesilea* und in der *Marquise von O.…* suchten weder Harmonie noch Versöhnung der Gefühle. Die ungewohnte Erzählweise, der neuartige Stil, die ungewöhnlichen Motive trugen das Ihre dazu bei, den Leser, selbst den geneigten, der anderes gewohnt war, einzuschüchtern und zu brüskieren. Die Vergewaltigung der jungen Witwe im Zustand der Bewußtlosigkeit in der *Marquise von O.…* rief Kopfschütteln hervor. Dora Stock meinte, so etwas könne »kein Frauenzimmer ohne Erröten lesen« und fragte besorgt: »Wozu soll dieser Ton führen?«[37]

Kleists analytisch gebauter Einakter um einen zerbrochenen Krug wurde selbst von Goethe ästhetisch mißverstanden. Die Uraufführung am 2. März 1808 in Weimar wurde ein Reinfall. Vor allem die, entsprechend den Weimarer Theaterregeln, vom Regisseur Goethe vorgenommene Zerlegung des Stücks in mehrere Akte beschädigte seinen Rhythmus, was zu unerträglichen Längen führte. Es gab Mißfallensbekundungen bei der Premiere, man besprach das Stück als »Machwerk« für einen »geschmacklose[n] Schulmonarch[en]«[38] und als üble Schenkenszene. Kleists Aufdecken übler Rechtszustände, sein Beharren auf gesunden Beziehungen zwischen Obrigkeit und Untertanen waren selbst der als aufgeklärt geltenden Weimarer Hofgesellschaft nicht vermittelbar. Der Weimarer Herzog, bei der Aufführung zugegen, beklagte, er habe sich mit dem »Kleist des zerbrochenen Topfes«[39] nicht amüsieren können, und die Hofdame Henriette von Knebel notierte, mit ihrem Wort vom »Abgeschmackte[n]« durchaus den Kern der Sache treffend: »Die Prinzeß [Karoline von Sachsen-Weimar] meint, daß die Herrens von Kleist gerechte Ansprüche auf den Lazarusorden hätten. Der moralische Aussatz ist doch auch ein böses Übel.«[40] Nur wenige erkannten damals den Wert des Stückes, und nur selten wagten Bühnen im 19. Jahrhundert eine Neuinszenierung. Daß die hohen Herrschaften in Weimar sich an jenem 2. März 1808 langweilten, konnte eigentlich niemanden wundern. Das Stück war schließlich eine Dorfkomödie und präsentierte einen rustikalen Realismus, zudem gab es kaum Handlung, die Aufführung lebte vom Wort und mußte von dorther erschlossen werden. Ein mühsames Geschäft für den damit Unvertrauten. Im übrigen war das Stück mit einem Singspiel gekoppelt worden.

Das Weimarer Premierendebakel blieb nicht ohne Folgen. Als man Kleist die Meinung zutrug, Goethe allein sei daran schuld gewesen, er »habe absichtlich das Stück [...] zum Fallen gebracht«[41], reagierte Kleist empfindlich; er soll vorgehabt haben, Goethe deswegen zum Duell zu fordern. Auch soll er einen Brief an den weimarischen Ersten Minister von Müffling geschrieben haben, der jedoch, falls es ihn überhaupt gegeben hat, nicht überliefert ist. Letzte Klarheit läßt sich nicht mehr in die Sache bringen. Doch Goethe kam das Gerücht zu Ohren. Es trug wesentlich dazu bei, daß er von nun an eine Abneigung gegen Kleist hegte und ihm eine »schwere Verirrung der Natur« nachsagte, »die den Grund ihrer Entschuldigung allein in einer zu großen Reizbarkeit der Nerven und Krankheit finden« könne.[42] 1826 ließ er sich sogar zu einem folgenschweren Urteil hinreißen, das Ludwig Tieck, den ersten Kleist-Herausgeber, nicht unbeeinflußt ließ und das in mancher Beziehung bis heute nachwirkt: »Mir erregte dieser Dichter, bei dem reinsten Vorsatz einer aufrichtigen Teilnahme, immer Schauder und Abscheu, wie ein von der Natur schön intentionierter Körper, der von einer unheilbaren Krankheit ergriffen wäre.«[43]

Freilich rechtfertigt dieses einseitige Urteil nicht, Goethe und Kleist gegeneinander auszuspielen. Weder ist es richtig, dem Älteren Eifersucht auf das Talent des Jüngeren zu unterstellen, noch erklärt man in dem Verhältnis beider zueinander etwas dadurch, daß man Kleist einen Kronerben-Komplex gegenüber Goethe andichtet.[44] Zwar stimmt es, daß Goethe kaum Sinn für die Qualität von Kleists Dichtung hatte, ja sie zum Teil schroff ablehnte, dagegen manchen zweitklassigen Autoren mit Wohlwollen begegnete und sie gefördert hat. Das wird sich aber weniger auf Kleists sprachliche Eigenart und auf seine dichterischen Innovationen zurückführen lassen. Weiter führt hier Goethes Vorwurf der Hypochondrie im Zusammenhang mit dem *Michael Kohlhaas*. Goethe hatte eine prinzipiell andere Auffassung von der Rolle des Individuums im Weltganzen und von der Funktion der Dichtung darin. Es ging dabei auch darum, mit welchen ästhetischen und moralischen Konzeptionen man dem angebrochenen 19. Jahrhundert begegnen könne und müsse.

Kleist neigte, wie bereits angedeutet, eher zum Analogisieren als zum Differenzieren. Er faßte das Weltganze aufgrund seiner preußischen und französischen Erfahrungen und der daraus resultierenden Verstörungen zumindest als eine sehr gebrechliche Einrichtung auf. In einer solchen Welt befindet sich der einzelne Mensch stets in der Defensive, seine Existenz wird laufend durch irgend etwas bedroht, aufzubegehren vermag er nur spontan, kreatürlich unter dem Druck von Zeit und Gesellschaft. Widersprüche im Weltgeschehen sind für Kleist eine Ursache menschlichen Leidens.

Goethe sah die Welt eher als ein kohärentes Ganzes, das sich nach den Gesetzen von Polarität und Steigerung entwickelte. Für den einzelnen Menschen komme es darauf an, eine Vernünftigkeit und Gesetzlichkeit der Welt zu erkennen, sich produktiv zu ihr zu verhalten und dadurch seine Individualität zu potenzieren. Goethe sah die Welt in ihren Widersprüchen, sie förderten die Daseinssteigerung. Ursachen für permanentes Leid waren sie ihm, der im übrigen zeitlebens frei von materiellen Sorgen war, nicht.

Bald nachdem die ersten *Phöbus*-Hefte erschienen waren, hatte Kleists und Müllers Journal mit Absatzschwierigkeiten zu kämpfen. Der ohnehin kleine Markt für derartige Produkte war, zumal »in dieser, für die Kunst, höchst ungünstigen Zeit«,[45] mit Zeitschriften überschwemmt, die sich gegenseitig Leser streitig machten. Die Herausgeber des *Phöbus* hatten zudem ihr Anliegen, eine Zeitschrift von nationalem Rang zu gestalten, um die sich die bedeutendsten Geister der Zeit scharten, nicht konsequent genug verfolgt. Sie hatten zwar um Beiträge bedeutender Autoren gebeten, prachtvolle Dedikationsexemplare an mehrere Monarchen gesandt und auch in anderer Weise, freilich ohne Analyse und Berücksichtigung der politischen Lage, um Aufmerksamkeit und Wohlwollen geworben. Auch hatten sie ihrem persönlichen Ehrgeiz übertrieben viel Raum zur Entfaltung gelassen. Sie wußten wenig über die Bedürfnisse der Leser, konnten sie deshalb auch kaum berücksichtigen. Man setzte, auch im *Phöbus*, eher auf Herausforderung und Provokation. Außerdem fehlte Deutschland ein kulturelles Zentrum. Schulenbildungen, Eifersüchtelei und Konkurrenzneid wirkten zersetzend. Goethe fühlte sich schon bald vom *Phöbus* abgestoßen. Am 4. Mai 1808 schrieb er an Knebel: »Mit den Dresdnern habe ich gleich gebrochen. Denn ob ich gleich Adam Müller sehr schätze und von Kleist kein gemeines Talent ist, so merkte ich doch nur allzu geschwind, daß ihr Phöbus in eine Art von Phèbus [Schwulst – d. Vf.] übergehen würde.«[46] Goethe dürfte sich, wie vermutlich in anderer Weise auch Wieland[47], des Hochmuts der frühen Schlegelianer erinnert haben; auch sie hatten ihm anfangs gehuldigt, dann aber gegen die Kunstauffassung der Weimarer Front gemacht. Außerdem hatte sich Kleist dazu hinreißen lassen, im vierten und fünften Heft des *Phöbus*, einem Doppelheft, das im April/Mai 1808 erschien, eine Epigrammreihe mit einem *Herr von Göthe* betitelten Zweizeiler zu eröffnen, der Goethe empfindlich treffen mußte:

Siehe, das nenn ich doch würdig, fürwahr, sich im Alter
beschäft'gen!
Er zerlegt jetzt den Strahl, den seine Jugend sonst warf.[48]

Kleist spielt mit diesem Epigramm auf Goethes Schaffenskrise der letzten Jahre an. Dieser hatte weniger künstlerisch denn naturwissenschaftlich gearbeitet und sich vor allem ausführlich – und wenig folgenreich – der Farbenlehre gewidmet. Kleists durchaus persönlich gemeinte Invektive traf nicht so recht ins Schwarze. Gerade 1808, als Kleist und Müller dem *Phöbus* vergeblich Ansehen zu verschaffen suchten, veröffentlichte Goethe zwei seiner bedeutendsten Werke: den ersten Teil des *Faust* und den Roman *Die Wahlverwandtschaften*. Sie zeigen ihn fern jeder Altersschwäche. Ob Kleist dieses Danebenliegen gespürt hat und so etwas wie Scham empfand, wissen wir nicht. Seine bissige (und ungerechte) Reaktion war, das unterliegt keinem Zweifel, vor allem der Enttäuschung über das Debakel der Weimarer Aufführung seines *Zerbrochnen Krugs* zuzuschreiben. Immerhin wird Kleist aber bald, in den *Berliner Abendblättern*, Goethes dramatische Werke zum erstrangigen nationalen Kulturbestand zählen, dem sich jede deutsche Bühne verpflichtet fühlen müsse; auch wird er für sich selbst festlegen, daß er sich bis an sein Lebensende mit dem umfassenden Genie Goethes »auf keine Weise zu vergleichen wag[t]e«.[49] Doch konnte er sich auch nicht überwinden, noch einmal die Nähe Goethes zu suchen.

Schließlich fehlte es dem *Phöbus* an Abonnenten, ab dem siebenten Heft wurden nur noch einhundertfünfzig Exemplare aufgelegt. Die Dresdner Verlagsbuchhandlung Walther übernahm im zweiten Halbjahr den Druck, jedoch ohne jegliche Honorarzahlung. Und Müller zog sich, ohne Kleist davon in Kenntnis zu setzen, aus dem Verlustgeschäft zurück. Kleist betrachtete dies als Verrat und Vertrauensbruch. Es kam zu heftigen Auseinandersetzungen. Kleist, der menschliche Enttäuschungen nur sehr schlecht verkraftete, reagierte wie immer in solchen Fällen als Moralist und Rigorist. Er sagte Müller »Dinge ins Gesicht«, die dieser »mit nichts anders als den Waffen beantworten«[50] wollte. Rühle und Pfuel griffen jedoch vermittelnd ein und verhinderten ein Duell zwischen den beiden Herausgebern.

Der Lichtbringer *Phöbus* und sein Gespann hatten die ›Feuerproben‹ über Dresden nicht bestanden. Sie lagen zerschmettert am Boden.

»sich ... in die Waage der Zeit werfen«

Ab Mitte 1808 zog sich auch Kleist mehr und mehr von seinem *Journal für die Kunst* zurück. Absatzprobleme, Konkurrenz-neid und die unerträgliche Zwischenträgerei mancher Rezen-senten können nicht allein dafür verantwortlich gemacht wer-den. Kleist sah die ungünstige Aufnahme seiner Werke und deutete den literarischen Geschmack in Deutschland als ›un-rein‹[1]. Er schien in eine Sackgasse geraten zu sein, aus der ihm auch die Versicherung, er habe mit dem *Phöbus* einen »der Politik in jeder Hinsicht gleichgültigen, literarischen Plan«[2] verfolgen wollen, nicht heraushalf. Im Gegensatz zu Goethe, der noch glaubte, Napoleon könne die Rolle eines Mentors und Beschützers deutscher Kultur und Kunst übernehmen, sah Kleist diese gerade durch die französische Besetzung ge-fährdet. In Berlin, schrieb er im August 1808 an Ulrike, würden »nur Übersetzungen kleiner französischer Stücke gegeben werden; und in Cassel ist gar das deutsche Theater ganz abge-schafft und ein französisches an die Stelle gesetzt worden. [...] Wer weiß, ob jemand noch, nach hundert Jahren, in dieser Gegend deutsch spricht.«[3] Dahinter verbarg sich ein tiefes Unbehagen, das Kleist mit anderen Zeitgenossen teilte.

Im August 1808 drangen, trotz strengster Zensur, die ersten Nachrichten über französische Niederlagen in Spanien nach Deutschland. Bei Baylen hatten starke französische Verbände kapitulieren müssen. Die Spanier, Bauern ebenso wie Hand-werker, Adel und Klerus, suchten den wirtschaftlichen und politischen Bankrott ihres Landes, das starke Bindungen zu England hatte, mit allen Mitteln zu verhindern, und es gelang ihnen, den Franzosen unter Napoleon, dem »allgemeinen Wolf«,[4] wie Kleist den französischen Kaiser nannte, empfind-liche Niederlagen beizubringen.

Auch im österreichischen Tirol erhoben sich die Bauern und vertrieben die französischen Eindringlinge. Europa begriff nun, daß Napoleon nicht unverwundbar war. Unter diesen Umständen begann man vereinzelt auch in Deutschland die seit langem bestehende Lethargie zu überwinden und über das Schicksal der Nation wenigstens nachzudenken. Adam Müller schrieb, es sei »der verzweifelte Ausweg kleinlicher Seelen, wenn eine große Calamität ins Land hereinbricht, nun sich mit ihrer elenden Klugheit außerhalb der Welt zu etablieren, auf einer Stelle, die schon Archimedes begehrte, die aber nicht existiert«; es sei jedoch zu hoffen, daß »die Zukunft gerade mit Wirkungen, die von uns ausgegangen sind, erfüllt werde«.[5]

Solche und ähnliche Gedanken mochten auch Kleist erreicht haben. Kritik an der verbreiteten politischen Passivität der Deutschen übte allerdings nicht nur Müller. Man hat zwar immer wieder die Abhängigkeit Kleists vom Denken Müllers in Dresden (und später) behauptet, sie aber nicht überzeugend beweisen können. Kleist hat stets die Eigenständigkeit seines Denkens betont, und dies sollte man einfach festhalten.[6] Müller selbst meinte, Kleist habe ihm an »Mut der Gedanken und an Umsicht des Geistes« in nichts nachgestanden, und an »Mut der Stimme und der Worte« und »an [...] bildender Kraft« erkannte er ihn sogar als seinen »Meister«[7] an. Daß Kleist Müller ebenso schätzte, lag sicher auch daran, daß dieser einer der wenigen war, die Kleists poetisches Genie erkannten und es öffentlich lobten und verteidigten. Deckungsgleichheiten in Denkart, Weltbetrachtung und Zukunftsvisionen hat es bei Kleist und Müller nicht gegeben. Zwar ist seit 1807/08 manche Anregung Müllers in Kleists Werk eingeflossen, vor allem aus dessen *Lehre vom Gegensatz*, und auch Müllers Auffassung von der Poesie als einer kriegführenden Macht hat Kleist zunehmend imponiert. Doch sind dessen Werke mit Sicherheit keine Illustrationen der staatsphilosophischen Auffassungen Müllers, was vielfach betont wurde. Der geschichtliche Augenblick, das hatte Müller erkannt, forderte unreflektiertes Handeln. Aber dies war bereits eine Forderung Ernst Moritz Arndts gewesen, dessen

Geist der Zeit 1806 erschienen war und der ebenso wie Fichtes *Reden an die deutsche Nation* von 1808, in denen diese Forderung proklamativ und mit Nachdruck erhoben wurde, zur Lektüre Kleists gehörte. Auch die preußischen Reformer unter dem nun immer größere Bedeutung erlangenden Triumvirat Stein / Scharnhorst / Gneisenau gingen von der Notwendigkeit aus, die Nation zu politisieren, sie dadurch zu aktivieren und auf die nationale Befreiung vorzubereiten. Das hat vor allem Richard Samuel[8] nachgewiesen und die Reaktionen Kleists darauf in seiner im Cambridger Exil entstandenen Standarduntersuchung von 1938 materialreich dargelegt.

Immer mehr tritt in der Dresdner Zeit auch bei Kleist ein Interesse für Staat, Politik und Nation in den Vordergrund. »Ich auch finde«, heißt es in einem in diesem Zusammenhang immer wieder zitierten Bekenntnis Kleists, »man muß sich mit seinem ganzen Gewicht, so schwer oder so leicht es sein mag, in die Waage der Zeit werfen«.[9] Auch wir wollen auf dieses Zitat nicht verzichten, weil es in der Tat von nun ab eine Art Credo Kleists ist. Öfter ist vermutet worden, Kleist sei es mit dem ›Patriotischen‹, wie es sich bald auch in Werken niederschlug, nicht ernst gewesen. Er habe, das wäre doch klar, zuallererst als Neurotiker reagiert und einfach nach einer neuen Stimulanz gesucht. Von einem neurotischen Spleen Kleists kann allerdings in diesem Zusammenhang keine Rede sein. Bereits seit dem Herbst 1805 verstärkte sich die »nationale Bindung« (Streller) Kleists, deren Ursprünge sich im Grunde bis auf die Pariser Zeit, die Intermezzi in der Schweiz und in Mainz sowie auf die Erfahrungen mit der Gefangenschaft in Frankreich zurückführen lassen. 1808/09 wird diese Bindung angesichts des europaweiten Widerstandes gegen die französische Dominanz gefestigt und erhält einen völlig neuen Stellenwert. Kleist setzt jetzt ganz auf die Befreiung Deutschlands, er beginnt, für sich, die Befreiungskriege von 1813-1815 zu antizipieren und mit Werk und Tat auf sie hinzuarbeiten, ohne sie schließlich noch zu erleben. Das darf man weder übersehen noch wegdiskutieren, etwa weil es, nähme man Kleists patrio-

tisches Dichten allzu ernst, weniger zum Bild Kleists als einem
modernen Dichter passen würde. Kleists starker Gerechtig-
keitssinn findet in nationalen Freiheitsvisionen ein Objekt der
Begierde, und mit tiefem Ernst verurteilt er einerseits die Ausplünderung, Mißachtung und Beschädigung der Würde unterdrückter Völker und andererseits die Kriecherei und den nationalen Verrat der deutschen Oberschichten.

Neben Arndt ist Kleist der einzige deutsche Dichter, der –
zumal vor 1810 – seine Kraft in den Dienst der ›nationalen Sache‹
stellte. Er interessiert sich für den widerspruchsreichen politischen und militärischen Tageskampf und findet dabei zu neuen
Ausdrucksformen. Vor allem hat er sich als Publizist versucht.
Und dieser Versuch ist nun wirklich ernst zu nehmen.

Kleists Patriotismus und ein erbarmungsloser politischer Ra-
dikalismus finden ihren deutlichsten dramatischen Ausdruck
in dem Tendenzstück *Die Herrmannsschlacht.* Bereits nach
Jena und Auerstedt hatte der Dichter geschrieben: »Wir sind
die unterjochten Völker der Römer«.[10] In der *Herrmannsschlacht* wird er die Römer, die kurz nach der Zeitenwende in
Germanien einfielen, mit den Franzosen seiner Zeit gleichset-
zen, und auf dieser Gleichsetzung beruht die politische Tendenz des Stücks. Kleist greift die Idee des Guerillakampfes, der
1808/09 in Tirol und Spanien mit Erfolg gegen die französischen Invasoren angewendet wurde, auf. Er läßt ihn aber nicht
vom Volk ausgehen, sondern von dem listigen Cheruskerfürsten
Herrmann, der den Kampf gegen die Römer zwar entschlossen
führt, dies aber mit unlauteren Mitteln tut. Herrmann hat kein
Vertrauen in ›sein Volk‹, er braucht es, aber er verführt es. Seiner
Befreiungsstrategie liegt die richtige Auffassung zugrunde, daß
der Krieg gegen die übermächtigen Römer nicht mit den gewohnten Mitteln zu gewinnen ist, zumal er von unfähigen und
zerstrittenen Fürsten umgeben ist. Also lockt er das feindliche
Heer in einen tödlichen Hinterhalt. Es gelingt ihm, den Zögerlichen in seinem zusammengewürfelten Haufen Zweifel und
Furcht zu nehmen und sie als entschlossene Kampftruppe in

die Schlacht zu führen. Dies sieht er zugleich als sein »Amt« (Vs. 1725) an. Dabei vertraut er nicht der Kraft des Arguments, sondern setzt auf die Manipulation. Er läßt die Leiche eines von Römern geschändeten germanischen Mädchens zerstückeln und die einzelnen Teile ›als Botschaften‹ an alle germanischen Stämme versenden, eine stumme Aufforderung zur Rache. Und Thusnelda, seiner koketten Frau (seinem »Thuschen«, wie Kleist sie nicht ohne Ironie nennen läßt), die auf dem besten Wege ist, sich von dem römischen Beau und Legaten Ventidius verführen zu lassen, öffnet Herrmann die Augen über die politisch motivierten Werbeversuche des Legaten; er weckt ihren Zorn, ja Haß auf Ventidius. Am Ende lockt sie den falschen Galan in einen Zwinger, wo sie ihn gnadenlos der tödlichen Umarmung einer Bärin überläßt. Herrmann agiert realpolitisch, alle zweckdienlichen Mittel sind ihm heilig. Er kann den Aufstand der Germanen trotz aller Zufälle und Risiken bewerkstelligen und die Germanenstämme zum Sieg über die Römer führen. Herrmann handelt, indem er »ebenso verstandesscharf wie wild enthusiastisch all seine Kräfte auf Feindvernichtung richtet«, und er ist der erste dramatische Protagonist Kleists, der »im Zeichen völliger Identität«[11] agiert. Zuletzt ruft er dazu auf, nach Rom, sprich Paris, zu ziehen und das »Raubnest«[12] auszuräuchern.

In den historischen Stoff arbeitet Kleist Personen- und Ereignisanalogien ein. Das Verfahren mag er einem Prediger der Dresdner Hofkirche abgesehen haben, der im September 1808, in der Entstehungszeit des Stücks, ganz ähnlich verfuhr.[13] Die verwendeten Analogien und Anspielungen waren so unübersehbar, daß jedermann begreifen konnte, wer und was gemeint war. Herrmann sollte für Friedrich Wilhelm III. stehen, Varus für Napoleon, und selbst die berüchtigte Wittgensteiner Briefaffäre (Napoleon hatte ein politisch desavouierendes Schreiben des – inzwischen wieder eingesetzten – preußischen Ministers vom Stein an Wittgenstein abgefangen) findet in diesem radikalsten Drama Kleists ihre Entsprechung.

THEATER IST SCHÖNER ALS KRIEG

Hättet ihr halb nur soviel, als jetzo, einander zu stürzen,
Euch zu erhalten getan: glücklich noch wärt ihr und frei.

Kleist

HEINRICH VON KLEIST: DIE HERRMANNSSCHLACHT · SCHAUSPIELHAUS BOCHUM · 1983/84

Plakat zur *Herrmannsschlacht*-Inszenierung von Claus Peymann,
Schauspielhaus Bochum 1983/84.

Auch in Kleists Ode »Germania an ihre Kinder« besteht ein
Widerspruch zwischen patriotischer Idee und humanistischer
Moral. Der Bezug zur Realität ist noch direkter als im Drama.

315

Österreich, noch nicht von Napoleon eingenommen, hatte nach den Ereignissen in Spanien von 1808 zu rüsten begonnen und sich im Frühjahr 1809 zum Krieg gegen Frankreich entschlossen. In einer beispiellosen Pressekampagne betonte die österreichische Führung, es gehe ihr nicht nur um die eigene Freiheit, sondern um die Befreiung Germaniens überhaupt, und hatte so bei (norddeutschen) Patrioten Illusionen geweckt. Als die Kämpfe ausbrachen, rief Kleist zum heiligen Krieg gegen den französischen Unterdrücker auf. Seine Kunst sollte nun zur Waffe werden:

Chor
Zu den Waffen, zu den Waffen!
Was die Hände blindlings raffen!
Mit der Keule, mit dem Stab,
Strömt in's Tal der Schlacht hinab!
[...]
Alle Plätze, Trift' und Stätten,
Färbt mit ihren Knochen weiß;
Welchen Rab' und Fuchs verschmähten,
Gebet ihn den Fischen preis;
Dämmt den Rhein mit ihren Leichen;
Laßt, gestäuft von ihrem Bein,
Schäumend um die Pfalz ihn weichen,
Und ihn dann die Grenze sein!

Chor
Eine Lustjagd, wie wenn Schützen
Auf die Spur dem Wolfe sitzen!
Schlagt ihn tot! Das Weltgericht
Fragt euch nach den Gründen nicht!
[...]
Nicht die Flur ist's, die zertreten,
Unter ihren Rossen sinkt,
Nicht der Mond, der, in den Städten,
Aus den öden Fenstern blinkt,
Nicht das Weib, das, mit Gewimmer,

Ihrem Todeskuß erliegt,
Und zum Lohn, beim Morgenschimmer,
Auf den Schutt der Vorstadt fliegt!

Chor
Euren Schlachtraub laßt euch schenken!
Wenige, die sein gedenken.
Höh'rem, als der Erde Gut,
Schwillt die Seele, flammt das Blut!

[...]

Chor
Eine Pyramide bauen
Laßt uns, in des Himmels Auen,
Krönen mit dem Gipfelstein:
Oder unser Grabmal sein![14]

Die nationale Erhebung wird in dieser Ode wie ein eruptiver Naturvorgang dargestellt, und Kleist ruft dazu auf, alle Kräfte anzuspannen, bis zum Äußersten zu gehen und die Usurpatoren ohne Ansehen der Person und ohne Einhaltung von Kriegsregeln, überall dort, wo man auf sie treffe, zu (ver)jagen oder zu töten. In dem Aufsatz *Was gilt es in diesem Kriege?* fordert er, in diesem Kampf, der kein herkömmlicher Kabinettskrieg um Provinzen sei, sondern ein Kampf um Sein oder Nichtsein der Deutschen, im Falle einer Niederlage *alles* in »Blut, vor dem die Sonne erdunkelt« zu ertränken. Keine »deutsche Brust« solle sie überleben, und hierzu gäbe es keine Alternative; denn: »Eine Gemeinschaft gilt es, deren Wurzeln tausendästig, einer Eiche gleich, in den Boden der Zeit eingreifen; deren Wipfel, Tugend und Sittlichkeit überschattend, an den silbernen Saum der Wolken rührt [...] Eine Gemeinschaft, die, unbekannt mit dem Geist der Herrschsucht und der Eroberung, des Daseins und der Duldung so würdig ist, wie irgend eine.«[15]

Diese Haß- und Racheausbrüche grenzen an Fanatismus und überraschen immerhin bei einem Dichter, dem nichts mehr am Herzen lag als Humanität und menschliche Selbst-

317

verwirklichung. Und so hat man vor allem Kleists politische Dichtungen als Belege dafür angeführt, wie eng doch Geniales und Schreckliches bei den Deutschen beieinanderlägen; man nahm sie als Beweise für Kleists pathologische Natur und für seine masochistische Lust am Grausamen.

In gewissem Sinne zeigt sich hier in der Tat die Kehrseite romantischer Entgrenzung. Sie verbindet sich mit dem Charakter des Dichters, der nach Antworten auf die bedrohlichen Tendenzen der Umgestaltung Europas suchte.

Fanatismus und Haß gab es natürlich auch auf der ›anderen Seite‹, und dies auf höchst reale Weise, das darf nicht vergessen werden und gehört zum Gesamtbild, das eine ist ohne das andere nicht zu verstehen. So hatte Napoleon noch im November 1808 Madrid wiedererobert, er nannte es eine ›Ordnungs- und Befriedungsaktion‹. Und Marschall Lannes, der Saragossa einnahm, ritt schließlich durch Ströme von Blut und über Berge von Leichen. Über 50 000 Menschen wurden Opfer dieser militärischen Maßnahme, vor deren Grausamkeit selbst die kampferprobtesten französischen Offiziere erschauderten. Mit Massenerschießungen und Vergeltungsaktionen, Folterungen und bestialischen Morden sollte das Freiheitsstreben der Spanier ein für allemal gebrochen und das Land ›befriedet‹ werden. Der Krieg in Spanien wurde mit äußerster Härte geführt, auf beiden Seiten ging man schonungslos gegeneinander vor.

Auch in Preußen mußten sich die patriotisch gesinnten Kräfte auf die Gnadenlosigkeit eines, wie sie hofften, bevorstehenden Befreiungskrieges einstellen. Die Männer um Stein bejahten die politische List und die kompromißlose Propaganda; besonders diese Propaganda sollte im Volk ein »Gefühl des Unwillens«[16] wachhalten. Härte und Grausamkeit versprachen rasche Wirkung. Auch wollte man mit den politischen Gegnern im Inneren abrechnen; vor allem im Adel fehlte es an einer hinreichend patriotischen Gesinnung. Es wurden Listen zusammengestellt, die besonders widerspenstige Offi-

Francisco de Goya, aus der Radierungsfolge »Desastres de la Guerra«
(Schrecken des Krieges), 1810-13.

ziere und Beamte namhaft machten. Der außerordentliche historische Moment erforderte, so schien es (und so wurde es begründet), außerordentliche Maßnahmen.

Im Lichte dieses Zeitgeistes können Kleists nationalistische
Haßausbrüche in »bewußt drastische[n] Agitationsformen«[17]
nicht ohne weiteres als charakterbedingte Lust am Grausamen
gedeutet werden; auch sind es nur bedingt Ausbrüche von
chaotischem Denken (Schrader). Und die Einschätzung, hier
habe »jemand mit hartnäckigem Ingrimm gegen seine Natur
angeschrieben«[18], überzeugt ebenfalls nicht. Jenes unaufhalt-
same Rad der Zeit, das Kleist bereits in Paris beschworen hatte,
erfaßte auch ihn selbst und trieb ihn um. Man wird also die dadurch beförderten apokalyptischen Visionen, wie sie schon in
den *Schroffensteins* und im *Erdbeben in Chili* Ausdruck gefunden hatten, bei der Beurteilung von Kleists ›nationalistischem
Furor‹ berücksichtigen müssen. 1809 mußte gehandelt werden,
Handeln bedeutete Widerstand um jeden Preis. Denn das totale
Chaos schien nahe.

Als politischer Dichter schrieb Kleist zielgruppenbezogen und agitatorisch. Seine Ästhetik hat unter dieser Dichtweise nicht gelitten. Die prekären Züge seiner politischen Dichtung haben gleichwohl die Geschichte der Kleist-Rezeption nicht unerheblich belastet und belasten sie bis heute. Von einigen Interpreten dieser Werke wurde er, zustimmend oder kritisch, fast nur noch als chauvinistischer Kriegs- und Schlachten-verherrlicher gesehen. Als nationalistischer Dichter galt Kleist vor allem vor und nach der deutschen Reichseinigung von 1871 und während des Nationalsozialismus.

Kleists bewußtes Leben spielte sich zwischen Französischer Revolution und den deutschen Befreiungskriegen von 1813/15 ab. Seine Lebenszeit war eine an Kriegen reiche Zeit; die soge-nannten Koalitionskriege, fünf an der Zahl, sorgten besonders in Mitteleuropa für instabile Verhältnisse mit ständigen politi-schen Neuordnungen, Wirtschaftszusammenbrüchen und gravierendem Werteverfall, und es entstand der Eindruck, die Welt könne nur noch als ein mehr oder weniger geordnetes Chaos existieren. Während zweier Jahrzehnte wüteten verlust-reiche Auseinandersetzungen, auch in Übersee, im Grunde war es der erste Weltkrieg der Geschichte. Und immer mehr ging Kriegsrecht vor Menschenrecht. Kleist konnte sich diesem ge-ordneten Chaos nicht entziehen. Er wollte es auch nicht.

Die Ohnmacht, die natürlich auch Kleist gegenüber den Zeitereignissen empfand, erzeugte vermutlich einen Emo-tionsstau in ihm, der sich sowohl in Depressionen wie auch in Aggressionen entladen konnte. Ständig hat Kleist zwischen diesen beiden Gefühlslagen hin und her geschwankt. Zu wel-cher Form der Entladung er jeweils tendierte, darauf schien er nur wenig Einfluß zu haben. Die geschichtliche Situation, die nur die Alternative zwischen ohnmächtigem Erdulden oder übersteigertem Aktivismus zu bieten schien, förderte eine solche ›chaotische‹ Innerlichkeit.

Außerdem war Kleist seit langem von einer großen Unge-duld erfüllt. Ihr eher ratlos ausgeliefert, verhielt er sich letzt-lich voluntaristisch, und sein patriotisches Engagement mag durchaus auch die Folge einer frappierenden Kenntnislosigkeit in Fragen der Politik und der Entwicklung von Gemeinwesen gewesen sein. Vom Mechanismus all dieser Staatsumschwünge verstand er ohnehin kaum etwas. Hier verhalf ihm lediglich sein zuweilen penetranter Moralismus, der sich freilich eher aus dem 18. Jahrhundert herleitete, zu einer gewissen groben Orientierung. Auch von der Vorbereitung von Befreiungs-kriegen hat Kleist eigentlich wenig verstanden, ihre soziale Determiniertheit ist ihm ein Rätsel geblieben.

Ein Gegenbeispiel war Gneisenau, mit dem Kleist noch im September 1811, wenige Wochen vor seinem Freitod, jedoch in jeder Hinsicht zu spät, zusammentraf. Gneisenau wußte und formulierte sehr genau, daß dem Gewinn der äußeren Freiheit die soziale Reform des Gemeinwesens vorausgehen müsse. Dem preußischen Monarchen sagte er ganz unverblümt, es sei »billig und staatsklug zugleich, daß man den Völkern ein Vaterland gäbe, wenn sie ein Vaterland kräftig verteidigen sol-len«.[19] Nach Gneisenaus Vorstellungen sollte Preußen den anderen deutschen Staaten sogar ein Beispiel für Reformwillig-keit und eine zweckmäßige Reformpolitik geben. Nur so könne man jene auch für einen Befreiungskampf unter preußischer Führung gewinnen. Kleist geißelte statt dessen den hün-dischen Rheinbundgeist der deutschen Fürsten, appellierte an das Ehr- und Zusammengehörigkeitsgefühl der Deutschen, beschwor, abstrakt, die Freiheit als höchstes Gut und drohte Unverbesserlichen mit dem Richtbeil. Dies war zwar mutig und dem sollte auch bei der Vorbereitung eines Befreiungskampfes Beachtung geschenkt werden, dennoch griff es politisch zu kurz und erwies sich zudem als nicht durchsetzbar. Gneisenau wußte, daß sich ein Haltungswandel an materielle Interessen knüpft. Kleist hat dies nie begriffen. Wohl deshalb füllte er dieses Vakuum unter anderem mit forscher patriotischer, ja nationalistischer Begrifflichkeit auf.

Wenn Kleists politische Dichtungen, zwar nicht 1809, dem Entstehungsjahr der meisten von ihnen, dennoch in ihrem histo-rischen Umfeld eine gewisse Breitenwirkung erzielten – insbesondere die politischen Gedichte Kleists wurden während der Befreiungskriege 1813/15 immer wieder abgedruckt und in Umlauf gebracht –, so zeigt das immerhin, daß er ein virtuoser und wirkungsbewußter politischer Lyriker war und in der politischen Lyrik durchaus neue Wege zu beschreiten wußte.[20]

Gerade mit seinen politischen Gesängen wollte und mußte Kleist wirken. 1809, so schien es ihm, ließ sich nur noch mit politischer Dichtung Geld verdienen und schnell Ruhm erlangen. Also widmete er sich konzentriert dieser Aufgabe. Aus Kreisen um die österreichische Gesandtschaft in Dresden, die antifranzösische Propaganda betrieb oder sie finanziell unterstützte, wurde er in dieser Hinsicht bestärkt und fühlte sich bald zu weitergehenden Hoffnungen berechtigt.

Und schließlich war da, für den selbstquälerischen, heimatlosen Dichter von nicht geringer Bedeutung, die Vision einer nationalen Gemeinschaft. Sie verhieß Geborgenheit. Nirgendwo hatte Kleist bisher sein Dasein fest verankern können: nicht im Militär, nicht in der Wissenschaft und nicht in einer befriedigenden Partnerbeziehung, nicht im Landleben und auch nicht als anerkannter Dichter. Er war enttäuscht, schien ins Bodenlose zu fallen, und in mancher Hinsicht machte er den ›bösen Geist‹ des erfolgreichen Feldherrn und politischen Demagogen Napoleon, der eben eine gebrechliche Welt umstülpte, dafür verantwortlich. Napoleon wurde für Kleist immer mehr zu einem Symbol für den verhängnisvollen Lauf der Welt. Napoleon stand für eine Welt des Utilitarismus, der Beziehungskälte und Genußsucht, für eine Welt der Anonymität, der Heuchelei und der rücksichtslosesten kriegerischen Machtausübung. Kleist konnte dies nicht anders denn als Pervertierung des Menschlichen begreifen, ja als Verrat an den Ideen Rousseaus, wie er es in Paris 1801 niedergeschrieben hat. Die aus den Fugen geratene Weltordnung und der Verlust metaphysischer Sicherheit ließen in ihm ein Kompensationsverlangen entstehen, das eine neue Geborgenheit ersehnte und wozu ihm mehr und mehr die Gemeinschaft im Nationalen geeignet zu sein schien. Kleist hat das im Bild einer blühenden Eiche zu

fassen versucht, mit dem er seine paradoxe Pariser Eichen-
metapher ins ›Normale‹, Verbindende wendet: tausendfach im
Erdreich verwurzelt, die Äste bis zum Äther streckend, gesund
und robust genug, um den Stürmen der Zeit zu widerstehen.
»Es war, was damals« – zum Beispiel bei Fichte und anderen –
»als Beweggrund sich Geltung verschaffte, die Sehnsucht nach
einer neomythisch-kollektiven Identität.«²¹ So hoffte Kleist,
indem er auf eine neue Gemeinsamkeit setzte, aus der Entfremdung herauszufinden und sich aus der lastenden Isolation
zu befreien. Der Unabhängigkeitskampf der europäischen
Völker – die meisten standen inzwischen unter französischem
Protektorat – bot ihm Gelegenheit dafür, und er setzte große
Hoffnungen in die Zeitgenossen. Er wollte dazu beitragen, ein
neues Menschengeschlecht zu gründen, frei von Besitzstreben,
bürgerlicher Betulichkeit, Engherzigkeit und Eitelkeit, er wollte
Nächstenliebe verwirklichen, und dabei sollte die Kunst ein
wichtiges Instrument sein.

Trotz der Radikalität seines neuen Feindbildes blieb Kleist
durchaus auch dem Kosmopolitismus der Aufklärung verhaftet. Er wagte von einer »Unterwerfung unter eine Weltregierung« zu träumen, »die, in freier Wahl, von der Gesamtheit aller Brüder-Nationen, gesetzt wäre«.²²

Die Ende 1808 fertiggestellte *Herrmannsschlacht* hatte Kleist
vorerst als Manuskript von Hand zu Hand gehen lassen; natürlich »unter dem Siegel des Schweigens«,²³ denn der Nürn-
berger Buchhändler Palm war gerade wegen der Verbreitung
antinapoleonischer Texte erschossen worden. Das Stück traf
dennoch nur vereinzelt auf Zustimmung. Christian Gottfried
Körner schrieb am 19. Dezember 1808 an seinen Sohn Theodor: »Kleist hat einen Hermann und Varus bearbeitet, und es
ist das Werk schon vorgelesen worden. Sonderbarerweise aber
hat es Bezug auf die jetzigen Zeitverhältnisse und kann daher
nicht gedruckt werden. Ich liebe es nicht, daß man seine Dichtungen an die wirkliche Welt anknüpft. Eben um den drük-
kenden Verhältnissen des Wirklichen zu entgehen, flüchtet

man sich ja so gern in das Reich der Phantasie.«[24] In der Dresdner Gesellschaft hielt man sich etwas darauf zugute, daß die »Geselligkeit [...] die Klippen der Politik durch Verweilen bei Kunstgegenständen oder weit von ihr abgelegenem, harmlosen Zeitvertreibe geschickt zu umschiffen wußte«.[25] Man führte die Gattinnen aus, plauderte unverbindlich in den Salons, glitt »im reizenden, geflügelten Dialog an der Oberfläche gleichgültiger Seelen« dahin, mied »wie im Eiertanz den Ernst, die Strenge, die Tiefe [...]«,[26] trank Tee, genoß ein bißchen Musik oder sah Pfuel zu, der »allerlei Künste der sogenannten natürlichen Magie anmutig darlegte, bald eine ausgezeichnete, gymnastische Virtuosität in einem, durch zahlreiche Gesellschaft sehr beschränkten Raume, zu allgemeiner Bewunderung bewies«.[27] Es ist überliefert, daß demgegenüber Kleist und Müller, oft zum Unmut der Anwesenden, immer wieder die Meinung vertraten, das politische Gewissen sei über Wissenschaft und Kunst zu setzen, dafür müsse jeder bedingungslos eintreten. Von einem Dresdner Bekannten wird das zeitweilig zerstreute, ja abwesende Verhalten Kleists im Umgang mit Menschen verglichen mit dem eines Tauchers, der nach der Erkundung des Meeresgrundes zwar manches mitzuteilen hätte, sich aber, in solcher Umgebung, nicht artikulieren könne oder wolle und deshalb, in den Augen der anderen, den sonderbarsten Stimmungen unterworfen zu sein schien, wozu auch »Verachtung der Welt und Ingrimm«[28] gezählt würden.

In seinem 1810 veröffentlichten, doch vermutlich – man vergleiche etwa Müllers ganz ähnliche Darlegung über *Hamlet* im *Phöbus* – bereits in Dresden entstandenen Text *Von der Überlegung*, im Untertitel als *Eine Paradoxe* gekennzeichnet, hat Kleist versucht, Einfluß zu nehmen. Es ging ihm darum, das sinnlose Räsonieren über angeblich nicht zu Änderndes, wie es in den vornehmeren Kreisen gang und gäbe war, überwinden zu helfen. In Notsituationen, so legt er nahe, müsse man sich zum Handeln aufraffen, sonst bleibe alles, wie es ist. Für Kleist rangierte Handeln, auch unreflektiertes, vor dem bloß passiven

Reflektieren. Er versuchte dies dadurch zu legitimieren, daß er das »Leben selbst« nicht als Ergebung ins Schicksal, sondern als »Kampf mit dem Schicksal« ansah. Kampf ist Gegenstand seiner ›Paradoxe‹, und er faßte ihn im Sinnbild des »Ringer[s]«, des »Athlet[en]«, der während des Kampfes oft gezwungen ist, ohne vorherige Überlegung zu handeln. Er habe dann nur die Wahl, sich seiner momentanen »Eingebung«, seinem »Gefühl« zu überlassen, um zur »Tat« fähig zu sein. Die auswertende Reflexion könne erst »nachher« stattfinden, um »andere künftige Fälle zu regulieren«. Erfolge sie »in dem Augenblick der Entscheidung selbst, [...] so scheint sie nur die zum Handeln nötige Kraft, die aus dem herrlichen Gefühl quillt, zu verwirren, zu hemmen und zu unterdrücken.«[29]

Kleist hat selbst die Grenzen bloßen Reflektierens überschritten, nicht allein durch Schreiben, sondern auch durch geheime Teilnahme an den Kriegsvorbereitungen. Dabei setzte er naturgemäß alles auf eine Karte. Seit dem Frühsommer 1808 stand er vermutlich mit militärischen Kreisen Preußens in geheimer Verbindung, besorgte politische und militärische Informationen, leitete sie weiter und übernahm wohl auch selbständig Kundschafteraufträge. Der spätere preußische General von Hüser berichtet in seinen Lebenserinnerungen: »So bin ich zum Beispiel mehrere Male nach Baruth geritten, um dort an den als Dichter bekannten Heinrich von Kleist, der unser Gesinnungsgenosse war und in Dresden lebte, Briefe auf die Post zu bringen.«[30] Genaueres ist darüber nicht bekannt. Es dürfte sich aber bei dem Erbetenen bzw. Gelieferten um Aufzeichnungen von französischen Truppenbewegungen oder um Stationierungsangaben, um statistische und topographische Informationen oder Mitteilungen über einzelne Personen sowie Angaben zur allgemeinen Stimmung in Sachsen gehandelt haben. Ähnliches Material lieferte Ernst von Pfuel an Carl von Martens, einen preußischen Verbindungsoffizier und Informanten. Dieser unterhielt Kontakte zu Graf Götzen im preußischen Hauptquartier in Schlesien. Martens, berichtet Samuel, wurde auf einer Sondierungsreise, auf der er die

Chancen für einen allgemeinen Volksaufstand eruieren sollte, auch bei Adam Müller vorstellig, mit dem er »vorzüglich rechnen« zu können glaubte. Müller entzog sich jedoch der Teilnahme an patriotischen Unternehmungen. »Er dankte mir für das Schreiben«, berichtete Martens, »bat mich, dem Grafen von Götzen seine Verehrung darzubringen, wünschte uns Glück zu unserer Unternehmung, bedauerte aber mit einem diplomatischen Achselzucken, daß er keine Hoffnung hegen könne, daß wir bei der gegenwärtigen öffentlichen Stimmung in Sachsen irgendeine Mitwirkung finden oder irgendeinen Erfolg haben würden, und daß er selbst durch seine persönliche Stellung durchaus verhindert sei, irgendeinen Anteil [...] zu nehmen.«[31] Tatsächlich stand auf Spionage der Tod, und Napoleon unterhielt ein engmaschiges Informantennetz, so daß die polizeiliche Überwachung streng und nahezu lückenlos war. »Dennoch fanden sich einzelne der deutschen Sache ergebene Männer, welche mit Tätigkeit uns in die Hände arbeiteten.«[32] Was Kleist, der bereits 1807 einmal bei den Franzosen unter Spionageverdacht gestanden hatte, erwarten durfte, läßt sich unschwer vorstellen.

Kleist dürfte auch seine Verbindung zur österreichischen Gesandtschaft in Dresden für seine geheimdienstliche Tätigkeit genutzt haben. Der den Gesandten Zichy vertretende Gesandtschaftssekretär von Buol-Mühlingen aus Tirol, ein Anhänger des progressiven österreichischen Außenministers Graf Philipp von Stadion, opponierte gegen jede Art von Politik, die auf eine Kollaboration mit Napoleon abzielte, als vermeintlich beste Möglichkeit, die österreichische Monarchie und ihre Besitzstände zu retten. Wie Kleist befürwortete er eine aktive, auf ganz Deutschland gerichtete antinapoleonische Politik. Wesentliche Ziele waren für Buol und für Kleist denn auch die Befreiung Deutschlands von der französischen Fremdherrschaft, die Wiederbelebung der deutschen Reichsverfassung und die Ausrichtung der deutschen Fürsten auf nationale Zwecke. Die deutschen Länder sollten einen politischen Zusammenhalt bekommen, doch blieb auch bei diesem Konzept die Durchführung bürgerlicher Reformen unberücksichtigt. Kleist hat mit Buol über zwei Jahre in enger Verbindung gestanden. Die Krönung mit dem Lorbeer an der Tafel im österreichischen Gesandtschaftspalais blieb die einzige Ehrenbezeigung durch eine höhergestellte offizielle Persönlichkeit, die Kleist je zuteil wurde. Der Einfluß Buols auf die deutschen Patrioten in Dresden ist wohl sehr viel größer gewesen, als bisher vermutet wurde.

Im Dezember 1808 berichtete auch Buol mit Verbitterung über die allgemeine Erfolglosigkeit der deutsch-patriotischen Agitation in Sachsen nach Wien: »Ich weiß, daß alle diese Leute nicht wissen, was sie wünschen, und noch weniger, was sie erwarten sollen [...] Wollen Sie [...] daß wir Gefangene beschützen und befreien, die die Erbärmlichkeit besitzen, sich ihrer Ketten zu rühmen.«[33] Auch die preußischen Patrioten mußten feststellen, daß »an irgendeinen Enthusiasmus«[34] hier vorerst nicht zu denken war. Im Gegenteil: Napoleon wurde im Oktober 1808 in Dresden, wohin er von einem Treffen mit Zar Alexander und den Rheinbundfürsten aus Erfurt gekommen war, als europäischer Friedenskaiser gefeiert; Dresden bereitete ihm ein herzliches Willkommen mit Triumphbögen und Illuminationen, und die Hauptrepräsentanten der Dresdner Oberschicht verneigten sich vor ihm.

Das war auch keineswegs verwunderlich, war doch Friedrich August I. von Napoleon zum König von Sachsen und Großherzog von Warschau erhoben worden, was auch zu einigen für Sachsen günstigen Wirtschaftsabschlüssen führte. Niemand war daher bereit, sich für die Ehre der Nation aufzuopfern oder sich auch nur dafür zu interessieren.

In diesen Zusammenhang dürften auch jene 2001 entdeckten, undatierten und unsignierten Zeilen von Kleists Hand gehören, die das kleine, als Goethe-Text so bekannt gewordene »Über allen Gipfeln ist Ruh« variieren. August von Kotzebue hatte eine Fassung des wohl ursprünglich mit Bleistift auf die Tür der Jagdhütte auf dem Kickelhahn geschriebenen Gedichts 1803 in dem von ihm herausgegebenen *Freimüthigen* publiziert, in

dem Kleist sie gelesen haben könnte.[35] Goethe selbst hat die
Verse erst 1815, in veränderter Gestalt, veröffentlichen lassen.
Bei Kleist lautet der Sechszeiler:

> Unter allen Zweigen ist Ruh,
> In allen Wipfeln hörest du
> Keinen Laut.
> Die Vögelein schlafen im Walde,
> Warte nur, balde
> Schläfest du auch.

Überraschend die Lakonik der Verse und das (offenbar poli-
tisch gemeinte) Bild von den überall sich der Ruhe Ergebenden.
Wir dürften es hier mit einer Persiflage zu tun haben. Von der
Erde bis hinauf zu den Wipfeln, also im Unten wie im Oben, ist
Schweigen eingekehrt. Was kürzlich noch tagsüber im (politi-
schen) Blätterwald trällerte, ist verstummt. Wie nach einer
Hypnose. Das lyrische Ich verrät dem Leser, es sei überzeugt,
es – und er – werde sich bald selbst dem um sich greifenden
Schlaf- und Ruhebedürfnis ergeben.

Sachsen wurde am Ende nicht durch Österreich ›befreit‹.
Nach anfänglichen militärischen Erfolgen erlitt die österreichische Vorhut am 18./19. April 1809 bei Rohr in Bayern eine
schwere Niederlage. Es folgte die Belagerung Regensburgs
durch die Franzosen und schließlich die Kapitulation der
Stadt. Von da an reihte sich eine niederschmetternde Nachricht
an die andere.

Da ein Druck oder gar eine Aufführung der *Herrmannsschlacht* wegen der fast überall in Deutschland herrschenden
französischen Zensur nur noch in Österreich möglich schien,
hatte Kleist eine Abschrift des Dramas bereits Anfang 1809,
wohl auf Vermittlung Buols, an den österreichischen Hofsekretär und patriotisch gesinnten Dramatiker und Lyriker
Heinrich Joseph von Collin geschickt, der enge Beziehungen
zum Wiener Burgtheater unterhielt. Am 20. April – noch war
die Niederlage von Rohr in Dresden nicht bekanntgeworden –

reicht er Collin auch politische Gedichte zur Veröffentlichung nach. Obgleich Kleist in einer verzweifelten Lage ist, nicht weiß, wovon er seinen Lebensunterhalt bestreiten soll, und bei einem jüdischen Kaufmann zudem mit mehreren hundert Talern in der Kreide steht, verzichtet er, angesichts der brisanten politischen Lage, auf jegliches Honorar. »[I]ch *schenke* es [das Stück] den Deutschen«, schreibt er an Collin, »machen Sie nur, daß es gegeben wird«.[36] Solche Hingabe an die Sache, an die er sein weiteres Schicksal gekettet hat, macht verständlich, wie tief ihn die kurz darauf eintreffende Botschaft von der Niederlage Österreichs treffen mußte. Seine bisherige Hochstimmung wich einem hilflosen Pessimismus, der sich auch literarisch niederschlug. Es entstand »Das letzte Lied«, worin der Barde das »Panier der Zeiten / Sich weiter pflanzen sieht, von Tor zu Tor« und befürchtet, daß die über Jahrhunderte gewachsenen sittlichen Werte, darunter die Kunst, vom »Todespfeil« der Barbarei getroffen, »in's Grab [...] darnieder sinken« werden. Und, selbst verzweifelt, auch er als »Sänger«[37] seines Volks. Das Gedicht widerspricht der Hoffnung, die Kleist auf die poetische Agitation gesetzt hatte, und weist der eingreifenden Tageslyrik ihre unverrückbaren Grenzen zu. Noch wenige Tage zuvor hatte es im Brief an Collin geheißen, er, Kleist, wolle seine Dichtungen am liebsten mit einer »Stimme von Erz, [...] vom Harz herab, den Deutschen absingen«.[38] Und nun dieses Endzeitgedicht. Kleist prophezeit den ›Ausklang‹ der Kunstperiode. Selbst der Dichter, der sich aus dem Reich der Schönheit herauswagt und mit vaterländischen Gesängen die Zeitgenossen erreichen will, muß erkennen, daß er »machtlos«[39] ist.

Wie Walter Hettche dargelegt hat, behauptet ein an die Wirklichkeit Verlorener das eine *und* das andere. Er ruft zum Kampf auf und verfällt beinahe zeitgleich in tiefe Resignation. Der Widerspruch erscheint als Erlebens- und als Gestaltungsprinzip. Kleist hat selbst im Politischen wie im Ästhetischen alle Wechselbäder durchgemacht.[40]

Am 26. April verließen Zichy und Buol aufgrund eines sächsischen Ausweisungsbefehls überstürzt Dresden. Kleist kam erst drei Tage später los. Möglicherweise hatte er Probleme mit seinen Gläubigern, oder er sollte, wie auch vermutet wurde, Zichys Frau beistehen. Eigentlich hatte Kleist ja in Dresden bleiben wollen. »Wegen der französischen Drohungen gegen die an der österreichischen Pressekampagne Beteiligten mag es ihm ratsam erschienen sein, sich auf österreichisches Hoheitsgebiet zu begeben.«[41] Die Unmöglichkeit, von sächsischem Boden aus weiter effektiv der nationalen Sache dienen zu können, mag dann den Ausschlag für seine Ausreise am 29. April gegeben haben. Denn fest stand, daß er sich »da einsetzen wollte, wo er unmittelbar wirken«[42] zu können glaubte.

Er hatte von der österreichischen Gesandtschaft einen gemeinsamen Paß für sich und den jungen Historiker Friedrich Christoph Dahlmann erhalten, um nach Österreich einreisen zu können. Vermutlich sollte er Buol bis Prag und dann weiter nach Wien begleiten, wo Buol ihn, so ist vermutet worden, als politischen und militärischen Journalisten mit Blick auf Sachsen einsetzen wollte. Es gelang Kleist und Dahlmann in letzter Minute, über die bereits gesperrte Grenze bei Zinnwald nach Österreich zu kommen. Sie wanderten weiter über Teplitz nach Prag[43] und benutzten dieselbe Route, die auch Zichy und Buol genommen hatten. In diesen Tagen dürfte Kleist, falls die diesbezügliche Überlieferung aus zweiter Hand zutrifft, den Maler Hartmann in Dresden brieflich gebeten haben, ihm Arsenik zu besorgen. Möglicherweise wollte sich Kleist, des Französischen mächtig, hinter die französischen Linien begeben und einen Pistolenanschlag auf Napoleon ausführen, um sich anschließend mit Arsenik selbst umzubringen.[44] Hartmann schickte ihm aber kein Gift.

Nach Wien konnte Kleist nun auch nicht mehr reisen, es war am 13. Mai von den Franzosen eingenommen worden. Am 21./22. Mai gewinnt das österreichische Heer unter Erzherzog Carl bei Aspern, sensationell, ein Gefecht gegen die Truppen unter dem Oberbefehl Napoleons. Kleist faßt wieder

Mut und wirft sich »in den Strom der Begebenheiten«.[45] Am 26. Mai ist er, offenbar als Agent der in Prag versammelten Patrioten, darunter der Verbindungsoffizier zum preußischen Hauptquartier, Oberstleutnant Karl Friedrich von dem Knesebeck, auf dem Schlachtfeld von Aspern, um es in Augenschein zu nehmen. Dabei werden er und Dahlmann nach dessen Zeugnis erst einmal als französische Spione verdächtigt und vorübergehend festgenommen. Sehr zum Unmut seines Gefährten soll Kleist, um seine patriotische Gesinnung zu beweisen, einige seiner politischen Gedichte aus der Tasche gezogen und sie den österreichischen Offizieren gereicht haben. Eines davon ist an Kaiser Franz I. gerichtet, den Kleist darin zum Symbol der deutschen Einheit erhoben hatte. Die Offiziere legten dies »als eine unberufene vorwitzige Einmischung« aus und konterten höhnisch »mit einer unglaublichen Geringschätzung der preußischen Waffentaten«.[46] Als sie den Namen Kleists erfuhren, machten sie seiner Familie die kampflose Übergabe der Festung Magdeburg im Jahre 1806 zum Vorwurf. Beide Männer wurden schließlich dem österreichischen Oberkommandierenden vorgeführt, der sie nach kurzem Verhör wieder auf freien Fuß setzen ließ.

Bereits vor Aspern hatte Kleist gehofft, wenn auch unter Vorbehalten, Preußen werde letztlich am Krieg gegen die Franzosen teilnehmen und auch einer Volkserhebung nicht im Wege stehen; nach Aspern zweifelte er »keinen Augenblick mehr daß der König v. Preußen und mit ihm das ganze Norddeutschland losbricht«[47]. In Stockerau bei Aspern kam ihm ein druckfrischer österreichischer Siegesbericht in die Hände, den er umgehend an Knesebeck weiterleitete. »Kleists Meldungen hatten umso mehr Gewicht, als er Verbindungen zur österreichischen Heeresführung angeknüpft hatte.«[48] Er hat also versucht, die politische und militärische Entwicklung auch ganz unmittelbar zu beeinflussen. Schließlich reiste er mit Dahlmann nach Prag zurück, um »von Böhmen aus nach allen Kräften dahin zu wirken, daß aus dem österreichischen Kriege ein deutscher werde«.[49] Erzherzog Carl hatte zu Beginn des

Kriegs mit Frankreich in einem Aufruf an die deutsche Nation verkündet, die Sache des österreichischen Heeres sei auch die Sache Deutschlands. Einige undynastische Töne in diesem Dokument und einigen anderen Proklamationen ließen Kleist sofort hoffen, daß es nun doch noch zu einer Einigung aller Deutschen und zu einem gemeinsamen Befreiungskampf kommen werde. Enthusiastisch verfolgte er die Aktionen der Schillschen, herzoglich-braunschweigischen und Nostizschen Freischärler, die in den nördlichen Staaten Deutschlands das Signal zum allgemeinen Volksaufstand geben wollten. Auch Pfuel diente in der Fränkischen Legion.

In Prag, einem Sammelpunkt exilierter norddeutscher Offiziere, Soldaten und Zivilisten, traf Kleist erneut mit Buol zusammen. Dieser war von dem Grafen Friedrich von Stadion, dem Bruder des österreichischen Außenministers, nach Prag geschickt worden, um als bevollmächtigter Armeekommissar für Deutschland die Verwaltung der von den österreichischen Truppen zu besetzenden deutschen Länder zu übernehmen und die öffentliche Meinung für die Befreiung von der Fremdherrschaft zu gewinnen. Als nach der Schlacht von Aspern die österreichischen Truppen in Sachsen und Bayreuth einrückten, wird Buol zum Hochkommissar für Sachsen ernannt. Vermutlich wollte er Kleist als seinen Pressechef und Berichterstatter verwenden. In Prag versuchte Buol umgehend, Kleist einen Wirkungskreis zu verschaffen und führte ihn im Hause des Prager Stadthauptmanns und Patrioten Franz von Kolowrat-Liebsteinsky ein. Dort trug Kleist seine Idee eines patriotischen Wochenblattes mit dem programmatischen Titel *Germania* vor, dessen Einleitung uns fragmentarisch überliefert ist. Es heißt darin: »Diese Zeitschrift soll der erste Atemzug der deutschen Freiheit sein. Sie soll Alles aussprechen was, während der drei letzten, unter dem Druck der Franzosen verseufzten, Jahre, in den Brüsten wackerer Deutschen, hat verschwiegen bleiben müssen: alle Besorgnis, alle Hoffnung, alles Elend und alles Glück. [...] Hoch, auf dem Gipfel der Felsen, soll sie sich stellen, und den Schlacht-

Der Kleinseitner Platz in Prag gegen Ende des 18. Jahrhunderts. Im Eckhaus (im Bild ganz rechts) hatten Kleist und Dahlmann je ein Zimmer genommen.

gesang herab donnern ins Tal! Dich, o Vaterland will sie singen; und deine Heiligkeit und Herrlichkeit«.[50] In dieser Zeitschrift wollte Kleist vor allem den »hündischen Rheinbundgeist«[51] der Oberschichten sowie die Pressemanipulation in Frankreich geißeln. Die uns vorliegenden Bruchstücke beweisen Kleists bedeutendes journalistisches Talent. Wie in seiner politischen Lyrik, so experimentiert er auch als Journalist. Seine Texte sind prägnant und lakonisch formuliert, erweisen sich als mehrdeutig und hintersinnig: Stilmerkmale, die wir bereits aus seiner Kunstprosa kennen. Erstmals seit Würzburg (1800) benutzt Kleist auch wieder satirische Formen, etwa im *Lehrbuch der französischen Journalistik* (dessen Grundaussagen freilich auch auf die höchstkaiserlich-österreichische und preußische Presse- und Zensurpolitik zutrafen). Im *Lehrbuch* heißt es u. a.:

»Erklärung

§ 2

Die französische Journalistik ist die Kunst, das Volk glauben zu machen, was die Regierung für gut findet.

§ 3

Sie ist bloß Sache der Regierung, und alle Einmischung der Privatleute, bis selbst auf die Stellung vertraulicher Briefe, die die Tages-Geschichte betreffen, verboten.

§ 4

Ihr Zweck ist, die Regierung, über allen Wechsel der Begebenheiten hinaus, sicher zu stellen, und die Gemüter, allen Lockungen des Augenblicks zum Trotz, in schweigender Unterwürfigkeit unter das Joch derselben niederzuhalten.

Die zwei obersten Grundsätze

§ 5

Was das Volk nicht weiß, macht das Volk nicht heiß.

§ 6

Was man dem Volk dreimal sagt, hält das Volk für wahr.«[52]

Kleists journalistisches Konzept dieser Zeit ist auch heute noch interessant. Er versucht sich auf mehreren Stilebenen. Im *Katechismus der Deutschen, abgefaßt nach dem Spanischen, zum Gebrauch für Kinder und Alte* knüpft er an volkstümliche Formen an und entwickelt sie weiter. Hauptgedanken zur nationalen Selbstbestimmung werden aufgestellt und pädagogisch eingeschärft. Kleist sucht nicht allein die Emotion, er will »durch vernunftgemäßes Betrachten das Gefühl für das Vaterland an[zu]stacheln«.[53] Zum *Katechismus* hat er sich durch eine in Sevilla gedruckte und in Österreich übersetzte und verbreitete Schrift anregen lassen. Sein Ziel ist es, auf die Bildung eines Nationalbewußtseins erzieherisch einzuwirken. Es dominiert nicht mehr wie im *Phöbus* die ästhetische Provokation an sich. Er lernt es zunehmend, zielgruppenbezogen zu ›dichten‹. Allerdings unterstellt er im *Katechismus* eine Art religiösen Vaterlandsdrill. Dieser soll zu bedingungsloser Selbstaufopferung erziehen; dabei aber schmiegt er sich, wie Bernd Leistner angemerkt hat,[54] allzu sehr dem Verfahren des Ignatius von Loyola, des Gründers des Jesuitenordens, an.

Am 17. Juli 1809 kann Kleist Ulrike berichten, der Prager Kreis um Buol und Kolowrat fasse »die Idee, dieses Wochenblatt zu Stande zu bringen, lebhaft auf [...]. So lange ich lebe, vereinigte sich noch nicht soviel, um mir eine frohe Zukunft hoffen zu lassen«. In dieser »schön[n]Zeit«[55] scheint sich endlich ein für den patriotisch gesinnten Kleist geeigneter Wirkungskreis zu öffnen. Er findet Anerkennung bei Freunden und Bekannten und darf hoffen, durch die *Germania* seiner finanziellen Sorgen ledig und endlich einem breiten Publikum bekannt zu werden. Doch blieb die erhoffte und benötigte Zustimmung des Kaisers zu dem *Germania*-Projekt aus. Und bald stellte sich heraus, daß Kleist und die Männer seiner Umgebung wieder einmal aufs falsche Pferd gesetzt hatten. Erzherzog Carl hatte aus dem Sieg von Aspern keinen rechten Nutzen zu ziehen gewußt, außerdem konnte sich Preußen nicht entschließen, Österreich beizuspringen. Der preußische König befahl sogar, die Schillschen Offiziere, die auf eigene Faust gehandelt hatten, zu erschießen, und so wurde Österreich bei Wagram und bei Znaim Anfang Juli 1809 geschlagen. Nicht zuletzt trugen auch Kontroversen innerhalb der Kaiserfamilie sowie die Unentschlossenheit und Quertreiberei einflußreicher, napoleonisch gesinnter Höflinge und Offiziere in Wien zu dieser Niederlage bei. Zwar war sie nicht endgültig und vernichtend, doch befürchteten die Habsburger das Ende ihrer Monarchie. So arrangierten sie sich mit Napoleon.

Bereits am 12. Juli kam es zum Waffenstillstand, von dem Kleist in einem Prager Café erfuhr. In Prag war die Bestürzung allgemein und unbeschreiblich. Fünf Tage danach schreibt Kleist an die Schwester: »Noch niemals, meine theuerste Ulrike, bin ich so erschüttert gewesen, wie jetzt. Nicht sowohl über die Zeit – denn das, was eingetreten ist, ließ sich, auf gewisse Weise, vorhersehen; als darüber, daß ich bestimmt war, es zu überleben. [...] Ich bin gänzlich außer Stand zu sagen, wie ich mich jetzt fassen werde«. Er beklagt, daß er nun keine Möglichkeit mehr sehe, das »Geschäfft des Dichtens« fortzuführen. Es sei ihm regelrecht »gelegt«[56] worden. Diese Zeilen dürften hinreichend belegen, wie eng Kleists Patriotismus an sein so oft durchkreuztes Streben nach Selbsterfüllung gebunden war. Nachdem er ein Jahr lang an der politischen Gestaltung mitgearbeitet hatte, empfand er sich nun »in jäher Umkehrung als ihr Opfer«.[57] Die *Herrmannsschlacht* und die politischen Gedichte hatten wegen ihres aktuellen Zeitbezugs nicht wirken können, doch diejenigen seiner Werke, die diesen Bezug nicht hatten, fanden ein noch geringeres Interesse. Sein »Hang zum Paradox und zum Katastrophendenken«[58] ließen ihn die Chancen seiner Dichtung beim Publikum überschätzen, doch wurde er wieder einmal – und diesmal durch nichts als die Zeitverhältnisse – auf sich selbst zurückgeworfen und von jeder Art von Publikum abgeschnitten.

Ähnlich wie 1803 bot sich als letzte Möglichkeit, seine Existenz zu fristen, die Ausübung eines »Handwerk[s]«[59] an. 1803 konnte er darin noch eine gewisse Therapie-Logik sehen. Nun, 1809, will ihm ein solcher ›Ausweg‹ als vollkommen fragwürdig erscheinen; denn es werde »bei dem, was nun die Welt erfahren wird, nichts herauskommen.«[60]

Doch Kleists Neigung zu Extremlagen und Untergangsszenarien traf auf die Stimmung im Kreis um Kolowrat. Und so stehen nach den hoffnungslosen Zeilen im Brief an Ulrike vom 17. Juli 1809 noch diese: »Aber Hoffnung muß bei den Lebenden sein. – Vielleicht, daß die Bekanntschafften, die ich hier habe, mir zu irgend etwas behülflich sein können.«[61] Tatsächlich scheint er in den Monaten des Waffenstillstands, vor allem im Juli und August 1809, unter dem Einfluß der Prager Bekannten, die ebenfalls nicht aufgaben, die Niedergeschlagenheit überwunden und sich von seiner pessimistischen Beurteilung der Politik entfernt zu haben. Abermals versucht er nun, der fatalen Entwicklung in Österreich Einhalt zu gebieten. Die Prager Kriegspartei konnte ihn ermuntern, publizistisch für sie tätig zu werden. So wird er, in diesem Zusammenhang, Ende August jenen als Diskussionspapier für den Prager Freundeskreis gedachten Aufsatz *Über die Rettung von Österreich* ausgearbeitet haben. Denn »erst die Schlacht bei Wagram

öffnete Kleists Augen für die Saumseligkeit der österreichischen militärischen Führung, die Unzulänglichkeit der Maßnahmen der Regierung [...] besonders an geistiger Fundierung
und Zielbewußtheit«.[62] Der Aufsatz ist politisch eindeutig
formuliert, in seinen Aussagen konkret und scharf in seinen
Invektiven. Er ist in zwei Fassungen überliefert und hat jedesmal die Form einer Proklamation, die gegen das dynastische
Verhalten der österreichischen Regierung und gegen deren
Furcht vor den Volksmassen polemisiert. Die darin vorge-
brachten Argumente konnten leicht als Hochverrat gedeutet
werden. Es heißt u. a.: »Ich will, in diesen kurzen Sätzen, ohne
alle Deduktion der Gründe, angeben, wie der österreichische
Staat, so wie die Sachen stehn, noch zu retten sei. Vielleicht
wage ich, als ein unruhiger Kopf, angesehen und eingesteckt
zu werden«. Unter »*Von der Quelle der Nationalkraft*« lesen
wir: »Zuvörderst muß die Regierung von Österreich sich
überzeugen, daß der Krieg, den sie führt, weder für den Glanz
noch für die Unabhängigkeit, noch selbst für das Dasein ihres
Thrones geführt werde, welches, so wie die Sache liegt, lauter
niedere und untergeordnete Zwecke sind«.[63] Es gelte, so Kleist
weiter, Freiheit, Sittlichkeit und eine die gesamte Nation um-
greifende Erhebung, deren Ziele die Schaffung eines deutschen
Einheitsstaates und eine Konstitution seien, zu erwirken. Ver-
antwortungsbewußtes politisches Handeln könne sich nach
Kleist nur diesen Zielen verpflichtet fühlen. Und er appelliert
an den Kaiser, sie im Auftrage der Nation durchzusetzen: Er
fordert die Ausrufung einer Militärdiktatur, die die Kräfte der
Nation mit Macht zusammenführen solle, und einen »red-
lichen und tugendhaften Regenten«,[64] welcher ohne Furcht vor
einer Demokratisierung des öffentlichen Lebens die Geschicke
seines Landes lenke. In der ersten Fassung der Abhandlung
sollte nach der Herstellung der Einheit auf einem Reichstag,
allein durch die Stimmen der Fürsten, die neue Staatsverfassung
beschlossen werden. In der zweiten Fassung schlug das Beispiel Frankreichs von 1788/89 durch. Kleist befürwortete jetzt
die Ausarbeitung einer Verfassung, die dem Reich »am zweck-

mäßigsten«[65] sei, durch die Reichs*stände*, die für diesen Zweck extra einberufen werden müßten. Kleist, das wird deutlich, paßte sich nicht der ständigen Sorge der herrschenden Kreise Österreichs an, durch die Kämpfe würden »Volkskräfte entfesselt [...], die den traditionellen Charakter des Regimes mit einem Drang nach Reformen bedrohen könnten«.[66] Er nannte jene Machthabenden, die ihr Handeln von solchen Vorstellungen leiten ließen, »Despoten«. Tatsächlich wollte Österreich seine feudale Staats- und Gesellschaftsstruktur erhalten. In einem Vortrag stellte der österreichische Monarch hierzu gerade fest: »Zuverlässig ist in einer monarchischen Verfassung unumgänglich notwendig, die Abstufung zwischen dem Throne und der Bauernhütte beizubehalten.«[67] Gegen diese Interessenlage konnten die in Prag versammelten Patrioten nicht ankommen. Sie wurden isoliert und politisch bedeutungslos.[68] Kleist agitierte sozialpolitisch wieder einmal naiv. Kritik an den deutschen Fürsten, Reichsgedanke und die Idee zur Volksbewaffnung finden sich zwar bei ihm ebenso wie in den Schriften und Proklamationen des Freiherrn vom Stein. Doch anders als Stein übersah Kleist die komplizierte Sozialstruktur und die damit verbundenen Motivationen. Wird er mit solchen konfrontiert, reagiert er ratlos. Kopfschüttelnd stellt er dann fest, daß die ›Welt‹ seinen doch so berechtigten moralischen Forderungen und seinem Konzept von nationaler Befreiung nicht zu folgen in der Lage sei. Erst spät, zu spät, wird er begreifen, wie bestimmend das dynastische Partikularinteresse tatsächlich war.

Dennoch war Kleists Wille zur politischen Aktion keine pathologische Verkehrung der Natur. Auch nicht, als er nach dem Frieden von Schönbrunn Mitte Oktober 1809 noch einmal in eine depressive Stimmung geriet. Bald nach dem Friedensschluß wurde nämlich angeordnet, daß sich auch in Prag die Presse der veränderten politischen Lage anzupassen hätte. Als Kleist, vermutlich am 31. Oktober 1809, einen Tag nach dem Befehl zur Auflösung des Provinzialkommissariats für Sachsen, mit Dahlmann Prag in nördlicher Richtung verläßt, ist er höher verschuldet denn je und ohne jede Aussicht auf dichterischen Erfolg und einen Lebensunterhalt.[69]

Er trägt die Empfindungen des »Letzten Liedes« in der Brust, jener Verse, in denen er die tätige Liebe fürs Vaterland und die enttäuschenden Niederlagen zu einer resignierenden Klage verschmolzen hatte. Humanität, so seine Prophetie, wird es in den kommenden Generationen nicht mehr geben. Kunstfreundlichkeit und innere Größe, ja alles Lebenswerte überhaupt, wird sterben.[70]

> Fernab am Horizont, auf Felsenrissen
> Liegt der gewitterschwarze Krieg getürmt.
> Die Blitze zucken schon, die ungewissen:
> Der Wandrer sucht das Laubdach, das ihn schirmt.
> Und wie ein Strom, geschwellt von Regengüssen,
> Aus seines Ufers Bette heulend stürmt,
> Kommt das Verderben, mit entbundnen Wogen,
> Auf alles, was besteht, herangezogen.
>
> Der alten Staaten graues Prachtgerüste
> Sinkt donnernd ein, von ihm hinweggespült,
> Wie, auf der Heide Grund ein Wurmgeniste,
> Von einem Knaben scharrend weggewühlt,
> Und wo das Leben, um der Menschen Brüste,
> In tausend Lichtern jauchzend hat gespielt,
> Ist es so lautlos jetzt, wie in den Reichen,
> Durch die die Wellen des Kozÿthus schleichen.
>
> Und ein Geschlecht, von düsterm Haar umflogen,
> Tritt aus der Nacht, das keinen Namen führt,
> Das, wie ein Hirngespinst der Mythologen,
> Hervor aus der Erschlagnen Knochen stiert;
> Das ist geboren nicht, und nicht erzogen
> Vom alten, das im deutschen Land' regiert;
> Das läßt in Tönen, wie der Nord an Strömen,
> Wenn er im Schilfrohr seufzet, sich vernehmen.

Und du, o Lied, voll unnennbarer Wonnen,
Das das Gefühl so wunderbar erhebt,
Das, einer Himmelsurne wie entronnen,
Zu den entzückten Ohren niederschwebt,
Bei dessen Klang, empor in's Reich der Sonnen,
Von allen Banden frei die Seele strebt;
Dich trifft der Todespfeil; die Parzen winken,
Und stumm in's Grab mußt du darnieder sinken.

[...]

Und stärker rauscht der Sänger in die Saiten,
Der Töne ganze Macht lockt er hervor,
Er singt die Lust, für's Vaterland zu streiten,
Und machtlos schlägt sein Ruf an jedes Ohr,
Und wie er, flatternd, das Panier der Zeiten,
Sich weiter pflanzen sieht, von Tor zu Tor,
Schließt er sein Lied; er wünscht mit ihm zu enden,
Und legt die Leier weinend aus den Händen.[71]

Vom Ringen zur Resignation

»Stähle mich mit Kraft ...«

Über die nächsten fünf Monate in Kleists Leben wissen wir kaum etwas. Er war kurz in seiner Geburtsstadt, um 400 Taler, die ihm seine verstorbene Tante Massow hinterlassen hatte, entgegen- und eine Hypothek auf sein vermietetes Geburtshaus aufzunehmen, schrieb von hier aus an Ulrike, daß er nach Österreich zurückwolle; dann aber, im Januar, befand er sich auf Reisen und machte Station in Frankfurt am Main. Der Beweggrund für diesen Aufenthalt ist unbekannt. In Gotha besuchte er seinen ehemaligen Kameraden Schlotheim. Am 4. Februar 1810 trifft er in Berlin ein. Kurz danach sehen ihn dort Clemens Brentano und Joseph von Eichendorff. Und am 19. März 1810 schreibt er der Schwester nach Pommern, daß er in den Häusern des nun Leitenden und Finanzministers von Altenstein und des Geheimen Staatsrats Staegemann ein und aus gehe, und deutet an, daß sie für ihn hier von großem Nutzen sein könne. »Denn wie manches könntest du, bei den Altensteinschen Damen, zur Sprache bringen, was mir, dem Minister zu sagen, schwer, ja unmöglich fällt.« Auch bei Hofe hat er auf sich aufmerksam zu machen versucht und am 10. März, wohl auf Vermittlung Frau von Bergs, einer mit Marie von Kleist bekannten Hofdame, »der Königinn, an ihrem Geburtstag, ein Gedicht [das Sonett »An die Königin von Preußen«] überreicht, das sie, vor den Augen des ganzen Hofes, zu Thränen gerührt« habe. Er schreibt, er könne jetzt »ihrer Gnade, und ihres guten Willens, etwas für [ihn] zu thun, gewiß sein«.[1]

Kleist hat sich wieder aufgerafft, er hofft sogar auf eine Hofcharge. Preußen ist jetzt das Zentrum des nationalen Widerstandes, hier sind die Reformer am Werke. Er nimmt Kontakt zu ihnen auf und versucht sich dem Hof zu nähern. Er will seine Isolierung durchbrechen, in der preußischen Hauptstadt tätig werden, sich hier seinen Lebensunterhalt dauerhaft sichern.

Angesichts der veränderten politischen Lage modifiziert er seine Konzeption von der Ausbildung der Nation. Er hatte erfahren müssen, daß, wer etwas bewirken will, dies vor allem bei den Regierenden versuchen muß. Kompromisse werden unumgänglich. Das kommt auch in Kleists Dichtungen zum Ausdruck. Er zielt jetzt stärker auf den einzelnen ab, will ihn für die nationalen Interessen gewinnen. Die politische Agitation der Vorjahre tritt in den Hintergrund, er dichtet mit Blick auf Kommendes. Im Gegensatz zur *Herrmannsschlacht* und zu den politischen Gedichten und Aufrufen von 1808/09, die dazu beitragen sollten, daß der Feind augenblicklich und mit allen Mitteln geschlagen werde, beschäftigen Kleist nun eher allgemein menschliche Haltungen und Verhaltensweisen, die er mit nationalen Forderungen verbindet, so daß Projekte entstehen, die im Grunde auf die Beantwortung der Frage hinauslaufen, wie der einzelne Mensch sich dem Staat gegenüber positiv verhalten und dennoch national verantwortlich handeln könne. Er versucht das Bild einer kämpferischen Gemeinschaft zu entwerfen.

In seinem letzten Schauspiel *Prinz Friedrich von Homburg* thematisiert Kleist noch einmal das Verhältnis von Individuum und Gesellschaft. Die Frage nach dem Handlungsspielraum des Menschen im Spannungsfeld von Eigeninteresse und Gemeinschaftsinteresse wird nun unter anderen Bedingungen neu gestellt. Dabei nutzt Kleist die Erfahrungen von 1809.

Der Stoff dieses Werkes, bei dem die Deutungen weit auseinandergehen, ist der brandenburgisch-preußischen Geschichte entnommen. Als Quellen hatte Kleist bereits in Dresden die *Œuvres de Fréderic II roi de Prusse* von 1789 und K. H. Krauses *Mein Vaterland unter den hohenzollerischen Regenten, ein Lesebuch für Freunde der Geschichte* (Halle 1803) entliehen.

Adam Müller hatte, ebenfalls bereits in Dresden, 1808 in seinen *Vorlesungen über die dramatische Kunst* auf Stoffe aus der Nationalgeschichte aufmerksam gemacht. Diese schienen ihm geeignet, die Notwendigkeit absolutistischer Herrschaft aufzuzeigen. Kleist ist freilich kein Legitimist. Bei ihm hat das Herrscherhaus der Nation zu dienen. Das Königtum müsse sich durch Taten für die Nation vor der Nation bewähren, hierin ist er sich mit dem Reformer Staegemann einig. Diese Auffassung ist auch in den *Prinzen von Homburg* eingeflossen. Kleist will auf die absolutistische Spitze einwirken, zugleich kritisiert er sie. Er bewahrt sich ein gesundes Maß an Mißtrauen, das ihn vor Glorifizierung schützt, obgleich es ihm im Stück auch um Gemeinsamkeiten zwischen Individuum und Staatsmacht geht. Bei ihm bleibt diese Gemeinsamkeit jedoch gefährdet; das Spiel wird als Spiel markiert (»Ein Traum, was sonst?«), die Wirklichkeit ist anders.

Der unentschlossenen Politik Friedrich Wilhelms III. stellt Kleist in Gestalt des Großen Kurfürsten einen handlungsbereiten Regenten entgegen. Dieser wird in einer ›national‹ progressiven Unternehmung aktiv, Kleist zeigt ihn als Dirigenten der Schlacht von Fehrbellin 1675 im Abwehrkampf gegen die Schweden. Held des Stücks ist der junge Reitergeneral Prinz Friedrich von Homburg, ein Vetter des Kurfürsten. Die Eingangsszene zeigt den Prinzen als Schlafwandler, er träumt von bevorstehendem Schlachtenruhm, hofft auf die Liebe und die Hand Natalies, der Nichte seines Herrn. Militärisches verbindet sich mit Persönlichem, ja Erotischem.

Die Figur des Prinzen trägt Züge ihres Schöpfers, eine herausfordernde Mischung aus bedenkenloser Ichbezogenheit und berechtigtem Glücksanspruch. Allerdings wird die Egozentrik des Prinzen – mehr als seinerzeit die Penthesileas – kritisch gesehen. Im *Prinzen von Homburg* sucht Kleist die Balance zwischen den Ansprüchen von Ego und Welt. Er mag damit die Hoffnung verbunden haben – auch weil direkte Botschaften bisher ohne jede Wirkung geblieben waren –, das Publikum werde mit Blick auf die wachsenden Widersprüche

des wirklichen Lebens eine größere Sensibilität für sie entwik-
keln, mithin diskursfreudiger werden. Die Erfahrungen der
Jahre seit 1808 hatten ihn gelehrt, jede Eindimensionalität in
Ereignis-, Problem- und Charakterdarstellung zu vermeiden.

Der *Prinz von Homburg* spielt in der brandenburgischen
Oberschicht. Dabei geht es Kleist um den alten Gegensatz von
Mensch und Offizier, auch um das Einander-fremd-Werden.
Selbst der Prinz kann in den vorgefundenen Verhältnissen
nicht mehr seinem innersten Wesen gemäß leben. Der Kur-
fürst weist denn auch den Prinzen von Homburg und dessen
Träume ab:

> In's Nichts mit dir zurück, Herr Prinz von Homburg,
> In's Nichts, in's Nichts! In dem Gefild der Schlacht,
> Sehn wir, wenn's Dir gefällig ist, uns wieder!
> Im Traum erringt man solche Dinge nicht!
>
> (Vs. 74-77)

Der Kurfürst hat einen Schlachtplan entworfen, mit dessen
Hilfe, durch ein kompliziertes Umgehungsmanöver, die Ein-
kesselung und Vernichtung der Schweden erreicht werden soll.
Der Prinz ist bei der Befehlsausgabe ganz auf seine Traumverheißung konzentriert und überhört die für den Einsatz seiner
Kavallerie erteilte Order. Von Tatendrang und Ruhmsucht
beseelt, greift er deshalb in der Schlacht zu einem Zeitpunkt in
das Kampfgeschehen ein, als die Schweden, nach einer brandenburgischen Attacke, erneut ihre Kräfte sammeln und die
brandenburgische Offensive zum Stillstand gekommen ist.
Das Moment des intuitiven Eingreifens, in den meisten Deutungen des Stücks nicht genügend beachtet, ist innerhalb der
dramatischen Handlung von entscheidender Bedeutung. Auch
der spätere Konflikt zwischen Heer und Souverän hat hier
seinen Ursprung.[2]

Die Schweden werden trotz erbitterter Gegenwehr von der
Reiterei des Prinzen überrannt und der durch den Schlachtplan des Kurfürsten eben nicht garantierte Sieg wird, wenn

Der Große Kurfürst und der Prinz von Homburg nach der Schlacht von Fehrbellin. Stich (1802) nach einem Gemälde von Karl Kretschmar. Diese Darstellung soll Kleist zu seinem Drama angeregt haben.

auch unvollständig, errungen. Nach der – bald darauf widerrufenen – Nachricht vom Tod des Kurfürsten in der Schlacht verlobt sich der Prinz mit Natalie und sieht sich bereits als Nachfolger des Herrschers.

Dann jedoch bricht der Konflikt zwischen Homburg und dem Kurfürsten offen aus: Des Prinzen befehlswidrige Handlungsweise wird als Disziplinbruch und als ein Vergehen gegen die Militärgesetze aufgefaßt, und so läßt der Kurfürst ihn bei der Siegesfeier verhaften. Zu den Offizieren gewendet äußert der Prinz trotzig:

> So – so, so, so!
> [...]
> Mein Vetter Friedrich will den Brutus spielen,
> Und sieht, mit Kreid' auf Leinwand verzeichnet,

Sich schon auf dem curulschen Stuhle sitzen:
Die schwed'schen Fahnen in dem Vordergrund,
Und auf dem Tisch die märkschen Kriegsartikel.
Bei Gott, in mir nicht findet er den Sohn,
Der, unterm Beil des Henkers, ihn bewundre.

(Vs. 775-783)

Im Gefängnis erwartet Homburg nun den Urteilsspruch, freilich nicht ohne Hoffnung auf Begnadigung. Er meint zunächst, der Kurfürst folge nur rein formalen Erfordernissen, um sein Ansehen im Heer nicht zu verlieren. Doch dann erfährt er, daß der Kurfürst das Todesurteil bereits unterschrieben habe und gewillt sei, es vollstrecken zu lassen. Darüber hinaus, heißt es, erwäge dieser eine Verheiratung seiner Nichte Natalie mit dem schwedischen König.[3] Damit, muß der Prinz vermuten, stünde er nicht nur den strategischen und disziplinarischen Überlegungen des Kurfürsten im Wege, sondern auch dessen dynastischer Politik.

Angesichts des bereits für ihn ausgehobenen Grabes ist der Prinz tief erschüttert. Todesangst überwältigt ihn. Auf den Knien bittet er die Kurfürstin, sich für seine Begnadigung und Verabschiedung aus dem Heer einzusetzen. Er gibt Natalie frei, um aus dem Räderwerk der Macht herauszukommen und wenigstens das nackte Leben zu retten. Natalie, selbst Befehlshaberin eines Regiments, interveniert jedoch beim Kurfürsten zugunsten des Prinzen. Durch sie erfährt der Kurfürst auch, daß Homburg das Urteil des Kriegsgerichts nicht anerkennt, daß er sich vielmehr als Opfer geheimer Diplomatie sehe, in Todesängsten schwebe und ihm so das Schicksal des Landes einerlei geworden sei: »Ein unerfreulich, jammernswürd'ger Anblick [...]« (Vs. 1166)

Der Landesherr erkennt als kluger und berechnender Staatsmann, daß der Verurteilte angesichts solcher Lage der Dinge der Rechtmäßigkeit des Todesurteils zustimmen muß, damit die Einheit und Geschlossenheit des brandenburgischen Heeres nicht gefährdet werden. So appelliert er, im Vertrauen auf das bisherige Wohlverhalten des Prinzen gegenüber Staat und Monarch, an dessen Rechtssinn und feudale Ehr- und Pflichtauffassung. Er schreibt an ihn:

> Mein Prinz von Homburg, als ich euch gefangen setzte,
> Um eures Angriffs, allzufrüh vollbracht,
> Da glaubt' ich nichts, als meine Pflicht zu tun;
> Auf euren eignen Beifall rechnet' ich.
> Meint ihr, ein Unrecht sei euch widerfahren,
> So bitt' ich, sagt's mir mit zwei Worten –
> Und gleich den Degen schick' ich euch zurück.
>
> (Vs. 1307-1313)

Diese scheinbar großmütige kurfürstliche Geste, entgegen dem Urteil des von ihm bestellten Kriegsgerichtes, den Verurteilten über sein Leben selbst entscheiden zu lassen, bewirkt eine wichtige Wandlung im Prinzen: Er sieht darin seinen Verdacht widerlegt, daß der Herrscher kein väterlicher Regent, sondern ein kalt seinem monarchischen Interesse gemäß handelnder Despot sei. Sein Vertrauen in den Staat und seine Gesetze stellt sich wieder her. Der Prinz glaubt, gemäß seiner eigenen freien Menschenwürde handeln zu müssen und ist bereit, dem gegen ihn verhängten Todesurteil zuzustimmen. Die Strategie des Kurfürsten geht auf. Der Prinz ist durch den Appell an seine Gesinnung, so muß jener annehmen, zu einer tieferen Einsicht von Ein- und Unterordnung gelangt. Nun kann der Kurfürst ihn begnadigen.

Eine nicht unwesentliche Rolle in dieser Wendung der Ereignisse spielt das Verhalten des Offizierskorps. Unter der Führung des Obristen Kottwitz versammelt es sich auf Initiative Natalies, die dem Kurfürsten mißtraut,[4] vor dem Hauptquartier in Fehrbellin und bittet um des Prinzen Freilassung.[5] Dabei kommt es zu einem Disput zwischen Oberst Kottwitz und dem Kurfürsten. Kottwitz faßt die Forderung des Heeres so zusammen:

Herr, das Gesetz, das höchste, oberste,
Das wirken soll, in Deiner Feldherrn Brust,
Das ist der Buchstab Deines Willens nicht;
Das ist das Vaterland [...]

(Vs. 1570-1573)

Es schließt sich ein Wortwechsel an über das Maß für die Selbstentscheidungs- und Handlungsfreiheit der militärischen Unterführer.[6] Das Offizierkorps ist durch das beherzte Eingreifen Homburgs in die Schlacht – dessen subjektive Motivationen stehen nicht im Vordergrund – zum Nachdenken und zu einem eigenen Urteil darüber angeregt worden. Es begreift dessen ›unzeitiges‹ Eingreifen als richtige Reaktion auf den tatsächlichen Schlachtverlauf. Man erkennt das Neue solcher Handlungsweise, die, würde sie militärische Praxis, die Offiziere nicht mehr nur willenlose Werkzeuge und bloße Soldempfänger im Dienste ihres Herrn sein ließe, und man erkennt die Rolle des Zufalls im Kriegsgeschehen. Kottwitz appelliert an den Souverän:

Was kümmert Dich, ich bitte Dich, die Regel,
Nach der der Feind sich schlägt: wenn er nur nieder
Vor Dir, mit allen seinen Fahnen, sinkt?
Die Regel, die ihn schlägt, das ist die höchste!

(Vs. 1575-1578)

Die Offiziere treten nicht nur aus persönlicher Sympathie für den Prinzen ein, sondern vor allem aus gesteigerter Hingabe an die patriotische Sache. Sein Fall ist auch ihr Fall geworden. Also verlangen sie, daß als oberste Handlungsmaxime die Pflicht des Kampfes fürs Vaterland unter Nutzung aller Möglichkeiten gesetzt werden muß. Der Formalismus der preußischen Pflichtethik wird damit in Frage gestellt.

Da der Kurfürst nicht in der Lage ist, Kottwitz' Argumente zu widerlegen, vielmehr auf der strikten Einhaltung des »Gesetz[es]« als der »Mutter [s]einer Krone« (Vs. 1567-68) besteht, ruft er den Prinzen herbei, der nun als Anwalt für ihn auftritt. Dieser spricht davon, daß er durch seinen Opfertod

auch über den »Feind« in sich triumphieren wolle. Aus seiner –
von Schuldgefühlen und Illusionen belasteten – Sicht geht es
ihm darum, deutlich zu machen, daß jeder sich der (national-
patriotisch verstandenen) Gemeinschaft und ihren Gesetzen zu
unterwerfen habe und den Trotz, den »Übermut« (Vs. 1757),
also das staatsfeindliche Element, abwerfen solle. Zugleich
fordert er vom Herrscher, die dynastisch motivierten Heirats-
pläne aufzugeben und mit ihnen jeglichen Gedanken an politische Kompromisse. Er solle vielmehr den Kampf gegen die
schwedischen Eroberer bis zur völligen Befreiung Brandenburgs weiterführen. Der Kurfürst, dem daran gelegen ist, die
vom Prinzen verkündete Gesinnung zur Maxime künftigen
Handelns zu erheben, gibt denn auch dieses Versprechen ab.
Er zerreißt, nachdem man den Prinzen abgeführt hat, vor aller
Augen das Todesurteil – gleichsam als konsequente Handlung
des nunmehr einsichtigen, also, mit Kleist zu sprechen, »red-
lichen und tugendhaften Regenten«[7]. Und er läßt den Prinzen
als »Sieger in der Schlacht bei Fehrbellin!« (Vs. 1855) feiern.
Während dieser mit verbundenen Augen herangeführt wird,
ertönt der Totenmarsch. Die Angst vor dem Tod ist vom Prinzen gewichen. Er gibt sich einem Zustand des Hinübergleitens
in ein – bei allem Lichtvollen offenbar jedoch leeres – Jenseits
hin. Man ist versucht, an Kleists eigene Todeserwartung[8] zu
denken.

> Nun, o Unsterblichkeit, bist Du ganz mein!
> Du strahlst mir durch die Binde meiner Augen,
> Mit Glanz der tausendfachen Sonne zu!
> Es wachsen Flügel mir an beiden Schultern,
> Durch stille Ätherräume schwingt mein Geist;
> Und wie ein Schiff, vom Hauch des Winds entführt,
> Die muntre Hafenstadt versinken sieht,
> So geht mir dämmernd alles Leben unter:
> Jetzt' unterscheid' ich Farben noch und Formen,
> Und jetzt liegt Nebel Alles unter mir.
>
> (Vs. 1830-1839)

Statt die Hinrichtung zu befehlen, übergibt der Kurfürst Natalie Lorbeerkranz und Kette und läßt dem Prinzen die Augenbinde abnehmen. Natalie setzt diesem den Kranz auf, legt ihm die Kette um den Hals und drückt dann seine Hand an ihr Herz. Fassungslos fällt der Prinz in Ohnmacht. Der Kreis schließt sich. Der Traum des Anfangs scheint Wirklichkeit geworden zu sein. »Vertrauen und Liebe«[9] triumphieren über Mißtrauen und Eigennutz. Es ist, so scheint es, eine militärische Gemeinschaft entstanden, die willens ist, von »Schlacht« zu Schlacht und »Sieg« zu »Sieg« (Vs. 1858) zu eilen. Sie wird dabei geführt von einem ›aufgeklärten‹, quasi liberalen Fürsten. Das einzige Bestreben aller ist es, die patriotischen Aufgaben zu lösen. Darin hat auch persönliches Glücksbegehren seinen Platz. »Der Staat als Familie: dieser Gegenentwurf zum Staat als Maschine triumphiert am Schluß des Stückes.«[10]

Kleist hat auch hier wieder etliches von sich selbst in das Schicksal des Prinzen eingeschrieben. Wir begegnen darin dem Zustand existentieller Verlorenheit ebenso wie den Empfindungen eines Menschen, der – von Schuldgefühlen belastet – aus dem familiären Sozialverband gefallen ist und der die Hoffnung auf eine wiedereingliedernde Anerkennung noch nicht völlig aufgegeben hat. Man kann *Prinz Friedrich von Homburg*, der erst 1811 abgeschlossen wurde, auch lesen als »den letzten Versuch, ein vom Tod bedrohtes Leben zu retten«.[11] Zugleich hat Kleist in der Bild- und Wortwelt des Schlusses der Hoffnung auf die Versöhnung von Poesie und Macht Ausdruck verliehen.[12] Er hat ein weiteres Mal seine Sehnsucht nach einer familiären Gemeinschaft zum Ausdruck gebracht. Der Schlachtenruf: »In Staub mit allen Feinden Brandenburgs!« (Vs. 1858) soll denn auch die gewünschte ideelle Einheit und patriotische Selbstlosigkeit demonstrieren und als Appell auf den Zuschauer wirken.

Doch die Lösung des Stückes ist widersprüchlich, das macht Kleist selbst deutlich. Die überraschende Übereinkunft zwischen Offizierskorps und Monarch wird im Werk selbst relativiert. Auf Geheiß des Kurfürsten weckt man den Prinzen martialisch mit Kanonendonner. Auf dessen Frage: »Nein, sagt! Ist es ein Traum?« antwortet Kottwitz: »Ein Traum, was sonst?« (Vs. 1856) Damit ist auf die Differenz von literarischem Ereignis und Realität hingewiesen. Der reale Staat formt sich zwar zu einer Vision des ›anderen‹, ›dichterischen‹ Preußen, doch markiert Kleist dessen despotische Grundlagen. So bleibt es eine Legalisierung von Willkür, wenn der Kurfürst das (Todes-)Urteil über den Prinzen verhängt, ehe noch ein Militärgericht sich mit dessen ›Vergehen‹ befaßt hat. Und am Ende wird der Kurfürst das von ihm selbst gesetzte Kriegsrecht, das er als unabhängige und verbindliche Instanz bezeichnet, als Instrument seiner Herrschaft weiter handhaben. Im Disput mit dem Heer beharrt er auf dessen strikter Einhaltung. Indem er sich verpflichtet, die Verhandlungen mit dem Feind abzubrechen, und indem er das Todesurteil aufhebt, nimmt er, realpolitisch betrachtet, eigentlich nur der unerwarteten Opposition gegen sich die Spitze. Seine Herrschaft bleibt unangetastet. So kann er sich liberal und als pater familias gebärden und unangefochten, ja geradezu bewundert, die grausame Scheinhinrichtung des Prinzen inszenieren. Entscheidend für die Handlungsweise des Kurfürsten bleibt, daß er »sich durch den Sieg des Prinzen, der gegen seine ausdrückliche Order errungen wurde, in seiner Autorität in Frage gestellt sieht und diese Autorität nun wieder durch einen Akt [der] Unterwerfung bestätigen muß«.[13]

Ungereimtheiten, Widersprüche im Text oder bewußt gesetzte Gegenläufigkeiten? Jedenfalls halten sie die Handlung und ihre Motive in einer vieldeutigen Schwebe. Im *Prinzen von Homburg* hatte die indirekte Zensur, zur Selbstzensur geworden, der Gestaltung enge Grenzen gesetzt, die sich nur durch kritisches Lesen des Textes überwinden lassen. Nicht umsonst spricht Kleist in einem für seine Ästhetik hoch wichtigen Epigramm von 1808, von der »Kunst […] zu lesen«.[14] Und so stellt er am Ende sogar jenen ›Adel der Gesinnung‹ im

Jubel des Finales, der sich da in einem scheinbar erneuerten Preußen aus den Niederungen von Egoismus und Herrschaftssicherung zu erheben schien, zur Disposition.

Für seine Figuren gilt, daß sie »allesamt, so sehr sie vom Autor auf einen Consensus mit der bestehenden Ordnung verpflichtet werden, im Grunde allein sind und, dadurch bedingt, fortwährend aneinander vorbeireden und -handeln«.[15] Kleists Wunschtraum vom Aufgehobensein in Gemeinsamkeit und sein Realitätssinn treffen im *Prinzen von Homburg* aufeinander. Auch in solcher ›Gespaltenheit‹ kann Kleist durchaus als modern gelten.

Sein »*vaterländisches* Drama (mit mancherlei Beziehungen)«[16], das wohl sprachlich gelungenste und poetisch kompakteste seiner Stücke, ist in erster Linie ein Gleichnis über die Spannungen zwischen Ich und Welt, Selbsttätigkeit und Einordnung. Heinrich Heine fand später, daß es »gleichsam vom Genius der Poesie selbst geschrieben«[17] sei. Dennoch wurde es zu Lebzeiten Kleists nicht aufgeführt, weder, wie ursprünglich geplant, auf dem Privattheater des Fürsten Radziwill, der eine Zeitlang als Nachfolger Ifflands als Intendant des Königlichen Nationaltheaters im Gespräch war, noch auf dem Nationaltheater selbst.

Nach einer Überlieferung soll das Werk von der Familie angeregt worden sein, um eine engere Beziehung Kleists zum Hof herzustellen. Dieser wollte es der als patriotisch geltenden Königin Luise widmen. Er habe gehofft, dadurch eine Art Apanage zu erhalten – wohl auch, damit er Einfluß auf den König und das Königshaus nehmen könne. Luise starb jedoch im Sommer 1810. Möglicherweise hatte Kleist damals erst eine frühe Fassung[18] erarbeitet, welche ganz auf die kritisch gesehene Befehlsübertretung eines Reitergenerals gestellt war. Erst durch seine ernüchternden Erlebnisse mit der Staatsspitze, dann, 1811, hätte er bei einer weitgehenden Umformung ein Mehr an Spannung und Distanz eingebracht. Wir hätten es mithin mit einem ähnlichen Vorgang wie beim *Zerbrochnen Krug* zu tun. Auf Drängen Marie von Kleists hat Kleist das

Stück in einer Notsituation im September 1811 der Prinzessin Marianne von Preußen, einer Nachfahrin derer von Hessen-Homburg, gewidmet. Eduard von Bülow meinte später: »Es war eine poetische Verblendung, von diesem Werke Hofgunst zu erwarten. […] Eine Enttäuschung in einem solchen Falle verrät sich durch Schweigen.«[19] Ludwig Tieck gab das Werk zusammen mit anderen (nachgelassenen) Arbeiten Kleists 1821 heraus. Danach versuchte der Kreis um Ludwig Robert, den Bruder der Rahel Levin, das Stück in Berlin auf die Bühne zu bringen, zunächst ohne Erfolg. Hof und Adel sahen sich in ihrem Ehr- und Moralkodex aufs Korn genommen und hielten die Darstellung der Todesfurcht des Prinzen für unzumutbar. Nachdem das Stück 1828 dann doch noch in einer mildernden Bearbeitung Roberts in Berlin aufgeführt worden war, befahl der König in einer Kabinettsorder sogleich, das Stück abzusetzen, ja verfügte sogar, daß es »niemals wieder gegeben werden«[20] dürfe. Man vermißte den heroischen Ton und kritisierte die Gestaltung der Figur des Großen Kurfürsten als entschieden zu »schwach«[21]. Beides wurde 1841 anläßlich einer Neueinstudierung zu Ehren der Thronbesteigung Friedrich Wilhelms IV. korrigiert; das, was nicht im Stück stand, las man nun hinein. Und in der Folgezeit wurde der *Prinz Friedrich von Homburg* endgültig zum höfischen, bald auch nationalistischen Hohenzollern-Schaustück umfunktioniert. Seine eigentliche Entdeckung als ein Werk großer deutscher Dramatik jenseits aller höfischen und nationalen Opportunität gelang erst in den fünfziger Jahren des 20. Jahrhunderts.

Im Sommer 1810 erschien in Berlin ein Band Kleistscher Erzählprosa. Er enthielt den *Kohlhaas,* die *Marquise von O....* und das *Erdbeben in Chili.* Kleist wollte die Sammlung gern mit dem Untertitel *Moralische Erzählungen* veröffentlichen, konnte sich aber damit bei seinem Berliner Verleger, Georg Andreas Reimer, nicht durchsetzen. Als er es vorschlug, hatte er vermutlich die von den Romantikern geschätzten *Novelas ejemplares* des Spaniers Cervantes vor Augen, auf dessen literarische Bedeutung zuletzt Adam Müller in Dresden hingewiesen hatte. Kleist entschied sich schließlich für den unprätentiösen Titel *Erzählungen. Von Heinrich von Kleist.*

Mit welcher Sorgfalt Kleist bei dieser Wiederherausgabe – alle drei Texte waren 1807/08 bereits in Zeitschriften erschienen – verfuhr, zeigt vor allem der *Michael Kohlhaas.* Kleist hat das ›Fragment‹ von 1806/08 überarbeitet, und es entstand eine wesentlich erweiterte Fassung, die die Geschichte bis an die Grenze eines dramatischen Romans führte. Auf dem Titelblatt stand nun *Aus einer alten Chronik.* Damit wollte Kleist vermutlich die Glaubwürdigkeit der Geschichte, ihre Authentizität hinsichtlich Handlung und auftretenden Personen erhöhen. Doch dürfte ihm der Chronik-Verweis auch wegen der preußischen Zensur willkommen gewesen sein. Immerhin erzählte er die Geschichte eines brandenburgischen Rebellen, der mit dem Staat in Konflikt geraten war und mit seiner Selbstjustiz die Grundfesten eines Staatswesens zu bedrohen schien. Mit dem Hinweis, daß die Geschichte einer alten Chronik entnommen sei, läßt Kleist sie als verbürgt erscheinen, entrückt in die scheinbar unverfänglich ferne Zeit des frühen 16. Jahrhunderts, wo Rechtsstreitigkeiten zuweilen noch per Fehde ausgetragen wurden. Schließlich ist sein Rebell kein Adliger wie der Prinz von Homburg, sondern entstammt dem Handelsbürgertum. Er war ein Aufrührer, der trotzig auf seinem Recht bestand, und kein einsichtiger Bittsteller.

Kleist übernahm nicht nur einfach die im *Phöbus* veröffentlichte fragmentarische Fassung und ergänzte sie. Die Handlung spielt nun sowohl in Sachsen als auch in Brandenburg. Diese neue Version ist nicht nur entschieden länger als die erste, sie stellt die Frage nach dem Widerstandsrecht des einzelnen auch in völlig neuer Weise. Durch längere Einschübe, grundlegende Handlungserweiterungen und die Einführung weiterer Personen schafft sich Kleist die Möglichkeit, so sieht es auf den ersten Blick jedenfalls aus, zwischen einem schlechten, durch und durch verdorbenen Regenten, dem sächsischen Kurfürsten,[22] und dem guten, auf Recht und Gesetz bedachten Regenten, dem Kurfürsten von Brandenburg, zu unterscheiden.

Kleists chronikaler Erzählstil wird hier endgültig zu einer für ihn charakteristischen Erzähltechnik. Bereits im *Erdbeben in Chili* und in der *Marquise von O....* hatte er ihn erprobt, aber erst im *Kohlhaas* II vollendet er ihn. Durch das konsequente Gegeneinandersetzen von Figuren- und Erzählersicht sowie von reflektiertem und tatsächlichem Geschehen provoziert Kleist zudem die Meinungsbildung seines Lesers. Auch hier will er sich hinterfragt wissen. Dieses Verfahren ermöglicht es ihm, seinen Helden, den aufsässigen brandenburgischen Pferdehändler aus Kohlhaasenbrück sowohl lobens- wie auch kritikwürdig erscheinen zu lassen. Noch deutlicher wird dies bei der Darstellung der Obrigkeit. Das Thema der gewaltsamen Rechtnahme war politisch hoch brisant, ganz ohne sklavensprachliche Camouflage war es nicht zu vermitteln.

Kleist knüpfte beim Fortschreiben des *Phöbus*-›Fragments‹ an den Schluß dieser Version an. Kohlhaas hatte sich, als Teil seiner Rechtseinforderung, zu einem Sturm auf die Tronkenburg entschlossen, doch der Überraschungsangriff, den er mit Feuer und Schwert ausführt, verfehlt sein Ziel, er kann des Junkers von Tronka, der sein Unglück verschuldet hat, nicht habhaft werden. Damit ist Kleist gezwungen, den Konflikt weiter zuzuspitzen und auszudehnen. Der Junker flieht und Kohlhaas bringt in seiner Wut einige von Tronkas Gefolgsleuten um, Mitschuldige, wie er glaubt. Das Problematische dieser Aktion wird sofort deutlich, obgleich Kleists Kohlhaas, anders als das historische ›Vorbild‹ Hans Kohlhase, versucht, reine Willkürhandlungen zu vermeiden. Und bereits hier zeichnet sich das tragische Dilemma ab, in das derjenige gerät, der in einem Gemeinwesen, welches es zuläßt, daß Staatsbürger zugunsten anderer entrechtet und entwürdigt werden, genötigt ist, zur Gewalt als Gegenmittel zu greifen.

Auf der Jagd nach dem Junker zündet Kohlhaas dreimal Wittenberg an, wo er Tronka vermutet. Doch trotz dieses nicht zu rechtfertigenden Willküraktes erhält er großen Zulauf von Unzufriedenen im Lande und sieht sich bald an der Spitze eines Trupps von gut hundert Mitkämpfern, die zu allem entschlossen sind und mit der Kampftaktik von Guerillakämpfern vorgehen, wobei allerdings auch Plünderungen vorkommen. Mit diesem Trupp schlägt Kohlhaas nacheinander rund 750 Soldaten, die man ihm entgegenstellt, eine Entsatztruppe von 500 Mann aus Dresden und ein Aufgebot des Wittenberger Landvogts von 250 Mann. Danach begibt er sich in einem Eilmarsch bis nach Leipzig, steckt auch diese Stadt dreimal (eine Zahl, die bei Kleist wiederholt auftaucht und strukturelle Bedeutung hat[23]) an und erklärt das Schloß Lützen zu seinem Hauptquartier. Er nennt es in Mandaten, die er überall anschlagen läßt, den »Sitz [seiner] provisorischen Weltregierung« und ruft das Volk auf, »sich, zur Errichtung einer besseren Ordnung der Dinge, an ihn anzuschließen«. Als »Erzengel« Michael sei er gekommen, um »mit Feuer und Schwert, die Arglist, in welcher die ganze Welt versunken sei, zu bestrafen«. Der auktoriale Erzähler deutet dies als Hybris, Schwärmerei, ja »Verrückung«.[24] Da aber, wie der Leser weiß, die von Kohlhaas propagierte ›bessere Ordnung der Dinge‹ nichts anderes ist »als die von bestehenden Gesetzen schon vorgegebene Ordnung, die freilich von nepotistischer Adelswillkür mißachtet wird«, wirken Kohlhaas' Selbsternennungen »als Übersteigerungen eines im Grunde richtigen Bewußtseins, das in einer ›verkehrten Welt‹ notwendigerweise selbst ins schon Pathologische umschlagen muß«.[25]

Kleist läßt seinen Rebellen den sächsischen Staat ins Wanken bringen. Der brandenburgische Pferdehändler wird zu einer Gefahr für die etablierte Ordnung. Auch hier wieder jene »radikalisierenden Umformungen und schrillen sprachlichpsychischen Zuspitzungen«, die Kleist »allen aufgegriffenen Vorgaben verliehen hat«.[26]

Da Waffengewalt den Pferdehändler nicht in die Knie zwingen kann, läßt Kleist Luther in den Streit eingreifen. Doch vermag auch dieser Kohlhaas nicht dazu zu bewegen, einfach, wie es die Bibel vorschlägt, seinen Feinden zu vergeben. Kohlhaas'

Antwort lautet, er wisse wohl, daß auch Christus nicht *allen* seinen Feinden vergab. Doch gelingt es Luther, Kohlhaasens Vertrauen in das positive Recht zu erneuern und ihn in die Legalität zurückzuführen. Auf Vermittlung Luthers verspricht ihm die sächsische Obrigkeit freies Geleit, Kohlhaas kann seine Sache noch einmal zur Verhandlung bringen. Im Vertrauen auf das obrigkeitliche Wort löst er seinen Kriegshaufen auf und begibt sich zwecks Anklageerhebung nach Dresden. Dort kommt es aber, da man sich im sächsischen Staatsrat über die Behandlung Kohlhaasens uneins ist, alsbald zu Ränkespielen, in denen die auf »schlichtes Rechttun«[27] Bedachten unterliegen. Zufälle spielen, wie so oft bei Kleist, mit hinein. Man setzt Kohlhaas fest, und er wird der Kontaktaufnahme zu seinem früheren Rebellenhaufen sowie wegen Fluchtgefahr angeklagt und dazu verurteilt, »mit glühenden Zangen von Schinderknechten gekniffen, geviertteilt und sein Körper, zwischen Rad und Galgen, verbrannt zu werden«.[28]

An diesem Punkt der Geschichte führt Kleist den brandenburgischen Kurfürsten ein. Energisch interveniert dieser für sein Landeskind. War er anfangs durch den mit den Tronkas versippten brandenburgischen Hofmann Kallheim hinters Licht geführt worden, so ist inzwischen der rechtlich denkende Heinrich von Geusau als Großkanzler ans Ruder gekommen, und der Kurfürst erhält Kenntnis vom wahren Sachverhalt. Freilich macht Kleist auch deutlich, daß es inzwischen zu Unruhen in Brandenburg gekommen war, denen man begegnen mußte. Der Fall des Kohlhaas kam dem Hof also gerade recht. Hinzu kamen Konflikte mit Sachsen im Hinblick auf Polen, so daß man Grund hatte, an Kohlhaas ein Exempel zu statuieren. Kohlhaas wird also nach Berlin überführt. Man entscheidet seinen Rechtsfall zwar zu seinen Gunsten, doch zugleich muß er sich wegen Landfriedensbruchs verantworten, und darauf steht der Tod.

Die Hinrichtung des Pferdehändlers gestaltet Kleist zu einem dramatischen Finale aus, dem auch das ›Volk‹ beiwohnt. Der brandenburgische Souverän tritt in Spielmacherpose auf, gibt sich rechtstreu und patriarchalisch, ›Vorspiel‹ und Hinrichtung selbst werden als Rechtsapotheose zelebriert. Das »Prestige von Staat und Ordnung«²⁹ soll wiederhergestellt werden – gegen die ›Rechtsausschweifungen‹ des einzelnen, der sich letzten Endes nur ›versehen‹ habe. Kohlhaas erhält seine zwei Rappen, Halstuch, Wäsche und andere Kleinigkeiten zurück, die er im Rechtsstreit mit Tronka eingebüßt hatte, und endet auf dem Schafott. Dem privaten Part seines Rechtsanspruchs wird Genüge getan, auch Tronka erhält eine, allerdings geringfügige Strafe. Doch die ›Schurkerei des Weltlaufs‹, gegen die Kohlhaas ja eigentlich aufbegehrt hatte, Willkür, Vetternwirtschaft und korrupte Rechtsprechung, werden – zumindest in Sachsen – weiterbestehen.

Ähnlich wie schon im *Erdbeben in Chili* reicht der utopische Anspruch über den Tod hinaus. Nicht Kohlhaasens vorgebliche Disposition zum Querulanten hatte, so stellt sich heraus, seine Wandlung vom musterhaften Staatsbürger zum ›entsetzlichsten‹ Menschen bewirkt, sondern der »Zustand der ihn umgebenden Gesellschaft«. Und wenn »der rechtschaffene Kohlhaas nicht zur gewaltsamen Selbsthilfe gegriffen und sich zum entsetzlichen Kohlhaas entwickelt« hätte, »so wäre der brandenburgische Kurfürst nie auf ihn aufmerksam (gemacht) worden, und das Unrecht hätte triumphiert«.³⁰ Bei allen auf die Mehrdeutigkeit des Seins verweisenden Zufällen und sonstigen ›Gegenläufigkeiten‹, die Kleist im Verlauf des Geschehens eine Rolle spielen ließ: Auf diese Weise konnte er mit der Legende gewordenen Geschichte vom Recht begehrenden einzelnen ein Zeichen setzen, er konnte glaubhaft machen, daß obrigkeitliche Willkür, daß die Abhängigkeit des Rechts von der Macht im Interesse des Staatswohls und der Menschwürde niemals den Sieg davontragen dürfe. Und so läßt er den Kurfürsten von Brandenburg die Söhne des Kohlhaas zu Rittern schlagen und den Rebellen vom Volk beweinen.

Der *Kohlhaas* umkreist indessen nicht allein die Rechts- und Gewaltfrage. Thematisches Zentrum ist ebenso das Problem der Identität. Kohlhaas steht nicht zuletzt gegen seine

Zu *Michael Kohlhaas*, Lithographie von Fritz Cremer, 1967.

Entpersonalisierung auf. »Lieber ein Hund sein, wenn ich von Füßen getreten werden soll, als ein Mensch!«[31], lautet sein Fazit, bevor er zur Waffe greift. Ähnlich, wie seine glänzenden Rappen zu elenden Kleppern verkommen sind, so ist auch sein bisheriges Selbstverständnis als Bürger für ihn hinfällig geworden. Das Tierische, der wehrhaft bissige Hund, soll fortan für das Menschliche, gegen die Rabiatheit der Mächtigen, einstehen. Er versucht sich in die Rolle des Entrechteten zu finden, also sein Schicksal anzunehmen und durch die extreme Dynamik der Aktion eine neue Identität zu gewinnen. Als Kohlhaas in Dresden in jeder Hinsicht die Hände gebunden worden sind, erscheint ihm, dem mit der transzendentalen Vernichtung seiner selbst als Subjekt Schlimmeres als einem zu schlachtendem Vieh bevorsteht und der jede Verteidigung für zwecklos erachtet, eine Zigeunerin, die ihm einen Zettel übergibt, der die Weissagung der Geschicke des sächsischen Herrscherhauses enthält. Damit bekommt Kohlhaas etwas in die Hand, womit er den Kurfürsten von Sachsen in innere Bedrängnis bringen kann. Solcherart Rehabilitation in Form persönlicher Rache ist des öfteren als bloße romantische Zutat bemängelt worden. Kleist wollte aber durch die Nichtaufgabe der Selbstbehauptungskraft des einzelnen das Prinzip des Widerstandes poetisch gestalten, weil er in ihm ein letztes Mittel gegen den Verlust der Ich-Integrität sah. Auch Kleists Ende wird aus einem durch die Staatsspitze wesentlich mit verursachten In-die-Enge-getrieben-Sein heraus erfolgen. Dabei scheint er, zumindest was die Wahl der Örtlichkeiten des Todes anbelangt, nicht ohne imaginäre ›Widerstands‹-Absichten verfahren zu sein.

Aus eben der Zeit, als Kleist am *Kohlhaas* II gearbeitet haben muß, wird berichtet, daß er »schwer und mühsam«[32] schreibe und nur unter »stete[m] Ausstreichen und Abändern«[33] vorankomme. Wahrscheinlich lagen die Ursachen des schwierigen Fertigungsprozesses dieses so streitbar-umstrittenen Textes nicht nur im Streben nach künstlerischer Qualität und einer zwischen Hoffnung und Pessimismus schwankenden Weltsicht Kleists, sondern auch in der Zwickmühle der Selbstzensur, welche ihn nicht minder zum Einbau von Widersprüchen und Gegenläufigkeiten drängte. Kleist schuf hier wie anderswo »Fundgrube[n] kontrollierter syntaktisch-semantischer Mehrdeutigkeit«[34]. Die

Poetologie des Ambivalenten um 1800 führte er auf eine erstaunliche Höhe. Er verweigerte auch im *Kohlhaas* die Sicherheit einer lesbaren Welt, doch las er in ihr mit grandiosem Gespür. Und wußte mit selbstbewußter List Mittel und Wege zu finden, Hindernisse bei deren Darstellung zu überwinden.

Als Kleist Ende 1809 / Anfang 1810 nach Berlin gekommen war, hatte er in der Mauerstraße 53 bei dem Hausbesitzer Müller eine Stube gemietet. Achim von Arnim und Clemens Brentano, die beiden Dichterfreunde, aus Heidelberg nach Berlin gekommen, wohnten ein paar Häuser weiter. Kleist hatte sich auch mit Adam Müller versöhnt, der von den Franzosen im Sommer 1809 aus Dresden ausgewiesen worden war und hier in Berlin auf eine Verwendung im Staatsdienst hoffte und dafür ein Wartegeld bezog. Auch die Bekanntschaften mit Fouqué, Bernhardi und anderen wurden erneuert. Die jungen Künstler trafen sich des öfteren abends in den Wohnungen der Buchhändler Sander und Hitzig. Brentano berichtet, daß Kleist einer der Gäste war, »ein sanfter, ernster Mann von zweiunddreißig Jahren«[35], »mit einem erlebten runden, stumpfen Kopf, gemischt launigt, kindergut, arm und fest«.[36] Arnim fügt hinzu, Kleist sei dabei »eine sehr eigentümliche, ein wenig verdrehte Natur, wie das fast immer der Fall, wo sich Talent aus der alten Preußischen Mondirung durcharbeitete«.[37] Der Schriftsteller Friedrich Wilhelm Neumann spricht gegenüber Chamisso von Kleist als einem »recht lieben geraden Menschen, ohne alles Gemachte und von vielem Sinn und Talent [...]«.[38] Und Rahel Levin, die Kleist Anfang Mai in ihrem Salon kennenlernt, äußert gegenüber Varnhagen: »Ich lieb ihn, und was er macht. Er ist wahr, und sieht wahr.«[39]

Kleist bemühte sich um geistigen Austausch. Berlin war inzwischen zu einem Sammelbecken verschiedener Strömungen einer patriotisch sich gebenden künstlerischen Intelligenz geworden. Entsprechend groß war Kleists Bekanntenkreis. Er hatte, wie bereits erwähnt, die Bekanntschaft mit Altenstein erneuert und unterhielt Beziehungen zu dem jungen Berliner

Polizeipräsidenten Karl Justus Gruner. Er verkehrte im Salon des ihm von Königsberg her bekannten Geheimen Staatsrats Staegemann, der Steins Reformauffassungen zuneigte, und lernte in Georg Andreas Reimer einen ebenfalls patriotisch gesinnten Mann kennen. Reimer war Inhaber der Realschulbuchhandlung und wurde Kleists letzter Verleger. Hier traf Kleist vermutlich auch mit Ernst Moritz Arndt zusammen, der 1810 inkognito in Berlin weilte.

Das gleichwohl Unsichere seiner Stellung sollte sich jedoch bald zeigen, als er, mit Unterstützung Gruners und dem Einverständnis Hardenbergs, der im Juli 1810 Altenstein als Staatskanzler ablöste, ab 1. Oktober ein eigenes, *Berliner Abendblätter* genanntes Publikationsorgan herausgab. Es war die erste täglich, außer sonntags, in der Hauptstadt erscheinende Zeitung. Sie bestand aus jeweils vier Oktavseiten und hatte ein flugblattähnliches Aussehen. Kleist wählte bewußt dieses kleine Format, um den Preis niedrig zu halten und einen schnellen Absatz zu gewährleisten. Die *Abendblätter* sollten »ein *Volksblatt* [sein,] d.h. (weil es kein Centrum der Nation giebt) ein Blatt für *alle Stände* des Volks«, [40] vom Adligen bis zum lesekundigen bürgerlichen Gewerbetreibenden. Mit seinem »Unternehmen gemeinnütziger Art«,[41] welches das Publikum auf eine vernünftige Art unterhalten sollte, verband er anfangs eine »allgemeine moralreformerische Tendenz und Zielstellung«. Sie wird in der poetisch gefaßten Einleitung *Gebet des Zoraster* von ihm »mit geradezu heiligem Ernst«[42] verkündet:

Gott, mein Vater im Himmel! Du hast dem Menschen ein so freies, herrliches und üppiges Leben bestimmt. Kräfte unendlicher Art, göttliche und thierische, spielen in seiner Brust zusammen, um ihn zum König der Erde zu machen. Gleichwohl, von unsichtbaren Geistern überwältigt, liegt er, auf verwundernswürdige und unbegreifliche Weise, in Ketten und Banden; das Höchste, von Irrtum geblendet, läßt er zur Seite liegen, und wandelt, wie mit Blindheit geschlagen, unter Jämmerlichkeiten und Nichtigkeiten umher. Ja, er gefällt sich in seinem Zustand; und wenn die Vorwelt nicht wäre und die göttlichen Lieder, die von ihr Kunde geben, so würden wir gar nicht mehr ahnden, von welchen Gipfeln, o Herr! der Mensch um sich schauen kann. Nun lässest du es, von Zeit zu Zeit, niederfallen, wie Schuppen, von dem Auge Eines deiner Knechte, den du dir erwählt, daß er die Torheiten und Irrtümer seiner Gattung überschaue; ihn rüstest du mit dem Köcher der Rede, daß er, furchtlos und liebreich, mitten unter sie trete, und sie mit Pfeilen, bald schärfer, bald leiser, aus der wunderlichen Schlafsucht, in welcher sie befangen liegen, wecke. Auch mich, o Herr, hast du, in deiner Weisheit, mich wenig Würdigen, zu diesem Geschäft erkoren; und ich schicke mich zu meinem Beruf an. Durchdringe mich ganz, vom Scheitel zur Sohle, mit dem Gefühl des Elends, in welchem dies Zeitalter darnieder liegt, und mit der Einsicht in alle Erbärmlichkeiten, Halbheiten, Unwahrhaftigkeiten und Gleisnereien, von denen es die Folge ist. Stähle mich mit Kraft, den Bogen des Urteils rüstig zu spannen, und, in der Wahl der Geschosse, mit Besonnenheit und Klugheit, auf daß ich jedem, wie es ihm zukommt, begegne: den Verderblichen und Unheilbaren, dir zum Ruhm, niederwerfe, den Lasterhaften schrecke, den Irrenden warne, den Toren, mit dem bloßen Geräusch der Spitze über sein Haupt hin, necke. Und einen Kranz auch lehre mich winden, womit ich, auf meine Weise, den, der dir wohlgefällig ist, kröne! Über Alles aber, o Herr, möge Liebe wachen zu dir, ohne welche nichts, auch das Geringfügigste nicht, gelingt: auf daß dein Reich verherrlicht und erweitert werde, durch alle Räume und alle Zeiten, Amen![43]

Kleist steckt hier »den allgemeinen Funktionsrahmen und das kritische Fundament seiner Beiträge«[44] ab. Er faßt den Zustand der Welt als eine Folge des Übergewichts negativer menschlicher Eigenschaften wie Halbheit, Unwahrhaftigkeit und Heuchelei. Er hält die Welt jedoch für veränderbar, und zwar durch differenziertes Urteilen und tatkräftiges, vernünftiges Eingreifen. So sei eine Besinnung auf das ›Große‹ im Menschen möglich. Setzt man diese Verkündigung in Beziehung zu dem, was er an Desillusionierendem erfahren hatte und was ihm noch bevorsteht, so kann man mit Fug und Recht nicht nur von einer Beschwörung seiner Leserschaft sprechen, sondern vor allem von einer Beschwörung seiner selbst.

Das 9-Pfennig-Blättchen erschien im Verlag von Eduard Hitzig in der Jägerstraße und erfreute sich bald großer Beliebtheit. Das war wohl vor allem auf die von Gruner gelieferten neuesten Polizeiberichte zurückzuführen. Und Kleist verstand es, mit journalistischem Geschick, trotz des geringen Umfangs seines Blattes, eine breite Palette von Interessen zu bedienen. Er hatte aus der Exklusivität und Wirkungslosigkeit seines *Phöbus* gelernt und gedachte beim Produzieren seines Blattes die unterschiedlichen Bildungsvoraussetzungen und Auffassungen verschiedener Käuferschichten zu berücksichtigen, ohne von seinem eigentlichen Zweck, der ›Beförderung der Nationalsache‹, lassen zu müssen. Dies hatte sich bereits bei den Beiträgen für die geplante *Germania* abgezeichnet; hier nun ist es voll ausgeprägt. Die *Abendblätter* erscheinen darüber hinaus wie ein journalistisch-ästhetisches Gesamtkunstwerk komponiert, und sie sind vielleicht die erste und letzte Zeitung, in der diese Synthese von Journalistischem und Ästhetischem stattgefunden hat. Kleist begriff es daher zweifellos als eine Herausforderung, sich diesen für ihn neuen Produktionsbedingungen zu stellen und jeden Tag einen oder mehrere Texte zu schreiben; wußte er doch, ja konnte er doch mittlerweile darauf vertrauen, daß bei einer entsprechenden ›Zwangslage‹ sein ›Gemüt‹ Erstaunliches hervorbringen würde. Als Redakteur in der Pflicht, auf tagespolitisches Geschehen unmittelbar zu reagieren, war er genötigt, das eingreifende Schreiben, das seinem Naturell ohnehin entgegenkam, zu trainieren. Dazwischen gedachte er seine ästhetisch anspruchsvolle Schmuggelware unterzubringen.

Das Publikum wollte vor allem Vielfalt, interessante Neuigkeiten, Informationsreichtum, Originalität in Auswahl und Präsentation – und nicht zuletzt: Prägnanz und Kürze. Das Interesse der Leser an städtischen Neuigkeiten, ja Sensationen war groß. Gerade in diesen Wochen trieb in und um Berlin eine ›Mordbrennerbande Schwarz‹ ihr Unwesen. Es war eine Bande, die Häuser anzündete und sich dann während des entstehenden Chaos auf raffinierte Weise bediente. Sie war modern organisiert und konnte sogar Siegelstempel nachmachen, was ihrem Ruf des Unheimlichen unter der Bürgerschaft um so mehr Nahrung gab. Beinahe jeden Tag kamen neue Verbrechen hinzu. Kleist begab sich, unterstützt durch Gruners Informationen, auf die sensationsjournalistische Fährte, war auch nicht abgeneigt, diese Gerüchte aufzugreifen und hatte zum Ärger der Konkurrenz, der Vossischen und der Spenerschen Zeitung, immer die Nase vorn, während diese mit ihren Mitteilungen hinterhertrabten.

Auch das Interesse an technischen Erfindungen war groß. Kleist konnte als Berichterstatter fungieren. So nahm er unter anderem an den ersten maschinengesteuerten Ballonversuchen des Wachstuchfabrikanten Claudius auf dem Schützenplatz teil. In einigen Fällen gab es sogar ein Extrablatt. Selten blieb Kleist beim reinen Tatsachenbericht stehen. Er versuchte, durch Erörterung Diskussionen in Gang zu bringen. So unterbreitete er ›Verbesserungsvorschläge‹ (auch solche, die er vorgab Leserzuschriften entnommen zu haben), pflegte den schriftlichen Dialog und benutzte gelegentlich paradoxe ›Formen‹; vieles war in einem humoristisch-satirischen Ton gehalten. So gedachte er der verbreiteten Indifferenz der Öffentlichkeit bzw. der Oberflächlichkeit der öffentlichen Meinung entgegenzuwirken und lieferte Stoff zum Weiterdenken.

Kritische Meinungsbildung war eines seiner vordringlichsten Ziele. So beschwört er im *Allerneuesten Erziehungsplan* das Gesetz des Widerspruchs; es gelte nicht allein in der Physik, sondern ebenso in bezug auf die menschliche Psyche. Um eine wirkliche sittliche Besserung der Menschen zu befördern, die von der aufklärerischen Vorbildpädagogik nicht zuwege gebracht worden sei, lädt er zum Besuch einer »*gegensätzische[n]*« Schule ein. In ihr werde Tugendbildung durch die praktische Vorführung von Lastern garantiert. Er selbst behalte sich die Lehrfächer Liederlichkeit, Spiel, Trunk, Faulheit und Völlerei vor; der mäßige Unkostenbeitrag belaufe sich auf 300 Taler.

Auch zum gerade erfundenen elektrischen Telegraphen, mit dem sich vorerst nur ein paar Worte übermitteln ließen, wartet er mit einem kauzigen Gegenentwurf auf. Er schlägt die Einrichtung einer »Wurf- oder Bombenpost« vor, womit Briefe und Pakete enthaltende Mörserkugeln von Poststation zu Poststation geschossen werden sollten. Ziel sei es, die Nachrichtenbeförderung aus »ökonomischen und kaufmännischen Gesichtspunkten« vorteilhafter zu gestalten. Eine (fingierte) Zuschrift eines »Berliner Einwohners« lehnt demgegenüber technische Neuerungen als belanglos ab. Man müsse in erster Linie menschlich zufriedenstellende Verhältnisse schaffen; Nachrichten könnten dann getrost wie bisher mit »Ochsen« oder per »Fußboten« übermittelt werden. In der sich anschließenden humoristischen Betrachtung verweigert sich »Die Redaktion« schließlich solch technikfeindlicher Haltung: »Persiflage und Ironie«, heißt es da, »sollen uns, in dem Bestreben, das Heil des menschlichen Geschlechts, soviel auf unserem Wege liegt, zu befördern, nicht irre machen.«[45]

Und auch in dem Beitrag »Unmaßgebliche Bemerkung« beharrt Kleist nicht mehr auf seiner Skepsis gegenüber jeglichem Nutzendenken. Er hofft, »uneingeschränkte Konkurrenz« im preußischen Staat vorausgesetzt, daß sich der pekuniäre Gewinn eines Unternehmens mit dem menschlich-kulturellen verbinden lasse. Das von Kleist angeführte Beispiel vermag jedoch diese Hoffnung nicht recht zu belegen. Denn, so heißt es, der »Kunstsinn des besseren Teils der Nation«[46] werde schon dafür sorgen, daß die Theaterkassen auch dann gefüllt bleiben, wenn nicht nur Niveauloses geboten werde. Schließlich könne eine Theaterdirektion sogar, ohne sich im mindesten mit Kritik zu befassen, unfehlbar schließen, daß sie gute Werke spiele, wenn Logen und Bänke stets gefüllt seien. Solch frühliberale Offerte enthielt eine Spitze gegen die Theaterpolitik der Krone. Diese ließ in Berlin, angeblich aus rein sittlichen Erwägungen, allein das sogenannte Königliche Nationaltheater auf dem Berliner Gendarmenmarkt gelten. Man verhängte Restriktionen gegen die Marionettenspieler auf den Märkten und in den Gasthöfen, wo volkstümliche Stücke mit Improvisationen und aktuellen politischen Anspielungen gegeben wurden.[47] Kleist zögerte nicht, in seinem Blatt den von trivialen Angeboten strotzenden Spielplan der königlichen Bühne bissig-höhnisch zu attackieren; zumal Iffland, der Intendant des Königlichen Nationaltheaters, das zwar königlich, aber kein National-, sondern ein Hoftheater war, gerade Kleists *Käthchen* als unspielbar abgelehnt hatte. Im Bunde mit Freunden bekundete man seinen Mißmut auch öffentlich während der Vorstellungen durch ›ironisches‹ Klatschen an unrechten Stellen, Raunen, Pochen, Trampeln. Die Freunde wollten Bewegung in die Szene bringen. Aber es kam durch königliche Verfügung zum Verbot jeglicher Kundgebung und sogar zu Verhaftungen.

Zumindest in den ersten Monaten hat Kleist seine eigenen Beiträge für die *Abendblätter* sorgfältig auf ihre Zweckdienlichkeit im Hinblick auf sein moralreformerisches Publikationsprogramm geprüft. Seine diesbezüglichen Artikel haben oft den Charakter von kritischen Vorhaltungen. Auch in der kleinen Novelle *Das Bettelweib von Locarno* ist das der Fall. Kleist erzählt darin vom folgenreichen ›Versehen‹ eines adligen Schloßbesitzers (der Ort ist wieder einmal ins »obere[n] Italien« verlegt). Einer armen »alte[n] kranke[n] Frau«, die von der Gräfin, der Gattin des Schloßherrn, aus Mitleiden eingelassen und im Winkel eines leerstehenden Zimmers des Schlosses auf Stroh gebettet worden war, befahl er, weil er an dieser Stelle »seine Büchse abzusetzen pflegte […] unwillig, aus dem Winkel, in welchem sie lag, aufzustehen, und sich hinter den Ofen zu verfügen. Die Frau, da sie sich erhob, glitschte mit der

Krücke auf dem glatten Boden aus, und beschädigte sich, auf eine gefährliche Weise, das Kreuz; dergestalt, daß sie zwar noch mit unsäglicher Mühe aufstand[48] und quer, wie es vorgeschrieben war, über das Zimmer ging, hinter den Ofen aber, unter Stöhnen und Ächzen, niedersank und verschied«. Das Gewissen des teilnahmslosen Grafen wird hierdurch nicht belastet. Denn als er ein paar Jahre später »durch Krieg und Mißwachs« in »bedenkliche Vermögensumstände« gekommen ist und sein Schloß verkaufen will, es aber nicht losschlagen kann, weil es in eben dem Zimmer spuken soll, ist er sich keines Zusammenhangs mit jenem Vorkommnis bewußt. In einem kurzen zweiten Erzählabschnitt berichtet Kleist den Hergang der Vergeltung am Grafen während zweier Nächte, in denen dieser das Spukgerücht überprüft. In der dritten Nacht, zugleich der dritte und abschließende Erzählteil, gerät der »Marchese« (der Graf) durch die Wirkung des Spuks seelisch derart unter Druck, daß er die Nerven verliert und in einem Anfall von Wahnsinn sein Schloß anzündet und darin umkommt.

Das kleine Prosastück ist ein Muster Kleistscher Erzählkunst. Sachlicher Stil, dramatischer Aufbau, anekdotische Verknappung, Dreischritt-Technik, Motivwiederkehr, Wortformeln und syndetische Kopplungen verdichten es zu einer pointierten Novelle. Und doch ist es kein mathematisch exakt geschliffener Diamant, der da strahlt. Kleist erzählt eigentlich nur Einzelereignisse, deren Zusammenhang zwar nahegelegt, aber nicht direkt ausgesprochen, sondern in einer das Nachdenken anregenden, einer unheimlichen Unentschiedenheit gehalten wird. Ungereimtheiten treten hinzu. Zuletzt führt Kleist die der Literatur eigene Kraft gegen das Realitätsprinzip ins Feld; er spricht davon, daß noch jetzt »von den Landleuten zusammengetragen«, die »weißen Gebeine« des Grafen »in dem Winkel des Zimmers« liegen, »von welchem er das Bettelweib von Locarno hatte aufstehen heißen«.[49]

Abgefackeltes Schloß, trotzdem Zimmer, weiße Gebeine dazu – wie geht das zusammen? Eben indem das ›Irreale‹ des Mittelteils, jene Kraft des Unheimlichen, in die Gegenwart des Lesers hinüberlappt und so unausgesprochen auf den Kernvorgang und damit die moralkritische ›Botschaft‹ der exemplarischen Miniaturerzählung um Vergehen und Vergeltung verweist. Es geht letzten Endes um die Ungerechtigkeit, daß der eine nicht weiß, wie er sein Leben fristen soll, während ein anderer von den zahlreichen Zimmern seines Schlosses eines allein für das Unterstellen seiner Büchse zur Verfügung hat. Es geht um die Selbstvernichtung, die den Menschen unerwartet wie eine Nemesis ereilen kann, wenn er sich ›versieht‹ und die elementaren menschlichen Regeln mißachtet. Es wird die Ahnung lebendig, »die Gedrückten könnten zu einer drohenden Macht werden, wenn ihnen die elementare Menschlichkeit vorenthalten wird«.[50]

So wie die Dinge lagen, als Kleist in Berlin seine *Abendblätter* herausgab, war es vor allem der Adel, dem aus Besitz und politischer Führung Verpflichtungen gegenüber den Schwachen erwuchsen; man hatte sich altruistisch und einfühlsam zu verhalten und »Gemeinsinn«[51] zu zeigen –, nur so ließ sich auch eine Gemeinschaft für den Befreiungskampf rüsten. So jedenfalls dachte Kleist.

Seine literarische Gestaltungsweise in den *Abendblättern* liegt nur scheinbar jenseits journalistischer Zwecke. Nach Jahren der Reifung gelingt es ihm endlich, für ein konkretes Publikum zu schreiben, und er trägt entscheidend zur Entwicklung kleiner literarisch-journalistischer Formen im deutschen Sprachraum bei. Was Kleist für die *Abendblätter* produziert, ist in hohem Maße problembewußt und weist große Bild- und Sprachdichte auf; was er aufschreibt, steht wie »in Erz gegraben«.[52] Kleist erzählt engmaschig, abschweifungsarm. Sein Stil ist gekennzeichnet durch scheinbar überfrachtete Perioden, die sich jedoch einem Ordnungsgesetz unterwerfen. In komplexer, aber überschaubarer Über-, Unter- und Nebenordnung türmt er seine Satzgefüge pyramidenförmig auf. Die Sprache hastet voran, der Leser wird hineingezogen in rasche Handlungsabläufe, die oft auf eine Schlußpointe zulaufen. Der Habitus der Figuren legt zugleich ihr Inneres frei, es geht

um nichts Geringeres als um Weltbewältigung. Kleists ästhetisches Credo: »[...] dem Durstigen kommt es, als solchem, auf
die Schale nicht an, sondern auf die Früchte, die man ihm darin bringt. [...] Ich bemühe mich aus meinen besten Kräften,
dem Ausdruck Klarheit, dem Versbau Bedeutung, dem Klang
der Worte Anmut und Leben zu geben: aber bloß, damit diese
Dinge gar nicht, vielmehr einzig und allein der Gedanke, den
sie einschließen, erscheine. Denn das ist die Eigenschaft aller
echten Form, daß der Geist augenblicklich und unmittelbar
daraus hervortritt, während die mangelhafte ihn, wie ein
schlechter Spiegel, gebunden hält, und uns an nichts erinnert,
als an sich selbst.«[53] An anderer Stelle hat Kleist darauf aufmerksam gemacht, daß für ihn das Kunstwerk nicht das sei,
was sich dem Sinn darstellt, sondern das, was das Gemüt, durch
das Dargestellte erregt, sich *denke*. Immer wieder also verlagert er den Gesichtspunkt auf unser Eigendenken und will
unsere Stellungnahme herausfordern.

Kleists Prosastil, ebenso außergewöhnlich wie seine Stoffe,
ist manchem ungenießbar maniert vorgekommen. So warf
man ihm seine Schachtelsätze vor, die wiederholten »daß«-,
»und daß«-, »kurz daß«- und »dergestalt daß«-Konstruktio-
nen (einmal dreizehn in einem Satz von fünfundzwanzig
Druckzeilen). Dem Vorwurf der Manieriertheit hat am aus-
drücklichsten Thomas Mann widersprochen. Von Manieriertheit, schrieb er, könne bei Kleist »nicht die Rede sein, wo soviel Ernst, Natur, persönliche Notwendigkeit herrschen«.[54]
Kleists syntaktische Periodizität, sein kompakter Satzbau sind
nicht allein rhythmisch motiviert. Seine Perioden sind oft mit
Hilfe einer strukturierenden Dreischritt-Technik ins Sprachliche übersetzte formale Modelle seiner Auffassung von der
Stellung und Reaktionsweise des Menschen in der Welt. Erster Schritt: Ein plötzlich hereinbrechendes Ereignis konfrontiert jemanden mit einer verwirrenden Realität. Zweiter
Schritt: Nicht Zusammenpassendes fordert ihm Reaktionen
ab, die sprachlich ›eingefangen‹ und geordnet werden. Dritter
Schritt: Erkenntnisversuch, Handeln. [55]

Auch die für die *Abendblätter* verfaßten Anekdoten bezeugen Kleists Begabung für die kleine Form. In der *Anekdote aus dem letzten preußischen Kriege* läßt Kleist einen Gastwirt in einem Dorf bei Jena ein Erlebnis aus dem Krieg von 1806 berichten. Ein einzelner preußischer Reiter, eine Ausnahmeerscheinung in der nach der Schlacht bei Jena flüchtenden preußischen Armee, »sprengte« einst, »ganz von Staub bedeckt«, vor einen Gasthof im militärischen Niemandsland und verlangte »ein Glas Branntewein!« Unbeeindruckt durch die niederprasselnden Geschosse und vom Anrücken der Feinde, stärkt er sich in aller Seelenruhe mit drei Schnäpsen, zündet sich eine Pfeife an und stürmt dann, mit einem Fluch auf den Lippen, furchtlos auf drei überraschte französische Husaren zu, die er, »ehe man noch eine Hand umkehrt, alle drei vom Sattel haut«, und zieht mit den erbeuteten Pferden und den Worten: »Sieht er wohl, Herr Wirt?« an ihm vorbei. Kleist läßt den Wirt die Geschichte während des gesamten ›Berichts‹ kommentieren und so deutlich werden, daß dieser sich inzwischen mit dem zum Zeitpunkt des Erlebnisses Unbegriffenen auseinandergesetzt und seine Haltung geändert hat; am Ende sieht er den »Kerl«,[56] wie er den Reiter nennt, als Helden an und preist ihn als nachahmenswertes Vorbild.

Das pointiert erzählte Husarenstück eines einzelnen Reiters erlangt eine gewisse Allgemeingültigkeit. Die Rahmenhandlung verleiht der Geschichte wieder einen unmittelbaren Bezug zur Gegenwart. Die Auseinandersetzung mit dem militärischen Versagen Preußens im Jahre 1806 soll die Herausbildung neuer Haltungen fördern. Kleist hat die Anekdote durchweg dialogisiert und in einer knappen direkten Rede ›erzählt‹. Sie gilt im deutschen Sprachraum als ein Meisterstück. Kleists Anekdoten sind, neben denen Johann Peter Hebels, stilbildend geworden, wohl bis hin zu Thomas Bernhard. Durch W. T. Krug und Brentano ist überliefert, daß Kleist zuweilen auch als Gesellschafter beeindrucken konnte; so habe er mit »Phlegma«[57], also unbewegt, die unmöglichsten Dinge zum besten gegeben. Der scheinbar szenische Nachvollzug einer Handlung, eines Ereignisses, eines Erlebnisses und die damit gegebene Möglichkeit zur Empathie verfehlten ebenfalls nicht ihre Wirkung auf den Zuhörer. Gleichsam im Handumdrehen konnte Kleist eine epische Miniaturwelt aufbauen. Bei dem als düster und dunkel Verschrieenen gab es auch eine starke humoristische Ader. Eine Probe des ›mephistophelischen‹ Humors kündigte sich in der *Familie Schroffenstein* an, wo er, noch dazu an bizarrer Stelle, die ›Hexe‹ Ursula auf der Bühne die Suppe mit einem ausgekochten Kindesfinger umrühren ließ. Solcher Neigung zu schwarzem Humor begegnen wir auch in einigen Anekdoten wieder. Etwa in jener von den berühmten englischen »Baxern«, die sich im Garten einer Kneipe mit bloßen Fäusten gegenüberstehen und, Schlag auf Schlag ›Fairneß‹ übend, unter dem Gejohle der Umstehenden beide draufgehen. Oder beim *Kampf der Blinden mit dem Schweine,* welcher auf Bestellung der Herren vom Reichstag mit Knüppeln geführt wird und zur Belustigung der Auftraggeber ins gegenseitige Niederdreschen der Armen mündet. Am sinnfälligsten aber tritt uns diese Seite von Kleists Humor in der *Kapuziner*-Anekdote entgegen, in der ein Kapuzinermönch einen Verurteilten bei strömendem Regen zum Richtplatz begleitet; der Verurteilte klagt, daß er diesen Gang bei diesem Wetter tun müsse, worauf der Kapuziner ihm in christlicher Tröstung erwidert, daß er, der Lump, doch bloß den Hinweg, er aber auch den Rückweg gehen müsse.

In solchen Wendungen spricht sich ein Stück Kleistsche Weltsicht aus – und zugleich dürfte hier etwas verborgen liegen, was schon wieder mit einem gewissen Gefallen am Fischen in den Trübnissen von Welt und Seele zu tun hat. In diesem Zusammenhang wären auch Züge seines Schaffens zu denken, die ans Selbstquälerische grenzen. Doch ganz ohne Lust schreibt niemand.

Kleist hatte am 22. Oktober 1810 eine Herausgebererklärung in seine *Berliner Abendblätter* eingerückt, worin er den Zweck seiner Zeitung konkretisierte; dieser sollte auch darin bestehen, »nach allen erdenklichen Richtungen« der »Beförderung der

Nationalsache überhaupt«[58] zu dienen. Hatte Kleist bislang mit einem eher volkstümlichen Erzählton und leicht verdaulichen Tagesbegebenheiten ein ansehnliches Publikum angelockt, so wollte er nun auch wichtige Fragen der Zeit reflektierend behandeln. Am 12. Oktober 1810 hatte bereits Adam Müller anonym einen Beitrag veröffentlicht, worin dieser den 1807 verstorbenen Königsberger Professor Kraus, dessen *Hinterlassene Schriften* Auerswald 1808 herausgegeben hatte, in seiner Bedeutung als Propagandist Smithscher Ideen in Preußen herabsetzte. Er bezeichnete ihn als Nachbeter Smith', dessen allein auf das Ware-Geld-Verhältnis gegründete Beziehung zwischen Bürger und Staat nicht geeignet wäre, zur Hebung des Gemeingeistes und zur Rettung des preußischen Staates beizutragen; sie könne nur zu Eigennutz führen und zu einem ungerechtfertigten Bruch mit der Vergangenheit und ihrer geheiligten ständischen Gesetzgebung. Müller trug seinen Antikapitalismus, seine Forderung nach Aufrechterhaltung der alten Privilegien – denn dies verbarg sich hinter seiner Geringschätzung des Smithschen Systems – im Herbst 1810 keineswegs absichtslos vor. Hardenberg, der sein im wesentlichen Smithsches Reformprogramm gegenüber der Krone eben durchzusetzen bemüht war, hatte einen dafür günstigen geschichtlichen Moment erwischt. Preußen mußte hohe Kriegsschulden bezahlen, und dies erforderte Reformen im Innern, denen Friedrich Wilhelm III. nur unter dem Zwang der Reparationszahlungen zustimmen wollte. Die am 27. Oktober im sogenannten Finanzedikt verkündete Besteuerung des Adels, die Aufhebung der Erbuntertänigkeit, Herstellung der Gewerbefreiheit u. a. m. erregten den Unwillen konservativer Kräfte. Müllers Ruf, die alte Verfassung und überhaupt die Einrichtungen der Vorfahren heilig zu halten, gipfelte in seinem Artikel *Vom Nationalkredit*, der am 16. November im 41. Blatt der *Berliner Abendblätter* abgedruckt wurde. Er machte sich darin zum Sprecher der Reformgegner. In den *Abendblättern* entspann sich eine regelrechte Kraus-Fehde, die in Wirklichkeit eine Auseinandersetzung um die Einführung Smithscher Wirtschaftsgrundsätze in Preußen war. Kleist ließ hauptsächlich Verteidiger der Reformen zu Wort kommen. Diese beriefen sich auf Smith, Kraus und das Naturrecht und verteidigten die vorgesehenen Veränderungen und Verordnungen. Am 22. November trat Kleist selbst, offenbar hocherfreut über den lebhaften Disput, an die Öffentlichkeit. Er betonte, daß er selbst »über Christian Jakob Kraus und über die Frage, ob es zweckmäßig oder unzweckmäßig war, die Grundsätze des Adam Smithschen Systems der preuß. Staatsverwaltung einzuverleiben, seine Partei genommen« habe, und kündigte zugleich einen Aufsatz »von der Hand« des Kriegs- und Domänenrats Scheffner an, »eines höchst achtungswürdigen Staatsmannes aus Königsberg«,[59] der sich ebenfalls für das Reformprogramm einsetzte.

In der wissenschaftlichen Kleist-Rezeption hat man Kleist in dieser Frage lange auf der Seite Adam Müllers und der hinter ihm stehenden Adelsopposition gesehen. Kleist blieb aber, trotz mancher apologetischer Züge in seinen patriotischen Schriften, stets offen für Veränderungen. Zwar liegt ihm vorwiegend die moralische Erneuerung des Menschen am Herzen, und er übte vor allem Kritik an den Verhaltensweisen einzelner, und die herrschenden Strukturen nahm er mangels eines Besseren in Kauf, doch kann man ihn nicht als prinzipiellen Gegner wirtschaftlicher und politischer Reformen bezeichnen. In einigen seiner Beiträge – so über das Luxussteueredikt oder die Aufhebung des laßbäuerlichen Verhältnisses – hat er sich, trotz gewisser Einschränkungen, für eine allmähliche Reform des sozialen Lebens und deutlich gegen den Steuerboykott des Adels ausgesprochen. In dem Aufsatz *Über die Finanzmaßregeln der Regierung* hat er überdies ausdrücklich die Reformbemühungen Hardenbergs verteidigt und dazu bemerkt, daß »in der Verfassung, so wie sie seit Friedrich dem Ersten bestand, mancherlei vorhanden war, das, auf ganz augenscheinliche Weise, einer Ausbesserung oder eines Umbau's bedurfte«.[60] Auch in dem Beitrag *Unmaßgebliche Bemerkung* tritt er gegen feudale Privilegien und Verfügungen auf und bezieht sich dabei direkt auf Smith.

Karl August von Hardenberg (1750-1822),
preußischer Staatskanzler seit 1810.

Müllers Angriffe bewogen Hardenberg jedoch, Kleists *Abend-blätter* unter verschärfte Zensur[61] zu stellen. Kleist mußte bald darauf sein herausgeberisches Konzept, das Blatt zu einer liberalen Plattform für die breite Diskussion gesellschaftlicher Probleme zu machen, als gescheitert ansehen. Er hatte seine journalistischen und politischen Möglichkeiten überschätzt, und die von ihm angenommenen Gemeinsamkeiten ›aller Stände des Volks‹ gab es nur ansatzweise, und sie bündelten sich vor allem in der Gegnerschaft zu Napoleon. Kleist setzte bei den »begüterten Staatsbürger[n]«, vor allem beim Adel und den Ständevertretungen, »Edelmut und [...] Gemeinsinn«[62] voraus und hoffte auf ihre materielle Opferbereitschaft und patriotische Gesinnung, bzw. er forderte sie ihnen ab. So öffnete er sein Blatt auch der konservativen Opposition. Das mußte ihn mit den Reformern in Konflikt bringen, die immer noch in der Minderzahl waren; sie wollten und konnten in ihrer heiklen Lage keine Diskussion ihrer Reformmaßnahmen gebrauchen. Sie mußten die Reformen, ohne Aufsehen zu erregen, gegen den Widerstand des Landadels durchsetzen. Kleist hat diese historische Konstellation nicht begriffen, er ging eher gefühlsmäßig vor und wollte vor allem neutral bleiben. Ende Dezember 1810 ändert er seinen Kurs und bietet Hardenberg bzw. Friedrich von Raumer, dessen Mitarbeiter in der Staatskanzlei, an, direkt am Reformwerk mitzuarbeiten. Da jedoch ist es zu spät. Er ist den Reformern bereits unglaubwürdig geworden, zumal bekannt geworden war, daß Müller, Kleists Mitarbeiter, insgeheim gegen den Kanzler weiteragitierte. So hat letztlich Kleists Versuch, über den Parteien stehend die Politik der machtausübenden Reformer frei zu diskutieren, zum Niedergang seiner Tageszeitung beigetragen.

Im Januar 1811 finden wir Kleist höchstwahrscheinlich unter den Mitgliedern der Christlich-Deutschen Tischgesellschaft, einer größeren Runde von Intellektuellen und Militärs vorwiegend konservativer Couleur, die sich auf eine Anregung Achim von Arnims im Gasthof »Kasino« alle zwei Wochen einfand. An der Tafel wurden mittelalterliche deutsche Tugenden gepriesen. So war etwa von einem Ritter von Schauenburg die Rede, der wegen Landfriedensbruchs zum Tode verurteilt wurde und ›Herrliche Treue‹ dadurch offenbart habe, daß er ohne Kopf noch vom Richtblock aufgestanden und an vieren seiner Landknechte vorbeigekommen sein soll. In diesem stockkonservativen Kreis saßen, laut Akten seines Sekretärs

Brentano, neben Kleist auch noch andere, die nicht recht dazu-
gehörten, wie Fichte, Clausewitz, Staegemann, Zelter oder Reimer. Daß Kleist, der zunehmend über Geldnot klagte, oft im
Kreise der ›Christlichen‹ tafelte, muß bezweifelt werden. Über
die Tugenden des Mittelalters hatte er, wie die wohl in dieser
Zeit entstandene Novelle *Der Zweikampf* zeigen wird, durchaus abweichende Vorstellungen, und mit Juden – die von dieser
Runde ausgeschlossen waren – hatte er seit seiner Bekanntschaft
mit den Familien Cohen und Clausius 1801 stets einvernehm-
lichen Umgang gepflegt. Für prononciert antisemitische Haltungen, wie sie der Arnimschen Tischgesellschaft eigen waren,
hatte Kleist kein Verständnis. Im Gegenteil. Er liebte die offenen jüdischen Häuser und ihre charmanten Gastgeberinnen.
»Liebe, […] Ein Freund vom Hause läßt sich nicht abschrek-
ken«, schreibt er an Rahel Levin, »und ich bin Sonnabend, […]
vielleicht noch heute, bei Ihnen«.[63] Rahel erinnert sich, wie sie
mit Kleist, er »mit straßenbeschädigten Stiefeln«, bei den San-
ders eingeladen, »heimlich in einem Winkel«[64] lachte und wie
sie sich beide amüsierten.

Kleist hatte aufgrund seiner hohen Arbeitsbelastung nur selten Zeit. Zudem ließ bereits Anfang Dezember der Absatz seines
Blättchens, mit dem er acht Wochen hinreichend verdient hatte,
empfindlich nach. Die strenge Zensur der Regierung erstreckte
sich schließlich, nachdem Kleist eine Meldung über eine französische Niederlage in Portugal gebracht hatte, auch auf alle außenpolitischen Nachrichten und Kommentare; die Regierung
wollte es sich mit den französischen Besatzern nicht verderben.

Theaterkritiken waren ihm bereits im November, nach dem
›Theaterskandal‹, untersagt worden. Am Ende wurde über die
Hälfte der für die Veröffentlichung vorgesehenen Beiträge
vom Zensor unterdrückt, darunter allein zehn Einsendungen
Arnims. Nachdem Gruner überraschend in die Staatskanzlei
versetzt worden war, fielen auch die neuesten Nachrichten aus
dem Polizeipräsidium weg. Die lokale Aktualität schwand, an
anspruchsvollen politischen oder Kunstdebatten bestand nur
geringes Interesse. Der Mitarbeiterkreis wurde kleiner, das

Angebot immer magerer. »[...] wenn die Herausgeber nicht den *Volkston* finden«, schrieb Gubitz schon am 5. Dezember 1810 im *Tübinger Morgenblatt*, dann laufe die Zeitung Gefahr, ihre Leser zu verlieren und »einzuschlafen, was man ja am Abend in der Regel zu tun pflegt«.[65] Zum Jahresende schied Hitzig, den der rückläufige Absatz irritierte, aus Furcht vor persönlichem Bankrott als Verleger der *Berliner Abendblätter* aus. Es kam zu öffentlichen Kontroversen mit ihm. Kleist gelang es schließlich, das Kunst- und Industriekomptoir Kuhn für den Druck des zweiten Quartals zu gewinnen. Seine Zeitung hatte schon seit Ende November teilweise aus Korrespondenznachrichten bestanden. Kleist schrieb sie aus anderen Zeitungen ab, die im »Werckmeisterschen Museum« auslagen, einer Leseanstalt, die sich, wie auch die neue Druckerei, in der Jägerstraße befand, und bearbeitete sie in aller Eile. Auch in diesen pragmatischen, weil seitenfüllenden tagespolitischen Mitteilungen ist deutlich Kleists ordnende Hand spürbar. Er hatte ein sicheres Gefühl für die Wechselwirkung formaler und inhaltlicher Komponenten. Kürze, Einfachheit und Selbständigkeit in der Formulierung fallen auch hier ins Auge. Allem, was er anfaßt, drückt er seinen Stempel auf. Im zweiten Quartal bestanden die *Abendblätter* bis zu fünfundsiebzig Prozent aus übernommenen Nachrichten. Kleist versah sie jedoch mit Zusätzen, Ein- und Überleitungen; und so tragen auch sie am Ende noch seine Handschrift. Am 30. März 1811 erschien schließlich die letzte Nummer des sechs Monate zuvor pathetisch und sendungsbewußt angekündigten Unternehmens. Mit dem Bankrott der *Abendblätter* war Kleists dritter Versuch (innerhalb von drei Jahren), sich als Journalist und Herausgeber zu etablieren und sich damit eine Lebensgrundlage zu sichern, gescheitert.

Aber Kleist *mußte* seinen Lebensunterhalt sichern. Durch den Niedergang seines Blattes hatte er sich erneut verschuldet. Kuhn hatte Kleist, wegen der anhaltend desolaten Absatzlage, nicht nur das Herausgeberhonorar verweigert, sondern verlangte obendrein 300 Taler Entschädigung für das miserable

Ende. »Nicht glänzend angetan, düster vor sich hinblickend, sah ich ihn zuweilen in einer oder andern Straße Berlins [...]« Wilhelm Gubitz weiß in seinen *Lebenserinnerungen* auch davon zu berichten, daß Kleist für sein »Tageblättchen [...] das Nöthige meist in einem Gasthause für Weintrinker«,[66] nämlich im ›Sala Tarone‹ Unter den Linden, geschrieben habe. Er hatte aber auch, wie schon in Königsberg, die Gewohnheit, »oft ganze Tage im Bette« zu bleiben, »um da ungestört bei der Tabakpfeife zu arbeiten«,[67] vermutlich auch, um Geld für Heizung und Essen zu sparen. Der erste Band mit Erzählungen hatte zwar in verschiedenen Kunstjournalen gute Kritiken bekommen, doch hatte Kleist für die Veröffentlichung nur fünfzig Taler Honorar bezogen. Ein Mittagessen im »Kasino« kostete einen Taler. Von dem Geld, das er mit der Veröffentlichung der Erzählungen verdient hatte, hätte er sich also lediglich fünfzig Mittagessen leisten können; ein Hungerlohn im wahrsten Sinne. Das *Käthchen* war Mitte März 1810 dreimal am Theater an der Wien während der Feierlichkeiten anläßlich der Vermählung Napoleons mit der österreichischen Erzherzogin Louise gespielt worden; auf dem Titelblatt des Berliner Erstdrucks wird Kleist stolz auf diese Uraufführung hinweisen. An eine Publikation der *Herrmannsschlacht* war nach wie vor weder in Preußen noch in Österreich zu denken. Im Juni 1811 wird Kleist, nun fast ohne alle Subsistenzmittel, noch einmal seinen *Prinzen von Homburg* hervorholen, um ihn seinem Verleger zum Druck anzubieten. Der hält ihn zunächst hin und lehnt dann ab.

Am 17. Februar 1811 ging Kleist mit Reimer einen Vertrag ein, in dem er sich verpflichtete, innerhalb von fünf Monaten fünf Novellen für einen zweiten Band mit Erzählungen zu liefern. Seine politischen Ambitionen hatte er beiseite gelassen, es ging nur noch ums Überleben. Menschlich-allzu-Menschliches durchzieht deshalb diese Erzählungen.

Die Handlung der ersten Novelle des Bandes, der *Verlobung in St. Domingo,* läßt Kleist in der Gegenwart spielen. Er hat einen neuen Stoff entdeckt und entführt den Leser in eine ferne, exotische Welt. Mit dieser will er – nur auf andere Weise als im *Kohlhaas* oder im *Erdbeben,* in denen er es gleichsam per Mitbringseln aus der Vergangenheit versuchte – »wie gewaltsam Öffnungen in eine ihn und sein Publikum umstellende Umwelt« schlagen, »damit der Blick auf fremde Territorien ausgehen kann, wo bedrohliche, erstaunliche Geschehnisse zu beobachten sind, die zwar fern scheinen, aber viel genauer und tiefer den Autor und seine Leser betreffen als das Gewohnte, Nahe«.[68] Schauplatz der auf den ersten Blick abenteuerlichen Handlung ist eine Plantage auf der bis vor kurzem noch französischen Inselkolonie St. Domingo (Haiti). Kleist hatte darüber französische Berichte gelesen[69], in denen die Schwarzen und ihre Anführer als Unmenschen, als treulose, listige Fanatiker, Verbrecher und Mordbrenner gezeichnet wurden. Er greift zeitlich auf die mit terroristischen Methoden geführte letzte Phase des siegreichen Befreiungs- und Unabhhängigkeitskampfes der Schwarzen unter Jean-Jacques Dessalines im Jahre 1803 zurück,[70] der seinem Volk befohlen hatte, alle Weißen zu töten. Vor diesem Hintergrund läßt Kleist eine Geschichte von Haß und Liebe, Enttäuschung und Tod ablaufen.

Die schöne Mestizin Toni dient einem schwarzen Aufständischen Namens Congo Hoango, vom Erzähler als »fürchterlicher alter Neger«[71] bezeichnet, als Lockvogel. Sie soll Weiße ins ehemalige Herrenhaus der Pflanzung locken, um sie dem von seinen Kriegszügen immer wieder dorthin zurückkehrenden Hoango ans Messer zu liefern. Der Schweizer Offizier Gustav von der Ried sucht für die Seinen, die sich vor der Wut der Schwarzen im Wald versteckt halten, Schutz und Obdach und wird wie üblich von Toni ins Haus gelassen und deren Mutter Babekan vorgestellt. Es beginnt eine Unterhaltung, die die Vorgeschichten der drei lebendig werden läßt. Die Begegnung mit von der Ried bewirkt in Toni eine Wandlung. Sie erlebt den jungen Offizier als mitfühlenden Menschen, der in den französischen Revolutionswirren seine Braut verlor und nun mit seinem Schicksal hadert. Ihre Feindschaft gegen die Weißen beginnt zu schwinden. Neigung, ja Liebe zu ihm blühen in ihr auf. Sie gibt ihre bisherige Rolle als Lockvogel ab und löst ihre angestammten sozialen Bindungen auf. Sie vertraut Gustav, gibt sich ihm in der folgenden Nacht hin. Und sie unternimmt alles, um den ihr Anverlobten zu schützen. Aus der halbherzig am Bürgerkrieg Beteiligten ist eine für ihr privates Glück Streitende geworden.

Auch Gustav fühlt sich zu Toni hingezogen. Aus einer Mischung von Begierde und Angst, zugleich in Erinnerung an die selbstlose Liebe seiner Braut Mariane, die ihm in Toni reinkarniert erscheint, schwört er Toni die ewige Treue und verspricht ihr, sie zu heiraten. Doch dann kehrt Congo Hoango mit seinem Trupp früher als erwartet auf die Pflanzung zurück. Toni muß, um nicht verdächtig zu erscheinen, den Geliebten, ohne daß sie sich vorher mit ihm darüber verständigen kann, zum Schein ans Bett fesseln. Wie bei Penthesilea gegenüber Achill, so gewinnt auch hier das alte Mißtrauen sofort die Oberhand, jene »ideologische Festgelegtheit auf die moralische Minderwertigkeit der Farbigen«,[72] das Denken in Schwarz-Weiß-Schablonen. Gustavs Liebe schlägt in Haß um. Von seinen Leuten befreit, erschießt er Toni, ohne ihr Gelegenheit zur Rechtfertigung gegeben zu haben. Kurz darauf, über ihre notwendige List aufgeklärt, tötet er sich selbst. Er schießt sich in den Kopf; sein zerschmetterter Schädel hängt »an den Wänden umher«.[73]

Kleist läßt den Erzähler gelegentlich vom »allgemeinen Taumel der Rache«[74] reden. Doch fehlt es der Geschichte nicht an deutlichen Hinweisen auf die brutale Behandlung der schwarzen Sklaven durch die weißen Herren während der Kolonialzeit. Etwa, wenn er Babekan, Tonis Mutter, berichten läßt, wie sie von ihrem weißen Herrn, einem Plantagenbesitzer, mit sechzig Peitschenhieben bestraft wurde, weil sie ein reicher weißer Kaufmann, unter der Versicherung, sie heiraten zu wollen (was dieser dann abstritt), verführt und geschwängert hatte; von den Hieben sei sie schwindsüchtig geworden, und sie sei es bis auf den heutigen Tag. Eine einseitige Darstellung hat Kleist also vermieden. Dennoch wird man die Novelle schwerlich als

Beleg für die Fortschreibung antiimperialistischer Ressenti-
ments, die die *Herrmannsschlacht* zweifellos aufwies, ansehen
können. Ebenso fragwürdig ist es jedoch, der Novelle eine anti-
rebellische, ja antirevolutionäre Tendenz zu unterstellen. Kleist
ging mit dieser Novelle zumindest nicht, via St. Domingo, auf
Abstand zum Reformdenken in seiner Heimat.[75]

»Die Entgegensetzung von Schwarz und Weiß in der *Verlobung in St. Domingo* zielt weniger auf konkrete Probleme in
Europa, steht vielmehr als Metapher für die von Kleist verurteilte Vereindeutigung der Welt in schlichtem Entweder-
Oder-Denken. Mag er auch in den politischen Schriften des
Jahres 1809 und in der *Hermannsschlacht* solchen Vereinseiti-
gungen selbst gehuldigt haben: *Die Verlobung in St. Domingo*
mit ihrer ›Heldin‹, der weder schwarzen noch weißen ›Mestize‹
Toni, ist er über solche forcierten Schlichtheiten schon wieder
hinaus. Hier hat keiner ›recht‹, es sei denn die Liebe.«[76]

Tatsächlich entsteht solche Liebe nur selten im Leben.[77] In
der Novelle ist sie ein Zeichen von Menschlichkeit inmitten
von Bürgerkrieg und Gewalt und entsteht für Momente über
Gräben hinweg durch Verständnis, Vertrauen und Hingabe.
Darum eigentlich geht es.

Als Kleist sein *Abendblatt*-Unternehmen begann, glaubte
er, innenpolitisch Brücken bauen und Fronten durchbrechen
zu können, indem er öffentliche Angelegenheiten breit er-
örterte und die Liebe zum Vaterland wecken half. Das war ihm
das Eigentliche, was not tat. Statt dessen hatte ihm gleich nach
der ersten Verstimmung zwischen ihm und der Staatskanzlei
diese die Luft abgedrückt. Gerade während der Wochen, in
denen Kleist an der *Verlobung* arbeitete, mußte er sich, seiner
Toni nicht unähnlich, als ein Mensch erleben, der zwischen die
Fronten geraten war. Hardenberg hatte ihn zwar am 14. Dezember 1810 empfangen und seinen Ministerien für Justiz,
Äußeres und Inneres empfohlen, Kleist Vorgänge von öffent-
lichem Belang für die Bekanntmachung in dessen *Abendblättern* mitzuteilen. Vermutlich hatte man ihm auch versprochen,
ihn finanziell zu unterstützen, sofern er seine Zeitung im Sinne

Zu *Die Verlobung in St. Domingo*, Lithographie von Alfred Kubin, 1922.

der Staatskanzlei zu führen bereit sei. Doch die Mitteilungen aus den Ministerien blieben aus, und Kleist erinnerte den Staatskanzler an die Einhaltung der Zusage, aufgrund deren er seine Zeitung bereits öffentlich als ein halbministerielles Blatt zu bezeichnen gewagt hatte, und forderte einen Verlustausgleich. Um seine Kompromißbereitschaft zu zeigen, ging er sogar so weit, einen neuerlichen (politischen) Beitrag Müllers dem Regierungsrat F. Raumer aus dem Büro Hardenberg vor der Veröffentlichung und ohne Müller davon zu informieren zur Begutachtung vorzulegen. Hardenberg und Raumer bestritten jedoch, jemals die von Kleist geltend gemachten Zusagen abgegeben zu haben. Kleist sah sich als Aufschneider hingestellt und forderte von Raumer Satisfaktion; denn er könne »zu so vielen Verletzungen [s]einer Ehre«, die er habe »erdulden« müssen, nicht auch noch als »Lügner«[78] erscheinen. Seine Duellandrohung war natürlich eine Kurzschlußreaktion aus Enttäuschung, ähnlich jener, die er in einer ganz anderen Situation in der *Verlobung* Gustav poetisch vollziehen läßt. Der Staatskanzler schrieb nun erst recht konsternierte Briefe. Kleist entschuldigte sich und bat um Nachsehen; das Ganze wurde schließlich als ein Mißverständnis hingestellt. Letzte Klarheit ist allerdings auch hier nicht zu erlangen. Kleist kam jedenfalls, um zu überleben, bei Hardenberg noch um einen subalternen Posten beim *Kurmärkischen Amtsblatt* ein und sandte ihm, quasi als zusätzlichen Beweis seiner Sympathien für die Reformen und Beleg seines schriftstellerischen Geschicks, ein Exemplar des soeben erschienenen *Zerbrochnen Krugs* zu. Doch führte auch dies zu keiner Annäherung. Es ließ sich keine Brücke bauen zwischen persönlichem Glück und dem Lauf der Welt. Wer nicht für die Regierung war, und zwar ohne alle Vorbehalte, der wurde als ihr Feind angesehen und entsprechend behandelt. Es schien unmöglich zu sein, als unbemittelter, jedoch auf Öffentlichkeit angewiesener Intellektueller unabhängig zu bleiben und frei zu agieren. Wer danach strebte, wurde bestraft. Kleist neigte immer mehr dazu, dies als sein unabänderliches irdisches Schicksal zu begreifen.

Im *Findling* erzählt Kleist die Geschichte einer Adoption. Der römische Grundstücksmakler Piachi, ein Bürger des Kirchenstaats in Italien, befindet sich mit seinem elfjährigen Sohn auf einer Geschäftsreise, als er aus Mitgefühl einen pestkranken, elternlosen Jungen zu sich nimmt. Während Paolo, sein eigener Sohn, an der Pest stirbt, überlebt Nicolo, der Findling. Piachi nimmt diesen, mit »große[r] Bewegung, [...] an seines Sohnes statt«[79] in sein Haus, wo ihn auch seine vierzig Jahre jüngere Gemahlin Elvire trotz des Schmerzes um ihren Stiefsohn an ihre Brust drückt und ihm – Bett und Kleidung Paolos anweist. Bereits nach wenigen Wochen wird Nicolo von Piachi adoptiert. Nicolo besucht die Schule und stellt sich im Geschäft des Vaters überaus geschickt an. Piachi, »ein geschworner Feind aller Bigotterie«, hat nichts »an ihm auszusetzen, als den Umgang mit den Mönchen des Karmeliterklosters, die dem jungen Mann, wegen des beträchtlichen Vermögens das ihm einst, aus der Hinterlassenschaft des Alten, zufallen sollte, mit großer Gunst zugetan waren; und nichts ihrer Seits die Mutter, als einen früh, wie es ihr schien, in der Brust desselben sich regenden Hang für das weibliche Geschlecht«.[80] Nicolo, mit vierzehn bei einem solchen Klosterbesuch von der Beischläferin des Bischofs, wie es heißt, verführt, nimmt »durch die strenge Forderung des Alten« Abstand von dieser Verbindung. Mit zwanzig heiratet er Elvirens Nichte Constanze. Die Stiefeltern glauben nun, daß »das letzte Übel [...] an der Quelle verstopft« sei. Sie statten Nicolo und seine junge Frau glänzend aus, räumen ihnen den Großteil ihres Hauses ein, und Piachi, indem er, wie der Erzähler kommentiert, »das Letzte und Äußerste«[81] für ihn tut, überschreibt ihm schließlich sogar sein gesamtes Vermögen und zieht sich mit seiner Frau in den Ruhestand zurück.

Knapp ein Jahr darauf stirbt Constanze bei der Geburt ihres Kindes. Nicolo nimmt wieder die alte Verbindung zu den Karmelitermönchen und zur Beischläferin des Bischofs auf. Der Stiefvater kommt dahinter und beschämt ihn während Constanzes Beerdigung. Da Nicolo vermutet, hinter allem stünde seine Stiefmutter, beginnt er diese zu hassen. Er gelobt zwar Besserung, doch »schärfte der Widerstand, den man ihm entgegen setzte«, heißt es, »nur seinen Trotz«. Er verdächtigt Elvire der Scheinheiligkeit, denn sie wandele »selbst zuweilen auf dem Wege [...], dessen Blumen zu brechen er eben so schmählich von ihr gestraft worden war«.[82] Nicolo hat nämlich seine Stiefmutter belauscht und sie, in ihrem Zimmer auf den Knien liegend, innig den Namen Colino flüstern hören. Von Hoffnungen erregt, glaubt er sogar, diese als »Muster der Tugend [U]mwandelnde[n]«[83] begehre gar ihn selbst, nachdem er durch Zufall die logographische Identität seines eigenen Namens mit dem Colinos entdeckt hat. Durch seine Geliebte wird er indessen belehrt, daß im Zimmer seiner Stiefmutter, hinter einem Vorhang, ein lebensgroßes Porträt eines genuesischen Patriziersohns hängt, der Elvire einst, als sie dreizehn war, unter Einsatz seines Lebens aus dem brennenden Haus ihres Vaters rettete. Dabei sei er schwer am Kopf verletzt worden, habe drei Jahre auf einem schmerzvollen Krankenlager gelegen und sei dann verstorben. Elvire habe ihn während dieser Zeit gepflegt und zeige seit seinem Tod »einen stillen Zug von Traurigkeit« in ihrem »Gemüt«;[84] bei der leisesten Erinnerung an ihn begebe sie sich in ihr Zimmer in Klausur, um seiner zu gedenken.

Aus einem Gemisch von Beschämung, Wollust und Rache, wie der Erzähler vermerkt, baut sich Nicolo eines Abends, als Piachi abwesend ist, verkleidet als Colino, mit dem er eine gewisse Ähnlichkeit zu haben scheint, vor dem verdeckten Bild in Elvirens Zimmer auf, um die Vergötterungsszene abzuwarten. Elvire entkleidet sich, zieht den Vorhang beiseite – und fällt mit den Worten »Colino! Mein Geliebter!« in Ohnmacht. Nicolo zieht sie aufs Lager und will sie vergewaltigen, als Piachi überraschend ins Zimmer tritt und seinem Stiefsohn mit der Peitsche in der Hand die Tür weist. »Doch dieser, eines Tartüffe völlig würdig, [...] erklärte: an ihm, dem Alten, sei es, das Haus zu räumen, denn er durch vollgültige Dokumente eingesetzt, sei der Besitzer und werde sein Recht, gegen wen immer auf der Welt es sei, zu behaupten wissen!« Was ihm denn auch gelingt. Während Piachi einen Rechtsanwalt zu Rate ziehen will, eilt Nicolo mit seiner Verschreibung »zu den Karmelitermönchen, seinen Freunden, und forderte sie auf, ihn gegen den alten Narren, der ihn daraus vertreiben wolle, zu beschützen. Kurz, da er Xavieren [seine Geliebte], welche der Bischof los zu werden wünschte, zu heiraten willigte, siegte die Bosheit, und die Regierung erließ, auf Vermittlung dieses geistlichen Herrn, ein Dekret, in welchem Nicolo in den Besitz bestätigt und dem Piachi aufgegeben ward, ihn nicht darin zu belästigen.« [85]

Als Piachi das Dekret erhält, ist seine Frau gerade an den Folgen der Aufregung gestorben. Mit seiner durch die Wut entfesselten Kraft drückt Piachi dem Nicolo das Gehirn an der Wand ein und stopft ihm das Dekret in den Mund. Dafür wird er zum Tod durch den Strang verurteilt, bleibt jedoch selbst unter dem Galgen reuelos; mehr noch, er ruft die höllischen Mächte herbei, um Nicolo, ungeachtet des eigenen Seelenheils, bis in die Hölle zu verfolgen und dort seine Rache zu vollenden. Schließlich befiehlt der Papst, den Uneinsichtigen auch entgegen dem im Kirchenstaat herrschenden Gesetz ohne Absolution hinzurichten.

Diese erschütternde Geschichte vom Untergang einer bürgerlichen Familie erscheint auf den ersten Blick als eine Folge des Undanks eines unter schlechten Einfluß geratenen Bösewichts. Mitgefühl vergilt er mit Bösartigkeit; der ›Sohn Gottes‹ bringt keine Liebe mehr, vielmehr zersetzt er auf teuflische Weise die tradierten Verhältnisse. Bereits in seinem dramatischen Erstling, der *Familie Schroffenstein,* hatte Kleist das Schreckensbild einer zutiefst gefährdeten Familie als Sinnbild für den Weltzustand gezeichnet. In seiner *Findling*-Novelle kommt er darauf zurück. Hier wie dort zersetzt Besitz die Beziehungen und löst die Menschlichkeit ab, in den *Schroffensteins* eher aus Versehen, im *Findling* mit Bedacht. Nicolo, der Findling, erscheint als ein neuer Menschenschlag, der, selbst ohne Gewissen und durch eine gewissenlose Obrigkeit unterstützt, humanen Normen und Emotionen kaum mehr zugänglich ist. Es fehlt die alternative Kraft der Liebe, die Agnes und Ottokar, die Sprößlinge feindlicher Familien, noch verband. Nicolos Liebe heißt Libertinage, seine Geliebte ist eine Hure, auch wenn beider Verbindung aus herrschendem Interesse gesetzlich sanktioniert werden soll.

Auf den zweiten Blick werden im *Findling* jedoch auch morbide Züge bei den Adoptiveltern Nicolos erkennbar, die der Erzähler nur indirekt ins Licht rückt. Nicolos Reaktionen, seine Neigung zu den Karmelitermönchen und seine Verführbarkeit durch die ›Beischläferin des Bischofs‹, werden dadurch erklärbarer. Elvire, vom Erzähler lediglich als trefflich und tugendhaft bezeichnet, lebt in einer Art permanentem gedanklichen Ehebruch. Darin ist sie Nicolo gar nicht so unähnlich. Ihr Kult um ihren edlen Retter dürfte auch als Reaktion auf ihre eheliche Unerfülltheit zu begreifen sein. Ihre Vergötterung Colinos spaltet ihr Wesen und entrückt sie der Gegenwart. Ihre offensichtliche Sehnsucht nach einer uneigennützigen, großen, idealen Liebe verhindert ihre wirkliche Hingabe an ihren Gatten Piachi ebenso wie die an den heranwachsenden Nicolo. Ihren Kult kann Nicolo, der durch seinen Umgang mit den verdorbenen Karmelitermönchen die Heuchelei kennt, nicht anders denn als Heuchelei werten. So gibt es auch in dieser Novelle Kleists ein Vertrauensdefizit, und es herrscht »Verschlossenheit der Menschen gegeneinander«, ein »System heilloser Beziehungslosigkeit«.[86] »Die Zeit humaner Gesinnungen ist vorbei. Aufgebrochen sind Widersprüche und Widersinnigkeiten, die den Menschen bedrängen und in den Strudel einer total gebrechlichen Welt hineinreißen, aus dem, so scheint es, kein Entrinnen mehr möglich ist, es sei denn, Widersinn und Widerspruch dringen als bewegende Kräfte ins Bewußtsein des Lesers.«[87]

Kleist hatte das ›Gegensätzische‹ als produktives Prinzip der Offenlegung und Bewältigung von Widersprüchen übernommen, im *Findling* jedoch berühren sich Colino und Nicolo, berühren sich Ideal und Wirklichkeit nur noch auf eine tödliche Weise. Es gibt keine Einheit der Gegensätze mehr, sie stehen unversöhnlich gegeneinander.

Und zum wiederholten Male begegnen wir Kurzschlußreaktionen: bei fiktiven Gestalten wie Gustav von der Ried, bei Piachi (von der Gefahr totaler Verwirrung bei weiteren Figuren werden wir noch hören) wie auch bei Kleist selbst mit der Duelldrohung gegen Regierungsrat Raumer. Immer wieder wird diese Konstellation umkreist. Hat, möchte man fragen,

Kleist womöglich selbst befürchtet, daß sich das, was sich durch permanente Spannungsverhältnisse, nun verstärkt durch Verletzungen, in ihm zusammenbraute, in einen ähnlichen Raptus gegen Gott und die Welt ausarten könnte wie bei Piachi? Gab es Augenblicke, wo er kaum mehr an sich halten konnte, wo er durchzudrehen und da zu landen glaubte, wo ihn ein schmähliches Ende erwarteten würde? Etwas Beängstigendes durchzieht alle Erzählungen des ersten Halbjahres 1811. Bislang aber konnte er die Gegensätze dadurch, daß er sie beim Schreiben rückhaltlos bis ins Extrem steigerte, beschwören und wenigstens so in den Griff bekommen, daß Autor und Werk nicht im Chaos versanken.

Lag, so bleibt noch zu fragen, Kleists *Findling*-Novelle persönliches Erleben mit der Welt des Bürgertums zugrunde? Während die Dresdner Häuser, in denen Kleist verkehrt hatte, in der Mehrzahl diplomatischen oder adligen Status hatten, verhielt es sich mit den Berliner Häusern anders. Zu denken wäre vornehmlich an das des Ehepaars Vogel. Die Vogels wohnten unweit von Kleist in der Markgrafenstraße. Spätestens seit 1810[88] verkehrte Kleist hier als Hausfreund. Der Kanzlei-Sekretär Louis Vogel war, hierin Piachi verwandt, ein ›redlicher‹ Gatte. Zwischen ihm und Henriette, seiner Frau, bestanden keine Intimbeziehungen mehr, sie lebte unerfüllt neben ihm. Offenbar bedrückte sie, ähnlich wie Elvire, eine geheime Sehnsucht nach einem leidenschaftlicheren Verhältnis. Ob Kleist diese Sehnsucht stillte, muß unbeantwortet bleiben. Kleist und Henriette Vogel musizierten gemeinsam. Anfangs mochten sie sich nicht einmal besonders, doch entwickelte sich bald ein freundschaftliches Verhältnis, das schließlich, 1811, in »Gefühle[n] der heiligsten Liebe« überging. Kleist wird ihr »treuer Gefährte im Tode, wie er im Leben war […]«[89] Ja, sie himmelt ihn in einem Prosahymnus an als »meine Einsamkeit«, »meine Sehnsucht«, »meine Wärme«, »mein Hoffen und Harren«, »meine süßeste Sorge«, »mein lieblicher Träumer«, »mein Heiliger«, »meine Dornenkrone«, »meine Freiheit«, »mein Gewünschtes hier und Jenseits« – und endet

mit dem Bekenntnis: »wie über alles Gedachte und zu Erden-
kende lieb ich Dich. Meine Seele sollst du haben«.[90]

Und sie wird ein Kind hinterlassen, mit dessen Erziehung
sie Probleme hatte und von dem sie glaubt, daß es bei einer
Freundin besser als bei ihr selbst aufgehoben sei ...

Sollte Kleists Phantasie von solchen Beziehungen und Er-
lebnissen völlig unberührt geblieben sein?

Die beiden letzten Erzählungen des Bandes bewegen sich in
anderen Bereichen als *Der Findling*. Doch umkreisen auch sie
das Problem der Bedrohung des Schönen und Edlen durch
eine ver-rückte Moral. Dabei ist auffällig, daß Kleist hier anders als im *Findling* nach rettenden Kräften Ausschau hält. Er
möchte einen Hoffnungsschimmer ausmachen, dabei spart er
den Glauben als Heilsbringer nicht mehr aus. Seine Distanz
zum Religiösen ist geringer als im *Erdbeben* und im *Findling*.
Ging es dort noch um verabscheuungswürdige Herrschafts-
praktiken der institutionalisierten Religion in sogenannten
Gottesstaaten, so thematisiert er in *Die heilige Cäcilie oder die
Gewalt der Musik* die bedrohte Welt des Glaubens. Bereits
beim Besuch der Dresdner Hofkirche 1801 hatte er den Sinnen-
trost der katholischen Kirche für einen Moment als mögliche
Rettung für sein bedrängtes Ich empfunden; auch damals war
es, wie in der Novelle von 1810 mit dem programmatischen
Titel, die religiöse Tonkunst, die dies bewirken sollte.

Die Geschichte handelt von drei Brüdern, Studenten, die
während der Reformation lebten und an der Spitze einer bil-
derstürmerischen Meute zum Fronleichnamsfest ein Nonnen-
kloster bei Aachen demolieren wollen. Dort geraten sie in die
Aufführung einer uralten italienischen Messe. Von Stund an
schlafen sie auf der Erde, nehmen nur noch Wasser und Brot zu
sich und brüllen, jeweils zur Mitternacht, bis zur Erschöpfung,
ihr schreckliches Gloria in excelsis Deo; während der übrigen
Zeit sind sie stumm.

Eine erste, kürzere Fassung überreichte Kleist im November
1810 in Gegenwart der Vogels Adam und Sophie Müller als

Taufangebinde für ihr Töchterchen Cäcilie mit dem Untertitel *Eine Legende*; Müller war 1805 heimlich zum Katholizismus übergetreten. Im ersten Halbjahr 1811 erweitert Kleist die Geschichte für seinen zweiten Erzählband. Durch die Mutter der Brüder, die in Aachen Nachforschungen über ihre Söhne anstellt, wird von verschiedenen Seiten auf den Hergang des Vorkommnisses und den Zustand ihrer Söhne eingegangen. In der Buchfassung weichen mehrere Zeugnisse voneinander ab, ja widersprechen einander. Inzwischen hatte der Papst die Errettung des Klosters zum Wunder erklärt; die Begründung hierfür lautete, die aufgeführte Messe sei nicht von der erkrankten Schwester Antonia des Aachener Klosters dirigiert worden, sondern von der heiligen Cäcilie, der (legendären) Märtyrerin und Namenspatronin des Klosters. Die Äbtissin als offizielle Autorität bekräftigt gegenüber der Mutter diese Version. Doch ob die Errettung des Klosters vor den Bilderstürmern tatsächlich Cäcilie oder der Gewalt der Komposition und der Innigkeit des Gesanges der Nonnen in jenen angstvollen Momenten zuzuschreiben war, bleibt letztlich eine Frage der Deutung; ebenso die Frage, ob die Brüder bekehrt oder wahnsinnig geworden sind.

1846 wird Joseph von Eichendorff beklagen: »[...] in seiner [Kleists] einzigen Novelle religiösen Inhalts [...] schlägt die Gewalt religiösen Gefühls trostlos nur in spukhaften Wahnsinn aus.«[91] Es ist wohl so: »Die romantische Rückwendung zum Katholizismus, die ja nicht nur Adam Müller zur Konversion veranlaßte, ist an Kleist nicht spurlos vorübergegangen, stellte auch für ihn eine Versuchung dar, der sein zweiflerisches Gemüt und sein Agnostizismus aber widerstanden.«[92]

Die Musik stand nach romantischer Auffassung an der Spitze der Hierarchie der Künste. Die Fragen, denen Kleist in seinem Text nachgeht, zielen auf die Wirkungsmacht der Musik: Welchen Zauber birgt sie – und welche Gefährdungen? Sie kann, in Verbindung mit der Magie katholischen Gottesdienstes, einen Damm gegen Kunstfeindlichkeit und Brutalität aufrichten – und sie scheint zugleich mit, wie Kleist es ausdrückt, berückender Macht Menschen in den Wahnsinn treiben zu können; darüber hinaus ist angedeutet, daß Musik auch dem Machterhalt dienen kann. Sie ist – janusköpfig.

Eine derartige Charakterisierung der (religiösen) Musik ist nicht frei von Provokation. Zugleich hinterfragt Kleist offenbar sein eigenes Verhältnis zu ihr. Wie bekannt, hat er die Musik von früh an selbst gepflegt. 1811 nun hören wir von einer neuen ›Dimension‹ dieses Verhältnisses. Sind es doch vor allem alte Choräle und Psalmen, die Kleist gemeinschaftlich mit Henriette Vogel spielt und singt; mit Kirchenmusik steigern sich beide ins Emphatische. Kleist spricht von der ›weiblichen Geschlechtsart‹ dieser Kunst. Und zugleich hören wir zu jener Zeit, die für die Überarbeitung der *Cäcilie* in Frage kommt, von dem uns überraschenden Bedürfnis des Dichters, die »[Dicht-]Kunst vielleicht auf ein Jahr oder länger ganz ruhen [zu]« lassen und sich »mit nichts als der Musik« zu beschäftigen; er halte sie für die »Wurzel«[93] aller anderen Künste. Bald darauf äußert er sich sogar in dem Sinne, daß seine alte Liebe zum Dichten, nach der er bislang sein Leben ausgerichtet hatte, dabei sei, abhanden zu kommen. Zu welchem Ende aber würde die neue Beziehung führen? Welche Gefahren lauerten im Hintergrund dieser magischen, ins Transzendente zielenden Kunst? Die Grenzen von Hingabe und Wahnsinn schienen bei dem Fluchtpunkt Musik dicht beieinander zu liegen ...

Die Novelle *Der Zweikampf,* das letzte von Kleist publizierte Prosastück, kreist erneut um Wahrheit und Liebe in einer beschädigten Welt.

Gegenüber der *Marquise von O....* hat Kleist hier die Motive der verfolgten Unschuld und des unbeirrbaren Liebhabers radikalisiert, aus der *Verlobung* das Thema der Vertrauensprobe übernommen, von der *Cäcilie* das des Glaubens an Wunder. Die Handlung spielt im Mittelalter, die Novelle ist in großen Teilen eine Kriminalgeschichte. Erneut, nun bereits zum dritten Mal, siedelt Kleist das Geschehen im Rittermilieu an. Ritter- und Kriminalgeschichten wurden gern gelesen, es bestand also Aussicht auf Nachfrage.

Der des Mordes an seinem Bruder verdächtige Graf Jakob der Rotbart gibt vor einem kaiserlichen Gericht an, ein Alibi zu besitzen: In der Tatnacht sei er heimlich bei der schönen Witwe Littegarde von Auerstein gewesen. Zum Beweis könne er ein Geschenk von ihr vorweisen, den Ring ihres verstorbenen Mannes. Als der Vater Littegardes diese ehrabsprechende Nachricht erhält, erregt er sich derart, daß er stirbt. Die Brüder akzeptieren sofort die Anschuldigungen gegen ihre Schwester, die keinen Zeugen ihrer Unschuld beibringen kann. In Besitzgier befangen – sie glauben auf diese Weise den Einkauf Littegardes ins Kloster sparen zu können –, treiben sie sie nachts aus dem väterlichen Schloß. Plötzlich vogelfrei geworden, noch tiefer gefallen als die Marquise von O…. und noch elender und einsamer als sie, weiß sie sich keinen anderen Rat, als den ihr befreundeten Herrn Friedrich von Trota aufzusuchen und um Hilfe zu bitten. Dieser hatte vor einiger Zeit um sie geworben; er vertraut dem Wort Littegardes und fordert den Anschuldiger heraus. Um die Wahrheit zu ermitteln, bestellt der Kaiser das christliche Heilsgericht, das Gottesurteil. Dabei handelt es sich um einen Zweikampf auf Leben und Tod. Trota unterliegt im Streit der Schwerter, Recht scheint gesprochen; er soll gemeinsam mit der vermeintlich meineidigen Herausforderin Gottes auf dem Scheiterhaufen verbrannt werden. Auch von Trotas Familie wird Littegarde als schamlose Heuchlerin verdammt, die Trota ins Verderben gebracht habe.

Bei ihrer letzten Begegnung im Gefängnis durchleben Littegarde und Trota die Vorhölle von Wahnsinn und Tod. Zum letzten Mal führt Kleist eine Heldin in eine Zerreißprobe. Littegarde fühlt sich tief in Trotas Schuld und verzweifelt am Urteil des Gottesgerichtes. Von Trota herausgefordert, beteuert sie ihm noch einmal ihre Unschuld und ihr reines Gewissen. Daraufhin kann Trota ihr wieder vertrauen; der erneute Glaube an die Geliebte richtet ihn auf und gibt ihm Kraft. Ähnlich wie Kleist einst im Jahre 1800 in einem Brief an die Braut beschwört Trota nun Littegarde: »[…] bewahre deine Sinne vor

Verzweiflung! türme das Gefühl, das in deiner Brust lebt, wie einen Felsen empor: halte dich daran und wanke nicht, und wenn Erd' und Himmel unter dir und über dir zu Grunde gingen! Laß uns, von zwei Gedanken, die die Sinne verwirren, den verständlicheren und begreiflicheren denken, und ehe du dich schuldig glaubst, lieber glauben, daß ich in dem Zweikampf, den ich für dich gefochten, siegte!«[94]

Damit wird das Gottesgericht, das von allen religiösen und weltlichen Mächten im Reich als Wahrheitsinstanz anerkannt ist, in Frage gestellt. Eine in Dichtung verpackte Beschwörung des Autors gegen Ende auch seiner Passion? Anders als jene plötzliche Verliebtheit zwischen Gustav und Toni wird hier die Kraft der Innerlichkeit gegen die Welt gestellt und wider sie mobilisiert.

»Am Scheiterhaufen ändert diese Gewißheit nichts. Die Erlösung läßt weiter auf sich warten und erweist sich schließlich als halsbrecherische Konstruktion von Gnaden des Erzählers.« Eilfertig biegt Kleist nun zurecht, was »heillos verbogen«[95] ist, auch hinsichtlich der versehrten Körper[96]. Er hantiert mit glücklichen Zufällen en gros: der Gesundung Trotas, den plötzlich in Eiterung und Fäulnis übergehenden Leibessäften des Grafen; einer Alimentenklage der von diesem geschwängerten, intriganten Zofe der Littegarde, die den Ring ihrer Herrin entwendet hat und sich statt ihrer zum Grafen ins Bett legte; Reue und Geständnis des brudermordenden Rotbart in letzter Minute. Hinzu tritt, hier schuldlos und daher rechtgebietender als im *Käthchen,* der Kaiser. Dieser holt das Paar vom Scheiterhaufen, und es kommt, durch seine Gnade, zu einer glücklichen Hochzeit. Eine andere edle Dame, die verwitwete Herzogin von Breysach, weiß diese Erhebung noch materiell zu unterstützen; sie schenkt Littegarde als Eheangebinde Land, das einst dem nun verfaulten, verbrannten, betrogenen Mörder gehörte.

Es riecht nach Deus ex machina und glücklichem Ende, nach märchenhafter Epiphanie der Gerechten. Alle Mißverständnisse, alle Unterstellungen, die unschuldig-edle Charaktere durch infame Mächte erleiden, klären sich zu ihrem Heil. Eine ›höhere‹ Ordnung der Dinge erhebt sich aus der allgemeinen Verwirrung. Sollte sie in der gebrechlichen Welt doch noch zur Geltung kommen?

Fast scheint es, als sei Kleist hier einem großen Wunschtraum erlegen. Oder schlägt doch nur subtile Ironie durch: einerseits Bedienung des harmoniesüchtigen Publikums mit dem Klischee der wunderbaren Errettung, andererseits Ad-absurdum-Führen des Wunders durch die Übertreibung? Ironische Kritik an Theologie und Rechtsprechung, womöglich ohne diesen Zweck zu erreichen?

Auch wenn er den Wunderglauben wieder als Mittel für seine Inszenierung genutzt und dabei die legendarische Gewißheit des Heils noch nachdrücklicher als in der *Cäcilie* in Zweifel gezogen hat, ja selbst wenn er ein Lehrstück über die Unabschließbarkeit des Interpretierens verfassen wollte – ein eindrucksvoller Abgang von der Bühne der Dichtung ist das letzte Drittel seines Werkes nicht. Als Ausdruck der Beinah-Undurchschaubarkeit des Geschehens dieser Welt zumindest durch den einzelnen hatte Kleist es zu einem methodischen Prinzip erhoben, seine Handlungsabläufe oft genug durch ›unwahrscheinliche‹ Zufälligkeiten zu markieren. Diese waren für ihn, dem Beitrag »Unwahrscheinliche Wahrhaftigkeiten« in den *Abendblättern* zufolge, aussageträchtiger als jene Geschehensverläufe, die nach der Logik des Üblichen abliefen. Hier aber, am Ende des *Zweikampfs,* erscheint seine innovative Methode des Gestaltens, das Unwahrscheinliche eher als das Wahrscheinliche zum Zuge zu bringen, als überstrapaziert. Es ist zur Manier erstarrt.

Man hat häufig vom Nachlassen seiner poetischen Kraft gesprochen. Wer weiß. Auf jeden Fall ist daran zu erinnern, daß er Geld benötigte und unter großem Zeitdruck stand. Sein Ringen um Subsistenz hatte sich 1811 zum Überlebenskampf ausgewachsen. »Keiner von denen, die ihn etwa tadeln, hätte ihm zehn Rthl. gereicht«,[97] wird Rahel zwei Tage nach seinem Tode schreiben. Der Freischaffende sieht sich gezwungen, sich auf dem Markt zu prostituieren. Mit der Figur des Herrn von Trota kommt Kleist dem Zeitgeschmack entgegen und bedient die Liebhaber der Ritterliteratur. Trota, jener Ritter ohne Furcht und Tadel, trägt unverkennbar Züge idealisierter Männlichkeit, hierin kräftiger ausgestattet als der Graf vom Strahl. War das Absicht? War es eine resignative Geste des Autors, die gleichwohl nötig wurde, weil Strahl keinen Erfolg hatte, er im wohlgeschnürten, konventionsverhafteten Preußen nicht ein einziges Mal die Bretter erklimmen konnte – und doch endlich Erfolg her sollte?

Allerdings schwingt auch wieder Lebensstoff in diesem ›Zweikampf‹ mit. Als man seine *Berliner Abendblätter* zum Aufgeben zwang, machte man Kleist nicht nur kurzerhand handlungsunfähig, man hatte ihn auch, wie wir gehört haben, auf eine intrigante Weise, ohne daß er Zeugen für seine Glaubwürdigkeit aufbringen konnte, der Schamlosigkeit und der Lüge beschuldigt und quasi für vogelfrei erklärt. Hier werden Bezüge zu der schmählich verstoßenen Littegarde erkennbar. Zugleich hoffte Kleist, ähnlich wie Trota, insgeheim immer noch auf eine Wendung zum Guten; darauf, daß die rechten Zusammenhänge, gelangten sie nur den Richtigen zur Kenntnis, das Netz der Mißverständnisse zerreißen, die Intrige offenbaren und der Wahrheit, seiner Wahrheit, zum Durchbruch verhelfen müßten. Weshalb wohl hätte er sich sonst noch im späten Frühjahr 1811 mit Briefen in seiner Sache an Mitglieder des Königshauses gewandt? Am 20. Mai schrieb er an Prinz Wilhelm und am 17. Juni an den König, nachdem ein Brief auch an Hardenberg vom 6. Juni ohne jede Reaktion geblieben war. Darin legte er den Vorgang um die *Abendblätter* ausführlich dar und bat erneut um einen finanziellen Ausgleich in Form eines Postens oder Zahlung eines Wartegeldes. Doch keiner der Herren antwortete ihm. Schließlich hatte Friedrich Wilhelm III. höchstpersönlich die Zensurverschärfung gegenüber den *Abendblättern* mitverfügt.

Mitte Juli muß Kleist den *Zweikampf* abschließen. Innerhalb eines halben Jahres hat er nicht nur drei Monate lang eine niedergehende Zeitung redigiert, sich mit der Obrigkeit und mit Existenzproblemen herumgeschlagen und die fünf Novellen, drei davon ganz neu, verfaßt; er hat auch am *Prinzen von Homburg* gearbeitet und ist an einem zweibändigen Roman »ziemlich weit vorgerückt«[98], wie er Reimer mitteilt. Ein enormes Arbeitspensum! Es spricht gegen den Verdacht des Nachlassens seiner Schöpferkräfte.

Doch war er nach all den Dissonanzen müde geworden. Ein großes Bedürfnis nach Ruhe stellte sich ein.

Das Verlangen des Unbehausten nach einem Lichtpunkt am Ende des Tunnels spricht auch aus einem Essay, den Kleist unter dem Titel *Über das Marionettentheater* in den *Berliner Abendblättern* vom 12. bis 15. Dezember 1810 veröffentlichte. In diesem berühmten, als Generalschlüssel für die Auslegung sämtlicher Kleist-Werke jedoch oft überinterpretierten Text geht er der Frage nach, wie der Zustand der Selbstentfremdung des Menschen zu überwinden sei. In Form eines dialogisierten Berichts befragt der skeptische Erzähler einen am Stadttheater angestellten Tänzer, den er zufällig als Zuschauer bei einer Marionettenbühne getroffen hat. Der Tänzer behauptet zum Erstaunen des Erzählers, daß die mechanisch bewegten Gliederpuppen den besten Tänzern und Tänzerinnen, die er kenne, an Anmut überlegen seien. Der Grund hierfür bestehe nicht nur darin, daß sie antigrav seien, sich gleichsam schwerelos von der Erde abzuheben vermögen; ihnen fehle vor allem Bewußtsein. Und so wären sie nicht vom großen Sündenfall der Menschheit, der Reflexion, betroffen. Einmal der Sünde verfallen, *müsse* der Mensch reflektieren, sich beobachtet fühlen, seine Bewegungen unter den Augen der anderen zu lenken sich bemühen usw. Dadurch würde sich sein innerer Schwerpunkt, die Seele, verlagern. Er beginne sich zu zieren, verliere die »Sicherheit der Grazie« mit ihrem »freie[n] Spiel seiner Gebärden«.[99]

Der Erzähler begegnet solch ungewöhnlichen Behauptungen, die implizierten, daß der Gliedermann dem ›Göttlichen‹ näher sei als der Mensch, anfangs mit Spott und Skepsis. Werden sie doch anhand von Beispielen des Theaters für die kleinen Leute demonstriert, das in den besseren Schichten verpönt ist. Doch schließlich, nachdem er sie hinterfragt hat, stimmt er dem Tänzer zu und bringt sogar selbst ein Beispiel aus der eigenen Erfahrung bei, das dessen Schlußfolgerungen bestätigt: Er berichtet von einem jungen Mann, der vor dem Spiegel seine Unschuld verlor.

Die instrumentalisierte, zweckrationale Reflexion wurde trotz des Lobs der Marionette von Kleist wohl nicht als ein geeignetes Mittel angesehen, der Menschheit aus ihrer gegenwärtigen Misere zu helfen. Der völlige Verzicht auf Reflexion ist für ihn auch nicht geeignet, den Lauf der Welt zu ändern, ebensowenig wie der Rückfall in die Unschuld. Eine Vernunft allerdings, die die Utopie eines unendlichen Bewußtseins verkündet, die »selbst organische Natur und Erkenntnis in *einer* Anschauung vereint«,[100] könne sehr wohl ein weltverbesserndes Instrument sein. Denn: »das Paradies ist verriegelt und der Cherub hinter uns; wir müssen die Reise um die Welt machen, und sehen, ob es vielleicht von hinten irgendwo wieder offen ist«.[101]

Freitod

Im Sommer 1811 beherrscht den Dreiunddreißigjährigen das Gefühl tiefer Entwurzelung, er fühlt sich verlassen; »öde und traurig« umgibt ihn die bevölkerte Stadt. Er schreibt an dem zweibändigen (verschollenen) Roman, lebt abgeschiedener denn je, ist »fast täglich zu Hause, von Morgen bis auf den Abend ohne auch nur einen Menschen zu sehen, der mir sagte, wie es in der Welt steht«.[1] Er fühlt sich »in große Einsamkeit versenkt«.[2]

Die kleine Berliner Romantikergruppe hatte sich zerstreut. Müller war Ende Mai nach Wien gegangen, wo er ein Staatsamt zu erhalten hoffte; Arnim zog sich mit Bettine, die er im März geheiratet hatte, in einen zum Vossischen Palais gehörigen Pavillon zurück, und Ludolf Beckedorff hatte eine Stelle als Prinzenerzieher in Anhalt-Bernburg angenommen. Auch Kleist weiß, daß er hier nicht länger bestehen kann.

Immer deutlicher empfindet er die Welt als fremd, als eine »wunderliche Einrichtung«[3], sich selbst als »unbegreiflich unselige[en] Mensch[en]«. Selbst zur Erinnerung an angenehm durchlebte Stunden und Momente ist er nicht mehr fähig; die Vergangenheit kommt ihm »wie todt« vor. Und es sei ihm, schreibt er, als ob die Gegenwart in ihrer nichtig-aufdringlichen »Bestimmtheit« seiner Phantasie beim Schreiben »Feßeln« anlege, wo sich doch beide durchdringen sollten. Ja, der Augenblick verwirre ihm die »Klarheit der innerlichen Anschauung«.[4]

Noch im Mai hatte ihn trotz »der widerwärtigen Verhältniße«,[5] in denen er zu leben gezwungen war, beim Lesen gelegentlich »ein Luftzug aus [s]einer allerfrühsten Jugend« angeweht. Das Leben, das ihm oft »ganz öde« vorgekommen sei, hatte dann »mit Einem mal eine wunderbar herrliche Aussicht« bekommen, und es hatten sich Kräfte in ihm geregt, die er »ganz erstorben glaubte«. Ja, wenn er noch einmal auf eine frohe Zukunft hinaussehen könnte, hatte er gemeint, dann wäre er »[s]einem Herzen ganz und gar, wo es [ihn] hinführt« gefolgt: Er hätte endlich einmal frei, unbedrückt und unbeeinflußt von außen, allein auf seine »eigne innerliche Befriedigung« hin schreiben und sich »von dem Gedanken ganz durchdringen« lassen wollen, daß, »wenn ein Werk nur recht frei aus dem Schoos eines menschlichen Gemüths hervorgeht, d<a>ßelbe auch nothwendig darum der ganzen Menschheit angehören müße«. Etwas »recht Phantastisches«[6] hatte ihm vorgeschwebt.

Doch war dieses Verlangen nach einer Erholungspause an seiner Mittellosigkeit gescheitert. Und letztlich wollte und konnte er sich auch dem politischen Zeitgeschehen nicht entziehen.

Als die feinfühlige Marie von Kleist, die einzige der alten Bekannten, die sich noch für ihn verantwortlich fühlte, Anfang September 1811 des öfteren mit ihm zusammenkommt, schöpft er neue Hoffnung: Marie, die noch immer Beziehungen zum Königshaus besaß, versuchte bei Hofe neue Handlungsräume für ihn zu eröffnen. Durch sie gelangte er auch wieder an Informationen über die politische Lage. Die Spannungen zwischen Frankreich und Rußland, das die von Napoleon verhängte Kontinentalsperre gegenüber England immer weniger zu akzeptieren bereit war, brachten Preußen erneut dazu, sich für ein Bündnis entweder mit Frankreich oder mit Rußland entscheiden zu müssen. Das neue Offizierskorps drängte auf einen Verteidigungskampf gegen Frankreich. Am 10. August war Gneisenau mit einer von Clausewitz in diesem Sinne entworfenen Denkschrift beim König eingekommen. Die Rüstung wurde forciert, die Festungen wurden ausgebaut und Vorbereitungen für einen Krieg mit allen Mitteln, einschließlich eines Guerillakampfes, getroffen. Der König und das Kabinett Hardenberg wollten sich jedoch erst noch des Beistandes

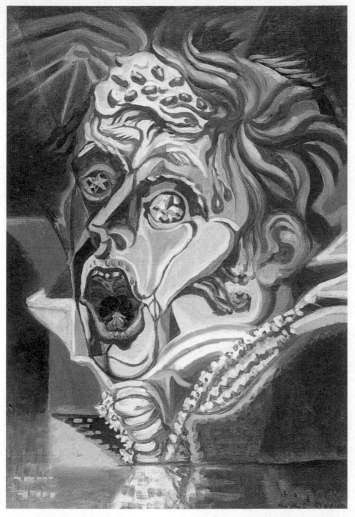

Portait du poète Heinrich von Kleist. Ölgemälde von André Masson, 1939.

Rußlands und Österreichs versichern. So schickte man den Kriegsminister Scharnhorst Anfang September inkognito nach Petersburg. Dort gelang es ihm am 17. Oktober 1811 eine Militärkonvention mit Rußland abzuschließen. Marie schrieb am 3. September an Prinz Wilhelm – sie fügte dem Schreiben eine Abschrift des *Prinzen von Homburg* bei, den Kleist der Gattin des Prinzen gewidmet hatte – und am 9. September an den König. Sie empfahl die edlen Charaktereigenschaften ihres ›Cousins‹, dessen Treue, Verschwiegenheit und seine Bereitschaft, sich als Beschirmer des Königs »in Stücke hauen« zu lassen und in die Fußstapfen des »Helden des Vaterlandes«[7] Ewald von Kleist zu treten. Sie tat dies, um für Kleist die Zahlung einer kleinen Pension zu erwirken und für eine Aufführung des *Prinzen von Homburg*, vor allem aber für Kleists Wiederaufnahme ins Militär den Boden zu bereiten. Auch sie glaubte, der Kampf gegen Frankreich stehe unmittelbar bevor, und so bewog sie Kleist dazu, ein Anstellungsgesuch einzureichen, »mit [Z]wei Kriegs-Lieder[n] von H. Kl., die hier erfolgen«.[8] In einer Kabinettsorder vom 11. September sagte der König Kleist seine Wiedereinstellung im Militär für den Kriegsfall zu. Kleist hoffte sogleich, beim König Adjutant zu werden oder eine Kompanie zu erhalten, wie Marie es dem Monarchen vorgeschlagen hatte. Er bat Hardenberg und auch Ulrike umgehend um eine Anleihe von 20 Louisdors, um sich eine Ausrüstung beschaffen zu können.

Marie war es auch, die Kleist auf Neidhardt von Gneisenau, den prominenten Militärreformer, aufmerksam machte, und begeistert suchte Kleist noch im September den Oberstleutnant auf, der insgeheim für die Planung eines Volksaufstandes zuständig war. Er übergab ihm selbstverfaßte militärische Aufsätze, worunter nach Gneisenaus Urteil »einige sehr gute«[9] gewesen sein sollen; sie sind leider nicht erhalten geblieben. Ein großes Verlangen nach einer verschworenen Gemeinschaft, die für das Vaterland wirkte, sprach aus Kleists Worten. In einem Brief vom 17. September nannte er Gneisenau Marie gegenüber einen »herrliche[n] Mann; ich fand ihn Abends, da er sich eben zu einer Abreise anschickte, und war, in einer ganz freien Entfaltung des Gesprächs nach allen Richtungen hin, wohl bis um 10 Uhr bei ihm. Ich bin gewiß, daß, wenn er den Platz fände, für den er sich geschaffen und bestimmt fühlt, ich, irgendwo in seiner Umringung, den meinigen gefunden haben würde. Wie glücklich würde mich dies, in der Stimmung, in der ich jetzt bin, gemacht haben! Denn es ist eine Lust, bei einem tüchtigen Manne zu sein; Kräfte, die in der Welt nirgends mehr an ihrem Orte sind, wachen, in solcher Nähe und unter solchem Schutze, wieder zu einem neuen freudigen Leben auf.«[10]

Kleist, der sich einst mit Abscheu von der preußischen Armee losgesagt hatte, war nun völlig eingenommen von der Aufgabe, sich unter anderen Bedingungen wieder in ihren Dienst zu stellen, die Waffe zu ergreifen und am Kampf fürs Vaterland teilzunehmen.

Friedrich Wilhelm III. äußerte indessen in einem Schreiben, das gleichfalls am 11. September an Marie von Kleist abging, daß »Gott verhüten wolle«, daß es zum Kampf komme und daß man sich über solch »unzeitige[n] Besorgnisse zu beruhigen«[11] habe.

Tatsächlich berichtete der gut informierte Geheime Kriegsrat Staegemann, in dessen Hause Kleist noch immer, wenn auch seltener als früher, verkehrte, bereits am 15. September nach Königsberg, daß ein Krieg in diesem Jahr nicht stattfinden werde. Und in der Tat, Scharnhorsts Militärkonvention wurde, nach einer Intervention Napoleons, von Friedrich Wilhelm III. verworfen, und Preußen stellte seine Kriegsrüstungen ein. Der wankelmütige König neigte nun sogar zu einem Bündnis mit Napoleon, zu dem es schließlich auch kam.

So hält Kleists Hochstimmung nicht lange vor. Anfang Oktober schreibt er mit einem Schuß Ironie an Marie nach Mecklenburg: »Unsre Verhältnisse sind hier, wie Sie vielleicht schon wissen werden, friedlicher als jemals; man erwartet den Kaiser Napoleon zum Besuch [...] Wie diese Aussicht auf mich wirkt, können Sie sich leicht denken; es ist mir ganz stumpf und dumpf vor der Seele, und es ist auch nicht ein einziger Lichtpunct in der Zukunft, auf den ich mit einiger Freudigkeit und Hoffnung hinaussähe.«[12]

Kleist sieht nun keinen Ausweg mehr aus der Bedrängnis. Ebenso ausweglos sieht er die allgemeine politische und gesellschaftliche Situation. Der erneute Verlust des Vertrauens in die Obrigkeit verbindet sich mit dem totalen Verlust an Zuversicht, sein Leben doch noch irgendwie meistern zu können. »Wirklich, es ist sonderbar, wie mir in dieser Zeit Alles, was ich unternehme, zu Grunde geht; wie sich mir immer, wenn ich mich einmal entschließen kann, einen festen Schritt zu thun, der Boden unter meinen Füßen entzieht.«[13] An eine Erhebung Preußens, das Kleist nach wie vor als einen Vorstreiter für die Befreiung Deutschlands betrachtet, ist für absehbare Zeit nicht mehr zu denken. Im Gegenteil, Preußen wird eine Hilfsmacht des Feindes (und neuen Verbündeten) werden.

Als Schriftsteller fehlt es Kleist an Resonanz beim Publikum, und er muß sich als Dichter weitgehend als gescheitert begreifen. Gerade die Werke, in denen er die wichtigsten Anliegen der Zeit behandelte, gelangten nicht an die Öffentlichkeit. Die übrigen führen in kleinen Auflagen ein Schattendasein unter Tausenden. Kleists Niederlagen im Zusammenhang mit der Aufführung der *Herrmannsschlacht*, dem *Abendblätter*-Projekt und dem *Prinzen von Homburg* stehen am Ende einer Reihe von Mißerfolgen, die sein Selbstbewußtsein, das seit langem verunsichert war, weiter zerstörten.

Schon oft hatte sein Selbstvertrauen gelitten; wir erinnern uns an die Zeit nach der Trennung von Wilhelmine und an den Ausgang der frühen Anerkennungskämpfe; wir denken an die Zeit in Königsberg, wo er es durchaus auch als Versagen empfunden hatte, den praktisch-wirtschaftlichen Ansprüchen nicht genügen zu können. In Dresden war der *Phöbus* kläglich eingegangen, waren seine mit Hingabe geschriebenen Werke mit zumeist »niederträchtigen Urteile[n]«[14] auf Ablehnung gestoßen, in Weimar war sogar der *Zerbrochne Krug* durchgefallen, in Prag das ihm wichtige *Germania*-Unternehmen unterdrückt worden. Wiederholte Bittstellungen bei der Familie und nicht eingelöste Versprechen, die selbst Ulrike an ihm zweifeln, sich von ihm abwenden, ja vor ihm erschrecken ließen, aufreibende Auseinandersetzungen mit der Staatskanzlei und vergebliche Betteleien um Gewährung einer kleinen Unterstützung bei Kanzler und König untergruben seine Selbstachtung vollends. Sie brachten ihm die bittere Erkenntnis, daß »keine Selbstdemütigung den von Hardenberg und seinem Apparat beschlossenen Ruin der ›Berliner Abendblätter‹ (an denen seine finanzielle Existenz hing) abwenden konnte und daß der Staatskanzler wie auch sein Regierungsrat Raumer zum Schaden noch den zynischen Spott fügten«.[15] Kleist war es nicht einmal gelungen, sich mit seiner Arbeit schuldenfrei zu halten. Er trat ins fünfunddreißigste Lebensjahr, doch an eine Familiengründung war unter diesen Umständen weniger denn je zu denken. Bereits aus Dresden und Prag war er als Schuldner nur knapp losgekommen, in Berlin führte er ein Hungerleben. Ihm fehlte es ständig am Lebensnotwendigsten, auch wenn er auf Materielles nie sonderlich großen Wert gelegt und das wenige, über das er zuweilen verfügte, freigebig mit anderen zu teilen bereit gewesen war.

Einem »heftige[n] Trieb im Innern [...]«[16] folgend und in schwierigen Zeiten lebend, hatte er sich zunächst von einem aufklärerischen Sendungsethos forttragen lassen, dann, ebenso leidenschaftlich, ja trotzig, der Wissenschaft den Rücken zugekehrt, um schließlich, in einem ständigen Auf und Ab, herausragende Werke zu schaffen. Sie sollten ihm zu ökonomischer Unabhängigkeit verhelfen und für immer die Selbstzweifel und die Zweifel der Familie an ihm beseitigen. Doch selbst als er nach dem Scheitern der frühen Anerkennungskämpfe seine Ansprüche zurücksteckte, sah er sich permanenten Überforderungen ausgesetzt. Ständig stand er unter Hochspannung, und wiederholt mußte sich sein Körper langwieriger Krankheiten erwehren. Zu Ruhe und Ausgeglichenheit gelangte er nie. All dies zusammengenommen hat ihn schließlich ermattet.

Außerdem hatte sich mit den Mißerfolgen seine ohnehin vorhandene hohe Sensibilität zu einer kräfteraubenden Empfindlichkeit, zu Exaltation, ja zeitweilig zu Rechthaberei entwickelt.

Dies brachte eine »störrische Eigentümlichkeit« hervor, welche »etwas Herbes in ihm zurückgelassen«[17] hatte. Sachlichkeit und ruhige Überlegung waren nicht seine Stärken. Manches war Naturell, das zu zügeln er als Aufklärungsjünger vergeblich unternommen hatte. Er setzte, eigentlich bis an sein frühes Ende, auf das moralische Subjekt und wollte natürlich, wie Achim von Arnim erkannte, auch selbst mit »Festigkeit […] das Schicksal seines Lebens« lenken. Von daher mag sich auch sein »Eigensinn« erklären, »der sich in den Widerwärtigkeiten seines Lebens durch das Gefühl der inneren Kraft, mit der er sie ertrug, noch vermehrte«.[18]

Als Mensch blieb er unsicher und mußte schließlich an seiner Fähigkeit zweifeln, mit seiner Kunst die Welt zu verändern. Beides stand für ihn in enger Wechselbeziehung. Sicher, Kleist sah seit 1808 weniger auf Nachruhm, auch galt seine Liebe nicht mehr allein der ›reinen‹ Kunst; Kunst sollte eher ›Waffe‹ sein. 1811 muß er jedoch feststellen, daß er auch mit seinem vaterländischen Engagement nichts oder doch nur sehr wenig ausgerichtet hatte. Die »öffentliche Meinung« scheint ihm, wie es Carl von Clausewitz, der Militärtheoretiker, eben jetzt formulierte, bar aller Gefühle für nationale Verantwortung, für Standhaftigkeit, Freiheit und Menschenwürde. Die wenigen Aufrechten seien »dem Aberwitze und der Bosheit einiger Weichlinge« preisgegeben, die über die »schändlichste Unterwerfung«[19] nur die Achseln zuckten, ja sie zur Pflicht machten. Ganz in diesem Sinne erkennt Kleist mit erstaunlicher Klarheit im Abschiedsbrief an Marie seine Machtlosigkeit – und bekennt seine Bereitschaft zur Selbstaufgabe: »Mir waren die Gesichter der Menschen schon jetzt wen ich ihnen be<ge>gnete zuwieder, nun würde mich gar, wen sie mir auf der Straße begegnete<!>, eine körperliche Empfindung anwandeln, die ich hier nicht nennen mag. Es ist zwar wahr es fehlte mir sowohl als ihnen an Kraft, die Zeit wieder einzurücken; ich fühle aber zu wohl, daß der Wille, der in meiner Brust lebt, etwas Anderes ist, als der Wille derer, die diese witzige Bemerkung machen: dergestalt, daß ich mit ihnen nichts mehr zu schaffen haben mag. Was soll man doch, wen der König diese Allianz abschließt, länger bey ihn machen? Die Zeit ist ja vor der Thür wo man wegen der Treue gegen ihn, der Aufopferung und Standhaftigkeit und aller andern bürgerlichen Tugenden, von ihm selbst gerichtet, an den Galgen kommen kan.«[20]

Mit der Enttäuschung über das nationale Versagen steht Kleist in einer Reihe mit rund dreihundert preußischen Offizieren, unter ihnen Scharnhorst, Gneisenau, Boyen, Clausewitz, Knesebeck. Sie, die Elite des nationalen Widerstandes, verläßt, noch bevor Anfang 1812 die Allianz mit Frankreich unterzeichnet wird, demonstrativ Preußen, um nicht gegen die Heimat in die Pflicht genommen zu werden. Sie sagen sich in einer Ende 1811 von Clausewitz verfaßten Denkschrift »von dieser Meinung und Stimmung, womit man sich bei uns schmückt, als sei sie von reinem Gefühl für das Wohl Aller entsprungen [...] feierlich los«.[21] In österreichischen oder russischen Diensten suchen und finden die meisten von ihnen Gelegenheit, weiter für die »Freiheit und Würde des Vaterlands [...]«[22] zu wirken.

Dem in aufreibenden Existenzkämpfen zermürbten Künstler fehlte es an Kraft, es ihnen gleichzutun. So faßt er den Entschluß, zu sterben; denn, so schreibt er an Marie, »meine Seele ist so wund, daß mir, ich mögte fast sagen, wenn ich die Nase aus dem Fenster stecke, das Tageslicht wehe thut, das mir darauf schimmert. Das wird mancher für Krankheit und überspant halten [...]«[23]

Die offene Verachtung der Familie bekommt er, stellvertretend, von den Schwestern Auguste (vereh. von Pannwitz) und Ulrike zu spüren. Bei seinem letzten Besuch[24] in Frankfurt an der Oder im Hause ihrer gemeinsamen Kindheit behandeln sie ihn wie »ein ganz nichtsnütziges Glied der menschlichen Gesellschafft, das keiner Theilnahme mehr werth sey«. Ist er doch erneut mit dem Staat in Konflikt geraten, bettelt wieder einmal um Geld und scheint endgültig den Boden unter den Füßen verloren zu haben. Dies war von den zahllosen Verletzungen, die er, zumal in den letzten Monaten, hatte hinnehmen müssen, die unerträglichste. Er wolle doch »lieber zehnmal den Tod erleiden«,[25] als so etwas noch einmal erleben, versicherte er Marie. Noch nach Wochen fühlt er sich zutiefst getroffen.

Bereits Anfang Oktober gesteht er Marie das Nachlassen seiner Entscheidungskraft. »Sprechen Sie ein Wort, meine theuerste Freundin, sprechen Sie ein bestimmtes Wort, das mich entscheide; ich bin schon, so gewohnt, Alles auf Ihre Veranlassung und Ihren Anstoß zu thun, daß ich die Kraft, mich selbst zu entscheiden, fast ganz entbehre.« Flüchtig war der Gedanke in ihm aufgetaucht, nach Wien zu gehen. »Ich gestehe, daß ich mit eben so viel Lust, bei Regen und Schneegestöber, in eine ganz finstere Nacht hinaus gehen würde, als nach dieser Stadt. Nicht, als ob sie mir an und für sich, widerwärtig wäre; aber es scheint mir trostlos, daß ich es nicht beschreiben kann, immer an einem anderen Orte zu suchen, was ich noch an keinem, meiner eigenthümlichen Beschaffenheit wegen, gefunden habe.«[26] Am Ende wird er an sich selbst irre und vermutet, die Wurzel aller Übel, die ihn heimgesucht hatten, läge in seiner Natur und ihm sei »auf Erden nicht zu helfen« gewesen.[27]

Verzweifelt sucht er einen Rest an persönlicher Integrität zu bewahren und hält an einem sittlichen Ethos fest, das ihn die Aufklärung gelehrt hatte und von dem er sich nie gänzlich befreien mochte. Er zieht einen Trennungsstrich zwischen sich und den Herrschenden, die zwar die Güter der Welt genießen, aber vor der historischen Aufgabe versagten, die von ihnen regierte Gemeinschaft zu reformieren und ihr Volk vor äußerer Gewalt und Entehrung zu retten. So ist Kleists Freitod zugleich auch Protest. Doch bäumt er sich hilflos auf, ein isoliertes und depraviertes Individuum; Clausewitz' Maxime »Es gibt keine Hülfe außer uns selbst; es gibt keine Rettung außer der, welche in unserer Kraft, in unserem Verstande, in unsrem Herzen ist!«[28] kann ihn nicht mehr erreichen.

Zuletzt, zum Tode ganz reif, spricht er davon, sein Leben sei »das allerqualvolste« gewesen, »daß je ein Mensch geführt hat«.[29] Alles »auf Erden, das Ganze und Einzelne« habe er,

Henriette Vogel (1780-1811). Miniatur um 1802. Künstler unbekannt.

schreibt er, »völlig in [s]einem Hertzen überwunden«.[30] Schönheit, Sitte und Vollendung sind für ihn nur noch Imaginationen;
»[…] lauter himmlische Fluren und Sonnen, in deren Schimmer wir, mit langen Flügeln an den Schultern umher wandeln
werden«,[31] träumt er. Die harmonische Gemeinschaft charakter- und liebevoller Menschen, die er stets gewollt hatte, gab es
nicht und war auf Erden nicht herzustellen. So wendet sich seine
Glückssehnsucht ins Jenseits. Und er verabschiedet sich nicht,
wie es vordem sein Wille gewesen war, mit einer großen Tat,
sondern bleibt auf sich und die (Todes-)Gefährtin fixiert.

Henriette Vogel ist unheilbar an Gebärmutterkrebs erkrankt.
Kleist, der davon wahrscheinlich nichts weiß und dem als
Höchstes gilt, »sich aufzuopfern, ganz, für das was man liebt,

in Grund und Boden zu gehn: das Seligste, was sich auf Erden erdencken läßt, ja worin der Himmel bestehen muß, wen es wahr ist, daß man darin vergnügt und glücklich ist«,[32] glaubt, in ihr endlich einem zu uneigennütziger Aufopferung und Liebe fähigen Menschen begegnet zu sein, der mit ihm um seinetwillen sterben will. Er sieht Henriette Vogel als eine Frau, »deren Seele wie ein junger Adler fliegt, wie ich noch in meinem Leben nichts ähnliches gefunden habe; die meine Traurigkeit als eine höhere, festgewurzelte und unheilbare begreift, [...] die mir die unerhörte Lust gewährt, sich um dieses Zweckes Willen, so leicht aus einer ganz wunschlosen Lage, wie ein Veilchen aus einer Wiese heraus heben zu lassen [...]«.[33] Ihr »Grab« sei ihm »lieber [...] als die Betten aller Kaiserinnen der Welt«.[34] Er habe »die ganze Herrlichkeit des menschlichen Gemüths an dem ihrigen ermessen« und sterbe nun, weil ihm »auf Erden nichts mehr zu lernen und zu erwerben übrig«[35] bleibe. Ein Strudel von nie empfundener Seligkeit habe ihn ergriffen. So steigern sich beide in einen Liebestod hinein, mit dem sie alle Bedingtheiten der ›Welt‹ – für sie ein qualvolles Siechtum, für ihn die Schmach, als ›Asozialer‹ vegetieren zu müssen – für immer hinter sich lassen wollen.

An mehreren Abenden heizen sie den Kamin mit Manuskripten und Briefen, fahren am 20. November mit »sonderbare[n] Gefühle[n], halb wehmüthig, halb ausgelassen«, mit dem Empfinden, daß sie »sich, wie zwei fröhlige Luftschiffer, über die Welt erheben«[36] und auf Entdeckungsreise gehen, auf der Straße nach Potsdam bis zum Gasthof ›Stimmings Krug‹.[37] Dort, ganz in der Nähe des Großen und Kleinen Wannsees, übernachten sie, lesen in einer Ausgabe von Klopstocks Oden (aufgeschlagen wird man später »Die tote Clarissa« und »Rothschilds Gräber«[38] finden) und im *Don Quichote*. Am nächsten Nachmittag sieht sie der Tagelöhner Riebisch Hand in Hand durch den Wald zu dem im freundlichen Spätherbst daliegenden Kleinen Wannsee »springen, schäkernd und sich jagend, als wenn sie Zeck spielten«. Von einem kleinen Hang aus können sie über die Seenlandschaft und auf die

Chaussee nach Potsdam blicken. Hier setzen sie sich in einer kleinen Erdvertiefung, die von einem gerodeten Baumstumpf herrührt, einander gegenüber. Kleist tötet die festlich geschmückte Geliebte mit einer Pistole durch einen Herzschuß, dann sich selbst mit einer kleineren Waffe durch einen Schuß in den Rachen.[39] Riebisch kommt als erster auf den Hügel gelaufen und richtet Kleists verkrümmten Körper auf.

Die Obduktion des »Denatus« Kleist in einem nahe gelegenen Bauernhause ergibt, bei einer Gehirnsubstanz »viel fester wie gewöhnlich«, eine »große harte Leber« und eine »[v]orzüglich groß[e] [...] Gallenblase, sie enthielt viel verdickte Galle«.

Der sezierende Kreismedicus, Dr. Sternemann, diagnostiziert nach »Physiologischen Principia« als Todesursache: »Sanguino Cholericus in Summo grado« und vermutet sogleich einen »exzentrischen«, ja, in Verbindung mit Religionsschwärmerei, »kranken Gemüthszustand«.[40]

König Friedrich Wilhelm III. verurteilt diesen »gefährliche[n]« Schritt, sofort nach Bekanntwerden, als Anschlag auf die »Religiosität und Sittlichkeit im Volke«.[41] Er läßt eine angekündigte Schrift verbieten, worin der mit der Beerdigung betraute Bekannte Kleists und Henriette Vogels, Christoph Ernst Friedrich Peguilhen, auf die Umstände und Ursachen dieser Tötung und Selbsttötung näher eingehen wollte. Der Monarch nimmt dies zugleich zum Anlaß, die Pressezensur nochmals zu verschärfen.

Es gibt Stimmen, die dem »verächtlichen Tollhäusler« Kleist nach seinem Freitod vorwerfen, »beinahe *nichts als Symptome der entschiedensten Querköpfigkeit*«[42] an den Tag gelegt zu haben. Die eigentlichen Gründe für sein frühes Ableben sind nie zur Sprache gekommen. Noch zehn Jahre nach Kleists Tod fällt Ludwig Tieck, der Kleists *Hinterlassene Schriften* herausgab, in einem der Ausgabe beigefügten Kommentar nichts anderes ein, als die Ursachen für Kleists Konflikte und sein tragisches Ende allein bei diesem selbst zu suchen.

Kleists Tod wurde zu einem ›Fall‹. Seine Bewertung durch die damalige Gesellschaft ist nicht ohne Auswirkungen auf den Umgang der Familie und von Bekannten mit den nachgelassenen Papieren des Dichters geblieben. Ulrike von Kleist schaltete »frei über seinen handschriftlichen Nachlaß [...], den sie sicherlich als erste durchsah, und sie hat auch aus eigenem Besitz nur das erhalten, was sie erhalten wissen wollte. Ähnliche Gründe erklären es, daß außer den beiden Briefen Kleists an seine Tante von Massow und den Vetter von Pannwitz kein einziger an seine Geschwister und die nächsten Verwandten ans Licht gekommen ist«.[43] Nicht anders ist Marie von Kleist mit Heinrich von Kleists Briefen an sie verfahren. Aus ihrem Besitz sind nur einige Brieffragmente in Abschriften überliefert. Das Übrige behandelte die Adressatin als ein nur ihr zugedachtes und nur ihr begreifliches Herzensgeheimnis. »Diese vertraute Freundin, [...] die weicher und weiblicher als Ulrike die sich drängenden Bekenntnisse der letzten Tage empfing, verschuldet in Kleists Briefen die allergrausamste Lücke. Sie ist um so empfindlicher, als wir in den verlorenen Briefen wichtige Aufschlüsse über seine Jugend und seine Entwicklung zum Schriftsteller vermuten müssen.«[44] Laut testamentarischer Verfügung ihres Sohnes Adolph werden die noch übriggebliebenen Briefe Kleists an seine Mutter ungelesen verbrannt. Wilhelmine von Zenge wird nur durch ihre Schwester Louise daran gehindert, außer den ›leidenschaftlichsten‹ auch alle anderen Briefe ihres Verlobten Kleist zu vernichten.

Die komplizierte Quellen- und Überlieferungslage blieb nicht ohne Folgen für die postume Wirkung Kleists. Das betrifft auch seine Werke, die keiner der literarischen Schulen um 1800 zuzuordnen sind. In der Aufklärung wurzelnd, berührt vom deutschen Klassizismus, deutscher Romantik und Werken aus fremden Literaturen, belebt von einem neuartigen Ich- und Weltgefühl, war er zu neuen literarischen Ufern vorgestoßen. Dies blieb lange unerkannt, und nur wenige pilgerten an sein Grab am Wannsee. Erst zu Beginn des 20. Jahrhunderts, mit dem

Die Gräber Heinrich von Kleists und Henriette Vogels um 1860.
Skizze von Paul Meyerheim.

Durchbruch eines modernen, von Entfesselung und Entfremdung, Krieg, Wahrheits- und Sinnkrisen bestimmten Lebensgefühls, erkannte man den sprachbezwingenden Außenseiter als einen genialen Poeten und Vordenker, als einen Verwandten im Geiste. So wurde er zum Zeitgenossen der Moderne im In- und Ausland, dessen Werk »notwendig darum der ganzen Menschheit« angehört.

Anhang

Siglenverzeichnis

BKB   *Brandenburger [1988-1991: Berliner] Kleist-Blätter*, hg. von Roland Reuß und Peter Staengle, Basel und Frankfurt a.M. 1988 ff.

BzKF   *Beiträge zur Kleist-Forschung*, hg. im Auftrag der Kleist-Gedenk- und Forschungsstätte bzw. des Kleist-Museums (ab 2000), Frankfurt (Oder), ebd. 1974 ff.

KJb   *Kleist-Jahrbuch*, hg. im Auftrag des Vorstands der Heinrich-von-Kleist-Gesellschaft, Erscheinungsort 1980-1989 Berlin, seit 1990 Stuttgart.

LS   *Heinrich von Kleists Lebensspuren. Dokumente und Berichte der Zeitgenossen*, hg. von Helmut Sembdner, Bremen 1967 und öfter. – Zitiert mit Angabe der Dokumentennummer.

NR   *Heinrich von Kleists Nachruhm*, hg. von Helmut Sembdner, Bremen 1967 und öfter. – Zitiert mit Angabe der Dokumentennummer.

SWB   Heinrich von Kleist, *Sämtliche Werke und Briefe*, 4 Bände, hg. von Ilse-Marie Barth, Klaus Müller-Salget, Stefan Ormanns und Hinrich C. Seeba, Frankfurt a. M. 1991 ff. – Zitiert mit Band (röm. Ziffer) und Seitenzahl.

Anmerkungen

Kindheit und »sieben unwiderbringlich verlorne Jahre ...«

1 Nach der Eintragung in das Kirchenbuch der Frankfurter Garnison. Kleist selbst sah den 10. Oktober als seinen Geburtstag an. Vgl. hierzu Horst Häker: »10. oder 18. Oktober? Ein Plädoyer für Kleist«, in: BzKF 1993, S. 149-154. Vgl. aber auch Hans-Jürgen Schrader: »Denke, Du wärest in das Schiff meines Glückes gestiegen. Widerrufene Rollenentwürfe in Kleists Briefen an die Braut«, in: KJb 1983, S. 122-179. Schrader deutet den 10. Oktober 1800, an dem Kleist seinen Geburtstag begeht, als »Tag seiner allegorischen Wiedergeburt« (S. 151) nach einer Operation. — **2** Das alte, weitverzweigte pommersche Adelsgeschlecht mit den zwei Wölfen im Wappen stellte seit dem 17. Jahrhundert für den brandenburgisch-preußischen Staat Offiziere. 1806, im Jahr der vernichtenden Niederlage des preußischen Heeres, führte die Rangliste 50 Offiziere mit dem Namen Kleist auf. Es folgten die Arnims mit 37. Zur Struktur und Beförderung in der preußischen Armee vgl. Horst Häker: »Nachrichten vom Offizierscorps der Königlich Preußischen Armee von 1806«, in: BzKF 2000, S. 235 bis S. 264. Zur älteren Familiengeschichte und Genealogie vgl. Gustav Kratz und Hans Kypke: *Geschichte des Geschlechts von Kleist*, 3 Teile, Berlin 1862, 1873, 1878, 1884. — **3** Kleists Leben ist – nicht zuletzt aufgrund der Tatsache, daß sein literarischer Rang erst spät, im 20. Jahrhundert, erkannt wurde – spärlich und bruchstückhaft dokumentiert. Besonders für die Kindheits- und Jugendjahre ist man auf sehr wenige, zudem in ihrem Verläßlichkeitsgrad zum großen Teil eingeschränkte Überlieferungen angewiesen, was den Nachvollzug der Persönlichkeitsbildung stark einschränkt. Der unzureichenden Quellenlage mag es zuzuschreiben sein, daß die Forschung wenig Anreiz verspürte, in diese Terra incognita vorzudringen. Da auf Primärbelege kaum mehr zu hoffen ist, bleibt nur der mühevolle Weg über Umfelduntersuchungen. Einige erfolgreiche Schritte sind in den letzten Jahren getan worden. Sie mögen das Wagnis einer ausführlicheren Darstellung dieses 14 Jahre umfassenden Lebensabschnittes rechtfertigen. — **4** In:

419

*Bruchstücke aus den hinterlassenen Papieren des Königl. Preuß. Ge-
neral-Feldmarschalls Carl Friedrich von dem Knesebeck, als ein An-
denken an den Verstorbenen für die Familienmitglieder und Freunde
zusammengestellt von A. v. K.*, Magdeburg 1850, 186 S.; Zitate S. 17.
Zum Problemkreis vgl. Rudolf Loch, »Die Lehren eines Vaters an
seinen Sohn, der sich dem Soldaten Standt widmete. Anmerkungen
zu Carl Wilhelm von Pannwitz, Joachim Friedrich und Heinrich von
Kleist«, in: BzKF 1996, S. 34-56, Zitate S. 38, S. 48 f. Da sich der Un-
wille des Königs neben dem Ruppiner auf das gesamte in Frankfurt
stationierte Regiment Nr. 24 unter seinem mit philanthropischen
und militärreformerischen Gedanken umgehenden Kommandeur
Leopold von Braunschweig bezog, galt der Affront wohl nicht so
sehr dem Stabsoffizier von Kleist, sondern dessen Vorgesetztem, dem
Regimentschef. Offenbar wurde in Frankfurt das Militärreglement,
das Exerzieren und die Behandlung der Soldaten liberaler gehand-
habt. Leopold hatte bereits bei seinem Dienstantritt vor dem versammelten Offizierskorps seines Regiments die (durch Friedrich II.
hochgeschätzte) Abrichtung der einfachen Soldaten vorsichtig kritisiert, indem er dem Motivieren durch fürsorgliche Behandlung mindestens den gleichen Rang beimaß. Leopolds militärtheoretische
Auffassungen orientierten sich an denen Gustavs II. Adolf von
Schweden (1594-1632), vor allem an dessen Programm von einer Na-
tionalarmee und bewegten sich »in gewisser Weise im Vorfeld des
Scharnhorstschen Volksheer-Gedankens« (Reinhard Kusch: *Leopold
von Braunschweig 1752-1785. Herkommen, Leben und Tod. Portrait-
skizze eines fürstlichen Philanthropen*, Frankfurt (Oder) 1995, S. 25.) So
käme also auch durch den Vater eine Vorprägung Kleists für seine spätere kritische Einstellung zu den Exerzier-»Künste[n]« (An Christian
Ernst Martini, 19. März 1799, SWB 4, S. 27) in Betracht. — **5** Knesebeck berichtet, Friedrich II. habe den Abschied verweigert und ihm
»unter der Hand sagen lassen«, er solle »nur wieder ausgehen«, ihm
»zu verstehen gebend«, er würde ihn »in seine Tour [d.h. das Avance-
ment nach dem Dienstalter] wieder einrangieren.« (Wie Anm. 4,
S. 18) Offiziere, die aus Protest ihren Abschied vom Militär nahmen,
konnten Friedrichs höheren Disziplinierungsbestrebungen nicht
dienlich sein. (Aus demselben Grunde konnte der Kurfürst in Kleists
letztem Drama, *Prinz Friedrich von Homburg*, schwerlich ein Exempel an einem militärischen Unterführer statuieren, solange dieser sich
vom Landesherrn willkürlich behandelt sieht. Das Offizierskorps
verhält sich solidarisch, die Identifikation der Armee mit ihrem obersten Chef und der Kampfeswille werden untergraben.) Trotz dieser

Geste ist die Beförderung unterblieben. Friedrich II. befahl seinem Generalinspekteur, daß er »im Herbst dieses Regiment alleine vorkrieget und von selbigem alles das machen lasset, was sich gehöret und wie es hier [in Potsdam] gemacht wird«. (Zit. nach Kurt von Priesdorf: *Soldatisches Führertum*, Teil 3: *Die preußischen Generale von 1763 bis zum Tode Friedrichs des Großen*, Hamburg o. J., S. 145) Kleists Vater blieb der am längsten dienende Offizier im Majorsrang in der gesamten preußischen Armee (!). — **6** Ein Allodialgut war ein Gut, das frei verkäuflich war. Nach 1770 war die alte materielle Grundlage des Adels, die (bislang unverkäuflichen) Erbgüter, durch Verschuldung zu Geschäftsobjekten geworden. Die aufkommende Geldwirtschaft untergrub die finanzielle Basis des feudalen Wirtschaftssystems, was in den folgenden Jahrzehnten zu einem ruckartigen Verfall führte. Weite Teile des Adels waren nicht mehr in der Lage, sich von ihren Einkünften aus dem ererbten Grundbesitz standesgemäß zu verhalten. Neben der üblichen Dienstnahme im dem Adel vorbehaltenen Offizierkorps (welche erst vom Range eines Hauptmanns ab Gewinn brachte) versuchten sich die Frankfurter Kleists im Güterhandel. Guhrow bei Cottbus, als Pachtgut erworben, wird 1800 wieder verkauft. – Zu den wahrscheinlichen Einnahmen aus dem Haus Nr. 542 schreibt Paul Hoffmann: »Wenn auch das Kleisthaus kein Meßhaus war, so hatte doch der jeweilige Eigentümer außer Remisen und Stallungen regelmäßig die Räume des Erdgeschosses, nicht selten auch die des ersten Stockwerkes an Meßfremde vermietet. Mieten trugen auch die Wohnungen im Hinterhause ein. Dazu kamen Pachtverträge aus der Grasnutzung von dreizehn Morgen und siebenundzwanzig Quadratruten Wiesenwachs, an der Barlache gelegen.« (»Heinrich von Kleist und die Seinen«, in: *Archiv für das Studium der neueren Sprachen und Literaturen*, hg. von Alois Brandl und Oskar Schultz-Gora, 84. Jg., 155. Bd., Braunschweig u. Hamburg 1929, S. 171) — **7** Die Immediatstadt Frankfurt, welche die Zollfreiheit für Brandenburg und ein eigenes Stadtgericht besaß, war eine noch wenig über die mittelalterliche Stadtmauerbegrenzung hinausgewachsene mittlere preußische Stadt. Sie hatte 1793 1314 Häuser und 1781 9991 Bürger. Hinzu kamen rund 2000 Militärpersonen. Die Mehrzahl der Bürger war lutherischer Konfession. Daneben gab es deutsch und französisch Reformierte (Frankfurt war eine Hochburg der Hugenotten), Katholiken (1784 ca. 800) und Juden (etwa 700). (Vgl. hierzu Wolfgang Barthel, »J. F. C. Löffler in Frankfurt an der Oder 1782-1788. Mit einem Seitenblick auf Heinrich von Kleist.«, in: BzKF 1984, S. 7-38, bes. S. 13, und Hans-Jürgen Rehfeld: »Die Frankfurter Huge-

nottenkolonie zwischen 1700 und 1850«, in: BzKF 1990, S. 65-71)
Auf einen guten geschäftlichen wie moralischen Ruf bedacht, ließ
man sich in Frankfurt noch nicht auf größere Finanz- und Handels-
spekulationen ein, wie Kleist sie später in Berlin und Paris beobachten
wird. Wiederholt versuchte sich die Bürgerschaft in der zweiten
Hälfte des 18. Jahrhunderts durch Petitionen, Prozesse (die allerdings
zuweilen in Zunftstreitigkeiten ausarteten) gegen den durch Handelsbeschränkungen, Zölle und administrative Eingriffe des absolutistischen Staates vorprogrammierten Niedergang ihrer Gewerke und
ihrer Stadt zu wehren. Kleists Gestalten Michael Kohlhaas in der
gleichnamigen Novelle und der Güterhändler Piachi im *Findling* tragen Züge bieder-bürgerlicher Rechtschaffenheit, die sich vom Anti-
krämerbild der meisten romantischen Schriftsteller abheben. Kleists
Bürgergestalten sind wohl nicht zufällig weniger in der Produktions-
denn in der Handelssphäre angesiedelt. — **8** Kleist wird sich später
nicht nur zum bürgerlichen Schriftstellerberuf bekennen. Er wird
sogar erwägen, zum Unterhaltserwerb Stunden zu geben (vgl. S. 86),
einen Bauernhof zu führen oder »ein Handwerk« (an Ulrike von Kleist,
17. Juli 1809, SWB 4, S. 436) zu erlernen. — **9** Barthel, wie Anm. 7.,
S. 17. Ich folge in meiner Argumentation im wesentlichen dieser Arbeit. — **10** *Kleine Schriften von Josias Friedrich Christian Löffler,
nach seinem Tode gesammelt und herausgegeben*, Weimar 1817, Bd. 1,
S. 147. Zit. nach Barthel, wie Anm. 7, S. 15. — **11** Barthel, wie
Anm. 7, S. 28. — **12** An Marie von Kleist, 9.11.1811, SWB 4, S. 507. —
13 *Aufsatz, den sichern Weg des Glücks zu finden*, SWB 3, S. 529. —
14 An Ulrike von Kleist, 12.11.1799, SWB 4, S. 45. — **15** *Aufsatz, den
sichern Weg des Glücks zu finden*, SWB 3, S.529. — **16** Barthel, wie
Anm. 7, S. 18. — **17** Vgl. Löfflers letzte Frankfurter Predigt vom
14.9.1788, in: *Predigten bey verschiedenen Veranlassungen*. Von Josias Friedrich Christian Löffler, Züllichau und Freystadt 1791, S. 285-
414. Zit. nach Barthel, wie Anm. 7, S. 35. — **18** An Wilhelmine von
Zenge, 22. März 1801, SWB 4, S. 204. — **19** Löfflers Antrittsrede, wie
Anm. 17, S. 51. Zit. nach Wolfgang Barthel, wie Anm. 7, S. 24 f. —
20 An Auguste Helene von Massow, März 1793, SWB 4, S.10. —
21 C. Albanus (an Tieck, 12. April 1832), LS, Nr. 5 a. — **22** Von
Löffler, der u. a. die *Erinnerungen an Sokrates* des Xenophon herausgab, weiß man, daß er von seinen Studenten wegen der Klarheit und
Lebendigkeit seines Vortrags geschätzt wurde. An der Potsdamer
Stadtschule steht dann bei Bauer die selbständige Lösungser-
arbeitung im Zentrum des Unterrichts. Der Lehrer stellte lediglich
die Aufgaben und überprüfte deren Lösung. In seinem Brief an Mar-

tini vom 18./19. März 1799 weist Kleist mit einigem Stolz auf dieses von ihm praktizierte Verfahren hin. (Vgl. S. 41). In Kleists Werken finden wir die Methode des hinführenden sokratischen Befragens modifiziert in der Katechismusform bzw. in den Verhörszenen der Dramen und im Grunde auch in der wirkungsästhetischen Struktur der Schriften wieder. — 23 Kleist spricht noch im Brief vom 18./19. März 1799 von Martini als seinem »Freund im deutschen Sinne des Worts so wie Sie einst mein Lehrer waren«, er wünsche sich dessen Freundschaft »jedoch für länger, für immer«! (SWB 4, S. 34). Er ist mit seinen bekenntnishaften Darlegungen um Rechtfertigung seines gewagten Schrittes durch Vernunftgründe bemüht. — 24 C. Albanus, wie Anm. 21. »Exaltation« hier wohl im Sinne von »Begeisterung«, Übersteigerung zu lesen; die Lesart ›Überspanntheit‹ sollte nicht die nach Kleists Tod einsetzende Pathologisierung seines Falls unberücksichtigt lassen. — 25 Ebenda. — 26 Karl von Pannwitz war neunzehn, als er sich, nach zweieinhalbjährigem Felddienst zur Unterdrückung polnischer Aufständischer im Zusammenhang mit der dritten Teilung Polens, das Leben nahm. Seltsamerweise ist von Karl von Pannwitz' Hand kaum etwas überliefert bzw. das wenige Überlieferte, einige Zeilen aus dem Polenfeldzug, ist zumindest später von Familienseite aus als seinem älteren Bruder Wilhelm nicht ebenbürtig diskriminiert worden. (Siehe »Aus bewegter Zeit. Tagebücher und Briefe aus der Zeit der polnischen Unruhen 1793 und 1794.« Zusammengestellt und bearbeitet von Ernst von Schönfeldt, in: *Zeitschrift der Historischen Gesellschaft für die Provinz Posen*, hg. von Dr. Rodgero Prümers, Posen 1904, S. 245-297. Ob nicht Martinis bzw. Albanus' Bericht von einem im Verhältnis zu Kleist langsameren, beinah verzweiflungsvollen Lernen Karls gleichfalls einer Legendenbildung im Sinne der Familie von Pannwitz diente bzw. von dieser beeinflußt war, sei dahingestellt. Die Ursache seines Freitodes wurde mit »Schwermut« angegeben. Melancholie war seit Friedrich II. die einzige akzeptable Begründung für den ansonsten in der Armee als besonders unehrenhaft geltenden Suizid. (Auch Kleists Regimentskamerad und Freund Hartmann von Schlotheim wird im April 1805 in Potsdam wegen ›Melancholie‹ einen Selbstmordversuch durch Pistolenschuß unternehmen; er überlebt den Versuch und darf nach seiner Wiederherstellung ins Zivil gehen und die Uniform weiter tragen. Kleist eilt zu ihm ans Krankenbett und tröstet ihn durch Verständnis für seine Tat.) Weder bei den Pannwitzens noch bei den Kleists finden sich Hinweise auf erbliche Anlagen zur ›Schwermut‹. Wohl aber wissen wir von dem bis zum Lebensüberdruß gesteigerten Ekel des Majors

Ewald von Kleist (1715-59), eines der bedeutendsten Aufklärungs-
lyriker, gegenüber der altpreußischen Armee; er dichtete mit Blick
auf seine eigene Person: »Ihn foltert Schwermut, weil er lebt« (»Ge-
burtslied«). – Auf Karl von Pannwitz' große Sensibilität weist indessen ein einzelnes Poesiealbumblatt hin (Brandenb. Landeshauptarchiv Potsdam, Sign. Pr Br Rep 37 Gulben Nr. 5). Es ist von dem
Dreizehnjährigen handschriftlich mit »Karl von Pannwitz Gulben d
15. Oktober 1789« signiert: »Noch rauscht der schwarze Flügel des
Todes nicht, / Drum hasch die Freuden, eh sie der Sturm verweht /
Die Gott, wie Sonnenschein und Regen, / Aus der vergeudenden Urne
schüttet.« Diese Gelegenheitsverse entstanden nach dem gemeinsamen Unterricht mit Kleist und vor (?) dem Eintritt in die Académie
militaire. Sie offenbaren einen feinfühligen Umgang mit zeitgenössischen Empfindsamkeitsmetaphern. Trotz des bevorstehenden Nie-
dergangs der Natur dominiert die Ermunterung an den /die Besitzer[in] des Albums, die Freuden der Schöpfung um so intensiver zu
genießen. In der Familie von Pannwitz hatte das Verfassen von Gelegenheitsgedichten im übrigen Tradition (vgl. Rudolf Loch: »Stammbücher aus der Lausitz – Fingerzeige zu Kleist«, in: BzKF 1997, S. 75-
116, bes. S. 79 ff.). Eine Ursache für Karls Freitod könnte darin liegen,
daß er gegen die Verhaltensnormen der soldatischen Rechtschaffenheit und Würde verstieß, wie sie sein Vater, Karl Wilhelm von Pannwitz (1743-1807) den Söhnen Wilhelm Ludwig Theodor (1772-1849)
und Karl in einem handschriftlich überlieferten neunseitigen ›Geistigen Testament‹ *Lehren eines Vaters an seinen Sohn, der sich dem
Soldaten Standt widmete,* niedergeschrieben hatte. Vor allem jene
Passage, in der der Vater vor homosexuellen Praktiken in der Armee
warnte – diese waren offenbar (auch) im Frankfurter Regiment Nr. 24
(zumal während jahrelanger Feldzüge) verbreitet –, mag einen entsprechenden Hinweis enthalten: »Es ist ein Umstand«, heißt es dort,
»welcher aller Vorsichtigkeit und Behutsamkeit erfordert, Zurück-
haltender Schaam als Alter, hindern mich dich dieses Laster ganz aufzudecken, nur von weitem einen Wink du wirst mich wohl verstehen;
fliehe diese Untugend, fliehe die Gesellschaft derer darin sich dieses
Laster äußert, du kanst sonsten unvermuthet, ohne daß du es glaubest
hingerißen werden; deine Gesundheit der Wollust auf geopfert entziehest du dich und die deinigen, ja was noch mehr ist, du entziehest
dich dem Dienste des Königes wirst untüchtig und zeitlebens ein
elendes Geschöpf; überdies ist diese Untugend, wenn man sie bemerkt ein großes Hinderniß deines zu machenden Glücks im Königl
Dienst […] Die Verführungen sind groß, dich auf diesen Abweg zu

verleiten, aber sey standhaft, und erwege, daß ein Mann der Ehre, ja der Religion und Tugend hat, überdiß gesunden Verstand besitzt, sich nicht verleiten lassen muß.« (Brandenburgisches Landeshauptarchiv Potsdam, Sign. Pr Br Rep 37 Gulben Nr. 5, S. 4) Bruder Wilhelm berichtet bereits zu Beginn des Feldzuges, daß Karl mit seinem Vorgesetzten allein in einem Zimmer nächtige. Karl soll sich während des Rückmarsches nach Hause, also vor dem Wiedersehen mit den Eltern, das Leben genommen haben. Ob er mit Kleist in brieflicher Verbindung stand, ist nicht belegbar. Kleist schreibt in jenen Monaten einen Brief nach Hause, in dem er vom unmoralischen Töten der Zeit während des Rheinfeldzuges spricht. (Vgl. S. 28) — **27** An Marie von Kleist, 10.11.1811, SWB 4, S. 508. — **28** LS, Nr. 11 a. — **29** An Rühle von Lilienstern, (1808), SWB 4, S. 425. — **30** Abgedr. bei Loch, wie Anm. 26, S. 94 f. — **31** An Auguste Helene von Massow, 13. u. 18. 3. 1793, SWB 4, S. 9-16. Zuweilen schlägt dort ein lakonischer Humor durch. Klaus Birkenhauer deutet darüber hinaus auf einen Hang zu freier Erfindung hin (*Kleist,* Tübingen 1977, S. 40 f.). — **32** An Wilhelmine von Zenge, 5. September 1800, SWB 4, S. 108. — **33** Horst Häker: »Kleists Aufenthalt bei Catel in Berlin im Jahre 1788«, in: KJb 1988/89 (1989), S. 445-454, Zit. S. 451. — **34** Jean Pierre Erman (1735-1814), *Tableaux des leçons du Collége Royal Francois,* nach H. Häker, wie Anm. 33, S. 452. Von ausreichenden Französischkenntnissen kann bei Kleist allerdings nicht gesprochen werden: 1801 in Paris bereitete ihm die Verständigung in der Landessprache immerhin Schwierigkeiten. — **35** Loch, wie Anm. 26, S. 37. Wir wissen im übrigen nicht mit Sicherheit, welcher Konfession die Frankfurter Kleists angehörten. Die reformierte Konfession war in Adels- und Beamtenkreisen verbreitet. Die Verwandten von Pannwitz in der Lausitz, woher die Mutter stammte, waren lutherischer Konfession, ebenfalls der Feldprediger Christian Gotthelf Krüger (1751-1798), der Kleist am 20.6. 1792 in der Frankfurter Garnisonskirche konfirmierte. Vgl. Loch, wie Anm. 4, S. 53 f. — **36** Werbeprospekt von W. Hauchecorne, 1794. Abgedr. bei Häker: »Kleists Beziehungen zu Mitgliedern der französisch reformierten Gemeinde in Berlin«, in: KJb 1983, S. 98-121, Zit. S. 103. — **37** Ermand-Jubiläumsschrift, vgl. Häker, wie Anm. 33, S. 452 f. — **38** Kleists anteilig ererbtes Vermögen dürfte sich zu dieser Zeit auf 6000 bis 8500 Taler belaufen haben. – Dames war von 1782 an als vereidigter Justizkommissar und Notar beim Königlichen Kammergericht Berlin angestellt. Er verblieb in dieser Stellung bis 1791. (Vgl. *Frankfurter patriotisches Wochenblatt zum Besten der Armenkasse und des Waisenhauses,* Nro. 39. Den 25ten September

1824, S. 397.) Auf diesem Posten übte er zumindest juristisch die mit bedeutenden Vollmachten versehene Oberaufsicht der Zentrale über die Immediatstadt Frankfurt (Oder) aus. Es mutet seltsam an, daß ein königlicher Beamter dieser Größenordnung als Vormund der Kleist-Geschwister eingesetzt wurde. Da er beim Königlichen Kammergericht angestellt war, kann der Auftrag wohl nur von dieser Stelle und nicht von seiten des Frankfurter Magistrats, welcher unter diesem stand, ergangen sein. Ob dieses Verfahren mit der fünf Jahre zuvor erfolgten Maßregelung und der unbotmäßigen Reaktion des Vaters in Verbindung zu bringen ist, sei vorerst dahingestellt. Auffällig ist zumindest das Zusammentreffen folgender Tatsachen: 1., daß J. F. von Kleist auch unter Friedrichs II. Nachfolger Friedrich Wilhelm II. nicht befördert worden ist; 2., das Pensionsersuchen der Mutter abgelehnt wurde; 3. Heinrich nicht in die Académie militaire aufgenommen wird (während Karl von Pannwitz dort Aufnahme findet); 4. das väterliche Testament angefochten wird, welches die Mutter als Universalerbin einsetzte. Durch dessen Außerkraftsetzung wurden die Kinder nicht nur allgemeinjuristisch, sondern auch vermögensrechtlich von der Mutter abgelöst. Sie wurden quasi der unmittelbaren Oberaufsicht des preußischen Staates, mithin des Königshauses unterstellt. — **39** Häker, wie Anm. 33, S. 454, macht darauf aufmerksam, daß Kleist im August 1800, »als nach unserer Kenntnis sein zweiter längerer Aufenthalt in der preußischen Hauptstadt beginnt, die ihm doch bekannte Stadt wie ein Fremder betritt«. Kleist hat sich erstaunlicherweise auch 1810 in seinen *Berliner Abendblättern* keineswegs zurückhaltend gegenüber Catel verhalten. — **40** Kleists erster erhaltener Brief des damals Vierzehnjährigen (siehe Anm. 31) kündet von keiner gediegenen sprachlichen Ausbildung. Er weist eine wenig geschliffene, holprige Sprache mit typischen grammatikalischen Fehlern der märkischen Umgangssprache auf. Von seinem Besuch bei Löffler etwa heißt es: »[...] er trug mich auf ihm bey Ihnen zu empfehlen«. Martini soll nach Beendigung seines Studiums, welches er wohl 1780 (nach Albanus erst »in der letzten Hälfte der 80er Jahre«(!)) begonnen hatte, eine »*interimistische* Anstellung alldort« (Carl Eduard Albanus an Ludwig Tieck, Chemnitz, 12.4.1832; abgedr. in: BKB 7, S. 49) erhalten haben und als ein mit der Familie Kleist Befreundeter – auch – als Hauslehrer tätig gewesen sein. Woraus folgen dürfte, daß er Kleist in den Jahren vor 1793, ob noch als Student oder bereits als ›interimistisch‹ an der Universität oder an einer Schule (Martini wurde immerhin bereits 1797 Konrektor an der Städtischen Bürgerschule, was schwerlich ohne mehrjährige schulische Praxis vonstatten gegangen sein kann) nur stundenweise unterrichtet haben wird. – Auch in naturwissenschaftlichen Fächern dürfte die Ausbildung Kleists geringfügig gewesen sein. Kleist spricht 1799, im Zusammenhang mit seinen künftigen Studienabsichten zur notwendigen Vervollkommnung seiner Ausbildung, davon, daß »in [s]einer früheren Jugend die Cultur des Sinnes für die Natur und ihre Erscheinungen durchaus vernachläßigt geblieben ist.« (An Ch. E. Martini, 19. März 1799, SWB 4, S. 32) – Als ein Zeichen für die schwierige pekuniäre Lage der Familie Kleist dürfte die Tatsache zu werten sein, daß sowohl Heinrich als auch Leopold von Kleist im Unterschied etwa zu Cousin Wilhelm von Pannwitz, obgleich auch dieser nicht eben üppigen Verhältnissen entstammte, nicht mit fünfzehn, sondern bereits mit vierzehn Jahren zur Armee geschickt wurden. — **41** Hierher gehört auch der rege Verkehr mit den Verwandten und Bekannten in der Lausitz: den Pannwitzens, den Schönfeldts (Ulrike von Kleist wird sich noch später wochen-, ja monatelang bei ihnen aufhalten, und Cousin Wilhelm von Pannwitz wird zumindest 1801/02 Kleists Vermögen verwalten), dem Freundeskreis der Frau von Klitzing und ihrer Tochter Adolphine u. v. a. Vgl. hierzu wie zu den literarischen und zeichnerischen Kostproben der Kleist-Geschwister, die den kritischen Witz bevorzugten: Loch, wie Anm. 26, S. 95 ff. Auch Stegreif- und Schattenspiele waren beliebt. Das Piano- und Klarinettenspiel dürfte ebenfalls während dieser Zeit geübt worden sein. Die Gouvernante Jeanne-Elisabeth Nogier (1743-1828) war musikbegabt und mag hierfür erste Impulse gegeben haben. Die »reizbaren Freuden der Stadt« in Form von »Masquerade[n], Bäll[e], Comoedie[n]« (an Ulrike von Kleist, 25. Febr. 1795, SWB 4, S. 17) konnten dagegen wohl aus Sparsamkeitsgründen weniger wahrgenommen werden. So war man in der Familie aufs einfallsreiche Improvisieren verwiesen. Wohl deshalb schrieb Kleists erster Biograph Eduard von Bülow 1848: »Kleists Jugendjahre sollen ihm im Kreis seiner Geschwister heiter und gut vergangen sein.« (LS, Nr. 3) — **42** Für Wilhelmine von Kleist, SWB 3, S. 401. — **43** LS, Nr. 15 a; Anzeige des Todes der Mutter durch die Geschwister von Kleist in der *Vossischen Zeitung*, Berlin, 7. Februar 1793. — **44** An Auguste Helene von Massow, 13. März 1793, SWB 4, S. 14/15. – Nach Wolfgang Barthel (»Zu Briefen Kleists 1793-1803. Erster Teil«, in: BzKF 1978, S.21-36) greift der »dem Soldatenstand […] nie von Herzen zugethan[e]« (an Christian Ernst Martini, 19. März 1799, SWB 4, S. 27) Kleist in seinem Bericht an die etwas martialische Majorswitwe das antifranzösisch-antirevolutionäre Ressentiment aus seiner unmittelbaren militärischen Umgebung sprachlich auf und gibt es gleichsam als Echo weiter; »zugleich bricht er es, indem er ihm seine eigene neutrale Sprachgebung (›die Franzosen‹) beimengt, und zwar so, daß er sich dabei nicht selbst bloßstellt. Wiedergabe einer offiziellen Norm und subjektive Setzung drängen, unkommentiert, als Widerspruch hervor und weisen, wenn auch latent, auf Elemente sklavensprachlicher Doppeldeutigkeit, die, poetisiert, in die spezifisch Kleistsche Ironie eingeht, welche in der wirkungsstrategischen Konzeption vor allem des Erzählers und Journalisten Kleist später eine Rolle spielen wird.« (S. 23) — **45** Paul Hoffmann: »Ferdinand von Frankenberg, der Hauptmann Heinrich von Kleists«, in: *Europäische Staats- und Wirtschaftszeitung*, 20. April 1918, S. 307. — **46** Kleist, SWB 3, S. 401. — **47** Über Kleists Lehrer Catel etwa wird berichtet, er habe »ein bewegtes, mit inneren Kämpfen belastetes Leben« geführt und »aus gramvollen Zuständen sich zu einem bewundernswerten heitern Gleichmut gerettet, der ihm [...] die Freude an den literarischen Bestrebungen, an Natur und Kunst nicht verkümmerte«, (Wilhelm Gubitz: *Erlebnisse*, Berlin 1868/69, Bd. 3, S. 119.) Er übersetzte antike Dichtungen (Horaz, Tibull, Bion, Moschos, Anakreon und Sappho) ins Deutsche, die zumeist Leben in ländlicher Einfachheit priesen. Er übertrug auch Rochows *Kinderfreund* ins Französische und gab ein französisches Wörterbuch heraus. Vgl. auch Christoph Martin Wielands *Sympathien* (1758): »Nichts ist so sehr unser eigen als unsere Gedanken. Alles andere ist außer uns. Die Güter des Glücks sind unbeständig [...] Die Seele ist da, wo sie *denkt*. Durch ihre Gedanken kann sie sich mitten im Leiden einen Himmel um sich her verschaffen. In Stunden, da du nichts außer dir hast, das dich erfreuen oder lieblich beschäftigen könnte, kannst du, in dich selbst geschmieget, dich mit deinen eignen Gedanken besprechen, und eine Unterhaltung in dir selbst finden«. (*Christoph Martin Wielands Sämtliche Werke*, Supplemente, 3. Bd., Leipzig 1798, S. 175) Spätestens durch Wieland wird Kleists Vervollkommnungsgedanke durch den der Seelenwanderung ergänzt. — **48** An Adolphine von Werdeck, 28. Juli 1801, SWB 4, S. 250. Jenes Zitat kennzeichnet auch Kleists Stimmung im emphatischen Friedensfrühling 1795. — **49** An Ulrike von Kleist, 25. Februar 1795, SWB 4, S. 18. — **50** *Wielands Sämtliche Werke*, Bd. 41, Leipzig 1822, S. 365. Nach Peter Baumgart (»Die preußische Armee zur Zeit Heinrich von Kleists«, in: KJb 1983, S. 59) war auch bei den gebildeten Offizieren in anderen Einheiten der preußischen Armee eine aufgeklärt-weltbürgerliche Haltung verbreitet und der Krieg gegen Frankreich bald unpopulär. — **51** An Marie von Kleist, 10. Nov. 1811, SWB 4, S. 508. — **52** Zitat nach Bruno Hennig: »Marie von Kleist.

Ihre Beziehungen zu Heinrich von Kleist (nach eigenen Aufzeichnungen)«, in: Sonntagsbeilage zur *Vossischen Zeitung*, 2. Sept. 1909. –
Auch Kleists Kompaniechef Ferdinand von Frankenberg (1747-nach
1821) scheint ein wohlmeinend-rücksichtsvoller Vorgesetzter gewesen
zu sein. Er dürfte Kleist in der Überzeugung bestärkt haben, daß es
nicht so sehr auf soziale Differenz ankomme als auf die Moral. Der
uns als geradlinig und bieder geschilderte Frankenberg hatte 1793
versprochen, sich Kleists, der soeben Waise geworden war, anzunehmen. Franckenberg stammte aus einer verarmten oberschlesischen
Adelsfamilie. Er hatte selbst oft Hunger gelitten und war nur mit
Hilfe seiner Mietsleute, einer einfachen Potsdamer Baumwollspinner-
familie, über wiederkehrende Selbstmordgedanken hinweggekom-
men. — **53** Kleist an Adolphine von Werdeck, 28./29. Juli 1801, SWB 4,
S. 248. Vgl. hierzu Rudolf Loch: »Adolphine von Werdeck und
Heinrich von Kleist«, in: *Heinrich von Kleist. Der große Bekenntnisbrief an Adolphine von Werdeck 28./29 Juli 1801.* Hg. von der Kul-
turstiftung der Länder in Verbindung mit der Kleist-Gedenk- und
Forschungsstätte Frankfurt Oder) (= Patrimonia 75), S. 9-15. —
54 Lothar Pikulik: *Frühromantik. Epochen – Werke – Wirkung*, 2. Auflage, München 2000, S. 15. — **55** Werner Feudel: *Adelbert von Chamisso. Leben und Werk*, Leipzig 1971, S. 16. — **56** Vgl. auch Hans
Joachim Kreutzer: *Die dichterische Entwicklung Heinrichs von Kleist.
Untersuchungen zu seinen Briefen und zu Chronologie und Aufbau
seiner Werke*, Berlin 1968 (= *Philologische Studien und Quellen*
Heft 41), 302 S., bes. S. 45 f. Kreutzer weist entschieden auf die – leider
noch immer nicht im einzelnen untersuchten – starken aufklärerischen
Einflüsse hin. – Hans-Günther Thalheim macht darauf aufmerksam,
daß im Unterschied zu den jungen Frühromantikern »die theoretischen Positionen der frühen Sturm-und-Drang-Bewegung keine
Spuren bei ihm hinterlassen haben und namentlich Herders Vorstellung einer sich organisch entwickelnden, sich immer wieder ver-
jüngenden Natur, dessen Neospinozismus, der leibnizianisches Indi-
vidualitätsprinzip und lessingsche Geschichtsperspektive aufgreift
und vereinigt, offenbar nicht in sein Blickfeld getreten ist«. (»Lebensplan, Eingliederungszwang, Selbsterkundung. Kleists Landschafts-
und Städtebilder während der Reise nach Würzburg«, in: BzKF 1999,
S. 17-60, Zit. S. 20) — **57** *Aufsatz, den sichern Weg des Glücks zu finden*,
SWB 3, S. 519. — **58** Ebenda, S. 519 f. — **59** Ebenda, S. 520 f. — **60** An
Christian Ernst Martini, 19. März 1799, SWB 4, S. 27. — **61** Ebenda. —
62 SWB 3, S. 397. — **63** *Aufsatz, den sichern Weg des Glücks zu finden*,
SWB 3, S. 530. — **64** An Chr. E. Martini, 19. März 1799, SWB 4, S. 27.

Der Inhalt dieses Schreibens ist nicht überliefert. Kleist hielt das Schreiben zurück und fügte es zur Aufhellung der Gründe für seinen folgenschweren Entschluß, die Armee zu verlassen, dem Brief an seinen Frankfurter Lehrer vom 13./19. März 1799 bei. — **65** Vgl. den Brief an Ulrike von Kleist, 25. November 1800, SWB 4, S. 168. — **66** An Christian Ernst Martini, 19. März 1799, SWB 4, S. 26. — **67** Vgl. hierzu im einzelnen Friedrich Wilhelm III.: »Denkschrift über das preußische Heerwesen«, Berlin, im November 1797. Abgedr. in: *Quellensammlung zur deutschen Geschichte*, Bd. II, Leipzig und Berlin 1911, S. 120-124. Hieraus geht hervor, daß der neue König zwar bemerkte, daß »der innere Trieb, die Lust zum Dienst [...] seit einer Reihe von Jahren unter dem größten Teil der Offiziere gar sehr abgenommen« hätte, wodurch »die innere Dressur, die Disziplin und Ordnung bei den Regimentern« dasselbe Schicksal ereilt habe und so die »musterhafte und schöne Armee [...] in sich zusammenstürzen« (S. 124/25) könne. Doch war er nicht bereit, die Ursachen dafür aufzudecken und die Armee zu reformieren. Weder war er gewillt, die Prügelstrafe abzuschaffen, noch auf ausländische Söldner und Mietlinge zu verzichten. Mißstände im Heer wollte er vor allem durch verschärfte Disziplin beheben. Für das Exerzieren, den Wachdienst etc. plante er eine vereinheitlichende Instruktion, »wonach alles aufs pünktlichste (!) einzurichten« wäre. Unter Punkt 7 mußte er einräumen, es wäre »beinahe [...] durchaus notwendig«, daß »dem gemeinen Mann, um seine dringendsten Nahrungssorgen zu sichern« und »dem Soldaten mehr Anhänglichkeit für seinen Stand zu verschaffen«, zur »gewöhnlichen Löhnung [trotz Preissteigerungen gerade bei Lebensmitteln seit 1713 unverändert acht Groschen pro Woche] ½ Pfund Brot täglich zugeschossen werde« (S. 123). Doch ist es selbst zu dieser geringen Erhöhung der Brotbeigabe, indessen große Summen für Luxus und Hoffeste, Pensionen und Orden ausgegeben wurden (vgl. S. 206 f.), bis 1806 nicht gekommen. Die Feststellung, »wieviel verliert dieser Stand [des Soldaten – d. Vf.] nicht an seiner Würde, wenn der Soldat sich wie ein Bettler behelfen muß und dadurch zu allerhand unerlaubten Dingen seine Zuflucht zu nehmen, gewissermaßen gezwungen ist« (S. 124), blieb bloße Rhetorik. – Vgl. auch ebenda des Königs »Instruktion für die gesamte preußische Infanterie« vom 15. März 1799, welche Kleist als Offizier noch kennengelernt haben muß. — **68** An Christian Ernst Martini, 19. März 1799, SWB 4, S. 27. — **69** Ebenda. Kleist schreibt ausdrücklich »jetzigen« und deutet damit an, daß er, wie auch die Militärreformer, die Verhältnisse in der Armee für grundsätzlich veränderbar hält. Von 1808 bis 1811 hat er

sich auch mit Problemen der Moral und der Kampfesweise einer modernen Armee beschäftigt und sie literarisch bearbeitet (vgl. S. 250, 345 f.)
Gerade um 1800 war im Offizierskorps eine gewisse kritische Aufbruchstimmung nicht mehr nur vereinzelt anzutreffen. Sie bereitete
den Boden für die 1807 einsetzende Militärreform, jedoch wäre diese
ohne die vernichtenden Schläge der napoleonischen Armeen am Widerstand der fest im Sattel sitzenden Generäle gescheitert. – Obwohl
Kleist seinem persönlichen Impuls nicht nachgab und möglicherweise
aus Furcht vor Repressalien auf Einwirkungsversuche verzichtete,
stellte er dennoch die Weichen für seine künftige Kritik an staatlichen
Institutionen und Zwecken seiner Zeit. — **70** *Aufsatz, den sichern Weg
des Glücks zu finden,* SWB 3, S. 523. — **71** Thomas Mann: »Heinrich
von Kleist und seine Erzählungen. Zu einer amerikanischen Ausgabe
seiner Novellen«, in: ders., *Gesammelte Werke,* 11. Band, Altes und
Neues, Kleine Prosa aus fünf Jahrzehnten, Berlin und Weimar 1965,
S. 639. – Peter Baumgart, wie Anm. 50, S. 65 ff., macht darauf aufmerksam, daß Kleist und sein Kreis nicht die einzigen waren, die sich
um wissenschaftliche Bildung bemühten, ja daß es gerade in Potsdam
mit Ewald von Kleist, Knebel, Bugoslawski oder Diericke seit der
Jahrhundertmitte auch musisch interessierte Offiziere gab. Junge sog.
›intellektuelle‹ Offiziere hätten mit den Reformern sympathisiert
und ihre Zahl sei ständig gestiegen. Allerdings überschätzt Baumgart
die Größe dieser Gruppe im Offizierskorps und ihren Einfluß auf
dessen Lebensstil. Infolge ihrer abweichenden Wertorientierungen
litten sie zumeist unter dem dominanten andersgearteten Milieu.
Auch wenn Kleist in der preußischen Armee um 1800 »keineswegs
nur geistlosem und rohem Militarismus, sondern ebenso geistiger
und literarischer Bildung« begegnet ist (S. 69), die auch seine Sprache
mitgeprägt haben dürfte, so schließt doch die Entscheidung, der Armee den Rücken zu kehren, zumindest indirekt die Absage »an die
sozialen oder gesellschaftlichen Bedingungen des preußischen Offizierskorps« (S. 68) ein. — **72** Infolge des niedrigen Soldes und der
Pflicht, sich Eheschließungen vom König genehmigen zu lassen, war
den Subalternoffizieren eine Heirat zumeist nicht möglich. Dies
wurde durch den Besuch von Freudenhäusern, die es in Potsdam in
großer Zahl gab, ebenso wie durch die Konkubinenwirtschaft mit
Mädchen aus den unteren Schichten sowie durch homoerotische Beziehungen zu kompensieren versucht. Kleists Weggang dürfte so
auch als Furcht vor drohendem Würdeverlust und Sehnsucht nach
einer tiefen, dauerhaften Bindung zu begreifen sein, selbst wenn er
sich in dem Brief an seinen ehemaligen Lehrer, dem einzigen erhaltenen

dieser Zeit, über diesen Punkt nicht ausläßt. Sein hoher moralischer
Anspruch, wie er in der Albumeintragung für Luise von Linckers-
dorf zum Ausdruck kommt, und Kleists Drängen, »bald, bald [e]in
Weib« (an W. von Zenge, 13. Nov. 1800, SWB 4, S. 154) haben zu wol-
len, weisen indirekt darauf hin. Die Spannung zwischen Trieb und
Moral wird in einigen Werken insbesondere der frühen Periode, im
Zerbrochnen Krug, im *Amphitryon*, in der *Marquise von O....*, als
Motiv eine bedeutende Rolle spielen. (Vgl. auch S. 168) — **73** LS,
Nr. 18. Während Pfuel bereits in diesen Jahren sportliche Übungen
wie Klettern und Schwimmen in die Ausbildung der Soldaten einzu-
beziehen versuchte (er hat dann die erste militärische Schwimmanstalt,
in Berlin-Kreuzberg, eingerichtet), wird sich Rühle, ab 1822 Chef des
preußischen Militärbildungswesens, der Herstellung von militärisch
verwertbaren Geländekarten (vgl. LS, Nr. 18 a), autobiographischer
Reflexion und Übersetzungen aus dem Französischen widmen. —
74 *Aufsatz, den sichern Weg des Glücks zu finden*, SWB 3, S. 519. —
75 Er scheint diese Kunst auch später nicht vernachlässigt zu haben.
Clemens Brentano (1778-1842) an Achim von Arnim (1781-1831) am
10. Dezember 1811: »Wir haben nie erfahren, Kleist war einer der
größten Virtuosen auf der Flöte und dem Klarinett« (LS, Nr. 19). Er
konnte auch Klavier spielen und singen (LS, Nr. 522), beides wird er
in der Kindheit erlernt haben. Kleist hatte einen ausgeprägten Sinn
für Musik, der auch sein literarisches Schaffen beeinflußte. Im Brief
an Marie von Kleist vom [Mai?] 1811 (SWB 4, S. 485) bemerkt er, daß
er die Musik »als die Wurzel, oder vielmehr [...] als die algebraische
Formel aller übrigen« Künste betrachte. Er habe von seiner »frühesten
Jugend an, alles Allg[em]eine was [er] über die Dichtkunst gedacht
habe, auf Töne bezogen«. Er glaube, daß »im Generalbaß die wichtigsten Aufschlüße über die Dichtkunst enthalten sind«. Über das
musikalische Programm der Gruppe von Musikern, über die sonstige
musikalische Praxis Kleists sowie sein passives Musikinteresse während der Potsdamer Zeit ist nichts Näheres bekannt. – Kleists Lehrer
Beer gehörte zu den bedeutendsten Klarinettisten seiner Zeit. —
76 Friedrich Wilhelm III., »Denkschrift«, wie Anm. 67, S.123. —
77 Am 14.1.1802 werden aber Major Scharnhorst und andere im Berliner Schloß die »Militärische Gesellschaft« gründen; in dieser Vereinigung wurden, anders als vordem, in einer Vorlesungsreihe die
eigenen Mißerfolge und die Erfolge der französischen Heere ausge-
wertet und moderne Militärwissenschaft für Offiziere gelehrt; Rühle
von Lilienstern war einer der Teilnehmer. — **78** An Christian Ernst
Martini, 19. März 1799, SWB 4, S. 28. Kleist hat bei Bauer, wie wir

erst seit kurzem wissen, auch Unterricht in der deutschen Sprache genommen. (Vgl. hierzu Eberhard Siebert: »[...] der es doch selbst persönlich von mir anders gelernt hatte‹. Neues zum Thema Kleist und Bauer«, in: BzKF 1996, S. 133-139) Bauer kritisiert später an Kleist dessen unvollkommene Anwendung der Regeln. (Vgl. etwa zur bewußt abweichenden Zeichensetzung S. 258.) Doch Kleists Briefäußerungen von 1795 bis zum *Aufsatz, den sichern Weg des Glücks zu finden* belegen, daß er selbst auch früher bereits an seiner Sprache gearbeitet hatte. Hierbei wird ihn Lektüre unterstützt haben. Seine Aufsätze und Briefe können auch als Zeugnisse autodidaktischer Sprachschulung gelten. Sie werden ihm geholfen haben, über das für märkische Offiziere übliche niedrige Niveau der Sprachbeherrschung hinauszugelangen. — **79** *Aufsatz, den sichern Weg des Glücks zu finden,* SWB 3, S. 525. — **80** An Ulrike von Kleist, [Mai?] 1799, SWB 4, S. 39. — **81** Siegfried Streller: *Das dramatische Werk Heinrich von Kleists,* Berlin 1966, S. 9. — **82** *Aufsatz, den sichern Weg des Glücks zu finden,* SWB 3, S. 522. — **83** An Christian Ernst Martini, 18. März 1799, SWB 4, S. 19. — **84** Immanuel Kant: *Gesammelte Schriften,* hg. von der Kgl. Preuß. Akademie d. Wissenschaften, Berlin 1912, Bd. 8, S. 36. — **85** An Christian Ernst Martini, 19. März 1799, SWB 4, S. 30/31. Sicherlich wird zu dem ratgebenden Kreis, den »neuen Lebensplan« (an Christian Ernst Martini, 18. März 1799, SWB 4, S. 20) betreffend, neben dem Vormund und der Tante Massow auch die Lausitzer Verwandtschaft, vor allem der Familienälteste, Onkel Carl Wilhelm von Pannwitz, gezählt haben. Zu dessen ganz auf Disziplin, Gehorsam und berufliches Fortkommen orientierenden Ansichten vgl. Loch, wie Anm. 4, v. a. S. 42 ff. — **86** Ernst von Pfuel, Rühle von Lilienstern, Hartmann von Schlotheim und Ernst von Gleißenberg trugen sich zu dieser Zeit ebenfalls mit dem Gedanken, die Armee zu verlassen. Rühle und Pfuel wurden durch ihre Familien sowie die Potsdamer Kleists und den Oberst Otto von Kleist in Berlin, Chef der Académie militaire, deren Zöglinge sie einst waren, angehalten, einen solchen Entschluß, vor allem aus Unterhaltsgründen, vorerst aufzuschieben. Pfuel wollte in die Vereinigten Staaten von Nordamerika auswandern, um dort (in einer Freiwilligenarmee) seine Offizierskarriere zu beschleunigen oder aber in den diplomatischen Dienst überwechseln. Rühle beabsichtigte Dienste in der britischen Kolonialarmee in Ostindien zu nehmen, Gleißenberg wurde 1803 Erzieher an der Militärakademie, Schlotheim versuchte sich nach seinem mißglückten Selbstmordversuch schließlich in einem bürgerlichen Beruf als Lithograph in Gotha. — **87** An Christian Ernst Martini,

19. März 1799, SWB 4, S. 33/34. Die Kehrseite solchen Idealismus' ist die schon im *Aufsatz, den sichern Weg des Glücks zu finden* deutlich gewordene Unterschätzung der Realitäten im Vergleich etwa zu Rühle. So folgen obigem Satz an Martini von biederem Bürgerbewußtsein bestimmte Sätze, die sich mit Blick auf Kleists weiteres Schicksal wie Ironie ausnehmen: »Alle Beispiele von ungeschätztem Verstande und brodlosen, wiewohl geschickten Gelehrten und Künstlern, von denen es freilich, leider! wimmelt, erschrecken mich so wenig, daß ich ihnen vielmehr mit Recht dies Schicksal zuerkenne, weil Niemand zu hungern braucht, wenn er nur arbeiten will.« (Ebenda, S. 32)

Der »neue Lebensplan«

1 Friedrich Schiller: »Was heißt und zu welchem Ende studiert man Universalgeschichte?«, in: *Schillers Sämtliche Werke*, Stuttgart und Berlin o. J., Bd. 13, S. 2 f. – Johann Gottlieb Fichte sprach 1794 von der »Vervollkommnung ins Unendliche [...]«, worin die Bestimmung des Menschen bestehe. (»Einige Vorlesungen über die Bestimmung des Gelehrten«, in: Fichte, *Werke*, 1794-1796, hg. von Reinhard Lauth und Hans Jakob (= *J. G. Fichte-Gesamtausgabe*, Bd. I, 3, Stuttgart-Bad Cannstadt 1966, S. 32) — **2** An Christian Ernst Martini, 19. März 1799, SWB 4, S. 31. Ludwig Muth (*Kleist und Kant. Versuch einer Interpretation*, Köln 1954, S. 25) interpretierte diese ungewöhnliche Bezeichnung als »theologia rationalis«, eine Ergründung der Schöpfungsgedanken eines vernunftbegabten höheren Wesens durch Verstandesschlüsse. Vgl. hierzu auch Dietmar Willoweit: »Heinrich von Kleist und die Universität Frankfurt an der Oder: Rückblick eines Rechtshistorikers«, in: KJb 1997, S. 57-71; S. 68 ff. — **3** Johann Friedrich Reitemeier: *Notiz der Wissenschaften und der Vorlesungen über dieselben auf den Königl. Preußischen Universitäten; zu einem allgemeinen Studienplan für die dasigen Studierenden eingerichtet*, Frankfurt a. d. O. 1794, S. 52. (Zit. nach Willoweit, wie Anm. 2, S. 70) — **4** Die Göttinger Universität, eine Gründung der Aufklärungszeit, gehörte zu den besten in Deutschland. Ins Kurfürstentum Hannover, das in Personalunion mit der englischen Krone verwaltet wurde, konnte ungehindert neues bürgerliches Gedankengut aus England einfließen. Es beweist Kleists Informiertheit, wenn er dort zu studieren wünschte. Auch die Brüder Humboldt hatten 1787/88 nur ein Semester an der Frankfurter Universität studiert und waren dann nach Göttingen gegangen. Die Viadrina war trotz zahlreicher Publikationen ihres Lehrkörpers keine Forschungsuniversität. Ihr landesherrlicher Auftrag lautete, sich ausschließlich mit der Lehre, der Ausbildung vor allem von Verwaltungsbeamten zu befassen. Entsprechend geringer waren auch die geistigen Neuerungen. Studenten, denen an einer möglichst progressiven Ausbildung gelegen war, strebten deshalb trotz einer Verfügung Preußens, die insbesondere Adlige zum Studium an »einländischen« Universitäten verpflichtete, auf andere Hochschulen. — **5** Vgl. hierzu Willoweit, wie Anm. 2, S. 68 ff. — **6** LS, Nr. 32 b. Dahlmann, mit dem Kleist nach Böhmen ging, wurde später Professor für Geschichte in Kiel. Kleist hat also trotz seiner wechselnden Wohnsitze seine Aufzeichnungen lange, wenigstens ein Jahrzehnt, aufbewahrt und ihnen offenbar nach wie vor Bedeutung beigemessen. — **7** An Ulrike von Kleist, 12. Nov. 1799, SWB 4, S 44. Einige Biographen meinen, Kleist habe sich in Frankfurt übernommen, da er seine Kräfte nicht richtig habe einschätzen können. Bemerkenswert erscheint Ludwig Tiecks Hinweis in der ersten Lebensskizze Kleists von 1826, dieser hätte durch seine Soldatenzeit keine zweckmäßige Vorbildung, etwa auf einem Gymnasium, erhalten »und es war daher natürlich, daß er jetzt, im dreiundzwanzigsten Jahre, viele der Studierenden an Erfahrung und an entwickelten Gedanken übersah, wie er in den nötigen Vorkenntnissen hinter den meisten zurückblieb« (LS, Nr. 31). In der Tat war Kleist im Vergleich zu seinen Altersgenossen bildungsmäßig benachteiligt. Fehlte es ihm doch an jener umfassenden klassisch-humanistischen, weltliterarischen, aber auch mathematisch-naturwissenschaftlichen Bildung, die sich Hölderlin, Novalis, Tieck, Wackenroder, die Brüder Schlegel, Arnim und Brentano hatten aneignen können. Was Kleist nachholte, war im Vergleich dazu bescheidener. Daher wird auch seine Dichtung zumindest im Gedanklichen weniger als die mancher Zeitgenossen aus einer Bildungsüberlieferung leben. Demnach wären sein auf breite Allgemeinbildung ausgerichtetes Denken und auch sein Bildungsdefizit die Ursachen dafür gewesen, daß er sich – gewillt, dieses Defizit zu beheben –, spätestens zu Beginn des zweiten Semesters, verzettelte. Vermutlich wollte er mit solcher Studienbreite auch sein Minderwertigkeitsgefühl den anderen Studenten gegenüber kompensieren. — **8** An Ulrike von Kleist, Mai 1799, SWB 4, S. 38, S. 40. — **9** *Aufsatz, den sichern Weg des Glücks zu finden*, SWB 3, S. 525. Kant weist in seiner Vorrede zur *Anthropologie in pragmatischer Hinsicht* ausdrücklich auf die Bedeutung des Reisens (nach der Aneignung von Menschenkenntnis im Lokalen) für die Erweiterung des weltbürgerlichen Horizontes

hin. — **10** An Christian Ernst Martini, 19. März 1799, SWB 4, S. 34. —
11 Vgl. Wolfgang Barthel, »J. F. C. Löffler in Frankfurt an der Oder
1782-1788. Mit einem Seitenblick auf Heinrich von Kleist.«, in:
BzKF 1984, S. 7-38 und ders.: »Heinrich Zschokkes Frankfurter
Jahrfünft (1790-95)«, in: BzKF 1983, S. 50-57. F. A. L. von der Marwitz berichtete, es habe unter den Frankfurter Professoren, darunter
Madihn, einige sehr verdächtige Männer gegeben, die vom »Ungeist
der Französischen Revolution« erfaßt worden waren. Einige hätten
sogar 1797 bei der Huldigungsfeier für Friedrich Wilhelm III. in Berlin
»lose und demagogische Reden« geführt, »vom Volkswillen, von dessen
Recht, über Throne zu disponieren und desgleichen«, woraufhin sie
der Major Bredow zum Fenster hinauszuwerfen drohte. (Friedrich
August Ludwig von der Marwitz: *Nachrichten aus meinem Leben
1777-1800*. Hg. [...] von Günter de Bruyn, Berlin 1989, S. 79) Nach
Gert Heinrich (»Die Geisteswissenschaften an der brandenburgischen
Landesuniversität Frankfurt/Oder von 1800. Bemerkungen zu Studienangebot und Gelehrtenbestand der Hochschule Heinrich von
Kleists vor ihrer Auflösung«, in: KJb 1983, S. 71-97, Zit. S. 81) gehörte
Madihn zu jenen »vorsichtig progressiven Juristen, die in der Re-
formzeit vor dem Hintergrund der mitteleuropäischen Reformdiskussionen nach 1789 Mängel im Staats- und Verwaltungsleben
nicht nur erkannten, sondern auch auf ihre Abstellung drängten, mit-
unter ohne Rücksicht auf Kritik oder Denunziation. Die Menge und
Ungleichartigkeit der Abgaben etwa, die unsachgemäße Verwendung
und Verschleuderung von Staatsgeldern, die vieldiskutierten Vorrechte und Pflichten des Erbadels, die auch Kleist aus der Sicht des
fast depassedierten Klein-Adels heraus für kurze Zeit (Nov. 1800) in
Frage stellte, oder überhaupt Freiheit und Gleichheit als unaufhaltsam fortschreitende Maximen gesellschaftlichen Daseins waren ihm
neben und in der wissenschaftlichen Arbeit geläufige Themen, die er
auch den Studenten, mindestens im Privatissimum, nicht vorenthalten
haben dürfte.« — **12** Gotthilf Samuel Steinbart: [*G*]*emeinnützige Anleitung des Verstandes zum regelmäßigen Selbstdenken*, 3. Aufl.,
Züllichau 1793, S. 321: »Auch diese Krankheit rühret von dem Unter-
richte her, in dem man uns einseitig auf Exempel, die wir nachahmen
sollen, und auf Autoritäten, welche wir unsre Vernunft unterwerfen,
verweiset, anstatt uns nähere Sachgründe deutlich zu machen [...]«
Das Werk ist lt. Einleitung Grundlage der Logik-Vorlesungen gewesen, die jeweils für das erste Studienjahr an der Frankfurter Oder-
Universität gehalten wurden. — **13** Heinrich, wie Anm. 11, S. 86. —
14 Beide Titel wurden 1802 in Frankfurt a. d. O. publiziert. Es waren

nach Heinrich, wie Anm. 11, S. 81, »Meilensteine auf dem Wege der praktischen Verbesserung und wissenschaftlichen Fundierung der Rechtspflege in Deutschland«. — **15** Christian Ernst Wünsch: *Kosmologische Unterhaltungen für junge Freunde der Naturerkenntnis*, 2. Aufl., Leipzig 1791 bis 1797, Bd. 2, S. 31 f. — **16** An Wilhelmine von Zenge, 16. Sept. 1800, SWB 4, S. 127. — **17** An Wilhelmine von Zenge, 22. März 1801, SWB 4, S. 204. — **18** An Ulrike von Kleist, 12. Nov. 1799, SWB 4, S. 41. Wünsch galt als Verfasser des *Horus*, jenes berüchtigten Buches, das 1783 anonym in Leipzig erschienen war und sogleich öffentlich verbrannt wurde. Wünsch hatte darin gewagt, die Wunder Jesu naturwissenschaftlich zu erklären. Den Dogmen sollte damit ihre religiöse Grundlage entzogen und jene in das Reich des Aberglaubens verwiesen werden. – Zur Kirchenkritik Kleists im *Erdbeben in Chili*, worin er die zu Dienern Christi Bestellten durch »Rachsucht, Machtgier über die Gemüter, triumphale Prunkentfaltung und widergöttliche Verkündigung kennzeichnen« läßt, siehe Hans-Jürgen Schrader: »Spuren Gottes in den Trümmern der Welt. Zur Bedeutung biblischer Bilder in Kleists ›Erdbeben‹«, in: KJb 1991, S. 34-52, Zit. S. 41). — **19** Vgl. S. 333 f. und das »Gebet des Zoroaster«. — **20** Vgl. Barthel, »Heinrich Zschokkes Frankfurter Jahrfünft [...]«, wie Anm. 11. — **21** Heinrich Zschokke: *Eine Selbstschau. Erster Teil: Das Schicksal und der Mensch*, 2. Ausgabe, Aarau 1842, S. 46 f. – Waren Zschokke und sein kleiner Kreis von jenen Mitstudierenden, die härtere Getränke bevorzugten, schon als »Chokoladebrüder« verhöhnt worden, so fand Kleist nicht einmal mehr einen Zirkel von Gleichgesinnten. Es war ohnehin, wie die Matrikel-Eintragungen zeigen, eine Anomalität, von der Offizierslaufbahn, noch dazu in einem angesehenen Regiment, auf die Universität überzuwechseln. – Allerdings hat sich Kleist, ähnlich wie Zschokke, offenbar um die »selten gewährte Gunst« bemüht, »in den Hauskreis der angesehensten Professoren« (Zschokke, ebd., S. 48) aufgenommen zu werden. Zumindest war er mit mehreren Professoren persönlich bekannt und weckte durch seine wissenschaftlichen Ambitionen Erwartungen. Seine »schnelle Auffassungskraft« sei »von allen seinen Lehrern bewundert« worden, schreibt Wilhelmine von Zenge 1803 (LS, Nr. 38). Noch nach der Studienzeit war ihm sein Ruf in diesen Kreisen keineswegs gleichgültig, und das belastete ihn erheblich. (Vgl. etwa den Brief an Ulrike von Kleist vom 12. Januar 1802, SWB 4, S. 293.) — **22** An Ulrike von Kleist, 12. Nov. 1799, SWB 4, S. 50. — **23** Der Monarch selbst bestätigte die einzelnen Dienstämter. 1799 waren die entscheidenden Posten, der des Direktors und der des Polizei-Bürgermeisters, von

Königlichen Kriegsräten besetzt. Der König setzte außerdem, zur doppelten Sicherung seiner Hegemonie und der Kontrolle, eine mit großer Vollmacht ausgestattete Oberaufsicht in Form eines Justizkommissars ein. (Vgl. S. 23, Anm. 38) — **24** An Christian Ernst Martini, 19. März 1799, SWB 4, S. 34. — **25** An Ulrike von Kleist, 12. Nov. 1799, SWB 4, S. 46/47. Jochen Schmidt: *Heinrich von Kleist. Studien zu seiner poetischen Verfahrensweise*, Tübingen 1974, machte zu Recht auf die Unsicherheiten schon zu dieser Zeit aufmerksam, reduzierte jedoch Kleists Problematik auf einen »Horizont planhafter, angsterfüllter Sicherung«, welcher wenig »jugendlich ausgreifendes Wunschdenken« (S. 3) verrate. Kleist hat mit dem Austritt aus dem Militär zweifellos mehr Risikobereitschaft als andere bewiesen. Wenn er nun gegenüber seiner näheren Umgebung so wenig Gelassenheit zeigt, statt dessen Enttäuschung und Vereinsamung empfindet, so dürfte dies damit zusammengehangen haben, daß gerade jetzt über Wünsch und Steinbart verstärkt philanthropische Einflüsse bei ihm zur Wirkung kamen, die zur Weitergabe von Bildung ermunterten, ja verpflichteten und Ignoranz gegenüber den Mitmenschen nicht zulassen wollten. – Schließlich weist Kleists Klage auch auf den Widerspruch zwischen seinem abstrakten Selbstbildungsplan und seinem auf Entäußerung und Wirksamkeit gerichteten Wollen der späteren Jahre als Dichter hin. — **26** LS, Nr. 33 a. — **27** Vgl. hierzu auch Hans Joachim Kreutzer: »Die Kleist-Handschriften und Kleists Handschrift«, in: KJb 1981/82, S. 81 f. — **28** Vgl. hierzu das Kuhstall-Gedicht (LS, Nr. 9). — **29** An Ulrike von Kleist, 12. Nov. 1799, SWB 4, S. 47/48. — **30** An Christian Ernst Martini, 18. März 1799, SWB 4, S. 21. — **31** Die Eintragung in das Stammbuch Ernst von Schoenfeldts in Gestalt eines Akrostichons lautete: »MMitten unter frohen Schertzen / AAn der besten Lehrer Hand / SSey der Tugend edler Hertzen / SSeel'ger Werth dier stets bekannt / OOhne jugendliche phantasien / WWird dir dann dein Glücke blühen« (Abgedr. bei Rudolf Loch, »Die Lehren eines Vaters an seinen Sohn, der sich dem Soldaten Standt widmete. Anmerkungen zu Carl Wilhelm von Pannwitz, Joachim Friedrich und Heinrich von Kleist«, in: BzKF 1996, S. 34-56, S. 45.) Helene von Massow hat diese Verse variiert im Verwandtenkreis des öfteren zum besten gegeben. Ebenso diese Eintragung: »Nichts blüht beständig als die Jugend / O präg es tief dir ein: / Nicht stolz auf deine flüchtige Jugend / Nur weise stets so wirst du glücklich seyn« (Abgedr. bei Loch, a. a. O., S. 94/95) Helene von Massow dürfte im übrigen mit ähnlichen Argumenten wie ihr Bruder (der Familienälteste Carl Wilhelm von Pannwitz auf Gut Gulben im Spreewald) und in Korrespondenz mit diesem im Frankfurter Alltag meinungsbildend gewirkt haben. Zu den konservativen Forderungen des Offiziers C. W. von Pannwitz, eines Mannes von altpreußischem Zuschnitt, im Spannungsfeld zwischen Pflicht und Neigung vgl. Loch, a. a. O., S. 41 f. — **32** Schiller, wie Anm. 1, S. 5. — **33** An Ulrike von Kleist, 27. Okt. 1800, SWB 4, S. 148/49. Wahrscheinlich hat Kleist bereits zu dieser Zeit ein Tagebuch geführt, worin er zur Selbstverständigung Erlebnisse und Gedanken notierte. — **34** Anthony Stephens: »Das nenn ich menschlich nicht verfahren. Skizze zu einer Theorie der Grausamkeit im Hinblick auf Kleist«, in: *Heinrich von Kleist. Studien zu Werk und Wirkung.* Hg. von Dirk Grathoff, Opladen 1988, S. 10-39, Zit. S. 21. — **35** An Marie von Kleist, 10. Nov. 1811, SWB 4, S. 508. — **36** An Ulrike von Kleist, 12. Nov. 1799, SWB 4, S. 47. — **37** An Ulrike von Kleist, Mai 1799, SWB 4, S. 37, 41. — **38** Ebenda, S. 44/45. — **39** »Wunsch am Neuen Jahre 1800 für Ulrike von Kleist«, SWB 3, S. 406. — **40** An Ulrike von Kleist, 12. Nov. 1799, SWB 4, S. 47. — **41** Ebenda, S. 45. — **42** LS, Nr. 36. — **43** LS, Nr. 38. Märkische Adlige beherrschte die deutsche Sprache oft nur höchst mangelhaft. (Vgl. beispielsweise den Brief der Mutter H. von Kleists, LS Nr. 11 a.) Auch Steinbart verwies, wie es Friedrich II. getan hatte, auf das Erlernen der deutschen Muttersprache als Pflicht. — **44** LS, Nr. 35. — **45** Heinz Ide: *Der junge Kleist ».. in dieser wandelbaren Zeit ...«,* Würzburg 1961, S. 158. – Hier dürfte nicht nur der pädagogische Reformanspruch von Goethes *Wilhelm Meisters Lehrjahren* anregend gewesen sein. Didaktisch-pädagogische Bemühungen mit philanthroper Ausrichtung gab es in Frankfurt auch nach dem Tode Leopolds von Braunschweig und der radikalen christlichen Aufklärung Löfflers. So war Prof. Steinbart auch Direktor des Waisenhauses in Züllichau südöstlich von Frankfurt, und er schenkte in seinen Schriften zur Glückseligkeitslehre (und demnach gewiß auch in seinen Vorlesungen und Kollegia) der Pädagogik besondere Aufmerksamkeit. Heinrich Zschokke hatte in Frankfurt eine Wirkungsästhetik verfaßt (siehe hierzu Barthel, wie Anm. 11, S. 52 f.), in welcher er die Moral als den Zielpunkt des nach Schönheit und Wahrheit strebenden Individuums herausstellte. Pfarrer Ahlemann, Zweiter Prediger an der Marienkirche, besprach diakonische Einrichtungen Berlins und hatte soeben, 1798, in Frankfurt eine Töchterschule gegründet. Der Glaube an Menschenerziehung war also in Teilen der Frankfurter Intelligenz vorhanden. Insofern stand Kleist nicht allein da. Ein solches Wirken fiel also noch auf fruchtbaren Boden, und auch Kleists weibliches Frankfurter Publikum fand seine pädagogischen Unterweisungen nicht sonderbar. Seine Bildungserfolge im kleinen Kreis wird man als eine weitere Voraussetzung für Kleists späteres Wirken durch Dichtung anzusehen haben; nicht zuletzt wollte er auf das weibliche Geschlecht Einfluß nehmen, welches um 1800 noch die Mehrzahl der Leser stellte. — **46** LS, Nr. 35. — **47** An Wilhelmine von Zenge, 18. Nov. 1800, SWB 4, S. 163, dargestellt am Beispiel von zwei geschliffenen Marmorplatten. — **48** An Ulrike von Kleist, 12. Nov. 1799, SWB 4, S. 47. — **49** LS, Nr. 38. — **50** Kurt Hohoff: *Heinrich von Kleist in Selbstzeugnissen und Bilddokumenten*, Hamburg 1958 ff., S. 17. — **51** Wilhelm Traugott Krug (= Wilhelmines künftiger Ehemann): *Meine Lebensreise. In sechs Stationen*, Leipzig 1825, S. 29. So berechtigt die neuere Kleist-Forschung das Rollenspiel Kleists in den Briefen an Wilhelmine von Zenge einer kritischen Prüfung unterzieht, so notwendig ist es, selbst wenn das Faktenmaterial hier noch dürftiger ausfällt, auch den sozialen Hintergrund und die Reaktionen der Partnerin kritisch zu prüfen, um einseitige Schuldzuweisungen zu vermeiden. So spielten Krugs Darlegungen bisher unverständlicherweise gar keine Rolle in der Diskussion. — **52** LS, Nr. 62 a. »Wilhelmine von Zenge neigte zweifellos, wie das für eine adlige Damenerziehung im Preußen des 18. Jahrhunderts, schon gar für eine Stiftsdame und potentielle Domina des [nördlich von Berlin gelegenen – d. Vf.] Klosters Lindow fast selbstverständlich war, einer pietistisch geprägten Frömmigkeit zu, die Kleist, obwohl er sie nicht teilte, [...] beim fundamental dem hallisch-pietistischen Ethos verbundenen preußischen Militär nicht fremd sein konnte.« (Hans-Jürgen Schrader: »Denke, Du wärest in das Schiff meines Glückes gestiegen. Widerrufene Rollenentwürfe in Kleists Briefen an die Braut«, in: KJb 1983, S. 122-179., Zit. S. 158. — **53** An Wilhelmine von Zenge, April/Mai 1800, SWB 4, S. 54. — **54** Ebenda, S. 54/55. — **55** An Wilhelmine von Zenge, 30. Mai 1800, SWB 4, S. 60. — **56** Ebenda, S. 58. Die von Kant übernommene Gedankengliederung, die Kleist als Muster in diesem Lehrbrief für Wilhelmine vom 30. Mai 1800 aufführt, zielte im Prinzip auf logische Schärfe ab, mit der man Fragestellungen zu beantworten suchte oder auf Schwachstellen hergebrachter Ansichten hinwies und denkerische Originalität sicherte. In anderer Form liegt dies auch Kleists späteren Texten zur ›Kunst- und Weltbetrachtung‹ zugrunde, ebenso einigen Epigrammen. Vgl. auch Hans Joachim Kreutzer: *Die dichterische Entwicklung Heinrichs von Kleist. Untersuchungen zu seinen Briefen und zu Chronologie und Aufbau seiner Werke*, Berlin 1968 (= *Philologische Studien und Quellen* Heft 41), S. 202 ff. — **57** An Wilhelmine von Zenge, 15. September 1800, SWB 4, S. 124. — **58** An Wilhelmine von Zenge, April / Mai 1800, SWB 4, S. 53. — **59** An Wilhelmine von Zenge, 20. August 1800, SWB 4, S. 78. — **60** Schrader, wie Anm. 52, S. 133. — **61** Hans-Jürgen Schrader: »Unsägliche Liebesbriefe. Heinrich von Kleist an Wilhelmine von Zenge«, in: KJb 1981/82, S. 86-97, Zit. S. 90. Schrader hat erstmals nachdrücklich auf die Mehrschichtigkeit und auf die strategische Absicht der Brautbriefe Kleists hingewiesen und diese untersucht. Er hat damit recht eigentlich die Diskussion zu diesem Forschungsgegenstand eröffnet. — **62** Peter Ensberg: »Ethos und Pathos. Zur Frage der Selbstdarstellung in den Briefen Heinrich von Kleists an Wilhelmine von Zenge«, in: BzKF 1998, S. 22-58, Zit. S. 32. Ensberg wendet sich gegen eine Trennung des »pragmatischen Wirkens von der ethischen Disposition des Redners« (S. 26). Auf der Grundlage der Affektenlehre, dem Zusammenspiel von Ethos (Charakterdarstellung) und Pathos (Leidenschaftsdarstellung), welche das Denken und seine Darstellung bis weit in die Moderne beeinflußte, habe der Briefeschreiber Kleist sich die rhetorische Wirkungslehre zunutze gemacht, um seiner Braut seine Gedanken und Vorstellungen zu vermitteln. — **63** Siehe Schrader, wie Anm. 52, S. 142 ff. — **64** Klaus Birkenhauer: *Kleist*, Tübingen 1977, S. 85. — **65** Wilhelmine von Zenge an ihren künftigen Gatten W. T. Krug: »Er hatte etwas Vermögen, aber nicht so viel, daß wir davon leben konnten [...] Meine Eltern gaben ihre Einwilligung, doch mit der Begründung, so lange zu warten, bis er ein Amt habe, welches ich auch sehr zufrieden war.« (LS, Nr. 38)

Eine merkwürdige Reise

1 Joachim Maass: *Kleist, die Fackel Preußens. Eine Lebensgeschichte*, Wien 1957, S. 25. — **2** An Wilhelmine von Zenge [April/ Mai] 1800, SWB 4, S. 55. — **3** An Wilhelmine von Zenge, 21. August 1800, SWB 4, S. 83. — **4** An Wilhelmine von Zenge, [April/ Mai] 1800, SWB 4, S. 56. — **5** Ein Kleistscher Grundimpuls, der Drang nach Aufhellung verworrener Verhältnisse, ist auch ein Anliegen mehrerer seiner Dramen- und Novellenfiguren. Für die analytische Form des *Zerbrochnen Krugs* ist er konstituierend geworden. — **6** An Wilhelmine von Zenge, 21. August 1800, SWB 4, S. 83. — **7** »Für Wilhelmine von Zenge«, SWB 3, S. 403. — **8** Ludwig von Brockes (1767-1815), ein unbemittelter Adliger, war ein Urenkel des Hamburger Lyrikers Barthold Hinrich Brockes (1680-1747). Er studierte ab 1787 in Göttingen und Kiel Jura, stand dann von 1788 bis 1791 in Rendsdorf als Militärrichter in dänischen Diensten und ging 1796 bis 1800 wieder nach Göttingen, wo er als Hofmeister des Sohnes des Ersten Ministers im Herzogtum Mecklenburg-Schwerin, von Dewitz (1726-1800), tätig war: »um doch Etwas Gutes zu stiften« (Kleist an Wilhelmine von Zenge, 31. Januar 1801, SWB 4, S. 188). Brockes war Mitglied eines Freimaurerordens. Anfang 1801 begibt sich Brockes von Berlin nach Mecklenburg, wo er am 13. Mai als Dritter Beamter im Amt Dargun bei Güstrow eingeführt wird, jedoch bereits nach etwa vier Monaten – wohl wegen Unstimmigkeiten mit Grundeigentümern – seinen Abschied erbittet. (Siehe Hermann F. Weiss: »Heinrich von Kleists Freund Ludwig von Brockes«, in: BzKF 1996, S. 102-132.) Über Brokkes' weiteres Leben ist wenig bekannt. Nach Varnhagen von Ense, 1847, war B. »nicht nur ein inniger Freund Kleists, sondern in vielen deutschen Lebenskreisen eine bedeutende und vertraute Erscheinung, ein edler gebildeter Mann voll hohen Ernstes der Seele und von großer Zartheit des Gemütes, in seiner Anspruchslosigkeit und Stille wirkte er stark auf seine Freunde, und Männer wie Frauen hingen mit Leidenschaft an ihm. Sein Name ist nirgends in die Literatur oder sonst in die Öffentlichkeit durchgebrochen« (LS, Nr. 43). — **9** An Wilhelmine von Zenge, 16. August 1800, SWB 4, S. 70. — **10** An Wilhelmine von Zenge, 10. Oktober 1800, SWB 4, S. 142. Kleist rezipiert hier vermutlich Konzeptionen von der ›schönen Seele‹, die Wieland in den *Sympathien*, Schiller in *Über Anmut und Würde* und Goethe in *Wilhelm Meisters Lehrjahren* entwickelt hatten (vgl. SWB 4, Stellenkommentar S. 677); auch das Ideal vom edlen Menschen, eine Leitvorstellung der deutschen Klassik, machte er sich zu eigen. — **11** *Aufsatz, den sichern Weg des Glücks zu finden*, SWB 3, S. 523. Schrader weist darauf hin, daß die »Transgressio vom sinnlich Wahrnehmbaren im Bereich der Natur und der Gegenstände zu geistlich oder moralisch erhebenden und stärkenden Betrachtungen [...] ein charakteristischer Zug vieler Erbauungsbücher des 17. und 18. Jahrhunderts« ist (Hans-Jürgen Schrader: »Denke, Du wärest in das Schiff meines Glückes gestiegen. Widerrufene Rollenentwürfe in Kleists Briefen an die Braut«, in: KJb 1983, S. 122-179). Kleist teile mit Arndt, Lütkemann, Tersteegen, Brockes, Schmolk »nicht nur die (unzeitgemäß gewordene) Technik der Allegorese, sondern auch weithin die erlebnisferne, zu allegorischer Sinnbildfunktion gesuchte Bildlichkeit« (ebenda, S. 134). Schrader weist ferner pietistische Sprach- und Bildelemente nach, die Kleist, rollenbezogen, gegenüber Wilhelmine einsetzt. — **12** Hans Joachim Kreutzer: *Die dichterische Entwicklung Heinrichs von Kleist. Untersuchungen zu seinen Briefen und zu Chronologie und Aufbau seiner Werke*, Berlin 1968 (= *Philologische Studien und Quellen*

Heft 41), S. 126. Kleist hat offenbar zunehmend weniger mit seinem später verlorengegangenen *Ideenmagazin* gearbeitet. Während in den Briefen derartige Sentenzen, Metaphern und Vergleiche zwischen Natur und Mensch/Gesellschaft als reine Weltanschauungskategorien fungieren, verlieren sie im Kunstwerk ihre Abstraktheit und regen durch ihre Anschaulichkeit zum Nacherleben an. »Um 1800 schwand im Zusammenhang mit der dissonanten Realitätserfahrung Kleists und der Rezeption Kantscher Teleologiekritik zwar die ursprüngliche weltanschauliche Basis für die Methode der Weltdechiffrierung durch Analogiebildungen, Kleist behält das Verfahren als solches jedoch bei. Es wirkt, gleichsam als Relikt der frühen Verwurzelung Kleists in einem bestimmten aufklärerischen Weltverständnis, weiter und wird in die nach 1801 immer deutlicher werdende Auffassung des Dichters von der Gebrechlichkeit der Welt eingepaßt. Es wird so eine Komponente der poetischen Imagination und fördert das Hervortreten einer gleichnishafte Elemente akzentuierenden Gestaltungsweise« (Wolfgang Barthel, »Kleists ›Zerbrochner Krug‹. Thesen zu Entstehung und Wirklichkeitsbezug«, in: BzKF 1978, S. 45-53, Zit. S. 45). — **13** An Wilhelmine von Zenge, 3. September 1800, SWB 4, S. 97. Indessen: Solch ›wissenschaftspoetisches‹ Lernen vom »Plan, den die Natur für die Ewigkeit entwarf« (an Wilhelmine von Zenge, 16. September 1800, SWB 4, S. 127) und das Arbeiten mit Assoziationen zwischen natürlichen und geistigen Phänomenen verfolgen auch didaktisch-erbauliche Ziele gegenüber Wilhelmine. Mit ihrer Hilfe, hat es den Anschein, sollen, versehen mit der Aura des Gesetzmäßig-Ewigen, patriarchalische Rollenauffassungen über das Verhältnis der Geschlechter sowie andere Moralauffassungen transportiert werden. Dabei kommt es zu allerhand »kruden und trivialen oder aber pretiös gesucht wirkenden Gedankenspielen« (Werner Frick: »Kleists ›Wissenschaft‹. Kleiner Versuch über die Gedankenakrobatik eines Un-Disziplinierten«, in: KJb 1997, S. 207-242; S. 215). — **14** Kreutzer, wie Anm. 12, S. 137. — **15** An Wilhelmine von Zenge, 15. September 1800, SWB 4, S. 121/122. — **16** An Wilhelmine von Zenge, 12. September 1800, SWB 4, S. 116. — **17** Günter Hess: »Kleist in Würzburg. Die Verwandlung von ›Schauplatz‹ und ›Bildsprache‹«, in: KJb 1997, S. 21-27; Zit. S. 26. — **18** Hans Joachim Kreutzer, »Heinrich von Kleist«, in: *Literatur Lexikon*, hg. von Walther Killy, Bd. 6, Gütersloh und München 1990, S. 354-279; S. 355. — **19** An Wilhelmine von Zenge, 16. September 1800 (Beilage), SWB 4, S. 127. — **20** Ebenda. — **21** An Wilhelmine von Zenge, 10. Oktober 1800, SWB 4, S. 143. — **22** Siehe hier v. a. Hans-Jürgen Schrader (»Denke, Du wärest in das Schiff meines Glückes gestiegen. Widerrufene Rollenentwürfe in Kleists Briefen an die Braut«, in: KJb 1983, S. 122-179., S. 135-140), welcher, mit einer kritischen Einschätzung der bislang vorherrschenden Vermutung, Kleist habe sich »von einer (womöglich selbstverschuldeten) Impotenz heilen lassen wollen«, wobei »zeitweilige Symptome in vermeintlich krankhafte Veranlagungen« (S. 137) verkehrt worden seien, die These von einer beseitigten angeborenen Vorhautverengung (Phimose) vertieft hat. Da die graduierten Ärzte der medizinischen Klinik Würzburg, organisatorisch vereinigt mit dem ebenfalls weithin bekannten Julius-Hospital, auf welche Kleist gesetzt haben mochte, grundsätzlich, wie Schrader belegen kann, zu einer Therapie venerisch Kranker nicht bereit waren, habe die Versorgung einem der zwanzig Zunft-Wundärzte oblegen. »Der gesellschaftliche Moralvorbehalt machte Kleist selbstverständlich eine Behandlung an der Berliner Charité unmöglich, erforderte selbst in der Fremde die Vernebelung seines Reisezwecks und seiner Identität.« Kleist habe so sein »eheglückverheißendes Ziel erreicht« (S. 138/139) geglaubt. — 23 Die von August Koberstein 1860 begründete Spionagethese konnte 1985 von Eberhard Siebert (»War Heinrich von Kleist als Industriespion in Würzburg?«, in: *Jahrbuch Preußischer Kulturbesitz* 1985, Berlin 1986, S. 185-206) durch die Berücksichtigung bislang unbekannter Fakten und Zusammenhänge bereichert werden. Siebert legte dar, daß Kleist in Würzburg die Rezeptur des Pickelgrüns auskundschaften sollte, welches für die preußische Textil- bzw. Färberindustrie von größter Bedeutung gewesen wäre. Aufträge dieser Art gehörten tatsächlich zum Aufgabenbereich der Struensee unterstellten Technischen Deputation. (Vgl. S. 446) — 24 Die Ausbildungshypothese wurde u. a. 1977 von Ulrich Gall (*Philosophie bei Heinrich von Kleist*, Bonn 1977) vertreten: Kleist habe sich in Würzburg habilitieren wollen. Zur Habilitation »auf irgend einer Universität als öffentlicher Lehrer« (LS, Nr. 46) hat ihm Kunth, der Direktor der Technischen Deputation, dann nachweislich – allerdings erst im November 1800, als Kleist wieder in Berlin weilte – geraten. — 25 Die Freimaurerhypothese unterbreitete 1991 (publiziert 1993 in *Kleists Geheimnisse. Unbekannte Seiten einer Biographie*, Opladen, 176 S.; ergänzt 1997 durch »Heinrich von Kleists Würzburger Reise – eine erweiterte Rekonstruktion«, in: KJb 1997, S. 38-56) Dirk Grathoff. Darin stellte er dar, daß Kleist in Würzburg Verbindungen mit bekannten Freimaurern wie Christoph Wilhelm Hufeland (1762-1836) und Gustav Graf von Schlabrendorf (1750-1827) aufgenommen habe, um »Informationen einzuholen, die dazu geeignet waren, eine Schrift zur

Widerlegung der sogenannten Verschwörungstheorie anzufertigen«
(»Kleists Würzburger Reise [...]«, S. 42), welche seinerzeit von verschiedenen deutschen Regierungen zur Diskreditierung bzw. zum Verbot von Freimaurerorden als den angeblichen Auslösern der Revolution
in Frankreich benutzt wurde. Die Unterstützung einer solchen Schrift
durch einen Mäzen habe für Kleist eine Alternative zum drohenden
Staatsdienst dargestellt. — **26** An Wilhelmine von Zenge, 10. Oktober
1800, SWB 4, S. 140/141. Im Brief vom 27. Oktober 1800 an Ulrike
spricht Kleist von einem »Leiden von 24 Jahren« (SWB 4, S. 148). Gegen
eine Deutung als lebenslanges körperliches Leiden spräche, daß Kleist
noch nicht vierundzwanzig Jahre alt ist (allerdings: bereits im vierund-
zwanzigsten Lebensjahr steht) und daß der Kontext des Briefes nicht
eindeutig, sondern eher indirekt auf das Ergebnis der Würzburger Reise
Bezug nimmt. (Vgl. hierzu auch Klaus Müller-Salget, Stellenkommentar, SWB 4, S. 680.) — **27** An Wilhelmine von Zenge, 16. November
1800, SWB 4, S. 159. Kleist deutet das ursprünglich antike Gleichnis
originell und konsequent um. Aus Gewölbesteinen, die ehemals für eine
Gemeinschaft Gleichgesinnter standen, werden Elemente des Widerstandes des in die Vereinzelung geratenen Individuums, das entweder
aufgrund seiner inneren Organisation dem Druck standhält oder zerbricht. Später rezipiert Kleist auf ähnlich freie Weise überkommene
Motive und Sujets und macht sie für seine Kunst nutzbar.

Amtsberührung. Bildungskrise

1 An Carl August von Struensee, 1. November 1800, SWB 4,
S. 149. — **2** Hierbei sind Darlegungen des Ministers selbst im Spiel,
und es hat auch Gespräche mit anderen Beamten in Gesellschaften
(vgl. den Brief an Ulrike von Kleist vom 25. November 1800, SWB 4,
S. 170/171) gegeben. So enthalten seine Bemerkungen wohl nicht nur
eine »Ablehnung des Zwanges schlechthin« (Siegfried Streller: *Das
dramatische Werk Heinrich von Kleists*, Berlin 1966, S. 20). Es ist ein
auffälliger Zusammenhang mit verbreiteten Diskussionen in preußischen Beamten- und Wirtschaftskreisen festzustellen. Die neuesten
Importverbote (das Edikt vom 12.9.1800), die die jahrhundertealte
Frankfurter Messe zerstörten, erregten nicht allein das Frankfurter
Bürgertum (Beschwerde des Magistrats). Sie führten auch in Berlin
(ja in ganz Preußen) zu intensiven Diskussionen selbst in der Presse.
Dabei wurden die Vertreter des Freihandels von ihren Gegnern als
»Jakobinisten« diffamiert. Die rigorosen Messeeinschränkungen waren

folgenreich und lösten sogleich Widerspruch aus. Da sie das Zentrum des preußischen Wirtschaftslebens nach der Französischen Revolution trafen, war bald ein krisenhafter Zustand erreicht, der zu sprunghaft zunehmenden Staatsverschuldungen bis 1806 (vgl. S. 251) führte. – Damit dürfte zusammenhängen, daß Kleist, obgleich er von Struensee den Rat erhielt, »sich nebenbei als Auscultator oder Referendarius bey der p. Kammer [d. i. die Königliche Kriegs- und Domänen-Verwaltung] zu einer künftigen Versorgung im Civil geschickt zu machen, weil bey der p Deputation wenig oder gar keine Hoffnung für ihn sei, je zu einiger Besoldung zu gelangen« (LS 47), auf seinem Beisitzer-, sprich Informationsbegehren für die Technische Deputation des Manufaktur-kollegiums beharrte. Auch eine schriftliche Drohung des Ministers, »daß wenn ich mich jetzt nicht gleich anstellen ließe, sich in der Folge für mich wenig Aussichten zeigen würden« (an Ulrike von Kleist, 25. November 1800, SWB 4, S. 170), konnte ihn davon nicht abbringen. Gerade diese Stelle schien ihm am augenfälligsten das Wesen des preußischen Staatsdienstes offenbaren zu können. Tatsächlich herrschte im öffentlichen Dienst Preußens seit langem eine militärisch anmutende Praxis. In dem Sinne galt nicht nur die preußische Armee, sondern auch die preußische Verwaltung als die modernste in Europa. – **3** An Wilhelmine von Zenge, 13. November 1800, SWB 4, S. 150. – **4** An Ulrike von Kleist, 25. November 1800, SWB 4, S. 170 (die vorangegangenen Zitate ebenda, S. 169). Mit der »Reise« kann – aber muß nicht – die vorangegangene Fahrt nach Würzburg gemeint gewesen sein. Vgl. hierzu etwa den Ausbildungsgang Theodor von Schöns (1773-1856), der nach seiner Assessorenzeit auf Kosten der königlichen Kammern eine mehr als einjährige Reise unternahm, die ihn u. a. nach England führte. Kleist spricht im Brief vom 22. November 1800 davon, daß er nach einer Ausbildungszeit von »zwei Jahren drei Jahre lang reisen [...]« (SWB 4, S. 166) werde. Als ehemaligem Leutnant vom Regiment Garde und Angehörigen eines dem preußischen Königs-haus traditionell durch Dienst verbundenen Adelsgeschlechts traute man ihm wohl, nach entsprechender Präparierung, die für eine kom-binierte Studien- und ›Erkundungsreise‹ erforderliche Verschwie-genheit zu. – Man könnte aber auch annehmen, Kleist hätte eine der bei der Technischen Deputation üblichen Spionagereisen dazu be-nutzen wollen, um zumindest Ulrike gegenüber einen Vorwand für die Ablehnung sämtlicher Staatsdienste zu haben. — **5** Ebenda, S. 168 und S. 170. — **6** Rudolf Vierhaus, »Kleist und die Krise des preußischen Staates um 1800«, in: KJb 1980, S. 9-33; Zit. S. 12. Vgl. auch Gonthier-Louis Fink: »Zwischen Frankfurt an der Oder und Paris. Variationen des Deutschland- und Frankreichbildes des jungen Kleist«, in: KJb 1997, S. 97-125: »Die Versklavung des Individuums, die er in der Armee erlebt und verabscheuen gelernt hatte, fand er jedoch im Zivildienst wieder [...] Mit anderen Worten, das Preußen, das Friedrich zu einer gutlaufenden ›Maschine‹ umgestaltet hatte, worin jedes Individuum pflichtgetreu seinen ihm angestammten Platz auszufüllen hatte, war ihm ein Greuel. Hier wurde alles dem Nutzen untergeordnet [...]« (S. 103) — **7** Spätestens in dieser Zeit dürfte Kleist Kants *Anthropologie in pragmatischer Hinsicht* gelesen haben. Er fand darin die Berechtigung des individuellen Urteils nachdrücklich hervorgehoben: »Daß der Mensch in seiner Vorstellung das Ich haben kann, erhebt ihn unendlich über alle auf Erden lebenden Wesen.« Dadurch sei er von »*Sachen* [...] durch Rang und *Würde*« unterschieden. Er bedürfe zu jedem Urteil aufs neue »der Vernunft« und könne nicht auf »Satzungen und eingeführten Gebräuchen« verharren, vielmehr müsse er »*eigenen* Sinn haben und behaupten [...]« (*Kants Werke*. Akademie-Textausgabe, Berlin 1968, Bd. 7, S. 127 f.) — **8** Vgl. S. 110 f. — **9** An Ulrike von Kleist, 25. November 1800, SWB 4, S. 169. – Die Bedeutung englischen Gedankengutes für die Herausbildung der Welt- und Kunstauffassungen Kleists ist gegenüber der Betonung seines Frankreichbezuges bislang unterschätzt worden. Hilda M. Brown etwa hat in ihrer Studie *Heinrich von Kleist: The Ambiguity of Art and the Necessity of Form*, Oxford 1998, die Zweckmäßigkeit und Ergiebigkeit derartiger Untersuchungen gezeigt. — **10** Die Technische Deputation war eine ständige Kommission zur Behandlung technischer Probleme und Neuerungen. Sie unterstand der Manufakturbehörde. Nur ein enger Personenkreis hatte Zutritt zu ihr. Sie hatte den Auftrag, die neuesten technischen Erkenntnisse der westeuropäischen Länder (indem man z. B. Publikationen auswertete und Nichtzugängliches beschaffte und nachbaute) staatlichen und privaten Produzenten zur Verfügung zu stellen. Preußen benötigte, um keine Halbkolonie zu werden, die Industrialisierung und damit den technologischen Anschluß an Westeuropa; es mußte seine Herstellungskosten für Produkte verringern und auf den Märkten konkurrenzfähig werden. Doch statt der beginnenden internationalen Spezialisierung Rechnung zu tragen, strebten Struensee und seine Beamten, zumeist Vertreter des bereits überholten Merkantilismus, nach ökonomischer und technologischer Autarkie. Selbst in uneffektiven Produktionszweigen herrschte der »Fabriken-Zwang« (Struensee). Man hoffte, ohne freie Marktwirtschaft auszukommen, und wollte sich nicht der produktivitätshemmenden Zunftfesseln entledigen. So gab es zunächst keinen Strukturwandel.

Statt dessen setzte man auf Dirigismus, vor allem auf ein rigides Zollsystem sowie auf die (auch illegale) Beschaffung von technologischen Erkenntnissen. Die effektivere Baumwollindustrie wurde nicht gefördert; Kunth warnte sogar vor »Populationen« in diesem Industriezweig. (Cohen, bei dem Kleist verkehrt, wird in wenigen Jahren Pleite gehen; vgl. S. 204 f.) – Kleists Reaktion auf die Industrialisierung in Preußen ist ganz an Smith orientiert. Preußen brauchte indessen Übergangslösungen, um seine Produktionskapazitäten nicht durch die Einfuhr der überlegenen, weil billigeren englischen und französischen Waren zu gefährden. Das preußische Handelsbürgertum – Kleist verkehrt bei der Tuch- und Seidenwarenhändler-Familie Clausius und ist selbst Mitbesitzer einer Frankfurter Vermietung für Handelsreisende – ist an gewinnbeeinträchtigenden Handelsbeschränkungen allerdings nicht interessiert. – Dieser Fragenkreis bedarf – mit Blick auf Kleist – noch einer gründlicheren Untersuchung. – **11** 1792 begleitete Alexander von Humboldt (1769-1859) den Minister Heinitz, der ihn zuvor zum Assessor im Bergdepartement ernannt hatte, in die Markgrafschaft Bayreuth, wo er bald (bis 1797) Oberbergmeister der fränkischen Besitzungen Preußens wurde. Danach widmete er sich seinen naturwissenschaftlichen Forschungen und ging schließlich nach Südamerika. – **12** An Ulrike von Kleist, 5. Februar 1801, SWB 4, S. 197/198. – Hier dürfte Kleists Ausbildungsdefizit hinderlich gewesen sein. Auch war er ungeübt in der Beurteilung technologischer Neuerungen, ihm fehlte dafür das theoretische Rüstzeug; ein diesbezügliches Spezialstudium hatte er immer für unnötig gehalten. Vielleicht hat Kunth Kleist herausfordern, dessen tatsächlichen Wissensstand überprüfen und so eine möglichst rasche Entscheidung Kleists über dessen weitere Teilnahme an den Sitzungen der Technischen Deputation herbeiführen wollen. – **13** Vierhaus, wie Anm. 6, S. 23. »Außerordentlich erscheint allenfalls der Rigorismus, mit dem der angestrebten persönlichen moralischen und intellektuellen Bildung ein absoluter Vorrang eingeräumt und die Kluft zwischen den institutionellen Zwängen eines Berufs und dem subjektiven Glücksverlangen für unüberbrückbar gehalten wird.« (Ebenda, S. 21) – **14** Obgleich Kleist bereits Anfang November 1800 Vorbehalte gegen eine Amtnahme formuliert hatte, zog sich die endgültige Entscheidung doch über Monate hin. Am 5. Februar 1801 schreibt er Ulrike: »Noch immer habe ich mich nicht für ein Amt entscheiden können u Du kennst die Gründe. Es giebt Gründe für das Gegentheil« (SWB 4, S. 197). Zwar benötigt er am Ende für die Entscheidung weniger Zeit als seinerzeit für den Entschluß, der Armee den Rücken zu kehren, doch zeigt sich, daß Kleist in dieser Frage nicht seinem allerersten Impuls folgte, sondern sorgfältig das Pro und Contra einer Amtnahme abwog. — **15** Kleist hatte den im *Aufsatz, den sichern Weg des Glücks zu finden* noch gepriesenen goldenen Mittelweg, die »beglükkende Mittelstraße« (SWB 3, S. 523), womit er in dem am 18. März 1799 verfaßten Brief an Martini (SWB 4, S. 25) das Nebeneinander von Offiziersdasein und seiner Ausbildung zum denkenden Menschen beschrieb, aufgekündigt. — **16** An Wilhelmine von Zenge, 13. November 1800, SWB 4, S. 152. — **17** Ebenda, S. 153. Gemeint ist noch nicht Dichtung, sondern popularphilosophische Schriftstellerei. — **18** Ebenda. — Kein eigentlich »utopische[r]« (Streller, wie Anm. 2, S. 20) Plan. Wilhelm von Humboldt beschäftigte sich mit dem gleichen Gedanken. In Berlin wurde gerade zu jener Zeit durch Kiesewetter (Ordinarius für Philosophie und Logik an der Königlichen Militärakademie, deren Chef Kleists Onkel Oberst Otto von Kleist war) im Zeughaus Unter den Linden, also unmittelbar neben dem Mollerschen Palais, in dem die Technische Deputation tagte, ein gut besuchter Zyklus von frei gehaltenen populären Vorlesungen über die neueste Philosophie gegeben. Kleist dürfte unter den Hörern gewesen sein, zu denen auch Scharnhorst und Clausewitz gehörten. Er war gut über das französische Verhältnis zu einigen deutschen Geistesleistungen unterrichtet. Die Pariser Akademie hielt zum Erlernen der deutschen Sprache an, doch die erste Kant-Studie erschien dort nicht vor 1801. — **19** Das *Allgemeine Landrecht für die Preußischen Staaten* von 1794 hatte die ständische Berufstrennung erneut festgeschrieben. Erst das Oktoberedikt Steins aus dem Jahre 1807 gestattete es preußischen Adligen, ohne Ehrverlust bürgerliche Tätigkeiten, wozu auch die Schriftstellerei gehörte, hauptberuflich auszuüben. — **20** An Wilhelmine von Zenge, 13. November 1800, SWB 4, S. 154. — In diesem Zusammenhang wäre an Friedrich Schlegels Roman *Lucinde* zu denken, der kurz zuvor, 1799, in Berlin erschienen war und einen Skandal ausgelöst hatte. Darin hatte der Autor die Liebesbeziehung zu seiner späteren Gattin Dorothea, damals noch die rechtmäßige Ehefrau des Berliner Bankiers Veit, statt sie zu verheimlichen, kaum verschlüsselt und in für damalige Verhältnisse sinnlich unverschämt offener Weise dargestellt. »Doch mehr als nur ein autobiographisches Dokument ist *Lucinde* der Versuch, die romantische Idee jener ›natürlichen‹ Einheit von Liebe und Ehe, von Geist und Sinnlichkeit auszumalen, die der Autor durch bürgerliche Konventionen und staatliche Gesetze künstlich zerstört sah.« (Thomas Anz, »Schlegel, Friedrich«, in: *Metzler Autoren Lexikon. Deutschsprachige Dichter und Schriftsteller vom Mittelalter* *bis zur Gegenwart*, 2., überarb. u. erw. Aufl., hg. von Bernd Lutz, Stuttgart, Weimar [1994], S. 722) – Kleist muß Schlegel in den Häusern, in denen er verkehrte, begegnet sein, denn er läßt ihn am 29. Juli 1801 aus Paris grüßen. – **21** Ebenda, S. 154. – **22** Ebenda, S. 155. – **23** An Wilhelmine von Zenge, 21. Januar 1801, SWB 4, S. 183. – **24** An Wilhelmine von Zenge, 31. Januar 1801, SWB 4, S. 193. – **25** Ebenda, S. 194. – **26** An Wilhelmine von Zenge, 11. Januar 1801, SWB 4, S.180. – **27** An Wilhelmine von Zenge, 31. Januar 1801, SWB 4, S. 193/94. – **28** *Das Erdbeben in Chili*, SWB 3, S. 207. – **29** *Michael Kohlhaas*, SWB 3, S. 26. – **30** An Wilhelmine von Zenge, 11. Januar 1801, SWB 4, S. 181. – **31** Ebenda. – **32** An Ulrike von Kleist, 5. Februar 1801, SWB 4, S. 199. – Diese Hemmungen dürften jetzt erstmals aufgetreten sein, sonst hätte Kleist sie nicht der Schwester, die ihn von Kindesbeinen an kannte, als etwas überraschend Neues mitgeteilt. Sie waren demnach nicht, wie sonst dargestellt, angeboren, auch wenn Kleist – diese Erscheinung trat so massiv auf, als ob er plötzlich einen Fehler im Sprechapparat hätte – von »wahrscheinlich [...] physische[r] Ursache« spricht. Tatsächlich mag es sich um einen psychosomatischen Vorgang gehandelt haben, als dessen Ursache Verunsicherung erscheint. Jene »Verlegenheit« könne er, schreibt Kleist, nur mit »der größten Mühe [...] so verstecken, daß sie nicht auffällt – o wie schmerzhaft ist es, in dem Äußern ganz stark u frei zu sein, indessen man im Innern ganz schwach ist, wie ein Kind, ganz gelähmt, als wären uns alle Glieder gebunden, wenn man sich nie zeigen kann, wie man wohl mögte, nie frei handeln kann, u selbst das Große versäumen muß, weil man vorausempfindet, daß man nicht Stand halten wird« (ebenda). – Kleist scheint seine Sprachhemmung nie ganz losgeworden zu sein. Noch Achim von Arnim (1781-1831), mit dem er später in Berlin befreundet war, berichtet 1810 von einer »gewisse[n] Unbestimmtheit in der Rede [Kleists], die sich dem Stammern nähert« (LS, Nr. 347). Vgl. aber auch S. 221 und S. 222 – **33** Ebenda. – **34** *Über das Marionettentheater*, SWB 3, S. 561. – **35** Ebenda, S. 560. – **36** Vgl. hierzu Immanuel Kant, wie Anm. 7, S. 151: »Die Menschen sind insgesamt, je civilisierter, desto mehr Schauspieler, – sie nehmen den Schein der Zuneigung, der Achtung vor Anderen, der Sittsamkeit, der Uneigennützigkeit an, ohne irgend dadurch zu betrügen, weil jeder Andere, daß es hiermit nicht eben herzlich gemeint sei, dabei einverständig ist [...]« – Für Kleist wird es auch weiterhin schwer sein, den Widerspruch zwischen den von ihm verinnerlichten aufklärerisch-klassischen Idealen und dem gesellschaftlichen Schein durch pragmatisches Verhalten zu überbrücken. Er fühlt sich nach ein paar vergeblichen Versuchen, »es wie die Andern zu machen –«(An Ulrike von Kleist, 25. November 1800, SWB 4, S. 169) und die Ideale einfach ad acta zu legen, nicht mehr anpassungsbereit. — **37** An Ulrike von Kleist, 5. Februar 1801, SWB 4, S. 198/199. — **38** Ebenda. — **39** Ebenda, S. 196/197. — **40** An Wilhelmine von Zenge, 22. November 1800, SWB 4, S. 165/166. — **41** Caroline und Henriette (1777-1850) von Schlieben lernt Kleist 1801 in Dresden kennen. Die verarmten Halbwaisen bestritten ihren Lebensunterhalt durch Handarbeiten, Zeichnen und Kupferstechen. Caroline war mit dem jungen, mit Kleist bald befreundeten Maler und Graphiker Friedrich Lose (1776-1833; Kleist schreibt Lohse) verlobt. Kleist und Lose reisten Ende 1801 von Paris in die Schweiz, um sich eine Existenzgrundlage als Künstler bzw. Landwirt zu schaffen (s. S. 144 f.). Caroline wartet mehrere Jahre auf Lose und folgt diesem dann nach Oberitalien. Als Ulrike von Kleist Caroline 1834 auf der Rückreise von Nizza in Mailand aufsucht, findet sie sie mit ihren fünf Kindern in erbärmlichen Verhältnissen vor. Lose war ein Jahr zuvor – offenbar nach längerem Hadern mit seiner Mittellosigkeit – in geistiger Umnachtung nach mehrjährigem Aufenthalt im Irrenhaus gestorben. — **42** An Wilhelmine von Zenge, 22. November 1800, SWB 4, S. 166. — **43** An Ulrike von Kleist, 25. November 1800, SWB 4, S. 170. — **44** LS, Nr. 38. — **45** An Ulrike von Kleist, 25. November 1800, SWB 4, S. 169. — **46** An Ulrike von Kleist, 5. Februar 1801, SWB 4, S. 198. — **47** An Wilhelmine von Zenge, 31. Januar 1801, SWB 4, S. 189. — **48** An Ulrike von Kleist, 25. November 1800, SWB 4, S. 169. — **49** An Ulrike von Kleist, 5. Februar 1801, SWB 4, S. 200. — **50** An Ulrike von Kleist, 5. Februar 1801, SWB 4, S. 197. — **51** An Wilhelmine von Zenge, 22. März 1801, SWB 4, S. 205. — **52** Ebenda. – Wie groß, wäre zu fragen, ist der auf Wirkung bedachte Anteil jener wenigen Briefstellen, in denen sich Kleist über seine Begegnung mit Kantischem Gedankengut äußert? Die geistesgeschichtliche Betrachtungsweise, welche lange die Kleist-Forschung in dieser Frage dominierte, führt, da sie die Briefe nicht kritisch hinterfragt, zu einer Betonung der philosophischen Momente in Kleists Orientierungs- und Denkkrise. Sie betrachtet das Erkenntnisproblem als den Schlüssel für die Interpretation mehrerer Werke, etwa der *Familie Schroffenstein*, des *Amphitryon* und des *Zerbrochnen Krugs*. – Auf der anderen Seite steht neuerdings die Reduzierung der sogenannten Kantkrise auf einen bloßen »Mythos der Geistesgeschichte« (Peter Ensberg, »Das Gefäß des Inhalts: Zum Verhältnis von Philosophie und Literatur am Beispiel der ›Kantkrise‹ Heinrich von Kleists«, in: BzKF 1999, S. 61-123, Zit. S. 105): Kleist habe »seine

Kant-Erfahrung pathetisch als Krise inszeniert« (ebenda, S. 77). Begründet wird dies meistens damit, daß Kleist einen triftigen Grund gesucht habe, um sich von der lästig gewordenen Braut befreien und sich zugleich vor der Familie ins Ausland entfernen zu können. (Kleist hatte bereits vor der Reise nach Würzburg der mißtrauischen Tante, Frau von Massow, und den [außer Ulrike] ebenso mißtrauischen Geschwistern sein »Wort gegeben«, in dieser Hinsicht nicht »ehrlos« zu handeln. »Aber das Alles half doch nur wenig«. [An Wilhelmine von Zenge, 30. August 1800, SWB 4, S. 89.]) So sei seine Kant-Begegnung nur ein Glied in einer Kette von Verunsicherungen und Orientierungsschwierigkeiten gewesen. Anzeichen für solche habe es bei ihm lange vorher gegeben. – Bei Kleists Krise auf einer reinen Erkenntniskrise zu bestehen, wäre nicht eben sinnvoll, jedoch hat eine Begegnung mit dem Denken Kants, in welcher Form auch immer, seinen aufklärerischen Bildungs- und Wissenschaftsglauben, der sein Handeln und Verhalten weitestgehend bestimmte, durchaus erschüttern können. Gerade weil Kleist diesem Denken in einer persönlichen Entscheidungskrise begegnete, vermochte dieses auch seinen letzten geistigen Halt in Frage zu stellen. Es setzte den Zweifel am Erkenntnisvermögen des Menschen an die Stelle von Gewißheiten in Erkenntnisfragen und des Glaubens an die Macht der Ratio. Daß Kleist seinen Zustand genutzt haben mag, der Braut in seiner inneren Not seine (ihr wiederum unverständliche) Flucht ins Reisen recht plausibel zu machen, stellt die Glaubwürdigkeit seiner Briefaussagen in diesem Punkt nicht prinzipiell in Frage. Deutet man seine frühen Briefe weitgehend nur als Zeugnisse eines subtilen Rollenspiels, so wird man ihn, bei aller Umstrittenheit bzw. Pathetik mancher seiner Reaktionen, nicht mehr als Aufklärungserben und Jünger des klassischen Bildungsidealismus erkennen. Man wird nicht die Aufbruchstimmung seiner Generation verstehen, für die er beispielhaft steht, sondern ihn nur noch als überspannten Kopf mit wirklichkeitsfremden Bildungsgrundsätzen begreifen. Dies wäre ein lediglich psychologischer Zugriff; der realgeschichtliche Zusammenhang, in dem Kleist stand, verkäme dabei zur bloßen Staffage. — **53** Werner Frick: »›Kleists Wissenschaft‹. Kleiner Versuch über die Gedankenakrobatik eines Un-Disziplinierten«, in: KJb 1997, S. 207-240, S. 216. — **54** An Wilhelmine von Zenge, 22. März 1801, SWB 4, S. 206. — **55** Noch bei Kleists Freitodentschluß zehn Jahre später wird der Vervollkommnungs- und Seelenwanderungsgedanke eine Rolle spielen. Vgl. S. 457 f.— **56** An Ulrike von Kleist, 23. März 1801, SWB 4, S. 208. — **57** An Wilhelmine von Zenge, 22. März 1801, SWB 4, S. 206. — **58** Epigramm

»Verwahrung«, SWB 3, S. 412. – Vgl. hierzu aber auch Jochen Schmidt: *Heinrich von Kleist. Studien zu seiner poetischen Verfahrensweise*, Tübingen 1974, S. 25 f.: »Die Art, wie er seine Fragestellung in immer neuen Konstellationen dichterisch entwirft, zeigt ihn dennoch in einer fortwährenden Begegnung mit der romantisch-idealistischen Hauptströmung der Zeit. In dieser Begegnung festigt sich eine dezidiert eigene, nicht idealistische, sondern aufklärerische Position, die aber immer aus der Faszination durch die allgemeine geistige Strömung lebt [...]« — **59** An Ulrike von Kleist, 5. Februar 1801, SWB 4, S. 200. — **60** An Wilhelmine von Zenge, 9. April 1801, SWB 4, S. 215. – Am 12. April 1801 wird Kleist an den Staatsrat Kunth schreiben, daß sich seine »Neigung für das Rein-Wissenschaftliche ganz entschieden« habe. Er wird sich für Kunths Unterstützung und dessen bereits bei seinem Eintritt in die Deputation gegebenen Rat, sich doch um eine Universitätsdozentur zu bemühen, bedanken und sich dann kurioserweise doch noch der »hochlöbl technischen Deputation« empfehlen, zu »deren Zweck« er auf seiner »bevorstehenden Reise nach Paris bei jeder vorkommenden Gelegenheit mitzuwirken bereit« sei. Bedenkt man freilich, daß Kleist wiederholt geltend gemacht hatte, für die »Wahl eines praktischen Wirkungskreises« (SWB 4, S. 218) auf wissenschaftlich-technischem Gebiet nicht geeignet zu sein, und daß ihn seine mangelhaften Fachkenntnisse dies deutlich spüren ließen, so wird man leicht das Floskelhafte dieser Versicherung erkennen, die ihm wohl, wie manches andere, zu einem leichten, ehrenvollen Abgang verhelfen sollte. — **61** Ebenda, S. 216. — **62** An Ulrike von Kleist, 5. Februar 1801, SWB 4, S. 200.

Lebenskrise. Erlebnis Moderne

1 An Wilhelmine von Zenge, 3. Juni 1801, SWB 4, S. 228/229. — **2** An Wilhelmine von Zenge, 4. Mai 1801, SWB 4, S. 221. — **3** An Wilhelmine von Zenge, 14. April 1801, SWB 4, S. 220. — **4** An Wilhelmine von Zenge, 21. Mai 1801, SWB 4, S. 224. — **5** Ebenda, S. 225 (ebenso die vorangegangenen Zitate). — **6** An Wilhelmine von Zenge, 3. Juni 1801, SWB 4, S. 228. — **7** Ebenda, S. 231. — **8** Hans Joachim Kreutzer: *Die dichterische Entwicklung Heinrichs von Kleist. Untersuchungen zu seinen Briefen und zu Chronologie und Aufbau seiner Werke*, Berlin 1968 (= *Philologische Studien und Quellen* Heft 41), S. 196. — **9** An Wilhelmine von Zenge, 3. Juni 1801, SWB 4, S. 229. — **10** Ebenda, S. 233. — **11** An Caroline von Schlieben, 18. Juli 1801, SWB 4,

S. 241. — **12** Siegfried Streller: *Das dramatische Werk Heinrich von Kleists*, Berlin 1966, S. 248 f. — **13** An Caroline von Schlieben, 18. Juli 1801, SWB 4, S. 240/241. Kleist greift hier offenbar auf Vorstellungen Rousseaus zurück. Dieser hatte unter ›Feier‹ einen Akt der Erinnerung und der Zukunftsvergewisserung verstanden. Das Fest vom 14. Juli 1801, zwölf Jahre nach dem Sturm auf die Bastille, markierte eine bezeichnende Wende: vom Nationalfest, weil Fest der Nation, das auf revolutionäre demokratische Vorgänge noch Bezug genommen hatte, zum inhaltlich leeren, nur noch auf Volksbelustigung zielenden Fest. Vgl. Ingrid Oesterle: »Werther in Paris? Heinrich von Kleists Briefe über Paris«, in: *Heinrich von Kleist. Studien zu Werk und Wirkung*, hg. von Dirk Grathoff, 2. Aufl., Opladen 1990, S. 97-116. »Kleist nimmt diese Wende scharf und kritisch wahr.« (S. 106) Bonaparte, seit 1799 durch einen Staatsstreich »als Erster Konsul zu politischer Macht gelangt, drückte, unter zufriedenem Händereiben des französischen Großbürgertums, der Republik den Stempel der Diktatur auf« (Wolfgang Barthel: »Zu Briefen Kleists 1793-1803. Erster Teil«, in: BzKF 1978, S. 21-36, S. 24 f.): Rigoros beschnitt er demokratische Rechte wie die Pressefreiheit und wirkte darauf hin, jede Erinnerung an die Revolutionszeit auszumerzen. So war es nicht nur verboten, über die Revolution zu schreiben, man durfte auch nicht an die Vorgänge und die Männer dieser Zeit erinnern (vgl. ebd.) — **14** An Adolphine von Werdeck, November 1801, SWB 4, S. 281. — **15** Im Brief an Wilhelmine von Zenge vom 22. März 1801 offenbart Kleist seine Neigung zu Rousseau und eine genaue Kenntnis von dessen Werken. Er begrüßt die Rousseau-Lektüre der Freundin und will ihr »Rousseaus sämmtliche[n] Werke[n]« zum »Geschenk« machen, auch will er ihr »die Ordnung [ihrer] Lesung bezeichnen – [...]« (SWB 4, S. 203). — **16** An Louise von Zenge, 16. August 1801, SWB 4, S. 265. Nach einer Zählung von 1802 hatte Paris rund 650 000 Einwohner. – Die Zeitschrift *London und Paris*, Weimar, berichtete unter Bezugnahme auf Pariser Tageszeitungen, daß es beim Fest vom 14. Juli, entgegen Kleists Darstellung, zwar zum ersten Mal nur Unglücksfälle, aber keine Toten gegeben habe. Vgl. Oesterle, wie Anm. 13, S. 106. — **17** Oesterle, ebenda. — **18** An Louise von Zenge, 16. August 1801, SWB 4, S. 265. — **19** An Adolphine von Werdeck, 18. Juli 1801, SWB 4, S. 237. — **20** An Adolphine von Werdeck, 29. Juli 1801, SWB 4, S. 255/256. — **21** An Louise von Zenge, 16. August 1801, SWB 4, S. 264/265. — **22** Ebenda, S. 267. — **23** Ebenda, S. 268. — **24** Ebenda. — **25** Ebenda, S. 266. — **26** Ebenda, S. 268. — **27** Oesterle, wie Anm. 13, S. 98 f. verweist darüber hinaus auf Briefe von Jens

Baggesen (1764-1826) und Joseph Görres (1776-1848). — **28** *Jens Baggesens Briefwechsel mit Karl Leonhard Reinhold und Friedrich Heinrich Jacobi*, 2. T., Leipzig 1831, S. 346. Zit. nach Oesterle, wie Anm. 13, S. 102. — **29** An Louise von Zenge, 16. August 1801, SWB 4, S. 264. — **30** Gonthier-Louis Fink: »Zwischen Frankfurt an der Oder und Paris. Variationen des Deutschland- und Frankreichbildes des jungen Kleist«, in: KJb 1997, S. 97-125, Zit. S. 124. Fink macht darauf aufmerksam, daß Kleist »Sozial- und Moralkritik mit nationaler Kritik vermengte«. Er habe zurückgezogen gelebt wie einst Herder in Nantes. »Um so leichter betrachtete er wie viele Frankreichreisende als typisch französisch, was er in Paris auf der Straße und im öffentlichen Leben wahrnahm; aber so wenig wie die meisten seiner Zeitgenossen fragte er sich, inwiefern das beobachtete Verhalten Ausdruck der allgemeinen Mentalität und inwiefern diese ständisch, soziologisch oder regional zu differenzieren wäre [...]« (S. 121) Kleist habe so »das Klischee der französischen Dekadenz« übernommen, »das das ganze 18. Jahrhundert hindurch die Ablösung von Klassizismus und höfisch-aristokratischer Welt begleitet hatte« (S. 122), wobei er zugleich »ungesagt von deutscher Herzlichkeit träumte« (S. 120). – Indessen ist der Behauptung, Kleist sei mit Vorurteilen nach Paris gekommen, nicht beizupflichten. Immerhin ist vor Kleists Ankunft in Paris von keinerlei Aversionen die Rede; im Gegenteil, er hat sich, trotz der antifranzösischen Propaganda in Preußen, einen neutralen Standpunkt zu diesem ›neugierigen Land‹ bewahrt. Noch in Berlin hoffte er, in Paris bessere Möglichkeiten zur Selbstverwirklichung vorzufinden. Erst nach Wochen des Aufenthaltes schreibt er seine Briefe nach Deutschland, in denen ein nationalistischer Zungenschlag unverkennbar ist: So beschuldigt er die Franzosen, die Verwüstungen in der Rheingegend etc. allein verursacht zu haben. Dies geschieht offenbar aus einer Diskrepanz zwischen Erwartung und Wirklichkeit heraus, wie wir sie – in noch stärkerem Maße – bei Georg Friedrich Rebmann (1768-1824) ausgedrückt finden: »Ich glaubte ins Heiligtum der Freiheit zu treten und trat – in ihr Bordell.« (*Holland und Frankreich in Briefen geschrieben auf einer Reise von der Niederelbe nach Paris im Jahr 1796 [1796-97]* hg. von Hedwig Voigt, Berlin 1981, S. 211. Zit. nach Fink, S. 118) — **31** An Adolphine von Werdeck, 29. Juli 1801, SWB 4, S. 255. — **32** An Wilhelmine von Zenge, 15. August 1801, SWB 4, S. 259/260. – »Dies läßt sich nicht mehr aus Kleists Kantkrise erklären, noch allein aus der Demontage teleologischer Momente im Denken Kleists. Es verweist uns unmittelbar an Erfahrungen Kleists mit dem Wissenschaftsbetrieb unter dem

Konsulat.« (Barthel, wie Anm. 13, S. 25) Napoleon hob im Grunde die Freiheit der Wissenschaft auf, er vereinnahmte und lenkte sie, überhäufte Mathematiker, Chemiker, Physiker und Astronomen mit Gunstbezeugungen, forderte dafür von der Forschung nutzbringende Ergebnisse, eine zweckfreie Wahrheitssuche war ihm suspekt, die Philosophie, insbesondere die der Aufklärung, verhaßte ›Ideologie‹, der Philosoph Kant ein Scharlatan. Überdies waren ihm militärisch nutzbringende Erkenntnisse von besonderem Wert. So plante er mit waffenbestückten Großraumballons, zur Unterstützung der Flotte, eine (am Ende nicht zustande gekommene) Invasion Englands, um den wichtigsten Wirtschaftskonkurrenten auszuschalten. (vgl. ebd.) — **33** Vgl. Werner Frick:»›Kleists Wissenschaft‹. Kleiner Versuch über die Gedankenakrobatik eines Un-Disziplinierten«, in: KJb 1997, S. 207-240, S. 221 f. — **34** An Adolphine von Werdeck, 29. Juli 1801, SWB 4 S. 257. – Frick, wie Anm. 33, bemerkt, daß fast gleichzeitig Hölderlins Ode »Dichterberuf« entsteht, gleichfalls inspiriert durch Rousseaus *Discours sur le Sciences et les Arts.* Sie richtet sich ähnlich wie Kleists Einspruch gegen die »vermessene« Welt der abstrakten Naturwissenschaft und gegen ein »schlaues Geschlecht«, das »zu kennen wähnt« (Stuttgarter Hölderlin-Ausgabe, hg. von Friedrich Beissner, Stuttgart 1953, Bd. 2, S. 48).»Hier wie dort wird den mechanischen Operationen der experimentellen Naturwissenschaft, ihren methodischen Abstraktionen, Klassifikationen, Divisionen, ihrer Parzellierung der Wirklichkeit in kleine und kleinste Forschungsterrains, eine Gegenrechnung, eine Verlustrechnung präsentiert, wird [...] dieser Logik der Spezialisierung und der partikularisierenden Entzauberung der Welt das Ideal einer lebendigen Wahrnehmungs- und Empfindungsganzheit entgegengehalten [...]« (ebenda, S. 220). — **35** An Wilhelmine von Zenge, 15. August 1801, SWB 4, S. 261. — **36** Frick, wie Anm. 33, S. 223/224. — **37** Ebenda, S. 228. — **38** Hans-Georg Werner: »Die Erzählkunst im Umkreis der Romantik (1806-1815)«, in: *Weimarer Beiträge* 1971, H. 8, S. 26. — **39** *Aufsatz, den sichern Weg des Glücks zu finden,* SWB 3, S. 525. — **40** An Wilhelmine von Zenge, 22. März 1801, SWB 4, S. 201. — **41** An Adolphine von Werdeck, 28. Juli 1801, SWB 4, S. 251/252. — **42** An Wilhelmine von Zenge, 15. August 1801, SWB 4, S. 260. Zum Symbol des dahereilenden Zeitrades bei Kleist im Unterschied zu dem Wackenroders (1799) vgl. Wolfgang Barthel:»Die Madonna und der Gott. Zu kunstprogrammatischen Aspekten bei Heinrich von Kleist«, in: BzKF 1983, S. 29-36. — **43** An Wilhelmine von Zenge, 9. April 1801, SWB 4, S. 215. — **44** An Wilhelmine von Zenge, 29. Juli 1801, SWB 4, S. 255. — **45** An

Ulrike von Kleist, 12. Januar 1802, SWB 4, S. 293. — **46** An Adolphine von Werdeck, 28. Juli 1801, SWB 4, S. 249. — **47** Ebenda. — **48** Ebenda, S. 237/38. — **49** An Wilhelmine von Zenge, 29. Juli 1801, SWB 4, S. 256. Voran steht diesem Bild folgender Satz: »Und doch, wenn die Jugend von jedem Eindrucke bewegt wird, u ein heftiger sie stürzt, so ist das nicht, weil sie keinen, sondern weil sie *starken* Wiederstand leistet.«

»wo gibt es ... etwas Gutes zu tun?«

1 Kleist: *Über die allmählige Verfertigung der Gedanken beim Reden*, SWB 3, S. 535. — **2** *Die Marquise von O....*, SWB 3, S. 167. — **3** Kleists tiefe Gefährdung zeigt sich u. a. in seinen Freitod-Andeutungen Ulrike und Wilhelmine gegenüber. Am 25. November 1800 spricht er in einem Schreiben an die Halbschwester davon, daß, sollte er auf Erden »keinen Platz finden«, er »vielleicht auf einem andern Stern einen um so bessern finden werde« (SWB 4, S. 171), und an Wilhelmine von Zenge schreibt er am 15. August 1801: »Ich will mich nicht mehr übereilen [bei der Entscheidung über seine Bestimmung und seinen weiteren Lebensweg] – thue ich es noch einmal, so ist es das letzte mal – denn ich verachte entweder alsdann meine Seele oder die Erde, und trenne sie.« (SWB 4, S. 263) Die Bedeutung des Palingenesie-Glaubens (Glauben an Seelenwanderung) als weltanschaulicher Rahmen für den wiederkehrenden Gedanken an ein vorzeitiges Ende bedarf einer gebührenden Beachtung. Die Vorstellung von einem säkularisierten Jenseits, einer anderen, besseren Welt, in die die auf Erden unerfüllt bleibende menschliche Seele nach dem Tod erhoben werden könne, hat er vermutlich Schriften Christoph Martin Wielands entnommen und unter dem Einfluß seines Frankfurter Lehrers Wünsch vertieft. Sie kam offenbar seiner Aussteigermentalität entgegen, zumal sie ihn auch nicht nötigte, seinen Glauben an Bildung und Entwicklung aufzugeben. Denn diese Vorstellung ging mit dem Glauben an die ewige Vervollkommnung zusammen, die als in Stufen erfolgend vorgestellt wurde. Die Kenntnisse, überhaupt der geistig-seelische Stand, den man im Diesseits erwarb, konnte man, nach dieser Vorstellung, ins Jenseits mitnehmen und dort an den Punkt anknüpfen, wo man hier geendet hatte. Eine solche Vorstellung mochte dem Tod seinen Schrecken nehmen, objektiv stellte sie für Kleist eine zusätzliche Gefährdung dar, gerade weil der Tod darin als etwas Vertrautes, ja Verheißungsvolles erschien und sich als ein Ausweg aus allen Krisen,

Konflikten und Leiden anbot. Subjektiv scheint sie ihn befähigt zu haben, sich den Widersprüchen und Anwürfen, denen er ausgesetzt war, noch lange mit einiger innerer Gelassenheit zu stellen. Ihm blieb ja der letzte ›Ausweg‹, dieser konnte ihn vor dem totalen Verlust seiner Würde, vor dem Absturz ins (Sinn-)Leere, vor Depression oder Wahnsinn, bewahren. Kleists Glaube an die Seelenwanderung weist zugleich auf die Bedeutung hin, die er der Unsterblichkeit im Zusammenhang mit seinem Dichtertum beigemessen haben mochte. Vgl. auch S. 351 — 4 Johann Gottlieb Fichte: *Die Bestimmung des Menschen*, Frankfurt und Leipzig 1800, S. 153. Vgl. auch ebenda, S. 128: »Nicht bloßes Wissen Thun ist deine Bestimmung: so ertönt es laut im Innersten meiner Seele [...] Nicht zum müßigen Beschauen und Betrachten deiner selbst, oder zum Brüten über andächtige Empfindungen, – nein, zum Handeln bist du da; dein Handeln und allein dein Handeln bestimmt deinen Werth.« — 5 Ebenda, S. 178. — 6 An Wilhelmine von Zenge, SWB 4, S. 261. — 7 An Wilhelmine von Zenge, 10. Oktober 1801, SWB 4, S. 271. — 8 An Wilhelmine von Zenge, 15. August 1801, SWB 4, S. 262/263. — 9 An Wilhelmine von Zenge, 10. Oktober 1801, SWB 4, S. 272. — 10 Ebenda. — 11 An Adolphine von Werdeck, November 1801, SWB 4, S. 279. — 12 Wie Anm. 9. — 13 Fichte, wie Anm. 4, S. 178. — 14 An Wilhelmine von Zenge, 15. August 1801, SWB 4, S. 261. – Kleist bezweifelt in diesem Brief die Zuverlässigkeit des Gefühls als Wegweiser für humanes Handeln; er bezweifelte damit Fichtes Postulat, das Gewissen müsse an die Stelle des Verstandes treten. »Man sage nicht«, heißt es bei Kleist, »daß eine Stimme im Innern uns heimlich u deutlich anvertraue, was Recht sei. Dieselbe Stimme, die dem Christen zuruft, seinem Feinde zu vergeben, ruft dem Seeländer zu, ihn zu braten u mit Andacht ißt er ihn auf – Wenn die Überzeugung solche Thaten rechtfertigen kann, darf man ihr trauen?« (Ebenda) Die Betonung des Gefühls in den Werken Kleists ist indessen oft als Vernunftfeindlichkeit gedeutet worden. Man glaubte von einer großen irrationalistischen Wende nach Kleists Kant-Beschäftigung sprechen zu müssen. Hans Joachim Kreutzer hatte bereits 1968 richtiger von einer »Akzentverschiebung des Aufeinanderbezogenseins von Gefühl und Intellekt« gesprochen (H. J. Kreutzer: *Die dichterische Entwicklung Heinrichs von Kleist. Untersuchungen zu seinen Briefen und zu Chronologie und Aufbau seiner Werke*, Berlin 1968 [= *Philologische Studien und Quellen* Heft 41], S. 90), wobei der Verstand im wesentlichen »das Richtmaß des Urteilens und – soweit er das in seiner Selbstbeschränkung vermag – des Handelns« (ebenda, S. 92) bleibe. Daran hat später Jochen

Schmidt im Zusammenhang mit Überlegungen zur Schreibperspektive angeknüpft (J. Schmidt: *Heinrich von Kleist. Studien zu seiner poetischen Verfahrensweise*, Tübingen 1974). Schmidt zufolge hat Kleist sich auf das »Kerndogma des subjektiven Idealismus«, die Annahme einer in der unbewußten Tiefe des absoluten Ich begründeten Sicherheit des Erkennens, »kritisch konzentriert«, die Fichte durch die Tat aus der Schellingschen Ich-Wahrnehmung befreien wollte. »Mehrere auffallend tatphilosophisch fundierte Aussagen und auch Gestaltungen Kleists weisen darauf hin, daß er diese Möglichkeiten, ebenso wie die zum Traum führende Schellings, durchprobierte.« (S. 25 f.) — **15** An Wilhelmine von Zenge, 29. Juli 1801, SWB 4, S. 256. — **16** Jochen Schmidt, wie Anm. 14, S. 23. — **17** An Ulrike von Kleist, 12. Januar 1802, SWB 4, S. 294. — **18** An Wilhelmine von Zenge, 10. Oktober 1801, SWB 4, S. 274. — **19** Ebenda, S. 271. — **20** Ebenda, S. 273. — **21** Hat Kleist eventuell in Paris versucht, selbst Maler zu werden? Unter Anleitung Loses, den er von Dresden her kannte, mit dem er in Paris zusammen war und den er an seine Seite nehmen konnte, könnte er es ausprobiert haben, um schließlich zu der Erkenntnis zu gelangen, daß er zum Malen kein Talent habe. Kleists kompositorische Bildsichten der Landschaft bereits vor Paris und sein später erfolgtes Eingeständnis, er verfüge nur über »halbe[n] Talente« (an Ulrike von Kleist, 5. Oktober 1803, SWB 4, S. 320), lassen einen solchen vergeblichen Versuch vermuten. – Wolfgang Barthel (»Die Madonna und der Gott. Zu kunstprogrammatischen Aspekten bei Heinrich von Kleist«, in: BzKF 1983, S. 29-36) lenkt die Aufmerksamkeit auf die Bedeutung Johann Joachim Winckelmanns (1717-68) für Kleists kunstprogrammatische Überlegungen. »Darauf würde nicht zuletzt auch jene Korrektur hinweisen, die Kleist an der bekannten Winckelmannschen Prägung vornahm. Indem er nicht ›Größe‹ mit ›Einfalt‹, sondern ›Ernst‹ korrelieren ließ, entsprach Kleist auch hierin seinem (romantischen) Zeitempfinden, daß die Welt zwar ordentlich, aber eben nicht schön, zwar in der Bewegung, aber nicht bewegt durch den Menschen, zwar mit einem Bedürfnis, sich aufzuklären, versehen, doch ohne Aussicht auf eine allgemeine Sittlichkeit sah. Angesichts einer so empfundenen Weltsituation, in der er dem einzelnen Menschen gleichwohl Haltung zu zeigen zuwies, mußte der ›Ernst‹ zu einer prinzipiellen, das Gesamtwerk umgreifenden Kategorie werden die, anders als Goethes eher stilistisch gemeinte Ernst-Spiel-Synthese in *Der Sammler und die Seinigen*, dem Künstler gleichsam einen ernsten Gegenstand und ein ernstes Thema zuwies, ihn diese mit dem gebotenen Ernst aufzunehmen und zu behandeln aufforderte und dem Rezipienten, insofern er Kleists Zeiterfahrung teilen wollte, ein ernsthaftes Sich-Einlassen auf solches Kunstprodukt nahe legte.« (Ebenda, S. 32 f.) — **22** An Adolphine von Werdeck, 29. Juli 1801, SWB 4, S. 255. — **23** An Adolphine von Werdeck, September / November 1801, SWB 4, S. 283. — **24** Ebenda, S. 280. — **25** Ebenda, S. 282. – Anders als die allermeisten deutschen Intellektuellen von Varnhagen (1785-1858) bis Reinhardt, welche von diesen Museumsbesuchen berichten, hat Kleist keine Vorbehalte gegenüber dem öffentlichen Zugang des ungebildeten Volkes zumindest zur antiken Kunst. Er konstatiert zwar die Kluft zwischen beiden in seinem Denkbild, doch »ebenso festgehalten bleibt [...] die unerschütterliche Aussagekraft dieser Werke. Sie unterlaufen die Absicht zerstreuenden Zeitvertreibs und vermögen ›große Dinge‹ zu lehren, auch auf die Gefahr hin, unverstanden zu bleiben.« (Ingrid Oesterle: »Werther in Paris? Heinrich von Kleists Briefe über Paris«, in: *Heinrich von Kleist. Studien zu Werk und Wirkung*, hg. von Dirk Grathoff, 2. Aufl., Opladen 1990, S. 97-116) Derartige Erlebnisse mögen für Kleist nicht nur allgemein ermutigend gewesen sein, sondern insofern auch ästhetisch-programmatisch gewirkt haben, als er tatsächlich in mehreren seiner Dramen, vor allem aber in seinen Novellen, die überschaubare, spannungsbetonte Handlung bevorzugen wird, mit nur wenigen Nebenhandlungen und einem Minimum an Reflexion. Darin mochte er die Möglichkeit gesehen haben, auch ein weniger gebildetes Publikum zu erreichen, das Schwierigkeiten hatte, die Symbolik der Handlungen und ihre vielschichtigen Strukturen zu erfassen. — **26** Ingrid Oesterle: wie Anm. 25, , S. 115. — **27** An Wilhelmine von Zenge, 10. Oktober 1801, SWB 4, S. 273/74. — **28** Ebenda, S. 273. — **29** Vgl. S. 160 — **30** An Adolphine von Werdeck, September/November 1801, SWB 4, S. 280/ 281. — **31** Wolfgang Barthel: »Zu Briefen Kleists 1793-1803. Erster Teil«, in: BzKF 1978, S. 21-36, S. 32. — **32** Die Konzipierung des Szenars in Paris hält auch Kreutzer (wie Anm. 14, S. 104 f.) für möglich. Die Nieder- oder Abschrift ist, nach Untersuchungen Paul Hoffmanns, höchstwahrscheinlich in die frühe Schweizer Zeit zu setzen. — **33** Vgl. hierzu etwa Zschokkes *Ideen zur psychologischen Ästhetik* (Berlin und Frankfurt a. d. Oder 1793); Wolfgang Barthel: »J. F. C. Löffler in Frankfurt an der Oder 1782-1788. Mit einem Seitenblick auf Heinrich von Kleist.«, in: BzKF 1984, S. 7-38 und ders.: »Heinrich Zschokkes Frankfurter Jahrfünft (1790-95)«, in: BzKF 1983, S. 50-57, S. 52 f. — **34** Hans Georg Werner: »Die Kraft der Neuerung. Etwas über den Erzähler Heinrich von Kleist«, in: *Text und Dichtung. Analyse und Interpretation. Zur Methodologie literaturwissen-*

schaftlicher Untersuchungen, Berlin und Weimar 1984, S. 183. — **35** Hartmut Reinhardt:»Rechtsverwirrung und Verdachtspsychologie. Spuren der Schiller-Rezeption bei Heinrich von Kleist«, in: KJb 1988/89, S. 198-218; S. 210. — **36** Ebenda, S. 211. — **37** An Christian Ernst Martini, 19. März 1799, SWB 4, S. 27. — **38** An Friedrich Lose, 23. Dezember 1801, SWB 4, S. 290.

Der Aussteiger und die Schreibernöte

1 An Wilhelmine von Zenge, 2. Dezember 1801, SWB 4, S. 285. — **2** An Wilhelmine von Zenge, 10. Oktober 1801, SWB 4, S. 275 f. — **3** An Wilhelmine von Zenge, 2. Dezember 1801, SWB 4, S. 284. W.T. Krug berichtet später, daß »die Eltern ihre Einwilligung« (LS, Nr. 146) versagt hätten. Wilhelmine stellt es gegenüber Krug so dar, als ob sie selbst zu dieser Auffassung gelangt sei, daß sie »mit dem Manne nie glücklich sein würde, da ich nicht imstande war, ihn glücklich zu machen«. Sie habe ihm bedeutet, »ihm zwar folgen [zu] wolle[n] wohin er ginge«, doch würde es ihr »sehr schwer werden«, ihre Eltern zu verlassen. Nur das letztere ist uns aus Kleists Briefreaktionen bestätigt. Wilhelmines Versicherung »[d]och wollte ich mein Wort halten und mich ganz für ihn aufopfern« (LS, Nr. 62 a) könnte nur dann zutreffen, wenn sie Kleist in einem verlorengegangenen Antwortschreiben eine derartige Versicherung abgegeben hätte. In diesem Falle allerdings, ohne Kleists Bedingung zu erfüllen, freien Herzens die gemeinsame Zukunft anzugehen und ohne die Worte von der Aufopferung durch Handlungen zu bekräftigen. Vgl. hierzu Kleists Brief an Wilhelmine von Zenge vom 20. Mai 1802:»Liebe Wilhelmine, um die Zeit des Jahreswechsels erhielt ich den letzten Brief von Dir, in welchem Du noch einmal mit vieler Herzlichkeit auf mich einstürmst, zurückzukehren ins Vaterland, mich dann mit vieler Zartheit an Dein Vaterhaus und die Schwächlichkeit Deines Körpers erinnerst, als Gründe, die es Dir unmöglich machen, mir in die Schweiz zu folgen, dann mit diesen Worten schließest: wenn Du dies Alles gelesen hast, so thue was Du willst. [...] Du selbst erwartetest keine weiteren Bestürmungen, so ersparte ich mir und Dir das Widrige einer schriftlichen Erklärung [...]« (SWB 4, S. 308). — **4** An Wilhelmine von Zenge, 10. Oktober 1801, SWB 4, S. 276. — **5** An Wilhelmine von Zenge, 2. Dezember 1801, SWB 4, S. 286. — **6** LS, Nr. 60 c. Diese Überlieferung zweiten Grades von Bülow, 1848, wird in der Kleist-Literatur gemeinhin als Beleg für Kleists Unfähigkeit angesehen, tatsächlich eine Bauernwirtschaft führen zu können. Ein solcher ›Beleg‹ ist indessen nicht stichhaltig. Siehe hierzu Rudolf Loch/Herbert Pruns: »Zu Kleists Ansiedlungsvorhaben in der Schweiz«, in: BzKF 1993, S. 58-79, insbesondere den Abschnitt 6: »Betriebsbild«, dessen Fazit lautet: »Mithin, weder die Finanzierung des Bauerngutkaufes, noch die praktischen landwirtschaftlichen Dinge, einschließlich der Ökonomie, weder die körperliche Anstrengung noch etwa fehlendes Durchsetzungsvermögen können dieses Unternehmen als von vornherein zum Scheitern verurteilt erscheinen lassen. Die letztlich unbeantwortbare Frage ist wohl eher die, ob sich Kleist, der sich gern einer ungeliebten Pflicht entzog, einer selbstgewählten Aufgabe, in die er sich sogar als ›verliebt‹ bekannte, auf Dauer gestellt hätte, ebenso konsequent wie beim Dichten.« (S. 66) — **7** An Friedrich Lose, 23. Dezember 1801, SWB 4, S. 289. — **8** An Wilhelmine von Zenge, 21. Juli 1801, SWB 4, S. 245. — **9** An Ulrike von Kleist, 16. Dezember 1801, SWB 4, S 287 f. — **10** Zschokke war Sohn einer magdeburgischen Tuchlieferantenfamilie. Er hatte sich, früh verwaist, von 1790 bis 1795 in Frankfurt an der Oder während seines Theologie- und Philosophiestudiums (und als außerordentlicher Dozent) aufgehalten. Da ihm die ordentliche Dozentur wegen seiner liberalen Ansichten durch den Kultusminister Wöllner versagt worden war, hatte er sein väterliches Erbe genommen und war, wie Kleist sechs Jahre später, nach Paris und anschließend in die Schweiz gegangen. Ähnlich wie Kleist hatte Zschokke seine akademischen Bestrebungen im zunehmend skeptischen Bewußtsein der Begrenztheit aller Bemühung, durch die Geisteswissenschaften zum ewig Wahren, Guten und Schönen vorzudringen, abgebrochen. Vielmehr wollte er nun im Welterleben und in der Natur die Grundlagen künftiger geistiger Orientierung und einer Sinnerneuerung des Lebens suchen. Kleist wird Zschokke in Frankfurt zumindest während seiner Heimaturlaube getroffen haben. Er spricht ausdrücklich von der »ersten Stunde unsres Wiedersehens« (an Heinrich Zschokke, 1. Februar 1802, SWB 4, S. 299). Zschokke hatte sich schon früh als dramatischer Dichter einen Namen gemacht. Dies und Zschokkes Kenntnisse der Schweizer Politik mögen Kleist bewogen haben, sich an ihn zu wenden. — **11** An Ulrike von Kleist, 16. Dezember 1801, SWB 4, S. 288. — **12** Ebenda. — **13** An Heinrich Zschokke, 2. März 1802, SWB 4, S. 301. — **14** Theophil Zolling: *Heinrich von Kleist in der Schweiz*, Stuttgart 1882, S. 19. — **15** An Ulrike von Kleist, 12. Januar 1802, SWB 4, S. 295. Wahrscheinlich waren seine Konsultanten Johann Heinrich Pestalozzi (1746-1827) und Philipp Emanuel von Fellenberg (1771-1844). Beide besaßen Bauernhöfe in der Umgebung

Berns. Während Fellenberg einen Musterhof nach modernen agrarischen Gesichtspunkten bewirtschaftete, hatte Pestalozzi, der aus unbemitteltem Hause kam, einen Bauernhof, den Neuhof, von etwa der Größe (18 ha) bewirtschaftet, wie er Kleist vorschwebte. »Im übrigen ist für Pestalozzi ebenso wie für Fellenberg festzustellen, daß beide die Landwirtschaft betrieben hatten, obgleich sie weder von Hause aus Landwirt, noch von ihren Eltern auf irgendeine Weise auf Tätigkeiten in der Landwirtschaft vorbereitet worden waren. Dies dürfte einerseits eine Ermutigung für Kleist gewesen sein, der sich in einer ähnlichen Lage befand. Andererseits zahlte man als unerfahrener Landwirt viel Lehrgeld. Im übrigen: Pestalozzi wie auch Fellenberg wählten die Landwirtschaft als Mittel, um mit ihrer Hilfe weitere – vor allem pädagogisch-philanthropische – Ziele durchzusetzen. Beide haben auch erfolgreich als Schriftsteller gearbeitet.« (Loch / Pruns, wie Anm. 6, S. 64) — **16** Ebenda, S. 298. — **17** Klaus Müller-Salget, Kommentar, SWB 4, S. 790. — **18** An Ulrike von Kleist, 12. Januar 1802, SWB 4, S. 295. — **19** An Heinrich Zschokke, 2. März 1802, SWB 4, S. 301. — **20** Ernst Münch: *Heinrich Zschokke, geschildert nach seinen vorzüglichen Lebensmomenten und Schriften*, Haag 1816, S. 65. — **21** Auch Pestalozzi gehörte zu Zschokkes polizeilich überwachtem Besucherkreis und traf hier mit Kleist zusammen. Eines Abends entdeckten sie eine Geheimwache vor der Haustür, was »aber zu nichts diente, als den fröhlichen Mutwillen meiner Gäste zu erhöhen, und die nicht eher vom Posten wich, bis wir Mitternacht auseinandergingen« (LS, Nr. 72). — **22** LS, Nr. 67 a. — **23** Ebenda. — **24** Zschokke spricht sechs Jahre später öffentlich von Kleist als einem, der »sich schon durch einige genialische Produkte als einer der hoffnungsreichsten Dichter für die Bühne angekündigt« (LS, Nr. 214) habe, obgleich noch kein weiteres Werk außer dem *Amphitryon* erschienen war. Heinrich Gessner schreibt um dieselbe Zeit: »Ich halte viel von meinem alten Freund Kleist [...]« (LS, Nr. 230). — **25** Erschienen als *Molières Lustspiele und Possen. Für die deutsche Bühne*, Zürich, bei Heinrich Gessner 1805. — **26** Kleist: *Der zerbrochne Krug*, Vs. 627-29. Zu den zerrütteten Rechtszuständen auch in Bern und im Berner Umland, insbesondere die Justizangestellten betreffend, vgl. Loch / Pruns, wie Anm. 5, S. 78 f. — **27** Heinrich Zschokke: »Selbstschau«, in: *Zschokkes Werke*, Erster Teil. Hg. von Hans Bodmer. Berlin – Leipzig – Wien – Stuttgart [1910], S. 111. — **28** Ebenda, S. 122. — **29** Ebenda, S. 113. — **30** Hans-Jürgen Schrader: »Spuren Gottes in den Trümmern der Welt. Zur Bedeutung biblischer Bilder in Kleists ›Erdbeben‹«, in: KJb 1991, S. 34-52, S. 42. — **31** Ebenda, S. 45. —

32 Zschokke hatte seine jahrelangen Dienste für die helvetische Zentralregierung unentgeltlich ausgeübt. Er hatte angesichts der Finanzmisere des Staates Auslagen aus der eigenen Tasche bezahlt, bevor er wenigstens diese 1802 erstattet bekam. — **33** LS, Nr. 74. — **34** Ebenda. — **35** Schrader, wie Anm. 30, S. 34 f. — **36** Als Punkt V seiner Bitten an ihn nennt er im Brief vom 1. Februar 1802: »Mich unaufhörlich herzlich zu lieben, wie in der ersten Stunde unsres Wiedersehens.« (SWB 4, S. 299) Und am 2. März 1802: »Jetzt denke ich mehr als jemals an eine Zukunft in Ihrer Nachbarschafft [...]« (SWB 4, S. 301). — **37** LS, Nr. 73. — **38** An Heinrich Zschokke, 1. Februar 1802, SWB 4, S. 298. — **39** LS, Nr. 80. — **40** Ebenda. Vgl. zum Problemkreis Rudolf Dau: »Friedrich Schiller und die Trivialliteratur«, in: *Weimarer Beiträge* 1970/9, S. 174 ff. Zur statistischen Verifizierung siehe R. Jentsch: *Der deutsch-lateinische Büchermarkt nach den Leipziger Ostermesskatalogen von 1740, 1770 und 1800 in seiner Gliederung und Wandlung*, Leipzig 1912. – Die Deformation der Literaturgesellschaft um 1800 zwang auch die besten Autoren, sich dem modischen Publikumsgeschmack anzunähern, um sich Abnehmer, Erfolg und eine Massenbasis zu schaffen. Obgleich Kleist einer der wenigen war, die ihr künstlerisches Ethos hochzuhalten versuchten, knüpfte er doch in seinem literarischen Schaffen oft in Problemansatz, Motivaufbau und Darstellungstechnik an die Trivialliteratur an, die in erster Linie auf Unterhaltung ausgerichtet war; freilich nicht ohne sie im Sinne der Darstellung umzufunktionieren. So entbehren bereits seine ersten Dramen und Novellen nicht der Spannung durch verwickelte und leidenschaftliche Situationen, geschichtliche Ereignisse, Zufälle, Bizarres und Fremdartiges, Abenteuerlichkeit (u. a. das Räuber- und Rittersujet) und Kriminalistisches. Schiller schrieb schon 1792: »Ein Gewinn wäre es für die Wahrheit, wenn bessere Schriftsteller sich herablassen möchten, den schlechten die Kunstgriffe abzusehen, wodurch sie sich Leser erwerben, und zum Vortheile der guten Sache davon Gebrauch machen.« (*Schillers Sämmtliche Werke*, Stuttgart 1867, Band II, S. 305 f.) — **41** LS, Nr. 100 a; siehe auch LS, Nr. 98 a. — **42** Thomas Mann: »Heinrich von Kleist und seine Erzählungen. Zu einer amerikanischen Ausgabe seiner Novellen«, in: ders., *Gesammelte Werke*, 11. Band, Altes und Neues, Kleine Prosa aus fünf Jahrzehnten, Berlin und Weimar 1965, S. 641. — **43** Richard Samuel: »Heinrich von Kleists ›Robert Guiskard‹ und seine Wiederbelebung 1807/08«, in: KJb 1981/82, S. 348. — **44** Siehe Kleists Brief an Heinrich Zschokke vom 2. März 1802, SWB 4, S. 300 f. — **45** An Otto August Rühle von Lilienstern, erste Hälfte Dezember 1805,

SWB 4, S. 352. — **46** An Ulrike von Kleist, 19. Februar 1802, SWB 4, S. 299. — **47** An Ulrike von Kleist, 3. Juli 1803, SWB 4, S. 316. — **48** An Wilhelmine von Zenge, 20. Mai 1802, SWB 4, S. 308. Vgl. auch den Nimbus des Genialischen, den Kleist inzwischen bei Ludwig Wieland innehat, denn Christoph Martin Wieland schreibt zwei Jahre später: »Schon damals schrieb mir mein Sohn von ihm als einem außerordentlichen Genie, der sich mit aller seiner Kraft auf die dramatische Kunst geworfen habe, und von welchem etwas viel größeres, als bislang in Deutschland gesehen worden, in diesem Fache zu erwarten sei.« (LS, Nr. 79 a) Heinrich Gessner spricht noch 1808 von Kleists »ungeregelte[m] genialische[n] Wesen« (LS, Nr. 230). — **49** Richard Samuel, wie Anm. 43, S. 346. — **50** LS, Nr. 77 a. Siehe hierzu Hilda M. Brown: »Kleists Theorie der Tragödie – Im Lichte neuer Funde«, in: Dirk Grathoff (Hg.): *Heinrich von Kleist. Studien zu Werk und Wirkung*, Opladen 1988, S. 117 – 129; und Hermann F. Weiss: *Funde und Studien zu Heinrich von Kleist*, Tübingen 1984, S. 56 f. — **51** Klaus Kanzog: *Prolegomena zu einer historisch-kritischen Ausgabe der Werke Heinrich von Kleists*, München [1970], S. 55. — **52** Hans Joachim Kreutzer: *Die dichterische Entwicklung Heinrichs von Kleist. Untersuchungen zu seinen Briefen und zu Chronologie und Aufbau seiner Werke*, Berlin 1968 (= *Philologische Studien und Quellen* Heft 41), S. 211. — **53** LS, Nr. 98 a. — **54** Vgl. hierzu S. 223 f. — **55** An Wilhelmine von Zenge, 20. Mai 1802, SWB 4, S. 309. — **56** Vgl. S. 254 — **57** An Wilhelm von Pannwitz, August 1802, SWB 4, S. 309. — **58** LS, Nr. 82. — **59** LS, Nr. 89. — **60** LS, Nr. 94 a. — **61** Es ist dies der einzige Wohnraum Kleists, der nachweislich noch heute erhalten ist. Alle anderen fielen dem Abriß oder dem Krieg zum Opfer. — **62** LS, Nr. 94 a. — **63** LS, Nr. 89. — **64** An Ulrike von Kleist, 13./14. März 1803, SWB 4, S. 313. — **65** An Christoph Martin Wieland, 17. Dezember 1807, SWB 4, S. 399. — **66** LS, Nr. 89. — **67** LS, Nr. 94 a. — **68** LS, Nr. 104 a. Kleist hat Wielands Brief der Familie zur Einsicht geschickt und noch mindestens zwei Jahre bei sich getragen. Die bestürmende Verpflichtung wird allerdings zum übertriebenen Anspruch an sich selbst und damit zur anschließenden Depression beigetragen haben. — **69** An Ulrike von Kleist, Januar 1803, SWB 4, S. 312. — **70** LS, Nr. 94 a. – Kleist hat sich in dieser Zeit acht Tage mit Ludwig Wieland eingeschlossen und Samuel Richardsons (1689-1761) *Clarissa*, höchstwahrscheinlich in der Neuübersetzung von Theobul Kosegarten, gelesen. (Diese Ausgabe befand sich in der 1814 versteigerten Bibliothek Wielands.) Die Lektüre, voll aufklärerischer Tugendmuster, mochte ihm – vor dem Hintergrund seines eigenen Strebens nach Vervollkommnung – vor dem Laster der Verführung Minderjähriger angst gemacht haben. Denkbar wäre zudem, daß die Figur des Käthchens von Heilbronn (vgl. S. 296 ff.) mit ihrer reinen und tiefen Neigung zu einem Adligen ebenfalls auf das Oßmannstedter Erlebnis zurückgeht. Luise sprach das Werk später an. — **71** Kleist: *Die Marquise von O....,* SWB 3, S. 186. — **72** LS, Nr. 94 b. Vor allem die gänzlich fehlende materielle Sicherstellung mußte auch für den kinderreichen Wieland, der durch sein mißglücktes Landgut-Projekt gerade zu dieser Zeit bedeutende finanzielle Verluste zu beklagen hatte, als schlechte Visitenkarte gelten. Luise hätte sonst nicht noch nach acht Jahren von den Hindernissen gesprochen, die sich einer Verbindung in den Weg stellten. Sie heiratete erst 1811, in Kleists Todesjahr. – Die Beziehung zu Luise (ähnlich wie die zu den Schliebenschen Schwestern, vgl. Anm. 79) scheint stärker als die zu Wilhelmine Kleists Frauenbild der mittleren Schaffensphase geprägt zu haben. Hinter ihm verbirgt sich zentral die Frage nach dem Schicksal des Reinen, der schönen Seele in widerspruchsreicher Zeit. — **73** An Ulrike von Kleist, 13./14. März 1803, SWB 4, S. 313. — **74** An Ulrike von Kleist, 14. März 1803, SWB 4, S. 314. — **75** Vgl. Michael Kohlhäufl: »Die Rede ein dunkler Gesang? Kleists ›Robert Guiskard‹ und die Deklamationstheorie um 1800«, in: KJb 1966, S. 142-168, Zit. S. 168: »Kleist hat die Assonanz insofern strukturbildend eingesetzt, als er die Grundmotive des Stoffes nach der Auffassung der Zeit ›auf Töne bezogen‹ hat. Er nimmt kompositorisch teil am Wandel der Bedeutung des Musikalischen für die Dichtung – von der natürlichen Referentialität einer Ausdrucksästhetik und der Repräsentanz von Ideen zu einer im strukturellen Gesamtzusammenhang sinnkonstituierenden Referentialität musikalischer Elemente« (ebenda). Reinhart Meyer-Kalkus (»Heinrich von Kleist und Heinrich August Kerndörffer. Zur Poetik von Vorlesen und Deklamation«, in: KJb 2002, S. 55-88) setzt sich dafür ein, daß die Sprechkunst »Ansatz für Kleists Dramen auf der Bühne bleiben – oder vielmehr werden« sollte. »Für das sprachvergessene deutsche Gegenwartstheater wäre dies gewiß keine geringe Herausforderung. Doch gilt hier Kleists eigener Rat: Besser gut deklamiert als schlecht aufgeführt!« (Ebenda, S. 88) — **76** LS, Nr. 105. — **77** Zitiert bei Helmut Sembdner: »Kleist und Falk. Zur Entstehungsgeschichte von Kleists ›Amphitryon‹«, in: *Jahrbuch der deutschen Schillergesellschaft,* 13. Jg. 1969, S. 371. — **78** Vgl. hierzu Uwe Japp: »Kleist und die Komödie seiner Zeit«, in: KJb 1996, S. 108-120. — **79** Gemeint ist die Beziehung zu Luise Wieland, der gegenüber er nach dem Urteil

Luises sowohl als ›edler‹ wie auch als ›unedler‹ Liebhaber auftritt. Eine ähnliche Figur scheint Kleist in einem ›Dreiecksverhältnis‹ während seiner Besuche bei den Schliebenschen Schwestern in Dresden abzugeben. Offenbar hat er ein Auge auf Caroline geworfen (obgleich diese eine Porträtzeichnung von ihrer Schwester Henriette mit »Henriette von Schlieben, Kleists Braut« [LS, Nr. 109a] kennzeichnet). Caroline wartet jedoch voller Unruhe auf ihren seit einem Jahr abwesenden und verstummten Bräutigam Lose. Kleist bestärkt sie anfangs nicht im Glauben an des (ehemaligen) Freundes Treue und Zuverlässigkeit, sondern versucht sie offenbar durch seine »öftern Entmutigungen« (Caroline an Lose, LS, Nr. 109h) vom Glauben an ihre Liebe abtrünnig zu machen. Caroline, die Kleist ein ihr unverständliches »wunderbares [wunderliches] Wesen« (ebenda) bescheinigt und ihn als Mann weniger anziehend als ihren Bräutigam findet, hält jedoch im Glauben an Lose fest, so daß Kleist von seinen Entmutigungen abläßt und Lose ermutigende Zeilen schreibt. — **80** NR, Nr. 635. — **81** An Friedrich de la Motte Fouqué, 25. April 1811. SWB 4, S. 483. — **82** An Ulrike von Kleist, 14. März 1803, SWB 4, S. 315. — **83** An Ulrike von Kleist, 20. Juli 1803, SWB 4, S. 318. — **84** LS, Nr. 120. Tagebuch Karl Bertuchs. — **85** An Friedrich Lose, April 1803, SWB 4, S. 315. — **86** An Ulrike von Kleist, 14. März 1803, SWB 4, S. 317. — **87** An Ernst von Pfuel, 7. Januar 1805, SWB 4, S. 336. – Obgleich Kleist, wie u. a. der *Amphitryon* zeigt, in seiner Kunst die Antike als Analogie zu der in der zerrissenen Moderne bedrohten Individualität nutzt und mit der idealisierenden klassischen Antikeauffassung Goethes und Schillers bricht, kommt er ebenfalls von Winckelmanns Schönheitskonzeption her. Bis Anfang 1805 wirkt diese nachweislich bei gegebenen Anlässen als Orientierung für ein Streben nach Schönheit und Ganzheitlichkeit des Menschen nach. Vgl. hierzu Rudolf Loch: »Der ganze Mensch. Zu Kleists Antikeverhältnis. Mit Anmerkungen zu dem bisher unberücksichtigt gebliebenen Brief an Ernst von Pfuel vom 7.1.1805«, in: BzKF 1973, S. 16 – 28. — **88** An Ernst von Pfuel, SWB 4, S. 335. — **89** Ebenda, S. 336. — **90** An Friedrich Lose, 23. Dezember 1801, SWB 4, S. 289. — **91** Klaus Müller-Salget, Kommentar zu SWB 4, S. 534. — **92** Gerhard Schulz: »Eros in der Käthchenstadt«, in: KJb 2001, S. 316- 326, Zit. S. 318. In bezug auf Kleists dramatisches Werk hat diese Problematik am eingehendsten Manfred Weinberg reflektiert (»»…und wähle Dir endlich ein sichres Geschlecht‹. Zur Ambivalenz sexueller Identität in den Dramen Heinrich von Kleists«, in: *Erotik und Sexualität im Werk Heinrich von Kleists*. Internationales Kolloquium des Kleist-Archivs Sembdner, 22-24. April 1999 [= *Heilbronner Kleist-Kolloquien*, Bd 2. Im Auftrag der Stadt Heilbronn hg. von Günther Emig, Heilbronn 2000], S. 24-37). Er gelangt zu dem Schluß, daß es sich in Kleists dramatischen Schöpfungen um »mißdeutetes oder verfehltes erotisches Begehren, um geschlechtliche Mischwesen« (S. 20) handle. Heinrich Detering (*Das offene Geheimnis. Zur literarischen Produktivität eines Tabus von Winckelmann bis zu Thomas Mann*, Göttingen 1994, 458 S., insbes. S. 117- 156) scheint Kleists Brief an Pfuel vom 7. Januar 1805, jenes wichtigste Dokument Kleists Sexualität betreffend, »nahezu vollständig das Arsenal von Ausdrucksmöglichkeiten homoerotischen Empfindens zu repräsentieren, das an der Wende vom 18. zum 19. Jahrhundert verfügbar war. Die hyperbolische Liebesbeteuerung (›o du, den ich noch immer über Alles liebe‹, ›liebster Pfuel‹)« werde »mehrfach homoerotisch konkretisiert«. Dies geschehe »zunächst durch den Verweis auf die ›griechische Liebe‹ [...] und zwar ausdrücklich bezogen auf den Wunsch, ›bei dir schlafen‹ zu wollen« (S. 120). Bedauerlicherweise verzichtet allerdings auch Detering bei der Integration des Briefes in seiner Studie auf eine tiefergehende Diskussion und Untermauerung durch die Einbeziehung konkreter historischer Bedeutungsbezüge. Seine Lesart berücksichtigt nicht eigentlich den ausdrücklichen Verweis Kleists auf die Gesetzgebung des spartanischen Königs Lykurg (wohl 9. Jh. v. Chr.), des sagenhaften Begründers der spartanischen Verfassung und dessen ›Begriff von der Liebe der Jünglinge‹. Plutarchs Biographien, darunter die von König Lykurg, waren gerade im Preußen jener Jahre in der neuen Übersetzung von Kaltwasser eine verbreitete Lektüre; nicht zuletzt deshalb, weil sie aktuelle Bezüge aufwiesen. Demzufolge hatte Lykurg, der als weiser Gesetzgeber gepriesen wurde, dem drohenden Auseinanderfallen der Gesellschaft Spartas entgegenwirken wollen. Er hatte es unternommen, der herrschenden Schicht der Freien bei gleichem Eigentum, gleicher Nahrung und Kleidung sowie einer auf Wahrhaftigkeit gerichteten Erziehung einen patriotischen Zusammenhalt zu geben. Kleist unterstellt auf dieser Grundlage Lykurgs Erziehungskonzept, welches die männliche Jugend ja vor allem auf Genügsamkeit und Wehrhaftigkeit orientierte, als zentrales Anliegen zugleich die gemeinschaftliche Ausbildung und Steigerung der Wesenskräfte junger Menschen. Im Gewande des um 1800 noch verbreiteten Freundschaftskultes, welcher zumeist auf antike Überlieferungen Bezug nahm, schien solche Vision noch am ehesten im Rahmen einer relativ unabhängigen Männerfreundschaft verwirklichbar. Selbst in Büchern für Gymnasien um 1800 wurde ge-

lehrt, daß die spartanischen Jünglinge nebeneinander in Gemein-
schaftsunterkünften schliefen, daß ihren Wettkampfspielen, bei denen
sie nackt auftraten, die weibliche Jugend beiwohnte und die Wett-
eifernden durch Beifall und Tadel anfeuerte; ja, daß der spartanische
König, im Angesicht der in die Schlacht Ziehenden einen jungen, noch
nicht im Joch gewesenen Stier den Göttern opferte etc. (Vgl. hierzu
Loch, wie Anm. 87, S. 25 f.) So sollte jener Blick Kleists, welchen dieser ›mit mädchenhaften Gefühlen‹ auf seinen badenden Freund warf,
dessen Körper ihm zur Studie eines Gottes dienen zu können schien,
auch – ob homoerotisch unterlegt oder nicht – als ein bemerkenswerter
Vorgang vertiefenden Entdeckens männlicher Schönheit gesehen
werden. Solche Fähigkeit zum Androgynen, d.h. zur sich steigernden
Wirkung des Mannes oder der Frau durch Absorption psychophy-
sischer Wesensmerkmale des anderen Geschlechts, findet sich nicht
nur bei Kleist. Wir beobachten sie auch bei einigen Frühromantikern.
In der ›schönsten Situation‹ seiner *Lucinde* vertritt etwa Friedrich
Schlegel die Austauschbarkeit und die Vertauschung von Mann und
Frau. Er nennt sogar die Männlichkeit und die Weiblichkeit so, wie
sie gewöhnlich genommen und betrieben würden, die gefährlichsten
Hindernisse der Menschlichkeit. – In diesem Zusammenhang sei
noch einmal G. Schulz (wie oben, S. 326) zitiert: »Es ist Kleists immer
wieder erstaunliche, unvergleichliche Fähigkeit, Gestalten zu schaffen
und in lebendige Bewegung zu setzen, Gestalten, die zuweilen zwar
reichlich pathologisch oder gar delinquent sein mögen, aber zugleich
von derart starker Individualität sind, als wären sie uns persönlich
begegnet. In solchem Schöpfungsakt nun ist letzten Endes nichts anderes als Eros am Werke, und das mit solcher Kraft, daß es demgegenüber gleichgültig bleibt, ob Kleist je eine wirkliche Frau in den
Armen gehalten hat oder lieber einen Mann und ob er Kinder zu zeugen vermocht hätte. Er hat sie auf seine Weise gezeugt und ihnen ein
längeres und stärkeres Leben geschenkt, als dies leibliche Väter für
ihre Söhne und Töchter tun können.« — **93** LS, Nr. 112. – Vgl. hierzu Peter Goldammer: »Tradierte Fragwürdigkeit. Ein angeblicher
Ausspruch Kleists über sein Verhältnis zu Goethe«, in: *Goethe-Jahrbuch*, Jg. 94, 1977, S. 99-108. In welcher Zeit Kleist konkret diese
Äußerung getan haben soll, ist von dem jungen Wilbrandt, welcher
ohnehin dazu neigte, zu stilisieren, nicht angeführt worden. – Hinsichtlich der »Bestätigung seiner Persönlichkeit als Nachfahre einer
Familie, deren Angehörige sich Ruhm auf einem gänzlich anderen
Felde erworben hatten« (Goldammer, S. 104 f.) als dem poetischen,
wäre indessen zu bemerken, daß Ewald und Franz Alexander von

Kleist (1769-1797) noch als durchaus geschätzte und erfolgreiche Musensöhne galten. 1803 erschienen gerade in Berlin bei Unger in zwei Teilen *Ewald Christian von Kleists Sämmtliche Werke, nebst des Dichters Leben*, hg. von Wilhelm Körte. Kleist versucht, an die andere, die poetische Tradition des Familiennamens anzuknüpfen; ja er verwendet diese Traditionslinie der eigenen Familie gegenüber als (taktisches) Argument für seine gelebte Auffassung, »der Mensch müsse *das* Talent anbauen, das er in sich *vorherrschend* fühle« (an Ulrike von Kleist, 14. März 1802, SWB 4, S. 314). — **94** LS, Nr. 98 a. — **95** An Ulrike von Kleist, 14. März 1802, SWB 4, S. 314. — **96** Von Kleist nachträglich gestrichen (im Brief an Ulrike von Kleist vom 13. und 14. März 1803, SWB 4, S. 314). — **97** An Rühle von Lilienstern, 31. August 1806, SWB 4, S. 362. — **98** LS, Nr. 114 b. Dagegen benutzte Pfuel selbst nicht, wie er versprochen hatte, seine Reise zu Studienzwecken, sondern berichtete in Briefen nach Hause nur von Abenteuern, Sehenswürdigkeiten und Amüsements; insofern war er für Kleist kein Partner. — **99** Kleist: »Brief eines jungen Dichters an einen jungen Maler«, SWB 3, S. 553. — **100** Siehe Hilda M. Brown: »Kleists Theorie der Tragödie – im Lichte neuer Funde«, in: Dirk Grathoff (Hg.): *Heinrich von Kleist. Studien zu Werk und Wirkung*, Opladen 1988, S. 117-132, insbes. S. 128. Kleist hatte in seinem Tragödienprogramm demnach, die Publikumserwartung in Betracht ziehend, eine ständige Spannungssteigerung vorgesehen. — **101** Siehe Siegfried Streller: *Das dramatische Werk Heinrich von Kleists*, Berlin 1966, S. 55. — **102** An Henriette von Schlieben, 29. Juli 1804, SWB 4, S. 330. — **103** Chr. M. Wieland an Dr. Wedekind, 10. April 1804, LS, Nr. 125 a. — **104** An Ulrike von Kleist, 5. Oktober 1803, SWB 4, S. 319 f. — **105** An Henriette von Schlieben, 29. Juli 1804, SWB 4, S. 330 f. — **106** Ernst von Pfuel wollte bereits 1800 versuchen, »in anderen Diensten, wo Krieg ist, Verwendung zu finden […]« (Pfuel an seinen Vormund und Onkel, abgedr. bei Sigismund Rahmer: *Heinrich von Kleist als Mensch und Dichter. Nach neuen Quellenforschungen*, Berlin 1909, S. 12). Kleist hatte der Schwester bereits am 5. Oktober angekündigt, »ohne große Wahl zuzugreifen, wo sich etwas finden wird« (SWB 4, S. 321). Durchaus denkbar wäre, daß er sich bereits in der Schweiz, wie Ludwig Wieland 1802, um einen Posten bemüht hatte, bevor er sich entschloß, es in dem von ihm mit größeren Vorbehalten beurteilten Frankreich zu versuchen. — **107** Spätestens am 3. Dezember 1803 spricht man allerdings am Berliner Hof bereits davon, daß Kleist sich »bei der Landungs-Armee engagiert« habe, »und man will behaupten, daß Du ihm gefolgt seiest. Ist das wahr?«

(Pfuels Onkel in Gielsdorf an seinen Neffen, LS, Nr. 123 b). —
108 Richard Samuel / Hilda M. Brown: *Kleist's Lost Year and the
Quest for Robert Guiskard*, James Hall, Leamington Spa 1981, S. 85
u. S. 100. — **109** An Ulrike von Kleist, 26. Oktober 1803, SWB 4,
S. 321. — **110** Revers vom 17. April 1799, SWB 4, S. 35 f.

»und erhob mich ... aus der Demütigung«

1 An Henriette von Schlieben, 29. Juli 1804, SWB 4, S. 330. — **2** Wedekind wandte sich in einem nicht überlieferten Schreiben, Kleist betreffend, an Wieland. Dieser antwortete am 10. April 1804. Indem er
von der »zerrütteten geschwächten Gesundheit« (LS, Nr. 125a) Kleists
spricht, scheint er eine Einschätzung Wedekinds zu reflektieren. —
3 LS, Nr. 126. — **4** LS, Nr. 125a. — **5** Kleist: *Die Marquise von O....*,
SWB 3, S. 186 (Hervorhebung vom Verf.); ebenso im *Michael Kohlhaas* (SWB 3, S. 26). Der Begriff ist in der Kleist-Forschung ein zentraler, allerdings auch zuweilen ambivalenter Topos geworden. Johann
Christoph Adelungs *Auszug aus dem grammatisch-kritischen Wörter-
buche der hochdeutschen Mundart*, Zweyter Theil, von F bis L, Leipzig
1796, S. 381, weist das Wort ›Gebrechen‹ als 1. einen »Zustand, da
eine Sache mangelt, oder fehlet« und 2. als »Mangel der Vollkommenheit, Unvollkommenheit, Fehler« aus. — **6** LS, Nr. 120. Siehe Peter
Goldammer: »Noch einmal: Kleist in Paris im Jahre 1804«, in: BzKF
1986, S. 37-43. Vgl. aber auch Helmut Sembdner: »Die Doppelgänger
des Herrn von Kleist. Funde und Irrtümer der Kleistforschung«, in:
Jahrbuch der Deutschen Schillergesellschaft 35 (1991), S. 180-195. —
7 Goldammer, wie Anm. 6, S. 43. — **8** So in den *Vertrauten Briefen
über die Revolution vom 18. Brumaire*, Teutschland 1800, worin er
bereits vor dem Machtmißbrauch durch Napoleon warnte: »Der
Feldherr, dem man jetzt so ungemessenen Weihrauch duftet, läuft
Gefahr, zum Unterdrücker der Freiheit, ja zur Geißel von ganz Europa zu werden.« (Zitiert nach Karl Zimmermann: »Heinrich von
Kleist am Rhein 1803/04«, in: *Rheinische Vierteljahrsblätter*, Jg. 21,
1956, S. 368) Wedekind, ein Freidenker, der früh mit kosmopoliti-
schen Ideen bekannt geworden war, war seit 1785 Freimaurer. Während der Mainzer Republik wirkte er als Vizepräsident des Mainzer
Jakobinerklubs und war ein enger Mitstreiter Georg Forsters; dafür
hatte man ihn mit der Reichsacht belegt. Er entkam nach der Einnahme
von Mainz im Juli 1793 nur mit Mühe den deutschen Reichstruppen
(bei denen auch der Fahnenjunker H. von Kleist stand), vor allem

aber den Emigranten des katholischen Erzbistums, die mit an Lynch-
justiz grenzenden Methoden Rache an den Andersdenkenden nahmen. Sie verschleppten Wedekinds Familie und kerkerten sie ein. Sofern Kleist nicht bereits über Wedekinds Vergangenheit im Bilde war,
bevor er nach Mainz kam, wird er im Laufe seines Mainzer Aufenthaltes Näheres darüber erfahren haben. Zumindest ist auch ein eigenes
Interesse Kleists am Lebensweg seines älteren und erfahreneren ehemaligen Gastgebers Wieland bezeugt (vgl. Kleists Brief vom Januar
1803 an Ulrike von Kleist, SWB4, S. 312, worin er ihr mitteilt, daß er
Wielands Lebensgeschichte aufschreibe), so daß man dies durchaus
auch für Wedekind annehmen kann. Bis 1797 war Wedekind im
Dienste der jakobinischen und dann der Direktorialregierung in
Kriegslazaretten tätig. Er publizierte viele Forschungsergebnisse. An
seinen revolutionären Idealen Freiheit und Gleichheit als den funda-
mentalen Menschenrechten hielt Wedekind lebenslang fest. »Grundlegende politische Veränderungen betrachtete Wedekind auch weiterhin als Conditio sine qua non für eine notwendige Modernisierung
von Staat und Gesellschaft. Diese sollte nun freilich nicht mehr auf revo-
lutionärem Weg, sondern durch Reformen erfolgen.« (Peter Philipp
Riedl: »Jakobiner und Postrevolutionär. Der Arzt Georg Christian
Wedekind«, in: KJb 1996, S. 52-75, Zit. S. 72) Wedekind neigte dem
englischen parlamentarischen System zu. Ähnlich wie Kleist 1801
und seit 1808 äußerte er sich noch 1816 despektierlich über die post-
revolutionären Entwicklungen des französischen Nationalcharakters;
er sagte ihm einen Hang zur Täuschung, zum Verbergen des Schänd-
lichen unter angenehmen Formen, Geschwätzigkeit, Veränderungs-
sucht, Gewissenlosigkeit, Arroganz sowie Eitelkeit nach. – Kleist hat
Wedekind und seinen Mainzer Aufenthalt, wohl aus gutem Grund,
mit keinem einzigen Wort erwähnt. — **9** LS, Nr. 125a. Vgl. auch
Zimmermann, wie Anm. 8, S. 369 ff. Die volle Schreibung des Namens
durch Wieland (und Wedekind) hätte Kleist gefährden können, da er
auch keine ausländischen *Zivil*dienste annehmen durfte. — **10** Zimmermann, wie Anm. 8, S. 370. — **11** Was sich etwa in den *Abendblätter*-
Anekdoten mit französischem Sujet (so *Franzosen-Billigkeit, wert in
Erz gegossen zu werden, Französisches Exercitium das man nachmachen sollte*) zeigt. — **12** So die republikanischen Publizisten Joseph
Görres (1776-1848) und Franz von Lessoulx in Koblenz. — **13** LS,
Nr. 126. – Daß Kleist bereits hier probeweise im Gerichtswesen,
etwa als Beisitzer, tätig war, kann nur vermutet werden. Das Prinzip
der bürgerlichen Rechtsgleichheit und -sicherheit, das der *Code civil*
garantierte, wurde ähnlich wie in dem Frankreich quasi angegliieder-

ten Holland (Batavische Republik), dem Schauplatz des *Zerbrochnen Krugs*, auch in den linksrheinischen Gebieten durchgesetzt. Vgl. etwa die Figur des Adam. Dieser ist vor zehn Jahren auf nicht näher bezeichnete Weise als Nichtstudierter ins Dorfrichteramt gelangt. Dieses nutzt er als Ortsgewaltiger, mit einem staatlichen Machtmonopol ausgestattet, für seine persönlichen Interessen. Gerichtsrevisor Walter suspendiert Adam und setzt den studierten, gesetzes- und formkundigeren Schreiber Licht ein. — **14** Vgl. Leo Just: *Franz von Lessoulx. Ein Stück rheinischer Lebens- und Bildungsgeschichte im Zeitalter der großen Revolution und Napoleons,* Bonn 1926, S. 132 f. — **15** *Denkwürdigkeiten und nützlicher Rheinischer Antiquarius*, Mittelrhein. Koblenz 1853, I. Abt., 2. Bd., S. 405. Vgl. hier auch Massons Lebenslauf. — **16** LS, Nr. 126. — **17** LS, Nr. 127. — **18** Wie Goldammer, wie Anm. 6, S. 43, plausibel macht, hatte der König nicht nur von der Schriftstellerei und den Anstellungsversuchen Kleists beim französischen Militär, sondern auch von dem Umgang Kleists in Paris erfahren. Von Kleists Aufenthalt bei dem als ›Jakobiner‹ verschrieenen Wedekind bekam man jedoch zum Glück keinen Wind. — **19** Gemeint ist die Ermunterung zum *Guiskard* in Wielands Schreiben vom 12. Juli 1803 (siehe. S. 167). — **20** An Ulrike von Kleist, 24. Juni 1804, SWB 4, S. 322-324 (die vorangegangene Zitatstelle ebenda). — **21** *Über die allmählige Verfertigung der Gedanken beim Reden,* SWB 3, S. 539. — **22** An Ulrike von Kleist, 27. Juli 1804, SWB 4, S. 328. — **23** Ebenda. — **24** Sigismund Rahmer: *Heinrich von Kleist als Mensch und Dichter*, Berlin 1909, weist auf S. 67 darauf hin, daß sich in Dahlmanns Nachlaß eine Übersetzung aus dem Spanischen von Kleists Hand befunden habe. Kleist könnte demnach spanische Sprach- und Literaturstudien getrieben haben. Man nimmt allgemein einen nicht geringen Einfluß des Novellenwerkes des Miguel Cervantes de Saavedra (1547-1616) auf die Freunde des ›Nordsternbundes‹ an. Nach Rahmer verdankt Kleist insbesondere die unübertroffene »Gegenständlichkeit der Darstellung« und den »Fluß seiner getragenen Perioden« (ebenda) dem spanischen Meister der Erzählkunst. — **25** Karl August Varnhagen von Ense: *Denkwürdigkeiten des eigenen Lebens*, Erster Theil, Leipzig 1843, S. 285 f. — **26** (Wie die vorangegangenen Zitate:) Ebenda, S. 287 f. — **27** LS, Nr. 132. — **28** SWB 3, S. 398. — **29** *Königlich privilegierte Berlinische Zeitung von Staats- und gelehrten Sachen.* Im Verlage Vossischer Erben und Unger. 62tes Stück. Donnerstag den 24ten Mai 1804, S. 10, unter »Vorladungen«. Ausgestellt Berlin, den 14ten Mai vom Königl. Preuß. Kammergericht. Schon in den ersten Maitagen in der sog. *Vossischen Zeitung* Bekanntgabe des Bankrotts der Teilhaber-Firma. — **30** Karl August Varnhagen von Ense: *Denkwürdigkeiten des eigenen Lebens*, Berlin 1871, Bd. I, S. 141 f. — **31** An Marie von Kleist, 20. Juli 1805, SWB 4, S. 345. — **32** Ebenda. — **33** In der *Gallerie Preußischer Charaktere*, aus der französischen Handschrift übersetzt, Germanien 1808, wird, neben anderen höchsten Männern Preußens vor 1806, auf S. 315-348 ein Porträt des Grafen von Haugwitz und Freiherrn von Kappitz gezeichnet: als eines Menschen, »dessen ganzes Leben eine ununterbrochene Folge von Verschrobenheit oder von Verworfenheit« (S. 317) gewesen sei. Danach hatte Haugwitz unter Friedrich Wilhelm II. bereits 1791 »den Ruf zur Heiligkeit zu erlangen gestrebt und sich als Theosoph und Geisterseher ausgezeichnet« (S. 318). Er habe an den Gelagen der Königsmätresse von Lichtenau teilgenommen und sei wohl deshalb zum Außerordentlichen Gesandten am kaiserlichen Hof zu Wien ernannt worden. Trotz Erfolglosigkeit sei er durch erneute Gunstbezeugung des Königs ein Jahr darauf zum ›Wirklichen und Geheimen Staats-, Kriegs- und Cabinets-Minister‹ erhoben, ja einen Monat darauf sogar zum Minister des Auswärtigen ins Cabinets-Ministerium berufen worden. In der Folge habe Haugwitz von den preußischen Königen den Roten Adler-Orden und beträchtliche Güter in Südpreußen im Werte von 200 000 Talern erhalten, 1802 hat er am Reichsdeputationshauptschluß, der von Napoleon durchgesetzten Neuaufteilung der deutschen Länder, teilgenommen. Als Dank für seine Mühe schenkte ihm Friedrich Wilhelm III. 120 000 Reichstaler. Spielen, plaudern und schlafen seien für Haugwitz weit wichtiger gewesen als seine regulären Geschäfte und Pflichten. »Und hiermit hing nur allzu viel zusammen. Nicht genug, daß tausend Sachen, so wichtig sie auch seyn mochten, unabgemacht blieben, und daß des Anfragens, Bittens usw. kein Ende war [...]« (S. 335/336). So sei »Haugwitzens ganzes politisches Leben eine ununterbrochene Reihe von Lügen« gewesen, indem er »sich auf keine andere Weise zu retten wußte. [...] Zeitungsschreiber und Journalisten sprechen nicht allzu selten da von Erholung nach ununterbrochener Anstrengung, wo diese gar nicht stattgefunden hat. Auch Haugwitz'ens Disposition von der weiteren Verwaltung der auswärtigen Angelegenheiten im Jahre 1804 wurde auf diese Art motiviert. Gleichwohl ist nichts gewisser, als daß sie eine Folge der vielfältigen Klagen über seine Nachlässigkeit auf der einen und seines Abscheus vor der Arbeit auf der anderen Seite war. Der Herr von Hardenberg, sein Nachfolger im Departement, würde am besten sagen können, in welcher Verwirrung er das Portefeuille angetroffen hat. Haugwitz'ens momentanes Abtreten mußte sehr nothwendig geworden seyn, weil er einen Posten verließ, der ihm nicht weniger als 14.000 Rthlr. Jährlich einbrachte [...]« (S. 336 f.). Haugwitz bekam indessen nicht den Abschied, sondern nur »illustrierten Urlaub« (S. 338), weil der König von seinen Diensten weiter Gebrauch machen wollte und dies auch 1805 tat (s. S. 243). Diese Charakterisierungen preußischer Staatsgrößen (unter ihnen auch der Schlesienminister Hoym, welcher für seine Güter verordnete, daß seine Untertanen nicht mehr als drei Pfund Fleisch jährlich zu essen bekamen) sind in unserem Zusammenhang um so interessanter, als Christian August Ludwig von Massenbach (!) und Ferdinand Friedrich Buchholz (von ihm stammten die *Feuerbrände*), welche als deren Verfasser gelten, die aus Sicherheitsgründen anonym blieben, zu den schärfsten Kritikern des preußischen Schlendrians zählten. Ein sarkastischer Ton gegenüber der preußischen Staatsspitze muß demnach im Hause Massenbachs gang und gäbe gewesen sein. Kleist wird vom Durchblick und vom Urteil der Massenbachschen Gönner profitiert haben (vgl. auch S. 30/31). — **34** Siehe Horst Häker: »Fünf Miszellen zu Kleists Leben und Werk«, in: BzKF 1999, S. 124-136, insbes. S. 129/130. — **35** LS, Nr. 130. — **36** Ebenda. — **37** An Ernst von Pfuel, 7. Januar 1805, SWB 4, S. 336. Ebenso Ulrike von Kleist, LS, Nr. 130. — **38** »Die Lage des Fürstenthums Baireuth und dessen künftige Administration betreffend«, vgl. hierzu Richard Samuel: »Heinrich von Kleist und Karl Baron von Altenstein: eine Miszelle zu Kleists Biographie«, in: *Euphorion* 49, 1955, S. 71-76. — **39** Zitiert nach Samuel, wie Anm. 38, S. 73. — **40** Ebenda, S. 74. — **41** An Karl von Stein zum Altenstein, SWB 4, S. 353. — **42** Vgl. zu dieser Frage Klaus Kanzog: *Prologomena zu einer historisch-kritischen Ausgabe der Werke Heinrich von Kleists. Theorie und Praxis einer modernen Klassiker-Edition*, München 1970, S. 60. Zur Entstehung des *Zerbrochnen Krugs* siehe auch Wolfgang Barthel: »Kleists ›Zerbrochner Krug‹. Thesen zu Entstehung und Wirklichkeitsbezug«, BzKF 1978, S. 45-53. Vgl. ferner Hans Joachim Kreutzer: *Die dichterische Entwicklung Heinrichs von Kleist. Untersuchungen zu seinen Briefen und zu Chronologie und Aufbau seiner Werke*, Berlin 1968 (= *Philologische Studien und Quellen* Heft 41): »Wieviele Hss. es gegeben hat, wissen wir nicht [...] Für die Konstitution eines kritischen Textes ist die Hs. nur sehr bedingt brauchbar, da der Erstdruck als Hauptzeuge auf eine mit Sicherheit zu erschließende, möglicherweise sogar mehrstufige Handschriftentradition zurückgeht, die in H (mit erster Variantenschicht) lediglich einen Ahnen besitzt.« (S. 162). Darüber, daß die Schlußbemerkung Kleists im Brief an Massenbach (der als

Mitzögling Schillers wohl als erster die Quelle zu den *Räubern* bekannt gemacht hat) nicht als terminus ante quem non für den Abschluß des *Krugs* anzusehen ist, besteht in der Forschung allerdings weitgehende Übereinstimmung. Meiner Auffassung von einer frühen ›optimistischen‹ *Krug*-Fassung muß die Annahme einiger Kleist-Forscher von einer eher tragischen Grundanlage nicht prinzipiell widersprechen. — **43** An Christian von Massenbach, 23. April 1805, SWB 4, S. 338.

Zwischen Dienst und Dichtung

1 An Karl von Stein zum Altenstein, 13. Mai 1805, SWB 4, S. 340. – Die Königsberger Universität hatte im Wintersemester 1805/06 333 Studierende (nach Hans Prutz, *Die Königliche Albertus-Universität zu Königsberg in Preußen*, Königsberg 1894, S. 146). Kraus hatte in seiner Enzyklopädie-Vorlesung im Sommersemester 1806 105 Hörer. — **2** Kleist: *Erklärung* (zur Diskussion über Kraus), SWB 3, S. 655. — **3** Theodor von Schön: »Über die gesetzliche und richterliche Begünstigung des Bauernstandes«, in: *Annalen der Gesetzgebung und Rechtsgelehrsamkeit in den Preußischen Staaten*, hg. von Ernst Ferdinand Klein, 24. Bd., Berlin u. Stettin 1806, S. 168. — **4** Vgl. hierzu Theodor von Schön: »Reglement über die Vertheilung der Geschäfte zwischen den Landes-Collegien in Ostpreußen und Litthauen, Berlin, 21. Juni 1804«, in: *Annalen der Gesetzgebung in den Preußischen Staaten*, hg. von Ernst Ferdinand Klein, 2. Bd. 1805, S. 129-143. — **5** Kleist: *Über die allmählige Verfertigung der Gedanken beim Reden*, SWB 3, S. 539. — **6** Kleist: *Der zerbrochne Krug*, Vs. 298. – Vgl. Wolfgang Barthel: »Kleists ›Zerbrochner Krug‹. Thesen zu Entstehung und Wirklichkeitsbezug«, in: BzKF 1978, S. 45-53, insbes. S. 47 f., das Leben auf den ostpreußischen Domänendörfern betreffend: »Hier waren 1805 die Verhältnisse weniger zugespitzt als auf den sogenannten Adelsdörfern. [...] es gab keine Patrimonialgerichtsbarkeit.« — **7** An Karl von Stein zum Altenstein, 10. Februar 1806, SWB 4, S. 354 (auch die vorangehenden Zitate). — **8** Adam Smith: *Untersuchungen über die Natur und die Ursachen des Nationalreichthums*. Aus dem Englischen der vierten Ausgabe neu übersetzt von Garve und Dörries, Bd. I, Frankfurt und Leipzig 1796, S. 210. — **9** An Karl von Stein zum Altenstein, 13. Mai 1805, SWB 4, S. 340. — **10** An Karl von Stein zum Altenstein, 30. Juni 1806, SWB 4, S. 355. — **11** LS, Nr. 142. Auch die vorangehenden Zitate. – Richard

Samuel führt in seiner in der zweiten Hälfte der dreißiger Jahre entstandenen Dissertation *Heinrich von Kleist's Participation in the
Political Movements of the years 1805-1809* weitere zumeist politisch
engagierte Zirkel und Persönlichkeiten auf, unter ihnen Achim von
Arnim, mit denen Kleist in Berührung gekommen sein dürfte. Vgl.
hierzu die Übersetzung *Heinrich von Kleists Teilnahme an den poli-
tischen Bewegungen der Jahre 1805-1809*. Deutsch von Wolfgang
Barthel, Frankfurt (Oder) 1995, S. 32-42. — **12** Paul Hoffmann: »Ulrike
von Kleist über ihren Bruder Heinrich«, in: *Euphorion*, Bd. 10, 1903,
Heft 1 u. Heft 2, S. 149. — **13** *Über die allmählige Verfertigung der
Gedanken beim Reden*, SWB 3, S. 535. — **14** Ebenda, S. 540. — **15** An
Rühle von Lilienstern, 31. August 1806, SWB 4, S. 362. Die oft als absolutes Plädoyer Kleists für das Gefühl im Schaffensvorgang gesetzte
Aussage in der betreffenden Passage des Briefes – »Jede erste Bewegung, alles Unwillkührliche, ist schön; und schief und verschroben
Alles, so bald es sich selbst begreift. O der Verstand! Der unglück-
seelige Verstand! Studiere nicht zu viel, mein lieber Junge! [...] Folge
deinem Gefühl. Was dir schön dünkt, das gieb uns, auf gut Glück« –
ist im Zusammenhang mit der konkreten Absicht Kleists gegenüber
dem Freund zu sehen. Dessen Versuch einer Racine-Übersetzung
habe, urteilt Kleist, zwar »treffliche Stellen« (ebd.), doch leide er unter einem Überhang an rational Gefaßtem, mithin ›Anstudiertem‹. —
16 *Brief eines jungen Dichters an einen jungen Maler*, SWB 3,
S. 553. — **17** An Christoph Martin Wieland, 17. Dezember 1807,
SWB 4, S. 398. — **18** Jürgen Schröder: »Kleists ›Amphitryon‹, die Eifersucht der Doppelgänger. Versuch einer Unterinterpretation«, in:
Erotik und Sexualität im Werk Heinrich von Kleists. Internationales
Kolloquium des Kleist-Archivs Sembdner 22.-24. April 1999 (= *Heil-
bronner Kleist-Kolloquien* Bd. 2. Im Auftrag der Stadt Heilbronn
hg. von Günther Emig), Heilbronn 2000, S. 85-99, Zit. S. 99. —
19 Hans-Jürgen Schrader: »Der Christengott in alten Kleidern. Zur
Dogmenkritik in Kleists Amphitryon«, in: *Antiquitates Renatae.
Deutsche und französische Beiträge zur Wirkung der Antike in der
europäischen Literatur. Festschrift für Renate Böschenstein zum 65.
Geburtstag, hg. von Verena Ehrich-Haefeli, Hans-Jürgen Schrader,
Martin Stern. Würzburg 1998, S. 191-207, Zit. S. 202. Ebenda: »Nicht
nur die Dichotomie von heidnisch und christlich, sondern die in noch
verstörenderer Weise beliebig scheinende Austauschbarkeit von Gut
und Böse, die Ununterscheidbarkeit von Gott und Teufel müßte damit
zusammengesehen werden. Was dabei an Kleistscher Dogmenkritik,
an metaphysischer Ratlosigkeit und Verlassenheitsempfindungen

herauskommt, ist sicher erschreckend, doch paßt es vollends zu den in allen größeren Arbeiten des Dichters exponierten Orientierungsverzweiflungen.« — **20** Volker Nölle: »Verspielte Identität. Eine expositorische ›Theaterprobe‹ in Kleists Lustspiel ›Amphitryon‹«, in: KJb 1993, S. 160-180, Zit. S. 179. — **21** Schröder, wie Anm. 18, S. 97. — **22** Vgl. den Brief vom 15. August 1801 an Wilhelmine von Zenge, SWB 4, insbes. S. 261. Dort hatte Kleist, auf dem Höhepunkt seiner Irritationen, mit Blick auf das zweifelhafte Geschehen im Verlauf der menschlichen Geschichte gefragt:»Was heißt das auch, etwas Böses thun, der Wirkung nach? Was ist *böse*? *Absolut* böse?« Eigentlich, hatte er gemeint, gebe es keine Handlung, welche »böse wäre in *alle Ewigkeit fort* […], denn erzeugt[e] nicht oft die schlechteste […] die beßte[n] –?« Es wäre nicht angemessen, den *Amphitryon* als Versinnbildlichung dieser Briefpassage zu lesen. Doch verweist sie zweifellos auf die Radikalität, mit welcher Kleist das aufklärerische Moralkonzept hinterfragt – und auf ›Grenzüberschreitungen‹, die mit in das Werk eingehen konnten. — **23** Vgl. Schröder, wie Anm. 18, S. 87. — **24** LS, Nr. 147. Wie wir seit einiger Zeit wissen, hatte Kleist bereits vor der Königsberger Zeit über Marie von Kleist wieder brieflichen Kontakt zu Wilhelmine von Zenge aufzunehmen versucht. — **25** LS, Nr. 146. — **26** Das beinah demagogische Religions- und Philosophieaufgebot Jupiters in II/5 enthält naturphilosophische, Hegelsche bis buddhistische Ansichten und kann als Anspielung auf die Heterogenität der Krugschen Philosophie gelesen werden. – Krug hatte in der ersten Königsberger Zeit bedeutenden Zulauf an Studenten. Während des Sommersemesters 1806 etwa haben sich 164 Zuhörer (von insgesamt 333 Studenten) für seine Logik-Vorlesung eingeschrieben, bei Kraus nur 105 (vgl. Prutz, wie Anm. 1, S. 147). — **27** LS, Nr. 14. — **28** Wilhelmine von Zenge an Kleist, 10. April 1802, SWB 4, S. 305. — **29** Thomas Mann:»Kleists Amphitryon. Eine Wiedereroberung«, in: *Gesammelte Werke*, 10. Bd., Berlin und Weimar 1965, S. 47-89, Zit. S. 47. — **30** An Marie von Kleist, 20. Juli 1805, SWB 4, S. 345/46. Kleist nimmt in seinem Brief auch Bezug auf Schiller, der am 8.5.1805 gestorben war, und von dem es hieß, daß die Ursache seines Todes vor allem sein emotionaler Enthusiasmus gewesen sei. — **31** An Ernst von Pfuel, 7. August 1805, SWB 4, S. 347. — **32** Kleist: *Über die Aufhebung des laßbäuerlichen Verhältnisses*, SWB 3, S. 507. — **33** [Anonym:] »Etwas über die Bildung der Rechtsgelehrten in den Preußischen Staaten«, in: *Annalen der Gesetzgebung und Rechtsgelehrsamkeit in den Preußischen Staaten*, hg. von Ernst Ferdinand Klein, 23. Bd., Berlin und Stettin 1805, S. 34-50, Zit. S. 37. — **34** [Anonym]: »Über das Wesen des Civil-Prozesses«, in: *Annalen der Gesetzgebung und Rechtsgelehrsamkeit in den Preußischen Staaten*, hg. von Ernst Ferdinand Klein, 23. Bd., Berlin und Stettin 1805, S, 109-128, S. 113. — **35** [Schön, Theodor]: *Justiz-Katechismus für Unterbediente der Landes-Justiz-Collegien*, Berlin, bey J. G. C. Nauck, 1806. (Siehe auch in: *Annalen der Gesetzgebung und Rechtsgelehrsamkeit in den Preußischen Staaten*, hg. von Ernst Ferdinand Klein, 24. Bd.) — **36** Letztere hatten zumeist unentgeltlich zu arbeiten. — **37** Vgl. hierzu den Beitrag unter Anm. 34. — **38** Kreutzer betont die vielfache Überarbeitung des Stückes über 1805 hinaus. (Hans Joachim Kreutzer: *Die dichterische Entwicklung Heinrichs von Kleist. Untersuchungen zu seinen Briefen und zu Chronologie und Aufbau seiner Werke*, Berlin 1968, S. 157 ff.). Vgl. auch Wolfgang Barthel: »Kleists ›Zerbrochner Krug‹. Thesen zu Entstehung und Wirklichkeitsbezug«, in: BzKF 1978, S. 45-53. — **39** Hans-Peter Schneider: »Justizkritik im ›Zerbrochnen Krug‹«, in: KJb 1988/89, S. 309-326, Zit. S. 325. — **40** Vgl. Dirk Grathoff: »Der Fall des Krugs. Zum geschichtlichen Gehalt in Kleists Lustspiel«, in KJb 1983, S. 180-192. — **41** An Ernst von Pfuel, 7. Januar 1805, SWB 4, S. 337. — **42** Ebenda. — **43** Ulrike von Kleist berichtet, daß für Kleist »eine größere Karriere« (LS, Nr. 139) vorgesehen war. Ulrike erwähnt zwei Angebote Hardenbergs: 1) sofort eine untere Laufbahn zu beschreiten; 2) für ein Jahr nach Königsberg zu gehen, um sich dort erst einmal durch vorbereitende Studien und praktische Einblicke für eine künftige bedeutende Karriere zu präparieren. Ähnlich wie 1800 bei Struensee und der Technischen Deputation mag Kleist bei Angebot 2) auch die Möglichkeit gesehen haben, Zeit zu gewinnen und sich vor solcher nunmehr endgültigen Verpflichtung für die Zukunft sich selbst wieder eingehend vergewissern zu können. — **44** Theodor von Schön: »Selbstbiographie bis zur Ernennung zum Oberpräsidenten von ganz Preußen«, in: *Aus den Papieren des Ministers und Burggrafen von Marienburg Theodor von Schön*, Erster Theil, Halle (Saale) 1875, S. 7. — An Karl von Stein zum Altenstein, 30. Juni 1806, SWB 4, S. 356. — **45** Hierbei spielte der Sondergesandte Haugwitz erneut eine üble Rolle. Er ließ sich von Napoleon so lange hinhalten, bis die Schlacht geschlagen war. Sodann gratulierte Haugwitz dem französischen Kaiser mit den Worten: ›Gottlob!, wir haben gesiegt!‹ — **46** An Karl von Stein zum Altenstein, 10. Februar 1806, SWB 4, S. 353. — **47** An Marie von Kleist, [Spätherbst 1807], SWB 4, S. 397 f. — **48** An Christoph Martin Wieland, 17. Dezember 1807, SWB 4, S. 399. Die andere Bedeutungsvariante im Sinne eines angestrengten ›Freihustens‹ träfe eher zu. — **49** An Marie von Kleist, [Spätherbst 1807], SWB 4, S. 397. — **50** Ebenda. — **51** An Karl von Stein zum Altenstein, 30. Juni 1806, SWB 4, S. 356. — **52** An Ulrike von Kleist, 12. Januar 1802, SWB 4, S. 295. — **53** An Otto August Rühle von Lilienstern, [erste Hälfte Dezember 1805], SWB 4, S. 351. Eine Zahl, die allein bei Scharnhorst in einer Ende 1805 ausgearbeiteten und Anfang 1806 dem mit Kleist verwandten Gouverneur der Berliner Militärakademie, Oberst Otto von Kleist, und danach dem König übergebenen Denkschrift im Jahre 1806 erscheint. Wahrscheinlich hat sie Rühle, ein Schüler Scharnhorsts, Kleist übermittelt. Sie betraf die Aufstellung von Reservebataillonen dieser Stärke. — **54** Vor allem gegen Einspruch des Freiherrn vom Stein. Doch auch Chr. J. Kraus sprach sich für eine stark reduzierte Papiergeldausstreuung aus. Schön wurde Ende 1805 zum Präsidenten der Papiergeldkommission beim Generaldirektorium berufen. — **55** An Ulrike von Kleist, 24. Oktober 1806, SWB 4, S. 363. — **56** An Karl von Stein zum Altenstein, 13. November 1805, SWB 4, S. 349. — **57** An Otto August Rühle von Lilienstern, [erste Hälfte Dezember 1805], SWB 4, S. 351/52. — **58** An Karl von Stein zum Altenstein, 30. Juni 1806, SWB 4, S. 356. — **59** An Karl von Stein zum Altenstein, 13. November 1805, SWB 4, S. 349. — **60** Ebenda. — **61** LS, Nr. 146. — **62** An Otto August Rühle von Lilienstern, 31. August 1806, SWB 4, S. 360. — **63** An Karl von Stein zum Altenstein, 4. August 1806, SWB 4, S. 358. — **64** An Otto August Rühle von Lilienstern, 31. August 1806, SWB 4, S. 361. — **65** Vgl. hierzu aber S. 280 — **66** Wie Anm. 64. — **67** Rudolf Vierhaus: »Kleist und die Krise des preußischen Staates um 1800«, in: KJb 1980, S. 9-33; S. 28. — **68** An Otto August Rühle von Lilienstern, 31. August 1806, SWB 4, S. 362. — **69** Ebenda. — **70** An Karl von Stein zum Altenstein, 30. Juni 1806, SWB 4, S. 355. — **71** An Ulrike von Kleist, 24. Oktober 1806, SWB 4, S. 363. — **72** Kleist: *Über die Finanzmaßregeln der Regierung* (1810), SWB 3, S. 509. — **73** Brentano teilt im Dezember 1811 mit, Pfuel soll ihm gegenüber geäußert haben, daß es Kleist »grenzenlos gedemütigt« habe, »sich vom Drama zur Erzählung herablassen zu müssen« (NR, Nr. 73a). Mag auch die Verläßlichkeit der Überlieferung durch Brentanos wenig sachliche, von poetischem Neid und Schadenfreude nicht unberührter Haltung gegenüber dem toten Kleist in ihrer Glaubwürdigkeit eingeschränkt sein, so nahm doch die dramatische Gattung, insbesondere die Tragödie, in der Zeit der sog. Kunstperiode den ersten Rang in der Dichtungshierarchie ein, durch welche man den bedeutendsten Einfluß auf das Publikum nehmen zu können glaubte.

Doch die marktgängigere Prosa ließ sich besser verkaufen. So versuchte sich Kleist mit Blick auf seine Freiberuflerexistenz schließlich auch auf diesem Felde. Er schuf sich damit ein zweites Standbein. Heute rangiert die Wirkung von Kleists Prosa noch vor der des dramatischen Werkes. — **74** LS, Nr. 370. — **75** Justus Claproth: *Grundsätze von Verfertigung der Relationen aus Gerichtsakten,* 4. Aufl., Göttingen 1789, S. 24. (Zit. nach Hans Kiefner: »Species facti. Geschichtserzählung bei Kleist und in Relationen bei preußischen Kollegialbehörden um 1800«, in: KJb 1988/89, S. 19.) Die Fragwürdigkeit normativer Kriterien erscheint mir als ein wichtiger Punkt, den Kiefner unbeachtet läßt. — **76** Die Überlieferung von Bülow, daß Kleist Wilhelmine Krug und Luise von Zenge gegenüber, denen er seine ersten Prosaversuche vorgelesen haben soll, es als »unerträglich« bezeichnet habe, »sich Männern, die er übersah, untergeordnet zu sehen« (LS, Nr. 148), könnte in diesem Sinne verstanden werden. — **77** Kleists *Phöbus*-Fassung, SWB 3, S. 12. — **78** Ebenda, S. 46. — **79** Anthony Stephens und Yixu Lü: »Die Verführung des Lesers im Erzählwerk Kleists«, in: KJb 1994, S. 104-117, Zit. S. 115. Vgl. hierzu auch Wolfgang Barthel: »Michael Kohlhaas. Beobachtungen zum Erzählverfahren Kleists«, in: BzKF 1974, S. 1-24, Zit. S. 7: Die Eingangssätze würden »meistens, soweit es die Zentralfigur betrifft, als verbindliche Deutung des Novellengeschehens begriffen: als vorgreifendes Verdikt aus dem Munde des ›Erzählers‹, der hierbei mit dem Autor-Erzähler gleichgesetzt wird, und somit als einstimmender Auftakt der Geschichte, auf den sich nun, die Validität dieses Urteils demonstrierend, die Vorgänge linear türmen. Kleist erzählt aber anders. Seine Erzählstruktur ist komplexer.« — **80** Wie Anm. 75, S. 60. — **81** *David Humes' politische Versuche. Von neuem aus dem Englischen übersetzt nebst einer Zugabe von Christian Jakob Kraus.* Neue nach den hinterlassenen Papieren des Übersetzers vermehrte Auflage. Königsberg, Nicolovius 1813 (= Teil 7 der *Vermischten Schriften über staatswirthschaftliche, philosophische und andere wissenschaftliche Gegenstände von Christian Jakob Kraus.* Nach dessen Tode hg. von Hans von Auerswald, Königsberg 1823), S. 304/05 (auch die vorangegangenen Zitate). – Auerswald datiert in seinem Geleitwort die Entstehungszeit von Kraus' Arbeit auf kurz nach 1800. — **82** Ebenda, S. 306. – In einer prominent geführten Diskussion über Gehorsamspflicht und Widerstandsrecht des Staatsbürgers hatte als einziger der Hallenser Ludwig Heinrich Jakob in seiner ›Sittenlehre‹ und seiner ›Rechtslehre‹ das Recht zur Selbsthilfe bei Versagen des Staates verteidigt. (Vgl. hierzu Joachim Rückert: »›... DER

WELT IN DER PFLICHT VERFALLEN ...<. Kleists >Kohlhaas< als moral-
und rechtsphilosophische Stellungnahme«, in: KJb 1988/89, S. 375-403.)
Daneben war es Fichte, der, wenn auch philosophisch abstrakt, in
dieser Zeit nicht zum Kleinbeigeben riet, sondern zur >Offensive<, zum
>Krieg< für die Verteidigung der Grundrechte des Menschen auffor-
derte. — **83** In Preußen bestanden bis 1806 noch 67 Inlandzölle! —
84 Dahlmann nennt 1857 die Gestalt des Kohlhaas aus der Erinnerung ein treues Abbild von Kleists Charakter (LS, Nr. 317). — **85** LS,
Nr. 384. — **86** Thomas Mann: »Heinrich von Kleist und seine Erzählungen. Zu einer amerikanischen Ausgabe seiner Novellen«, in:
ders., *Gesammelte Werke*, 11. Band, Altes und Neues, Kleine Prosa aus
fünf Jahrzehnten, Berlin und Weimar 1965, S. 648. — **87** LS, Nr. 384. —
88 So auch die starke Festung Magdeburg durch den zweiundsiebzig-
jährigen märkischen Infanterieinspektor General Franz Casimir von
Kleist (1736-1808). — **89** Gonthier-Louis Fink: »Das Motiv der Rebellion in Kleists Werk im Spannungsfeld der Französischen Revolution
und der Napoleonischen Kriege«, in: KJb 1988/89, S. 64-88, Zit. S. 82. —
90 Hans Georg Werner: »Die Kraft der Neuerung. Etwas über den
Erzähler Heinrich von Kleist«, in: *Text und Dichtung. Analyse und
Interpretation. Zur Methodologie literaturwissenschaftlicher Unter-
suchungen*, Berlin und Weimar 1984, S. 196. — **91** An Ulrike von Kleist,
6. Dezember 1806, SWB 4, S. 366. — **92** Fink, wie Anm. 70. — **93** Hans-
Georg Werner: »Etwas über den Erzähler Heinrich von Kleist«, in:
BzKF 1979, S. 13-26, Zit. S. 21. — **94** An Otto August Rühle von
Lilienstern, [erste Hälfte Dezember 1805], SWB 4, S. 352. Vgl. auch
Hans-Jürgen Schrader: »Spuren Gottes in den Trümmern der Welt. Zur
Bedeutung biblischer Bilder in Kleists >Erdbeben<«, in: KJb 1991, S. 34-
52, S. 51 f. — **95** Schrader, wie Anm. 94, S. 45. — **96** LS, Nr. 346. —
97 LS, Nr. 347. — **98** Vgl. S. 491 — **99** An Ulrike von Kleist, 6. Dezem-
ber 1806, SWB 4, S. 366. — **100** Zitiert nach Samuel, wie Anm. 11, S. 38.
Vgl. hier auch den Abriß der politischen Vorgänge.

Ein Schicksalsschlag

1 Ob Kleist schon damals mit patriotischen Aufträgen betraut gewesen
ist, entzieht sich unserer Kenntnis. Richard Samuel hält es durchaus für
möglich (*Heinrich von Kleist's Participation in the Political Movements of the years 1805-1809*. Diss. maschinenschr. Cambridge 1938,
S. 45-53). Wie sehr indessen Kleist, Gauvain und Ehrenberg gefährdet
waren, offenbaren Exekutionen von Bürgern durch die französischen

Truppen, die auf bloßen Verdacht hin durchgeführt wurden. — **2** An Ulrike von Kleist, 17. Februar 1807, SWB 4, S. 370. — **3** An Ulrike von Kleist, 23. April 1807, SWB 4, S. 373/74. — **4** Ebenda, S. 374. Wir verdanken der Haft eine kurze Personalbeschreibung vom März 1807: »[...] Größe 5 Fuß drei Zoll [= 1,70 Meter], Haar und Augenbrauen kastanienbraun, Augen blau, Nase klein, Mund mittelgroß, Kinn rund, Gesicht oval« (LS, Nr. 161 a). Demgegenüber wurde beim Obduktionsbefund schwarzes Haupt- und Barthaar angegeben. Die Untersuchung von 1811 fand allerdings bei Kerzenlicht statt. — **5** An Ulrike von Kleist, 8. Juni 1807, SWB 4, S. 376. — **6** Ebenda, S. 377. — **7** An Marie von Kleist, Juni 1807, SWB 4, S. 378. — **8** Ebenda. — **9** Kleist, *Die Marquise von O....* Nur im Inhaltsverzeichnis des zweiten *Phöbus*-Heftes aufgeführt. — **10** Vgl. hierzu S. 36. — **11** Werner: »Die Erzählkunst im Umkreis der Romantik (1806-1815)«, in: *Weimarer Beiträge* 1971, Heft 8, S. 32. — **12** Kleist, *Die Marquise von O....*, SWB 3, S. 167. — **13** Ebenda, S. 143. — **14** An Marie von Kleist, Spätherbst 1807, SWB 4, S. 398.

Das Lichtbringerprojekt und die Feuerproben

1 An Ulrike von Kleist, 8. Juni 1807, SWB 4, S. 377. — **2** LS, Nr. 175 a. — **3** An Ulrike von Kleist, 25. Oktober 1807, SWB 4, S. 392. — **4** An Ulrike von Kleist, 17. Dezember 1807, SWB 4, S. 401. — **5** An Ulrike von Kleist, 17. September 1807, SWB 4, S. 388. — **6** An Ulrike von Kleist, 25. Oktober 1807, SWB 4, S. 391. — **7** An Ulrike von Kleist, 3. Oktober 1807, SWB 4, S. 390. — **8** LS, Nr. 288 (Wilhelm von Pannwitz an Philipp von Stojentin, Gulben, 13. August 1808.) — **9** An Ulrike von Kleist, 17. September 1807, SWB 4, S. 389. Kleist selbst las (offenbar aus psychischen Gründen) ungern in einem größeren Kreise vor, weil er bei seiner »bedeckten Stimme und seiner Hast leicht ins Stottern geriet«. Er überließ dieses Geschäft meist anderen. Er tat dies höchstwahrscheinlich auch, um das Gehörte besser objektivieren und dadurch für sein Schreiben Gewinn ziehen zu können. So soll er nach Dahlmanns Erinnerung diesen des öfteren gebeten haben, ihm aus seinen Sachen vorzulesen. »[...] ich lasse es dahinstehen, ob aus demselben Grunde den er einmal gegen Hartmann geltend machte, wie dieser mir erzählt hat: ›Sie lesen so entsetzlich schlecht, lieber Hartmann, daß wenn meine Sachen mir dann noch gefallen, sie gewiß gut sein müssen.‹« Einzelne Passagen las Kleist mit einem »unwiderstehlichen Herzensklange der Stimme«

(LS, Nr. 317). — **10** An Ulrike von Kleist, 25. Oktober 1807, SWB 4, S. 393. — **11** Nach den seit 1675 noch immer gültigen landesherrlichen Zusicherungen an die Buchdruckerzunft durften in Dresden, um ein Überangebot zu unterbinden und die freie Konkurrenz einzuschränken, nur fünf Buchhandlungen existieren. Der *Code Napoléon* wartete also noch auf seine Anwendung. Er wäre dem Unternehmen zustatten gekommen. Vgl. zum Vorgang im einzelnen Jakob Baxa: »Die ›Phoenix-Buchhandlung‹«, in: *Zeitschrift für deutsche Philologie*, 75. Bd., 1956, S. 171-185. — **12** Kleist: »Prolog«, SWB 3, S. 406/407. — **13** Ebenda. — **14** Walter Hettche: *Heinrich von Kleists Lyrik*, Frankfurt a. M., Bern, New York 1986, S. 109 (= *Europäische Hochschulschriften*, Reihe 1, Deutsche Sprache und Literatur, Bd. 859). — **15** Kleist: »Prolog«, auch die vorherigen Zitate (wie Anm. 12). — **16** Hans-Jochen Marquardt: »Der mündige Zeitungsleser – Anmerkungen zur Kommunikationsstrategie der Berliner Abendblätter«, in: BzKF 1986, S. 9. — **17** LS, Nr. 226. – Da Kleist den Weltzustand im wesentlichen weiterhin als paradox empfand und ihn demgemäß in seinen Dichtungen zur Sprache brachte, dürfte eine völlige Deckungsgleichheit mit Müllers Briefaussage nicht vorliegen. — **18** LS, Nr. 218 a. — **19** LS, Nr. 206 a. Vgl. hierzu auch Ernst Osterkamp: »Das Geschäft der Vereinigung. Über den Zusammenhang von bildender Kunst und Poesie im ›Phöbus‹«, in: KJb 1990, S. 51-70. — **20** An Johann Wolfgang von Goethe, 24. Januar 1808, SWB 4, S. 407/08. — **21** Johann Wolfgang von Goethe an Kleist, 1. Februar 1808, SWB 4, S. 410. — **22** Alfred Polgar, 1926, NR, Nr. 626. — **23** An Marie von Kleist, [Spätherbst 1807], SWB 4, S. 398. — **24** Untertitel des *Käthchen von Heilbronn.* — **25** LS, Nr. 196. — **26** LS, Nr. 197 b. Nach einer anderen Überlieferungsvariante Pfuels soll Kleist sie berührt und Pfuel die Worte gesprochen haben. — **27** Vgl. Friedrich Strack: »Heinrich von Kleist im Kontext romantischer Ästhetik«, in: KJb 1996, S. 201-218: »Die unterschiedliche Traumbehandlung zeigt nachdrücklich Kleists Nähe und Distanz zur Romantik: Während Novalis die Wunder der Traumwelt evoziert und in einen magischen Schleier hüllt, holt Kleist sie in die Bühnenrealität zurück. […] Die Betroffenen müssen sich den ermittelten Traumfakten fügen. Mit Witz und sublimer Ironie übernimmt Kleist ein zentrales romantisches Motiv, dessen prognostische Kraft nicht verloren geht, aber ins Detektivische umgebogen wird.« (S. 209) — **28** Hans-Jürgen Schrader (»Kleists Heilige oder die Gewalt der Sympathie. Abgerissene Traditionen magnetischer Korrespondenz«, in: *Einflüsse des Mesmerismus auf die europäische Literatur des 19. Jahrhunderts.* Akten des internatio-

nalen Kolloquiums vom 9. und 10. November 1999, Bruxelles 2001,
S. 93-117) macht auf damals auch von Goethe (*Wahlverwandtschaften*), Tieck, Novalis, Jean Paul und Hoffmann poetisch verarbeitete
Auffassungen aufmerksam, wonach gemäß der Überzeugung vom
analogischen Aufbau des Bauplans der Schöpfung die »im Kosmos
verborgenen wirksamen elektromagnetischen Kräfte, vorgestellt entweder als Zustrom eines feinstofflichen Fluidums oder als eine reine
spirituelle Energie, sichtbar in die moralische Menschenwelt her-
überzuragen schienen« (S. 104/105). Er verweist darauf, daß für »polar
aufeinander bezogene und ungewöhnlich erregbare Gemüter, wie sie
hier auch namensallegorisch zusammenprallen in der elementaren
elektromagnetischen Kraft des Wetterstrahls und der vom sympathetischen Blitz getroffenen Reinen (›Katharina‹) – d. h. einer in ihrem
naturhaft-kindnahen Gemüt noch nicht rational Überprägten, die die
gewaltsam ihr zuflammende Energie an sich selbst fesseln« könne bei
»Schubert – wie vielfältig auch anderwärts – für den sympathetischen
Rapport fast alle am *Käthchen*-Drama heute unverständlichen Phä-
nomene beschrieben« seien: »die totale Fixierung und Abhängigkeit
des Willens, Entrückungen und telepathische Konnexe im sogenannten Doppeltraum, Somnambulismus und ein nicht ins Wachbewußt-
sein herüberdringendes Wahrsprechen, ungewöhnliche Fähigkeiten,
all das zu erkennen und aufzufinden, was mit dem sympathischen
Gegenüber zusammenhängt.« (S. 107/108) — **29** Zu denken wäre hier
wohl mehr noch als an das Verhalten gegenüber Wilhelmine von Zenge
an jenes gegenüber Luise Wieland. Luise schreibt noch 1811 an ihre
Schwester Charlotte Geßner, daß Kleist sich nicht des Leichtsinns ihr
gegenüber schuldig gemacht haben würde, »wenn er weniger adeliges
Blut (oder vielmehr unadeliges) in seinen Adern« (LS, Nr. 94 a) gehabt hätte. — **30** An Heinrich Joseph von Collin, 8. Dezember 1808,
SWB 4, S. 424. — **31** Ulrikes Überlieferung von 1828, wonach ihr
Bruder »das Hasansche Ehepaar wieder zu vereinigen« suchte (LS,
Nr. 308 a), dürfte als sehr fragwürdig anzusehen sein. Kleist hätte sich
in dem Fall kaum auf eine spätherbstliche Reise bis nach Lewitz bei
Posen (!) »in der Sache der Fr. v. Haza«, wohl zur Klärung ihrer Besitzansprüche, begeben. Er schreibt, offenbar um Ulrikes Einwände
abzuwehren, weiter: »Fr. von Haza ist eine liebenswürdige und vortreffliche Dame, und die ersten Schritte, die ich für sie gethan habe, machen
es ganz nothwendig, daß ich die letzten auch thue«. (An Ulrike von
Kleist, 2. November 1808, SWB 4, S. 423/24) Sophie von Haza schrieb
am 12. Mai 1809 an das Oberkonsistorium in Dresden, daß sie »nur
in der Entfernung von [ihr]em Ehemann die Hoffnung finde, [ihre]

Gesundheit und einige Ruhe wieder zu erhalten (Abgedr. bei Jakob Baxa: »Adam Müller in Dresden 1807-1809«, in: *Jahrbuch der Kleist-Gesellschaft 1927 und 1928*, Berlin 1928, S. 13-45). Auch Marie von Kleist wird sich, wie bereits erwähnt, nach Jahren unglücklicher Ehe scheiden lassen. Gerade in der Zeit solcher sich vertiefenden Entfremdung von ihrem Mann kommt es zwischen Kleist und ihr zum »Du«. Vgl. auch Kleists Verhältnis zu der verheirateten Henriette Vogel, S. 391 f. — **32** An Wilhelmine von Zenge, 2. Dezember 1801, SWB 4, S. 286. — **33** Kleist: »Die beiden Tauben«, SWB 3, S. 411. Krug hat das Gedicht seiner Frau mit der Bemerkung überreicht, hier habe ihr ihr Freund »noch etwas gesungen«. — **34** LS, Nr. 270 a. — **35** Anders Ruth Klüger (»Die andere Hündin: Kleists Käthchen«, in: R. Klüger: *Frauen lesen anders. Essays.* München ²1997, S. 157-176), die Käthchen eher mit knabenhaften Zügen sieht. — **36** An Marie von Kleist, [Mai?] 1811, SWB 4, S. 484. — **37** Dora Stock an F. B. Weber, Dresden, 11. April 1808, LS, Nr. 261. — **38** *Allgemeine Deutsche Theater-Zeitung*, 11. März 1808, LS, Nr. 247. — **39** Großherzog Karl August an Goethe, 3. oder 4. März 1808, LS, Nr. 245. — **40** LS, Nr. 244. — **41** LS, Nr. 241. — **42** Goethe Ende 1810, allerdings nach Falk 1832, LS, Nr. 252. — **43** NR, Nr. 274. — **44** So Katharina Mommsens ebenfalls folgenreiches Werk *Kleists Kampf mit Goethe*, 1. Auflage Heidelberg 1974. Die Verfasserin bemüht sich mit einem fragwürdigen ›Scharfsinn‹, Kleists Leben als eine einzige traumatische Verletzung durch sein ›Über-Ich‹ Goethe, der ihm in seinen Werken auch geheime Winke und Ratschläge habe zukommen lassen, darzustellen. »Daß Kleist Goethes Ablehnung, das Scheitern hoher Erwartungen sowie die öffentliche Bloßstellung durch abwertende Theaterkritiken aufs tiefste traf und auf lange hin verwundete, ist gar nicht zu bezweifeln. Aber es ist doch recht fraglich, ob im Verhältnis der beiden ein langjähriger ›Agon‹ ausgefochten wurde, der in ihren Werken lange vor 1808 begann und bis zu Kleists letzten Werken andauerte, wie Katharina Mommsen es so systematisch darstellt.« (Richard Samuels Rezension des o. g. Werkes, in: KJb 1980, S. 160.) — **45** An Karl von Stein zum Altenstein, 22. Dezember 1807, SWB 4, S. 403. — **46** J. W. v. Goethe an Knebel, Weimar, 4. Mai 1808, LS, Nr. 264 b. — **47** Vgl. hierzu Hans Jürgen Schrader: »Ermutigungen und Reflexe. Über Kleists Verhältnis zu Wieland und einige Motivanregungen, namentlich aus dem ›Hexameron von Rosenhain‹«, in: KJb 1988/89, S.160-194, insbes. S. 185 f. — **48** SWB 3, S. 412. — **49** An Marie von Kleist, [Mai?] 1811, SWB 4, S. 485. —**50** Adam Müller an Rühle und Pfuel, 5. April 1809, LS, Nr. 311.

»sich ... in die Waage der Zeit werfen«

1 Christian Wilhelm Spieker schrieb schon im Februar 1808 im *Morgenblatt:* »Zu keiner Zeit war in der literarischen, oder vielmehr in der lesenden Welt die Journalform beliebter, als in der jetzigen. Es ist sehr leicht, dieser Erscheinung auf den Grund zu kommen. Die meisten Leser wollen durch die Lektüre nur amüsiert sein. Ihr Nachdenken darf man höchstens nur auf einige Augenblicke in Anspruch nehmen. Um ein ernstliches, gründliches Wissen, um eine echte, gediegene Bildung des Geistes und des Herzens ist es ihnen nicht zu tun. Um diesem verdorbenen Zeitgeiste zu huldigen, erschien mit jedem Tage auf dem literarischen Jahrmarkte ein neues Erzeugnis, entweder der Spekulation eines gewinnsüchtigen Buchhändlers oder der Schreibseligkeit eines allzeit fertigen Büchermachers« (LS, Nr. 223). — **2** An Hans von Auerswald, 22. Dezember 1807, SWB 4, S. 404. — **3** An Ulrike von Kleist, August 1808, SWB 4, S. 420/21. Kassel war die Hauptstadt des neugegründeten Königreiches Westfalen, das durch Napoleons Bruder Jérôme regiert wurde. — **4** An Ulrike von Kleist, 19. Februar 1802, SWB 4, S. 299. — **5** »Über Cabinetrath Brandes Betrachtungen des Zeitgeistes in Deutschland, in den letzten Decennien des vorigen Jahrhunderts«, in: *Pallas*, Bd. 1, Tübingen 1808, S. 220 f. Diese »Zeitschrift für Staats- und Kriegskunst« war von Rühle herausgegeben worden. Im Gegensatz zu solchen patriotischen Tönen versuchte Müller über verschiedenste Kanäle, nach Wien ebenso wie nach Kassel, mit politischer Unbedenklichkeit insgeheim eine Staatsanstellung zu erlangen. — **6** So auch Regina Ogorek: »Adam Müllers Gegensatzphilosophie und die Rechtsausschweifungen des Michael Kohlhaas«, in: KJb 1988/89, S. 96-125. Ogorek spricht von gedanklichem Austausch. — **7** LS, Nr. 257. — **8** Richard Samuel: »Kleists ›Hermannsschlacht‹ und der Freiherr vom Stein«, in: *Jahrbuch der deutschen Schillergesellschaft*, Stuttgart 1962, S. 64 ff. — **9** An Heinrich Joseph von Collin, 20. April 1809, SWB 3, S. 431. — **10** An Ulrike von Kleist, 24. Oktober 1806, SWB 4, S. 364. — **11** Bernd Leistner: »Kleists politischer Furor und sein ›Letztes Lied‹«, in: KJb 1991, S. 155-168, Zit. S. 160. — **12** Vs. 2634 — **13** Dieser hatte stillschweigend auf Nero (auch Attila wurde verschiedentlich als Bezugsfigur gewählt) als Analogiegestalt der (napoleonischen) Despotie und des Völkermordes verwiesen. Kleist greift sogar in die deutsche Geschichte zurück. Und er wählt als Hermann-Anhänger eine positiv-aktionistische Figur. Diese soll nicht nur den drohenden Untergang beschwören, sondern eine Explosion des Widerstandes durch die Besinnung auf die eigene Kraft verheißen. — **14** Kleist: »Germania an ihre Kinder«, SWB 3, S. 426-432. — **15** Kleist: »Was gilt es in diesem Kriege?«, SWB 3, S. 478/79. — **16** Richard Samuel, wie Anm. 8. — **17** Walter Hettche: *Heinrich von Kleists Lyrik*, Frankfurt a. M., Bern, New York 1986, S. 109 (= *Europäische Hochschulschriften*, Reihe 1, Deutsche Sprache und Literatur, Bd. 859), S. 177. Als chauvinistisch, wie oft zu lesen steht, kann man Kleists Haltung wohl nicht bezeichnen. Es ging ihm weder um die Ausrottung noch um die Unterdrückung der französischen Nation, sondern um das Verjagen jener, die sich unter dem Deckmantel von Fortschritts- und Friedensbringern als Unterdrücker anderer Völker mißbrauchen lassen: »Napoleon, und so lange er ihr Kaiser ist, die Franzosen.« (Kleist: »Katechismus der Deutschen«, SWB 3, S. 482.) — **18** Klaus Müller-Salget im Abschnitt »Struktur und Gehalt« der politischen Schriften, SWB 3, S. 1047. — **19** *Gneisenau. Eine Auswahl aus seinen Briefen und Denkschriften*, hg. u. eingel. von Wilhelm Capelle, Leipzig u. Berlin 1911, S. 73. — **20** Vgl. hierzu Walter Hettche, wie Anm. 17, S. 159 ff. — **21** Leistner, wie Anm. 11, S. 156. — **22** Kleist: »Was gilt es in diesem Kriege?«, SWB 3, S. 478. — **23** LS, Nr. 308 a. — **24** LS, Nr. 304 a. — **25** LS, Nr. 302. — **26** Adam Müller: »Fragmente über die dramatische Poesie und Kunst«, in: *Phöbus*, 1. Jg., Erstes Stück, Dresden 1808, S. 50 f. — **27** LS, Nr. 302. — **28** LS, Nr. 271. — **29** Kleist: »Von der Überlegung. Eine Paradoxe«, SWB 3, S. 554. — **30** LS, Nr. 313. Das Städtchen Baruth war der nördlichste sächsische Punkt vor der preußischen Grenze. In Preußen wurde die Post stärker von französischen Spitzeln kontrolliert. — **31** LS, Nr. 312. Müller stand ebenso wie Kleist mit der österreichischen Gesandtschaft in Verbindung und war eine Art Anlaufstelle für preußische Bürger, die nach Österreich wollten. Gerade 1808/09 gab es innerhalb der Widerstandsbewegung unterschiedliche Strömungen. Müller gehörte nicht zu den ›Enrages‹, ja verabscheute die politische Schonungslosigkeit zumindest in Gesprächen mit entsprechenden Stellen und Vertretern Preußens und Österreichs. Damit machte er sich den herrschenden Kreisen genehm. Kaiser Franz I. bescheinigte ihm denn auch am 23. August 1809, daß er von seiner »Gesandtschaft in Dresden gebraucht worden« sei und man »wegen Müllers Unterstützung und künftiger Verwendung« Schritte veranlassen solle (was für Kleist nie geschehen ist). Müller wird auch 1810 in Preußen ein Wartegeld beziehen, worum Kleist ergebnislos kämpfen wird. (Vgl. Hermann F. Weiss: »Gerüchte vom Heldentod des Dichters. Unbekannte Zeugnisse zu Heinrich von Kleist vom Jahre 1809«, in: KJb 1998, S. 267-283, Zit.

S. 273.) — **32** Ebenda. Zu diesen gehörte auch Pfuel. — Wie im übrigen aus einer brieflichen Äußerung seines fünfzehnjährigen Zöglings, des Prinzen Bernhard, hervorgeht, dürfte er diesen zumindest dahingehend beeinflußt haben, daß er bereits 1808 eine allgemeine Wehrpflicht bejahte. Prinz Bernhard, als Sproß eines der ältesten deutschen Adelsgeschlechter, war 1808 auch insgeheim vorgesehen worden, als Strohmann an der »Spitze der allgemeinen Bewegung« (LS, Nr. 312), einer gemeinsamen, von Preußen ausgehenden Volksbewaffnung der deutschen Länder, gesetzt zu werden. Demgegenüber neigte Rühle gegen Ende der Dresdner Zeit zu einer reformbetonten profranzösischen Haltung. Er nahm am Feldzug von 1809 auf französischer Seite teil. — **33** Buol an Ompteda, in: *Ludwig von Ompteda. Politischer Nachlaß*, Bd. 1, S. 225. — **34** LS, Nr. 312: Ernst von Pfuel gegenüber C. von Martens! — **35** Das Original der Handschrift befindet sich im Kleist-Museum Frankfurt (Oder). Entstehungszeit und Quellen sind ungeklärt. — **36** An Heinrich Joseph von Collin, 20. April 1809, SWB 4, S. 432. — **37** Kleist: »Das letzte Lied«, SWB 3, S. 438/439. — **38** An Heinrich Joseph von Collin, 20. April 1809, SWB 4, S. 431. — **39** Kleist: »Das letzte Lied«, SWB 3, S. 439. — **40** Vgl. Hettche, wie Anm. 17, S. 182 ff. »Die Vorstellung, der Krieg könne [...] ein Eigenleben entwickeln und sich ins Unendliche fortsetzen [...] und der Dichter könne mit seiner Kunst keinen Einfluß auf solches Geschehen mehr nehmen, ist Ursache der Verzweiflung [...] Es ist eine Verzweiflung über das Ende der Dichtkunst und über die Fortdauer des Krieges gleichermaßen – eine Verzweiflung, die dem Nihilismus angenähert ist.« (Ebenda, S. 190) — **41** Hermann F. Weiss: *Funde und Studien zu Heinrich von Kleist*, Tübingen 1984, S. 312. — **42** Hellmuth Rößler: »Buol«, in: Jahrbuch der Kleist-Gesellschaft 1938, Berlin 1928-1941, Heft 2, S. 106. — **43** Sie nahmen auf der Kleinseite, Brückengasse 39, in dem ehemaligen ›Legatschen Hause‹, zwei Zimmer. Es wurde seit 1804 vom ersten Kustos vaterländischer Kunstfreunde Josef Karel Burde (1779-1848) bewohnt, der somit Kleists Vermieter war. Das Haus, heute Mostecká 26/40, wurde 1885 abgerissen. — **44** Kleist hatte bereits in der ersten Dezemberhälfte 1805 an Rühle geschrieben: »Warum sich nur nicht Einer findet, der diesem bösen Geist der Welt eine Kugel durch den Kopf jagt. Ich möchte wissen, was so ein Emigrant zu thun hat. –« (SWB 4, S. 352) — **45** An Ulrike von Kleist, 17. Juli 1809, SWB 4, S. 437. — **46** LS, Nr. 317. — **47** An Joseph von Buol, 25. Mai 1809, SWB 4, S. 434. — **48** Hermann F. Weiss, wie Anm. 41, S. 213. — **49** LS, Nr. 316. — **50** Kleist: »Einleitung« (zur Zeitschrift *Germania*), SWB 3, S. 492/

493. — **51** LS, Nr. 319. — **52** Kleist: »Lehrbuch der französischen Journalistik«, SWB 3, S. 462. — **53** Johannes Bethke: *Heinrich von Kleist und Österreich*, Diss. Wien 1931, S. 43. — **54** Leistner, wie Anm. 11, S. 162 f. — **55** An Ulrike von Kleist, 17. Juli 1809, SWB 4, S. 437. — **56** An Ulrike von Kleist, 17. Juli 1809, SWB 4, S. 436/37. — **57** Weiss, wie Anm. 41, S. 216. — **58** Ebenda, S. 219. Solche Gedanken finden sich allerdings auch in Ernst Moritz Arndts *Geist der Zeit*, aus dem sich Kleist jene Kassandrarufe notierte: »Zeitgenossen! Glückliche oder unglückliche Zeitgenossen – wie soll ich euch nennen? Daß ihr nicht aufmerken wollet, oder nicht aufmerken könnet. Wunderbare und sorgenlose Blindheit, mit welcher ihr nichts vernehmt! O wenn in euren Füßen Weissagung wäre, wie schnell würden sie zur Flucht sein! Denn unter ihnen gärt die Flamme, die bald in Vulkanen herausdonnern, und unter ihrer Asche und ihren Lavaströmen Alles begraben wird. Wunderbare Blindheit, die nicht gewahrt, daß Ungeheures und Unerhörtes nahe ist, daß Dinge reifen, von welchen noch der Urenkel mit Grausen sprechen wird, wie von atridischen Tischen und Nanter Bluthochzeiten? Welche Verwandlungen nahen! Ja, in welcher seid ihr mitten inne und merkt sie nicht, und meinet, es geschehe etwas Alltägliches in dem alltäglichen Nichts, worin ihr befangen seid!« (SWB 3, S. 493) — **59** An Ulrike von Kleist, 17. Juli 1809, SWB 4, S. 438. — **60** Ebenda. — **61** Ebenda. — **62** Richard Samuel: »Zu Kleists Aufsatz ›Über die Rettung von Österreich‹«, in: *Gratulatio Festschrift für Christian Wegner zum 70. Geburtstag am 9. Sept. 1963*, S. 193. Vgl. auch LS, Nr. 316. — **63** Kleist: »Über die Rettung von Österreich«, SWB 3, S. 499. — **64** Ebenda, S. 497. — **65** Ebenda, S. 503. — **66** Samuel, wie Anm. 62, S. 185. — **67** Ebenda. — **68** Der Freiherr vom Stein war im Januar 1809 ebenfalls nach Prag emigriert. Ihm wurde vom Kaiser Brünn als Aufenthaltsort angewiesen mit der Auflage, sich politischer Aktivitäten zu enthalten. Er wie der preußische Verbindungsmann Oberst Knesebeck wurden ständig bespitzelt. Auch Kleist soll, wie Paul Hoffmann vermutet, unter Beobachtung gestanden haben. — **69** Ob Kleist nach Aspern oder Wagram Militärdienste in Österreich genommen hat bzw. zumindest versucht hat, wie seinerzeit in Frankreich, solche zu nehmen, muß als Frage unbeantwortet bleiben. Immerhin gab es eine ganze Reihe preußischer Offiziere, die dies getan haben, unter ihnen Varnhagen von Ense, Carl von Clausewitz und die Mitglieder der Berliner Offiziersvereinigung Wilhelm von Röder, Karl Ludwig von Kleist, Johann Hüser und Carl von Grolmann. Eugen von d. Knesebeck berichtet, allerdings erst 1879, daß Friedrich

von dem Knesebeck »mit mehreren preußischen Offizieren, welche als Freiwillige, darunter auch *Heinrich von Kleist*, in das österreichische Heer einzutreten beabsichtigten«, zusammen kam und daß er mit diesen, »obgleich alle Pässe in Ordnung waren, zurückgehalten« wurde von der österreichischen Polizei (LS, Nr. 317 a). In Berlin und Königsberg kursierte monatelang das Gerücht, Kleist sei bei Kampfhandlungen verwundet, deshalb im Prager Spital der Barmherzigen Brüder gepflegt worden und schließlich verstorben. Gegenüber Arnim hat er ein militärisches Engagement, wie bereits erwähnt, Anfang 1810 vehement bestritten. Sicher mußte er dies tun. Denn falls er in Österreich doch Kriegsdienste genommen hatte oder auch nur hatte nehmen wollen, tat er gut daran, dies aus Gründen des Selbstschutzes angesichts der veränderten politischen Lage zu verschweigen. Es wäre eine ähnliche Situation gewesen wie die, welche Kleist, unter anderen Voraussetzungen, als preußischen Untertanen bereits 1804 an den Rand eines Hochverratsprozesses gebracht hatte. Hermann F. Weiss (wie Anmerkung 31) neigt zu der Einschätzung, daß es sich hier um eines der Gerüchte gehandelt habe, die in den damaligen unsicheren Zeiten mit ihren Informationsverschiebungen besonders langlebig waren. Indessen hat auch Marie von Kleist 1817 in den von W. von Schütz aufgezeichneten Erinnerungen (vgl. S. 506, Anm. 44) von schwerer Erkrankung Kleists gesprochen (während Ulrike in ihrem Bericht von 1828 diese Lebensphase ihres Bruders, womöglich nicht zufällig, fast ganz übergeht). Weiss möchte diese Erkrankung nicht in Zusammenhang mit den Folgen militärischen Engagements bringen. Allerdings wäre zu bedenken, ob nicht Marie von Kleist, besonders da ihre intimen Beziehungen zum Königshaus weiter bestanden und von Bedeutung für sie waren, nicht zuletzt aus eigenem Interesse hätte bedacht sein müssen, sich durch das ohnehin sehr negative Bild ihres Schützlings (siehe etwa die Reaktionen des Monarchen auf Kleists ›Doppelselbstmord‹-Affront, S. 413) in den höchsten Kreisen nicht noch mehr zu belasten, weshalb es ihr geraten schien, nur allgemein von einer schweren Erkrankung Kleists zu sprechen, ohne deren Hintergründe zu nennen. Auch in anderen Fällen ist Marie von Kleist taktisch bedacht verfahren. Vgl. etwa ihr Schreiben an König Friedrich Wilhelm III. vom 26. Dezember 1811, in welchem sie die Schuld an Kleists Suizid wider besseres Wissen – Kleist hatte ja auch ihr, wie wir von ihm selbst aus einem Schreiben an Marie wissen, mehrfach einen gemeinsamen Tod mit ihm angetragen –, einzig den Verführungskünsten eines ›teuflischen‹ Weibes andichtet. (NR, Nr. 91) —
70 Ähnlich prophezeite Fichte in den *Reden an die deutsche Nation*

im Falle der Niederlage eine einreißende Barbarei. »Sodann wäre der bisher noch stetig fortgegangene Fluß der Bildung des menschlichen Geschlechts in der Tat beschlossen, und die Barbarei müßte wieder beginnen und ohne Rettung fortschreiten, so lange, bis wir insgesamt wieder in Höhlen lebten wie die wilden Tiere und gleich ihnen uns untereinander aufzehrten.« (Fichtes *Reden an die deutsche Nation*, für die Deutsche Bibliothek hg. von Arthur Liebert [Berlin 1912], S. 90 f. — **71** SWB 3, S. 438/39.

»Stähle mich mit Kraft ...«

1 An Ulrike von Kleist, 19. März 1810, SWB 4, S. 442/43. — **2** Kleist geht mit Forderungen der preußischen Militärreformer weitgehend konform. Scharnhorst vertrat zum Beispiel die Ansicht, daß entgegen den Gepflogenheiten der feudalen Kriegführung komplizierte Schlachtpläne und Umgehungsmanöver zu vermeiden wären. Statt dessen wollte man sich der Kampftechnik der napoleonischen Heere annähern: In dichter Abfolge von Infanterie- und Kavallerieangriff sollte der Gegner an einem Punkt attackiert und so sein Rückgrat zerbrochen werden: »Auf einem Hauptpunkt muß die Stärke aller Waffen vereinigt sein, besonders aber muß die meiste Kavallerie sich hier befinden. Bricht man nun in der feindlichen Stellung durch, so versäumt man keinen Augenblick, die Masse von Truppen, besonders Kavallerie, in die Lücke hinein zu werfen und damit ohne Aufenthalt die feindlichen Kräfte zu zerstören.« (Gerhard von Scharnhorst: »Vorlesungen an der Akademie für junge Offiziere«, in: *Militärische Schriften von Scharnhorst*, hg. von von der Goltz, Berlin 1881, S. 324) Demgegenüber soll der Prinz von Homburg laut kurfürstlichem Schlachtplan bis zur Zerstörung der Brücken »Wie immer auch die Schlacht sich wenden mag, / Vom Platz nicht, der ihm angewiesen, weichen –« (Vs. 296/297) »Der Kurfürst beschränkt die Funktion der Kavallerie, nach alter Manier, auf die Verfolgung, stellt sie dem nicht angegriffenen rechten Flügel der Schweden gegenüber auf, statt sie konzentrisch zur Sicherung des »Sieges der Haupt-Idee«, wie Scharnhorst (ebd., S. 325) es nennt, zu nutzen. Dies war ein zentraler Streitpunkt in den militärischen Diskussionen in Preußen bereits vor 1806.« (Vf.: »Zu militärischen Aspekten in Kleists ›Prinz von Homburg‹«, in: BzKF 1978, S. 38-44, Zit. S. 39) Uns ist eine längere Beschäftigung Kleists mit militärischen Fragen überliefert. Sie dürfte vor der Schlacht bei Aspern am intensivsten gewesen sein (Kleist ist damals nach Überlieferung Dahlmanns intensiv mit Schlachtenspielen beschäftigt, vgl. LS, Nr. 317 b). Auch seine beiden reformerisch gesinnten Offiziersfreunde, die späteren Generäle Ernst von Pfuel und Rühle von Lilienstern können als Vermittler militärpolitischer Probleme und Vorstellungen angesehen werden. 1811 übergibt Kleist Oberstleutnant Gneisenau nicht erhaltene Aufsätze militärischen Inhalts (vgl. S. 404). — **3** Im April 1810 wurde Marie-Louise von Österreich mit Napoleon verheiratet. Auch Friedrich Wilhelm III. und seine Regierung unter Hardenberg strebten stets nach einem diplomatisch-politischen Ausgleich mit dem Landesfeind. Vgl. hierzu auch Peter Hohendahl: »Der Paß des Grafen Horn: Ein Aspekt des Politischen in ›Prinz Friedrich von Homburg‹«, in: *The German Quarterly*, Appleton/Wisconsin, Vol. 41/2, 1968, S. 167-176. Tatsächlich ist das politische Kalkül des Kurfürsten keine Vermutung des Freundes Hohenzollern, der Kleist im Gefängnis besucht. Der Kurfürst bestätigt es selbst in V/8 (Vs. 1779-1790). — **4** Kleist gelang es mit der Figur der Natalie, hinter dem Schild des in seinen Reaktionen eher ›entschuldbaren‹ Weiblichen, Dinge denken zu lassen, die bei einem Mann gegenüber der Zensur kaum durchgegangen wären. Er war ansonsten hinsichtlich der Figur des Kurfürsten angehalten, mit eher verdeckten Verhaltensmotivationen zu arbeiten. Von kritischen Direktheiten geboten die realpolitischen Verhältnisse weitgehend Abstand zu nehmen. Beim *Homburg* mit solch zentraler Herrscherhauspersonage mußte es dem Dichter darauf ankommen, das Wohlwollen des Königshauses zu erringen. Für ein Stück mit solchem Stoff aus der Geschichte des Hauses Hohenzollern kam laut königlicher Verfügung nur eine Inszenierung auf dem Königlichen Nationaltheater in Frage. – Kleists Frauenbild zeigt mit der Figur der Natalie eine neue Nuance: Über die in der *Penthesilea* und im *Käthchen* vorgeführten Extreme findet Kleist im *Prinzen von Homburg* und in der späten Novelle *Die Verlobung in St. Domingo*, bereits angedeutet mit der Figur der Marquise, zu einer Synthese von Hingebung und Aktivität. Natalie und Toni entwickeln im Zuge des Geschehens, dessen Widersprüchen sie voll ausgesetzt werden, ein geschärftes Empfinden für ihre komplizierte Umwelt und handeln, nicht allein aus der Emotionalität heraus, erstaunlich konsequent und klug. — **5** Eine für preußische Verhältnisse höchst ungewöhnliche oppositionelle Stimmung, die ohne das Verhalten der Männer um Stein 1808 und den drohenden Auseinanderfall von Heer und Monarchie 1809, sichtbar an den gegen den Befehl Friedrich Wilhelms III. durchgeführten Unternehmungen des Husarenmajors Schill und den

Reaktionen auf die Erschießung der Schillschen Offiziere in Wesel, nicht denkbar gewesen wäre. Tatsächlich scheint die Diskussion um die Rolle von Heer und Monarch von demokratischen Ansprüchen der preußischen Reformpartei beeinflußt gewesen zu sein. — **6** Auch Scharnhorst spricht sich, trotz der notwendigen militärischen Disziplin der Befehlshaber in höheren Kommandostellen, für ein größeres Maß an Entscheidungsfreiheit bei den militärischen Unterführern aus (vgl. Vf., wie Anm. 2, S. 39). Kleists Kritik im *Prinzen von Homburg* ist zweiseitig, indem sie sich sowohl gegen die Willkür hochwohlgeborener Unterfeldherrn als auch gegen die überholte Strategie und die dynastisch-pragmatische Verhaltensweise des absolutistischen Herrschers wendet. Auf erstere weist Thomas Wichmann hin, indem er eine Ähnlichkeit des Prinzen mit dem Verhalten des Befehlshabers der preußischen Vorhut 1806 bei Saalfeld, des Kopfs der preußischen Kriegspartei Prinz Louis Ferdinand, feststellt (*Heinrich von Kleist*, Stuttgart 1988, S. 208). — **7** Kleist: »Über die Rettung von Österreich«, SWB 3, S. 497. Vgl. auch S. 337 — **8** Vgl. S. 411 f. — **9** Titel der Fragmenten-Sammlung des Frühromantikers Novalis. Sie erschien 1798 im Kontext der Hoffnungen auf weitergehende Reformen nach der Thronbesteigung Friedrich Wilhelms III. in den *Jahrbüchern der Preussischen Monarchie unter Friedrich Wilhelm III.* Novalis kontrastierte darin das neue (erhoffte) Preußen mit dem alten rationalistischen Staat, welcher, wie auch die Naturrechtslehre, den Eigennutz, also den Vorteil und den Gewinn des einzelnen, als Grundlage der Ordnung überhaupt und des Staates insbesondere ansah. Statt dessen sollte Liebe den Menschen dauerhaft mit dem Staat verbinden. — **10** Klaus Peter: »Für ein anderes Preußen. Romantik und Politik in Kleists ›Prinz Friedrich von Homburg‹«, in: KJb 1992, S. 95-125, Zit. S. 102. — **11** Alexander Weigel: »›Letzte Szene‹ und ›Urszene‹ Heinrich von Kleists«, in: *Kleists letzte Inszenierung*. Podiumsdiskussion in der Akademie der Künste in Berlin, 12.10.2000. KJb 2001, S. 259-261, S. 260/261. — **12** Siehe auch die Widmungsverse des Schauspiels für die Prinzessin Marianne, SWB 3, S. 450. — **13** Peter Horn: »›... SICH TRÄUMEND, SEINER EIGNEN NACHWELT GLEICH ...‹ Verhinderte Tragik im Traum des Prinzen von Homburg von seinem postumen Ruhm«, in: KJb 1992, S. 126-139, Zit. S. 138. — **14** Aus dem Epigramm »Der unbefugte Kritikus«, veröffentlicht im *Phöbus* 1808, SWB 3, S. 416. — **15** Bernd Leistner: »Dissonante Utopie. Zu Heinrich von Kleists ›Prinz Friedrich von Homburg«, in: *Impulse*, Folge 2, 1979, S. 259-317, Zit. S. 273. — **16** An Georg Andreas Reimer, 21. Juni 1811, SWB 4, S. 496. — **17** NR, Nr. 553. — **18** Vgl. Horst Häker:

Heinrich von Kleist. Prinz Friedrich von Homburg und Die Verlobung in St. Domingo. Studien, Beobachtungen, Bemerkungen, Frankfurt am Main, Bern, New York 1987 (= *Europäische Hochschulschriften* Reihe I, Deutsche Sprache und Literatur, Bd. 946), S. 71-91. — **19** LS, Nr. 505 b. — **20** NR, Anm. zu Nr. 557. — **21** Nach einem Urteil des Prinzen Karl von Mecklenburg, der für die preußische Zensur auf kulturellem Gebiet zeichnete. Zitiert bei H. Houben: »Kleists ›Prinz von Homburg‹ und die Zensur«, in: *Didoskalia.* Beilage der Frankfurter Nachrichten, Nr. 2 vom 9. Januar 1927. — **22** Dessen Nachkomme in Kleists Augen in der Gegenwart, wenn auch als Opfer seiner Berater, charakterlos die nationale Sache verriet. — **23** Vgl. hierzu S. 372. — **24** SWB 3, S. 73. — **25** Klaus Müller-Salget: »Michael Kohlhaas. Struktur und Gehalt«, in: SWB 3, S.726. — **26** Hans-Jürgen Schrader: »Ermutigungen und Reflexe. Über Kleists Verhältnis zu Wieland und einige Motivanregungen, namentlich aus dem ›Hexameron von Rosenhain‹«, in: KJb 1988/89, S.160-194, Zit. S. 190. — **27** Kleist, *Michael Kohlhaas*, SWB 3, S. 83. — **28** SWB 3, S. 113. — **29** Wolfgang Barthel: »Michael Kohlhaas. Beobachtungen zum Erzählverfahren Kleists«, in: BzKF 1974, S.5-23, Zit. S. 13. — **30** Klaus Müller-Salget: »Michael Kohlhaas. Struktur und Gehalt«, in: SWB 3, S. 725/726. Michael Hetzner in »Der Kaufmann als Held. Das Problem der bürgerlichen Identität in Kleists ›Michael Kohlhaas‹«: »Vom Paradoxon zur Groteske – so läßt sich (unter anderem) der Weg der literarischen Entwicklung von Kleist zu Kafka beschreiben. Beides, das Paradoxe wie das Groteske, lassen keine feste, eindeutig fixierte Perspektive mehr zu. Doch die Paradoxa Kleists erlauben einen (zumindest als Utopie entworfenen) positiv faßbaren Sinnhorizont. [...] In der radikalen Dekonstruktion der Figuren, der völligen Dissoziation von innerem Zustand und äußerer Handlung, von Ich und Welt, in der auf die Spitze getriebenen Auflösung des Sinntotals sowie dem Entwurf einer fragmentarischen Welt zeigt sich der historische Abstand von Kafka zu Kleist. Bei Kafka bleibt einzig der sinnlose Reflex, das nutzlose Insistieren auf dem, was (zumindest potentiell) einmal Persönlichkeit, freie Entfaltung und harmonisch-stimmige Ich-Entwicklung hieß.« (BzKF 2001, S. 95/96) – Anders Regina Ogorek in: »Müllers Gegensatzphilosophie und die Rechtsausschweifungen des Michael Kohlhaas«, welche das Werk als »eine Art pessimistischer Wendung der Gegensatzlehre im Rechtsbereich« denkt. Die Vf. sieht eine »radikale [...] Ausweglosigkeit, die diesen ›Kampf ums Recht‹ in jeder einzelnen Phase begleitete. Das Produktive, Schöpferische, Positive, mit dem Müller das Rechtsherstellungsverfahren ausgestattet sah, der

Krieg als Schöpfer aller Dinge, wird bei Kleist zum Unheilvollen, sich selbst produzierenden Chaos.« (KJb 1988/89, S. 96-125, Zit. S. 124.) — **31** *Michael Kohlhaas*, SWB 3, S. 53. — **32** LS, Nr. 346: Brentano an Wilhelm Grimm, Mitte Februar 1810 und LS, Nr. 347: Arnim an Wilhelm Grimm, Februar 1810. — **33** LS, Nr. 346: Brentano an Wilhelm Grimm, Mitte Februar 1810 und LS, Nr. 347: Arnim an Wilhelm Grimm, Februar 1810. — **34** Roland Reuß: »›Die Verlobung in St. Domingo‹ – eine Einführung in Kleists Erzählen«, in: BKB 1, S. 3-45, Zit. S. 9. — **35** Brentano an Görres, Mitte Februar 1810. LS, Nr. 345. — **36** Brentano an Wilhelm Grimm, LS, Nr. 346. — **37** Arnim an Wilhelm Grimm, Mitte Februar 1810. LS, Nr. 347. — **38** Friedrich Wilhelm Neumann an Chamisso, Berlin 1810. LS, Nr. 362. — **39** Rahel an Varnhagen, 24. Mai 1810, LS, Nr. 357. — **40** An Eduard Prinz von Lichnowsky, SWB 4, S. 454. — **41** Kleist: »Extrablatt zum 1. Blatt der *Berliner Abendblätter*«, SWB 3, S. 616. — **42** Wolfgang Barthel: »Zu Kleists Bettelweib von Locarno«, in: BzKF 1975, S. 20. — **43** Kleist: »Gebet des Zoroaster«, SWB 3, S. 541/542. — **44** Barthel, wie Anm. 41, S. 21. — **45** Kleist: »Nützliche Erfindungen«, SWB 3, S. 593-595. — **46** Kleist: »Unmaßgebliche Bemerkung«, SWB 3, S. 573. Die Stellungnahme Kleists bezog sich auf die Monopolstellung des sog. Königlichen Nationaltheaters in Berlin. — **47** Vgl. zu dem Problemkreis Alexander Weigel: »Das imaginäre Theater Heinrich von Kleists. Spiegelungen des zeitgenössischen Theaters im erzählten Dialog ›Über das Marionettentheater‹«, in: BzKF 2000, S. 21-114. Die polizeiliche Aktion begann Anfang September 1810. Beteiligt waren über zwanzig Polizeikommissare unter der Leitung von Polizeiinspektor Holthoff. — **48** Der Marchese weist die Bettlerin also an, in die sie mit ihrer Erbärmlichkeit aus den Augen rückende enge Lücke zwischen Wand und Ofen zu verschwinden, wo sie zudem jeder Unterlage entbehren soll. Auch macht er keine Anstalten, der Gestürzten aufzuhelfen und sich nach ihrem Sturz zu korrigieren. Hinsichtlich der hier des öfteren bemängelten Ungleichgewichtigkeit von Schuld und Sühne hat Kleist demnach für den aufmerksamen Leser in die Waagschale der Schuld mehr Last gelegt, als es auf den ersten Blick erscheinen mag. — **49** SWB 3, S. 264. — **50** Barthel, wie Anm. 41, S. 25. — **51** Kleist, »Über die Luxussteuern«, (erschienen in den *Berliner Abendblättern* vom 20.12. 1810), SWB 3, S. 504. — **52** An Eduard Prinz von Lichnowsky, 23. Oktober 1810, SWB 4, S. 454. — **53** Kleist, »Brief eines Dichters an einen anderen«, *Berliner Abenblätter* v. 5.11.1810, SWB 3, S. 565/566. — **54** Thomas Mann: »Heinrich von Kleist und seine Erzählungen. Zu einer amerikanischen Ausgabe seiner Novellen«, in: ders., *Gesammelte Werke*, 11. Band, Altes und Neues, Kleine Prosa aus fünf Jahrzehnten, Berlin und Weimar 1965, S. 646. Mann schreibt weiter: »Ein Impetus, in eiserne, völlig unlyrische Sachlichkeit gezwungen, treibt verwickelte, verknotete, überlastete Sätze hervor, [...] die geduldig geschmiedet zugleich und von atemlosem Tempo gejagt wirken.« (Ebenda, S. 646/647) — **55** Vgl. hierzu Klaus Müller-Salget, »Kleists Erzählungen«, in: SWB 3, S. 688. – Kleist arbeitet mit Widersprüchen und Pausen. Dazu gehören Stauungen im Satzgefüge, Quereinschübe, die vom Leser überwunden werden müssen, ihm Orientierungsenergie abverlangen, ihm aber auch wieder Energie zuführen. Trotz der Zielgerichtetheit des Ganzen geht es ihm offenbar darum, daß nicht das übliche lineare Erzählen im Lesevorgang fertige Verstehenszusammenhänge darbietet, sondern dieser Vorgang durch ›Gegenschreiben‹ unterlaufen und der Leser dadurch zu eigenem Nachdenken gereizt wird. Dem Offenbarmachen dieser Vorgänge hat sich Roland Reuß in den *Berliner* bzw. *Brandenburger Kleist-Blättern* zugewendet. — **56** Wie das Vorangehende: Kleist, *Anekdote aus dem letzten preußischen Kriege*, SWB 3, S. 356/357. — **57** Graf Loeben, Tagebuchnotiz vom 23. Februar 1810, nach einem abendlichen Beisammensein mit Kleist, Müller, Arnim, Eichendorff und anderen bei der Familie Wolfart. — **58** Kleist: »Erklärung«, SWB 3, S. 654. Jochen Marquardt betont, daß das Verfahren der Textintegration in den *Berliner Abendblättern* keineswegs nur dazu gedient habe, die Veröffentlichung der ästhetisch anspruchsvollen Beiträge zu legitimieren. Sie seien in erster Instanz ein Ausdruck von Kleists Bemühen gewesen, »ein Forum öffentlicher Kommunikation zu konstituieren, dessen vornehmste Aufgabe darin bestand, es allen Ständen des Volks durch ›vernünftige‹ Unterhaltung zu ermöglichen, in einen Dialog zu treten, um gemeinsam an den Handlungen des Staats zu partizipieren.« (Ders.: »Über Heinrich Aretz: Heinrich von Kleist als Journalist«, in: KJb 1986, S. 233.) — **59** Kleist, »Erklärung«, SWB 3, S. 655/656. — **60** Kleist: »Über die Finanzmaßregeln der Regierung«, SWB 3, S. 509/510. — **61** Dirk Grathoff (»Die Zensurkonflikte der ›Berliner Abendblätter‹. Zur Beziehung von Journalismus und Öffentlichkeit bei Heinrich von Kleist«, in: *Ideologiekritische Studien zur Literatur*. Essays I [Frankfurt am Main 1972], S. 35-168) verweist ausdrücklich auf die von Kleist angestrebte neutrale, von Staats- und Regierungsinteressen unabhängige Position, die dieser gegenüber Hardenberg und Raumer zu behaupten suchte. »Zu Beginn des 19. Jahrhunderts war ›liberal‹ [...] noch ein Begriff, der gegen die absolutistische

Staatsführung ins Feld geführt wurde. Im Hinblick auf Hardenbergs Politik gegenüber einer Nationalversammlung und mehr noch im Hinblick auf seine Pressepolitik, die klar gezeigt hat, wie stark die absolutistischen Relikte im preußischen Staatswesen noch waren und wie jedwede Meinungsäußerung oder politische Teilnahme des Volkes unterbunden wurde, in Hinblick auf diese damaligen Verhältnisse vertrat Kleist mit seinen BA durchaus eine fortschrittliche Position. Er führte einen ›zähen Kampf‹ um das Recht auf freie Meinungsäußerung gegen eine Regierung, die mit den rigorosesten Mitteln jedes kritische Raisonnement unterdrückte und nur die ihr treu ergebene Presse duldete und schützte. […] Erst die Betrachtung der langwierigen Auseinandersetzungen zwischen Kleist und der preußischen Zensur kann diese Qualität einer Zeitung freilegen, die eindeutig nicht restaurativer Art war[en], und die an Traditionen einer aufklärerischen Emanzipationsbewegung anknüpfte[n].« (S. 152/153) — **62** Kleist, ›Über die Luxussteuern‹, SWB 3, S. 504, S. 506. — **63** An Rahel Levin, 16. Mai 1810, SWB 4, S. 446. — **64** Rahel an Gustav von Brinckmann, 30. Nov. 1819, LS 359. — **65** LS, Nr. 424. — **66** LS, Nr. 471. — **67** LS, Nr. 347. — **68** Hans-Georg Werner, »Etwas über den Erzähler Heinrich von Kleist«, in: BzKF 1979, S. 13-26, Zit. S. 13. — **69** Kleist selbst hatte im Januar 1811 einen Artikel Louis de Sevelinges, der 1810 im *Mercure de France* erschienen war, in eigener Übersetzung unter dem Titel »Über den Zustand der Schwarzen in Amerika« unter Beibehaltung der apologetischen Aussage publiziert (SWB 3, S. 836-639). Darin war die Lage der auf den Plantagen arbeitenden Sklaven als gut gegenüber ihrer Lage unter ihren eigenen »Despoten« bezeichnet worden. — **70** Seinen mit den Weißen rücksichtsvoller umgehenden Vorgänger Toussaint L'Ouverture hatte das französische Invasionsheer unter General Leclerc 1802 gefangengenommen und im Fort de Joux (Vgl. S 274) auf eine Weise eingekerkert, daß er ein Jahr darauf starb. — **71** SWB 3, S. 222. — **72** Klaus Müller-Salget, »Die Verlobung in St. Domingo. Struktur und Gehalt«, in: SWB 3, S. 836. — **73** Kleist, *Die Verlobung in St. Domingo,* SWB 3, S. 259. — **74** SWB 3, S. 222. — **75** Vgl. Gonthier-Louis Fink: »Das Motiv der Rebellion in Kleists Werk im Spannungsfeld der Französischen Revolution und der Napoleonischen Kriege«, in: KJb 1988/89, S. 64-88, S. 83: »Dennoch besteht in den Erzählungen eine wenn auch ambivalente Spannung zwischen der Satire und der Revolte, da Kleist sich sowohl gegen die konservativen Religionskritiker richtet, die glauben, alles solle beim alten bleiben, wie auch gegen diejenigen, die von einer Revolution eine positive Lösung erhoffen.« Ähnlich wie Schiller und Wieland scheint Kleist nach Fink doch die moralische Erziehung als Bedingung für politische Freiheiten zu setzen. — **76** Müller-Salget, SWB 3, S. 839. — **77** Johannes Harnischfeger hat in seiner Arbeit »Das Versprechen romantischer Liebe. Zu Kleists ›Verlobung in St. Domingo‹« (KJb 2001, S. 278-291) auf die Nähe zur romantischen Liebesvorstellung hingewiesen. — **78** An Friedrich von Raumer, 22. Februar 1811, SWB 4, S. 474. — **79** SWB 3, S. 266. — **80** SWB 3, S. 267. — **81** SWB 3, S. 268. — **82** SWB 3, S. 273. — **83** SWB 3, S. 275/ 276. — **84** SWB 3, S. 268. — **85** SWB 3, S. 280/281. — **86** Klaus Müller-Salget, SWB 3, S. 870. — **87** Wolfgang Barthel, »Kleists ›Findling‹-Geschichte«, in: BzKF 1979, S. 31-35, Zit. S. 35. — **88** Wie Horst Häker festgestellt hat, dürfte Kleist bereits 1804/05, als er bei der kinderlosen Familie Friedrich von Massenbach in der Markgrafenstraße 61 wohnte, unmittelbarer Nachbar der Vogels gewesen sein (Horst Häker: »Fünf Miszellen zu Kleists Leben und Werk«, in: BzKF 1999, S. 124-136, S. 130). — **89** LS, Nr. 528: Henriette an Louis Vogel, 20. November 1811. — **90** LS, Nr. 525. Henriette Vogel an Kleist. Die Datierung ist ungewiß. — **91** *Schriftsteller über Kleist. Eine Dokumentation*, herausgegeben von Peter Goldammer, Berlin und Weimar 1976, S. 76. — **92** Klaus Müller-Salget, »Die heilige Cäcilie oder die Gewalt der Musik. Struktur und Gehalt«, in: SWB 3, S. 887. — **93** An Marie von Kleist, Mai (?) 1811, SWB 4, S. 485. — **94** *Der Zweikampf*, SWB 3, S. 341. — **95** Jan-Dirk Müller, »Kleists Mittelalter-Phantasma. Zur Erzählung ›Der Zweikampf‹ (1811)«, in: KJb 1998, S. 3-20, S. 19 f. — **96** Vgl. hierzu Irmela Marei Krüger-Fürhoff: *Der versehrte Körper. Revisionen des klassizistischen Schönheitsideals*, Göttingen 2001, S. 153-186. — **97** Rahel an Alexander von der Marwitz, 23. November 1811, NR, Nr. 51. — **98** An Georg Andreas Reimer, Ende Juli 1811, SWB 4, S. 496. — **99** SWB 3, S. 561. Die verbreitete Ansicht, Kleist habe in dieser Mitteilung übertrieben, ist m. E. nicht stichhaltig. Angesichts seiner finanziellen Misere war er genötigt, beinahe ununterbrochen zu produzieren, und gönnte sich – gewiß nicht nur wegen der Erwartung einer Antwort auf seine Petitionen – nicht einmal die Abwechslung, Fouqués Einladung nach Nennhausen zu folgen. Gegenüber Arnim hat Kleist beim letzten Zusammentreffen, das wohl im Frühjahr 1811 stattgefunden hatte, geäußert, daß er gern an einem »Buch in der Art wie Manon Lecoult« (NR, Nr. 71 b) schreiben würde (womit die 1728 erschienene *Histoire du chevalier des Grieux et de Manon Lescaut* von Antoine-François Prévost d'Exiles gemeint war). Er hätte es sich kaum erlauben können, seinen Verleger mit einer aufschneiderischen Ankündigung zu desinformieren. – Im übrigen zeigt die Hinwendung zum Roman als der im 19. Jahrhundert gängigsten Literaturform ein weiteres Mal Kleists besonders in der Berliner Zeit entwickeltes Gespür für Bedürfnisse des Marktes. — **100** Rolf Peter Janz: »Die Marionette als Zeugin der Anklage. Zu Kleists Abhandlung ›Über das Marionettentheater‹«, in: *Kleists Dramen. Neue Interpretationen.* Hrsg. von Walter Hinderer, Stuttgart 1981, S. 31-51, S. 38. — **101** SWB 3, S. 559. Trotz aller Disharmonien, die Kleist in seinen Werken gestaltet hat, bleibt er offenbar dennoch seinem alten Harmonie-Ideal verbunden.

Freitod

1 An Marie von Kleist, (August) 1811, SWB 3, S. 498. — **2** An Marie von Kleist, (Juli/August) 1811, S. 497. — **3** An Sophie Müller, 20. November 1811, SWB 4, S. 511. — **4** An Marie von Kleist, (August) 1811, SWB 4, S. 498/499 (auch das Vorangegangene, ebenda). — **5** An Marie von Kleist, (Mai?) 1811, SWB 4, S. 485. — **6** An Marie von Kleist, (Mai?) 1811. SWB 4, S. 484 (die vorangegangenen Zitatstellen ebenda). — **7** Marie von Kleist an Friedrich Wilhelm III., 9. September 1811, LS, Nr. 507 a. — **8** Ebenda. — **9** Marie von Kleist an Friedrich Wilhelm III., 26. Dez. 1811, LS, Nr. 509 a. Marie gibt dieses Urteil aus zweiter Hand wieder: »[...] hat Gneisenau der Bergen [Frau von Berg] gesagt.« Gneisenau selbst hat – nach Kleists Freitod – davon gesprochen, daß Kleist »exaltiert« (an seine Frau, 2. Dezember 1811, LS, Nr. 509 b) war. — **10** An Marie von Kleist, (erste Hälfte Oktober) 1811, SWB 4, S. 505. — **11** Friedrich Wilhelm III. an Marie von Kleist, 18. September 1811, LS 507 c. — **12** An Marie von Kleist, (erste Hälfte Oktober) 1811, SWB 4, S. 505. — **13** An Marie von Kleist, (erste Hälfte Oktober) 1811, SWB 4, S. 505. — **14** Wilhelm Grimm an Arnim, 10. Dezember 1811, NR, Nr. 72 b. — **15** Klaus Müller-Salget, »Briefe von und an Heinrich von Kleist«, SWB 4, S. 540. — **16** *Aufsatz, den sichern Weg des Glücks zu finden*, SWB 3, S. 522. — **17** Achim von Arnim an Jacob und Wilhelm Grimm, 6. Dezember 1811, NR, Nr. 72 a. — **18** NR, Nr. 251. — **19** Carl von Clausewitz, »Die drei Bekenntnisse«, in: Carl Schwartz: *Leben des Generals Carl von Clausewitz*, Berlin 1878, Bd. 1, S. 434. — **20** An Marie von Kleist, 10. November 1811, SWB 4, S. 509. — **21** Carl von Clausewitz, wie Anm. 19, S. 434. — **22** Ebenda, S. 436. Sowohl Kleist als auch den Militärreformern mangelte es zumindest zu diesem

Zeitpunkt an sozialer Differenzierung. Clausewitz gibt zu, daß er kein »vollständiges Bild von der öffentlichen Meinung und Stimmung« entwerfen könne, da es ihm dazu »an Erfahrung« fehle und er »hauptsächlich nur die Hauptstadt und die vornehmeren Stände kenne« (ebenda, S. 433). Gleiches trifft im Grunde auf Kleist zu. Justus Gruner, der sich die Denkschrift zur Einsicht erbat, antwortete am 18. Dezember 1812, daß er sie »mit hohem Interesse und ungetheilter Übereinstimmung gelesen, bis auf das, was zur öffentlichen Stimmung und Meinung bei uns gesagt ist. Dies scheint mir zu allgemein und in dieser Beziehung zu hart« (ebenda, S. 430). Gruner war allerdings hoher Staatsbeamter und aus seiner Interessenlage heraus auch zur Rücksichtnahme auf seine Stellung und Karriere angehalten. — **23** An Marie von Kleist, 10. November 1811, SWB 4, S. 508. – Pfuel schreibt dann am 7. Februar 1812 an Caroline de la Motte Fouqué, Kleist sei »so gequält und zerrüttet« gewesen, »daß er den Tod mehr lieben mußte als das Leben, das ihm von allen Seiten so sauer gemacht wurde [...] Der liebe gute Heinrich! Mit ihm ist die Seele untergegangen, die mich am besten verstand; und dennoch wars gut, daß er starb, das Herz war ihm schon lange gebrochen.« (NR, Nr. 63) — **24** Höchstwahrscheinlich war Kleist nicht nur im September, als er noch die Kabinettsorder vorweisen konnte, nach Frankfurt gefahren. »Die Vorwürfe der Schwestern werden plausibler, wenn wir annehmen, daß Kleist gegen Ende Oktober, als seine Hoffnungen auf Wiedereinstellung in den Militärdienst sich zerschlagen hatten, nochmals nach Frankfurt gereist ist und Ulrike vergeblich darum gebeten hat, ihm das Geld gleichwohl zur Verfügung zu stellen.« (Klaus Müller-Salget, Stellenkommentar, SWB 4, S. 1057) Kleist brauchte das Geld, um ggf. einen Neuanfang in Wien zu versuchen. — **25** An Marie von Kleist, 10. November 1811, SWB 4, S. 508/509 (auch die vorangegangenen Zitate). — **26** An Marie von Kleist, (erste Hälfte Oktober) 1811, SWB 4, S. 505/506. — **27** An Ulrike von Kleist, 21. November 1811, SWB 4, S. 513. In dem alles übersteigenden Bedürfnis nach Versöhnung und unbeschwerter Seligkeit »am Morgen meines Todes« nimmt Kleist die »strenge Äußerung«, jene Anschuldigungen gegenüber der Familie, allerdings nur die Ulrike betreffenden, zurück. Sie habe an ihm »gethan, ich sage nicht, was in Kräften einer Schwester, sondern in Kräften eines Menschen stand, um mich zu retten [...]« (ebenda). Indessen weist Kleists Unterscheidung zwischen Schwester und Mensch darauf hin, daß er beim verwandtschaftlichen Füreinander-Einstehen bis zuletzt einen Maßstab anlegte, dem auch Ulrike nicht entsprochen hat. Die Erbschaftsvorgänge nach Kleists Tod werfen weiteres Licht auf das Verhältnis der Familie zu Kleist. Keines der Geschwister erklärte sich bereit, Kleists Hinterlassenschaft anzunehmen. Alle verdächtigten den aus der Rolle Gefallenen, hoch verschuldet zu sein. Erst, als sich herausstellte, daß Kleist trotz seiner Notlagen nur wenige Schulden gemacht hatte, war Ulrike bereit, das materielle Erbe ihres Bruders anzutreten. 1819 (!) geschah dies mit einem Beschluß des Königl. Berliner Kammergerichtes. (Vgl. hierzu Paul Hoffmann: »Heinrich von Kleist und die Seinen«, in: *Archiv für das Studium der neueren Sprachen und Literaturen*, Jg. 84, [1929], Bd. 155, S. 162-185.) Immerhin hatte Kleist als Teilhaber der geschwisterlichen Erbengemeinschaft am Elternhaus noch eine gewisse Sicherheit zu bieten gehabt, wenn er Ulrike oder andere Verwandte um Unterstützung anging. Sein Anteil machte noch 1819, in einer Zeit der Wirtschaftsflaute, als Ulrike das Haus übernahm, 1000 Taler aus (abzüglich der 500 Taler des von ihm 1809 aufgenommenen Darlehens). — **28** Clausewitz, wie Anm. 19, S. 454. — **29** An Marie von Kleist, 12. November 1811, SWB 4, S. 510. — **30** An Marie von Kleist, 9. November 1811, SWB 4, S. 507. — **31** An Sophie Müller, (20. November) 1811, SWB 4, S. 511. — **32** An Marie von Kleist, 9. November 1811, SWB 4, S. 507. — **33** An Marie von Kleist, 10. November 1811, SWB 4, S. 509. Sollte Kleist wirklich nichts von Henriette Vogels Erkrankung gewußt haben, so wäre ihre Tötung nicht frei von Rücksichtslosigkeit. Vgl. auch das Verhalten der Penthesilea und des Prinzen von Homburg. — **34** An Marie von Kleist, 12. November 1811, SWB 4, S. 510. — **35** An Marie von Kleist, 9. November 1811, SWB 4, S. 507. Kleist hat demnach den großen Vervollkommnungsgedanken seiner frühen Zeit, welcher auf die Ausbildung möglichst aller Wesenskräfte seiner Natur zielte, nicht aufgegeben. Und das Erlebnis totaler Hingabe zweier Menschen erschien ihm offenbar als die Krönung irdischer Möglichkeiten. – Bei allem Zweifel an der Wirkung seiner Werke und obwohl sich 1811 eine Krise seines Schreibens durch unfreiwillige Rücksichtnahmen auf Markt und Obrigkeit angedeutet hat, zweifelte er nicht mehr grundsätzlich an seinem Talent. Varnhagen schreibt am 8. Dezember 1811 an Rahel: »Welch ein ungeheurer Schmerz muß in ihm gewütet haben, eh er sein Talent aufgab, das er in seinem verwüsteten Leben wie den unzerstörbaren Talisman eines verheißenen Glücks betrachtete!« (NR, Nr. 52 b.) – Joachim Pfeiffer sieht in Kleists Todesentscheidung bereits jene spätere Position anklingen, die »um 1900, etwa in der Wiener Moderne, den Tod als Sinngeber des Lebens verstehen wird. Der Tod erscheint in diesen lebensphilosophischen Zusammenhängen als ›Hermeneut‹, der den

Sinn des Lebens von seinem Ende her erschließt. Durch den Tod erlangt das Leben erst seine Abgeschlossenheit und Ganzheit und damit seinen abschließenden Sinn. [...] Der Tod wird damit zur logischen Konsequenz eines Lebens, das bereits an sein Ende gelangt ist. Kleist deutet damit sein Scheitern um: Aus der Niederlage wird ein Triumph, aus dem fragmentarischen Leben eine Ganzheit.« (»Sterben im Widerspruch: Kleists letzte Inszenierung«, Podiumsdiskussion in der Akademie der Künste in Berlin, 12.10.2000, in: KJb 2001, S. 251-254, Zit. S. 253.) — **36** An Sophie Müller, 20. November 1811, SWB 4, S. 511. Ursprünglich sollten die Tötung und Selbsttötung bereits um den 10. November stattfinden. Kleist und Henriette Vogel hatten nach einer schriftlichen Mitteilung Henriettes die Niederlausitz bei Cottbus dafür vorgesehen. Hier wohnte in Auras bei Drebkau der mit ihnen befreundete Leutnant Hoffmeister, welcher benachrichtigt werden sollte, um die letzten Dienste in die Wege zu leiten. Als Begründung für die Wahl dieser Gegend wäre von seiten Kleists die Nähe zu jenen Stätten von Verwandten und Bekannten seiner Kindheit denkbar, von denen er zumindest zum Teil wußte, daß sie – wie etwa die Pannwitzens und Schönfeldts – ihn verachteten. Die meisten lebten noch auf ihren Gütern. Dieses Vorhaben sollte indessen wohl nicht nur, wie Paul Hoffmann meinte, ein Versuch sein, die Verwandten moralisch zu erschüttern. Es ging Kleist wohl eher um deren öffentliche Beschämung. (Vgl. Rudolf Loch: »Stammbücher aus der Lausitz – Fingerzeige zu Kleist«, in: BzKF 1997, S. 75-116, S. 106 f.) Das Vorhaben ist durch die zufällige Ankunft Hoffmeisters in Berlin verhindert worden. — **37** Auch bei der Wahl dieser Sterbeörtlichkeit scheint Kleist eine Absicht verfolgt zu haben. Wobei hier der Affront gegen die Staatsspitze gerichtet gewesen sein dürfte. War doch die Stelle beim »Neuen Krug«, oder auch »Stimmings Krug« genannt, ein Nadelöhr des Verkehrs an der einzigen – eben erst modernisierten – Straße, welche von Berlin, der Hauptstadt, nach Potsdam, der Residenz der preußischen Könige, führte. Diese Stelle würden der Monarch, der Hof und die Staatsbeamten immer wieder passieren müssen, gerade auch die, welche Kleist in der *Abendblatt*-Affäre so zugesetzt hatten. Es waren dies zugleich jene, die in den Augen des Patrioten und Rigoristen vor der vor allem ihnen obliegenden Verpflichtung, den patriotischen Widerstand zu organisieren, versagt hatten. (Zur Wirkung von Kleists und Henriette Vogels Grab auf die bis 1824 erste Dame des preußischen Hofes, die Prinzessin Marianne, schreibt H. Häker, daß für sie, anders als für den König, zumindest ab 1822, als sie selbst eine unglückliche Liebe durchlebt hat, die Tat des Liebespaares dieses nicht, wie es Friedrich Wilhelm III. sah, »aus der Welt der sittlichen Normen verbannt« habe. Die Prinzessin hätte sehr wohl verstanden, was beide bewegte, ja es könne sein, daß sie sie »sogar beneidete«. [»Prinzessin Marianne von Preußen geb. Hessen-Homburg und Kleist«, in: BzKF 1993, S. 100-108, Zit. S. 107]) Aus dieser wohl nicht ohne Absicht vorgenommenen Wahl der Örtlichkeiten läßt sich eine gewisse Form der ›Inszenierung‹ des Todes ableiten. Indessen wohl noch keine »dramaturgische[n] Kälte« in Einheit mit »emotionaler Hitze« (Alexander Weigel, »›Letzte Szene‹ und ›Urszene‹ Heinrich von Kleists«, in: »Sterben im Widerspruch. Kleists letzte Inszenierung.« Podiumsdiskussion in der Akademie der Künste in Berlin, 12.10.2000, abgedr. in: KJb 2001, S. 259-261, S. 260), mit welcher Kleist den letzten Akt seines Lebens in Szene gesetzt habe. Eine Ähnlichkeit zu seinen Schaffensverfahren dürfte lediglich ansatzweise im Spiel gewesen sein. Auch die Bitte an die Bediensteten der Gaststätte, Tisch und zwei Stühle auf den Hügel zu bringen, um dort ähnlich wie bei einem Picknick Kaffee und Rum trinken zu können, bevor sie die Tat vollbringen würden, reicht als Beleg für eine regelrechte Inszenierungsabsicht bzw. die Erzeugung eines »theatralischen Lichte[s]« (Adam Müller in: *Der Österreichische Beobachter,* 24. Dezember 1811, NR, Nr. 23), das auf den Vorgang hätte fallen sollen, nicht aus. Die Unterstellung einiger Zeitgenossen, Kleist habe durch seinen Tod das erreichen wollen, was er durch seine Schreiberei nicht erreicht habe, nämlich Aufsehen bei einem breiten Publikum zu erzeugen, dürfte der Grundlage entbehren. Und die enge Verschlungenheit von Liebe, Gewalt und Tod, welche Kleist in den meisten seiner Werke darstellt, begonnen mit der (angeblichen) ›Urszene‹ der *Familie Schroffenstein,* kann m. E. kaum als ›Vorlage‹ für den Freitod gegolten haben. Wird sie doch im Werk in ihrer durch die Umstände bedingten tragischen Disponiertheit, bis hin zum ›Versehen‹ der Beteiligten, zudem zumeist nicht unkritisch, dargestellt. (Allerdings meinte Arnim, Kleist sei von seinen eigenen Gestalten erschlagen worden. Und Ernst von Pfuel schreibt am 30. Dezember 1811 an Caroline von Fouqué: »[...] so wie ich Kleist kenne war hier eine falsch erkünstelte Exaltation« [NR, Nr. 63] im Spiele. Pfuel lastet diese v. a. Henriette Vogel an). Joachim Pfeiffer schreibt: »Der ›philosophische‹ Standpunkt verbindet sich bei Kleist mit einer Übersteigerung der aufklärerischen Subjektauffassung, die in der Autonomie des Subjekts ihr höchstes pädagogisches Ziel erblickt. Selbstmord als letzte Beglaubigung der eigenen Freiheit, als Akt subjektiver Selbstbehauptung: In dieser Vermischung aufklärerischer und (fast schon)

existentialistischer Radikalität ist ein Grund des Faszinosums zu suchen, das Kleists Freitod gerade in der Moderne umgibt. Diesem
Vollzug der Freiheit in letzter Konsequenz scheint auch jene Eupho-
rie zu entspringen, die Kleists Abschiedsbriefe kennzeichnet. [...]
Der Selbstmord wird zu einem heldischen Akt, der keineswegs aus
einer Schwäche, sondern aus einer heroischen Stärke des Subjekts resultiert [...] Der Heroismus verleiht dem Freitod jene Aura, die die
Religion ihm verweigert.« (Pfeiffer, wie Anm. 35, S. 251-254. Vgl.
hierzu auch S. 457, Anm. 3.) — **38** Kleist hatte am 12. November an
Marie von Kleist geschrieben, daß er, was er »nie gekont« habe, des
Morgens und Abends nieder knie und zu Gott bete und ihm danke,
daß er ihm sein qualvolles Leben durch den »wollüstigsten aller Tode
vergütig[e]« (SWB 4, S. 510). Pfeiffer (wie Anm. 35) sieht im gemeinsamen Ende Kleists und Henriette Vogels ganz entschieden den
romantischen Liebesdiskurs und -tod verwirklicht. Zugleich sieht er
noch in der Extremsituation, in die sich beide begeben, Anzeichen
eines ironischen Aufbrechens. »Das elysische Bild der umherwandeln-
den Engel mit Flügeln an den Schultern hat etwas Süßlich-Kitschiges –
und ist ausgesprochen unprotestantisch. Man hat fast den Eindruck,
daß Kleist sich hier des Todeskitsches bedient, um seine religiösen
Bilder zu relativieren. Es handelt sich dabei wohl eher um ein ironisches Zitat als um religiöse (Jenseits-)Überzeugung.« (S. 254) –
Germaine von Staël-Holstein schreibt 1813 in ihren *Betrachtungen
über den Selbstmord* über Kleists und Henriette Vogels Freitod:
»Zwei Christen vermengen den Mord mit dem Abendmahl, indem
sie neben sich die Gesänge aufgeschlagen haben, die die Gläubigen
singen, wenn sie sich zu dem Schwure vereinigen, dem göttlichen
Muster der Geduld und Ergebung zu folgen [...]« (LS, Nr. 529). Wie in
seinem Werk hat Kleist auch bei seinem Tode die übliche Religiosität in Frage gestellt. — **39** Kleist dürfte nach Einschätzung der Ärzte,
die seinen Körper sezierten (vgl. LS, Nr. 534) und denen bei der Öff-
nung seines Schädels die Knochensäge zerbrach, weniger durch das
kleine Stück Blei in seinem Gehirn (sein Kopf war äußerlich unver-
sehrt) als durch Ersticken im Pulverdampf geendet sein. Während
Henriette Vogel nach hinten über den Rand der Grube ausgestreckt
lag (wahrscheinlich hatte Kleist sie noch in diese Stellung gebracht),
war Kleist »mit dem Unterkörper etwas eingesunken, und [lag] mit
dem Kopf neben der rechten Lende der Dame auf dem Wall der Grube.
Seine Hände lagen auf seinen Knien [...]« (LS, Nr. 532, nach Verneh-
mungsprotokollen des Hoffiskals Felgentreu, Richter von Heiners-
dorf, vom 22.11/2.12.1811) Sein Mund war fest geschlossen. —

40 LS, Nr. 534. Irmela Marei Krüger-Fürhoff (*Der versehrte Körper. Revisionen des klassizistischen Schönheitsideals*, Göttingen 2001) macht darauf aufmerksam, daß »der Obduktionsbericht der medizinhistorischen These« entspricht, »mit der Herausbildung der pathologischen Anatomie um 1800 sei der bislang auf oberflächliche Symptome ausgerichtete ärztliche Blick zunehmend durch die – im wörtlichen Sinne – eindringliche Formulierung der Autopsie abgelöst worden, der zufolge die Wahrheit im Innern des Körpers liegt.« Deshalb habe die Ursache für den Selbstmord in Kleists ›krankem Gemüt‹ gefunden werden müssen; »was sich aus angeblich bezeugten Verhaltensauffälligkeiten wie Hypochondrie, Überspanntheit und Religionsschwärmerei vermuten ließ«, sei auf diese Weise »durch einen Blick unter Bauch- und Schädeldecke verifiziert« worden (ebenda, S. 184/185). — **41** Friedrich Wilhelm III. an Hardenberg, 27. November 1811, LS, Nr. 541. — **42** August Gottlob Eberhard, »Appellation an die Ankläger und Richter Heinrichs von Kleist«, in: *Salina*, Halle, Februar 1812, (NR, Nr. 25). — **43** *Heinrich von Kleists Werke.* Im Verein mit Georg Minde-Pouet und Reinhold Steig hg. von Erich Schmidt, Leipzig und Wien o. J., Bd. 5, S. 9 f. — **44** Arthur Eloesser, *Heinrich von Kleists Leben, Werke und Briefe*, Leipzig 1911, Bd. 5, S. 4 f. – Von den vierzehn bekanntgewordenen Briefen an Marie von Kleist existieren nur Teilkopien, »die teils von ihr selbst, teils mit ihrer Zustimmung hergestellt wurden. Was von daher erhalten blieb, sind beschnittene, ebenso absichtsvoll wie unwillkürlich getönte Abzüge von Momentaufnahmen einer Korrespondenz, aus der lediglich ein einziges an Marie von Kleist gerichtetes Original gegenwärtig noch zugänglich ist – bezeichnenderweise ein Brief, über den zu verfügen der Adressatin schon früh unmöglich geworden war«. (Peter Staengle, »Kleist in der Hand von Wilhelm Schütz. Faksimile und Umschrift«, in: BKB 2, Basel und Frankfurt am Main 1989, S. 21-30, Zit. S. 21) Bruno Hennig führt aus einem Originalschreiben Maries an ihren Sohn folgende Passage an: »Was ist alle Liebe der Sterblichen hier auf Erden, was sind alle Romane, alle Gedichte im Vergleich mit seiner Liebe [für sie, Marie] und seinen Briefen (sic!) Solch ein Feuer konnte nur in seiner Seele, in seinem Herzen, in seinem Busen lodern. Aber eben daher mußte ich sie verbrennen.« Bruno Hennig: »Marie von Kleist. Ihre Beziehungen zu Heinrich von Kleist (nach eigenen Aufzeichnungen)«, in: Sonntagsbeilage zur *Vossischen Zeitung*, 2. Sept. 1909.)

Literaturhinweise

Ausgaben

Kleists Werke. Zweite Auflage. Nach der von Erich Schmidt, Reinhold Steig und Georg Minde-Pouet besorgten Ausgabe neu durchges. u. erw. von Georg Minde-Pouet, Bd. 1-7 (Bd. 7 nicht mehr erschienen), Leipzig (1936-1938).

Heinrich von Kleist: *Sämtliche Werke und Briefe,* 2 Bde., hg. von Helmut Sembdner, Zweite, vermehrte und auf Grund der Erstdrucke und Handschriften völlig revidierte Auflage, München 1961; jeweils vermehrte, ergänzte und revidierte Auflagen: ⁹1993.

Heinrich von Kleist: *Werke und Briefe in vier Bänden,* hg. von Siegfried Streller in Zusammenarbeit mit Peter Goldammer und Wolfgang Barthel, Anita Golz, Rudolf Loch, Berlin ³1978. [Lizenzausgabe mit freundlicher Genehmigung des Aufbau-Verlags Berlin und Weimar, Frankfurt/Main 1986.]

Heinrich von Kleist: *Sämtliche Werke und Briefe in vier Bänden*, hg. von Ilse-Marie Barth, Klaus Müller-Salget, Stefan Ormanns und Hinrich C. Seeba, Frankfurt/Main 1987-1997. (= SWB)

Heinrich von Kleist: *Sämtliche Werke. Brandenburger* [1988-1991: *Berliner*] *Ausgabe*, hg. von Roland Reuß und Peter Staengle, Basel und Frankfurt/Main 1988 ff.; Bd. IV/1: Briefe 1, März 1793 – April 1801, 1996. Bd. IV/2: Briefe 2, Mai 1801 – August 1807.

Phöbus. Ein Journal für die Kunst, hg. von Heinrich von Kleist und Adam H. Müller. Nachwort und Kommentar von Helmut Sembdner. Nachdruck Darmstadt 1982.

Berliner Abendblätter, hg. von Heinrich von Kleist. Nachwort und Quellenregister von Helmut Sembdner. Nachdruck Darmstadt 1982.

Bibliographien und Forschungsberichte

Rolf Busch: *Imperialistische und faschistische Kleist-Rezeption 1890-1945*. Eine ideologiekritische Untersuchung, Frankfurt/Main 1974.

Günther Emig: Kleist-Bibliographie 1914-1990, Heilbronn 2003 (in Vorbereitung).

Dirk Grathoff: »Bibliografie zur materialistischen Kleist-Rezeption seit 1945«, in: *Text und Kontext*. Quellen und Aufsätze zur Rezeptionsgeschichte der Werke Heinrich von Kleists, hg. von Klaus Kanzog, Berlin 1979, S. 180-192.

Internationale Bibliographie zur deutschen Klassik 1750-1850, [bearb. von Heidi Zeilinger u. a.], Stiftung Weimarer Klassik; Herzogin-Amalia-Bibliothek, ab Folge 36 München 1992 ff. (Folge 1-10 1959-1964 in: Weimarer Beiträge, Berlin und Weimar, als Bibliographie deutschsprachiger Bücher und Zeitschriftenaufsätze zur deutschen Literatur von der Aufklärung bis zur bürgerlichen Revolution 1848/49, bearb. von Hans Hennig; Folge 11-39 [1964-1989] als *Internationale Bibliographie zur deutschen Klassik* hg. von den Nationalen Forschungs- u. Gedenkstätten der klassischen deutschen Lit. in Weimar, bearb. von Hans Hennig, Günther Mühlpfordt, Heidi Zeilinger u. a., Berlin und Weimar)

Manfred Lefévre: »Kleist-Forschung 1961-1967«, in: Colloquia Germanica 3 (1969), S. 1-86.

Georg Minde-Pouet: »Kleist-Bibliographie (1914-1937)«, in: Jahrbuch der Kleist-Gesellschaft 1921 (1922), S. 89-116; 1922 (1923), S. 112-163; 1923/24 (1925), S. 181-230; 1929/30 (1931), S. 60-193; 1933-37 (1937), S. 1886-263.

Eva Rothe: »Kleist-Bibliographie 1945-1960«, in: Jahrbuch der Deutschen Schiller Gesellschaft 5 (1961), S. 414-547.

Helmut Sembdner: *Kleist-Bibliographie 1803-1862*. Heinrich von Kleists Schriften in frühen Drucken und Erstveröffentlichungen, Stuttgart 1966.

Dokumentarisches

Arno Barnert in Zusammenarbeit m. Roland Reuß u. Peter Staengle: »Polizei – Theater – Zensur. Quellen zu Heinrich von Kleists ›Berliner Abendblättern‹«, in: BKB 11, Basel u. Frankfurt/Main 1997, S. 29-353.

Bruchstücke aus den hinterlassenen Papieren des Königl. Preuß. General-Feldmarschalls Carl Friedrich von dem Knesebeck, als ein An-

denken an den Verstorbenen für die Familienmitglieder und Freunde zusammengest. von A. v. K., Magdeburg 1850.

Otto Büsch: *Militärsystem und Sozialleben im alten Preußen 1713-1807. Die Anfänge der sozialen Militarisierung der preußischen Gesellschaft*, Frankfurt am Main/Berlin/Wien 1981.

Friedrich Wilhelm III.: *Denkschrift über das preußische Heerwesen, Berlin, im November 1797*, in: Quellensammlung zur deutschen Geschichte, Bd. II,, Leipzig und Berlin 1911, S. 120-124.

Geschichte des Geschlechts von Kleist: Dritter Theil, Dritte Abtheilung, enthaltend die Biographien der Muttrin-Damenschen Linie, entworfen von H. Kypke, Berlin 1885.

Günther Gieraths: *Die Kampfhandlungen der brandenburgisch-preußischen Armee 1626-1807. Ein Quellenhandbuch*, Berlin 1964.

Horst Häker: »Nachrichten vom Offizierscorps der Königlich Preußischen Armee von 1806«, in: BzKF 2000, S. 235-264.

Heinrich von Kleist 1777-1811. Chronik seines Lebens und Schaffens auf Grund von Selbstaussagen, Dokumenten und Aussagen Dritter. Bearb. von Wolfgang Barthel, Frankfurt/Oder 2001.

Heinrich von Kleists Lebensspuren. Dokumente und Berichte der Zeitgenossen, hg. von Helmut Sembdner, Bremen 1957; Neuausgabe, München 1996.

Heinrich von Kleists Nachruhm. Eine Wirkungsgeschichte in Dokumenten, hg. von Helmut Sembdner, Bremen 1967; Neuausgabe, München 1997.

Peter Horn: *Kleist-Chronik*, Königstein/Taunus 1980.

Kleist-Material. Katalog und Dokumentation des Georg Minde-Pouet-Nachlasses in der Amerika-Gedenkbibliothek, Berlin, im Auftrag des Instituts für Textkritik e. V. hg. von Wilhelm Amann und Tobias Wangermann in Zusammenarb. M. Roland Reuß u. Peter Staengle, Basel/Frankfurt a. M. 1997.

Conrad Matschoß: *Geschichte der Königlich Preußischen Technischen Deputation für Gewerbe*. Zur Erinnerung an das 100jährige Bestehen. 1811-1911, in: Beiträge zur Geschichte der Technik und Industrie, Bd. 3, Berlin 1911, S. 239-275.

Georg Minde-Pouet: »Kleists letzte Stunden. Teil 1: Das Akten-Material«, in: *Schriften der Kleist-Gesellschaft* 5, Berlin 1925.

Carl von Reinhard: *Geschichte des Königlich Preußischen Ersten Garde-Regiments zu Fuß, zurückgeführt auf die historische Abstammung des Regiments vom I .Bataillon Leibgarde, dem Regiment Garde und dem Grenadier-Bataillon. 1740-1817.*

Roland Reuß u. Peter Staengle in Zusammenarbeit mit Arno Pielenz u.

Renate Schneider: »H. v. Kleist, Dokumente u. Zeugnisse. Biogr. Archiv I/A-K«, in: BKB 13, Frankfurt a. M./Basel 2000, S.29-455.

Roland Reuß u. Peter Staengle in Zusammenarbeit. m. Arno Pielenz u. Renate Schneider: »H. v. Kleist, Dokumente u. Zeugnisse. Biogr. Archiv II/L-Z«, in: BKB 14, Frankfurt a. M./Basel 2001, S. 23-911.

Schriftsteller über Kleist. Eine Dokumentation, hg. von Peter Goldammer, Berlin und Weimar 1976.

Index zu Heinrich von Kleist. Sämtliche Erzählungen, Erzählvarianten, Anekdoten, bearb. von Helmut Schanze, Frankfurt/Main und Bonn 1969.

Index zu Heinrich von Kleist. Kleine Schriften, bearb. von Helmut Schanze, Frankfurt/Main 1970.

Wörterbuch zu Heinrich von Kleist. Sämtliche Dramen und Dramenvarianten, bearb. von Helmut Schanze, Nendeln 1978.

Biographien und Gesamtdarstellungen

Klaus Birkenhauer: *Kleist*. Tübingen 1977.

Günther Blöcker: *Heinrich von Kleist oder das absolute Ich*. Berlin 1960.

Peter Goldammer: *Heinrich von Kleist*. Leipzig 1980.

Klaus Günzel: *Kleist. Ein Lebensbild in Briefen und zeitgenössischen Berichten*, Berlin 1984, Stuttgart 1985.

Heinrich von Kleist's Leben und Briefe. Mit einem Anhang hg. von Eduard von Bülow, Berlin 1848.

Heinrich von Kleist 1777-1811. Leben. Werk. Wirkung. Blickpunkte. Ausstellung im Kleist-Museum. Hg. von Wolfgang Barthel u. Hans-Jochen Marquardt. Mit Beiträgen von Hans-Jochen Marquardt und Barbara Wilk-Mincu, Frankfurt/Oder 2000.

Heinrich von Kleist. Zum Gedenken an seinen 200. Geburtstag. Ausstellung d. Staatsbibliothek Preußischer Kulturbesitz in Verbindung mit der Heinrich-von Kleist-Gesellschaft e. V. in der Orangerie des Charlottenburger Schlosses, Berlin, 2. November 1977-8. Januar 1978. Ausstellung und Katalog von Eberhard Siebert in Zusammenarbeit mit Barbara Wilk und Hans-Günther Klein (= Staatsbibliothek Preußischer Kulturbesitz, Ausstellungskataloge 8), Berlin 1977.

Wilhelm Herzog: *Heinrich von Kleist*. München 1911.

Curt Hohoff: *Heinrich von Kleist in Selbstzeugnissen und Bilddokumenten*, Hamburg 1958 ff.

Heinz Ide: *Der junge Kleist. »…in dieser wandelbaren Zeit…«*. Würzburg 1961.

Rudolf Loch: *Heinrich von Kleist. Leben und Werk.* Leipzig 1978.

Klaus Müller-Salget: *Heinrich von Kleist.* Ditzingen 2002.

Joachim Maass: *Kleist. Die Fackel Preußens. Eine Lebensgeschichte*, Wien 1957.

Eberhard Siebert: *Heinrich von Kleist. Leben und Werk im Bild*, Frankfurt/Main 1980.

Peter Staengle: *Heinrich von Kleist.* München 1998.

Siegfried Streller: [Einleitung zu] *Heinrich von Kleist. Werke und Briefe in vier Bänden*, hg. von Siegfried Streller in Zusammenarbeit mit Peter Goldammer und Wolfgang Barthel, Anita Golz, Rudolf Loch, Berlin und Weimar 1978, S. 5-96.

Thomas Wichmann: *Heinrich von Kleist*, Stuttgart 1988.

Hans M. Wolff: *Heinrich von Kleist. Die Geschichte seines Schaffens*, Bern 1954.

Hans-Dieter Zimmermann: *Heinrich von Kleist. Eine Biographie*, Hamburg 1991.

Arnold Zweig: *Versuch über Kleist*, in: Heinrich von Kleist, Sämtliche Werke, München 1923, 1. Bd., S. VII-LV.

Sammelbände

Erotik und Sexualität im Werk Heinrich von Kleists. Internationales Kolloquium des Kleist-Archivs Sembdner, 22.-25. April 1999 (= Heilbronner Kleist-Kolloquium, Bd. 2. Im Auftrag der Stadt Heilbronn. Hg. von Günther Emig und Anton Philipp Knittel, Heilbronn 2000)

Heinrich von Kleist (text + kritik Sonderband), hg. von Heinz Ludwig Arnold in Zusammenarbeit mit Roland Reuß und Peter Staengle, München 1993.

Heinrich von Kleist. Aufsätze und Essays, hg. von Walter Müller-Seidel, Darmstadt 1967.

Heinrich von Kleist. Studien zu Werk und Wirkung, hg. von Dirk Grathoff, Opladen 1988.

Heinrich von Kleist. Kriegsfall – Rechtsfall – Sündenfall, hg. von Gerhard Naumann, Freiburg i. Br. 1994.

Kleists Aktualität. Neue Aufsätze und Essays 1966-1978, hg. von Walter Müller-Seidel. Darmstadt 1981.

Sigismund Rahmer: *Das Kleist-Problem auf Grund neuer Forschungen zur Charakteristik und Biographie Heinrich von Kleists*, Berlin 1903.

–: *Heinrich von Kleist als Mensch und Dichter. Nach neuen Quellenforschungen*, Berlin 1909.

Helmut Sembdner: *In Sachen Kleist. Beiträge zur Forschung*, München [2] 1984.

Hermann F. Weiss: *Funde und Studien zu Heinrich von Kleist*, Stuttgart 1988.

Untersuchungen zu einzelnen Themen

Ruth K. Angress, »Kleists Abkehr von der Aufklärung«, in: KJb 1987, S. 98-114.

Wolfgang Barthel: »*Michael Kohlhaas*. Beobachtungen zum Erzählverfahren Kleists«, in: BzKF 1974, S. 1-24.

–: »Zu Briefen Heinrich von Kleists 1793-1803. Erster Teil«, in: BzKF 1978, S. 21-36.

–: »Kleists *Zerbrochner Krug*. Thesen zu Entstehung und Wirklichkeitsbezug«, in: BzKF 1978, S. 45-53.

–: »Die Madonna und der Gott. Zu kunstprogrammatischen Aspekten bei Heinrich von Kleist«, in: BzKF 1983, S. 29-36.

–: »J. F. C. Löffler in Frankfurt an der Oder 1782-1788. Mit einem Seitenblick auf Heinrich von Kleist«, in: BzKF 1984, S. 7-38.

–: »Heinrich von Kleist als Museumsbesucher«, in: BzKF 1993, S. 49-57.

Peter Baumgart: »Die preußische Armee zur Zeit Heinrich von Kleists«, in: KJb 1983, S. 43-70.

Jacob Baxa: »Die ›Phoenix‹-Buchhandlung. Ein Beitrag zur Kleist-Forschung«, in: Zeitschrift für deutsche Philologie 75 (1956), S. 171-185.

Hans-Jürgen Becker: »Wilhelm Traugott Krug und Heinrich von Kleist«, in: KJb 1996, S. 35-49.

Hilda M. Brown: »Kleists Lebensspuren um 1804: Eine Antwort an Helmut Sembdner«, in: Jahrb. d. Dtsch. Schiller Ges. 36 (1992), S. 84-94.

–: *Heinrich von Kleist: The Ambiguity of Art and the Necessity of Form*, Oxford 1998.

–: »Kleists Theorie der Tragödie – im Licht neuer Funde«, in: Dirk Grathoff (Hg.): *Heinrich von Kleist. Studien zu Werk und Wirkung*, Opladen 1988, S. 117-132.

Hans-Horst Brügger: *Die Briefe Heinrich von Kleists*, Diss. Zürich 1946.

Karl Otto Conrady: »Das Moralische in Kleists Erzählungen. Ein Kapitel vom Dichter ohne Gesellschaft«, in: *Literatur und Gesellschaft. Festschrift für Benno von Wiese*, Bonn 1963, S. 56-82.

Heinrich Detering: *Das offene Geheimnis. Zur literarischen Produktivität eines Tabus von Winckelmann bis zu Thomas Mann*, Göttingen 1994.

Peter Ensberg: »Ethos und Pathos. Zur Frage der Selbstdarstellung in den Briefen Heinrich von Kleists an Wilhelmine von Zenge«, in: BzKF 1998, S. 22-58.

–: »Das Gefäß des Inhalts. Zum Verhältnis von Philosophie und Literatur am Beispiel der ›Kantkrise‹ Heinrich von Kleists«, in: BzKF 1999, S. 61-123.

Gonthier-Louis Fink: »Zwischen Frankfurt an der Oder und Paris. Variationen des Deutschland- und Frankreichbildes des jungen Kleist«, in: KJb 1997, S. 97-125.

Werner Frick: »Kleists ›Wissenschaft‹. Kleiner Versuch über die Gedankenakrobatik eines Un-Disziplinierten«, in: KJb 1997, S. 207-240.

Ulrich Fülleborn: »Die Geburt der Tragödie aus dem Scheitern aller Berechnungen. Die frühen Briefe Heinrichs von Kleist und *Die Familie Schroffenstein*«, in: KJb 1999, S. 225-347.

Ulrich Gall: *Philosophie bei Heinrich von Kleist*, Bonn 1977.

Peter Gebhardt: »Notizen zur Kunstanschauung bei Heinrich von Kleist«, in: Euphorion 77 (1983), S. 483-493.

Peter Goldammer: »Tradierte Fragwürdigkeit. Ein angeblicher Ausspruch Kleists über sein Verhältnis zu Goethe«, in: Goethe-Jahrbuch, Jg. 94, 1977, S. 99-108.

–: »Noch einmal: Kleist in Paris im Jahre 1804«, in: BzKF 1986, S. 37-46.

Ilse Graham: »Zur Ätiologie eines Rätselhaften«, in: KJb 1981/82 (1983), S. 98-114.

Dirk Grathoff: »Die Zensurkonflikte der *Berliner Abendblätter*. Zur Beziehung von Journalismus und Öffentlichkeit bei Heinrich von Kleist«, in: *Ideologiekritische Studien zur Literatur, Essays I*. Frankfurt/Main 1972, S. 35-168.

–: Kleists Geheimnisse. Unbekannte Seiten einer Biographie, Opladen 1993.

Horst Häker: »Ein preußischer ›Tiergarten‹. Erläuterungen zu dem Kupferstich ›Le Tableau parlant du XIX Siecle, ou le Nouveau Age d'Or‹ von 1801/02«, in: Jahrbuch Preußischer Kulturbesitz 1980, Berlin 1981, S. 337-356.

–: »Kleists Beziehungen zu Mitgliedern der französisch- reformierten Gemeinde in Berlin«, in: KJb 1983, S. 98-121.

–: »Kleists Aufenthalt bei Catel in Berlin im Jahre 1788«, in: KJb 1988/89 (1988), S. 445-454.

–: *Kleists Berliner Aufenthalte. Ein biographischer Beitrag*, Berlin 1989.

–: »Zu einigen Berliner Bekanntschaften Adam Müllers und Heinrich von Kleists in den Jahren 1810/11«, in: Euphorion 84 (1990), S. 367-396.

–: »10. oder 18. Oktober? Ein Plädoyer für Kleist«, in: BzKF 1993, S. 149-154.

Gerd Heinrich: »Die Geisteswissenschaften an der brandenburgischen Landesuniversität Frankfurt/Oder von 1800. Bemerkungen zu Studienangebot und Gelehrtenbestand der Hochschule Heinrich von Kleists vor ihrer Auflösung«, in: KJb 1983, S. 71-97.

Bruno Hennig: »Marie von Kleist. Ihre Beziehung zu Heinrich von Kleist (nach eigenen Aufzeichnungen)«, in: Sonntagsbeilagen zur Vossischen Zeitung, 12. und 19.9.1909, S. 291-293 und S. 301 f.

Paul Hoffmann: »Ulrike von Kleist über ihren Bruder Heinrich. Ein Beitrag zur Biographie des Dichters«, in: Euphorion 10 (1903), S. 105-152.

–: *Kleist in Paris*, Berlin 1924.

–: »Der Vater Heinrich von Kleists. Unbekanntes aus Kleists Leben, Ein unveröffentlichter Brief seines Vaters«, in: Unterhaltungsbeilage zur Deutschen Tageszeitung, 17. Oktober 1927.

–: »Heinrich von Kleist und die Seinen«, in: Archiv für das Studium der neueren Sprachen und Literaturen, 84. Jg., Bd. 155 (1929), S. 161-185.

Hans Heinz Holz: *Macht und Ohnmacht der Sprache. Untersuchungen zum Sprachverständnis und Stil Heinrich von Kleists*, Frankfurt/Main und Bonn 1962.

Wolfgang Jordan / Sascha Feuchert: »Strategien der Verweigerung. Stationen der (Psycho-)Pathologisierung in der Kleist-Rezeption vom Obduktionsbericht bis zum psychiatrischen Gutachten der Adele Juda«, in: BzKF 1978, S. 76-91.

Klaus Kanzog: *Edition und Engagement: 150 Jahre Editionsgeschichte der Werke und Briefe Heinrich von Kleists*, Berlin, New York 1979 (= Quellen und Forschungen zur Sprach- und Kulturgeschichte der germanischen Völker, NF, hg. von Stefan Sonderegger), Bd. 1: Darstellung, Bd. 2: Editorisches und dokumentarisches Material.

Klaus Kanzog / Eva Kanzog: »Die Kleist-Aufzeichnungen von Wilhelm von Wilhelm von Schütz. Mit zwei bisher nicht entzifferten Briefstellen«, in: *Jahrbuch der Deutschen Schiller Gesellschaft* 13 (1969), S. 33-46.

Gabriele Kapp: *»Des Gedankens Senkblei«. Studien zur Sprachauffassung Heinrich von Kleists 1799-1806*, Stuttgart-Weimar 2000.

Hans Kiefner: »Spezies facti. Geschichtserzählung bei Kleist und in Relationen bei preußischen Kollegialbehörden um 1800«, in: KJb 1988/89, S. 13-39.

Wolf Kittler: *Die Geburt des Partisanen aus dem Geist der Poesie. Heinrich von Kleist und die Strategie der Befreiungskriege*, Freiburg i. Br. 1987.

Max Kommerell: »Die Sprache und das Unaussprechliche. Eine Betrachtung über Heinrich von Kleist«, in: Das Innere Reich 4 (1937), S. 654-697

Hans Joachim Kreutzer: *Die dichterische Entwicklung Heinrichs von Kleist. Untersuchungen zu seinen Briefen und zu Chronologie und Aufbau seiner Werke* (= Philologische Studien und Quellen, Hg. von Wolfgang Binder, Hugo Moser, Karl Stackmann, Heft 41), Berlin 1968.

–: »Über die Geschicke der Kleist-Handschriften und über Kleists Handschrift«, in: KJb 1981/82, S. 66-85.

Irmela Marei Krüger-Fürhoff: »Der verwundete Körper als Text: Kleists Zweikampf als Schnittpunkt widerstreitender Lektüren«. In: Dieselbe: *Der versehrte Körper, Revisionen des klassizistischen Schönheitsideals.* Göttingen 2001. S. 153-186.

Rudolf Loch: »Die Bildkunst zu Kleist. Ein Überblick«, in: KJb 1995, S. 121-149.

–: »Die Lehren eines Vaters an seinen Sohn, der sich dem Soldaten Standt widmete. Anmerkungen zu Carl Wilhelm von Pannwitz, Joachim Friedrich und Heinrich von Kleist«, in: BzKF 1996, S. 34-56.

–: »Stammbücher aus der Lausitz – Fingerzeige zu Kleist«, in: BzKF 1997, S. 75-116.

Rudolf Loch und Herbert Pruns: »Zu Kleists Ansiedlungsvorhaben in der Schweiz«, in: BzKF 1993, S. 58-79.

Hans-Jochen Marquardt: »Der mündige Zeitungsleser – Anmerkungen zur Kommunikationsstrategie der *Berliner Abendblätter*«, in: BzKF 1986, S. 7-36.

–: »›Gegensätzische Identität‹. Zu historisch-biographischen Voraussetzungen des Verhältnisses Adam Müller – Heinrich von Kleist«, in: BzKF 1993, S. 80-93.

–: »Heinrich von Kleist – die Geburt der Moderne aus dem Geiste ›neuer Aufklärung‹«, in: *Heinrich von Kleist und die Aufklärung*, hg. von Timothy Mehigan, Columbia 2000, S. 23-45.

Marion Marquardt: »Das Frankreichbild im Umkreis deutscher Romantiker – Reisen«, in: BzKF, S. 95-107.

Christoph Meinel, »›des wunderlichen Wünsch seltsame Reduktion …‹. Christian Ernst Wünsch, Kleists unzeitgemäßer Zeitgenosse, in: KJb 1996, S. 1-32.

Robert Mülher: »Kleists und Adam Müllers Freundschaftskrise. Zwei ungedruckte Briefe Adam Müllers zur Geschichte der Zeitschrift ›Phöbus‹«, in: Euphorion 45 (1950), S. 450-470.

Klaus Müller-Salget: »Heinrich, Marie und Ulrike von Kleist. Zur Datierung und Deutung der Briefe vom Herbst 1811«, in: Zeitschrift für deutsche Philologie 113 (1994), S. 543-553.

–: »Briefe von und an Heinrich von Kleist«, in: Heinrich von Kleist, SWB 4, S. 525-581.

Walter Müller-Seidel: *Verstehen und Erkennen. Eine Studie über Heinrich von Kleist*, Köln 1961.

Ludwig Muth: *Kleist und Kant. Versuch einer neuen Interpretation*, Ergänzungsheft 68 der Kantstudien, Köln 1954.

Gail Newman: »›Du bist nicht anders als ich‹: Kleist's Correspondence with Wilhelmine von Zenge«, in: German Life & Letters 42, H. 2 (Januar 1989), S. 101-112.

Ingrid Oesterle: »Werther in Paris? Heinrich von Kleists Briefe über Paris«, in: *Heinrich von Kleist. Studien zu Werk und Wirkung*, hg. von Dirk Grathoff, Opladen 1988, S. 97-116.

Regina Ogorek: »Adam Müllers Gegensatzphilosophie und die Rechtsausschweifungen des Michael Kohlhaas«, in: KJb 1988/89, S. 96-125.

Hartmut Reinhardt: »Rechtsverwirrung und Verdachtspsychologie. Spuren der Schiller-Rezeption bei Heinrich von Kleist«, in: KJb 1988/89, S. 198-218.

Hermann Reske: *Heinrich von Kleist in Thun*, Bern 1972.

Roland Reuß: »*Die Verlobung in St. Domingo* – eine Einführung in Kleists Erzählen«, in: BKB 1, S. 3-45.

Peter Philipp Riedl: »Jakobiner und Postrevolutionär. Der Arzt Georg Christian Wedekind«, in: KJb 1996, S. 52-75.

Eva Rothe: »Die Bildnisse Heinrich von Kleists. Mit neuen Dokumenten zu Kleists Kriegsgefangenschaft«, in: *Jahrbuch der Deutschen Schiller Gesellschaft* 5 (1961), S. 136-186.

Joachim Rückert: »»...DER WELT IN DER PFLICHT VERFALLEN...‹. Kleists ›Kohlhaas‹ als moral- und rechtsphilosophische Stellungnahme«, in: KJb 1988/89, S. 375-403.

Günther Rühle: »Otto August Rühle von Lilienstern. Ein Freund Heinrichs von Kleist«, in: KJb 1987, S. 76-97.

Jean Ruffet: »Kleist a Boulogne«, in: Études Germaniques 31 (1976), S. 186-188.

–: »L'affaire Kleist«, in: Revue de l'Institut Napoléon 133 (1977). S. 173-180.

Richard Samuel: »Heinrich von Kleist und Karl Baron von Altenstein.

Eine Miszelle zu Kleists Biographie (erstmals 1955)«, in: Richard H. Samuel, *Selected Writings*, Melbourne 1965, S.85-91.

–: »Heinrich von Kleist und Neithardt von Gneisenau«, in: Jahrbuch der Deutschen Schiller Gesellschaft 7 (1963), S. 352-370.

–: »Zu Kleists Aufsatz *Über die Rettung von Österreich*«, in: *Gratulatio. Festschrift für Christian Wegner*, Hamburg 1963, S. 174-189.

–: »Kleists *Hermannsschlacht* und der Freiherr von Stein«, in: Jahrbuch der Deutschen Schiller Gesellschaft 5 (1961), S. 64-101.

–: »Heinrich von Kleists *Robert Guiskard* und seine Wiederbelebung 1807/08«, in: KJb 1981/82, S. 315-348.

–: *Heinrich von Kleists Teilnahme an den politischen Bewegungen der Jahre 1805-1809* [zuerst: Heinrich von Kleist's Participation in the Political Movements of the years 1805 to 1809, Diss. maschinenschr. Cambridge 1938]. Deutsch von Wolfgang Barthel, Frankfurt/Oder 1995.

Richard Samuel / Hilda M. Brown: »Kleist's Lost Year and the Quest for *Robert Guiskard*«, James Hall, Leamington Spa 1981.

Jochen Schmidt: *Heinrich von Kleist. Studien zu seiner poetischen Verfahrensweise*, Tübingen 1974.

Hans-Peter Schneider: »Justizkritik im *Zerbrochenen Krug*«, in: KJb 1988/89, S. 309-326.

Hans-Jürgen Schrader: »›Denke Du wärest in das Schiff meines Glückes gestiegen‹. Widerrufene Rollenentwürfe in Kleists Briefen an die Braut«, in: KJb 1983, S. 122-179.

–: »Der Christengott in alten Kleidern. Zur Dogmenkritik in Kleists *Amphitryon*«, in: *Deutsche und französische Beiträge zur Wirkung der Antike in der europäischen Literatur. Festschrift für Renate Böschenstein zum 65. Geburtstag*. Hg. von Verena Ehrich-Haefeli, Hans-Jürgen Schrader, Martin Stern, Würzburg 1998, S. 191-207.

–: »Ermutigungen und Reflexe. Über Kleists Verhältnis zu Wieland und einige Motivanregungen, namentlich aus dem ›Hexameron von Rosenhain‹«, in: KJb 1988/89, S. 160-194.

–: »Spuren Gottes in den Trümmern der Welt. Zur Bedeutung biblischer Bilder in Kleists *Erdbeben*«, in: KJb 1991, S. 34-52.

Martin Schulz: *Heinrich von Kleist und die Bühne*, Zürich 1966.

Helmut Sembdner: »Die Doppelgänger des Herrn von Kleist. Funde und Irrtümer der Kleistforschung«, in: *Jahrbuch der Deutschen Schiller Gesellschaft* 35 (1991), S. 180-195.

Bernhard Seuffert: »Kleist und Luise Wieland«, in: *Die Grenzboten* 70 (1911), S.308-315.

Eberhard Siebert: »War Heinrich von Kleist als Industriespion in

Würzburg?«, in: *Jahrb. Preuß. Kulturbesitz* 1985, Berlin 1986, S. 185-206.

Peter Staengle: »Fräulein von Zenge nebst Kleist, Krug, Tasse und Bild«, in: BKB 6 (1993), S. 25-59. (Nachtrag hierzu in: BKB 7 [1994], S. 105 f.)

Reinhold Steig: *Heinrich von Kleists Berliner Kämpfe*, Berlin und Stuttgart 1901.

Anthony Stephens: »Kleists Familienmodelle«, in: KJb 1888/89, S. 222-237.

Friedrich Strack: »Heinrich von Kleist im Kontext romantischer Ästhetik«, in: KJb 1996, S. 201-218.

Siegfried Streller: »Heinrich von Kleist und Jean-Jaques Rousseau«, in: *Heinrich von Kleist. Aufsätze und Essays*, hg. von Walter Müller-Seidel, Darmstadt 1967, S. 635-671.

Bianca Theisen: »Der Bewunderer des Shakespeare. Kleists Skeptizismus«, in: KJb 2000, S. 87-108.

Rudolf Vierhaus: »Kleist und die Krise des preußischen Staates um 1800«, in KJb 1980, S. 9-33.

Alexander Weigel: »Das imaginäre Theater Heinrich von Kleists. Spiegelungen des zeitgenössischen Theaters im erzählten Dialog *Über das Marionettentheater*«, in: BzKF 2000, S. 21-114.

Sigrid Weigel: »Ulrike von Kleist (1774-1849). Lebensspuren hinter dem Bild der Dichter-Schwester«, in: *Schwestern berühmter Männer. Zwölf biographische Portraits*, hg. von Luise F. Pusch, Frankfurt/Main 1985, S. 235-287.

Hermann F. Weiss: »Heinrich von Kleists politisches Wirken in den Jahren 1808 und 1809. Mit einer neuentdeckten Originalhandschrift von *Was gilt es in diesem Kriege?*«, in: *Jahrbuch der Deutschen Schiller Gesellschaft* 255 (1981), S. 9-40.

–: »Zu Heinrich von Kleists letzten Wochen in Dresden«, in: *Archiv für das Studium der neueren Sprachen und Literaturen*, 134. Jg., Bd. 219 (1982), S. 34-43.

–: »Heinrich von Kleists Reise nach Paris im Jahre 1801«, in: *Archiv für das Studium der neueren Sprachen und Literaturen*, 142. Jg., Bd. 227 (199°), S. 1-12.

–: »Heinrich von Kleist und Hugh Elliot. Ein Beitrag zu Kleists Würzburger Reise«, in: BzKF 1994, S. 109-114.

–: »Neue Funde zu Heinrich von Kleists Freundes- und Bekanntenkreis um 1809«, in: *Jahrbuch des Wiener Goethevereins* 96, 1992 (1994), S. 179-193.

–: »Ludwig Dietrich Philipp von Zanthier und sein Freundeskreis. Zu

Heinrich von Kleists Dresdener Aufenthalt im Jahre 1801«, in: BzKF 1995, S. 75-88.

—: »Heinrich von Kleists Freund Ludwig von Brockes«, in: BzKF 1996, S. 102-131.

—: »Heinrich von Kleist und die Brüder Ompteda. Neue Archivfunde«, in: BzKF 1998, S. 59-75.

Hans-Georg Werner: »Etwas über den Erzähler Heinrich von Kleist«, in: BzKF 1979, S. 13-26.

—: »Die Erzählkunst im Umkreis der Romantik (1806-1815)«, in: Weimarer Beiträge 1971, Heft 8, S. 27-38.

Dietmar Willoweit: »Heinrich von Kleist und die Universität Frankfurt an der Oder. Rückblick eines Rechtshistorikers«, in: KJb 1997, S. 57-71.

Wolfgang Wittkowski: »Rechtspflicht, Rache und Noblesse: der Kohlhaas-Charakter«, in: BzKF 1998, S. 92-113.

Karl Zimmermann: »Heinrich von Kleist am Rhein 1803/04«, in: *Rheinische Vierteljahresblätter* 21, 1956, S. 366-372.

Theophil Zolling: *Heinrich v. Kleist in der Schweiz*, Stuttgart 1882.

Lebenstafel

1777   Laut Taufregister wird Bernd Heinrich Wilhelm von Kleist am 18. Oktober als ältester Sohn des Stabskapitäns und späteren Majors Joachim Friedrich von Kleist (1728-1788) und dessen zweiter Frau Juliane, geb. von Pannwitz (1746-1793), in Frankfurt an der Oder geboren.

1783   Mißbilligung des Dienstverhaltens des Vaters durch Friedrich II. Der Vater weist sie als Kränkung zurück und wird nicht mehr befördert. Bis Ende

1787   unterrichtet der Hauslehrer Martini Kleist und dessen Vetter Karl von Pannwitz.

1788   Januar bis Mai mit seinen Vettern Wilhelm von Pannwitz und Ernst von Schönfeldt in Pension bei dem hugenottischen Lehrer und Prediger Catel in Berlin, wahrscheinlich Unterricht am Collège Royal François und an der privaten Erziehungsanstalt Hauchecornes in französischer Sprache und Kultur. 18. Juni: Tod des Vaters. Die Gesuche der Mutter wegen Gewährung einer Pension werden von Friedrich Wilhelm II. abschlägig beschieden. Kleists anteilig ererbtes Vermögen beläuft sich auf 6000 bis 8500 Taler.

1792   Am 1. Juni Aufnahme als Gefreiter-Korporal in das unter dem Befehl des Kronprinzen stehende Regiment Garde Nr. 15 b, 3. Bataillon, in Potsdam.

1793   3. Februar: Tod der Mutter. März: Kleist reist zu seinem Regiment nach Frankfurt am Main. Kämpfe gegen die französischen Revolutionstruppen. Teilnahme des Regiments an der Belagerung der ›Mainzer Republik‹ von April bis Juli, an Gefechten bei Kettrich (August), Pirmasens (September) und der dreitägigen Schlacht bei Kaiserslautern (November). Lektüre von Chr. M. Wielands *Sympathien*. Erstes überliefertes Gedicht *Der höhere Frieden*.

1794   Gefechte bei Frankenthal (Januar), Hochspeyer und erneut Schlacht bei Kaiserslautern (Mai), Trippstadt (Juli). Rückzug bis Frankfurt am Main (November).

1795   Im März Abmarsch des Regiments nach Osnabrück. Mai: Beförderung zum Wirklichen Fähnrich. April: Abschluß des Basler Sonderfriedens zwischen der französischen Republik und Preußen. Rückmarsch des Regiments über Hannover, Magdeburg nach Potsdam (Juni).

1795-99 Kasernendienst in der Sommerresidenz des preußischen Königs. Februar 1797 Beförderung zum Sekondeleutnant. Besuch des Salons der Marie von Kleist, Massenbachs, der Werdecks. Kameradenfreundschaften, Lektüre (Wieland, Goethe, Schiller, Franz von Kleist), mathematische, Sprach- und philosophische Studien (Besuch der Potsdamer Stadt- schule gemeinsam mit Rühle von Lilienstern, Unterricht bei Bauer), Klarinettenspiel im Offiziersquartett mit Rühle, Schlotheim, Gleißenberg. 1798 gemeinsamer Ausflug in den Harz als reisende Musikanten. *Aufsatz, den sichern Weg des Glücks zu finden* (1798/99).

1799   März: Schreiben an Martini, in dem Kleist seinen Austritt aus der Armee begründet. April: Kleist erhält seinen Abschied und muß sich verpflichten (sog. Revers), ohne ausdrückliche königliche Genehmigung keine ausländischen Kriegs- oder Zivildienste anzunehmen. Nach der Reifeprüfung Immatri- kulation an der brandenburgischen Landesuniversität Via- drina in Frankfurt an der Oder. Vorlesungen und Collegia in Mathematik, Physik, Jura, Philosophie, Kulturgeschichte. Juli: Reise mit den Geschwistern Ulrike, Leopold und mög- licherweise Ch. E. Martini ins Riesengebirge, Besteigung der Schneekoppe.

1800   April/Mai: Inoffizielles Verlöbnis mit Wilhelmine, der älte- sten Tochter des Stadtkommandanten und Generals von Zenge (Vorbedingung der Eltern für eine Heirat: Antritt eines Am- tes.) Juni/Juli: Kuraufenthalt mit der Halbschwester Ulrike in Sagard auf Rügen. August: Abbruch des Studiums nach drei Semestern. Vorsprache bei dem Minister Struensee in Berlin. Reise über Pasewalk, Berlin, Dresden, Chemnitz nach Würz- burg mit dem Freund Ludwig von Brockes. Am 1. November wieder in Berlin. Zweites Gespräch mit Struensee. Besuch der Königsfamilie in Potsdam. Fühlungnahmen bei der preußi- schen Verwaltung als Hospitant der Technischen Deputation unter Kunth. Teilnahme an der Sitzung vom 1. Dezember. Lektüre Schillers (*Wallenstein*), Rousseaus (*Emile*), Goethes (*Tasso*), Kants (*Kritik der Urteilskraft*), Shakespeares.

1801   Nach der Teilnahme an weiteren Sitzungen der Technischen Deputation und erkenntnistheoretischen Studien Bildungs- und Erkenntniskrise (sog. Kantkrise). April: ›Flucht‹ aus Preußen. Mit der Schwester Ulrike Fahrt über Dresden (Bekanntschaft mit den Schwestern von Schlieben und dem Maler Lose, Galeriebesuche, Bootsfahrt durch das Elbsandsteingebirge), Halle (Mathematikprofessor Klügel), Halberstadt (Gleim), Wernigerode (Graf Stolberg), Ilsenburg (Brockenbesteigung), Rammelsberg (Einfahrt in einen Silberschacht), Göttingen (Professoren Blumenbach und Wrisbach), Kassel (Tischbein), Mainz, Straßburg, Paris (Ankunft 6. Juli). Erlebnis des sog. Friedensfestes am 14. Juli. Lektüre französischer Aufklärer (Rousseau, Voltaire, Helvetius). Ideenentwurf *Die Familie Thierrez*. Oktober: Kleist wird nach den preußischen Gesetzen mündig und kann über sein kleines Vermögen verfügen. November: Mit Ulrike von Paris bis Frankfurt a. Main; in der ersten Dezemberhälfte zusammen mit dem Dresdner Maler Lose Marsch über Darmstadt, Karlsruhe, Straßburg nach Basel. Hoffnung auf ein »neues Vaterland«. Zerwürfnis mit Lose. Weiterreise nach Bern.

1802   Kleist sucht Heinrich Zschokke auf, lernt durch ihn Ludwig Wieland und den Verleger Heinrich Gessner (wohl auch den Pädagogen Heinrich Pestalozzi und den ›Musterlandwirt‹ Emanuel Fellenberg) kennen. Anregungen zum *Zerbrochnen Krug* durch Bilder und Wettstreit. Im Februar nach Thun. Bis März auf der Suche nach einem Landgut. Infolge ungünstiger Vermögenslage und militärisch-politischer Wirren (Einmarsch französischer Truppen in nahe gelegene Teile der Schweiz) Abstandnahme vom Landkauf. Ende März: Wanderung mit Zschokke und Wieland nach Aarau. April: Anmietung eines Sommerhäuschens auf der Oberen Insel am Ausfluß der Aare in den Thuner See. Dort Arbeit an der *Familie Schroffenstein* und an *Robert Guiskard*. Mai: Entlobung. Juni (?) Erkrankung und Behandlung bei dem Apotheker Wyttenbach in Bern. September: Ulrike besucht ihren inzwischen genesenen Bruder. Im Oktober fahren beide mit dem vom neuen föderalistischen Regime ausgewiesenen L. Wieland über Jena nach Weimar. November: Die *Familie Schroffenstein* erscheint anonym in Bern und Zürich bei Gessner. Spätestens im Dezember längere Besuche bei der Familie Christoph Martin Wielands auf Gut Oßmannstedt bei Weimar.

1803   Zweimonatiger Aufenthalt in Oßmannstedt. Kleist plant eine
        Wieland-Biographie. Heftige Neigung der dreizehnjährigen
        Luise Wieland zu Kleist. Ende Februar auf Bitten Luises und
        deren Schwester Charlotte Abreise aus Oßmannstedt. Über
        Leipzig (Deklamationsunterricht bei Kerndörffer) nach Dres-
        den. Begegnung mit Friedrich de la Motte Fouqué und Jo-
        hannes Falk, Besuch der Familie Schlieben. Obgleich die *Fa-
        milie Schroffenstein* gute Kritiken erhält, stagniert die Arbeit
        am *Guiskard*. Hinwendung zur Komödie (erste Szenen des
        Zerbrochnen Krugs, Pläne für den *Amphitryon*). Inzwischen
        mittellos. Ende Juli (mit finanzieller Unterstützung Ulrikes)
        zusammen mit Pfuel in die Schweiz (Thun). August: Mit den
        Werdecks über die Alpen nach Bellinzona, Varese, evtl. Mai-
        land. September: Letzter vergeblicher Versuch, in Thun den
        Guiskard zu vollenden. Über Bern, Genf, Lyon (Oktober)
        nach Paris. Dort Streit mit Pfuel. Verbrennung des *Guiskard*-
        Manuskriptes. Ende Oktober und Anfang Dezember zwei-
        maliger vergeblicher Versuch in St. Omer bei der französischen
        Invasionsarmee gegen England Dienste zu nehmen. Selbst-
        mordabsicht. Rückbeorderung nach Preußen durch den
        preußischen Gesandten Lucchesini. In Mainz (vor der Gren-
        ze zu Deutschland) Vorstellung bei dem Arzt Dr. Wedekind.

1804   Etwa viermonatiger Aufenthalt bei Wedekind in Mainz/
        Koblenz. Zwischenzeitlich Aufenthalte in Paris, wo Kleist u. a.
        an Abendgesellschaften zumeist liberal-oppositioneller Häu-
        ser teilnimmt. Im April oder Mai Rückreise über Weimar,
        Potsdam und Frankfurt (Oder) nach Berlin. Kleist beugt sich
        den Forderungen seiner Familie, die ihm für drei Jahre eine
        monatliche Unterstützung von 25 Talern in Aussicht stellt.
        Ende Juni Audienz bei von Köckeritz im Schloß Charlotten-
        burg. Gefahr der Eröffnung eines Hochverratsverfahrens ge-
        gen Kleist wegen seiner Bewerbung um ausländische Kriegs-
        dienste. Dieser schützt Krankheit vor und bittet weiter um
        Aufnahme in zivile Dienste. Juli/August: Peter von Gualtieri,
        der Bruder Marie von Kleists, schlägt ihm vergeblich vor, als
        Gesandtschaftmitarbeiter nach Spanien zu gehen. Audienzen
        bei den Kabinettsräten von Haugwitz und Beyme. Positiver
        Bescheid des Königs Ende Juli. Im Hause des Bankrotteurs
        Cohen Bekanntschaft mit jungen Poeten des ›Nordstern-
        bundes‹, unter ihnen Chamisso und Varnhagen von Ense.
        Christian von Massenbach führt ihn in Reformerkreise um

den Außenminister von Hardenberg ein. Jahresende: Erfolgreicher Probedienst im Finanzdepartement unter dem Oberfinanzrat von Altenstein. Kleist wird für den Einsatz in der
preußischen Exklave Ansbach vorgesehen. Höchstwahrscheinlich Weiterarbeit am *Zerbrochnen Krug*; frühe Fassung?

1805   Anfang April: Kleist besucht den Offiziersfreund Schlotheim
in Potsdam nach dessen Selbstmordversuch. Anfang Mai:
Kleist geht zwecks weiterer Ausbildung für ein Jahr nach Königsberg. Ankunft in Königsberg. Dort arbeitet er unter dem
Chef der ostpreußisch-litauischen Kriegs- und Domänen-
kammern von Auerswald und hört zugleich Vorlesungen an
der Universität über Nationalökonomie (Staats- und Finanzwissenschaft bei Prof. Kraus). Bekanntschaft mit weiteren Re-
formpolitikern (Stägemann, Scheffner, Schön). Wahrscheinlich um diese Zeit entsteht der Aufsatz *Über die allmählige
Verfertigung der Gedanken beim Reden*. August: Plan, mit
Rühle und Pfuel nach Australien auszuwandern. Wiederbe-
gegnung mit der ehemaligen Verlobten Wilhelmine, mittlerweile verheiratet mit dem Philosophieprofessor Krug. Kleist
nimmt die Bearbeitung des *Amphitryon* Molières wieder auf.
Im zweiten Halbjahr zieht Ulrike zu ihm. Im Dezember, nach
der Schlacht bei Austerlitz, Vision vom Untergang Preußens.

1806   Februar: Sein dienstlicher Einsatz in Ansbach wird durch
Abtretung der Exklave an Bayern unmöglich. Kleist bittet
um die Verlängerung seines Aufenthaltes um ein weiteres
halbes Jahr. Depressionen. Wiederholtes Kränkeln. August:
Angebot an Rühle, den Tod gemeinsam durch eine gute Tat
herbeizuführen. Vermutlich Beschäftigung mit der *Penthe-
silea*. Kleist beantragt Urlaub. *Krug* – in der kritischeren
Fassung mit dem »Variant« und *Amphitryon* beendet. Wahr-
scheinlich Arbeit an der ersten Fassung der Novelle *Michael
Kohlhaas*. Oktober: Niederlage der preußischen Armee bei
Jena und Auerstedt, Zusammenbruch des preußischen Staates.
November: Der Hof flüchtet nach Königsberg. Dezember:
Reformkräfte werden vom König abgedrängt. Abschluß der
Novelle *Jeronimo und Josephe* (später in der Buchfassung
als *Das Erdbeben in Chili* erschienen).

1807   Anfang Januar: Der Hof flüchtet vor den nachrückenden
Franzosen weiter nach Memel. Mitte Januar: Kleist reist mit
zwei anderen ehemaligen Offizieren von Königsberg aus über
Pommern durch die französisch besetzten Gebiete nach Ber-

lin. Dort wird er am 30. Januar unter Spionageverdacht verhaftet. Abtransport als (rechtloser) Staatsgefangener über Wustermark, Marburg, Mainz, Straßburg in die Feste Joux bei Pontarlier im französischen Jura. Am 26. März Entscheidung des französischen Kriegsministeriums, ihn als kriegsgefangenen Offizier (mit mehr Rechten) zu behandeln. Mitte April Überstellung nach Châlons sur Marne ins dortige Kriegsgefangenenlager. Höchstwahrscheinlich Arbeit an der *Penthesilea* und der Novelle *Die Marquise von O....* Entlassung nach dem Friedensschluß von Tilsit. Ende Juli bis Ende August über Berlin nach Dresden, wo sein *Amphitryon* im Mai erschienen war. Wiedersehen mit Rühle, Pfuel; Bekanntschaft und Freundschaft mit dem konservativen Staatswissenschaftler Adam Müller, Verkehr in den Häusern des Appellationsrats Körner (Julie Kunze, Emma Körner, Dora Stock), sowie des französischen Gesandten von Bourgoing und des österreichischen Legationsrates von Buol-Mühlingen; Bekanntschaft mit Künstlern (F. Hartmann, C. D. Friedrich, G. von Kügelgen) und der Familie von Haza. 10. Oktober: Kleist wird im Hause des österreichischen Legationsrates mit dem Dichterlorbeer gekrönt. Februar: Plan, eine Buch-, Karten- und Kunsthandlung zu gründen und, neben eigenen Arbeiten, den *Code Napoleon* zu verlegen scheitert. Verständigung mit den Freunden auf Herausgabe des Kunstjournals *Phöbus*, das 1808/09 erscheint. Darin neben eigenen Epigrammen und Gedichten v. a. eigene Werkfragmente, so auch des märchenhaften Ritterstücks *Das Käthchen von Heilbronn*.

1808   Ende Januar: Kleist übersendet Goethe sein Trauerspiel *Penthesilea*. März: Uraufführung seines *Zerbrochnen Krugs* durch Goethe am Weimarer Hoftheater endet mit einem Reinfall. Gegen Mitte des Jahres gerät der *Phöbus* in eine Absatz- und Finanzierungskrise. Juli: Die *Penthesilea* erscheint bei Cotta. In der zweiten Jahreshälfte verfaßt Kleist zur Unterstützung der Erhebung Deutschlands gegen die französische Fremdherrschaft das Agitationsstück *Die Herrmannsschlacht*. Das Stück wird in Dresdner Gesellschaften vorgelesen und kursiert in Abschriften.

1809   Vergebliche Bemühungen um Inszenierung der *Herrmannsschlacht* sowie des *Käthchens* durch den Wiener Dramatiker und Hofsekretär Collin. März: Die letzten Hefte (11 und 12) des *Phöbus* erscheinen. Kleist fühlt sich von

Müller hintergangen. Duellforderung Müllers kann durch Rühle und Pfuel geschlichtet werden. Erste Jahreshälfte: Kleist verfaßt patriotische Kriegslyrik und politische Schriften. Ende April: Nach Kriegserklärung Österreichs an Frankreich geht Kleist mit dem Historiker F. Dahlmann über Teplitz nach Prag und Znaim. Dort Zusammentreffen mit Buol-Mühlingen und dem preußischen Unterhändler K. F. von d. Knesebeck. Sie besichtigen Ende Mai, drei Tage nach dem Sieg des österreichischen Heeres, das Schlachtfeld von Aspern. Juni-Oktober: In Prag versucht Kleist mit Unterstützung von Vertretern der Widerstandspartei (Buol-Mühlingen, Oberstburggraf von Wallis, Außenminister von Stadion, von Kolowrat-Liebsteinsky) Einfluß auf die österreichische Politik und die Zusammenführung mit dem norddeutschen Widerstand (Freikorps Schills und des Herzogs von Braunschweig-Oels) zu nehmen. Das Zeitschriftenprojekt *Germania* wird dem österreichischen Kaiser Mitte Juli vorgelegt und nicht befürwortet. Juli: Waffenstillstand von Znaim. Kleist stellt sich mit dem Argumentationsaufsatz »Über die Rettung von Österreich« in den Dienst der Widerstandspartei. Nach Friedensschluß Ende Oktober mit Dahlmann nach Dresden. Im November kurzer Aufenthalt in Frankfurt an der Oder (Übernahme des Erbes der Tante Massow und Aufnahme einer Hypothek auf das Geburtshaus).

1810 Im Januar in Frankfurt am Main. Über Gotha (Besuch Schlotheims) nach Berlin (4. Februar). Versuche, sich dem Hof zu nähern (Sonett »An die Königin von Preußen« zum Geburtstag Luises am 10. März). 18.-27. März: Vier Aufführungen des *Käthchens* auf dem Theater an der Wien. Wiederaufnahme der Beziehungen zu dem Leitenden Minister, Finanzminister K. von Stein zum Altenstein und zu dem Fürsten K. von Radziwill. Aussöhnung mit A. Müller, Bekanntschaft mit A. von Arnim und C. Brentano. Geselliger Verkehr in den Häusern des Staatsrates Staegemann sowie der Buchhändler J. D. Sander und bei G. A. Reimer, einem Treffpunkt von Napoleongegnern (Fichte, Savigny, Schleiermacher, Varnhagen). Freundschaft mit Rahel Levin. Das Schauspiel *Prinz Friedrich von Homburg* ist (zumindest in seiner frühen Gestalt) fertiggestellt. Arbeit an der zweiten, entschieden erweiterten Fassung des *Kohlhaas*. Juli: Tod der Königin und Ablösung des Gönners Altenstein durch von Hardenberg

als Staatskanzler. Kleist verliert seine wohl durch Marie von
Kleist fingierte Pension. August: Ablehnung des *Käthchen*
durch den Direktor des sog. Königlichen Nationaltheaters
A. W. Iffland. September: Der erste Band der *Erzählungen*
(*Kohlhaas, Marquise von O...., Erdbeben in Chili*) und das
Käthchen erscheinen bei Reimer zur Leipziger Herbstmesse.
Ab 1. Oktober: Herausgabe des ersten täglich (außer Sonn-
tag) erscheinenden Berliner Publikationsorgans zur »Beförderung der Nationalsache überhaupt« unter dem Titel *Die
Berliner Abendblätter*. Beiträger u. a.: Müller, Arnim, Brentano, Staegemann, Fouqué, Beckedorff, Ompteda, Schulz,
Wetzel. Durch Kabinettsorder des Königs vom 18. November wird das regierungskritische Blatt unter strenge Zensur
gestellt, Absatzeinbußen führten zur finanziellen Krise und
Ausstieg von Verleger Hitzig. Mitte Dezember wird Kleist
bei Staatskanzler Hardenberg wegen Entschädigungen vorstellig. Dieser sagt Nachrichten seiner Ministerien zu.

1811   Januar: Verlegerwechsel zu A. Kuhn. Streit mit der Staatskanzlei wegen ausbleibender, ehemals zugesagter Unterstützung gipfelt in Kleists Duelldrohung an Regierungsrat
F. Raumer. Februar: Buchausgabe des *Zerbrochnen Krugs*
erscheint. Kleist schließt mit Reimer einen Kontrakt über
fünf Erzählungen für einen zweiten Prosaband. März: Hardenberg und Kleist erklären die ›Mißverständnisse‹ für aus-
geräumt. Mit dem Ende des Quartals Ende der Zeitung.
Verweigerung des Herausgeberhonorars an Kleist und Re-
greßforderungen durch den Verleger. Mai/Juni: Petitionen
wegen Entschädigung bzw. Anstellung oder Wartegeld an
den Prinzen Wilhelm, Hardenberg und den König bleiben
unbeantwortet. Ende Juni: Angebot an Reimer, *Prinz
Friedrich von Homburg* zu drucken, wird Ende Juli von
diesem abgewiesen. August: Der zweite Erzählungsband
erscheint (*Die Verlobung in St. Domingo, Das Bettelweib
von Locarno, Der Findling, Die heilige Cäcilie oder die Gewalt der Musik, Der Zweikampf*). September: Marie von
Kleist setzt sich beim Prinzen Wilhelm für Kleist wegen einer
Beihilfe ein. Kleist sucht beim König um Wiederaufnahme
ins Militär nach und wird unter Vorbehalt eines Kriegsaus-
bruchs positiv beschieden. Bemühungen um Equipierungs-
gelder bei der Familie und als Privatdarlehen beim Staatskanzler, Besuche bei dem seit Sommer 1811 wegen seiner

antireformerischen Aktivitäten inhaftierten L. von d. Marwitz auf Gut Friedersdorf bei Seelow und dem einen Volkskrieg vorbereitenden Militärreformer Oberstleutnant N. von Gneisenau. Statt Kriegserklärung Preußens und Rußlands an Frankreich Bündnisvertrag Preußen-Frankreich in Vorbereitung. Im Oktober letzter Versuch Kleists bei der Familie in Frankfurt/Oder, die jegliche weitere Unterstützung ablehnt. November: Kleist beschließt zu sterben. Die an Gebärmutterkrebs erkrankte Henriette Vogel wird seine Todesgefährtin. Am 20. November Fahrt zum »Neuen Krug« an der Hauptstraße nach Potsdam. 21. November: Kleist erschießt auf einem Hügel am Kleinen Wannsee Henriette Vogel und sich selbst. 22. November: Obduktion der Leichname. Beisetzung an der Todesstelle in einem gemeinsamen Grab. 27. November: König Friedrich Wilhelm III. verurteilt den gemeinschaftlichen Suizid als Anschlag auf »die Religion und Sittlichkeit im Volke«.

1821	Von Ludwig Tieck herausgegeben, erscheinen *Heinrich von Kleists hinterlassene Schriften* bei Reimer in Berlin (darin erstmals *Die Herrmannsschlacht* und *Prinz Friedrich von Homburg*.) Oktober: *Prinz Friedrich von Homburg* wird am Wiener Burgtheater uraufgeführt.
1826	*Heinrich von Kleists gesammelte Schriften* erscheinen, ebenfalls von L. Tieck herausgegeben, als erste Gesamtausgabe.
1826	Eduard von Bülow publiziert eine erste Kleist-Biographie.
1860	A. Koberstein gibt *Heinrich von Kleists Briefe an seine Schwester Ulrike* in Berlin heraus. *Die Herrmannsschlacht* wird in der Bearbeitung von F. Wehl am Stadttheater Breslau uraufgeführt.
1862	*Heinrich von Kleist's politische Schriften und andere Nachträge zu seinen Werken* erscheinen, von R. Köpke herausgegeben, in Berlin.
1876	Uraufführung der bearbeiteten *Penthesilea* im Königlichen Schauspielhaus Berlin.
1884	*Heinrich von Kleists Briefe an seine Braut* werden von K. Biedermann in Breslau herausgegeben.
1899	Uraufführung des *Amphitryon* am Neuen Theater in Berlin.
1901	Das Fragment *Robert Guiskard* (Regie: Paul Lindau) wird am Berliner Theater aufgeführt.

Nachbemerkung

Diese Biographie Heinrich von Kleists geht auf meine 1978 erschienene Publikation *Heinrich von Kleist. Leben und Werk* zurück. Das vorliegende Buch stellt jedoch keine bloße Bearbeitung des vor 25 Jahren entstandenen Werkes dar, sondern wurde bis auf einige Kapitelüberschriften und Textpassagen neu verfaßt. Beibehalten habe ich mein Anliegen, nicht nur akademische Fachkreise anzusprechen und dennoch den Dialog mit der Forschung zu suchen.

Bei der relativ kargen Überlieferung der äußeren Lebenstatsachen Kleists war es naheliegend, das Werk des Dichters, als das komprimierte Ergebnis innerer und äußerer Daseinsvorgänge, auf lebensgeschichtlich Bedeutsames hin zu befragen. Was dabei an Interpretation angeboten wird, ist, neben der Vergegenwärtigung der poetischen Welten, deshalb vor allem eine Suche nach Lebensstoff. Werkanalysen waren nicht beabsichtigt.

Man kann Biographien auf sehr unterschiedliche Weise schreiben. Ich habe mich im wesentlichen für die Goethesche Auffassung entschieden, die er im ersten Teil von *Dichtung und Wahrheit* formuliert: »Denn dieses scheint die Hauptaufgabe der Biographie zu sein, den Menschen in seinen Zeitverhältnissen darzustellen und zu zeigen, inwiefern ihm das Ganze widerstrebt, inwiefern es ihn begünstigt, wie er sich eine Welt- und Menschenansicht daraus gebildet, und wie er sie, wenn er Künstler, Dichter, Schriftsteller ist, wieder nach außen abgespiegelt.«

Ich danke Wolfgang Barthel für den freien Austausch der Gedanken und die Durchsicht des Manuskripts.

Hans-Jürgen Schrader, Genf, bin ich verbunden für seine Ermunterungen, mich diesem gewagten Vorhaben zu stellen, dem Wallstein-Verlag für sein verläßliches Wort und meiner Frau Kerstin und meinen Töchtern Constanze und Judith für ihre Hilfen. Auch der ehemaligen Bibliothekarin des Kleist-Museums Frankfurt (Oder), Nicole Stephan, sei an dieser Stelle für ihre Unterstützung Dank gesagt – wie Andreas Haller für sein Engagement als Lektor.

Bildnachweis

Verlag und Autor danken folgenden Personen und Institutionen für die freundliche Abdruckgenehmigung der Abbildungen in diesem Band:

Wolfgang Barthel: S. 415
Comité André Masson, Paris: S. 403
Öffentliche Bibliothek Universität Basel, Porträtsammlung: S. 147
Kleistmuseum Frankfurt (Oder): S. 13, 15, 21, 25, 27, 59, 65 (Foto: K. Mausolf), 71, 77, 85, 113, 121, 137, 153, 159 (Foto: K. Mausolf), 165, 184, 213, 217, 227, 233, 237, 245, 253, 289, 295 (Foto: G. Trost), 303, 315, 333, 347 (Foto: K. Mausolf), 361, 411
Kupferstichkabinett Staatliche Museen zu Berlin – Preußischer Kulturbesitz: S. 34/35, 285, 319, 377 (Fotos: Jörg P. Anders)
Musée de Pontarlier: S. 275
Schiller-Nationalmuseum / Deutsches Literaturarchiv Marbach a. N.: S. 277
Staatliche Kunstsammlungen Dresden, Kupferstichkabinett: S. 285 (Foto: Regine Richter)
Staatsbibliothek zu Berlin, Preußischer Kulturbesitz, Handschriftenabteilung: S. 91, 101
Bildarchiv Preußischer Kulturbesitz: Umschlag.
Stadtarchiv Frankfurt (Oder): S. 15, 17, 47
Stadtarchiv Mainz: S. 191
Stiftung Preußische Schlösser und Gärten Berlin–Brandenburg: S. 39 (Foto: Audrey Müller-Oehring)
Stiftung Weimarer Klassik, Anna-Amalia-Bibliothek: S. 109 (Foto: Constantin Beyer), 209 (Foto: S. Geske)
© VG Bild-Kunst, Bonn 2002: S. 345: Slevogt, Max; Zu: Penthesilea, 1905. S. 385: Kubin, Alfred; Zu: Die Verlobung in St. Domingo. S. 361: Cremer, Fritz; Zu: Michael Kohlhaas, 1967.

Werkregister

Kursive Ziffern verweisen auf ausführliche Behandlung des jeweiligen Werkes.

DRAMEN

ERZÄHLENDES

GEDICHTE

SCHRIFTEN

ZEITSCHRIFTEN

Personenregister

Bibliografische Information Der Deutschen Bibliothek

Die Deutsche Bibliothek verzeichnet diese Publikation
in der Deutschen Nationalbibliografie; detaillierte bibliografische Daten sind
im Internet über http://dnb.ddb.de abrufbar.

Erste Auflage 2003
© Wallstein Verlag, Göttingen 2003
www.wallstein-verlag.de
Vom Verlag gesetzt aus der Stempel Garamond
Umschlaggestaltung: Basta Werbeagentur, Steffi Riemann
unter Verwendung einer Gouache nach einem Porträtstich
von Carl Hermann Sagert nach einer zeitgenössischen Miniatur
von Peter Friedel (© Bildarchiv Preußischer Kulturbesitz).
Druck und Verarbeitung: Hubert & Co, Göttingen

ISBN 3-89244-433-1